天门石家河考古发掘报告之一

肖 家 屋 脊

上

湖北省荆州博物馆
湖北省文物考古研究所　石家河考古队
北京大学考古学系

文 物 出 版 社
北京·1999

封面设计：周小玮

责任编辑：张庆玲

图书在版编目（CIP）数据

肖家屋脊：天门石家河考古发掘报告之一/湖北省荆州博物馆等编著 . – 北京：文物出版社，1999.6

ISBN 7 – 5010 – 1129 – X

Ⅰ. 肖…　Ⅱ. 湖…　Ⅲ. 新石器时代文化 – 文化遗址 – 湖北 – 天门市 – 发掘报告　Ⅳ. K872.63

中国版本图书馆 CIP 数据核字（1999）第 01899 号

天门石家河考古发掘报告之一

肖　家　屋　脊

湖 北 省 荆 州 博 物 馆

湖北省文物考古研究所　石家河考古队

北 京 大 学 考 古 学 系

*

文物出版社出版发行

北京五四大街 29 号

http：//www.wenwu.com

E – mail：web@wenwu.com

东莞新扬印刷有限公司印刷

新 华 书 店 经 销

787×1092　1/16 开　印张：43.75　插页：4

1999 年 6 月第 1 版　1999 年 6 月第 1 次印刷

ISBN 7 – 5010 – 1129 – X/K·452（上、下册）　定　价：430 元

ARCHAEOLOGICAL EXCAVATIONS
AT SHIJIAHE, TIANMEN (I)

XIAOJIAWUJI

(I)

(WITH AN ENGLISH ABSTRACT)

Shijiahe Archaeological Team of
the Jingzhou Museum, Hubei Province,
the Hubei Provincial Institute of
Cultural Relics and Archaeology, and
the Archaeology Department,
Peking University

Cultural Relics Publishing House
Beijing·1999

目　　次

表 格 目 录

插 图 目 录

石家河考古记（代序）

严 文 明

80年代初期，中国考古学界出现一派生机，甘肃大地湾和辽宁牛河梁等重大考古发现一个接着一个。按照传统的观念，这些新石器时代晚期的遗址理应属于原始社会的范畴，与文明一词搭不上边。但事实上这些遗址中所发现的遗迹遗物与同时期的一般新石器时代遗址颇多不同，处处闪现着文明的火花，而它们所在的位置都远离号称文明发祥地的中原地区。这一事态的发展开始时可能使人感到有点迷惑，不过更多的是感到兴奋，感到有必要从理论上进行反思。当时我想，从部落到国家或者从野蛮到文明，乃是人类社会发展中的一个巨大的飞跃。如果我们相信唯物主义，相信社会发展的动力主要在社会内部而不是上帝的安排的话，就必须承认这样巨大的变化不可能在一个早上完成。应该有一个较长的过程，有若干相互衔接的发展阶段，好比一个文化发展的链条是由若干链环连接起来的一样。过去由于考古工作做得不够，许多失去的链环没有找到，一旦找到几个又连接不起来，自然会感到有些突然。况且中国那么大，不会只有简单的一根链条，很可能有一个由若干链条组成的复合体。大地湾和牛河梁应该是各自所在地方文化发展链条中的一环，更多的链环有待于考古学家去寻找。我们根据当时已经捕捉到的一些信息，认定浙江的良渚和湖北的石家河两个遗址群可能是属于最重要的链环之列的，它们都可能成为探索中国文明起源的突破口。能不能选择其中的一个尝试一下呢？

1987年4月底5月初我在四川参加了广汉三星堆和成都十二桥遗址的学术座谈会，5月16日之前要到山东烟台和长岛主持一个胶东考古座谈会，中间正好有几天时间可以顺路到石家河去看看。于是事先跟湖北荆州博物馆张绪球馆长联系了一下，绪球非常高兴，亲自陪我到石家河遗址群进行考察，初步决定在那里做些工作。6月间请张江凯代表北京大学考古学系同湖北省博物馆（后来在省博物馆考古部的基础上成立了省文物考古研究所，工作由研究所承担）和荆州博物馆商量三方合作的事宜，并且于6月26日签署了"关于湖北省天门县石河镇新石器时代遗址群的发掘与研究会谈纪要"，决定由三方联合组成石家河考古队，从当年起对石家河遗址群进行系统的勘探、发掘和研究工作。考虑到湖北省博物馆和荆州博物馆过去都做过不少工作，有一定的基础，所以无论在人事的安排还是在计划的制定方面都尽量考虑前后的衔接。当9月初大队人马开赴工地进行发掘时，早在1955年就主持过石家河遗址发掘的王劲同志带着我们一个一个遗址地查看和介绍，张绪球同志除进行业务指导外还担负起了全队行政管理的重任。当时我们约定，参加人员不论来自哪个方面，都属于石家河考古队，工作上不分彼此，统一安排。在这种思想指导下，大家精诚团结，一切为了搞好石家河的考古发掘与研究工作，从而比较顺利地取得了重要的成果。

从1987年秋到1991年秋，我们先后进行了八次发掘，发掘的遗址有邓家湾、谭家岭、肖家屋脊和土城等处，重点在邓家湾和肖家屋脊。邓家湾主要是一处从屈家岭文化到石家河文化早中期的墓地，发现有近百座中小型墓葬。紧靠墓地的东边发现有几种可能与宗教有关的遗迹，一是屈家岭文化的长筒形陶器首尾相接地排成弯曲形。这些长筒形陶器形体各异，有的素面像炮弹，有的像是缠满绳索，有的中段膨大并有许多长乳钉，状如水雷。过去只发现过个别器物，这次是几个连在一起，而且靠近墓地，值得注意。二是石家河文化的陶臼或缸形器首尾相接地排列，有单列的也有并列的；排列的形状有呈直线的，也有半圆形的。器物通体多饰篮纹，有的上腹有刻划符号。它们的形制、纹饰、刻划符号的部位和刻法都跟大汶口文化的陶尊相似，只是刻划符号有所不同。大汶口文化的陶尊都是个别出土的，有的用于随葬；而邓家湾则是连续排列，值得注意。三是发现两个不规则形坑中埋藏有成百个陶俑和数千个陶塑动物。陶俑形体几乎千篇一律，差不多都是头戴平顶或微弧顶浅沿的帽子，身穿细腰的长袍，双膝跪地，手捧大鱼。而且总是左手托鱼尾，右手压鱼头。如此规范化的制作似乎是反映某种宗教的祈祷仪式。同出的数千个陶塑动物中有家畜猪、狗、羊、牛和家禽鸡；有野兽象、虎、猴；有鸟类，多为长尾，其中可能有孔雀和雉；还有爬虫类的龟、鳖等。它们可能是宗教仪式中使用的道具。过去在石家河文化的遗址中也发现过一些陶塑动物，但没有这样集中，种类没有这样多，也不是与陶俑出在一起，所以这次的发现特别值得注意。看来邓家湾除墓地外还可能是一个宗教活动的重要场所。

在我们正式发掘之前，肖家屋脊遗址上已经建立了一座石河镇砖瓦厂，遗址的南部已遭受严重破坏。考古工作开始后，该厂仍未能停止生产。考古队不得不把主要精力投入到肖家屋脊，因而在这里发掘的次数最多，发掘的面积也最大。除发现有少量屈家岭文化的遗存外，绝大部分是属于石家河文化的。有居址，也有墓地，还有一些宗教性遗迹。墓地分为若干片，从屈家岭文化到石家河文化晚期，墓葬的分化越来越显著。屈家岭文化的大墓只有几十件器物，石家河文化的大墓则有一百多件器物。到石家河文化晚期，仅在一座瓮棺中就随葬有56件玉器，包括人头象、虎头像、蝉、飞翔的鹰和许多装饰品。少数瓮棺只有几件玉器，而大多数瓮棺则一无所有。由于发掘规模仍然有限，无法肯定是否已经挖到了石家河遗址群中最大的墓葬；仅就肖家屋脊的这部分材料来看，石家河文化时期社会的分化实已达到了相当尖锐的程度。在肖家屋脊也有像邓家湾那样的陶臼或缸形器相互套接成列摆放的情况，同时还有一处把器物倒扣起来并且成列摆放的。其中不少器物上也有刻划符号。符号的种类和邓家湾略有不同，但我们不能肯定这种不同是否具有实质性的意义，或者仅仅是偶然性的差异。两地多数符号的意义不明，有些符号似可作些揣摩。其中有些像号角，也有像石钺或玉钺的，似与军事有关；有的像石镰，当与农事有关；还有像高柄杯或红陶杯（因其形状与遗址中所出红陶杯别无二致）中插一小棍的，似乎又与祭祀有关。肖家屋脊还有一件陶罐上刻着一位武士，头戴花翎帽，腰系短裙，脚着长靴，右手高举一把石钺或是玉钺，俨然是一位军事首领。军事、农事与祭祀是当时最重要的事情，反映在刻划符号上也是情理中事。

过去曾对谭家岭遗址作过一些试探性发掘，这次的发掘仍然属于试探性质。发掘表明那里从大溪文化、屈家岭文化到石家河文化都是一个集中的居住区，尤以石家河文化的早中期最为发达。现代的谭家岭村整个儿坐落在遗址的中央，村子周围到处可以发现红烧土，那是被烧毁的房屋残迹，其面积远远超过 10 万平方米。在发掘的几个小区中见到的虽然多是小房子，有单间的也有分间的；但也曾挖到大房子的一角，其墙壁厚度即达 1 米。或许那里存在着礼制性的中心建筑，可惜因为时间限制没有完全揭露出来。

早在计划发掘石家河遗址群的初期，我们就曾想到要进一步探索各个遗址的性质和相互关系，进而对整个遗址群的形成及其发展水平有一个基本的认识。如果一开始就做这件工作，一是心中无数，二是学生实习时间紧迫，工作上不容易安排。当发掘取得实质性进展后，进行全面的调查研究不但有了实际可行的基础，而且是为了规划下一阶段的工作所必需。因此在 1990 年春季，我请北京大学考古学系的赵辉和张弛对遗址群进行一次全面的勘察。当时全国已陆续发现了多处龙山时代的城址，因而石家河有没有城址便成为勘察中注意的中心。原来以为土城是石家河遗址群的中心，但规模太小，试掘证明它是西周的遗迹而不是新石器时代的。于是把注意力转向遗址群西边的那道大"堤"。它是那样地大，看起来跟现代的河堤都差不多。我们天天看到它，却不敢想象它会是新石器时代的遗迹。正巧它的中段有一座窑，把那道"堤"挖了一个半拉子缺口。从剖面上可以清楚地看到人工夯筑的不大规则的层理，筑造的技术跟许多龙山时期的城址差不多，跟广汉三星堆城垣的筑法也差不多。在夯层中捡到的陶片几乎全是屈家岭文化晚期的，说明它不会早于屈家岭文化晚期，但它的下限却难以确定。幸好在它的最南端向东拐弯的地方，发现有一片石家河文化早期的地层压着它，这样它就不会晚于石家河文化早期了。根据这个重要的信息，再把整个遗址群所在的地形和微地貌作了仔细考察，并且对各个遗址暴露的遗迹遗物做了详细分析和全面估量，结果证实这里存在着一座从屈家岭文化晚期到石家河文化时期的巨大城址。其形状大致呈不甚规则的长方形，南北最长约 1200 米，东西将近 1000 米，总面积超过 100 万平方米。除了高大的城垣，外面还环绕着宽大的壕沟。这样巨大的规模，在龙山时代是首屈一指的，其重要性可想而知。不过这座城址保存并不完整，它的东北部被土城打破了一个大缺口，东南部又有很大一段了无痕迹。将来如果对地下进行仔细探测，一定会看得更准确一些。

城垣确定以后，对这个遗址群的格局就可以看得比较清楚了。城内的中心区在谭家岭，邓家湾是一个小型墓地和宗教活动中心，西南部的三房湾应是另一个宗教活动中心，那里堆积有 10 万件以上的红陶杯。这种陶杯十分粗糙，容量极小，不可能是实用器，很可能是一种祭器。在一个地方堆积了如此大的数量，表明在那里曾经长期举行过大规模的宗教活动。城外最重要的地方当是东南部的肖家屋脊和罗家柏岭。肖家屋脊的情况已如前述，那里是一个比较重要的墓地和宗教活动的地方，也是一个小居民区。罗家柏岭则有比较大型的建筑，在那里发现过玉器，表明那里确实是一个重要的场所。城周围大约 8 平方公里的范围内，还分布有二三十个遗址，其中大多数是一般性村落遗址，它们应该和石家河城有密切的关系，只是现在还没有仔细研究，各自的功能还不甚清楚。

鉴于第一阶段的工作已基本上告一段落，有必要进行适当总结，以便于规划下一步的工作。于是在 1991 年 5 月 23 日至 25 日召开了队长扩大会议。大家一致认为前一阶段的工作取得了重要成果，由于资料十分丰富，不但可以对石家河遗址群进行比较细致的分期研究，而且对每一期的文化特征、各期文化的联系以及与周围文化的关系等方面都可能获得比较充分的认识，从而为江汉地区新石器时代文化的发展谱系树立了一个可靠的标尺。不但如此，由于运用聚落考古的方法对整个遗址群进行研究，结果发现了一座龙山时代最大的城址，对城内城外的情况也进行了初步的调查研究，从而为研究江汉地区文明的起源及其在我国文明起源中的地位与作用提供了十分重要的资料，为今后这类课题的研究打下了良好的基础。为了及时总结成绩，尽早地发表资料和研究成果，会议决定暂时停止大规模的田野工作，把业务活动的重点转移到资料整理和编写报告方面来。当时商定先出三部报告，一部是肖家屋脊遗址发掘报告，由张绪球负责，组织荆州博物馆有关人员编写；一部是邓家湾遗址发掘报告，由杨权喜负责，组织湖北省文物考古研究所有关人员编写；一部是石家河遗址群考古调查报告，由赵辉和张弛编写。现在调查报告已经发表（见《南方民族考古》第五辑）；肖家屋脊的报告已经完成，就是本书；邓家湾的报告正在编写。这些成果尽管还有一些不能尽如人意的地方，毕竟是许多人辛勤操劳的结果，在学术上具有重要价值，因此是弥足珍贵的。

记得在 1991 年的队长扩大会议上，大家充分肯定了三方联合建队、各方发挥自身优势的组队形式，认为这是考古队能够取得重要成果的主要原因之一，表示今后要将这一形式长期坚持下去。我希望在完成第一阶段的各项工作之后，在坚持三方合作的体制的基础上，认真总结经验和不足之处，继续开展工作，努力提高田野考古水平和研究水平。石家河遗址群的研究将会是长时期的，可以几代人做下去的。因而在工作的安排上不必急于求成，可以分阶段有节奏地进行。做完一个阶段做一次总结，使我们的考古水平不断提高，研究的问题不断深入，这应该是我们全体考古队员的心愿。

第一章　前言

第一节　遗址的地理位置及环境

肖家屋脊遗址在湖北省天门市中心城区西北约 16 公里处，南距石河镇 0.5 公里。属石河镇街道办事处管辖（图一）。

天门古称竟陵县，秦代始置，清雍正四年改称天门县，1989 年改县为市。辖地位于大洪山与江汉平原的结合部，地貌属江汉平原，地势自西北向东南依次递降。市境北部边缘为大洪山脉的低山丘陵，最高在天门市和京山县交界处的佛子山主峰，海拔高度为 191.5 米（黄海高程系）。北部为岗状平原，中南部为河湖平原，西南部最低点海拔高仅 23.2 米。

石河镇位于天门市境北部，距市区约 15 公里，辖地与京山县境相连。境内有东河（当地称石家河）、西河（当地称马溪河）。两条古河由北向南流过，最后注入天门河。地貌北部为垄岗状平原，海拔高度一般为 30～50 米，南部渐低洼，多湖泊。

在石河镇之北，以土城村为中心，密集地分布着 30 多个新石器时代的聚落遗址，遗址间的文化堆积大多没有明显界限，总面积约 8 平方公里。近年来的考古调查和发掘，已证实它是长江中游一处庞大的新石器时代聚落遗址群，肖家屋脊遗址处在遗址群的南端，是该遗址群的一个组成部分。

肖家屋脊遗址是在一个由东北向西南延伸的土岗上，以前有一肖姓人家曾在此建房居住，故而得名。遗址的东边紧邻东河，河道断面上可看到有文化层。北边与罗家柏岭、杨家湾两个遗址相连，西北与石板冲、三房湾等遗址隔冲相望（图二；图版一）。

肖家屋脊遗址原有面积约 15 万平方米，一条南北向的土公路穿过遗址中部，将遗址分成东西两部分。80 年代初，当地人在遗址南侧修建一座机械化砖瓦厂，并以遗址

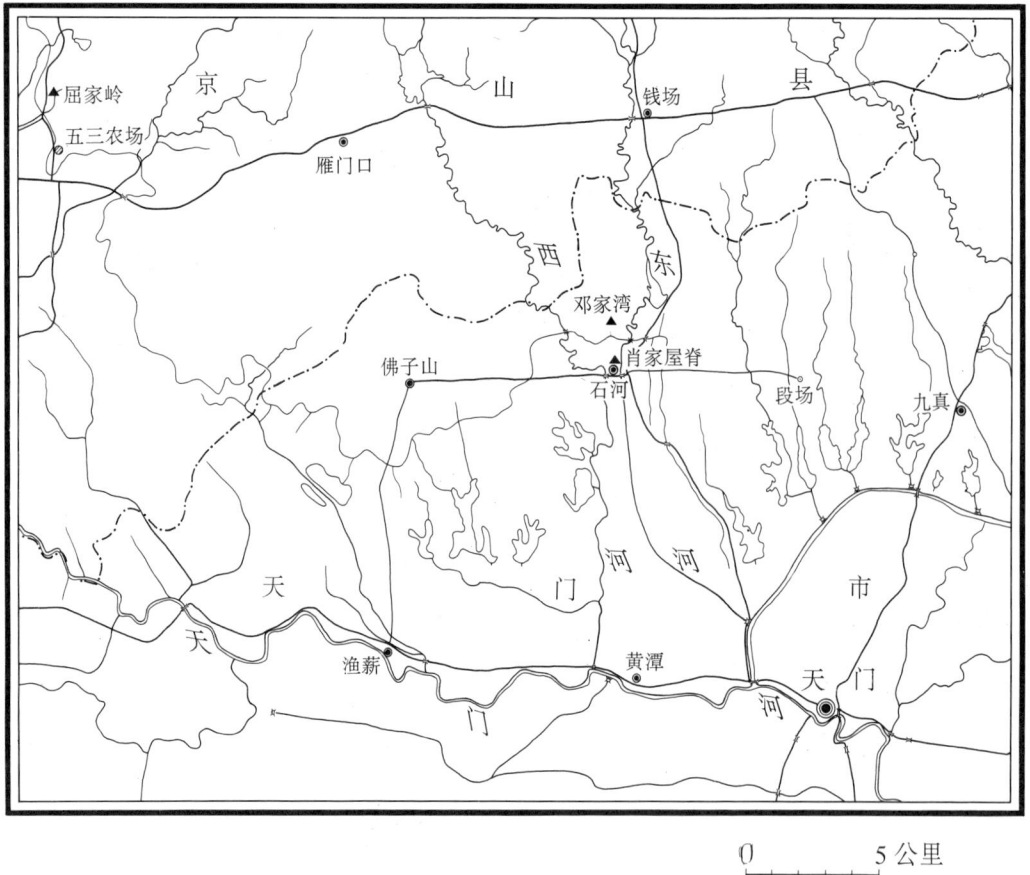

图一　肖家屋脊遗址位置图

为取土场，遂使遗址遭到破坏。

第二节　发掘经过

对肖家屋脊遗址的考古发掘，是整个石家河遗址群考古研究工作的一部分。

石家河遗址的考古工作始于 50 年代。

1954 年冬，京山和天门县修建石龙过江水库干渠，考古工作者沿渠道进行调查，在京山屈家岭和天门石家河发现了许多古遗址。1955 年 2 月～8 月，石龙过江水库指挥部文物工作队在石家河配合工程，发掘了罗家柏岭、杨家湾（贯平堰）、石板冲、三房湾四处遗址，其中罗家柏岭遗址的发掘面积近 1400 平方米。这是江汉地区相当重要的

44.2

40.2

35.8

51.5

35.9

37.5

36.6

41.2

45.9

36.5

39.5
土
城

34.3

34.2

39.2

邓家湾

40.9

31.2

石
家
40.8

41.9
谭家岭

35.2

东
30.5

38.2

黄

38.9

46.8

河
36.5

金
37.9

古
33.8

城

34.1

41.7

32.1

三房湾

31.9

33.3

杨家湾

罗家柏岭

41.8

30.2

38.8

35.2

天
京

石板冲

公

33.3

33.2

肖
家
屋

31.3

脊

29.5

.32.

窑

石河镇

西
河

图　例	
■■	发掘探方
▨	城墙
═	公路
⬭	水塘
〜	河流
◯	台地

0　　　　200 米

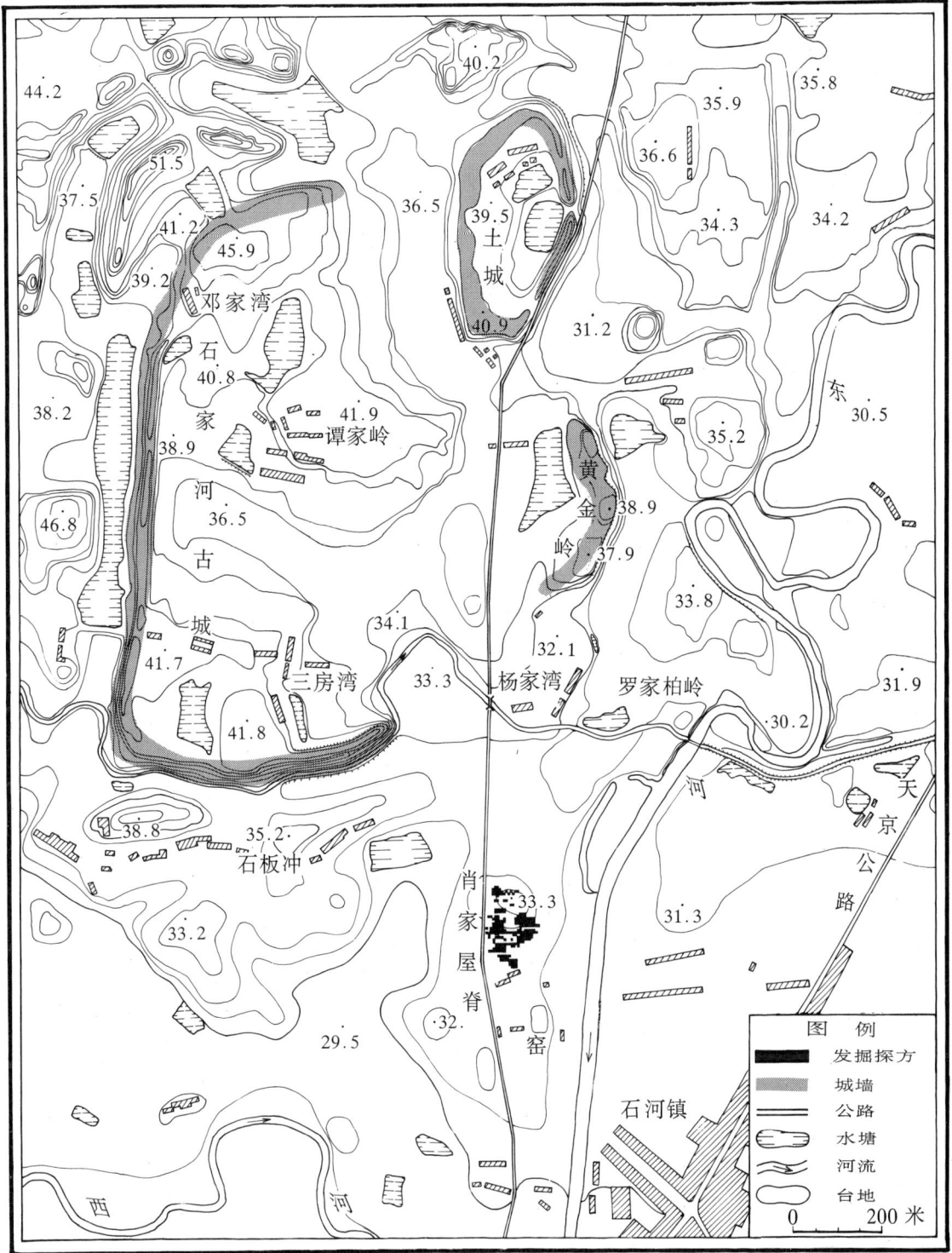

图二　肖家屋脊遗址地形及发掘位置图

一次考古发掘①，但由于种种原因，以上考古资料没有及时发表，因而其学术价值也就长期未能被认识。

从这时一直到 70 年代后期，石家河遗址群再未进行新的考古发掘。

70 年代后期，石家河遗址群的考古工作重新起步。1978 年湖北省荆州博物馆试掘了邓家湾遗址，1982 年湖北省博物馆试掘了谭家岭、土城遗址。1987 年春季，荆州博物馆和北京大学考古学系联合发掘了邓家湾遗址。这几次发掘虽然规模都不大，但获得的资料和信息却十分丰富。

为了进一步研究江汉平原新石器时代文化的特点，探讨石家河遗址群的内涵及其在长江中游新石器文化中的地位等问题，北京大学考古学系、湖北省文物考古研究所、荆州博物馆于 1987 年 6 月联合成立石家河考古队，严文明先生任队长，并从当年秋季开始，对石家河遗址群进行有计划的考古调查和发掘。发掘的主要地点有邓家湾、谭家岭、肖家屋脊和土城等，其中肖家屋脊、邓家湾遗址的发掘面积最大，收获也最丰富。在组织发掘工作的同时，地面上的考古调查也在进行，并取得了重要突破。1991 年秋，田野考古工作暂时告一段落，转入室内整理。经队长会议研究，决定在五年田野工作的基础上，编写三本考古报告。第一本为肖家屋脊遗址报告，由张绪球负责，组织荆州博物馆的有关专业人员编写。第二本为邓家湾遗址发掘报告，由杨权喜负责，组织湖北省文物考古研究所的有关人员编写。第三本为石家河遗址群调查报告，由北京大学考古学系教师赵辉和张驰负责，此调查报告已完成，发表于《南方民族考古》第五辑。

肖家屋脊遗址的发掘带有抢救的性质。发掘前石河镇砖瓦厂已在此建厂取土，将遗址的南端破坏了相当面积。为了部分解决其生产用土的困难，同时达到考古研究的目的，石家河考古队从 1987 年～1991 年，在此进行了八次发掘，累计开 5×5 米的探方 260 个（图三），发掘总面积 6710 平方米（包括扩方面积）。兹将各次发掘的简况记述如下。

第一次发掘是在 1987 年秋冬。发掘目的是为了对遗址的文化内涵作一初步的摸底，以确定今后是否有必要再进行发掘。参加发掘的人员主要是北京大学考古学系 85 级进行教学实习的本科学生。辅导人员有北京大学考古学系教师张江凯、赵朝洪，荆州博物馆张绪球、王宏。发掘方法是以土公路为界，将遗址分为东西 A、B 两区。发掘部位在 A 区的南端，紧挨取土地点。共开探方 12 个（编号 AT1～AT12），揭露面积 300 平方米。因此次发掘是试掘，故未对探方的编号作统一规划。发掘的主要收获是初步掌握了遗址的地层堆积情况，并发现墓葬 13 座（M1～M4、M6～M11、M13～M15）、瓮棺葬 1 座（W1）、灰坑 35 个（H1～H29、H31～H36）和灰沟 1 条（HG1），其中 M7 随葬品甚多，是石家河文化中已发现的最大的一座墓葬。

第二次发掘是在 1988 年春季。通过前次试掘，获知该遗址文化内涵比较丰富，且

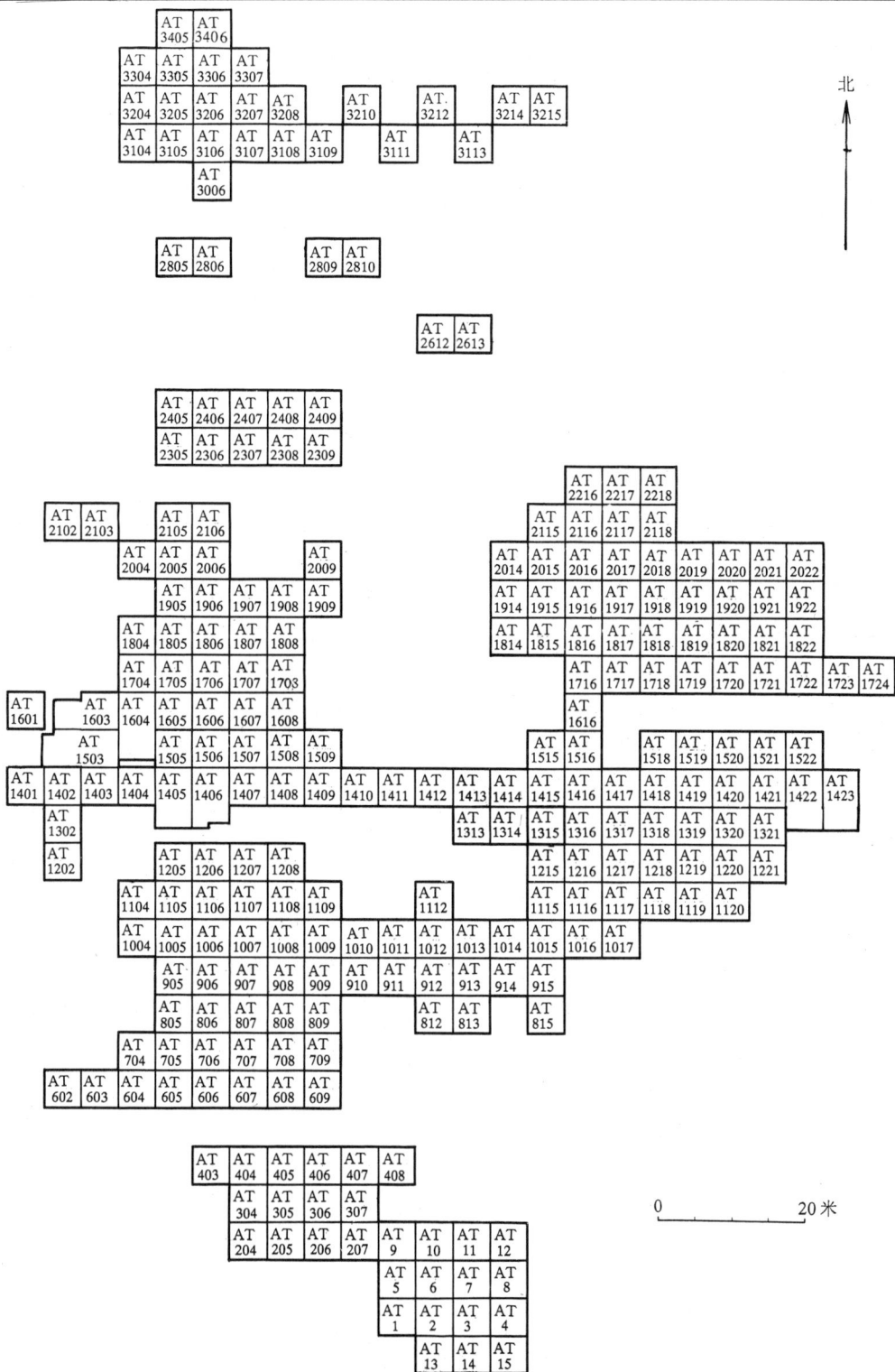

图三　肖家屋脊遗址发掘探方分布图

前后跨越的时间较长，有利于建立整个遗址群的文化发展谱系，故决定继续配合取土进行发掘。参加这次发掘工作的人员有：荆州博物馆张绪球、刘德银、王福英，北京大学考古学系88届毕业生4人，天门市博物馆范学斌。发掘部位主要是在第一次发掘区的北面。探方的编号采用象限法，由四位数组成。前两位数表示探方由南向北的坐标顺序，后两位数表示探方由西向东的坐标顺序。如 AT0207（简写 AT207），即表示探方的位置是在 A 区由南向北的第二排和由西向东的第7号，以后各次发掘均按这个体系编号。

本次集中开探方 14 个（AT204～AT207、AT304～AT307、AT403～AT408），此外又在上次发掘区的南侧残存部分开了 3 个探方（AT13～AT15），发掘总面积 425 平方米。主要收获是清理了墓葬 12 座（M16～M27），其中九座属新石器时代，三座属东周时期；同时发现灰坑 14 个（H38～H51）。

第三次发掘是在 1988 年秋季。参加人员有荆州博物馆张绪球、刘德银、陈官涛、郑中华、王福英、肖玉军，湖北省文物考古研究所李文森、祝恒富，天门博物馆范学斌，湘潭大学考古专业硕士研究生 3 人。这次发掘共开探方 64 个（AT602～AT609、AT704～AT709、AT805～AT809、AT812、AT813、AT815、AT905～AT915、AT1004～AT1017、AT1104～AT1109、AT1112、AT1115～AT1117、AT1205～AT1208、AT1215～AT1217），面积 1600 平方米（图版二，1）。主要收获是在 A 区的东端又发现土坑竖穴墓地一处，清理土坑墓 19 座（M28～M46），并在同一地点发现瓮棺葬 14 座（W2～W13、W90、W91）。发现一处大水塘，其东西长跨越 7 个探方，北端还不清楚。水塘的西南侧有少量瓮棺葬，东侧有较多的瓮棺葬，其中 W6 出土大量精美的玉器。此外还发现灰坑 38 个（H52～H68、H70～H73、H75～H85、H87～H92）、房基 1 座（F1）、土井 1 个（J1）、陶臼遗迹 2 处（JY1、JY2）。

第四次发掘是在 1989 年春季。参加的人员有荆州博物馆张绪球、刘德银、陈官涛、肖玉军，湖北省文物考古研究所李文森、孟华平，北京大学考古学系 85 级学生 7 人，天门市博物馆周文。共开探方 17 个（AT1118～AT1120、AT1218～AT1221、AT1316～AT1321、AT1416、AT1417、AT1515、AT1516），发掘面积 425 平方米。主要目的是在水塘东侧搞清瓮棺葬的范围，结果又发现瓮棺葬 15 座（W9、W14～W26、W29）、土坑墓 1 座（M47）。从地层关系观察，有些瓮棺葬可能已被水塘破坏。此外还发现灰坑 11 个（H93～H102、H147）。

第五次发掘是在 1989 年秋冬。这次发掘主要配合北京大学考古学系 87 级学生的基础实习。参加发掘的人员有：北京大学考古学系教师张江凯、赵辉、张驰、冯先仁，研究生 2 人，本科生 17 人，日本留学生内田珣子、小泽正人，湖北省文物考古研究所李天元、李文森、冯小波，荆州博物馆张绪球、刘德银、陈官涛、王福英、贾汉清、肖玉军，还有湖南省参加北京大学文博班的学员 6 人。共开探方 37 个（AT1202、AT1302、AT1313、AT1314、AT1401～AT1415、AT1418～AT1423、AT1503、AT1505～AT1509、AT1518～AT1522、AT1616），加扩方面积，总面积约 1100 平方米。此次发掘的主要收获是清理房基 5 座（F2、F3、F5、F6、F9）、灰坑 194 个（H104～H133、H135～H146、H148～H152、H154～H163、H165～H171、H173～H190、H192～H198、H200～H203、H205～H224、H226～H240、H242～H258、H260～H276、H278～H291、H293～H295、H297～H306、H341、H342、H346、H353、H388）、灰沟 9 条（HG2～HG4、HG6～HG9、HG11、HG12）、窑 2 个（Y1、Y2）、路 2 条（L1、L2）、土坑竖穴墓 3 座（M48～M50）、瓮棺葬 46 座（W27、W28、W30～W59、W63～W65、W67～W73、W77、W92、W94、W95）。进一步探明了水塘的范围和沿用时间。发现早期水塘被 H230、H254 打破，而水塘又打破了瓮棺葬。水塘一直沿用到南北朝时期。

第六次发掘是在 1990 年春季。参加发掘的人员有荆州博物馆张绪球、刘德银、何努、贾汉清、王福英，北京大学考古学系应届毕业生 4 人。北京大学考古学系教师赵辉、张驰在进行石家河遗址群考古调查中，也抽时间参加了发掘工作。这次发掘共开探方 22 个（AT1601、AT1603～AT1608、AT1704～AT1708、AT1804～AT1808、AT1905～AT1909），加扩方面积，总面积 585 平方米。主要收获是清理房子 2 座（F7、F8）、瓮棺葬 3 座（W74～W76）、灰坑 82 个（H307～H340、H343～H345、H347～H352、H354～H387、H389～H392、H520）、灰沟 9 条（HG13～HG21）、陶臼遗迹 1 处（JY3）。

第七次发掘是在 1990 年秋季，参加人员有湖北省文物考古研究所林邦存、李文森、孟华平、李小华，荆州博物馆张绪球、刘德银、贾汉清、王福英，荆门市博物馆汤学锋，宜昌市文物管理委员会许发喜，湖南岳阳市文物工作队欧继凡。本次共开探方 51 个（AT1716～AT1724、AT1814～AT1822、AT1914～AT1922、AT2004～AT2006、AT2009、AT2014～AT2022、AT2102、AT2103、AT2105、AT2106、AT2115～AT2118、AT2216～AT2218），总面积 1275 平方米（图版二，2）。主要收获是发现灰坑 128 个（H393～H427、H429～H445、H447～H450、H452～H477、H479～H514、H516～H519、H521～H526）、灰沟 13 条（HG22、HG23、HG26～HG36）、房基 6 座（F10～F15）、土坑竖穴墓 2 座（M52、M53）、瓮棺葬 11 座（W79～W88、W96）、陶臼遗迹 4 处（JY4～JY7）。

最后一次发掘是在 1991 年秋季，参加发掘的人员有荆州博物馆张绪球、郑中华、王福英、丁家元、肖华，仙桃市博物馆余立，湖北省文物考古研究所技工金木清，荆门市博物馆龙永芳。此次共开探方 40 个（AT2305～AT2309、AT2405～AT2409、AT2612、AT2613、AT2805、AT2806、AT2809、AT2810、AT3006、AT3104～

AT3109、 AT3111、 AT3113、 AT3204～AT3208、 AT3210、 AT3212、 AT3214、
AT3215、AT3304～AT3307、AT3405、AT3406），总面积 1000 平方米。主要收获是在
北侧新发现墓地一处，清理土坑竖穴墓 18 座（M54～M65、M67～M72）、瓮棺葬 1 座
（W89）、灰坑 30 个（H527～H548、H550～H557）、路 1 条（L3）。

注　释：

① 湖北省文物考古研究所等：《湖北石家河罗家柏岭新石器时代遗址》，《考古学报》1994 年 2 期 191～229
页。

第二章 地层堆积与文化分期

第一节 地层堆积

肖家屋脊遗址的文化堆积层一般厚 1~1.4 米，最厚的部位有 2.5 米，最薄的地方仅 0.4 米。在发掘区内，自下而上存在着屈家岭文化、石家河文化、东周楚墓三种文化遗存。屈家岭文化遗存堆积较薄，有些地方不见分布。石家河文化遗存丰富，是该遗址文化堆积的主要部分。东周墓葬很少，仅见于遗址的东南侧。各个时期文化堆积打破关系比较复杂，晚期扰乱也很严重，地层相当破碎。发掘初期曾试图对各探方的地层作统一编号，但邻近探方的地层对应关系难以准确判断。为避免造成混乱，所有探方地层都采取分别编号的办法。

为了比较全面地反映整个发掘区地层堆积的情况，本节从发掘区的不同部位，选择一些有代表性的探方，按由南向北的顺序，逐一叙述其文化堆积情况。另外再单独列举若干组有叠压或打破关系的遗迹单位。由此而揭示出来的各种遗存之间的相对早晚关系，便是下一节进行文化分期的依据。

一 探方地层堆积举例

1. AT305

以北壁为例（图四）。

第 1 层：耕土层，发掘前上部已被推土机铲去，下部仅剩 0.05~0.1 米厚。

此层叠压 M16、H44。M16 为长方形土坑木椁墓，墓坑打破新石器时代文化层和生

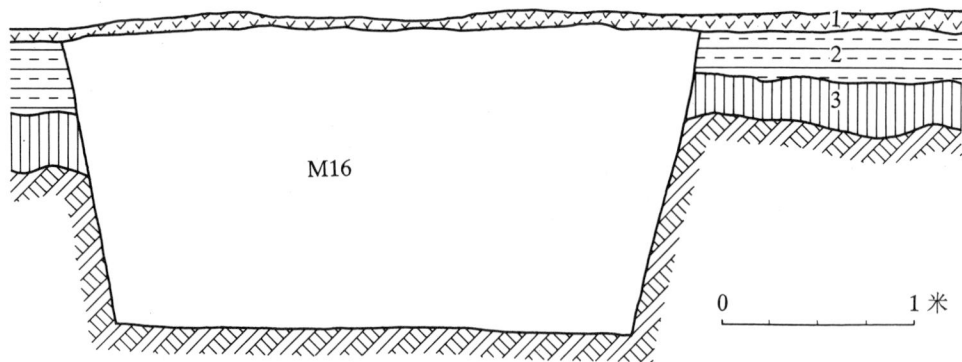

图四　AT305 北壁剖面图

土，随葬的陶器有盉、豆、罐。

第 2 层：灰褐色土，土质较松，含少量红烧土块，厚 0.25～0.45 米。出土陶片中，可辨别的陶器有豆、扁平足鼎、喇叭形厚胎杯、罐、钵、鬶等。

此层叠压 M19、M20。M19 随葬品已被扰光，M20 中有高领罐、碗等。

第 3 层：灰黄色土，粘性较大，厚 0.25 米左右，包含的遗物有石箭镞、陶纺轮、陶器残片，可辨识的器形有凿形足鼎、高领罐、豆、喇叭形厚胎杯、高圈足杯等。

根据出土遗物分析，M16 属东周时期，第 2、3 层及 M19、M20、H44 属石家河文化。

2．AT905

以北壁为例（图五）。

第 1 层：耕土层和现代扰乱层，厚 0.1 米左右。

第 2 层：浅黄色土，厚 0.15～0.2 米，出土陶片不多，器形有长细把豆、直领广肩罐、碗等。

第 3 层：疏松的黑土，厚 0.2～0.9 米。包含遗物丰富，有陶纺轮、长细把豆、直领广肩罐、圈足盘、鼎、瓮、平底盆等，其中残豆柄特别多。陶器纹饰主要为篮纹、绳纹、方格纹。

此层叠压 H68。H68 中复原大量陶器，主要器形有直领广肩罐、长细把豆、瓮、曲腹平底盆、盉、钵等。

第 4 层：黄褐色土，夹零星的红烧土，厚 0.3～0.7 米。包含的陶片不多，器类有罐、豆、杯、缸等。

第 5 层：深褐色土，厚 0.1～0.3 米。陶片很少，所见器形与第 4 层基本相同。该探方第 2 层及以下堆积均属石家河文化。

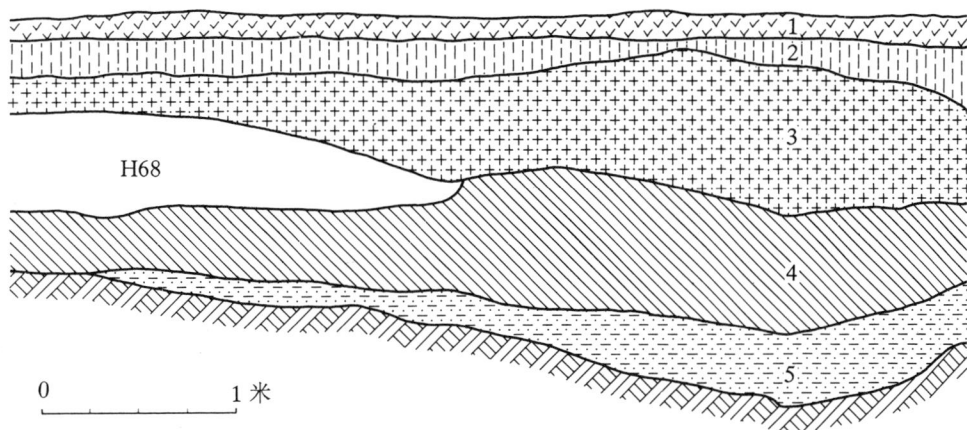

图五　AT905 北壁剖面图

3．AT1216

以北壁为例（图六）。

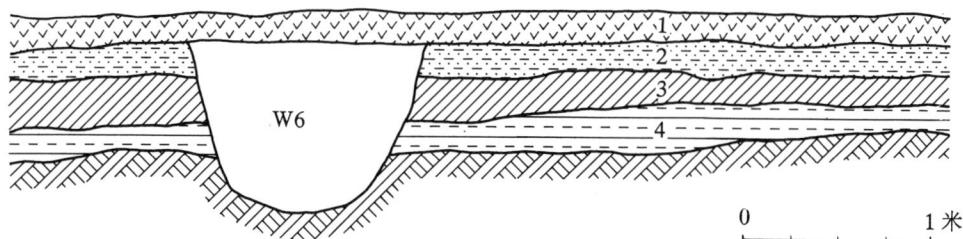

图六　AT1216 北壁剖面图

第 1 层：耕土层，厚 0.15 米。在此层下发现 W5、W6、W8～W11，W6 打破 M32、M34。W6 是一座大型瓮棺葬，出土大量精美的玉器。

第 2 层：深褐色土，厚 0.15～0.2 米。包含的陶片很少，器形有罐、喇叭形厚胎斜腹杯、罐形鼎、缸、豆等。

此层叠压 M30、M34。M30 叠压 M32、M36，M34 叠压 M31、M32、M36。M30 随葬鼎、罐，但过于残破，无法复原。

第 3 层：红褐色土，厚 0.1～0.2 米。含陶片少，器形有豆、碗、折腹平底缸等。

此层叠压 M31、M32，这两座墓同时打破 M36。M31 无随葬品，M32 随葬高领罐、双腹碗等，但只修复双腹碗 1 件。

第 4 层：灰褐色土，含红烧土块，厚 0.15～0.2 米，包含的遗物有稻谷壳及陶片，器形有壶形器、双腹碗、小罐形鼎、豆等。

此层叠压 M36、M47。M36 随葬陶器的组合为小鼎、薄胎喇叭形杯、双腹碗。M47 陶器的组合为高领罐、薄胎喇叭形杯、双腹碗、小鼎。

该方第 2、3 层，1 层下的瓮棺葬、2 层下的 M30、M34 属石家河文化。第 4 层及 M31、M32、M36、M47 属屈家岭文化。

4．AT1509

以北壁为例（图七）。

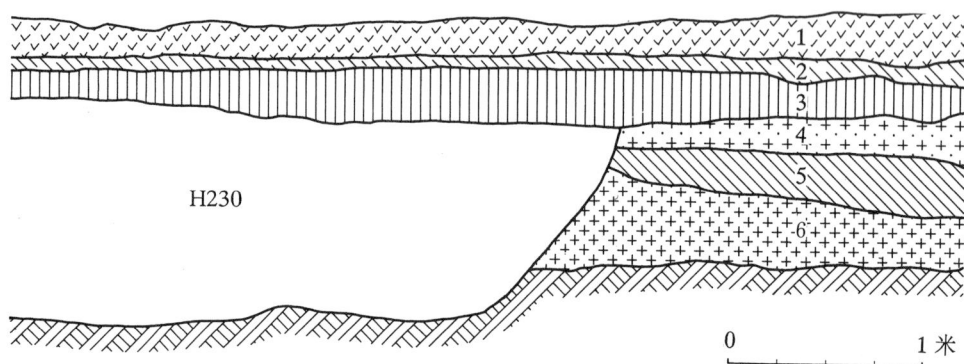

图七　AT1509 北壁剖面图

第 1 层：耕土层，为疏松的灰土，厚约 0.15 米。

第 2 层：近代水塘堆积，灰色土，含砂较多，全方均匀分布，厚 0.05 米。包含物中有白色瓷片。

第 3 层：六朝以后水塘堆积，灰黄色土，含铁锈斑，分布不均，东壁厚 0.22 米，西壁厚 0.03～0.04 米。此层中含有几何形花纹砖、瓷片、陶片等。

此层叠压 H229、H230、H254。H230、H254 复原大量陶器，主要器形有高领广肩罐、长细把豆、直领扁腹罐、大圈足盘、瓮、鼎、厚胎喇叭形红陶杯、红陶钵等。

第 4 层：新石器时代水塘堆积。棕黑色土，较坚硬致密，有铁锈斑，厚 0.15～0.25 米，分布于全方，局部被以上三个灰坑打破。包含物中有石镞、石块、石片、碎陶片、残陶塑小动物等。可辨认的器形有细把豆、直领广肩罐、厚胎喇叭形杯、大口缸、盉等。

第 5 层：新石器时代水塘堆积。灰黄色土，质硬，有铁锈斑，厚 0.1～0.3 米，分布全方，包含物较少。陶器器形有广肩罐、细把豆、鼎、瓮、盘等。

第 6 层：新石器时代水塘堆积底部。浅棕色土，质地较软，一般厚约 0.3 米，分布于全方，局部被 H230、H254 打破。含极少量陶片和石片，陶片中有长细把豆、厚胎喇叭形杯、罐、缸等。

第 4～6 层及 3 层下的三个灰坑均属石家河文化。

5．AT1522

以南壁为例（图八）。

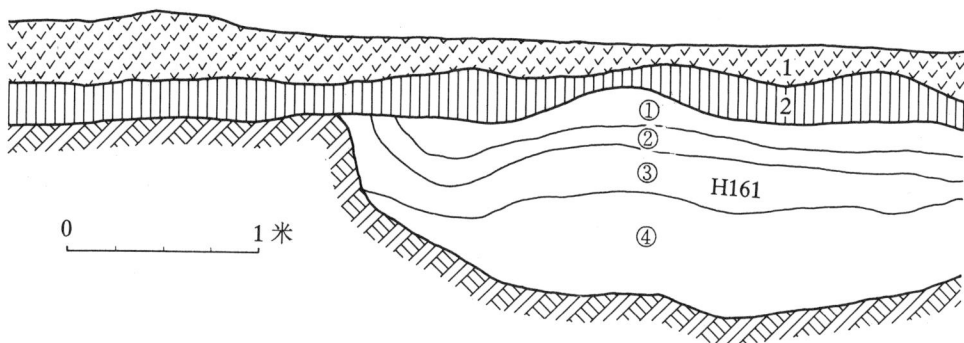

图八　AT1522 南壁剖面图

第 1 层：耕土层，厚度为 0.12～0.3 米。

第 2 层：灰黄色土，土质松软，厚 0.1～0.25 米。包含遗物有石锛、砺石、陶纺轮、陶器残片。可辨器形有侧装足鼎、扁平足鼎、厚胎喇叭形杯、大口缸、漏斗形擂钵、罐、盆等。

此层叠压 H214 和 H161，H214 打破 H161 的北边。H161 中出土的陶器有罐、豆、盆、钵、漏斗形擂钵、厚胎喇叭形杯等。H214 中包含陶片很少，器形与 H161 相似。

本探方耕土以下的新石器时代文化层均属石家河文化。

6．AT1818

以南壁为例（图九）。

第 1 层：耕土层及晚期扰乱层，厚约 0.1 米。

此层叠压 H393。H393 出土陶片很少，器形有厚胎喇叭形杯、鼎、钵等。

第 2 层：灰褐色粘土，厚约 0.1 米。出土遗物有石镞、陶纺轮、厚胎喇叭形杯、侧装足罐形鼎、宽扁足盆形鼎、折沿篮纹罐、折腹小平底缸、长颈鬶等。

此层叠压 H409、H416。两坑陶器的特点相似，器形有豆、高领罐、漏斗形擂钵、鼎、厚胎喇叭形杯等。

第 3 层：土色比第 2 层稍黄，质松，厚约 0.1 米。包含遗物较少，陶器器形有缸、

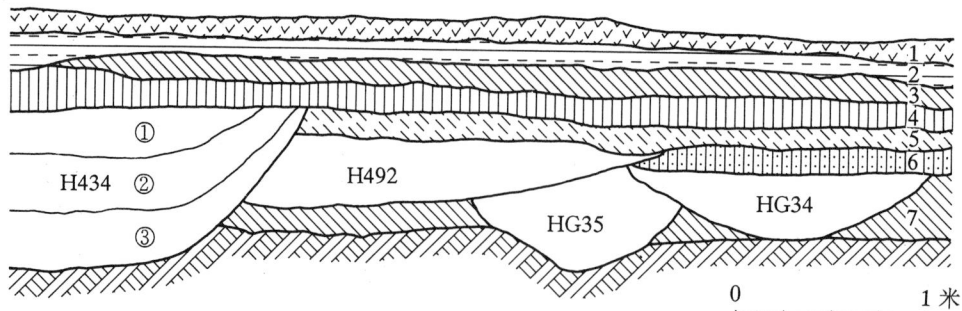

图九　AT1818 南壁剖面图

豆、高圈足杯等。

第 4 层：灰黄色粘土，厚 0.15～0.2 米。出土陶器的器形有宽扁足盆形鼎、侧装足罐形鼎、高领罐、厚胎红陶杯、厚胎臼、粗颈鬶、细颈鬶、漏斗形擂钵、粗圈足豆、折腹平底缸等。

此层叠压 H434，H434 又打破 H491、H492。H434 中出土大量陶器，器形主要有高领罐、缸、罐形侧装足鼎、罐形或盆形宽扁足鼎、豆、钵、厚胎喇叭形杯、瘦袋足鬶等。

第 5 层：较纯净的浅灰黄土，厚 0.1～0.2 米。包含的遗物有陶纺轮、外贴沿红陶钵、盆形宽扁足鼎、厚胎喇叭形杯、臼、深腹盆等。

此层叠压 H490～H492。三坑中出土陶片不多，特点相同，器形有高领罐、缸、宽扁足或侧装足鼎、豆等。

第 6 层：疏松的灰黄色土，有绿色霉斑和红烧土渣，厚 0.2～0.3 米。包含的遗物有陶纺轮、小罐形鼎、双腹碗、高领罐、三角状钮盖等。

此层叠压 W87、M52、HG34，HG34 又打破 HG35。W87 的葬具是一釜上盖一双腹碗。M52 中出土的陶器有双腹碗、斜腹碗、薄胎喇叭形杯、高领罐、小罐形锥足鼎、明器小罐等。HG34 中出有深腹盆、凿形足鼎、碗等残片。HG35 中出双腹碗、高领罐等陶器。

第 7 层：灰黄色土，厚 0.1 米左右。含陶片极少，无法辨认器形。

此层叠压 M53、HG36。M53 中出土薄胎喇叭形杯、小罐形鼎等器形。HG36 中出双腹碗、薄胎斜弧腹杯、小鼎、高领罐等器形。

第 2～5 层及 H393、H409、H416、H434、H490～H492 属石家河文化，第 6、7 层及 W87、M52、M53、HG34～HG36 属屈家岭文化。

7．AT2308

以北壁为例（图一〇）。

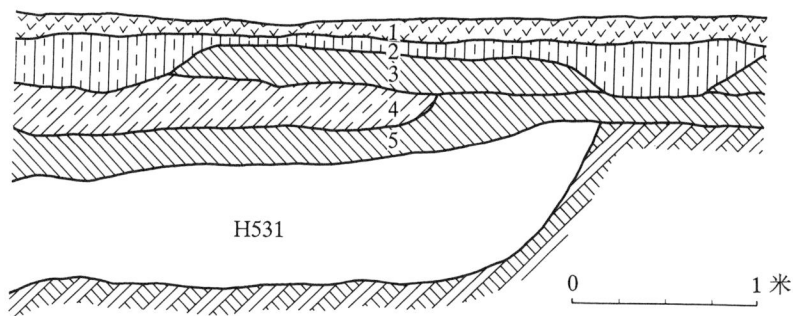

图一〇　AT2308北壁剖面图

第1层：耕土层，厚0.1米左右。

第2层：深灰色土，厚0.1~0.3米。可辨识的陶器器形有长细把豆、直领广肩罐、喇叭形厚胎杯、鬶等器形。

第3层：黄褐色土，厚0.15米左右。出土的遗物有陶纺轮、小石锛、厚胎喇叭形斜腹杯、罐、漏斗形擂钵、鼎等。

第4层：灰黑色土，厚0.25米左右。出土的陶片中有厚胎喇叭形斜腹杯、碗、扁平足鼎、高领罐、缸等器形。

第5层：黄褐色土，厚0.15~0.25米。出土的遗物有彩陶纺轮、双腹碗、罐形鸭嘴足鼎、罐形侧装足鼎、豆、三角状钮盖、碗等。

此层叠压H531。该灰坑中出土大量陶器，主要器形有双腹碗、扁鼓腹壶形器、薄胎斜直腹杯、小罐形鼎、高领罐、三角状钮盖等。

第2至4层属石家河文化，第5层及H531属屈家岭文化。

8．AT3106

以北壁为例（图一一）。

第1层：耕土层，剩余厚度约0.1米。

第2层：深灰色土，主要分布于探方的东部和中部，厚0.1~0.35米。含遗物很少，陶片中可识器形有长细把豆、圈足盘、直领广肩罐等。

第3层：浅灰色土，偏黄，含红烧土颗粒。此层在该探方中由西向东倾斜，厚0.15~0.45米。陶片不多，陶器有缸片、喇叭形厚胎杯、扁足罐形鼎等。

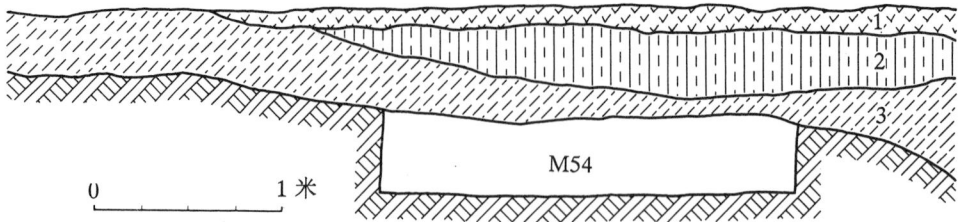

图一一　AT3106 北壁剖面图

此层叠压 M54、M55，两座墓均直接打破生土。M54 中随葬大量高领罐，M55 中无随葬品。

第 2 层及以下文化堆积均属石家河文化。

二　遗迹间的地层关系举例

遗迹之间的叠压与打破关系很多。在前面所举八个探方的地层堆积中，已能看到一些遗迹之间所存在的这种关系。下面再介绍几组有叠压或打破关系的遗迹单位。为叙述方便，用"→"表示前一个单位打破后一个单位，用"—"表示前一个单位叠压后一个单位。

1．H170→H306

这两个灰坑位于 AT1406 南侧的扩方内。

H306 为长椭圆形，西侧在探方外，未发掘。直径 2.6～3.6 米，此灰坑打破 F6、第 7 层和生土。出土的陶器有高领罐、碗、粗喇叭形高圈足豆、高圈足杯、纺轮等。

H170 为椭圆形，直径 1.9～2.1 米。此灰坑被第 3 层叠压，打破 F6、H306 和第 5 层至生土。出土的遗物有厚胎斜腹杯、中口罐、窄折沿方格纹缸、漏斗形擂钵、石锛、石凿等。

2．H345—H361—H392

这三个灰坑位于 AT1804 之内。

H392 在 AT1804 的西南角，部分在探方外未发掘。此灰坑被叠压于第 10 层下。出土的陶器有豆、高领罐、中口罐、高圈足杯、折腹壶形器、甑、碗等。

H361 的位置与 H392 大致相同。此灰坑叠压于 AT1804 第 6 层下，打破第 7 层到第 9 层。出土的遗物有腰鼓形中口罐、碗形豆、碗、厚胎斜腹杯、缸、器座、陶垫、陶纺轮等。

H345 在 AT1804 西北侧，其南边有一部分和 H361、H392 的平面位置重合。此灰坑叠压于 AT1804 第 2 层下，打破第 3 层到第 7 层。此坑内出土的陶器有直领广肩罐、带箍细长把豆、豆、敛口深腹钵、盘、鼎等。

3. H408—H449

这两个灰坑在 AT2019 东南侧，部分重合。

H449 叠压于 AT2019 第 3 层下，打破第 4 层。灰坑内出土的陶器有高领罐、厚胎臼、尊、盆、豆、碗、薄胎斜腹杯、彩绘纺轮等。

H408 叠压于 AT2019 第 1 层下，打破第 2 层。出土陶器有高领罐、腰鼓形中口罐、瓮、缸、钵、瓶、浅碗形豆、厚胎斜腹杯、高圈足杯、鬶、小壶、纺轮、小陶猪等。

4. H538—H556

H556 位于 AT2810 中部，在平面上和 H538 重合。此灰坑叠压于 AT2810 第 3 层之下，打破第 4 层。出土陶器有腰鼓形中口罐、壶、厚胎斜腹杯。

H538 位于 AT2810 的中北部，叠压于 1 层之下，打破第 2 层到第 5 层。此灰坑内出土的陶器有直领广肩罐、臼、盆、敞口红陶钵、细把豆、圈足盘、斜腹杯、三足杯、矮圈足杯、单耳杯、罐形鼎、盉等。

第二节 文化分期

从前节所举八个探方及另外四组遗迹的地层堆积情况可以看出，肖家屋脊遗址的新石器时代文化遗存不仅包括屈家岭文化和石家河文化，而且在每一种文化中，存在着明显的早晚差别。这说明该遗址在新石器时代曾经历过长期的发展过程，本报告的文化分期正是建立在这一客观基础之上的。

一 屈家岭文化分期

在前节所举八个探方中，只有三个探方下部发现屈家岭文化的遗存，这一比例与整个遗址中屈家岭文化遗存不够丰富是相符合的。三个探方中共有 11 个屈家岭文化遗迹，它们是：M31、M32、M36、M47、M52、M53、W87、HG34～HG36、H531。这些遗迹中出土的陶器主要有双腹碗、薄胎红陶杯、小罐形鼎、壶形器、高领罐、彩陶纺轮、三角状钮盖等。上述器形均为屈家岭文化所常见，因此 11 个单位同属屈家岭文化不存在疑问。但是仔细对比各单位的陶器，也不难看出它们之间的差别。这些差别是：

在 H531 中，双腹碗仰折特别明显，薄胎杯皆为斜直腹，壶形器的腹部为扁鼓形，小罐形鼎腹部较鼓，高领罐的最大直径在肩部，所饰凸弦纹很整齐。而在 M47、M52 等单位中，双腹碗大多仰折不明显，有些只在内壁才能看到折痕。薄胎杯由斜直腹变为内弧腹。壶形器的腹部变为扁折形，小罐形鼎腹部较直，高领罐肩部不如 H531 所出的鼓，凸弦纹也不如前者的规则。

根据以上这些陶器的差别，可以把所有屈家岭文化的地层及单位分为两组。第一组以 H531 为代表，第二组以 M47、M52 为代表。八个探方中的 11 个屈家岭文化遗迹，除 H531 外，其余都属于第二组。两组遗存之间的差别，应是由于早晚不同造成的。检查两组之间的地层关系，未发现有直接的叠压或打破情况。但是依据考古类型学的原理，仍然可以确定它们之间的早晚关系。

已知石家河文化晚于屈家岭文化，石家河文化的许多器形都是从屈家岭文化承袭或演变而来。拿屈家岭文化的两组陶器和石家河文化的陶器进行比较，和石家河文化有直接转承关系的一组，自然就是屈家岭文化遗存中年代偏晚的部分。

第二组陶器中的扁折腹壶形器，到石家河文化中腹部更加瘦折。仰折不明显的双腹碗，到石家河文化时期已基本消失，并演变成斜直壁碗。薄胎杯的内部容积小于第一组的，大于石家河文化的同类器。第二组的其它器形，也都具有从第一组向石家河文化同类器过渡的特点。因此以 M47、M52 为代表的第二组遗存单位晚于以 H531 为代表的第一组遗存单位。

据此，本报告将屈家岭文化分为两期，第一组为第一期，第二组为第二期（表一）。

表一　　　　　肖家屋脊遗址部分遗迹单位文化分期表

文化性质	屈家岭文化		石家河文化			楚墓
文化分期	第一期	第二期	第一期		第二期	
分　组	第一组	第二组	第一组	第二组	第三组	
遗迹单位	H531	M31、M32、M36、M47、M52、M53、W87、HG34、HG35、HG36	M19、M20、M30、M34、M54、M55、H44、H306、H392、H449、H490、H491、H492	H161、H170、H214、H361、H393、H408、H409、H416、H434、H556	W5、W6、W8、W9、W10、W11、H68、H229、H230、H254、H345、H538	M16

二　石家河文化分期

前节所举八个探方及另外四组遗迹中，属石家河文化的遗存单位共有 35 个。根据各单位的地层关系和出土遗物形制上的差别，可以分为三组：

第一组：M19、M20、M30、M34、M54、M55、H44、H306、H392、H449、H490～H492

第二组：H161、H170、H214、H361、H393、H408、H409、H416、H434、H556

第三组：W5、W6、W8～W11、H68、H229、H230、H254、H345、H538

第一组遗迹中，出土的陶器主要有高领罐、高圈足杯、厚胎及薄胎喇叭形杯、罐形或盆形宽扁足鼎、小罐形鼎、折腹平底缸、粗圜底臼、碗形或钵形豆、长颈瘦袋足鬶、深腹盆、盆形多孔甑、折腹壶形器、彩陶纺轮等。

第二组遗迹中，出土的陶器主要有腰鼓形中口罐、罐形或盆形宽扁足鼎、罐形侧装足鼎、浅碗形或浅钵形豆、外贴沿钵、折腹平底缸、小平底臼、厚胎喇叭形杯、长颈瘦袋足鬶、深腹或浅腹盆、盆形多孔甑、漏斗形擂钵。

第三组遗迹中，出土的陶器有直领广肩罐、扁腹罐、腰鼓形中口罐、瓮、长细把豆、大圈足盘、盆形舌足或宽扁足鼎、罐形锥足鼎、浅腹外贴沿钵、厚胎喇叭形红陶杯、曲腹盆、无底甑、盆形擂钵、粗短颈鬶、盉等。这一组中还出土了玉器。

对比三组陶器，可看出一、二组之间大部分器形比较接近，许多器形有发展演变关系。第三组和前两组之间也有一些器形相似，有的存在承袭演变关系。因此这三组遗存同属于石家河文化。

但这三组陶器之间，第二组中的一些重要器形如漏斗形擂钵、折腹平底缸、盆形多孔甑、臼、长颈瘦袋足鬶在第三组不见或少见。第三组中大量出现的直领广肩罐、长细把豆以及大圈足盘、曲腹盆、无底甑、盉等，也不见或少见于第二组。另外，第三组中出现大量的篮纹、方格纹和绳纹，但这些纹饰在第二组中所占的比例并不大。

第一、二组之间也有差别。如第一组中的高领罐少见于第二组，且形态有变化。第一组中的薄胎喇叭形杯、高圈足杯、粗圈足豆、彩陶纺轮等不见于第二组。而第二组中的腰鼓形中口罐、漏斗形擂钵等器形也不见于第一组。

以上三组陶器的差别，应是三组遗存之间早晚不同的反映。

检查三组遗存之间的地层关系，发现 H170→H360、H434→H491、H434→H492；W6→M34、H345—H361、H538—H556、H361—H392、H408—H449。从这些地层关系可以看出，第二组遗迹晚于第一组遗迹，第三组遗迹晚于第一、二组遗迹。

由于第一、二组遗迹差别较小，第二、三组遗迹差别明显，因此本报告将石家河文化分为两期，第一、二组遗迹属第一期，第三组遗迹属第二期，这两期遗迹分别代表石家河文化的早期和晚期（表一）。

第三章　屈家岭文化遗存

肖家屋脊遗址中屈家岭文化遗存很少，除零星分布的文化层外，遗迹有房子、灰坑、墓葬和瓮棺葬。

第一节　生活遗迹和遗物

一　遗迹

屈家岭遗址中文化生活遗迹共有房子7座（附表一）、灰坑33个、灰沟9条（图一二）。

（一）屈家岭文化第一期遗迹

第一期遗迹有房子和灰坑。

1. 房子

1座，编号F3。位于AT1519、AT1520方内，叠压在第3层下，打破第4层。残存房基，被HG2、H189、M48打破。房基扰乱严重，残存室内房基与柱洞。东西残长8.6米、南北残宽6.5米。根据房基和柱洞的分布情况，房子的结构应为长方形地面式建筑。房基有三层，厚约0.3米。其构筑方法是：首先在地面上挖一浅坑，底部略内收，再逐层垫平。第3层为黑斑灰黄土，厚约0.1米。第2层为红烧土，厚约0.1米。红烧土呈块状，火候较高，大小不一。其中发现长方形红烧土四块，边齐，似砖，大小略有差别。最大的一块长0.24、宽0.15、厚0.65米。这些红烧土应在建房前烧好，作铺地

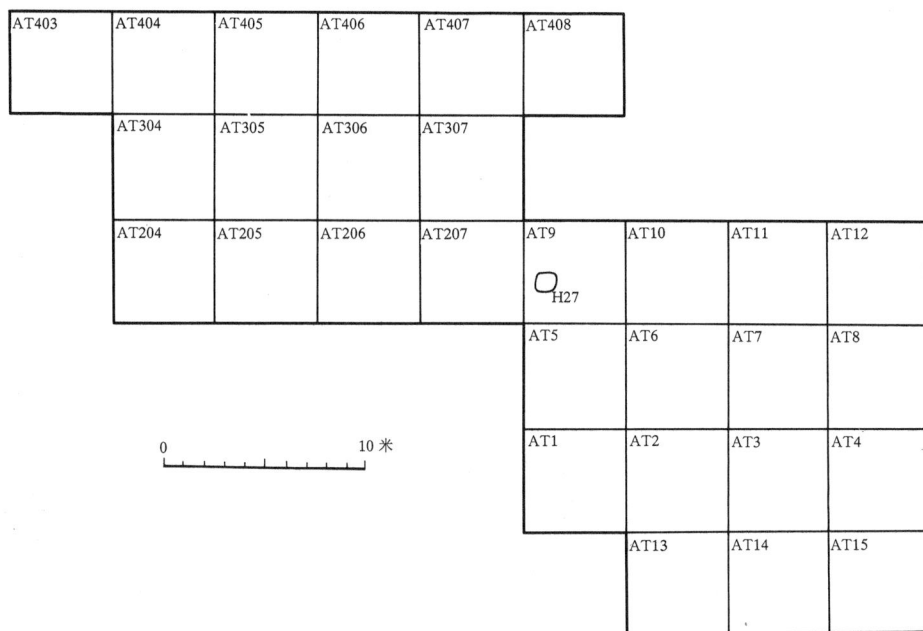

图一二.A　屈家岭文化生活遗迹分布图

用，起防潮耐久作用。第 1 层为灰黄色沙土，即居住面，厚约 0.06 米。较坚硬、平整。

发现柱洞 29 个，分布在居住面上，排列不甚规律。南北向大致可分六排，间距最小的 1 米，最大的 1.8 米。从西向东第 1 排 6 个（D3、D4、D7、D11、D12、D16）；第 2 排 5 个（D1、D5、D8、D14、D17）；第 3 排 3 个（D2、D6、D9）；第 4 排 4 个（D19、D10、D20、D21）；第 5 排 3 个（D28、D25、D23）；第 6 排 3 个（D29、D26、D27），其余五个分布较零散。柱洞直径 0.17～0.3 米、深 0.15～0.46 米。洞内填土以黄褐色为主，少数为灰褐色和灰黄色，质较松软，极少数含红烧土粒和陶片（图一三；图版三，1、2）。

另外，在房基下的东南角发现两碗对扣正置的迹象，可能与奠基有关。

2. 灰坑

共发现两个灰坑，即 H238、H531（附表二）。

H238，位于 AT1505 东部，叠压在第 3 层下，打破第 4 层。坑口平面呈圆形，斜弧壁，底近平，口径略大于底径。坑口直径 1.1、深 0.2 米。坑内堆积灰黑色土，夹少量红烧土粒。出土陶片较少，主要器形有罐、碗、鼎和器盖等（图一二.D）。

H531，位于 AT2308 西北部，叠压在第 5 层下。坑口略呈正方形，斜弧壁，平底，口径略大于底径。口径 3.8、深 0.6 米。坑内堆积深灰色土，夹大量草木灰。包含物较丰富，复原陶器较多，主要器形有罐、壶形器、碗、杯、鼎和器盖等（图一四、一五）。

（二）屈家岭文化第二期遗迹

第二期遗迹有房子、灰坑和灰沟（图一二）。

1. 房子

（1）概况

发现房基 6 座（附表一），仅一座保存较好，其它扰乱破坏严重，无法了解全貌。从残存情况看，均为长方形地面式建筑。一座为双间，其余几座分间迹象不明显。房基垫土 1～5 层，居住面均用黄土铺成，个别似经火烤。居住面下多数铺垫一层红烧土。都有数量不等的圆形柱洞，个别有墙基。

（2）举例

F1　保存较好。位于 AT1106、AT1107、AT1206、AT1207 方内，叠压在第 3 层下。东南角和东北角被扰乱（图一二．B）。

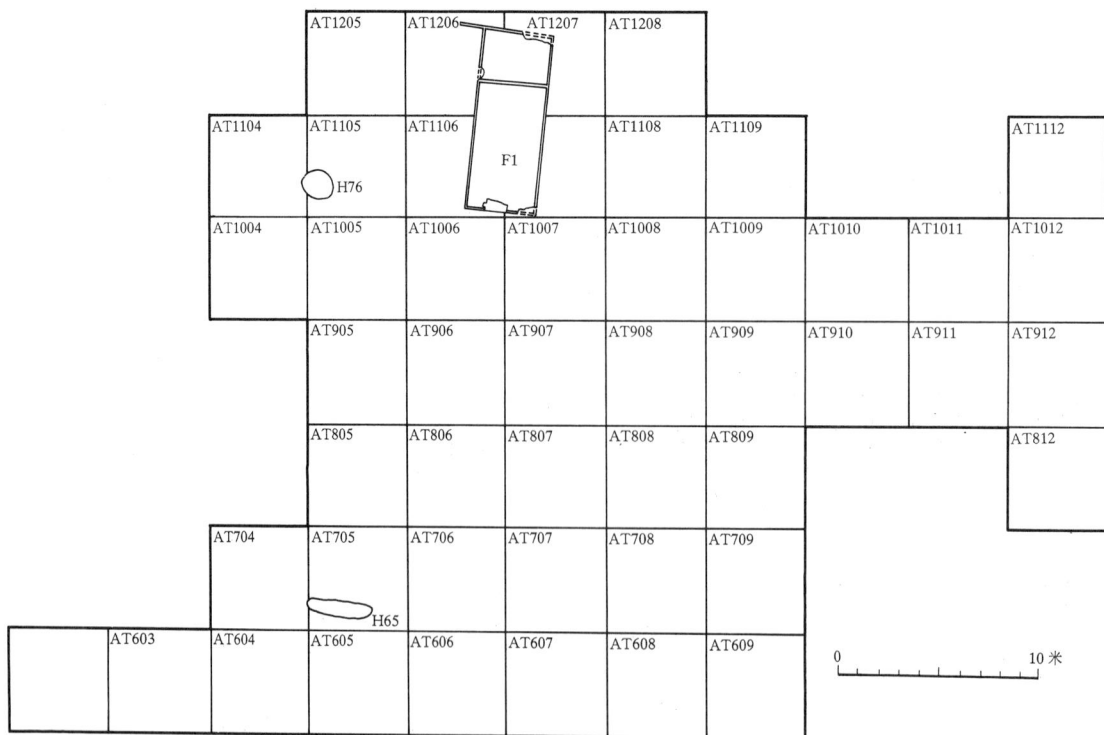

图一二．B　屈家岭文化生活遗迹分布图

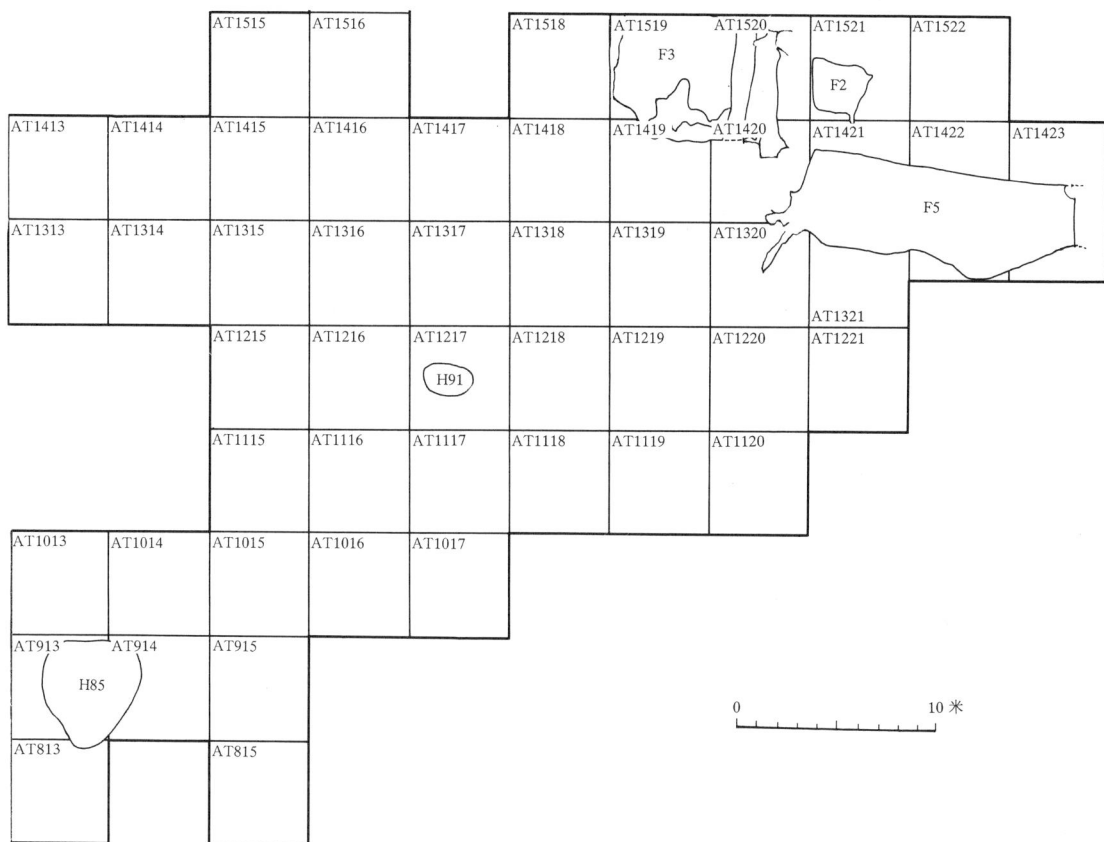

图一二.C　屈家岭文化生活遗迹分布图

　　房基平面呈长方形，门向南，方向10°。南北长8.65、东西宽约3.5米。分前、后两室。两室间有隔墙。前室门道比较清楚，位于南墙基中部，略高于室内地面，宽1.1米，门道内侧两边各立一柱支撑（D4、D5）。前室长5.6、宽3米，面积16.8平方米。后室长2.25、宽3.1米，面积6.98平方米。根据柱洞的间距判断，两室之间应有门道相通。

　　墙基保存基本完好，比较规整。厚0.2～0.25米。北墙基最厚，为0.3米，残高0.1米。北墙基向西伸出1.05米。室内垫土绝大部分被破坏掉，仅见零星的红烧土层，结构不清。室内布局、设施无从了解。

　　共发现柱洞103个，其中五个位于前室内，余皆密集成排地分布在东、西、南三面墙基内，北墙基未发现柱洞。前室门内的两个柱洞最大，直径分别为0.25、0.35米，柱洞底部垫有缸片，应为柱础，墙基内柱洞较小，直径在0.08～0.15米之间。根据柱洞排列的密集程度，墙体应为木骨泥墙。北墙基宽而无柱洞，可能为土筑墙。

　　另外，在西墙基外的南、北部发现有残留的红烧土层，北墙基又向西伸出1米多，说明此房可能有廊檐结构（图一六；图版四，1）。

　　F5　位于 AT1421、AT1422 方内，叠压在第3层下，打破第4层。南边因推土遭到破坏，并被 H293、H143、H255、W69 打破，残存房基与柱洞（图一二.C）。

　　房基平面大致呈长方形，东西残长15.6、南北残宽5米。房基填土有五层，构筑方法仍是先在地面上挖一浅坑，再逐层填平。第5层，灰土，土质紧密，仅分布在房基的东半部，厚0.1~0.2米；第4层，灰黄土，土质紧密，厚0.1~0.18米；第3层，棕黄色斑土，土质紧密，厚0.06~0.22米；第2层，红烧土，仅分布在房基的中部，

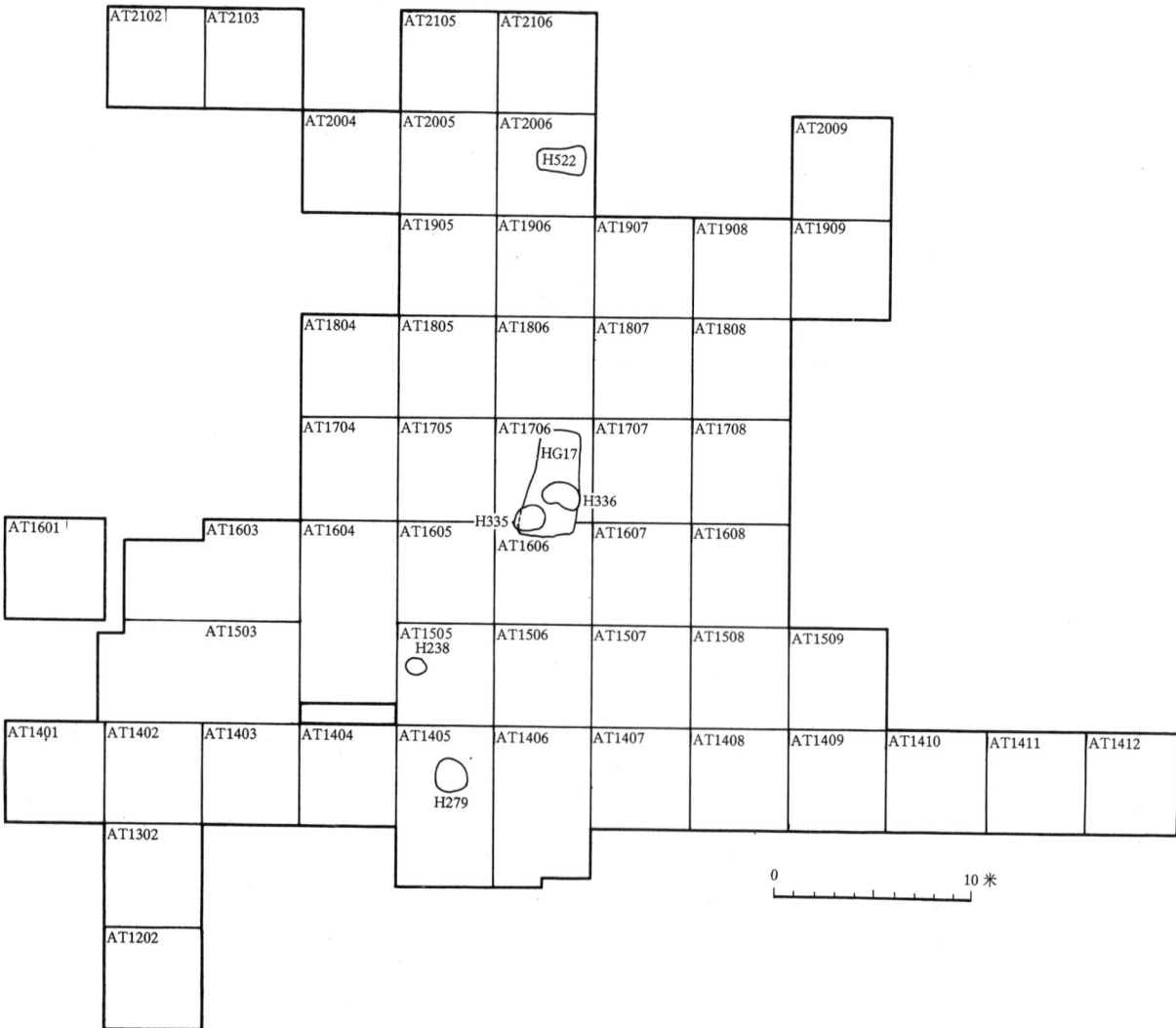

图一二.D　屈家岭文化生活遗迹分布图

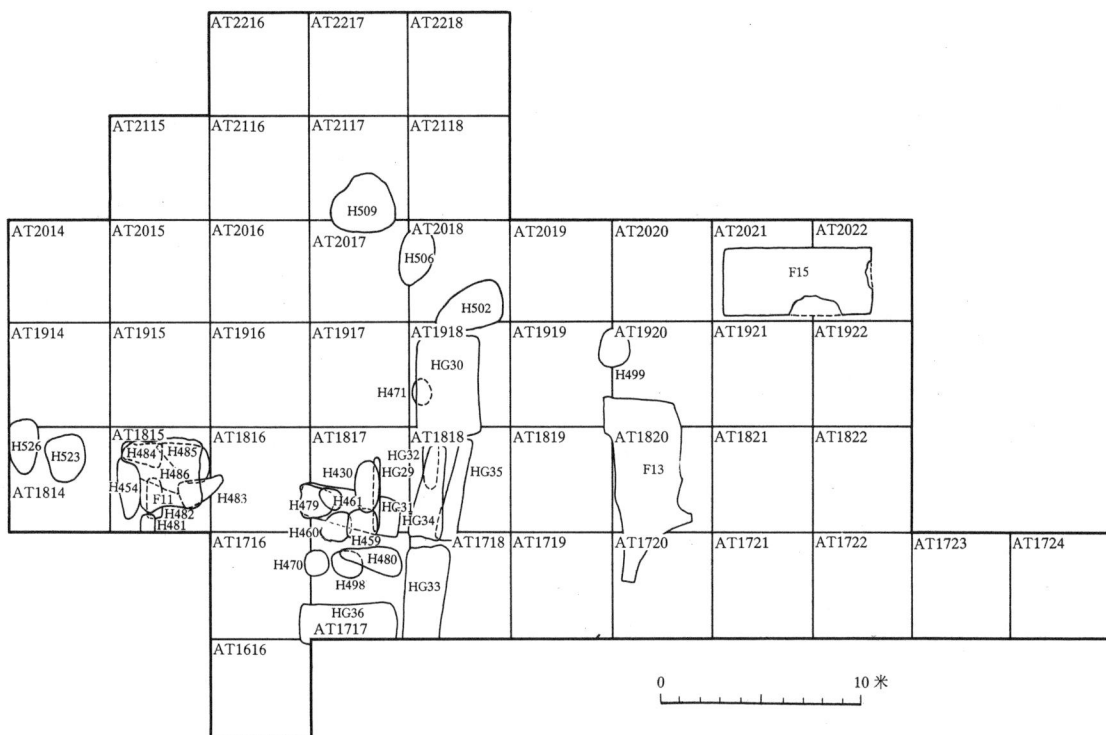

图一二.E 屈家岭文化生活遗迹分布图

东西长 5.8、南北宽 4.5 米，红烧土呈块状，凹凸不平，厚 0.05～0.12 米；第 1 层，即居住面，用灰黄土铺成，较平整，厚约 0.06 米。

发现柱洞 8 个，分布在居住面上，排列不密集。东西向可分两排，间距最宽处 1.45 米。第一排即 D1、D2、D3、D8；第二排为 D4、D5、D6、D7。柱洞直径 0.2～ 0.27、深 0.24～0.46 米。柱洞填土多数为灰色，少数为灰黄色，均夹有少量红烧土粒，极少数含零星陶片（图一七；图版四，2）。

另外，在房基中部的红烧土下有一厚胎缸片堆积，其用途可能与奠基有关。

F13 位于 AT1820 第 5 层下，北部跨入 AT1920 方，被 HG27、H457、H496 打破。残存房基、柱洞和灶坑（图一二.E）。

房基平面呈长方形，北边平齐，南北残长 8.2、东西残宽 3.5 米。室内仅填一层浅黄土，质硬，厚约 0.15 米。

填土上发现柱洞 19 个，排列不甚规律，大小不一，东西向大至可分三排：第 1 排为 D7、D8、D9；第 2 排为 D4、D12、D13、D14；第 3 排为 D6、D16、D17、D18；D10 和 D11 位于灶坑东边两旁。其余五个柱洞分布较零散。柱洞直径一般为 0.15～0.22

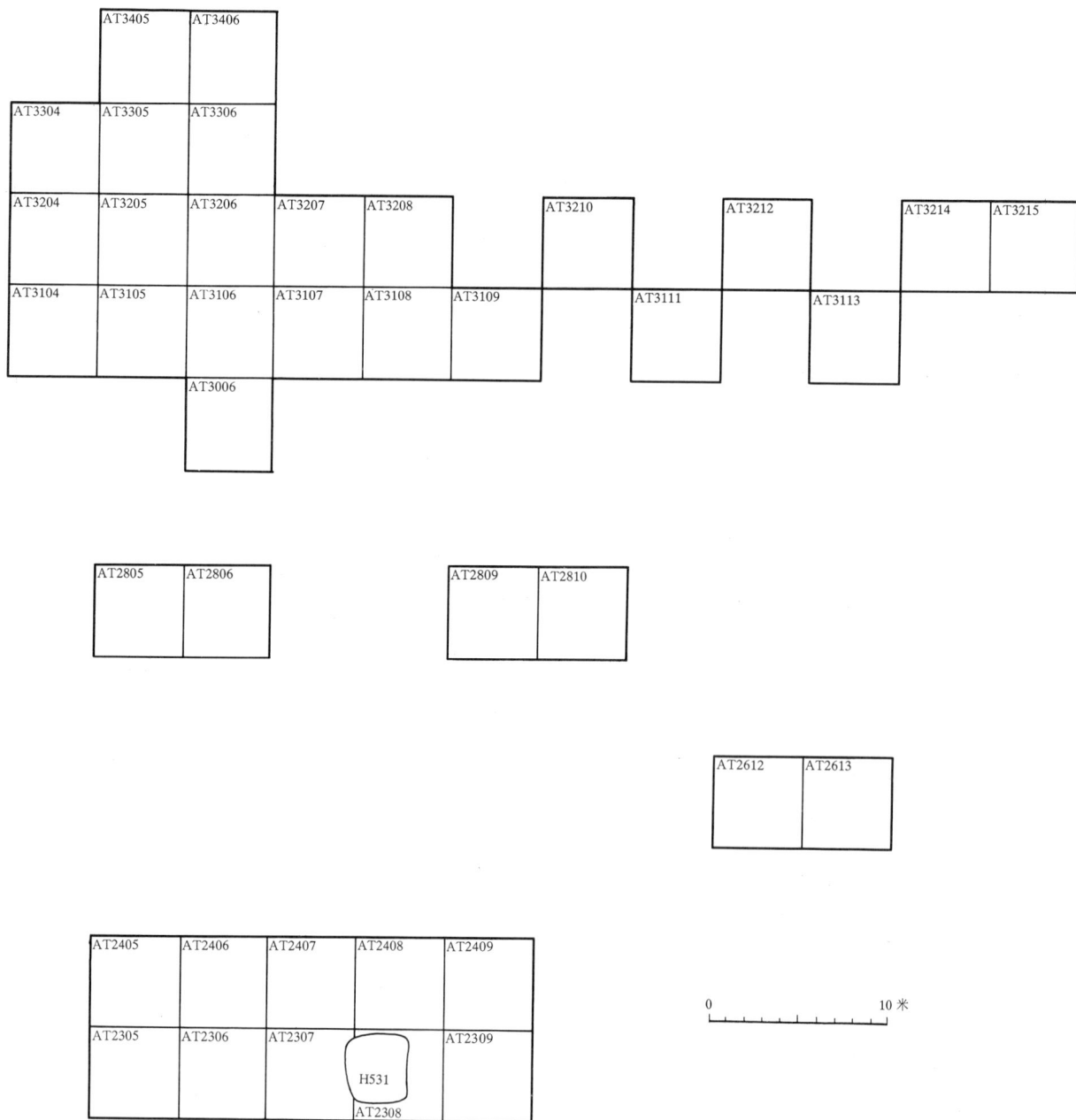

图一二 .F　屈家岭文化生活遗迹分布图

米，深 0.05～0.23 米，只有 D4 直径 0.3 米。柱洞填土均为灰褐色。其中 D5 的壁、底嵌一层小卵石，D9 底部用厚缸片作柱础。

灶坑设在房基的北部中间，坑口近圆形，锅底状。口径 1.1、深 0.14 米。灶坑壁、底已被烧成青灰色硬面。坑内堆积灰黑色土，含草木灰烬，出有 1 件双腹碗（图一八；图版五，1、2）。

　　F15　位于 AT2021、AT2022 第 3 层下。东边大部被扰乱。南部被 H406 打破。残存房基、柱洞和灶坑（图一二.E）。

　　房基平面呈长方形，东西长 9.3、南北宽 4 米。室内填一层黄褐色土，较紧密，厚约 0.2 米。

　　发现柱洞 28 个，成排分布在房基填土四周，间距 0.2～0.8 米。只有 D27 和 D28 位于灶坑两旁。

　　灶坑设在房基中部，坑口近圆形，锅底状。口径 1.1、深 0.16 米。坑内堆积灰黑

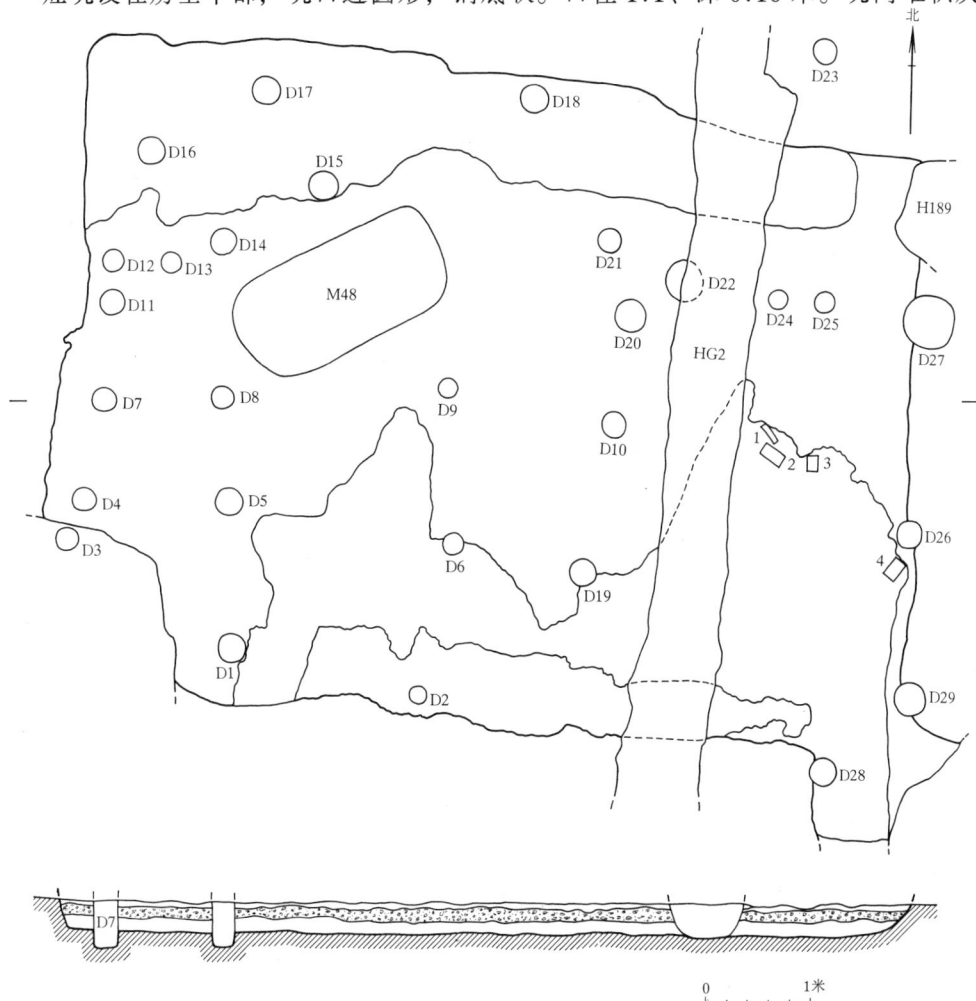

图一三　屈家岭文化第一期 F3 平、剖面图

D1～D29. 柱洞　　　1～4. 红烧土块

色土，含大量灰烬。坑壁有火烤痕迹。在灶坑西边 0.15 米处放置两对相扣的碗（图一九）。

2．灰坑

（1）概况

发现灰坑 31 个（附表三），主要分布在遗址的中西部，较密集。依坑口形状可分为圆形、椭圆形、不规则形、正方形、长方形、长条形和梯形七类，以前三种数量居多。皆为浅坑，口径最小的 0.8、最大的 5 米，最浅的 0.1、最深的 0.55 米。坑内填土多数为灰黄色和灰褐色，灰黑色较少，一般夹有少量灰烬，少数含红烧土粒。坑壁均无明显加工痕迹。

（2）举例

圆形灰坑 10 个（H76、H85、H279、H335、H459、H470、H498、H499、H509、H523）。坑口圆形，弧壁平底较多，锅底状很少。

H76　位于 AT1105 西南部，叠压于第 4 层下。坑口呈圆形、斜壁、底近平，直径

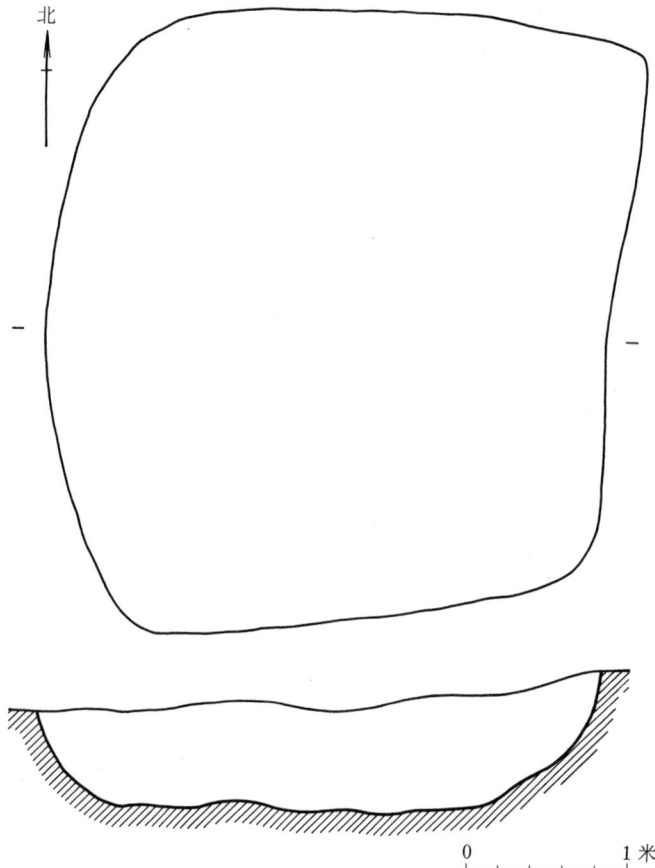

图一四　屈家岭文化第一期

H531 平、剖面图

0　　　　　　　1 米

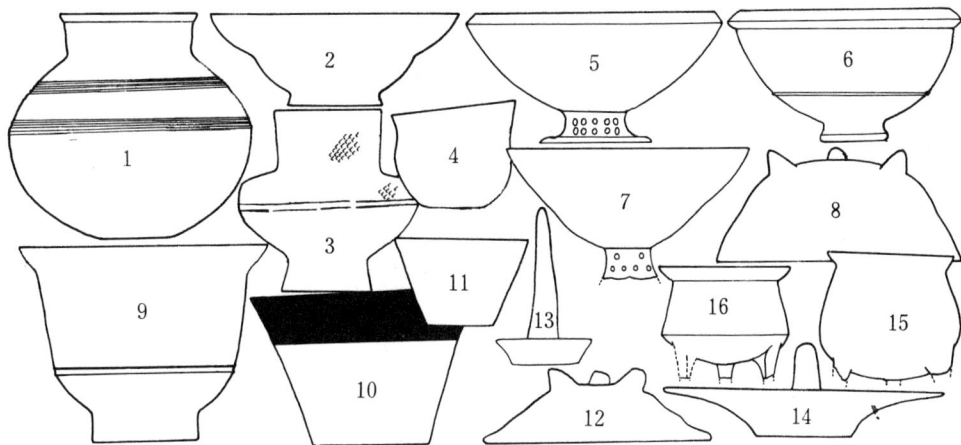

图一五　屈家岭文化第一期 H531 陶器组合图

1. A 型 I 式高领罐 H531：53　2. A 型 I 式碗 H531：29　3. I 式壶形器 H531：4　4. 小罐 H531：63　5. B 型碗 H531：36　6. C 型碗 H531：64　7. Aa 型 I 式豆 H531：35　8、12. A 型器盖 H531：15、H531：7　9. 甑 H531：70　10、11. I 式斜腹杯 H531：1、H531：39　13、14. C 型器盖 H531：16、H531：18　15. Aa 型鼎 H531：13　16. Ab 型 I 式鼎 H531：27

1.4、深 0.2 米。坑内堆积灰色土，夹少量灰烬。出土少量陶片，能辨认的器形有罐、碗、豆、鼎等（图一二 .B）。

H85　位于 AT913、AT914 方内，叠压于第 3 层下，打破第 4 层。坑口平面呈圆形，斜壁，底微圜。口径 5、深 0.4 米。坑内堆积松软的灰黑色土。出土遗物较丰富，修复陶器 52 件。以仰折双腹（A 型）碗数量最多，其它器形有高领罐、大口罐、壶、壶形器、甑、碗、钵、豆、斜腹杯、高圈足杯、矮圈足杯、鼎、器盖、纺轮等（图二○、二一）。

H523　位于 AT1814 方的北部，叠压于第 2 层下，打破第 3、4 层。坑口平面呈圆形，斜弧壁，圜底。口径 2、深 0.5 米。坑内堆积灰褐色土。出土少量陶片，能辨认的器形有罐、碗、杯、鼎等（图一二 .E）。

椭圆形灰坑 7 个（H91、H430、H454、H461、H471、H506、H526）。

H430　位于 AT1817 东部，叠压于第 4 层下，打破第 5 层。坑口平面呈椭圆形，斜壁，平底。最大口径 2.22、最小口径 1.22、深 0.36 米。坑内堆积灰黄色土，含少量灰烬。出土遗物较丰富，主要陶器有高领罐、大口罐、壶形器、甑、碗、斜腹杯、鼎、器盖、纺轮等。还有纺轮和石斧（图二二、二三）。

H471　位于 AT1918 西部，叠压于第 5 层下，打破生土。坑口呈椭圆形，斜壁，底微圜。最大口径 1.3、深 0.3 米。坑内堆积灰黑色土，较松软。出土少量陶片，能辨

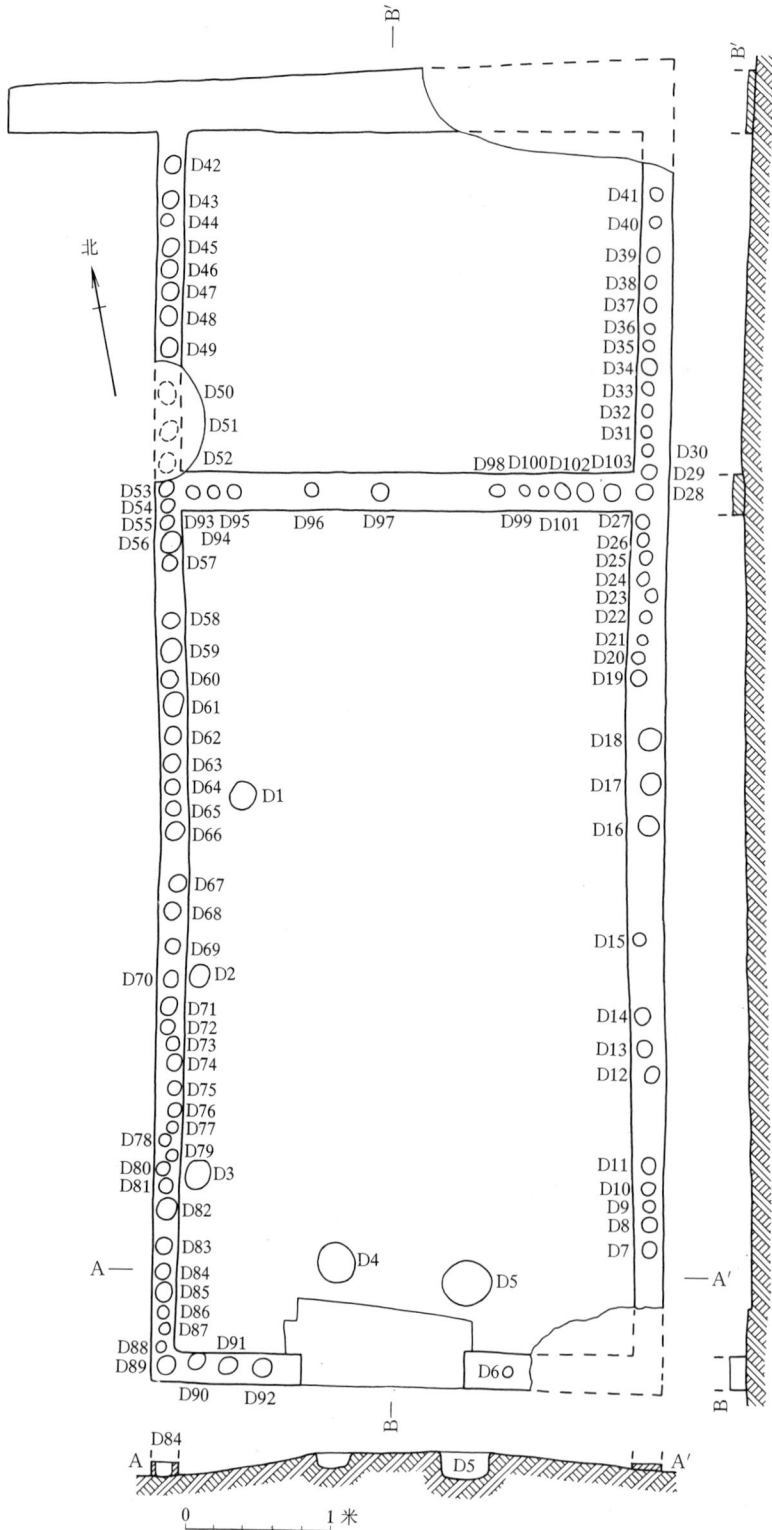

图一六　屈家岭文化
第二期 F1
平、剖面图
D1～D103. 柱洞

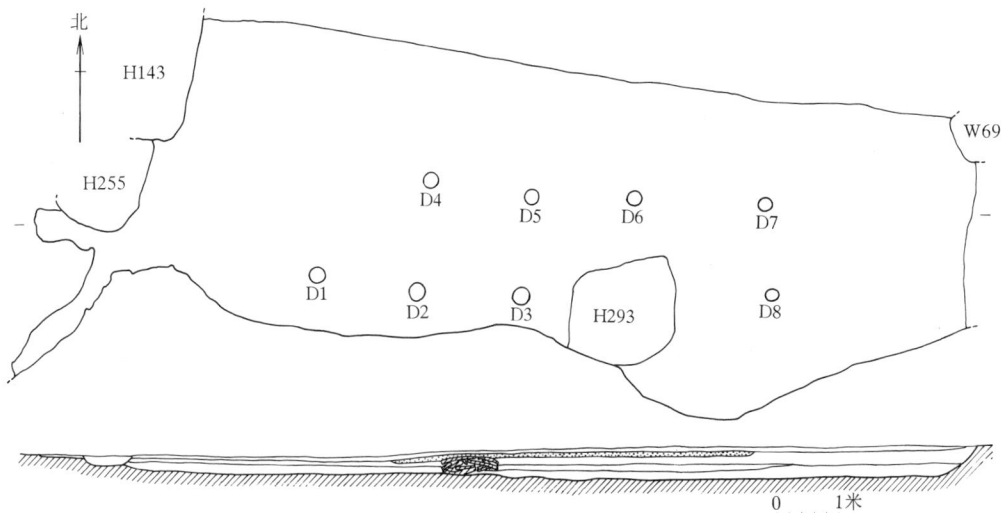

图一七 屈家岭文化第二期 F5 平、剖面图

D1～D8. 柱洞

认的器形有罐、缸、碗、壶形器等（图一二 .E）。

不规则形灰坑 7 个（H336、H460、H479、H480、H485、H486、H502），坑口形状极不规则，多数被其它遗迹打破。口径最小的 1 米，最大的 3 米；最浅的 0.1 米，最深的 0.3 米。出土遗物少。

正方形灰坑 1 个（H27），位于 AT9 西南部，叠压于第 2C 层下，打破第 3 层。坑口为圆角正方形，斜壁，平底。长 1.26、宽 1.12、深 0.35 米。坑内堆积灰色土。出土陶片少，能辨认的器形有罐、碗、杯、鼎等（图一二 .A）。

长方形灰坑 2 个（H481、H482）。H481，位于 AT1815 南部，开口在第 5 层下，打破 H482。坑口呈长方形，壁近直，平底。长 0.95、宽 0.7、深 0.15 米。坑内堆积灰色土，含较多灰烬。出土少量陶片。能辨认的器形有罐、碗、鼎等（图一二 .E）。

长条形灰坑 1 个（H65），位于 AT705 南部。开口在第 4 层下。坑口呈圆角长条形，斜壁，平底。长 3.4、宽 0.8、深 0.3 米。坑内堆积褐色土，含少量灰烬。出土陶片较少，能辨认的器形有盆、碗、豆、杯、器盖等（图一二 .B）。

梯形灰坑 3 个（H483、H484、H522），皆为平底。

H484 位于 AT1815 西北部，开口在第 4 层下，打破第 5 层，并打破同层位的 H485、H486。坑口近梯形，斜壁，底近平。长 2.5、宽 0.8、深 0.2 米。坑内堆积灰褐色土。出土遗物少，能辨认的器形有罐、缸、碗、杯、鼎、器盖等（图一二 .E）。

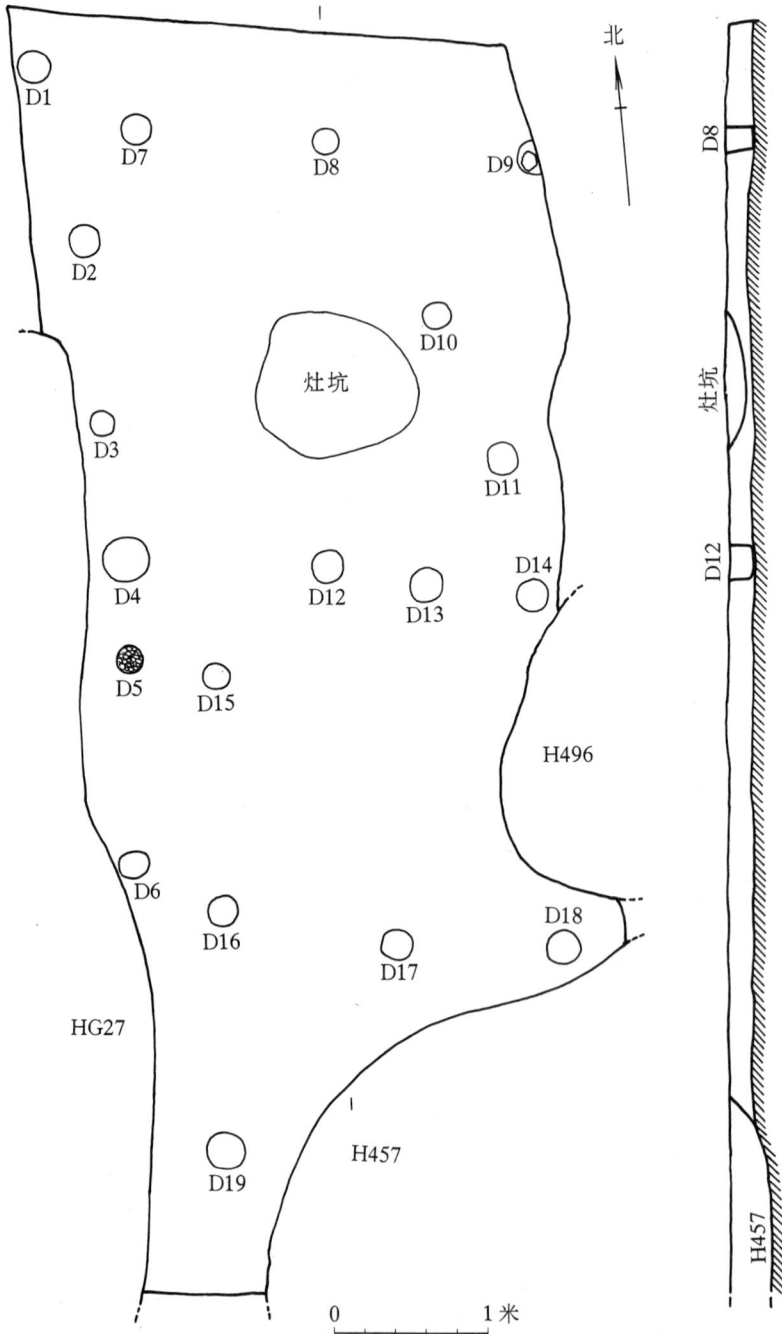

北

D1

D7　　　　　D8　　　　　D9

D2

D10

灶坑

D3

D11

D4　　　　D12　　D13　　D14

D5　　D15

H496

D6

D16　　　　D18

D17

HG27

H457

D19

D8

灶坑

D12

H457

0　　　　　　　1 米

图一八　屈家岭文化第二期 F13 平、剖面图

D1~D19. 柱洞

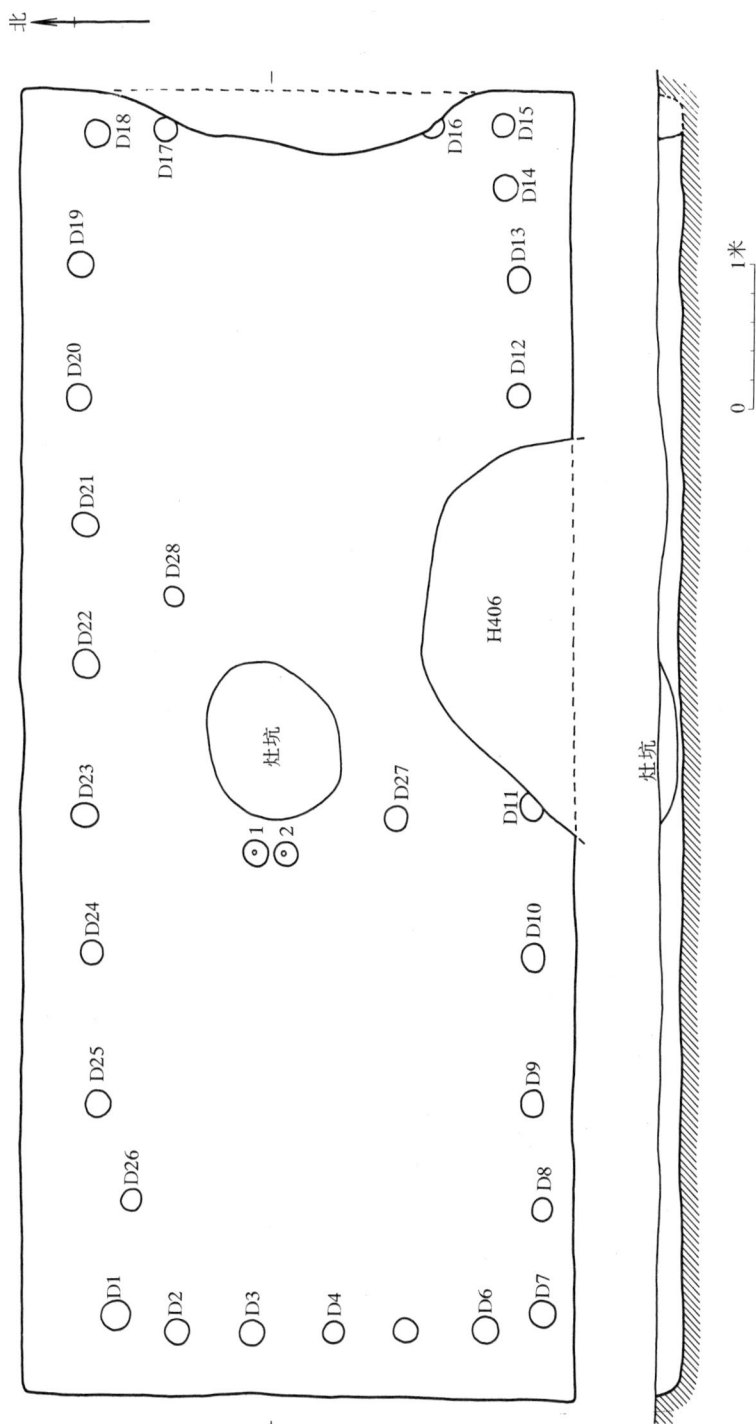

图一九 屈家岭文化第二期 F15 平、剖面图

1、2. 陶碗 D1～D28. 柱洞

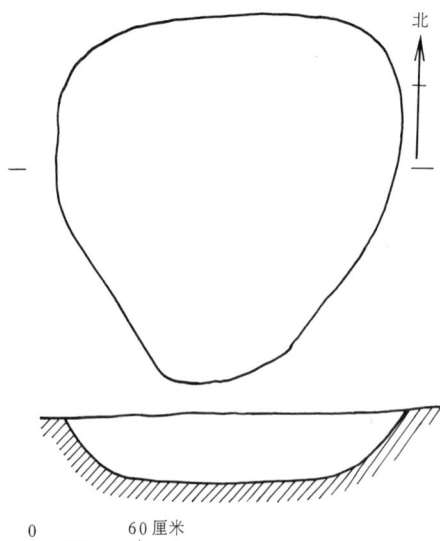

图二〇　屈家岭文化第二期 H85 平、剖面图

3. 灰沟

共发现灰沟 9 条（附表四）。形状有长方形和长条形两种。少数跨出探方外，未揭露完整。

HG30　位于 AT1918 中部，开口在第 5 层下。长方形，斜壁，圜底。长 5.1、宽 3、深 0.5 米。沟内堆积可分两层，第 1 层为灰绿土，夹少量木炭；第 2 层为淤泥土，较松软。出土陶片较多，主要器形有高领罐、大口罐、甑、碗、鼎、器盖、纺轮等（图一二.E）。

二　遗物

屈家岭文化遗物绝大多数为陶器，石器很少。两期遗物的型式统一排定，分别叙述。

(一) 屈家岭文化第一期遗物

第一期遗物按质地分为陶器和石器两类，数量很少。

1. 陶器

分生活用器和生产工具两种。

(1) 生活用器

共修复陶器 49 件。据 H531 统计，以泥质灰陶为主，泥质红陶次之，泥质黑陶和泥质黄陶再次之，夹砂黑陶、夹砂红陶和夹砂黄陶最少（表二）。陶器多数为素面，少数饰纹。纹饰有弦纹、镂孔、附加堆纹、戳印纹与彩绘，以弦纹和彩绘数量居多（表三）。陶器制作以轮制为主，少数为手制。器形有罐、壶形器、盆、甑、碗、豆、杯、鼎和器盖等。分别介绍于下：

表二   **H531陶质陶色统计表**

陶质	泥 质 陶				夹 砂 陶			合 计
陶色	灰	红	黑	黄	红	黑	黄	
数量	1390	504	230	82	33	40	18	2297
百分比	60.5	21.9	10	3.6	1.4	1.7	0.8	100

表三   **H531陶器纹饰统计表**

纹饰	素 面	彩 绘	弦 纹	镂 孔	附 加 堆 纹	戳印纹	合 计
数量	1731	307	226	24	7	2	2297
百分比	75	13.4	9.8	1.4	0.3	0.1	100

    罐 数量较多,复原4件。分为高领罐、扁腹罐、小罐三类。

    高领罐 3件。共分四型,第一期有A、B型。

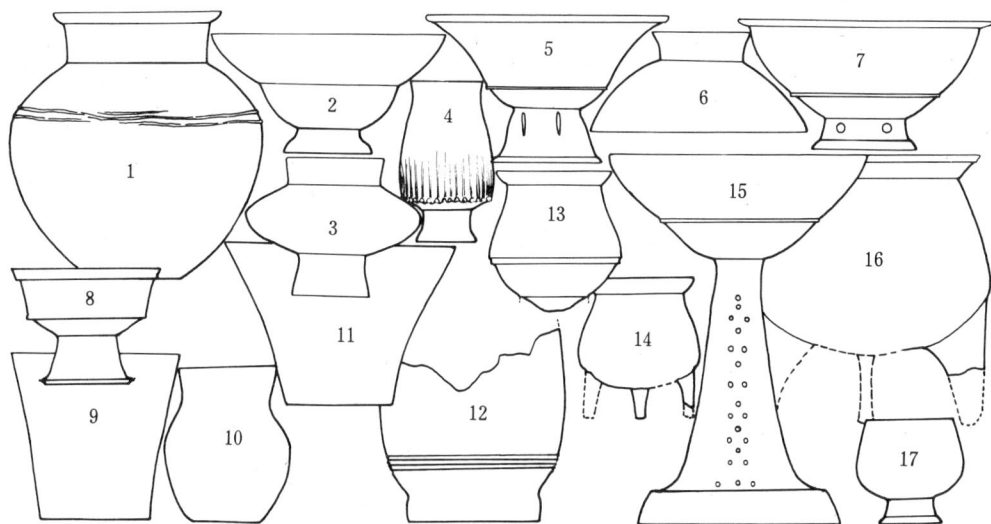

图二一 屈家岭文化第二期H85陶器组合图

1. A型Ⅱ式高领罐 H85:4   2. A型Ⅰ式碗 H85:38   3. Ⅱ式壶形器 H85:33   4、17. 矮圈足杯 H85:1、H85:28   5. Ab型豆 H85:25   6. B型器盖 H85:31   7. C型碗 H85:9   8. B型豆 H85:35   9、11. Ⅰ式斜腹杯 H85:53、H85:21   10. 小罐 H85:15   12. 甑 H85:17   13. 高圈足杯 H85:3   14. Aa型鼎 H85:8   15. Aa型Ⅱ式豆 H85:3   16. B型鼎 H85:26

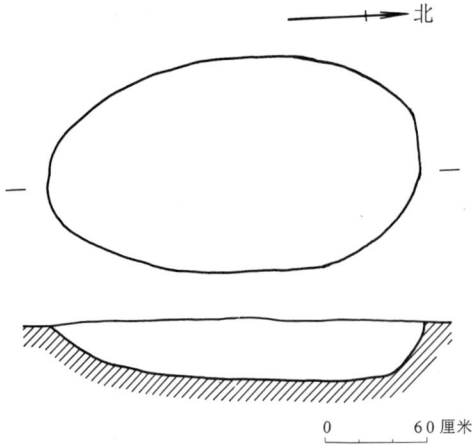

图二二　屈家岭文化第二期 H430 平、剖面图

A 型　2 件。凹折沿，高领，鼓腹最大径在上腹，凹底。分二式，第一期只有 I 式。

I 式　2 件。肩部弦纹比较规则。标本 H531：53，泥质灰陶。沿面微凹。口径 11.2、底径 5.6、高 18.4 厘米（图二四，1；图版六，1）。

B 型　1 件。高领，沟唇，腹较鼓。标本 H531：47，泥质灰陶。残，溜肩。腹上部饰不规则凹弦纹两组。口径约 9.6、残高 14 厘米（图二四，2）。

扁腹罐　1 件。标本 H531：5，泥质灰红陶，口、底残。直领，扁鼓腹，素面。

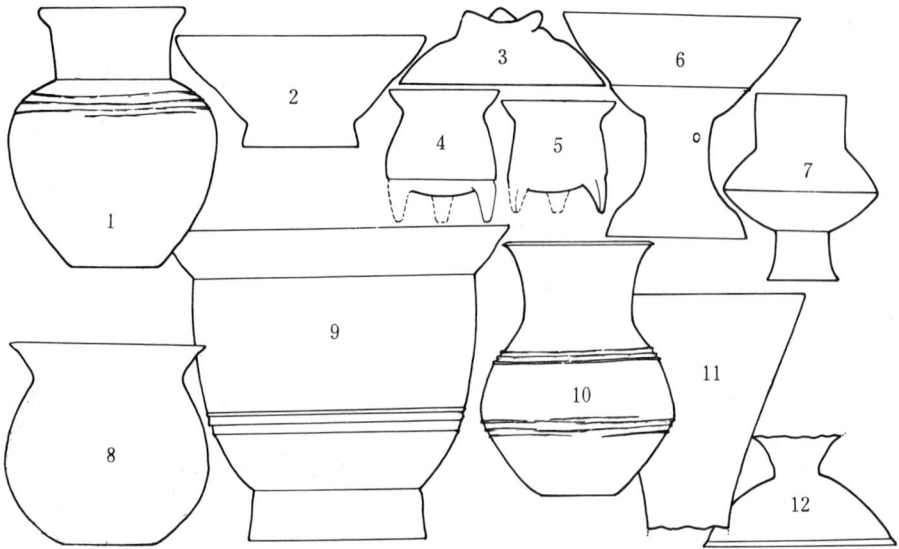

图二三　屈家岭文化第二期 H430 陶器组合图

1. A 型 II 式高领罐 H430：10　　2. A 型 II 式碗 H430：8　　3. A 型器盖 H430：6　　4、5. Ab 型 II 式鼎 H430：3、H430：5　　6. Aa 型 II 式豆 H430：1　　7. III 式壶形器 H430：2　　8. 大口罐 H430：24　　9. 甑 H430：16　　10. D 型高领罐 H430：11　　11. II 式斜腹杯 H430：13　　12. B 型器盖 H430：7

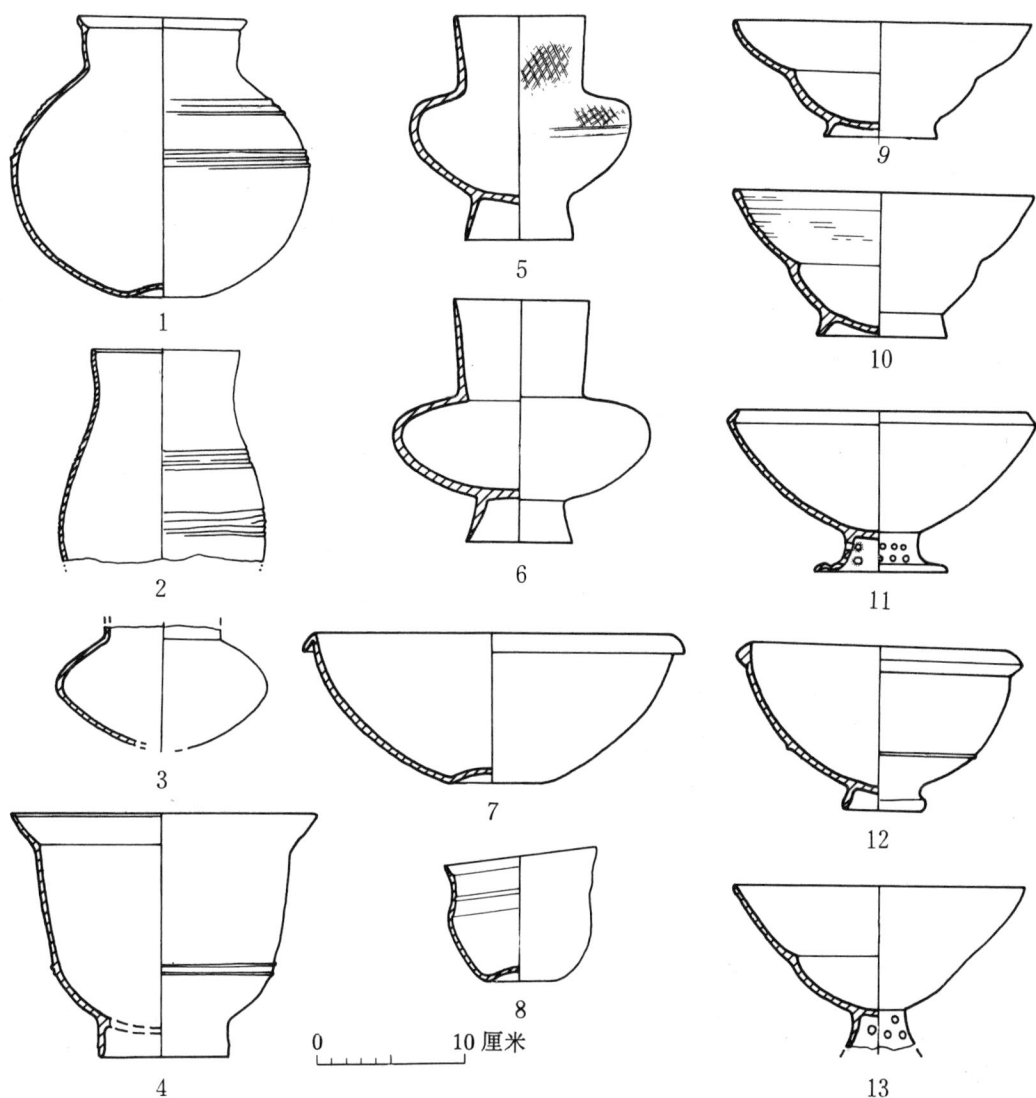

图二四 屈家岭文化第一期陶高领罐、扁腹罐、甑、壶形器、盆、小罐、碗、豆

1. A型I式高领罐 H531:53   2. B型高领罐 H531:47   3. 扁腹罐 H531:5   4. 甑 H531:70

5、6. I式壶形器 H531:4、H531:3   7. 盆 H531:65   8. 小罐 H531:63   9、10. A型I式碗

H531:29、H531:14   11. B型碗 H531:36   12. C型碗 H531:64   13. Aa型I式豆 H531:35

残高8厘米（图二四，3）。

小罐 1件。标本 H531:63，泥质橙红陶。敞口，颈微束，斜弧腹，凹底。素面。口径11.6、底径4.8、高8厘米（图二四，8；图版七，1）。

壶形器 3件。长颈，扁腹，依腹部的变化分为三式，第一期只有I式。

Ⅰ式　3件。扁鼓腹。标本 H531：4，泥质灰红陶。圈足较高。颈、腹彩绘褐色网格纹，大部分已脱落。口径 8.8、底径 7.2、高 14.8 厘米（图二四，5；图版六，2）。标本 H531：3，泥质红陶。素面。口径 9、底径 7.2、高 16 厘米（图二四，6；图版六，3）。

盆　1件。标本 H531：65，泥质黑陶。敞口，沿外翻，斜弧腹，凹底。素面。口径 24、底径 6.4、高 10 厘米（图二四，7；图版七，2）。

甑　1件。标本 H531：70，泥质灰陶。仰折沿，深腹，矮圈足，底残。腹下部饰比较规则的凸弦纹两周。口径 20.8、底径 8.8、高 16.2 厘米（图二四，4；图版六，4）。

碗　11件。共分三型。

A 型　7件。仰折双腹，共分二式，第一期只有Ⅰ式。

Ⅰ式　7件。腹部内外仰折均较明显。标本 H531：29，泥质深灰陶。敞口，矮圈足。素面。口径 20.7、底径 8、高 7.7 厘米（图二四，9；图版七，3）。标本 H531：14，泥质灰陶，局部黑色。腹较深。素面。口径 20.7、底径 8.8、高 9.6 厘米（图二四，10；图版七，4）。

B 型　1件。标本 H531：36，泥质灰陶。内折沿，斜弧腹，矮圈足。圈足饰四组圆镂孔（未穿）。口径 20、底径 9、高 10.6 厘米（图二四，11；图版七，5）。

C 型　3件。沿外折或平折。标本 H531：64，泥质黑陶。外折沿，斜弧腹，矮圈足。腹下部饰凸弦纹一周。口径 17.6、底径 5.2、高 10.8 厘米（图二四，12；图版七，6）。

豆　共分二型，第一期只有 A 型，1件。

A 型　1件。仰折双腹，高圈足，分两个亚型，第一期只有 Aa 型。

Aa 型　1件。第一期只有Ⅰ式。

Ⅰ式　1件。标本 H531：35，泥质灰陶。仰折双腹，圈足残。圈足饰圆镂孔（未穿）。口径 20、残高 10.8 厘米（图二四，13）。

杯　分喇叭形斜腹杯和矮圈足杯两种。

斜腹杯　5件。敞口，斜腹，薄胎。有彩绘和素面两种。共分二式，第一期只有Ⅰ式。

Ⅰ式　5件。斜腹近直，底较大。标本 H531：1，细泥质，色上红下灰。凹底。器表内外饰黑彩，口沿外饰宽带纹一周，口沿内饰窄带纹二周，下饰三组"心"形与弧形窄带纹。口径 9.6、底径 4.8、高 6.4 厘米（图二五，1、2；图版八，1）。标本 H531：62，细泥灰红陶。斜腹微向内弧，底近平。口沿内外饰带纹一周。口径 6.8、底径 3.6、高 5 厘米（图二五，4；图版八，2）。标本 H531：39，细泥橙红陶，底部灰色。斜腹近直，凹底。素面。口径 5.6、底径 2.8、高 3.6 厘米（图二五，5；图版八，3）。

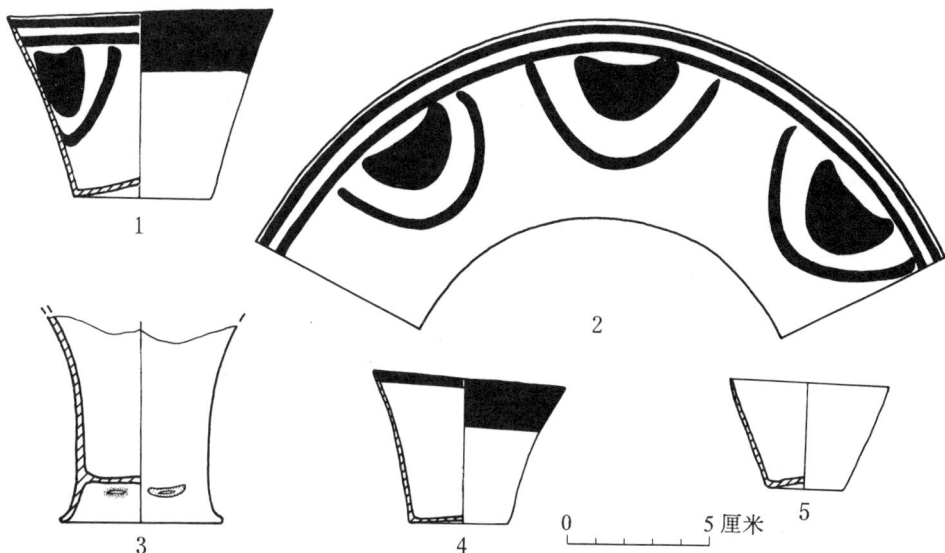

图二五　屈家岭文化第一期陶斜腹杯、矮圈足杯

1、4、5. Ⅰ式斜腹杯 H531：1、H531：62、H531：39　　2. H531：1 纹饰展开图　　3. 矮圈足杯 H531：41

矮圈足杯　1件。标本 H531：41，泥质磨光黑陶。口部残，斜腹内弧，矮圈足。圈足饰指甲形戳印纹四个。底径 5.8、残高 7 厘米（图二五，3）。

鼎　7件。共分二型，第一期只有 A 型。

A 型　7件。均为凹折沿小鼎，分三个亚型。

Aa 型　4件。弧腹下垂。标本 H531：13，泥质灰陶。足残。素面。口径 10.4、残高 10.5 厘米（图二六，1；图版八，4）。

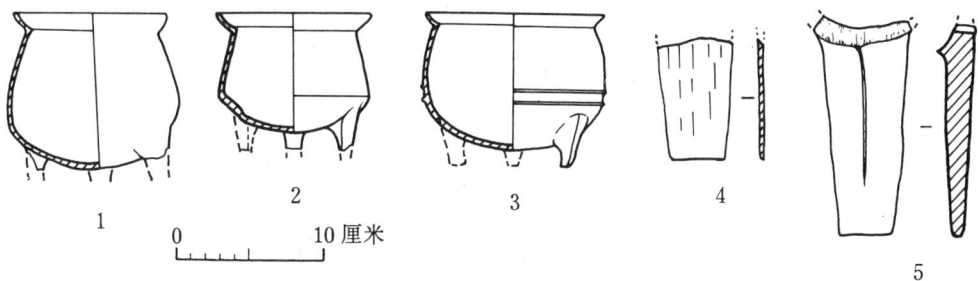

图二六　屈家岭文化第一期陶鼎

1. Aa 型 H531：13　　2. Ab 型Ⅰ式 H531：27　　3. Ac 型 AT1219③：21　　4. 鼎足 H531：74　　5. 鼎足 H531：71

Ab 型　2件。折腹。分二式，第一期只有Ⅰ式。

Ⅰ式　2件。斜直腹下折。标本 H531：27，泥质黑陶。扁圆足，略残。素面。口径 10.4、残高 9.2 厘米（图二六，2；图版八，5）。

Ac型　1件。鼓腹。标本 AT1219③：21，泥质，色灰黑不匀。矮扁足。腹下部饰凸弦纹两周。口径 12、高 10.4 厘米（图二六，3；图版八，6）。

鼎足　2件。标本 H531：74，泥质红陶。足根略残，扁平较宽。正面饰长条形戳印纹。残高 8、中宽 4.8 厘米（图二六，4）。标本 H531：71，泥质黑陶。扁长形，中间有一道竖棱。高 14.4、中宽 5 厘米（图二六，5）。

器盖　14件。全为素面，共分三型。

A型　9件。三个乳头状钮。标本 H531：7，泥质黑陶。浅盘斜壁，口沿平折微凹。口径 9.4、高 3 厘米（图二七，1；图版九，1）。标本 H531：10，泥质灰红陶。口沿微翘。口径 8.8、高 3.8 厘米（图二七，3；图版九，2）。标本 H531：15，泥质灰陶。盘较深，斜壁，平唇。口径 10.5、高 4.6 厘米（图二七，2；图版九，3）。

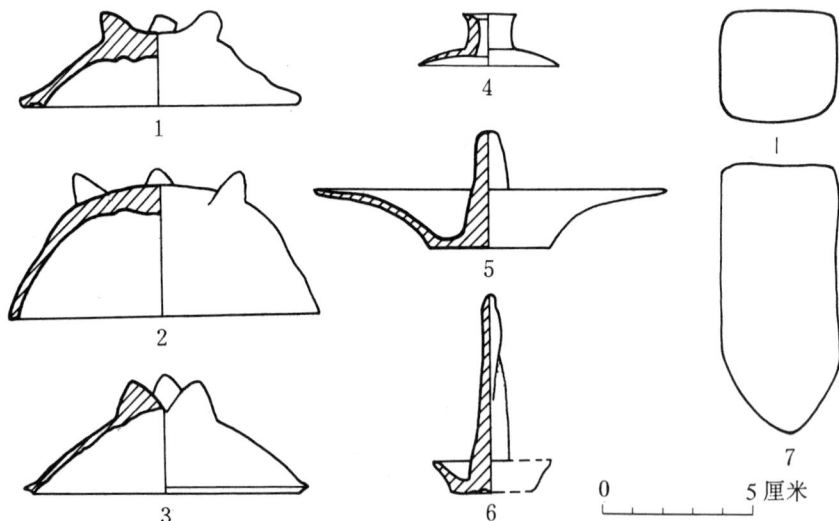

图二七　屈家岭文化第一期陶器盖、石锥形器

1~3．A型陶器盖 H531：7、H531：15、H531：10　　4．B型陶器盖 H531：

17　　5、6．C型陶器盖 H531：18、H531：16　　7．石锥形器 H531：72

B型　2件。圈足形钮。标本 H531：17，形体特小，泥质磨光黑陶。钮较高，浅盘。口径 4.8、高 1.7 厘米（图二七，4）。

C型　3件。细柱钮，盘向上翘。标本 H531：18，泥质黑陶。钮较矮，似倒伞状。口径 12、高 3.9 厘米（图二七，5；图版九，4）。标本 H531：16，泥质橙红陶。钮较高，盘小。口径 4、高 6.4 厘米（图二七，6）。

（2）生产工具

只有纺轮一种，数量很少。圆饼状，中间有一小圆孔。有素面与彩绘之分。

素面纺轮 4件。共分四型，第一期有 A、B 两型。

A 型 1件。标本 H531:21，泥质红陶。棱边。直径 3.6、厚 0.5 厘米（图二八，1；图版九，5）。

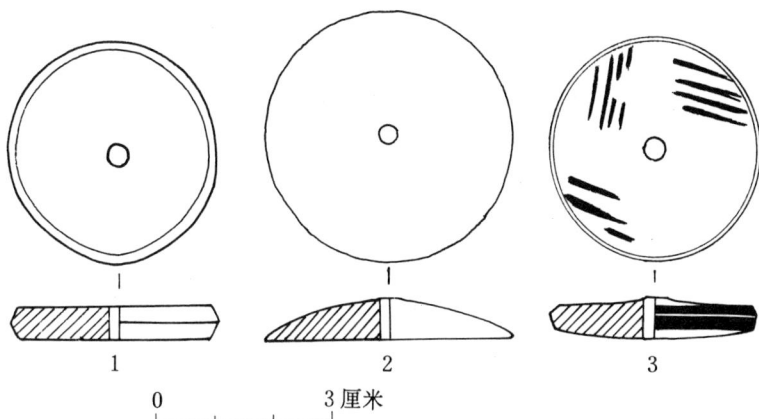

图二八 屈家岭文化第一期陶纺轮
1. A 型 H531:21　2. Ba 型 H531:19　3. 彩绘纺轮 H531:73

B 型 3件。共分两个亚型，第一期只有 Ba 型。

Ba 型 3件。一面平，一面中间隆起。标本 H531:19，泥质黑陶。直径 4.2、中厚 0.7 厘米（图二八，2；图版九，6）。

彩绘纺轮 1件。标本 H531:73，泥质灰红陶。棱边。一面绘红彩，图案由四组粗直线交错排列构成，边亦涂红彩。直径 3.6、中厚 0.7 厘米（图二八，3；图版九，7）。

2. 石器

锥形器 1件。标本 H531:72，大部磨光。方柱体，上端平，下端为圆锥形。长 8.6 厘米，不知何用（图二七，7；图版九，8）。

(二) 屈家岭文化第二期遗物

第二期遗物有陶器和石器两类。

1. 陶器

陶器分生活用器和生产工具两种。

(1) 生活用器

共修复陶器 150 件。据 H430 陶片统计，陶质以泥质灰陶为主，泥质黄陶次之，泥质红陶和泥质褐陶很少，泥质黑陶、夹砂红陶最少（表四）。器表绝大多数为素面，纹饰有篮纹、弦纹、镂孔、附加堆纹、戳印纹和彩绘，以篮纹数量居多（附表五）。陶器制作以轮制为主。器类有罐、缸、壶形器、盂形器、甑、碗、钵、豆、杯、鼎和器盖等，以罐、碗、豆、杯、鼎数量居多。分别叙述如下。

表四 H430 陶质陶色统计表

陶质	泥 质 陶					夹砂陶	合　计
陶色	灰	红	黑	黄	褐	红	
数量	502	82	21	182	80	24	891
百分比	56.3	9.2	2.4	20.4	9	2.7	100

表五 H430 陶器纹饰统计表

纹饰	素 面	彩绘	弦纹	镂孔	附加堆纹	戳印纹	篮 纹	合 计
数量	739	2	21	7	3	2	117	891
百分比	82.94	0.22	2.36	0.79	0.34	0.22	13.13	100

高领罐　17件。有 A、B、C、D 型。

A 型　14件。凹沿，鼓腹，最大径在上腹，凹底。仅见Ⅱ式。

Ⅱ式　14件。肩部所饰凸弦纹不规则。标本 H85:4，泥质灰陶。肩饰不规则凸弦纹一组。口径16、底径8、高24.4厘米（图二九，1；图版一〇，1）。标本 HG34:3，泥质灰陶。肩、腹饰不规则凸弦纹两组。口径14.8、底径7.2、高30厘米（图二九，2；图版一〇，2）。标本 H430:10，泥质黑皮陶。腹较瘦长。肩饰不规则凸弦纹一组。口径12、底径7.8、高20.8厘米（图二九，3；图版一〇，3）。标本 H430:21，泥质灰陶。腹微鼓。肩饰不规则凸弦纹一组，纹饰接近消失。口径12、底径7.2、高19.6厘米（图二九，4；图版一〇，4）。

B 型　1件。标本 AT1722⑤:8，泥质灰陶。溜肩，腹较鼓，中部微折，凹底。肩、腹饰不规则凸弦纹两组。口径11.2、底径7、高20.8厘米（图二九，5；图版一一，1）。

C 型　1件。标本 AT2019⑥:5，泥质灰陶。领较高，尖唇，鼓腹，最大径在上部，凹底。肩饰不规则凸弦纹一组。口径10.8、底径7.6、高28.5厘米（图二九，6；图版一一，3）。

D 型　1件。标本 H430:11，泥质黑皮陶。唇微凸，高领，敞口，溜肩，腹较鼓，

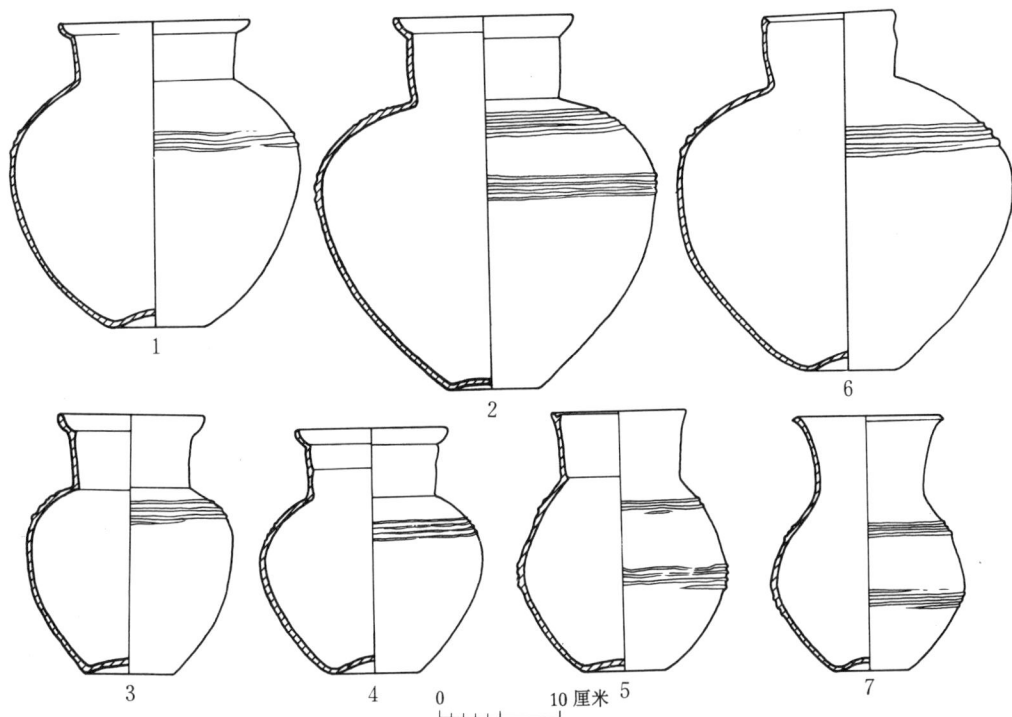

图二九 屈家岭文化第二期陶高领罐

1～4. A型Ⅱ式 H85:4、HG34:3、H430:10、H430:21

5. B型 AT1722⑤:8   6. C型 AT2019⑥:5   7. D型 H430:11

凹底。肩、腹饰不规则凸弦纹两组。口径12.4、底径6、高20.5厘米（图二九，7；图版一一，2）。

大口罐 9件。标本 AT1006⑥:8，泥质灰陶。宽仰折沿，深腹微鼓，凹底。腹下部饰比较规则的凸弦纹两周。口径28、底径6.8、高26.4厘米（图三〇，1；图版一一，4）。标本 H430:24，泥质灰陶。仰折沿较宽，深鼓腹，凹底，残。素面。口径16、底径7.6、高16厘米（图三〇，2；图版一二，1）。

小罐 2件。标本 HG34:5，泥质，色灰黑不匀。高领，口微敞，窄肩，深腹，凹底。腹上部饰极不规则的凸弦纹一组。口径10.4、底径5.6、高15.2厘米（图三〇，3；图版一二，2）。标本 H85:15，泥质红陶。束颈，领较高。素面。口径8.8、底径5.6、高14厘米（图三〇，4；图版一二，3）。

大口缸 残存口部和底部，数量很少。

缸口部 2件。标本 AT2018④:6，夹砂红陶。仰折沿，直腹。口径32、残高20厘米（图三一，1）。标本 H523:1，夹砂红陶。仰折沿，沿面微凹，斜直腹。口径44、残高24厘米（图三一，2）。

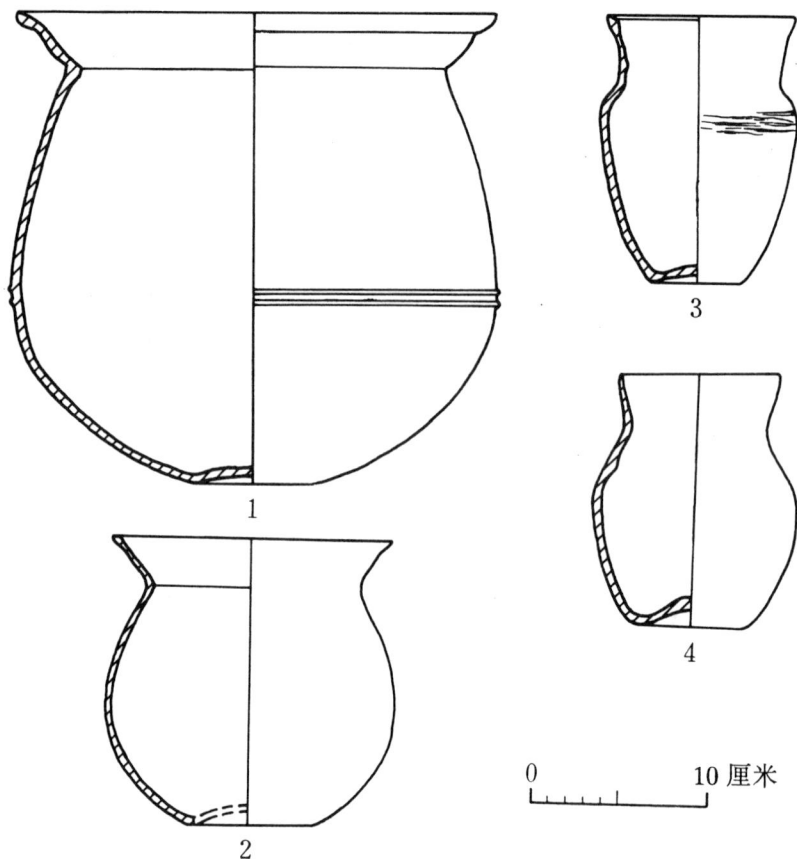

图三〇　屈家岭文化第二期陶大口罐、小罐

1、2. 大口罐 AT1006⑥:8、H430:24　　3、4. 小罐 HG34:5、H85:15

缸底部　3件。标本 HG31:1，夹砂红陶，内黑。直腹下收，小平底。腹饰凸弦纹四周。底径 17.4、残高 32.5 厘米（图三一，3）。标本 AT2017⑤:4，夹砂红胎黑陶。斜直腹下折内收，平底。腹饰凸弦纹五周，近底部饰稀疏篮纹。底径 10.5、残高 25.6厘米（图三一，4）。标本 AT2017⑤:6，夹砂红胎黑陶。斜腹下收，小平底。饰稀疏篮纹间凸弦纹。底径 9.6、残高 38.4 厘米（图三一，5）。

壶形器　9件。仅见Ⅱ、Ⅲ式。

Ⅱ式　1件。扁弧腹。标本 H85:33，泥质灰红陶。短颈，圈足较高。素面。口径8.8、底径 7.2、高 12.8 厘米（图三二，1；图版一三，1）。

Ⅲ式　8件。扁折腹。标本 AT1011⑥:11，泥质红陶。长颈，圈足较高，略残。素面。口径 8、底径 8、残高 16 厘米（图三二，2；图版一三，2）。标本 H430:2，泥质红陶。素面。口径 7.6、底径 6、高 15.2 厘米（图三二，3；图版一三，3）。

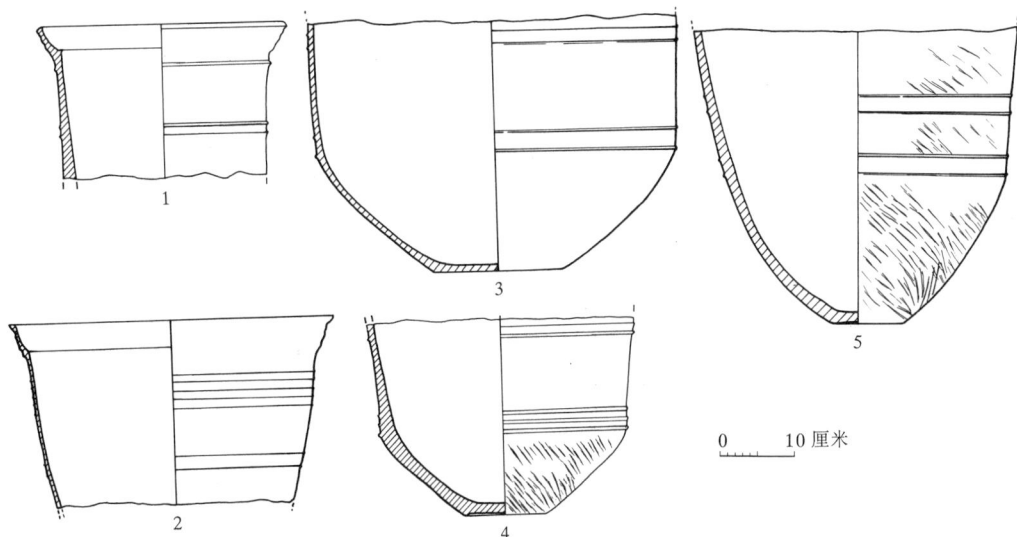

图三一　屈家岭文化第二期陶大口缸

1. AT2018④:6　　2. H523:1　　3. HG31:1　　4. AT2017⑤:4　　5. AT2017⑤:6

盂形器　1件。标本 AT2017⑤:3，泥质灰陶。仰折沿，斜腹急收，高圈足，略残。素面。口径5.6、残高8.8厘米（图三二，4；图版一三，4）。

甑　3件。形体相似。标本 H430:16，泥质灰陶。宽折沿，深弧腹，矮圈足。底略残，有四个椭圆形箅孔。腹下部饰凸弦纹三周。口径29、底径14.4、高24.8厘米（图三三，1；图版一二，4）。标本 HG30:3，泥质黑陶。宽折沿，直腹下收，矮圈足。底有四个箅孔，略呈三角形。腹下部饰凸弦纹两周。口径21.2、底径11.6、高21.2厘米（图三三，2）。标本 H85:17，夹砂红胎黑皮陶。口部残，深腹微鼓，矮圈足。底有五个箅孔，中间一个为圆形，周边四个呈梭形。腹下部饰凹弦纹一组。底径12、残高17.6厘米（图三三，3）。

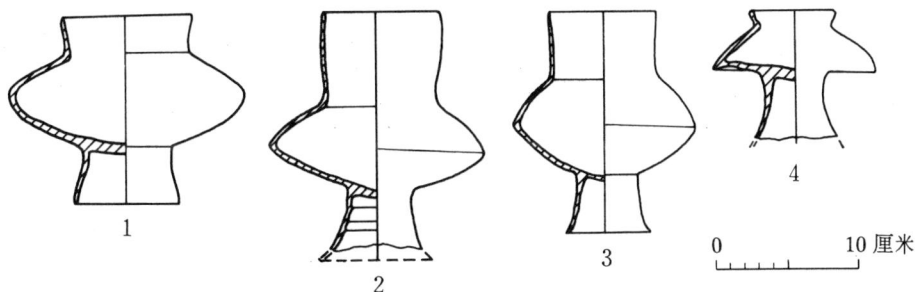

图三二　屈家岭文化第二期陶壶形器、盂形器

1. Ⅱ式壶形器 H85:33　　2、3. Ⅲ式壶形器 AT1011⑥:11、H430:2　　4. 盂形器 AT2017⑤:3

碗　48件。分A、B、C三型。

A型　35件。仰折双腹，分二式。

Ⅰ式　20件。内外腹仰折均较明显。标本H85：38，泥质灰胎黑陶。敞口，腹壁内外均呈双弧形，矮圈足。素面。口径22.4、底径8.2、高11.4厘米（图三四，1；图版一四，1）。

Ⅱ式　15件。腹壁仰折不明显，外近直。标本H430：8，泥质灰陶。敞口，矮圈足。素面。口径20、底径8.8、高9厘米（图三四，2；图版一四，2）。

B型　4件。内折沿。标本H509：3，泥质黑陶。口沿内折成子母口，斜弧腹，矮圈足。素面。口径17.6、底径7.2、高8厘米（图三四，3；图版一四，3）。

C型　7件。沿外折或平折。标本H509：14，泥质黑陶。腹下部饰凸弦纹一周。口径20.8、底径10.4、高10.8厘米（图三四，4；图版一四，4）。标本H509：2，泥质灰陶。唇有两周凹弦纹，腹饰凸弦纹一周，圈足饰圆镂孔。口径19.2、底径9.2、高10.5厘米（图三四，5；图版一四，5）。标本H85：9，泥质黑陶。平折沿。沿面饰凹弦纹两周，腹下饰凸弦纹一周，圈足饰圆镂孔四个（未穿）。口径24、底径10.4、高12厘米（图三四，6；图版一四，6）。标本H509：16，泥质黑陶。平折沿。沿面饰凹弦纹

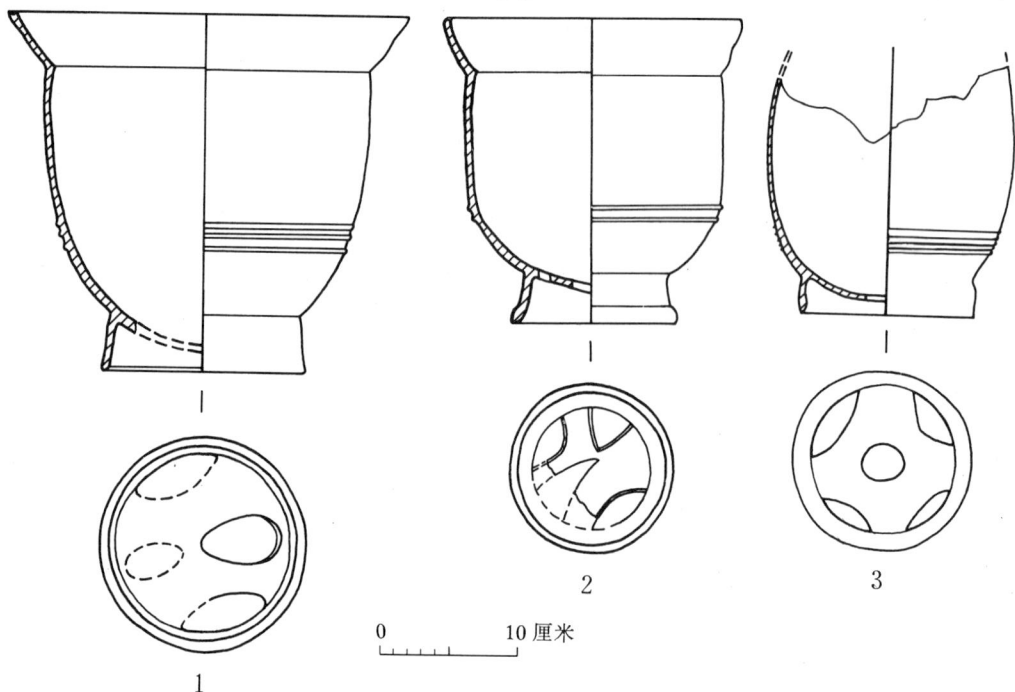

图三三　屈家岭文化第二期陶甑

1. H430：16　　2. HG30：3　　3. H85：17

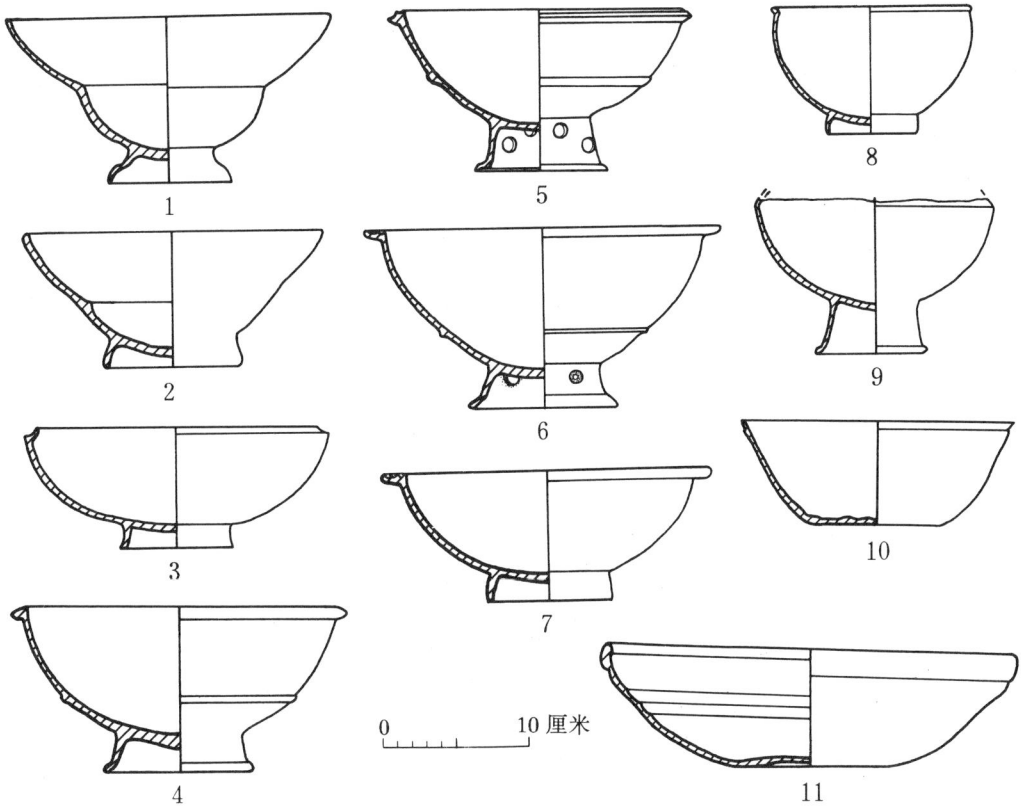

图三四　屈家岭文化第二期陶碗、钵

1. A型Ⅰ式碗 H85：38　　2. A型Ⅱ式碗 H430：8　　3. B型碗 H509：3　　4~7. C型碗 H509：14、H509：

2、H85：9、H509：16　　8、9. 其它碗 H430：12、H85：55　　10. B型钵 H506：18　　11. A型钵 H85：1

二周。口径22.5、底径8、高8.6厘米（图三四，7；图版一五，1）。

其它碗　2件。标本 H430：12，泥质黑陶。口微敛，圆唇，斜弧腹，矮圈足。素面。口径12.8、底径5.6、高8.4厘米（图三四，8；图版一五，2）。标本 H85：55，泥质红陶。口沿残，斜弧腹，圈足较高。素面。底径7.2、残高10厘米（图三四，9）。

钵　2件。分二型。

A型　1件。标本 H85：1，泥质红陶。敞口，卷圆唇，坦腹，底微凹。素面。口径28、底径9、高8厘米（图三四，11；图版一五，3）。

B型　1件。标本 H506：18，夹砂深灰陶。敞口，尖唇，斜腹，平底。素面。口径18.8、底径8.8、高6.8厘米（图三四，10；图版一五，4）。

豆　9件。分二型。

A型　7件。仰折双腹，高圈足，分两个亚型。

Aa 型 5 件。高圈足。分三式。

Ⅰ式 2 件。内外腹仰折较明显。标本 H509∶4，泥质黑陶。敞口，沟唇，双腹弧度较大，圈足大部残。圈足饰圆镂孔。口径 23.2、残高 12 厘米（图三五，1）。标本 HG32∶2，泥质灰陶。尖唇，圈足略残。腹下部有一道棱，圈足饰圆镂孔。口径 23.7、残高 18.4 厘米（图三五，2；图版一五，5）。

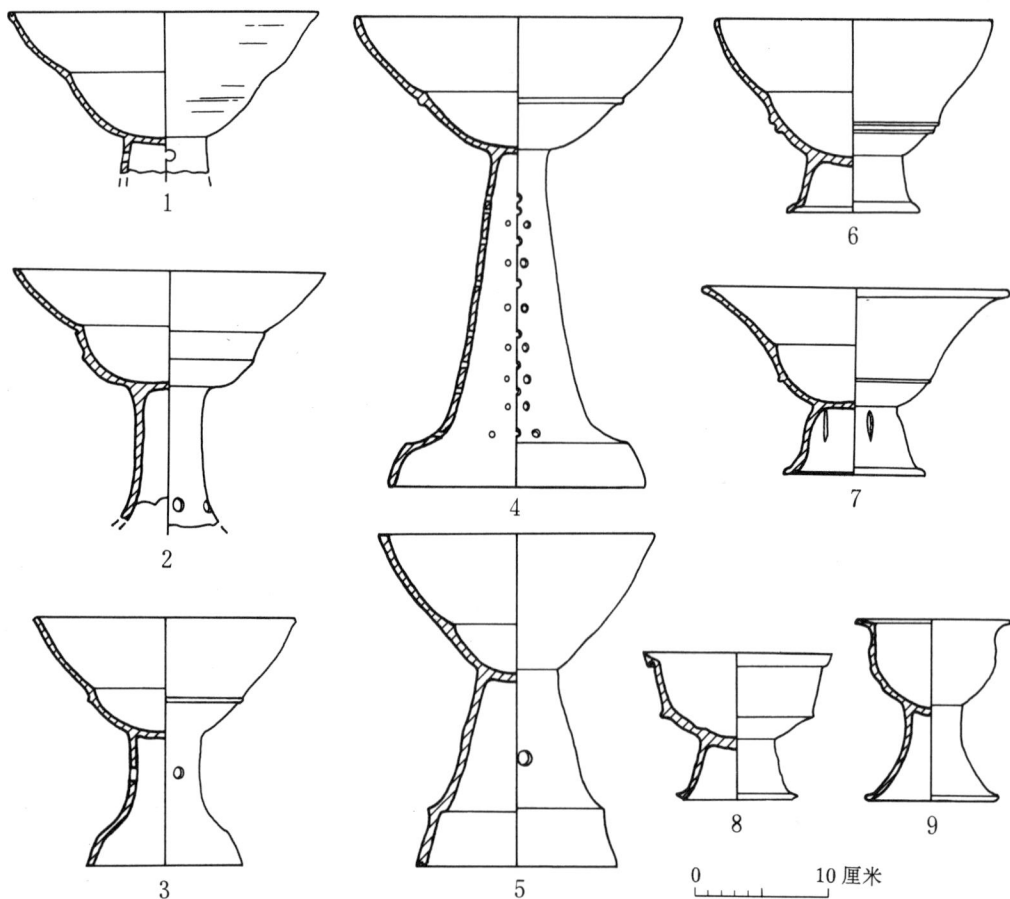

图三五 屈家岭文化第二期陶豆

1、2. Aa 型Ⅰ式 H509∶4、HG32∶2 3、4. Aa 型Ⅱ式 H430∶1、H85∶3 5. Aa 型Ⅲ式 AT1917④∶10 6、7. Ab 型 H76∶6、H85∶25 8、9. B 型 H85∶35、H85∶37

Ⅱ式 2 件。内外腹仰折不明显，圈足起台。标本 H85∶3，泥质灰陶。圈足特高。腹下部饰凸弦纹一周，圈足饰圆镂孔四组。口径 24.4、底径 19、高 34 厘米（图三五，4；图版一六，1）。标本 H430∶1，泥质灰陶。腹下部饰凸弦纹一周，圈足饰圆镂孔三个。口径 19.2、底径 10.8、高 18 厘米（图三五，3；图版一五，6）。

Ⅲ式 1 件。仅内腹可见仰折痕迹。标本 AT1917④∶10，泥质灰陶。圈足饰圆镂孔四个。口径 20.8、底径 15.2、高 24 厘米（图三五，5；图版一六，2）。

Ab 型 2 件。圈足较矮。标本 H76:6，泥质红胎黑皮陶。腹下部饰凸弦纹两周。口径 20、底径 9.6、高 14 厘米（图三五，6；图版一六，3）。标本 H85:25，泥质灰胎黑皮陶。双腹接近消失。腹下部饰凸弦纹一周，圈足饰长形戳印纹五个。口径 23.2、底径 10.4、高 13.6 厘米（图三五，7；图版一六，4）。

B 型 2 件。折沿，碗形盘。标本 H85:35，泥质灰陶。圈足较矮，腹下部有一道棱。口径 14.4、底径 8、高 10.2 厘米（图三五，8；图版一六，5）。标本 H85:37，夹砂黑陶。高圈足。素面。口径 11.7、底径 9.6、高 13.2 厘米（图三五，9；图版一六，6）。

杯 第二期有喇叭形斜腹杯、高圈足杯、矮圈足杯和其它杯。其中斜腹杯、矮圈足杯为两期共有。

斜腹杯 11 件。敞口，斜腹，有彩绘和素面之分。分二式。

Ⅰ式 2 件。底径与口径比值较大。标本 H85:21，泥质红陶。腹壁微内弧，凹底。素面。口径 10.8、底径 4.8、高 7.4 厘米（图三六，1；图版一七，1）。标本 H85:53，泥质红陶。素面。口径 8、底径 5.2、高 7.6 厘米（图三六，2）。

Ⅱ式 9 件。下腹内弧，底径比Ⅰ式小。标本 AT1919⑤:2，泥质橙红陶。底残。器表大部饰黑彩，口沿内饰黑带彩一周。口径 6、底径 2.1、高 4 厘米（图三六，5；图版一七，2）。标本 H509:16，泥质橙红陶，底残。口径 7.6、底径 2.6、高 4.6 厘米（图三六，3；图版一七，3）。标本 H430:13，泥质红陶。残。素面。口径 9.6、残高 9.4 厘米（图三六，4）。

高圈足杯 6 件。高圈足，均残。标本 H85:3，泥质红胎黑皮陶。凹折沿，斜腹下折有棱。素面。口径 8.2、残高 9.8 厘米（图三六，6）。标本 H479:2，泥质灰陶。仰折沿。素面。口径 6.7、残高 10 厘米（图三六，7）。标本 H85:41，泥质黑陶。腹壁近直。素面。口径 7.4、残高 5.6 厘米（图三六，8）。

矮圈足杯 4 件。矮圈足。标本 AT408④:6，泥质红陶。矮领，窄沿，斜腹下折，圈足较高。腹饰斜线纹，折腹处有一周锯齿纹。口径 6.2、底径 6.3、高 10.5 厘米（图三六，9；图版一七，4）。标本 H85:1，夹砂红陶。口微敞，深腹，圈足较矮。折腹处饰锯齿纹一周。口径 5.2、底径 4.5、高 11 厘米（图三六，10）。标本 H85:28，泥质灰陶。敛口，斜弧腹，圈足较矮。素面。口径 6、底径 4.5、高 7.2 厘米（图三六，11；图版一七，5）。

其它杯 1 件。标本 AT1919⑤:3，泥质灰陶。敞口，斜腹，圈足较高。素面。口径 6、底径 3.2、高 5 厘米（图三六，12；图版一七，6）。

鼎 15 件。有 A、B 两型和其它鼎。

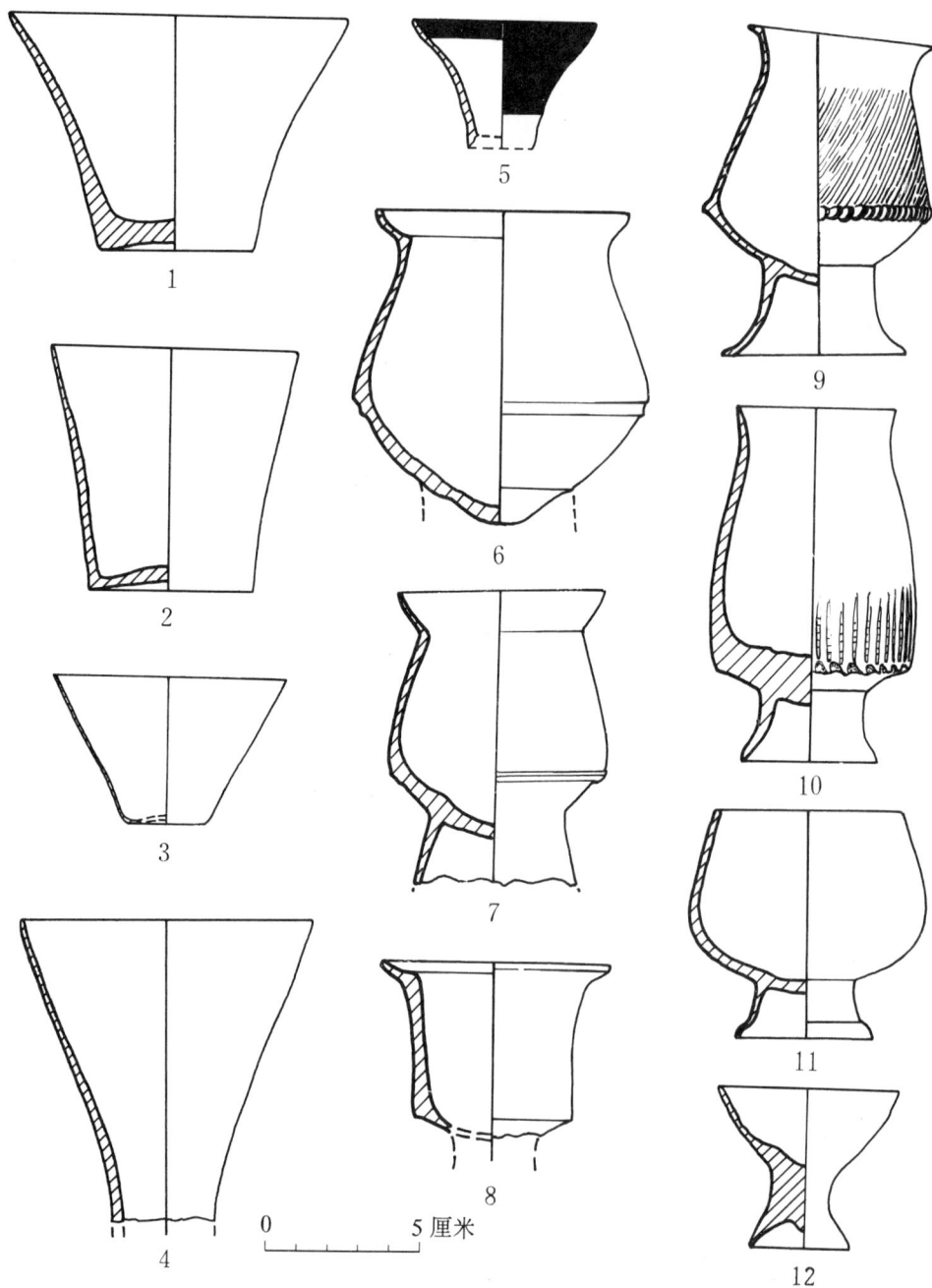

图三六　屈家岭文化第二期陶杯

1、2.Ⅰ式斜腹杯 H85:21、H85:53　　3～5.Ⅱ式斜腹杯 H509:16、H430:13、AT1919⑤:2

6～8.高圈足杯 H85:3、H479:2、H85:41　　9～11.矮圈足杯 AT408④:6、H85:1、H85:28

12.其它杯 AT1919⑤:3

A 型　12 件。凹折沿小鼎，分两个亚型。

Aa 型　7 件。弧腹下垂。标本 AT1316④:17，泥质黑皮陶。腹部有一周细棱，圜底，鸭嘴形足。素面。口径 10.4、高 12.2 厘米（图三七，1；图版一八，1）。标本 H85:8，泥质灰陶。斜弧腹，底残，扁足。素面。口径 10.4、残高 13 厘米（图三七，2；图版一八，2）。

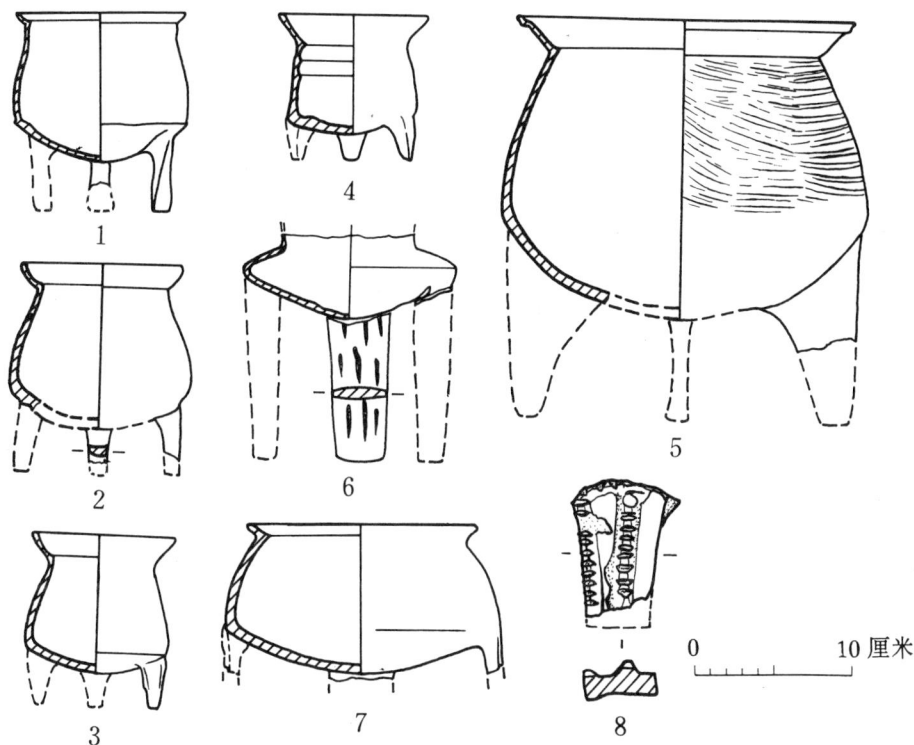

图三七　屈家岭文化第二期陶鼎

1、2. Aa 型 AT1316④:17、H85:8　　3、4. Ab 型Ⅱ式 H430:3、H430:5
5. B 型 H85:26　　6、7. 其它鼎 HG30:2、H509:15　　8. 鼎足 HG32:5

Ab 型　5 件。折腹。仅有Ⅱ式。

Ⅱ式　5 件。形体变瘦，沿变宽。标本 H430:3，泥质黑陶。扁足。素面。口径 9、高 10.8 厘米（图三七，3；图版一八，3）。标本 H430:5，泥质灰陶。腹壁近直，底近平，矮足。素面。口径 8.8、高 9 厘米（图三七，4）。

B 型　1 件。标本 H85:26，夹砂红胎黑陶，足红色。折沿，鼓腹，深圜底，侧扁足，残。腹饰浅篮纹。口径 21.6、残高 20 厘米（图三七，5；图版一八，4）。

其它鼎　2 件。标本 HG30:2，泥质红陶。口残，扁腹，尖圜底，长扁足。足内侧饰长条形戳印纹。残高 14 厘米（图三七，6）。标本 H509:15，泥质黑皮陶。仰折沿，腹内折，浅圈底，宽扁足，中间有一道竖棱。素面。口径14.4、残高9.6厘米（图三七，7）。

鼎足　1件。标本HG32:5，夹砂红陶。扁平状。正面有竖锯齿状泥贴两道。残高8.4、中宽4.5厘米（图三七，8）。

器盖　13件。有A、B两型。

A型　9件。三个角形钮。标本H430:6，泥质灰陶。斜壁，浅盘，尖唇。口径8.4、高3厘米（图三八，1；图版一九，1）。标本H430:4，泥质黑皮陶。盘略深，方唇。口径15.2、高6厘米（图三八，2；图版一九，2）。

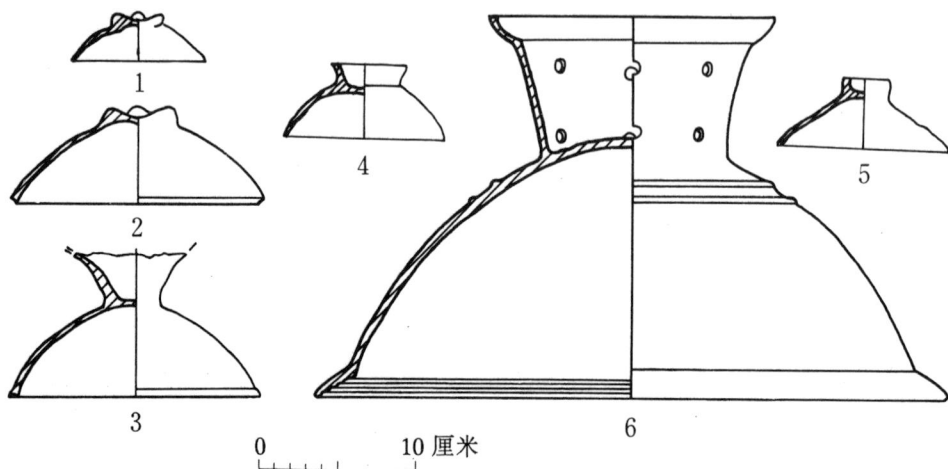

图三八　屈家岭文化第二期陶器盖

1、2. A型 H430:6、H430:4　　3~6. B型 H430:7、H85:31、HG32:3、HG32:1

B型　4件。圈足状钮。标本H430:7，泥质灰陶。钮较高略残，弧壁深盘，沟唇。素面。口径15.2、残高8.8厘米（图三八，3；图版一九，3）。标本H85:31，泥质灰陶。矮钮，斜弧壁，尖唇。素面。口径10、高4.6厘米（图三八，4；图版一九，4）。标本HG32:3，泥质灰陶。矮钮，斜直壁。素面。口径10.8、高4.4厘米（图三八，5；图版一九，5）。标本HG32:1，泥质黑皮陶。钮较高，弧壁深盘，折沿。圈足饰圆镂孔六组，盘顶饰凸弦纹两周，沿面饰凹弦纹五周。口径40、高23.6厘米，此器亦可作豆（图三八，6；图版一九，6）。

（2）生产工具

生产工具有纺轮和网坠。

纺轮　共56件。均为细泥陶，圆饼状，中有小圆孔。绝大多数为红陶，黑陶很少。直径在3~3.4厘米之间的有22件，直径在4~5.3厘米之间的有34件；厚0.5~0.9厘米的有50件，1~1.6厘米的有6件。分素面纺轮和彩绘纺轮两种。

素面纺轮　50 件。分四型。

A 型　19 件。棱边，两面平，素面。标本 H85∶42，红陶。直径 5、厚 1 厘米（图三九，1；图版二〇，1）。标本 H85∶45，红陶。直径 4.2、厚 0.9 厘米（图三九，4）。标本 AT2118⑤∶10，红陶。直径 3.4、厚 0.5 厘米（图三九，2；图版二〇，2）。标本 AT1916④∶25，红陶。直径 3、厚 1 厘米（图三九，3）。

B 型　24 件。一面平，另一面中间隆起，素面。分两个亚型。

Ba 型　13 件。弧边较厚。标本 H85∶44，黑陶。直径 5、中厚 1.1 厘米（图三九，5；图版二〇，3）。标本 H482∶1，灰红陶。直径 4、中厚 0.7 厘米（图三九，6）。

Bb 型　11 件。一面全部隆起，薄边。标本 H85∶16，红陶。直径 4.1、中厚 1 厘米（图三九，7）。标本 AT2017⑤∶5，灰红陶。直径 4、中厚 0.6 厘米（图三九，8；图版二〇，4）。

C 型　6 件。直边，两面平。标本 H85∶40，红陶。素面。直径 3.2、厚 0.5 厘米（图三九，10；图版二〇，5）。

D 型　1 件。标本 AT1818⑤∶5，色红黑不匀。斜边，两面平。边饰一周戳印纹。直径 5.3、厚 1.6 厘米（图三九，11；图版二〇，6）。

彩绘纺轮　6 件，均饰红彩。标本 AT2118⑤∶9，灰红陶。弧边，一面隆起。饰三分弧线纹，彩绘绝大部分脱落。直径 4、中厚 0.8 厘米（图三九，12；图版二〇，7）。标本 AT1721⑤∶6，灰红陶。弧边，一面隆起。彩绘部分脱落，绘四分粗线段组合纹，边涂红彩。直径 4.1、中厚 0.7 厘米（图三九，13；图版二〇，8）。标本 H85∶5，灰红陶。边涂红彩。直径 3.3，中厚 0.9 厘米（图三九，9）。

网坠　1 件。AT1011⑤∶8，泥质灰陶。长圆形，中有圆孔。素面。长 11.4、中宽 6.8 厘米（图三九，14；图版二〇，9）。

2. 石器

屈家岭文化第二期石器很少，只有生产工具一种。

石斧　9 件。分三型。

A 型　1 件。标本 AT1919⑤∶6，局部稍加磨光。近似长方形，弧刃。长 13.6、中宽 6.4 厘米（图四〇，1；图版二一，1）。

B 型　1 件。标本 H459∶2，刃部磨光。长条形，弧刃略残。长 11.6、中宽 4 厘米（图四〇，2；图版二一，2）。

C 型　7 件。近似梯形，分两个亚型。

Ca 型　5 件。形体较短。标本 H430∶15，大部磨光。刃微弧，有使用痕迹。长 10、刃宽 6.7 厘米（图四〇，5；图版二一，3）。标本 AT1919⑤∶8，通体磨光。弧刃。长

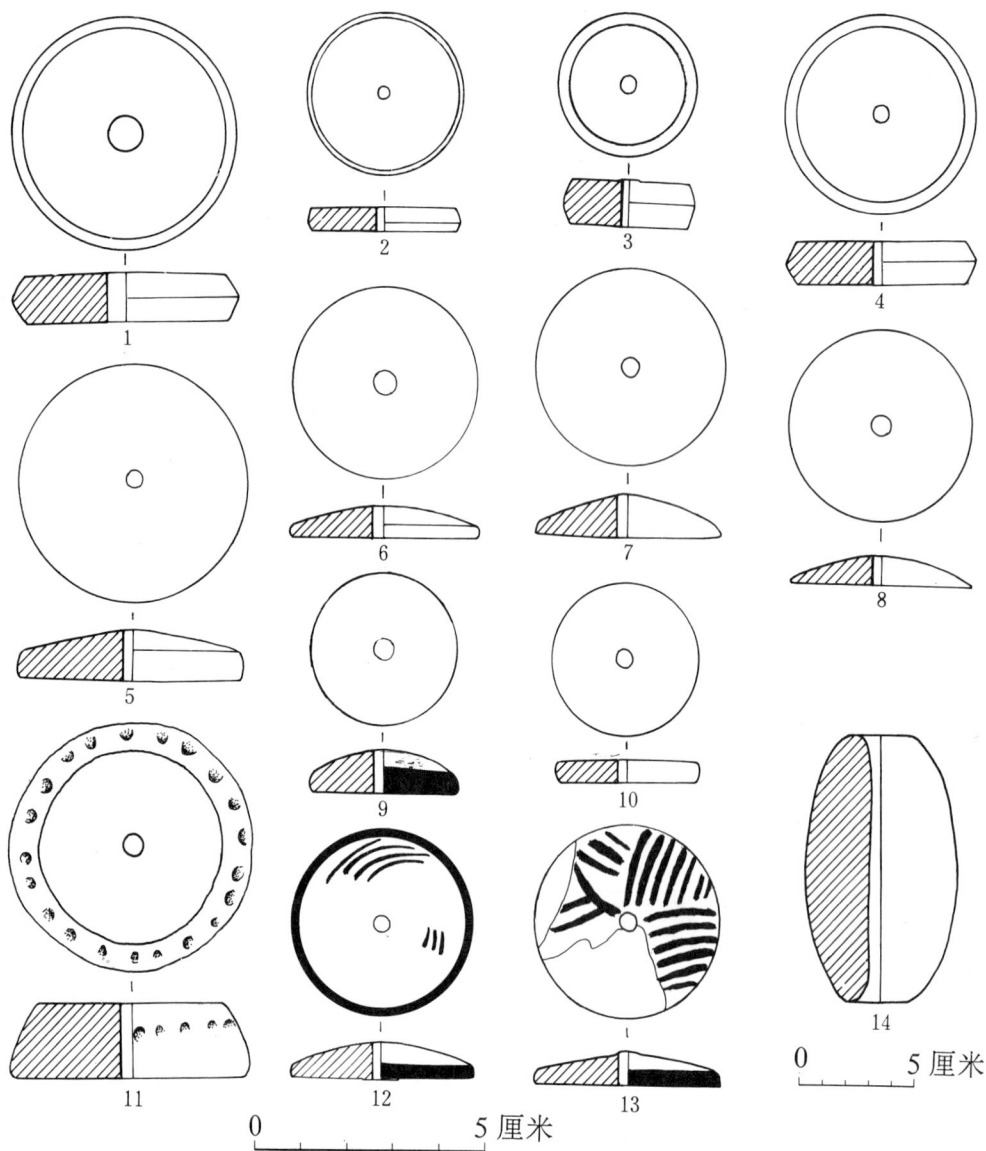

图三九　屈家岭文化第二期陶纺轮、网坠

1~4. A 型纺轮 H85:42、AT2118⑤:10、AT1916④:25、H85:45　　5、6. Ba 型纺轮 H85:44、H482:1
7、8. Bb 型纺轮 H85:16、AT2017⑤:5　　10. C 型纺轮 H85:40　　11. D 型纺轮 AT1818⑤:5
9、12、13. 彩绘纺轮 H85:5、AT2118⑤:9、AT1721⑤:6　　14. 网坠 AT1011⑤:8

9、刃宽 6.6 厘米（图四〇，4；图版二一，4）。标本 AT1919⑤:7，通体稍加磨光。刃部残。长 9.8、刃宽 7.2 厘米（图四〇，3）。

Cb 型　2 件。形体较长。标本 AT2408④:13，琢制。多处破损，刃部残。长 13.6、

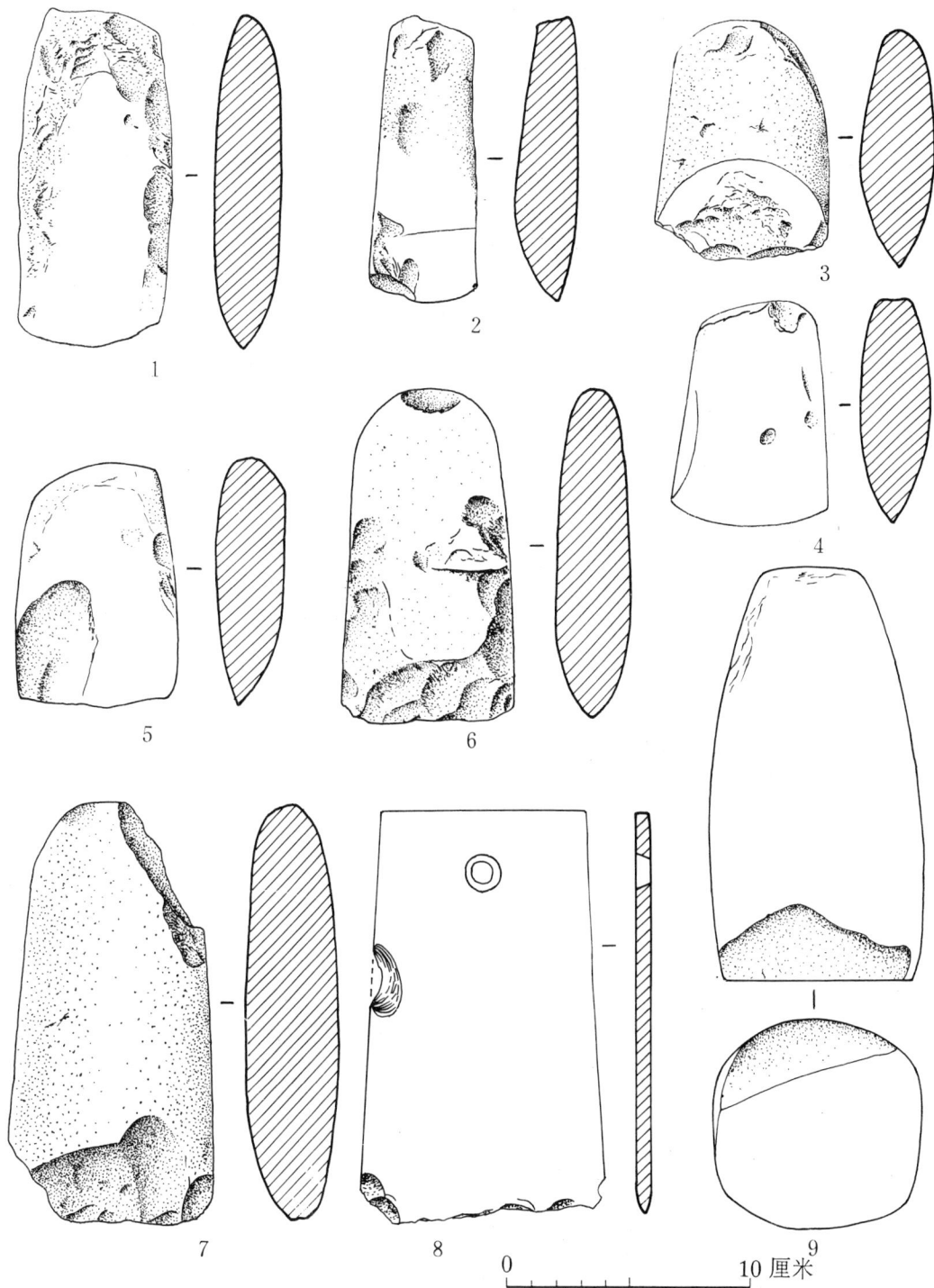

图四〇　屈家岭文化第二期石斧、钺、杵

1. A 型斧 AT1919⑤:6　　2. B 型斧 H459:2　　3～5. Ca 型斧 AT1919⑤:7、AT1919⑤:8、H430:

15　　6、7. Cb 型斧 AT2408④:13、AT2308⑤:6　　8. 钺 AT204⑤:16　　9. 杵 AT1216④:8

刃宽 7.2 厘米（图四〇，6；图版二一，5）。标本 AT2308⑤∶6，琢制。上端、刃部略残。长 17、刃宽 8.6 厘米（图四〇，7；图版二一，6）。

石钺　1 件。标本 AT204⑤∶16，通体磨光，制作精细。近梯形，扁薄，刃部略残，上部中间钻一圆孔。长 16.8、上宽 8.6、刃宽 10 厘米（图四〇，8；图版二一，7）。

石杵　1 件。标本 AT1216④∶8，通体磨光。上窄下宽，近似圆柱体。杵面近圆形，光滑，略残。长 16.6、最大直径 9 厘米（图四〇，9；图版二一，8）。

第二节　墓葬

一　墓葬形制

（一）墓葬分布与层位关系

屈家岭文化第一期没有发现墓葬，第二期共发现土坑墓 37 座，瓮棺葬 5 座（图四一）。

1. 土坑墓

37 座土坑墓中，有 33 座位于遗址发掘区的南部、东南部、西北部三个墓地中，另有四座零星分布（附表五）。

南部墓地

该墓地分为东西两部分，共有墓葬 17 座，其中屈家岭文化第二期墓葬有 6 座，石家河文化早期墓葬 11 座。屈家岭文化第二期墓葬均位于西半部，它们是 M19、M20、M21、M22、M23、M24，分布在 AT204、AT205、AT305、AT404、AT407 五个探方。这一墓地曾遭到破坏，不完整。从发掘情况看，墓葬的分布相对来说比较松散，方向也不一致。墓葬分期结果显示墓地的使用是由西向东发展。整个墓地东西长约 38 米，南北宽约 33 米，面积约 1254 平方米。屈家岭文化第二期有打破关系的墓葬有一组：

　　　M21 → M22

东南部墓地

共有墓葬 18 座，其中属于屈家岭文化第二期的有 16 座：M31、M32、M33、M35、M36、M37、M38、M39、M40、M41、M42、M43、M44、M45、M46、M47，集中分布在 AT1216、AT1217、AT1116、AT1117 等四个探方中。这一墓地范围不大，南北长

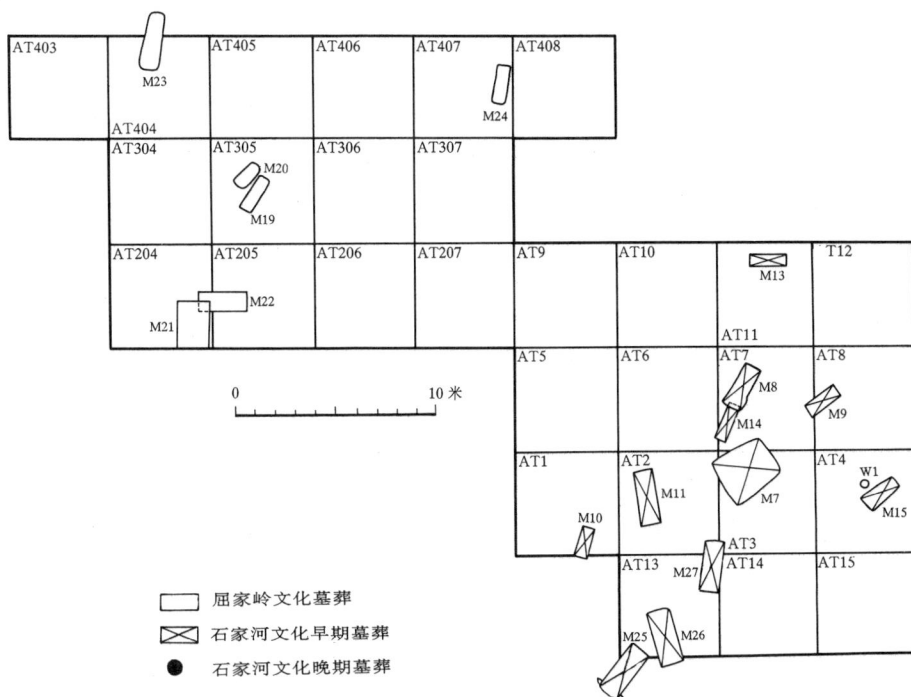

图四一 .A 屈家岭文化和石家河文化墓葬分布图

约 9 米，东西宽约 8.3 米，但墓葬分布相当密集，墓葬之间叠压、打破关系也特别多，如在 AT1216、AT1217 两方中共有墓葬 15 座，除二座外，其余墓葬均有叠压打破关系。由于墓葬集中，扰乱严重，因此器物修复率很低。整个墓地墓葬的层位关系是：

AT1216 ②层下：M30、M34（均属石家河文化早期）

　　　　③层下：M31、M32、M35、M42

　　　　④层下：M36、M47

AT1217 ②B层下：M33、M39

　　　　③层下：M40、M43

　　　　④层下：M41、M44、M46

AT1117③层下：M37、M38、M45

经梳理，墓葬之间的叠压、打破关系共有 9 组：

　　（1）　　M43—M47

　　（2）　　M30—M32—M47

　　（3）　　M34—M32→M36

　　（4）　　M34—M31→M36

　　（5）　　M31→M44

（6）　　　M39→M35→M44

（7）　　　M35→M41

（8）　　　M33→M46

（9）　　　M45→M37

西北部墓地

共有墓葬 18 座，其中属于屈家岭文化第二期的墓葬有 11 座：M56、M57、M58、M61、M62、M63、M65、M67、M68、M69、M71，分布在 AT3107、AT3207、AT3105、AT3205、AT3305、AT3405 等六个探方中。这个墓地保存比较完整，东西长约 17 米，南北宽约 13 米。墓葬排列也比较有规律，大致可分为东、中、西三个小部分。东边 3 座，除 M63 被扰乱，方向不太清楚外，其南、北两侧的 M58、M61 均为东西向；西边共有 8 座，基本上为南北向。东、西两部分 11 座墓葬的年代均为屈家岭文化第二期，中部 7 座墓葬的年代为石家河文化早期。除 M72 靠近西部方向朝南外，其余均为东偏北向。墓葬之间叠压、打破关系有两组：

　　　　M56—M62

　　　　M65→M68

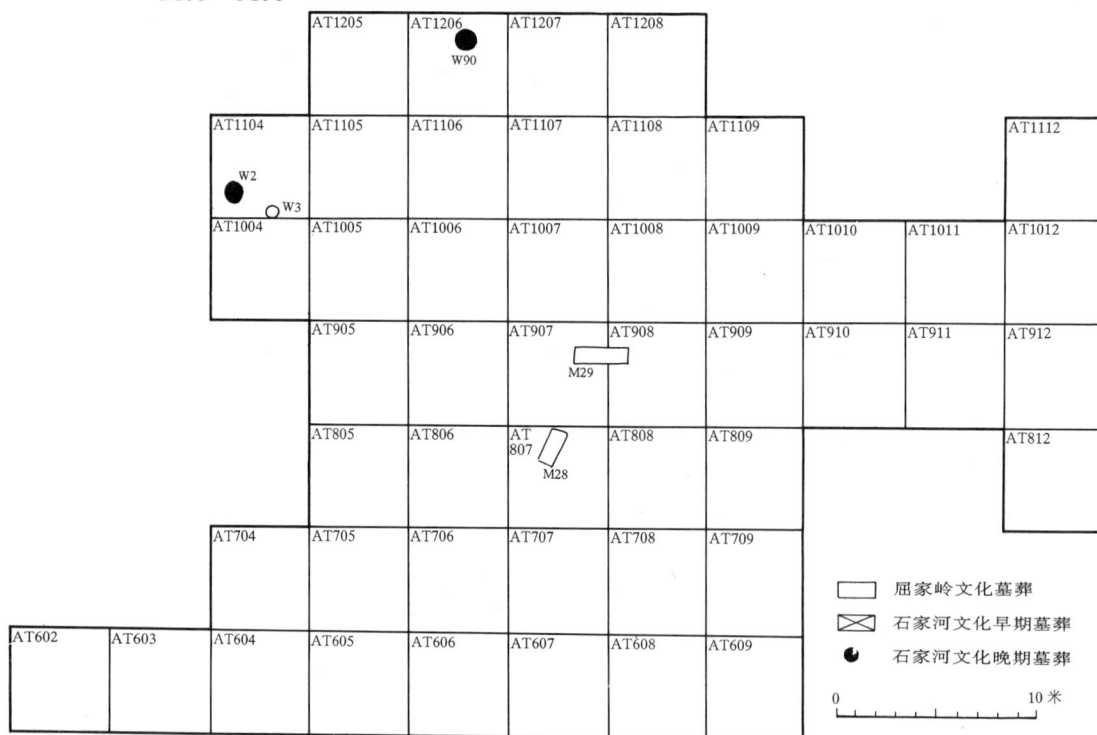

图四一.B　屈家岭文化和石家河文化墓葬分布图

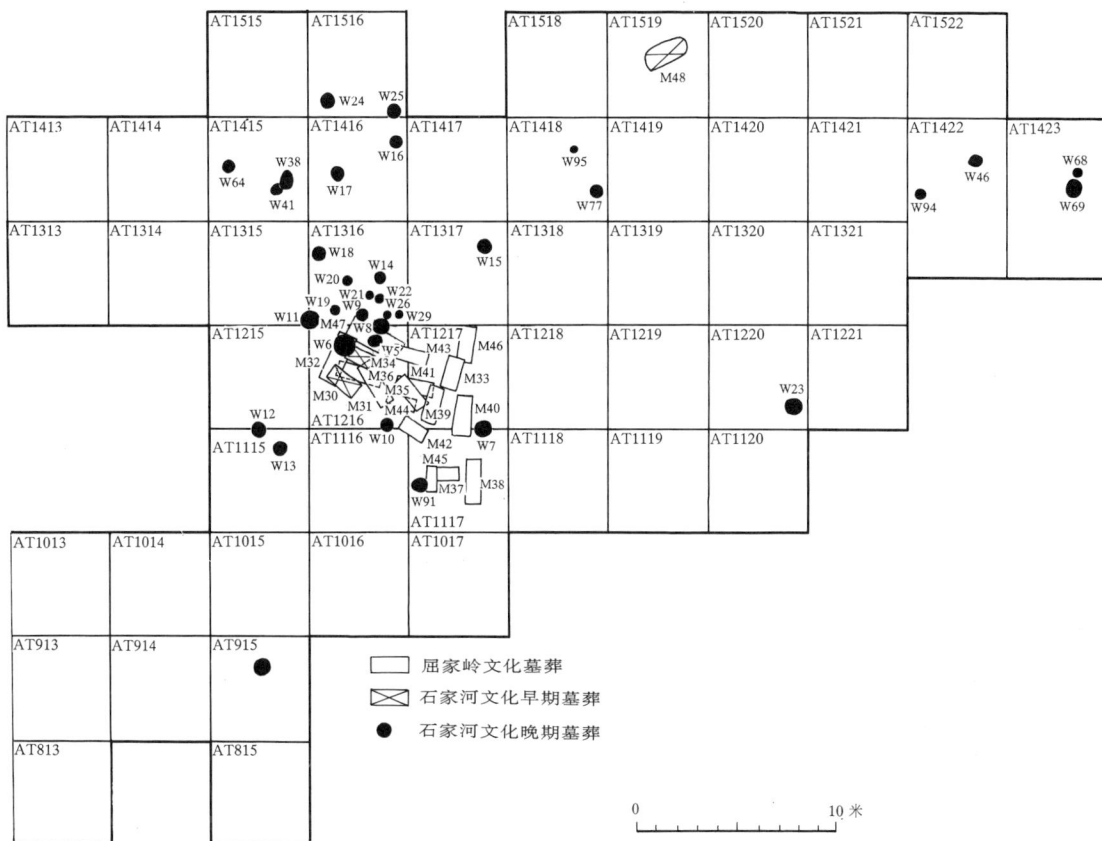

图四一.C　屈家岭文化和石家河文化墓葬分布图

从发掘和整理情况得知，三个墓地的使用时间均为屈家岭文化第二期到石家河文化早期；墓葬数量相接近，墓地之间的距离也不远。结合整个遗址来考察，当是一个氏族内部的三个家族墓地。

另外零星分布的四座土坑墓是 M28、M29、M52、M53，分布在 AT807、AT907、AT908、AT1817、AT1818 五个探方中，其中 M52 位于 AT1818⑥层下，M53 位于 AT1818⑦层下。

2. 瓮棺葬

瓮棺葬 5 座，它们是 W1、W3、W84、W86、W87，分布在 AT4、AT1104、AT1919、AT1818、AT2018 等五个探方中（附表六）。本期瓮棺主要用于埋葬婴幼儿，稍大些的小孩则采用土坑墓的形式埋葬在墓地中。

（二）形制特点

1. 土坑墓

（1）墓坑

均为长方形竖穴，小部分坑口不规则，有的墓坑为圆角，有的坑边不整齐。为便于放置随葬器物，另有三座墓葬是在长方形的一端（足端）挖一个浅穴，其宽度往往大于原墓坑宽度，其形状或近正方形（如 M28），或近圆弧形（如 M56、M57），还有二座墓葬（M63、M68）因被扰乱、打破，墓坑结构已不清楚，估计也应是长方形。

多数墓坑四壁较直，底部平整。有的墓口稍大于墓底，如 M36、M52 等，有的坑

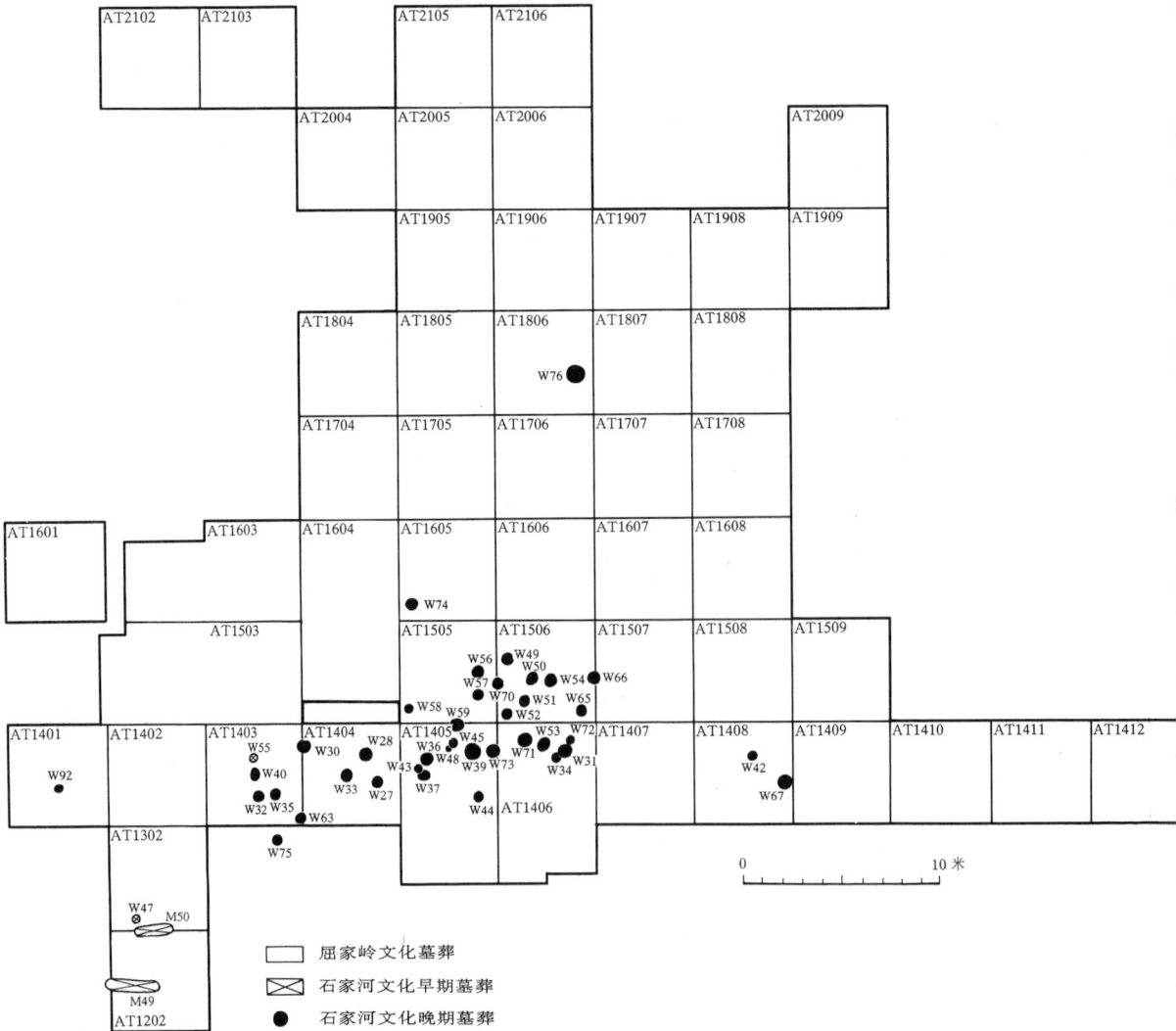

图四一 .D　屈家岭文化和石家河文化墓葬分布图

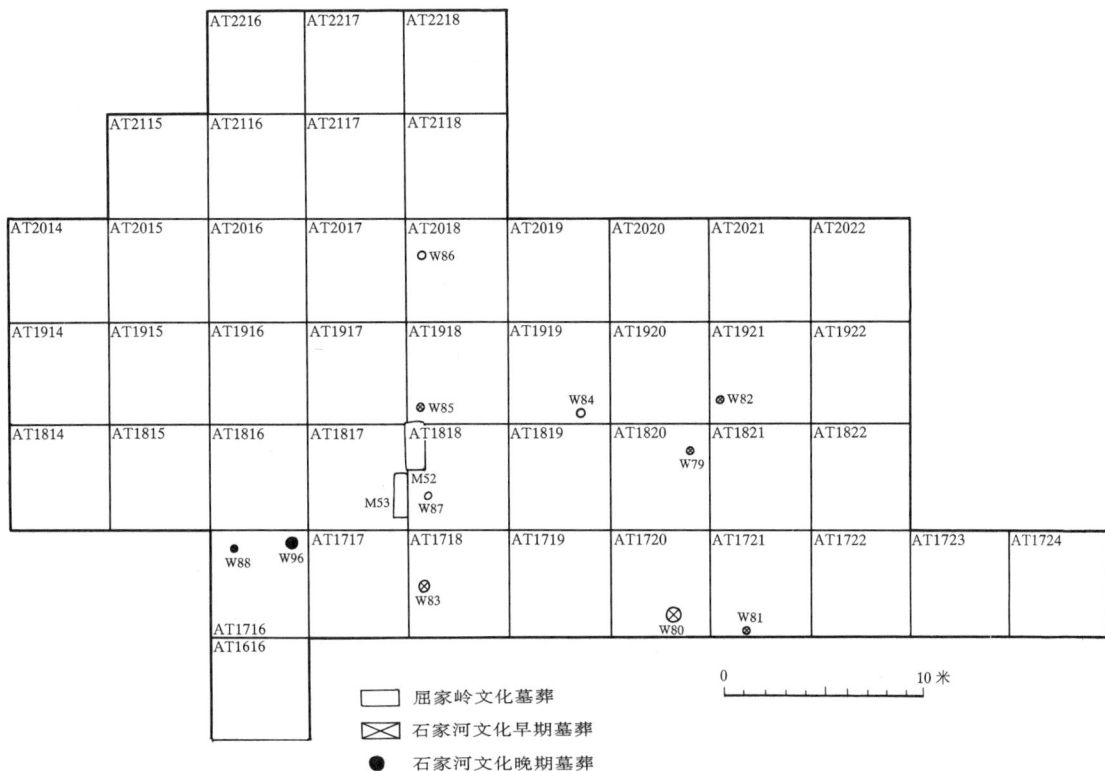

图四一 . E 屈家岭文化和石家河文化墓葬分布图

壁一端呈斜坡状，如 M32、M47 等。

四座墓葬有二层台。二层台的形式有两种，第一种为侧边二层台，如 M47、M52；一种为足端二层台，如 M21、M69。

墓坑大小有别。成人墓坑一般长约 2.1～2.7 米，个别墓坑长度在 3 米以上，如 M58 长为 3.26 米；墓坑宽度多在 0.5～0.9 米之间，个别墓坑宽度在 1.5 米以上，如 M21，宽达 1.6 米；墓坑深度多在 0.2～0.3 米之间。小孩墓长度在 1.2～1.4 米之间，宽度在 0.5～0.6 米之间，深度在 0.1 米左右。由于被扰乱或坑边不易找寻，有的墓葬经过多次铲削平面，故做出来的墓坑深度比原来实际深度要浅。

（2）葬具

土坑墓没有发现明显的葬具痕迹。但在 M29 的坑内有一较小的长方形浅坑，浅坑与墓坑不平行，足端置放小鼎、杯等小件器物，另在浅坑外置高领罐、碗等大件器物。浅坑内有黑色淤泥，推测这种长方形浅坑可能为采用长方形葬具腐烂后所致。

（3）葬式

人骨一般保存不好，37 座土坑墓中，人骨架比较清楚的有 26 座，均为单人葬。

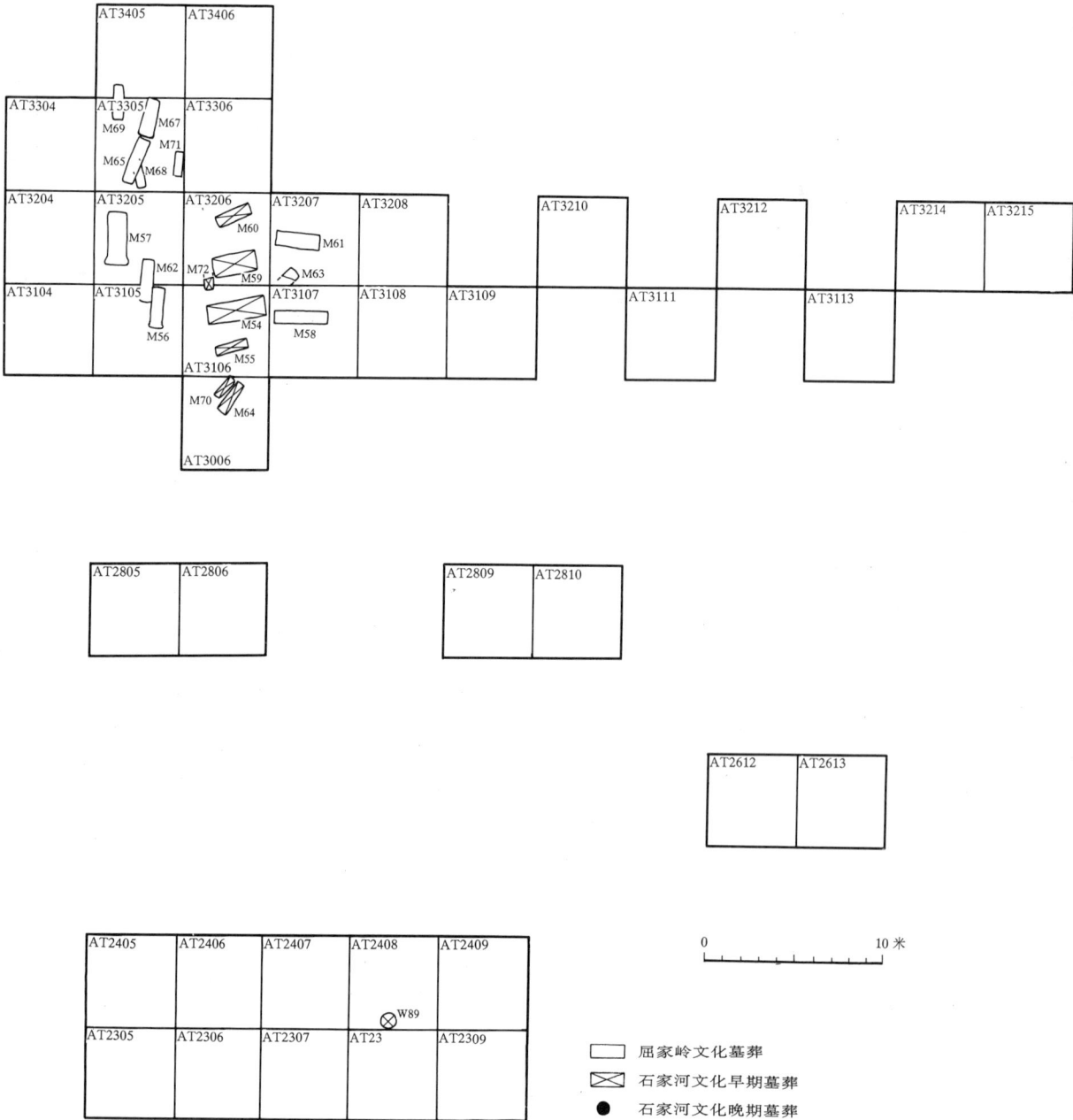

图四一 .F　屈家岭文化和石家河文化墓葬分布图

　　仰身直肢葬有 17 座：M19、M24、M28、M31、M33、M35、M42、M45、M47、M52、M53、M56、M57、M61、M62、M65、M67。二次葬有 15 座：M21、M23、M24、M28、M29、M32、M36、M38、M41、M43、M45、M47、M52、M58、M67。不少二次葬的人骨架也有意摆放成仰身直肢的形状。

人骨朽乱不清或没有发现骨架而致葬式不明的有 11 座：M20、M22、M37、M39、M40、M44、M46、M63、M68、M69、M71，这里面估计有些属于二次葬。

头向清楚的墓葬有 33 座，其中北向 18 座，东北向 2 座，东向 4 座，东南向 1 座，南向 1 座，西南向 2 座，西向 4 座，西北向 1 座。头向不清的有 4 座。面向以向上为主，两臂多垂于身旁。

（4）随葬品分布

37 座土坑墓中 33 座有随葬品，其中 M63、M68、M71 扰乱严重，随葬品所处位置不清。另外 30 座墓葬的随葬品，其放置位置以坑底足端为主，兼有放在坑底头端、坑口足端、身体一侧及坑口上部的填土中。有二层台或足端外侧浅坑的墓葬，除在二层台或残坑内放置器物外，也兼有放在别处的。一般来说，小鼎、斜腹杯在坑内的位置较之高领罐、碗等大件器物更贴近于墓主。

归纳起来，有以下四种放置情况：

①器物只放在足端的墓有 20 座：M20～M23、M32、M37～M39、M41～M46、M56、M61、M62、M65、M67、M69。

②除在足端放置器物外，还在头端放置器物的有 3 座：M36、M57、M58。

③除在足端放置器物外，还在一侧放置器物的有 4 座：M33、M40、M47、M53。

④在一侧二层台上及腰部以上填土中放置器物的有 1 座：M52。

（5）墓葬举例

M21　位于 AT204 方内，叠压于第 4 层下，其墓坑东北角打破 M22 的西南角。长方形宽坑竖穴，方向 3°。墓坑长 2.4、宽 1.6、深 0.3 米，四壁较直，坑底平整，墓南端（足端）有二层台。墓坑填土为灰黄色粘土。未发现葬具。单人二次葬，人骨架偏置于墓坑东侧，头骨不存。随葬品 14 件，其中小鼎 1 件、高领罐 10 件、中口罐 1 件、罐 2 件，均放置于足端二层台上（图四二、四三；图版二二，1）。

M22　位于 AT205 方内，叠压于第 3 层下，打破第 4 层，西南角被 M21 打破。长方形竖穴，方向 277°。坑口长 2.3、宽 0.9 米，坑底长 2.3、宽 0.87 米，残深 0.35 米。墓坑填土为灰褐色土。未发现葬具和人骨架。随葬品共 8 件，其中高领罐 4 件，置于墓坑东端上部；小鼎 2 件、鼎盖 1 件、斜腹杯 1 件，置于墓坑中部偏东处（图四四；图版二二，2）。

M28　位于 AT807 北部，叠压于第 4 层下。长方形竖穴，方向 30°。墓坑口长 3 米，宽 0.8～1 米；底长 2 米，宽约 0.45 米，墓坑深 0.4～0.5 米。墓坑填土为黄色粘土。除在墓坑两侧有二层台外，在坑的足端因放置器物的需要挖一近似正方形的浅坑，长 0.95 米，宽 0.95～1 米，深 0.2～0.3 米。未发现葬具。为二次葬。墓主的性别和年龄不清。随葬品 25 件，其中高领罐 22 件、中口罐 2 件、钵 1 件，全部置于浅坑中（图

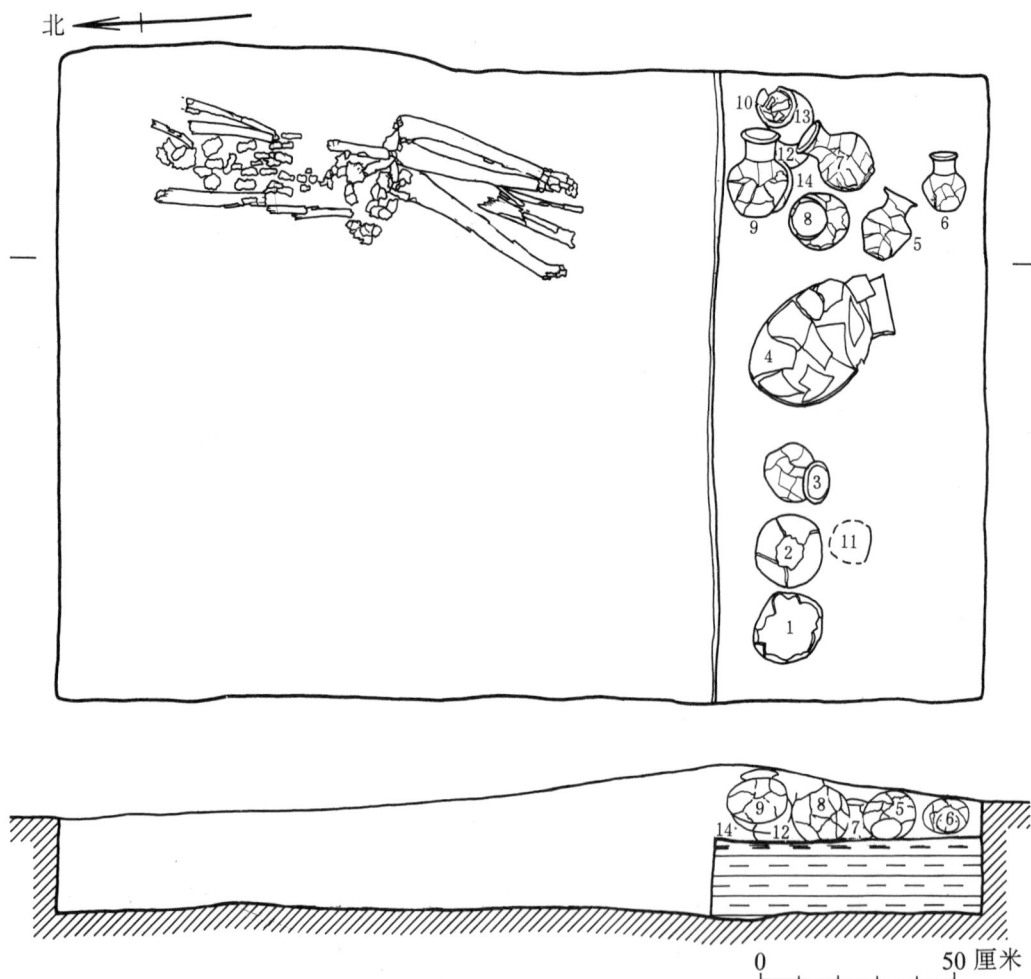

图四二　屈家岭文化第二期 M21 平、剖面图

1~3、5~12、14.陶高领罐　　4.陶中口罐　　13.陶鼎

四五、四六；图版二三，1）。

　　M29　位于 AT908 西北部，叠压于第 3 层下，打破第 4 层。长方形竖穴，方向 270°。坑口长约 2.4、宽 0.9 米，深 0.3 米。墓坑填土为灰黄色粘土。未发现葬具痕迹，但推测此种墓坑内的长方形浅坑，系采用长方形葬具所致。葬式为单人二次葬，骨架腐朽严重，性别和年龄不清。随葬品 8 件，其中 4 件高领罐置于坑内上部足端的填土中，小鼎 1 件、鼎盖 1 件、斜腹杯 2 件置于坑底部足端（图四七；图版二三，2）。

　　M45　位于 AT1117 方内，叠压于第 3 层下，打破 M37，被 H84 打破（图四二.C）。长方形竖穴，方向 20°。坑口长约 1.2、宽 0.43~0.6 米，残深约 0.1 米。墓坑填土为灰黄色粘土。未发现葬具。人骨架仅存头骨和肢骨，二次葬，为一小孩，面向东侧。随葬品7件，其中小鼎3件、斜腹杯4件，置于坑底足端（图四八；图版二四，1）。

　　M47　位于AT1316方内，叠压于M32、M43下，长方形竖穴，方向105°。坑口长3、宽1.08米，坑底长2.6、宽约0.6米，坑深0.3米。墓坑填土为灰褐色粘土。未发现葬具痕迹。有头骨、上下肢骨及散乱的肋骨，摆放成仰身直肢的形状，二次葬。墓主的性别和年龄不清。随葬品共24件，其中小鼎4件、斜腹杯4件放在坑底足端，斜腹杯1件置坑内盆骨上方，高领罐11件、碗4件置于胸部以上及人骨架左侧的二层台上（图四九、五〇；图版二四，2）。

　　M52　位于AT1818方内，叠压于第6层下，打破第7层。长方形竖穴，方向0°。墓坑长2.25、宽1.24、残深0.25米。墓坑东侧有二层台。墓坑填土为灰黄色粘土。未

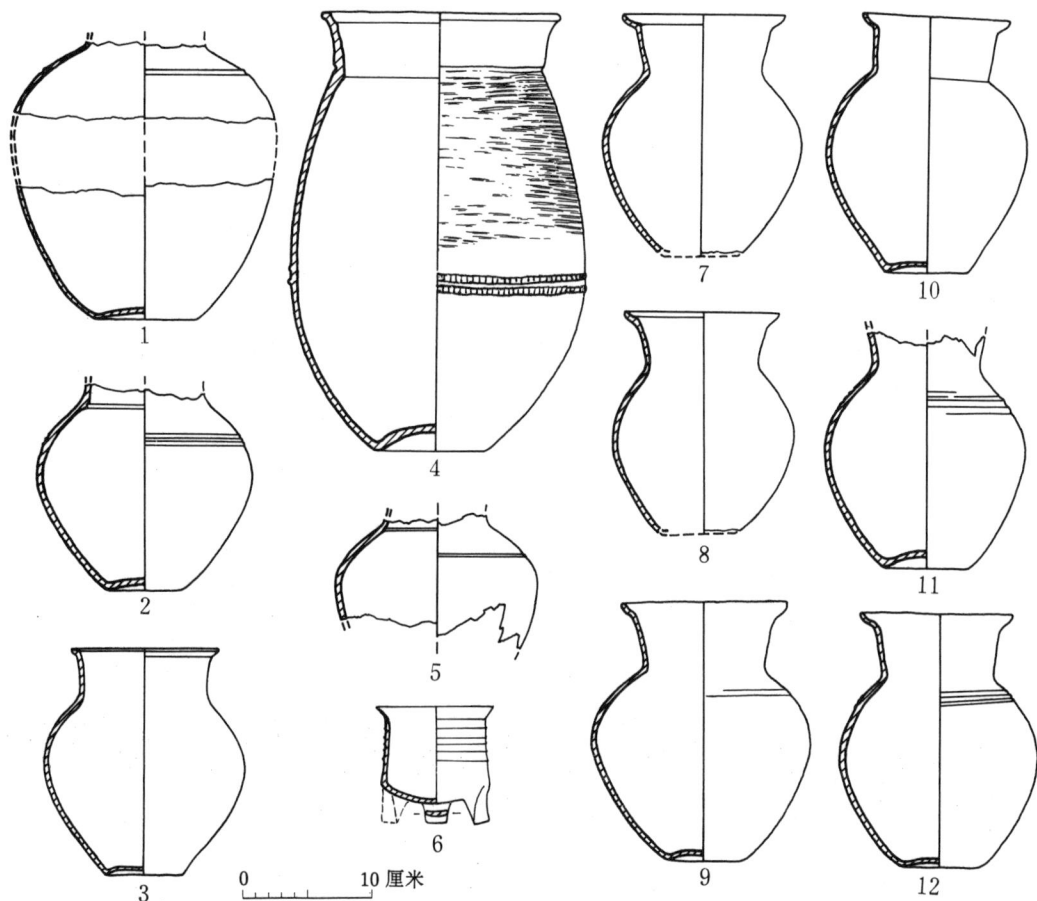

图四三　屈家岭文化第二期M21出土部分陶器

1～3、5、7～12.高领罐 M21:1、M21:2、M21:3、M21:8、M21:5、M21:6
M21:7、M21:9、M21:10、M21:12　4.中口罐 M21:4　6.小鼎 M21:13

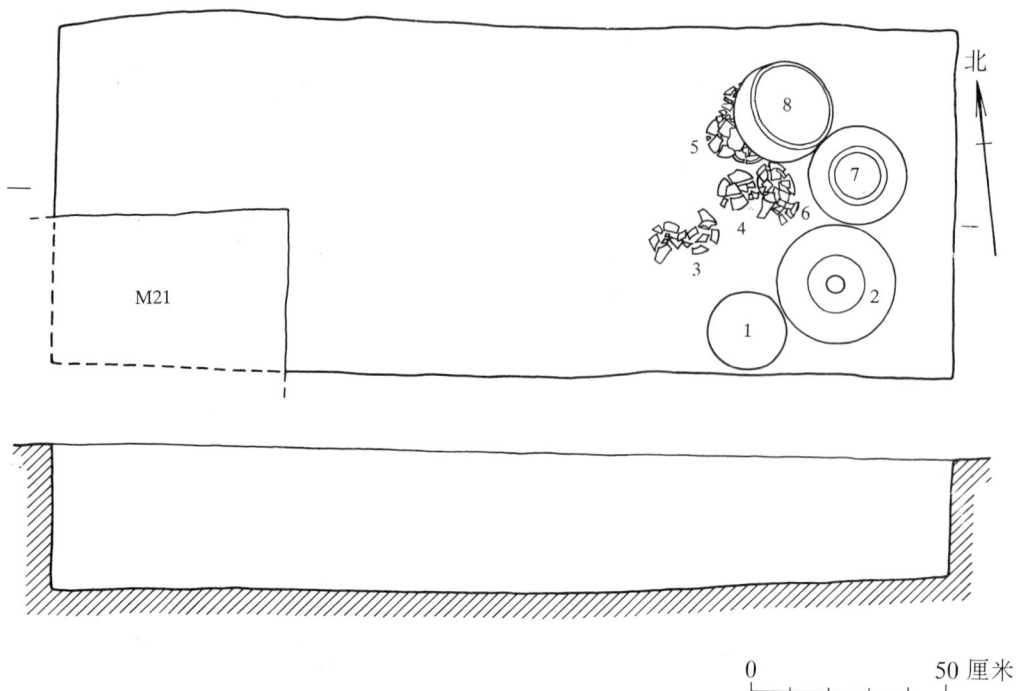

图四四　屈家岭文化第二期 M22 平、剖面图
1、2、7、8. 陶高领罐　　3、5、6. 陶小鼎　　4. 陶斜腹杯

发现葬具。单人二次葬，人骨架摆放成仰身直肢的形状，头骨置于左侧股骨旁，面向上，头向与人骨架方向相反，下颌骨尚在头端。随葬品共 20 件，人骨左侧足端二层台上放置双腹碗 2 件、高领罐 8 件、壶形器 1 件、斜腹杯 4 件、小鼎 3 件、小罐 1 件，左侧股骨上置双腹碗 1 件（图五一、五二；图版二五，1）。

　　M53　位于 AT1817 东隔梁下，伸及 AT1818 中，叠压于 AT1818 第 7 层下，打破第 8 层。长方形竖穴，方向 0°。坑口略大于坑底，坑口长 2.1、宽 0.6～0.7 米，底长 2.04、宽 0.54～0.64 米，坑残深 0.3 米。填土为灰黄色粘土，含少量红烧土颗粒。未发现葬具。人骨架保存较好，单人仰身直肢葬，面向东。随葬品共 8 件，躯体左侧置小鼎 2 件、斜腹杯 4 件，足端左侧置小鼎 2 件（图五三、五四；图版二五，2）。

　　M56　位于 AT3105 方内，叠压于第 3 层下，坑西部叠压 M62 东南角。长方形竖穴，方向 12°。坑口长 1.85、宽约 0.9 米，坑深 0.48 米。坑内填土为灰黄色五花土。未发现葬具。葬式为单人仰身直肢葬，面向上。随葬品 23 件，其中 3 件小鼎置坑底足端，1 件大口罐和 19 件高领罐置足端坑口外侧的浅坑中（图五五、五六；图版二六，1）。

　　M57　位于 AT3205 方内，叠压于第 3 层下。长方形竖穴，方向 357°。坑口长 2.62、宽 1.05～1.3 米，坑深 0.33～0.4 米。墓坑的足端挖一稍宽的长方形浅坑。墓坑

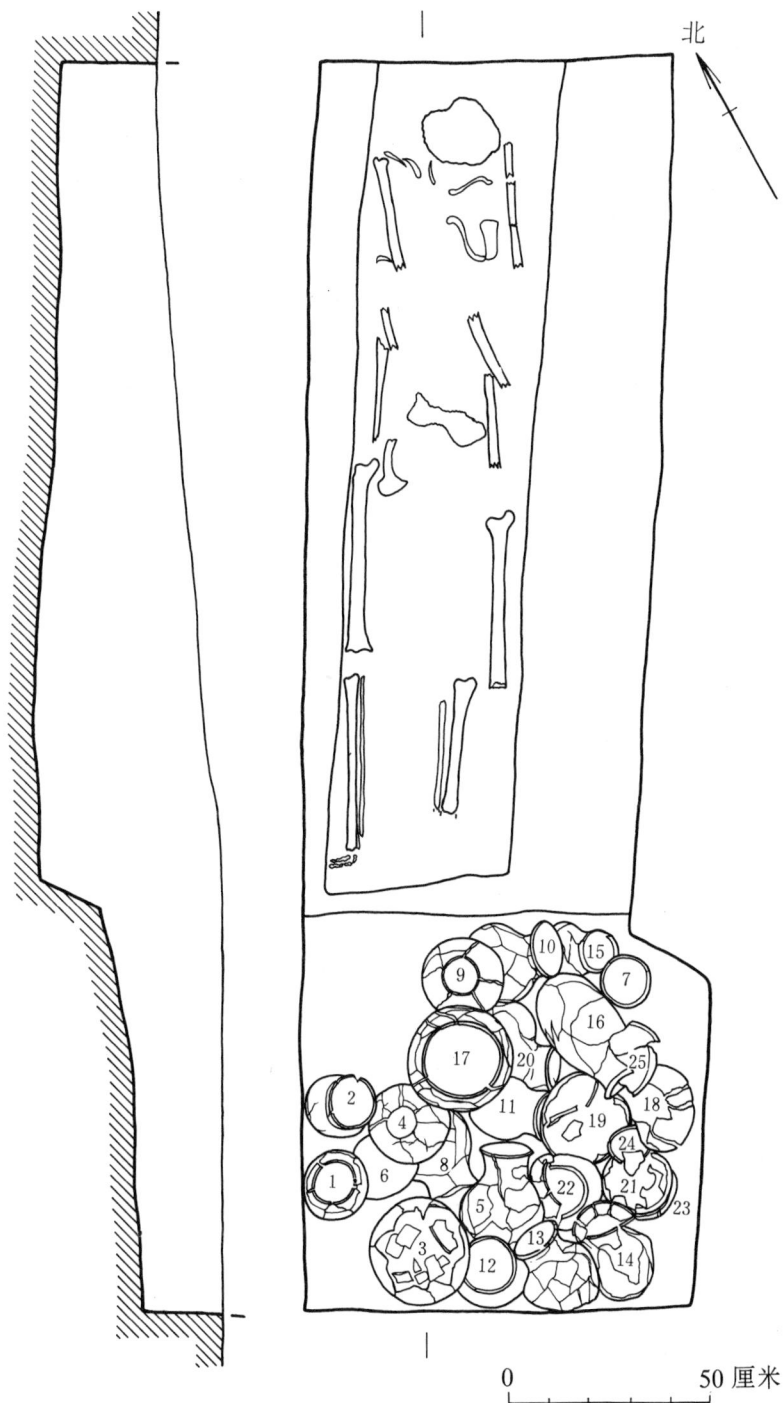

图四五　屈家岭文化第二期 M28 平、剖面图

1～8、10～15、18～25.陶高领罐　　9.陶钵　　16、17.陶中口罐

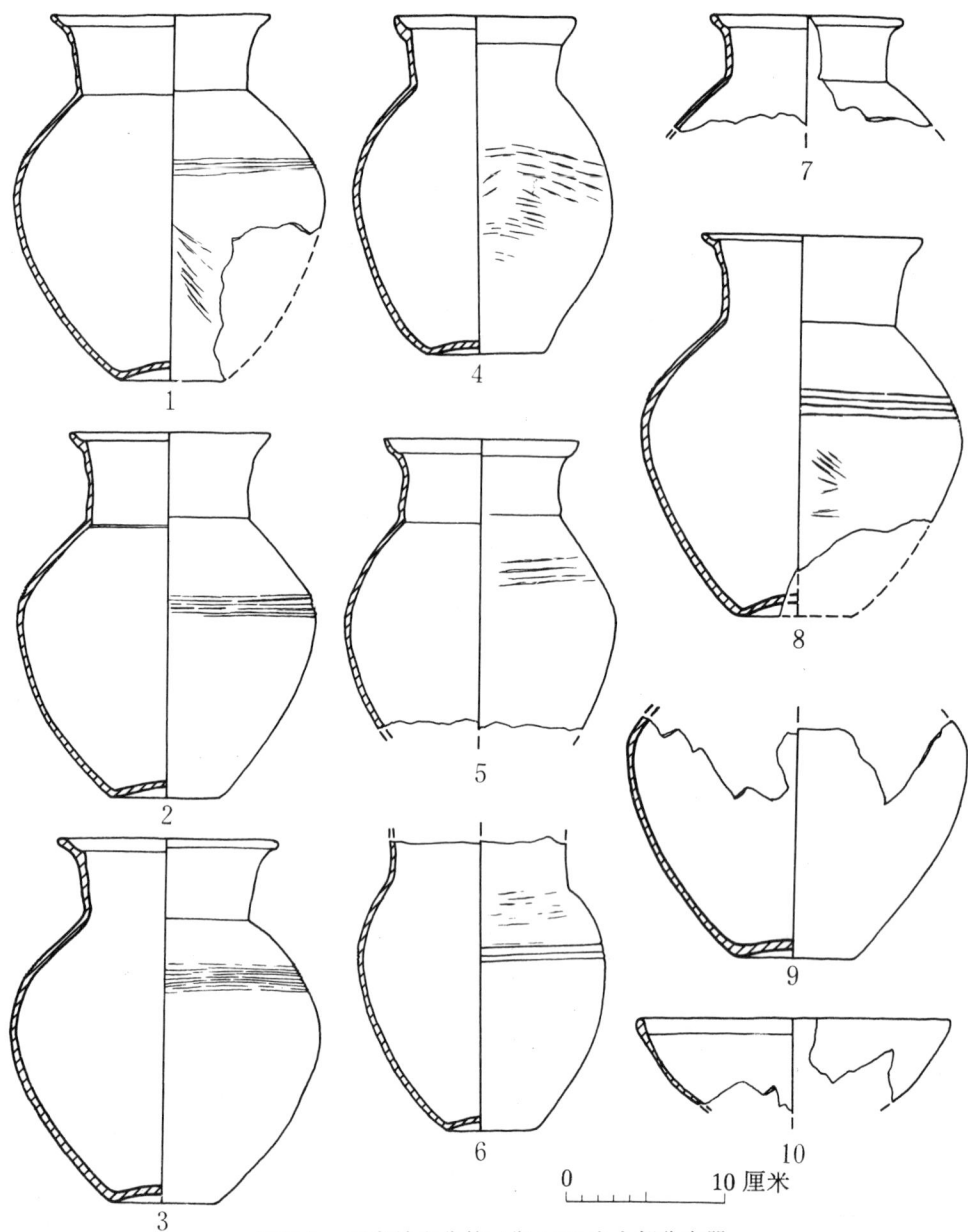

图四六　屈家岭文化第二期 M28 出土部分陶器

1～9.高领罐 M28：4、M28：5、M28：7、M28：6、M28：10、M28：11、M28：1、M28：12、M28：2　　10.钵 M28：9

填土为灰黄色五花土。未发现葬具。葬式为单人仰身直肢葬，面向上。随葬品共26件，其中小罐1件、斜腹杯8件、高圈足杯1件、小鼎3件置于坑底足端，坑底头端置斜腹杯3件、小鼎1件，另外在坑口足端外侧的浅坑中置高领罐4件、双腹碗5件（图五七、五八）。

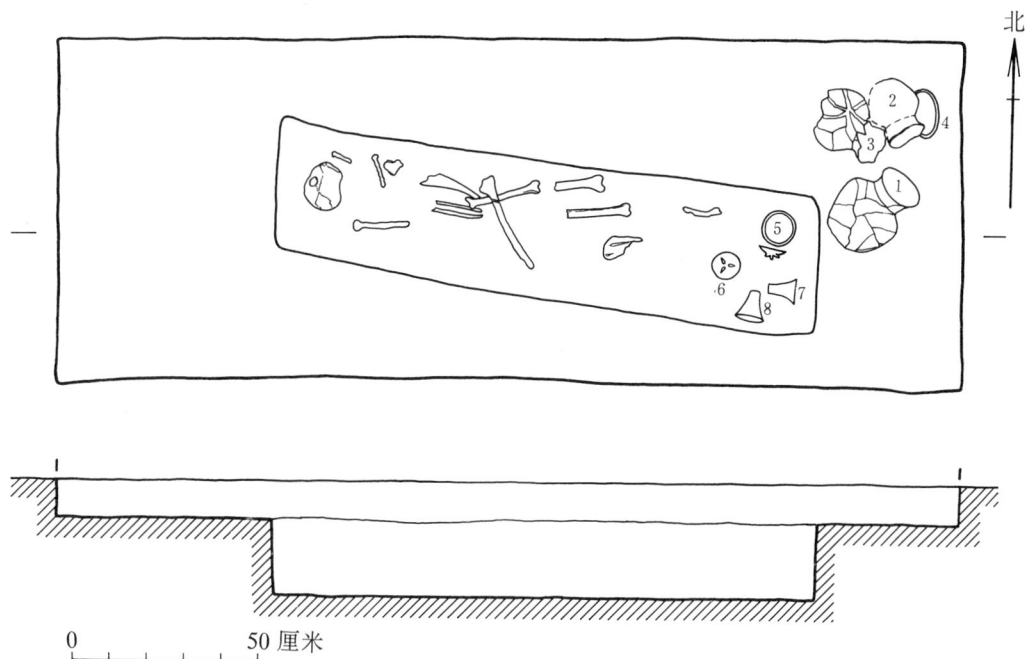

图四七　屈家岭文化第二期 M29 平、剖面图

1～4. 陶高领罐　　5. 陶小鼎　　6. 陶鼎盖　　7、8. 陶斜腹杯

　　M58　位于 AT3107 北侧，叠压于第 3 层下。长方形竖穴，方向 270°。坑口被扰。坑口长 3.26，宽 0.75 米，残深 0.1 米。墓坑填土为灰黄色粘土。未发现葬具。葬式为单人二次葬，头骨与躯干成 90°夹角，面向上。随葬品 26 件，其中高领罐 3 件、壶形器 1 件、小鼎 4 件、斜腹杯 17 件、钵 1 件。坑底头端置壶形器、斜腹杯、小鼎各 1 件，坑底足端内侧置小鼎 3 件、斜腹杯 16 件，外侧置高领罐 3 件、钵 1 件（图五九、六〇；图版二六，2）。

　　M62　位于 AT3205 南侧，叠压于第 4 层下，墓坑东南角被 M56 叠压。长方形竖穴，方向 5°。坑口长 2.3、宽 0.7 米，坑底长 2.25、宽 0.68 米，残深 0.2 米。墓坑填土为黄色粘土。未发现葬具。葬式为单人仰身直肢葬，面向上，死者为女性。随葬品共 24 件，其中斜腹杯 20 件、小鼎 4 件，均置于坑底足端（图六一、六二；图版二七，1）。

　　M67　位于 AT3305 北部，叠压于第 2 层下，打破第 3 层，坑口北部被 H547 打破。长方形竖穴，方向 10°。坑口长 2、宽 0.6～0.8 米，深约 0.25 米。墓坑填土为灰黄色粘土。未发现葬具。葬式为单人二次葬，人骨架摆放成仰身直肢的形状，面向西，男性。随葬品共 16 件，其中小鼎 4 件、斜腹杯 7 件（13 号杯中有木炭块），置于坑底足端，另有两对扣碗共 4 件、高领罐 1 件置坑口足端（图六三、六四）。

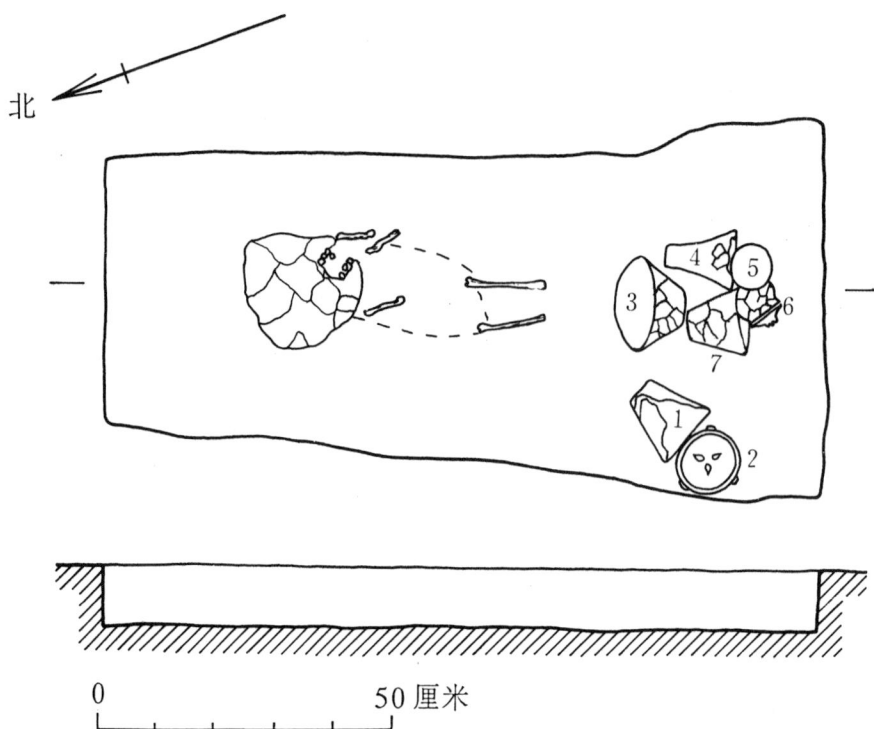

图四八　屈家岭文化第二期 M45 平、剖面图

1、3、4、7. 陶斜腹杯　　2、5、6. 陶小鼎

M71　位于 AT3305 东部,叠压于第 3 层下。长方形竖穴,方向 12°。墓坑长 1.4、宽 0.5、深 0.15 米。坑内填土为灰黄色粘土。未发现葬具。人骨腐乱,葬式不清。为小孩。随葬品共 13 件,其中壶形器 1 件、斜腹杯 8 件、小鼎 4 件,均置于坑底一端(图六五、六六;图版二七,2)。

2. 瓮棺葬

五座瓮棺葬为 W1、W3、W84、W86、W87,零星地分布于 AT4、AT1104、AT1919、AT1818、AT2018 等方中,其中发掘区东部稍多(附表六)。

(1)墓坑

坑口平面呈圆形,竖穴,斜弧壁,除 W87 坑底较平外,余均为圜底,坑口平面直径在 0.4~0.65 米之间,深度在 0.3~0.45 米之间。

(2)葬具

除 W1 上部被扰,有无盖不清外,余均有盖。葬具以釜为主,有釜上扣碗、釜上反扣豆、两釜相扣、大口罐等。用作葬具的陶釜质地较差,复原困难。葬具放置以正置为

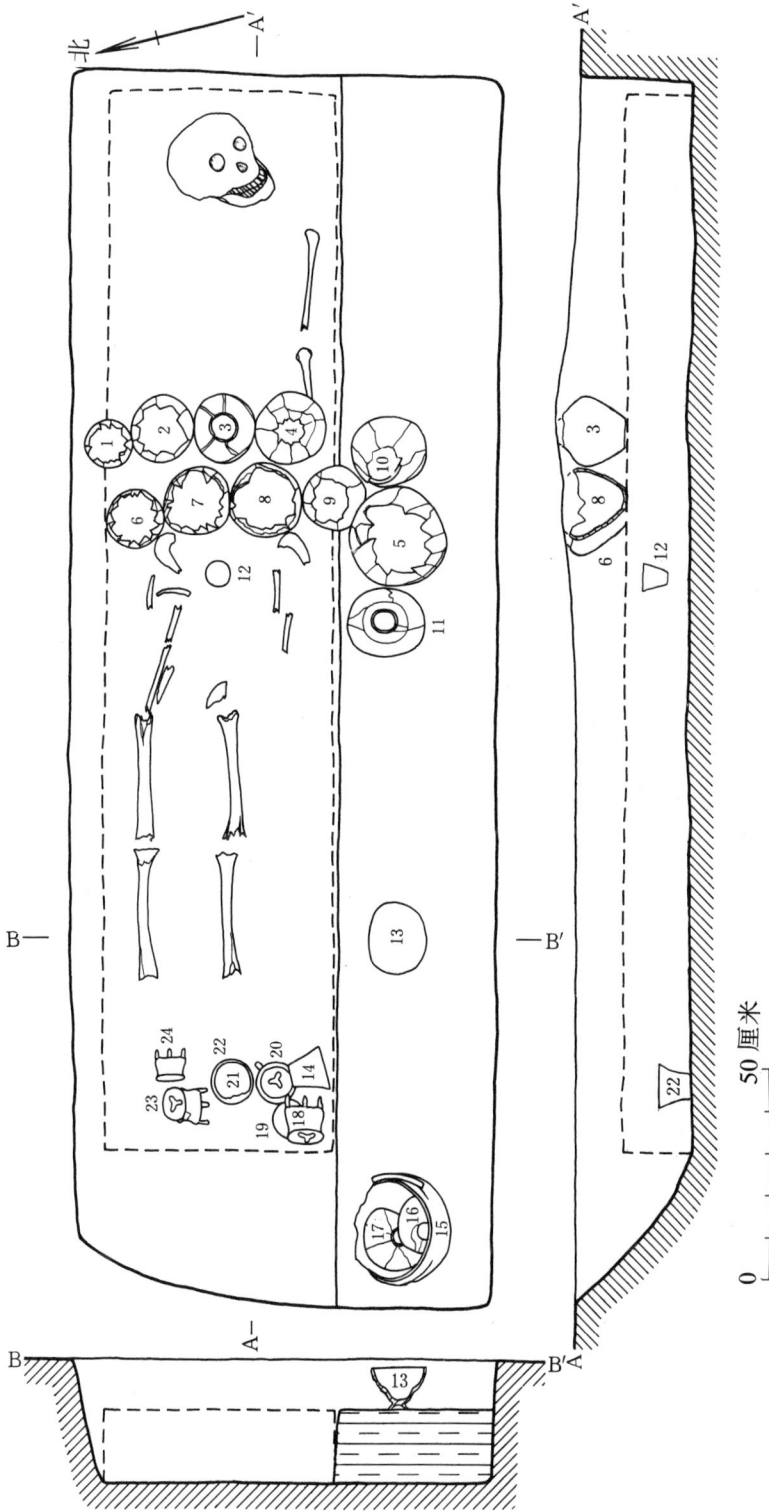

图四九 屈家岭文化第二期 M47 平、剖面图

1~10、15. 陶高领罐 11、13、16、17. 陶碗 12、14、19、21、22. 陶斜腹杯 18、20、23、24. 陶小鼎

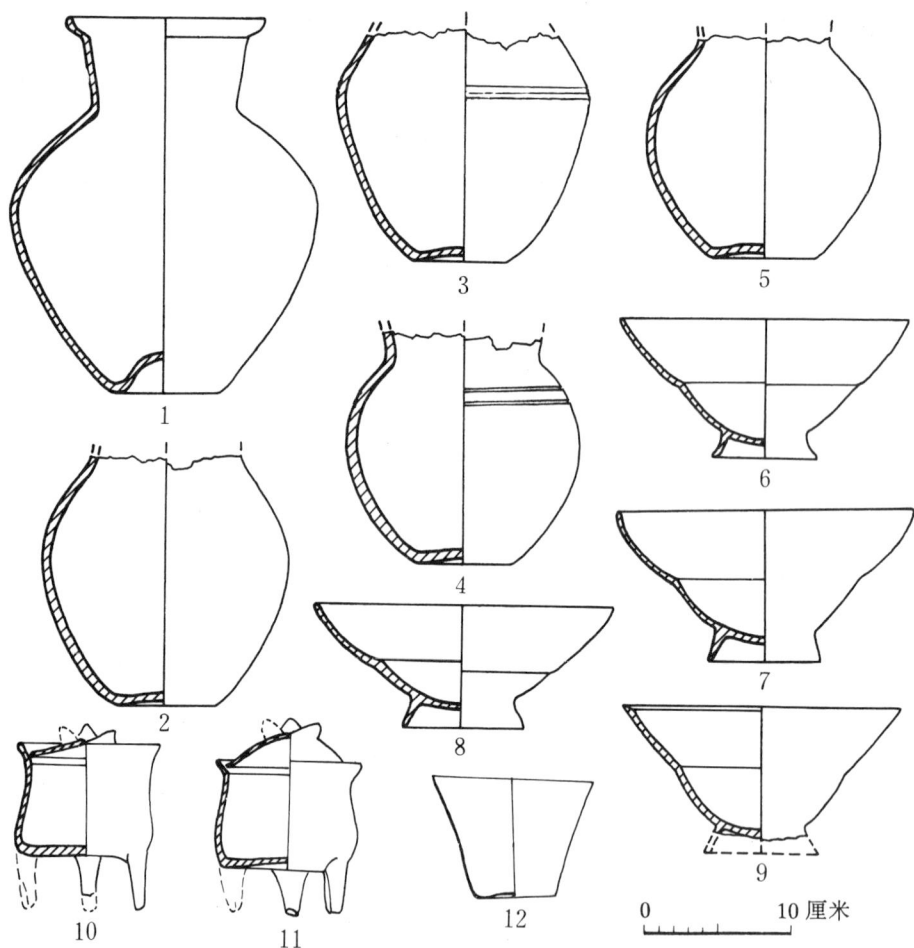

图五〇　屈家岭文化第二期 M47 出土部分陶器

1~5. 高领罐 M47：5、M47：9、M47：4、M47：3、M47：6　　6~9. 碗 M47：16、M47：13、

M47：17、M47：11　　10、11. 小鼎 M47：18、M47：23　　12. 斜腹杯 M47：14

主，仅 W87 釜口偏向一侧。W87 上面的盖碗底部正中凿有一个小圆孔。

本期瓮棺葬的葬具复原 3 件，其中碗 2 件、大口罐 1 件。不能复原但器形清楚的有 3 件，其中釜 2 件、豆 1 件。

釜　2 件。均为仰折沿，扁鼓腹，圜底残。标本 W86：1，夹炭黄褐陶。素面。口径 30.8、残高 16.8 厘米（图六七，1）。标本 W87：2，夹炭红陶，局部呈黑色。口径 27.5 厘米（图六七，2）。

碗　2 件。腹部仰折。标本 W3：1，泥质灰陶。素面。口径 21、足径 9.6、高 8.4 厘米（图六七，3；图版二八，1）。标本 W87：1，泥质黑陶。素面。碗底正中凿有一个小圆孔，孔径约 2 厘米。口径 21、底径 8.2、高 8.3 厘米（图六七，5）。

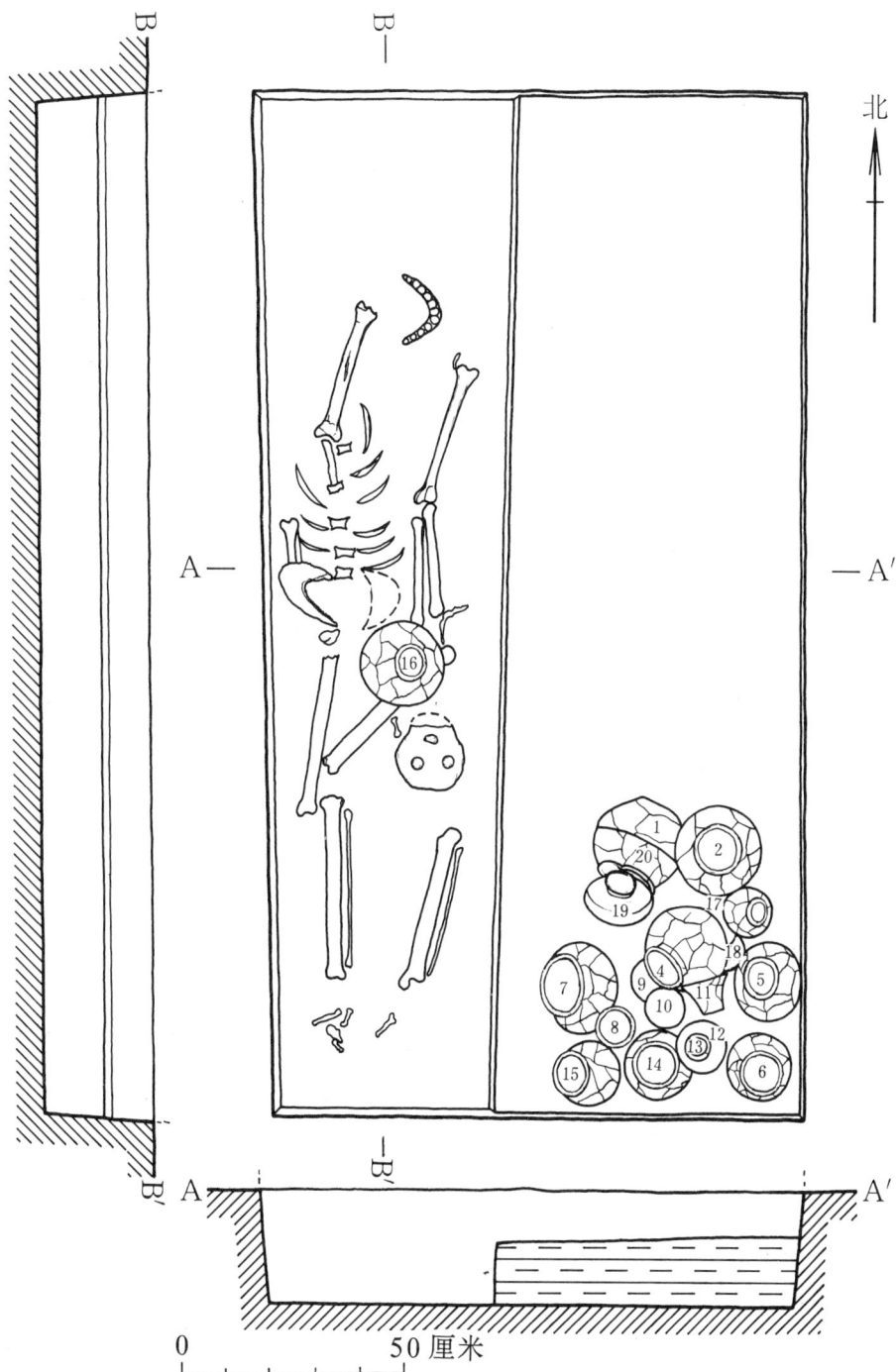

图五一 屈家岭文化第二期 M52 平、剖面图

1、16、19. 陶碗　　2～7、14、15. 陶高领罐　　8、9、17. 陶小鼎

10～12、18. 陶斜腹杯　　13. 陶小罐　　20. 陶壶形器

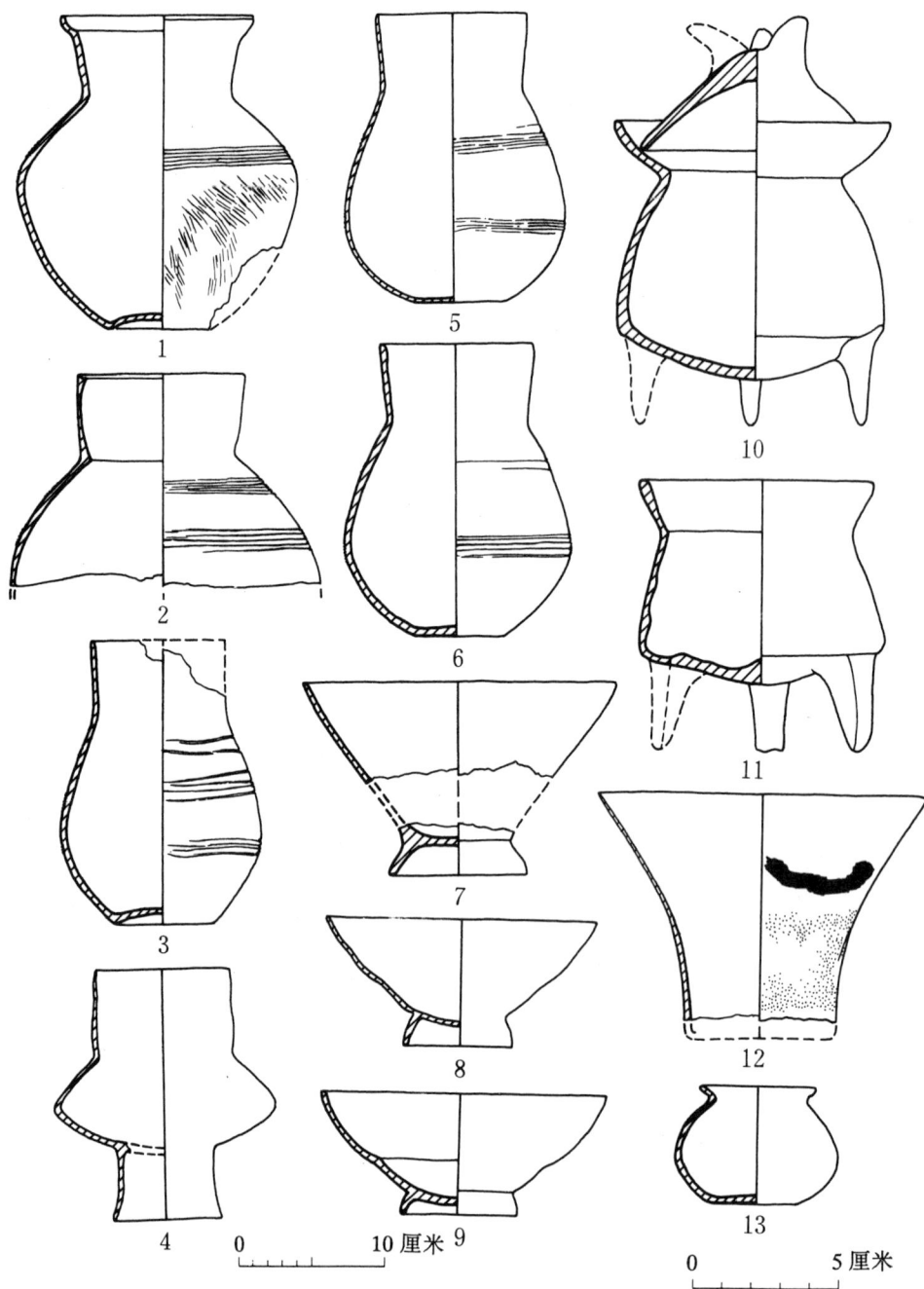

图五二　屈家岭文化第二期 M52 出土部分陶器

1~3、5、6. 高领罐 M52:4、M52:2、M52:15、M52:14、M52:6　　4. 壶形器 M52:20　　7~9. 碗 M52:
19、M52:16、M52:1　　10、11. 小鼎 M52:17、M52:9　　12. 斜腹杯 M52:11　　13. 小罐 M52:13

豆　1件。W84:1，泥质灰陶。敞口，外壁近直，内壁有折棱，圈足残，腹饰一周

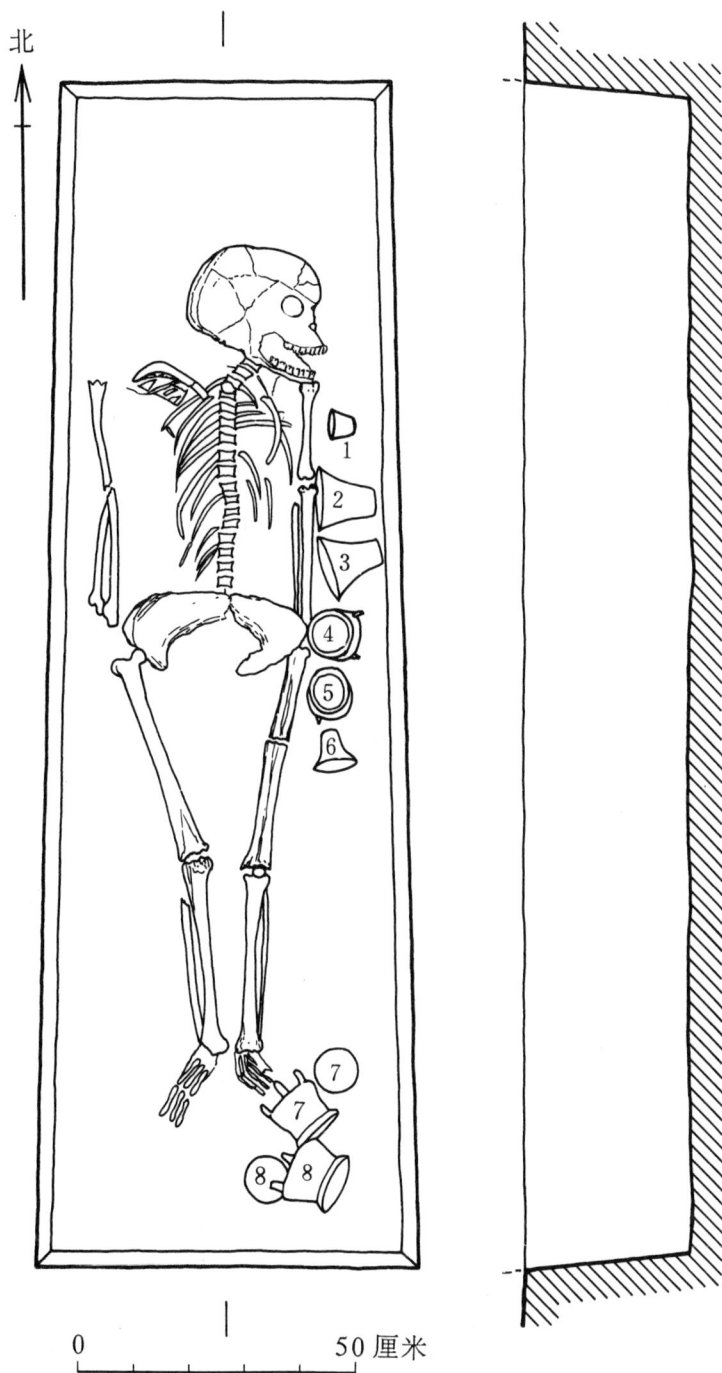

图五三　屈家岭文化第二期 M53 平、剖面图

1~3、6.陶斜腹杯　　4、5、7、8.陶小鼎

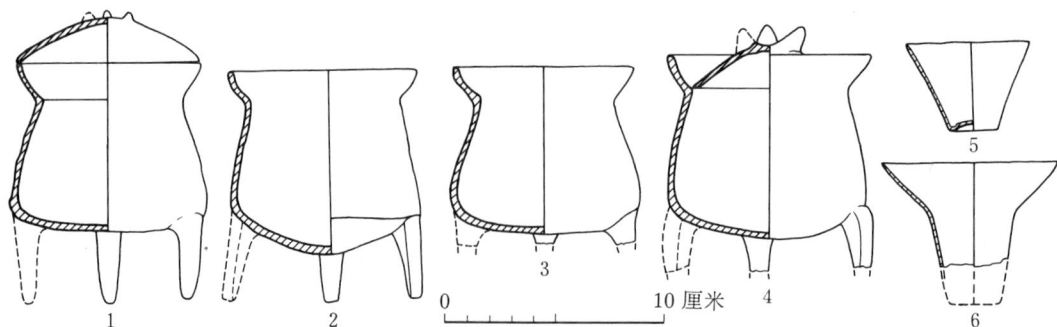

图五四　屈家岭文化第二期 M53 出土部分陶器

1~4. 小鼎 M53：8、M53：4、M53：5、M53：7　　　5、6. 斜腹杯 M53：1、M53：6

凸棱。口径 28、残高 12.8 厘米（图六七，4）。

大口罐　1件。W1：1，夹砂灰陶。仰折沿，深鼓腹，圈底，下附九个小三角形捏足，腹饰篮纹，下腹饰附加堆纹一周。口径 28、高 34.4 厘米（图六七，6；图版二八，2）。

（3）葬式

多是婴儿骨架，保存不好，仅存骨渣，葬式不清，没发现随葬品。

（4）瓮棺葬举例

W3　位于 AT1104 东南部，叠压于第 4 层下。圆形竖穴，斜弧壁，圈底，坑口径 0.6、深 0.35 米。葬具为折沿圈底釜，上覆盖一件双腹碗，正置。人骨腐朽无存。无随葬品（图六八）。

W87　位于 AT1818，叠压于第 6 层下，打破 HG34。圆形竖穴，斜弧壁，平底。坑口径 0.4、深 0.3 米。葬具为一陶釜，上置一双腹碗，釜斜置，口偏向一侧；碗口朝上。仅存骨渣。无随葬品（图六九；图版二八，3、4）。

二　随葬器物

37 座土坑墓有 33 座出土陶器 450 件（包括小鼎盖），复原 283 件，均为陶质生活器皿。瓮棺葬不见随葬器物。

陶器均为泥质陶，以灰陶为主，有浅灰陶（灰白陶）、深灰陶（灰黑陶）和灰黄陶，以浅灰陶最为常见，其次为红陶，黑陶、黄陶少见（表六）。

随葬陶器以素面陶为主。纹饰少而简单，主要有弦纹、篮纹等（表七）。

弦纹较多，分凸弦纹和凹弦纹两种。凸弦纹大多饰于高领罐的肩部，一般 3~6 道，系采用细泥条贴附刮抹而成，线条散乱而浮浅，少数饰于 A 型小鼎的下腹；凹弦纹仅

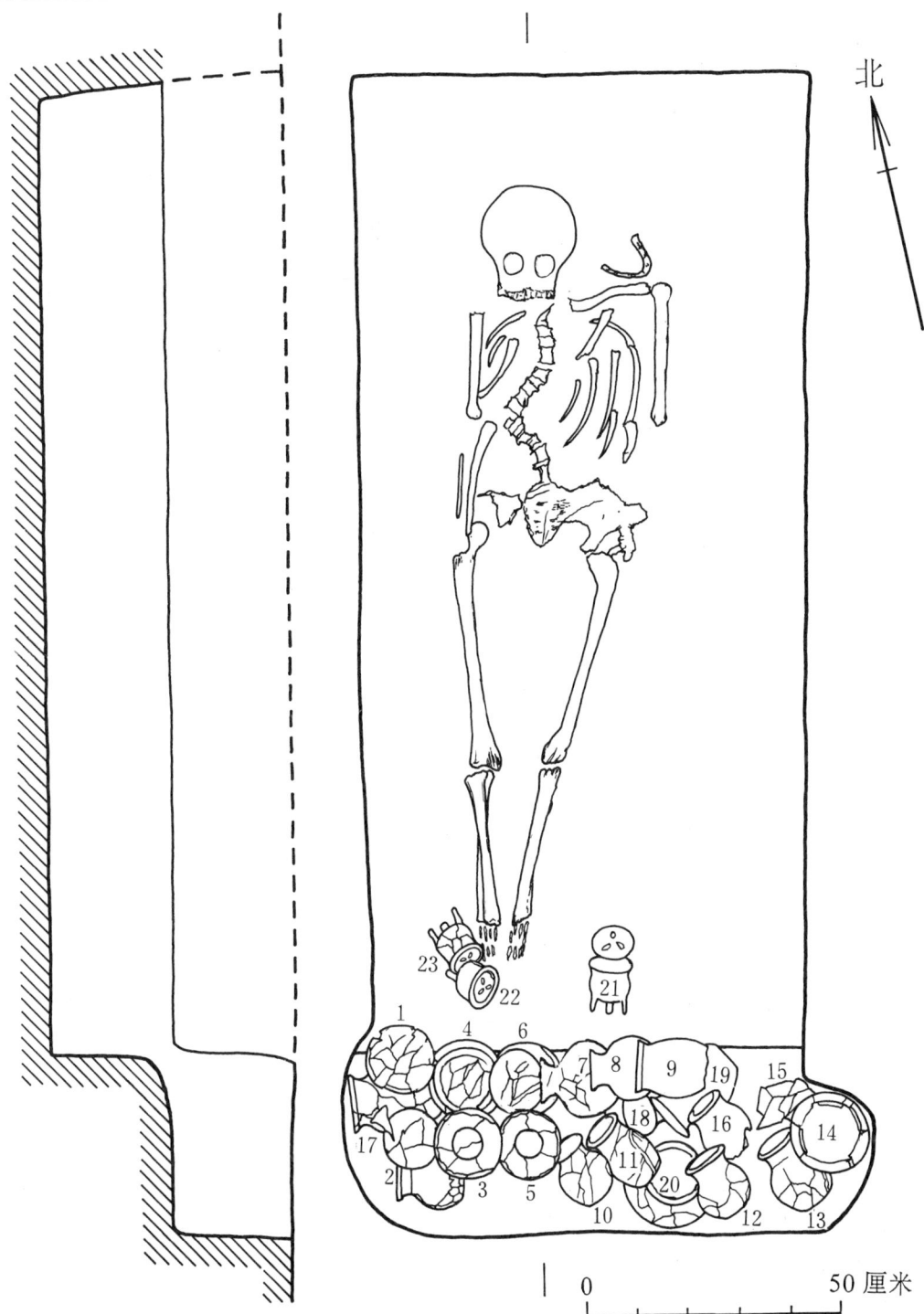

图五五 屈家岭文化第二期 M56 平、剖面图

1. 陶大口罐 2~20. 陶高领罐 21~23. 陶小鼎

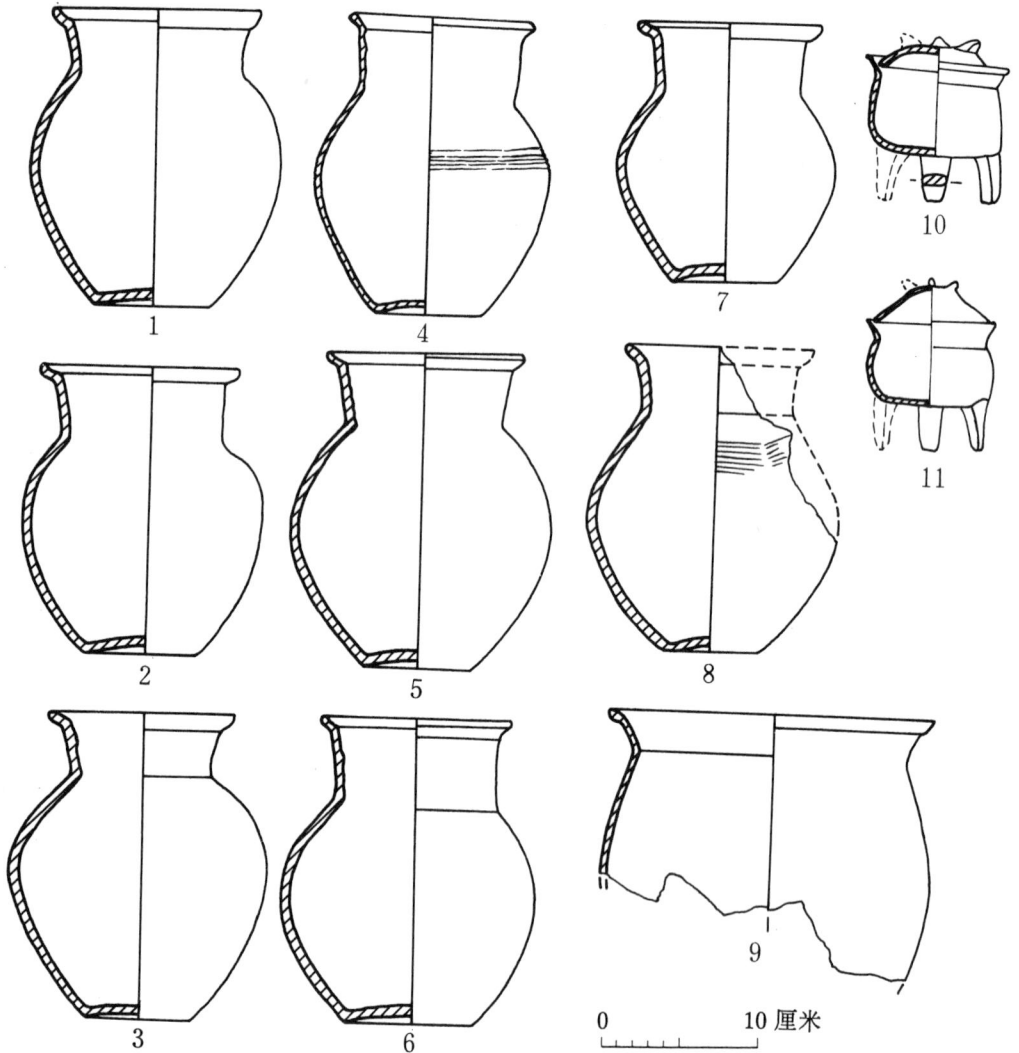

图五六　屈家岭文化第二期 M56 出土部分陶器

1~8.高领罐 M56:4、M56:6、M56:7、M56:15、M56:11、M56:14、M56:19、

M56:20　　9.大口罐 M56:1　　10、11.小鼎 M56:22、M56:21

见于 Aa 型Ⅲ式高领罐上，起初还较规整，线条平直，首尾相接，到后来变得弯弯曲曲，或浅或断断续续。

篮纹少而稀疏，仅见于高领罐的腹部。

附加堆纹极少，仅发现于中口罐上。

有少量的彩陶。均为黑彩，主要施于斜腹杯的内外壁上，外壁流行晕彩，内壁有平行条纹、弧线纹及卵点纹。

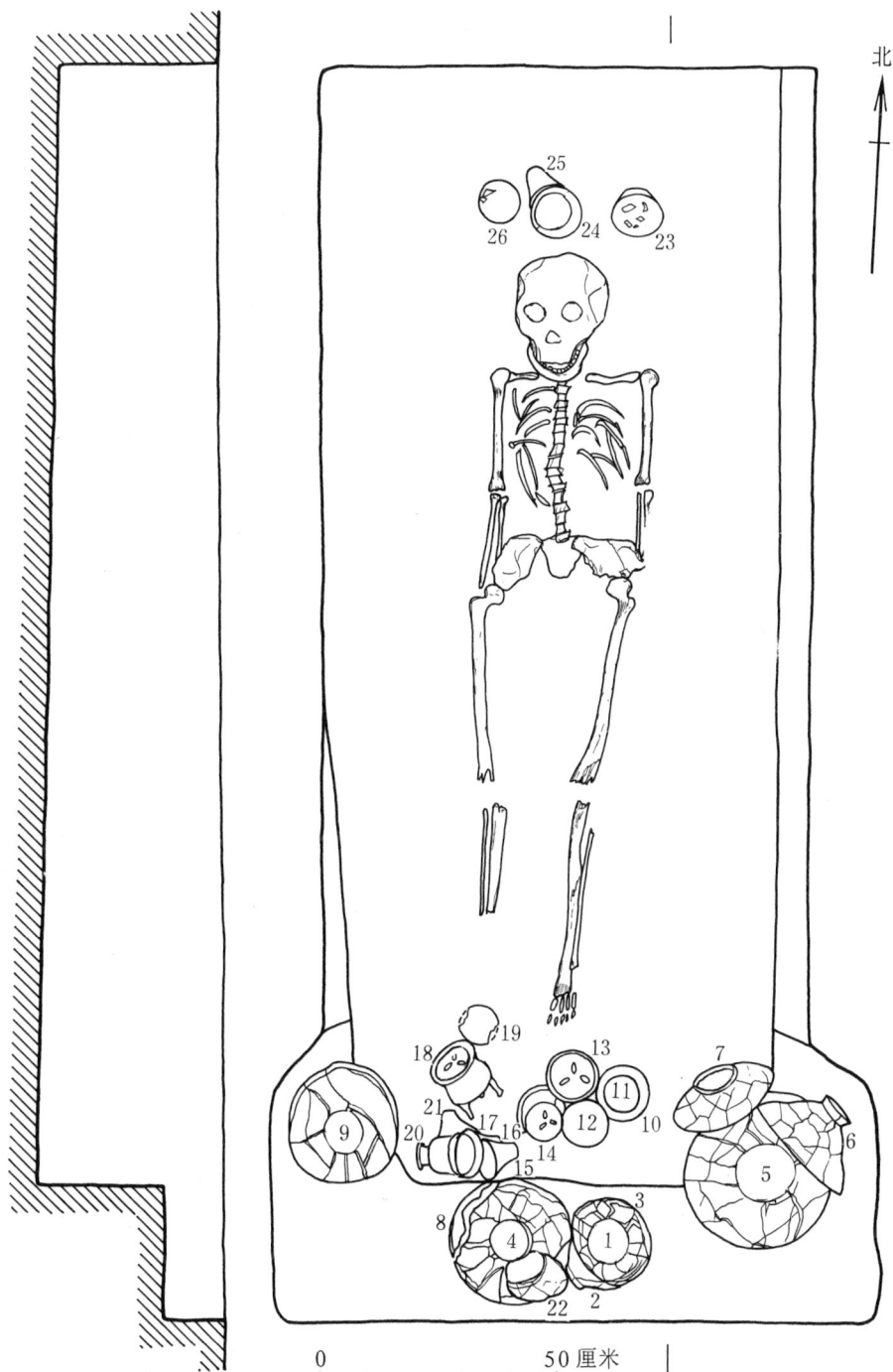

图五七 屈家岭文化第二期 M57 平、剖面图

1、4、5、9.陶高领罐 2、3、6~8.陶碗 10~12、15~17、19、21、23、25、
26.陶斜腹杯 13、14、18、24.陶小鼎 20.陶高圈足杯 22.陶小罐

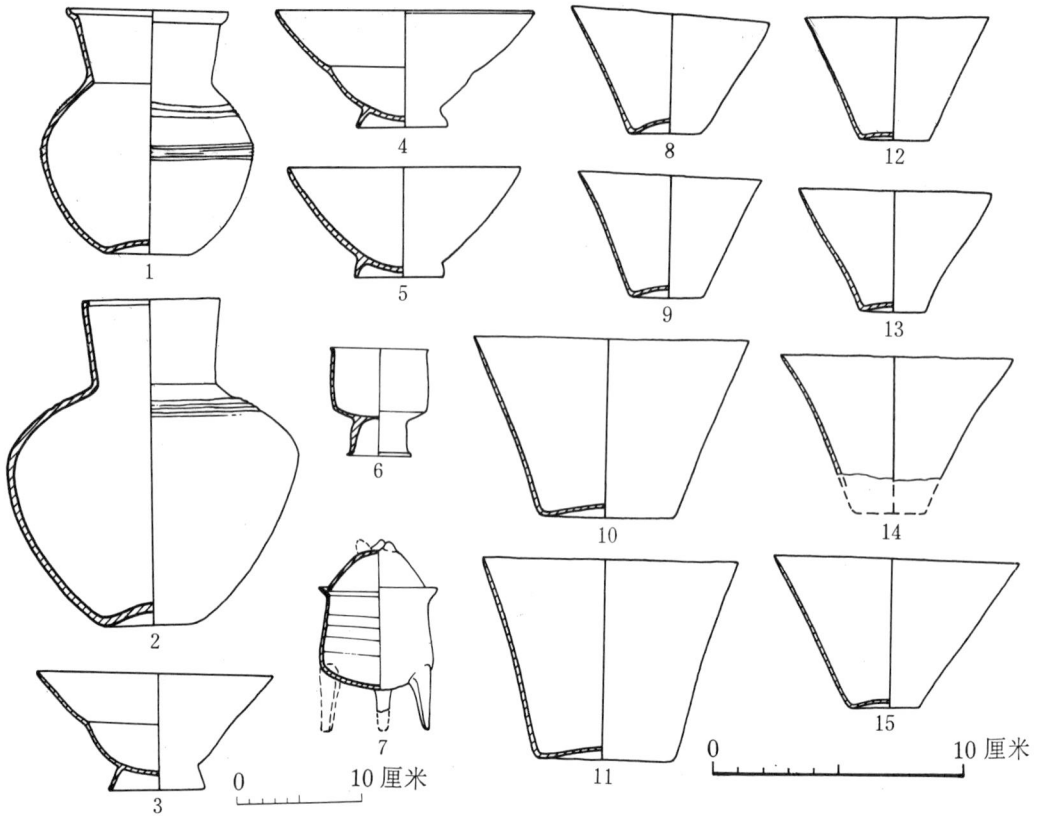

图五八　屈家岭文化第二期 M57 出土部分陶器

1、2. 高领罐 M57:1、M57:4　　3～5. 碗 M57:6、M57:2、M57:7　　6. 高圈足杯 M57:20　　7. 小鼎
M57:13　　8～15. 斜腹杯 M57:15、M57:21、M57:12、M57:16、M57:17、M57:11、M57:10、M57:23

表六　　　　　屈家岭文化第二期土坑墓出土陶器陶质陶色统计表

数量和百分比 单位 ＼ 陶质 陶色	泥 质 陶				合 计
	灰	红	黑	黄	
M47	20	4			24
	83.33	16.67			100
M67	8	7	1		16
	50	43.8	6.2		100
M52	10	4	5	1	20
	50	20	25	5	100
M57	13	11	2		26
	50	42.3	7.7		100
M58	7	18		1	26
	26.92	69.23		3.84	100
M56	21	1	1		23
	91.3	4.35	4.35		100

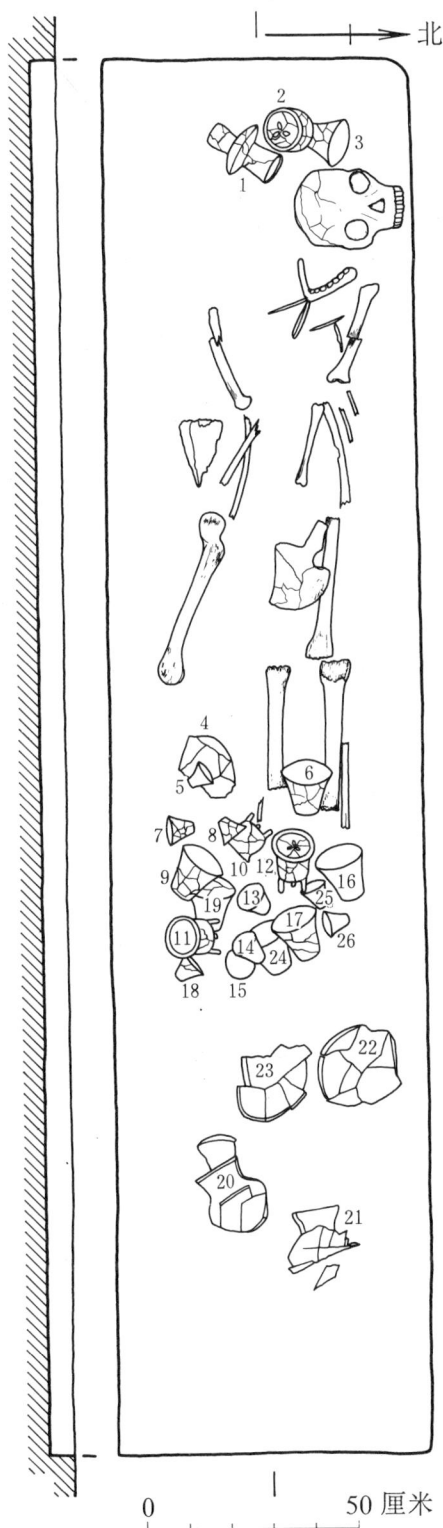

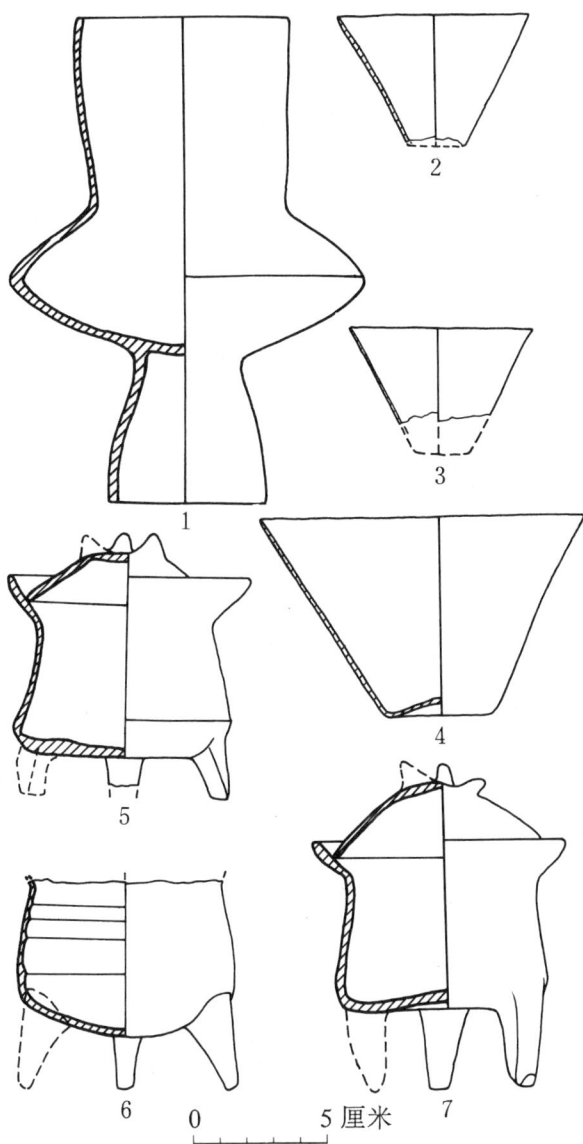

图六〇 屈家岭文化第二期 M58 出土部分陶器

1. 壶形器 M58:1   2～4. 斜腹杯 M58:14、M58:5、
M58:3   5～7. 小鼎 M58:12、M58:10、M58:11

图五九 屈家岭文化第二期 M58 平、剖面图

1. 陶壶形器   2、10～12. 陶小鼎   3～9、13～19、
24～26. 陶斜腹杯   20～22. 陶高领罐   23. 陶钵

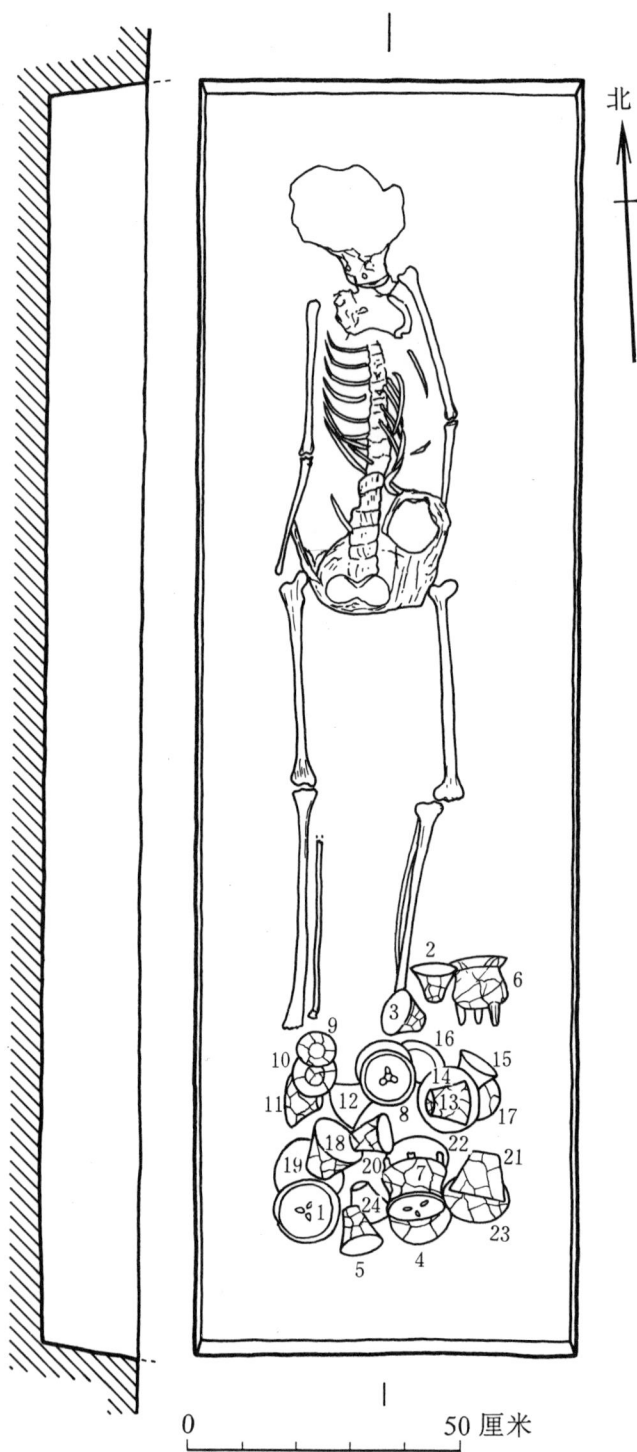

图六一　屈家岭文化第二期 M62
平、剖面图

1、6～8.陶小鼎
2～5、9～24.陶斜腹杯

北

0　　　　　　　　　　50 厘米

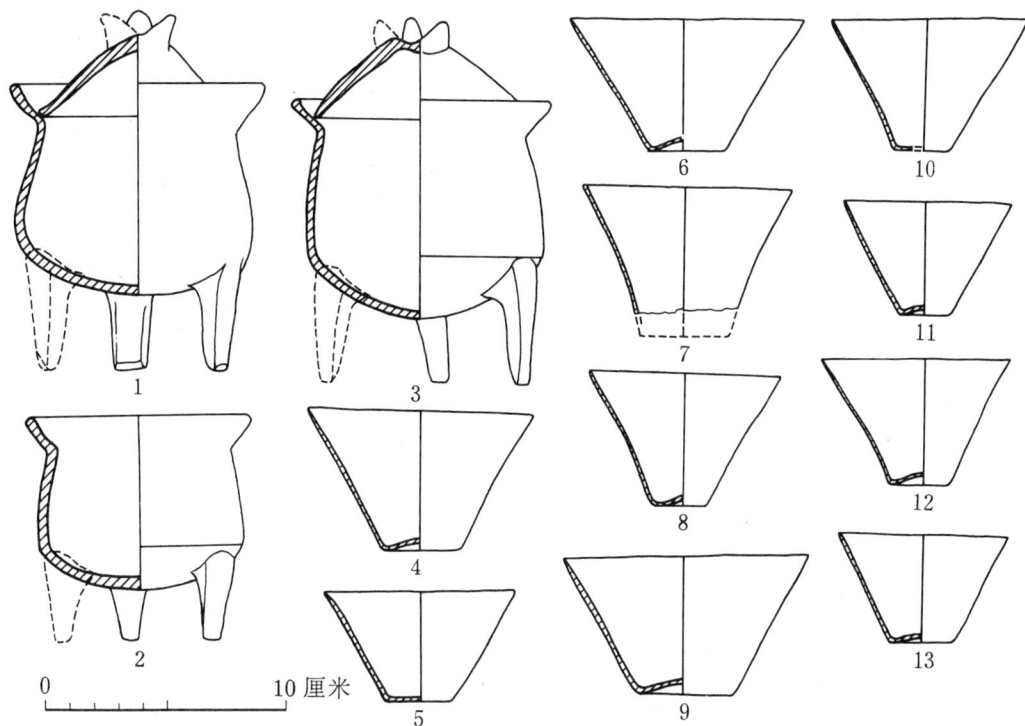

图六二　屈家岭文化第二期 M62 出土部分陶器

1～3. 小鼎 M62∶8、M62∶6、M62∶7　　4～13. 斜腹杯 M62∶12、M62∶10、

M62∶11、M62∶15、M62∶2、M62∶14、M62∶3、M62∶9、M62∶5、M62∶13

表七	屈家岭文化第二期土坑墓出土陶器纹饰统计表				
数量和百分比 单位＼纹饰	素　面	弦　纹	篮　纹	彩　绘	合　计
M47	20	4			24
	83.33	16.67			100
M67	15	1			16
	93.75	6.25			100
M52	10	6	2	2	20
	50	30	10	10	100
M57	22	4			26
	84.61	15.38			100
M58	23	3			26
	88.46	11.54			100
M56	10	12	1		23
	43.48	52.17	4.34		100

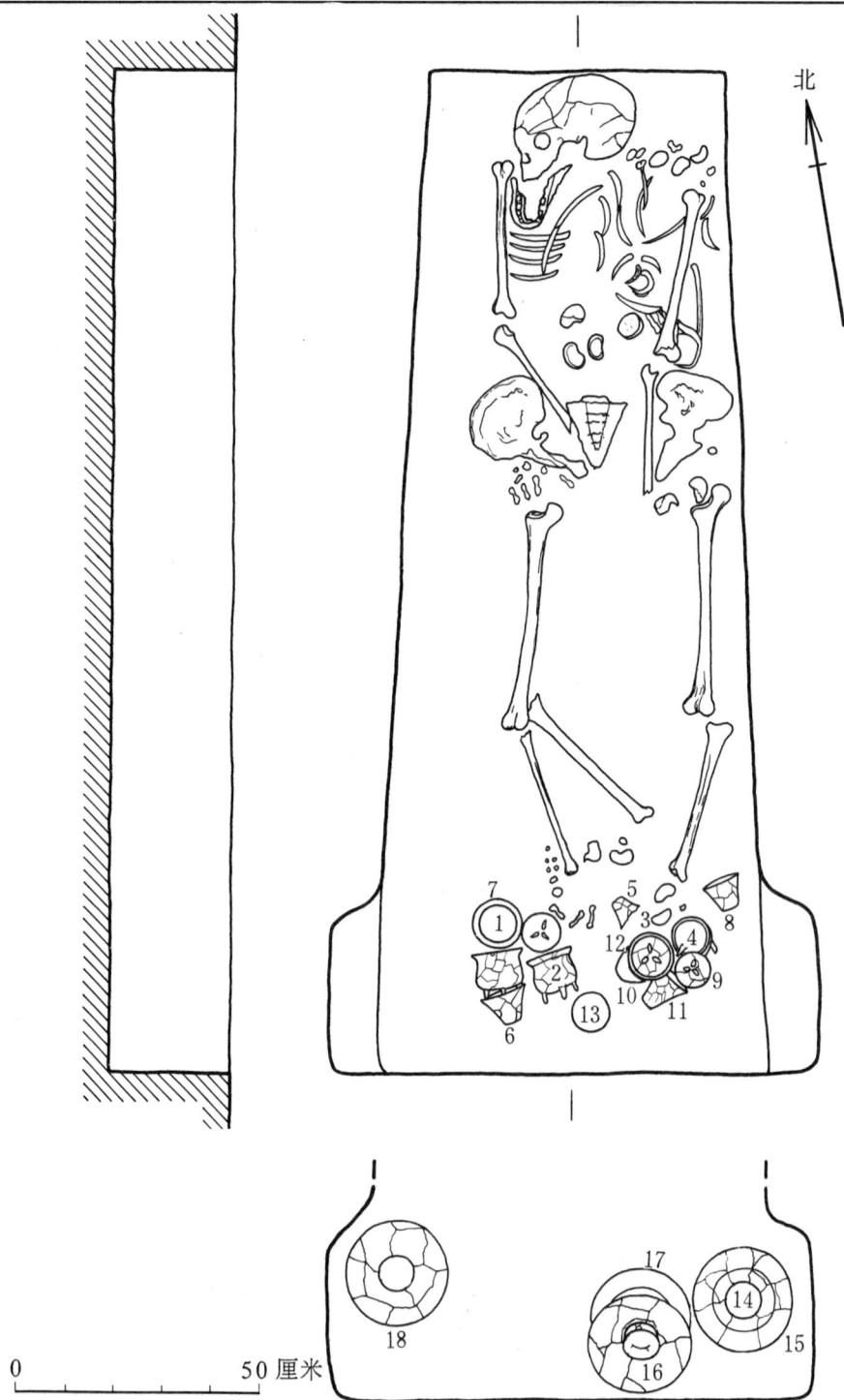

图六三　屈家岭文化第二期 M67 平、剖面图（上），坑口足端平面图（下）

1~4.陶小鼎　　5~13.陶斜腹杯　　14~17.陶碗　　18.陶高领罐

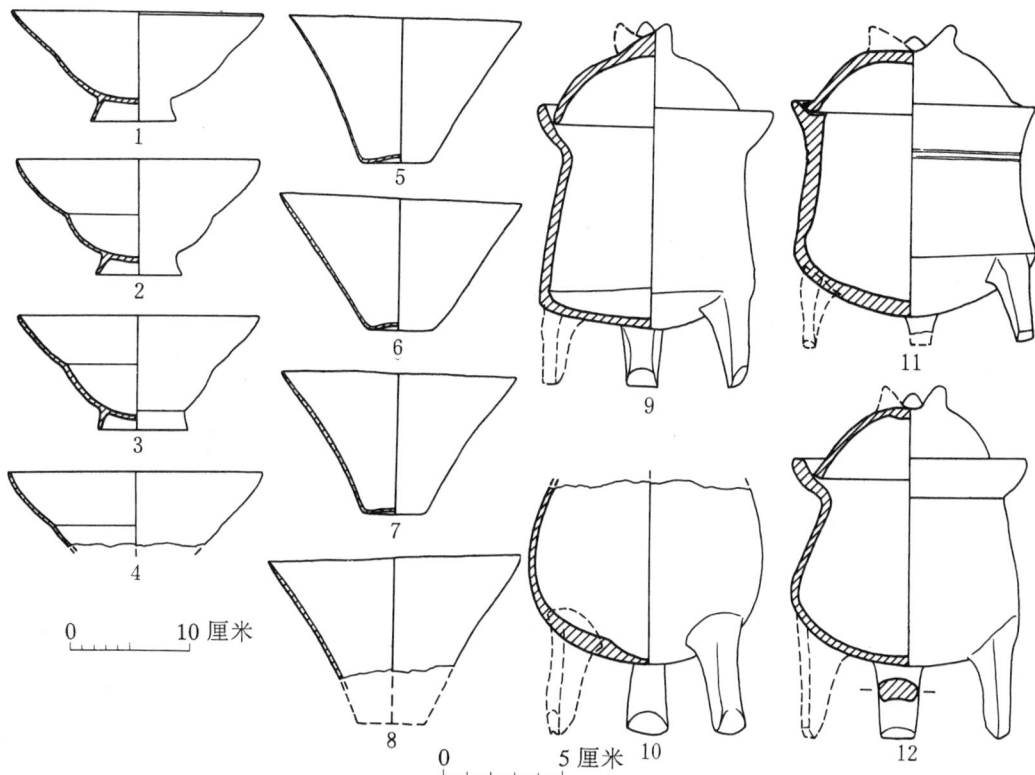

图六四　屈家岭文化第二期 M67 出土部分陶器

1~4. 碗 M67：16、M67：17、M67：14、M67：15　　5~8. 斜腹杯 M67：7、M67：13、
M67：5、M67：10　　9~12. 小鼎 M67：2、M67：1、M67：3、M67：4

陶器的制法分轮制和手制。高领罐、碗、壶形器等器物一般为轮制，小鼎、器盖、斜腹杯、小罐等小件器物则多为手制。

陶器器类主要有高领罐、中口罐、小罐、壶形器、碗、斜腹杯、圈足杯、小鼎、器盖等。以高领罐、带盖小鼎、斜腹杯、碗等常见。

高领罐　复原 79 件。是墓葬中常见的器类，均为泥质陶，以灰陶为主，少数黑陶，多饰弦纹，少数饰稀疏篮纹。分三型。

A 型　复原 68 件。是高领罐中数量最多的一型，凹折沿。按腹部不同分两个亚型。

Aa 型　64 件。深腹，器体较瘦，小底，分三式。

Ⅰ式　1 件。深凹沿。标本 M32：5，泥质灰陶。斜弧腹较深，凹底。形体高大，器形匀称。素面。口径 14、底径 9.3、高 28 厘米（图七〇，1）。

Ⅱ式　18 件。凹沿变浅，肩较鼓，其中素面 1 件，余均有弦纹，少数还饰篮纹。标本 M47：5，泥质灰陶。凹底。素面。口径 13.8、底径 8、高 24.8 厘米（图七〇，2；

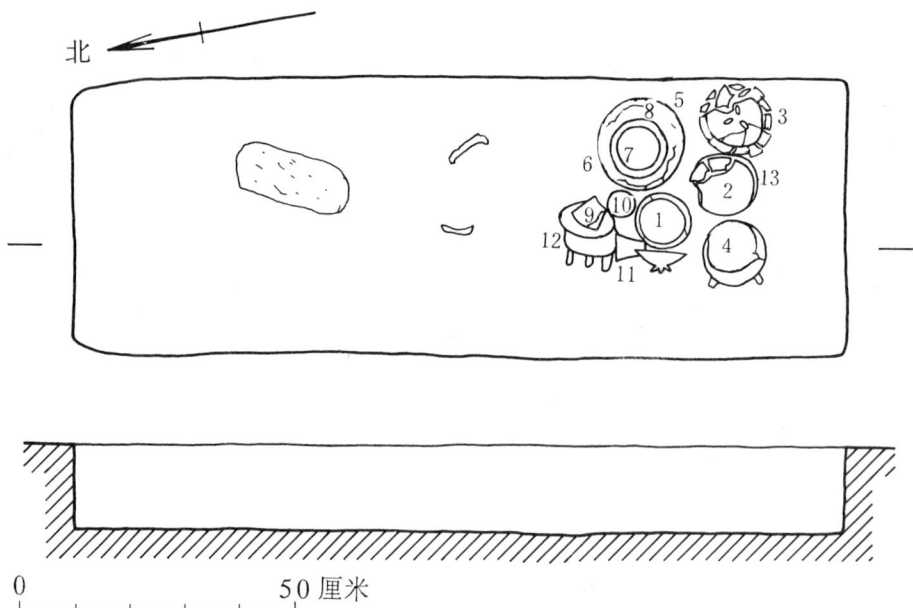

图六五　屈家岭文化第二期 M71 平、剖面图

1、3、4、12.陶小鼎　2、6～11、13.陶斜腹杯　5.陶壶形器

图版二九，1）。标本 M28：12，泥质灰陶。肩饰一组不规则弦纹，腹部饰稀疏篮纹。口径 12.8、底径 6.4、高 23.6 厘米（图七〇，3；图版二九，2）。标本 M28：5，泥质灰陶。肩饰一组不规则弦纹。口径 12.8、底径 7.2、高 22.8 厘米（图七〇，4）。标本 M29：1，泥质灰陶。形体稍小。肩饰一组凸弦纹。口径 10.8、底径 6.4、高 20.8 厘米（图七〇，5）。

　　Ⅲ式　45 件。凹沿更浅，溜肩，凹底近平，形体更小，制作也不如Ⅰ、Ⅱ式规整。标本 M28：6，泥质灰陶。腹部饰稀疏篮纹。口径 11.2、底径 6.4、高 21 厘米（图七〇，6）。标本 M21：3，泥质灰陶。下腹略内收。素面。口径 11.9、底径 6、高 17 厘米（图七〇，7；图版二九，3）。标本 M56：15，泥质浅灰陶。肩饰一组细密的划弦纹。口径 12.6、底径 6.4、高 18.4 厘米（图七〇，8；图版二九，4）。标本 M20：4，泥质灰陶。肩部饰二道划弦纹，肩、腹满饰篮纹。口径 12.8、底径 6.5、高 18.4 厘米（图七〇，9）。

　　Ab 型　共 4 件。斜直领，腹部浅于 Aa 型，近似球形或扁球形，凹底。标本 M61：4，泥质灰陶。腹部近似球形。肩饰一组不规则弦纹。口径 13.5、底径 8、高 20 厘米（图七〇，10；图版三〇，1）。标本 M40：14，泥质灰陶。肩、腹各饰一组不规则的弦纹。口径 12.4、底径 6.4、高 19.2 厘米（图七〇，11）。标本 M57：1，泥质灰陶。肩、腹各饰一组不规则的弦纹。口径 17.4、底径 7、高 19.2 厘米（图七〇，12；图版三〇，

2)。标本 M52：4，泥质灰陶。肩饰一组不规则弦纹，其下饰稀疏的篮纹。口径 13.2、底径 6.8、高 20.8 厘米（图七〇，13，图版三〇，3）。

B 型　5 件。均出土于 M52 中，直口，垂腹，分二式。

Ⅰ式　2 件。泥质磨光黑陶。腹径较大，下腹均残。肩饰二组不规则的凸弦纹。标本 M52：2，口径 11.8 厘米（图七〇，14）。

Ⅱ式　3 件。斜方唇或圆唇，腹径变小，小平底略凹，饰两至三组弦纹。标本 M52：15，泥质灰陶。斜方唇，口残。腹饰三组不规则的凹弦纹。口径 13、底径 6.9、高 18.8 厘米（图七〇，15；图版三〇，4）。标本 M52：14，泥质灰陶。圆唇。腹饰二组不规则凹弦纹。口径 10.4、底径 6、高 19.2 厘米（图七〇，16；图版三一，1）。

C 型　6 件。小口，肩部鼓凸较甚，斜弧腹，凹底，形体较大，肩部均饰有一组凸弦纹。分二式。

Ⅰ式　4 件。内勾唇或凹沿，饰规则凸弦纹。标本 M22：2，泥质灰陶。唇上有凹

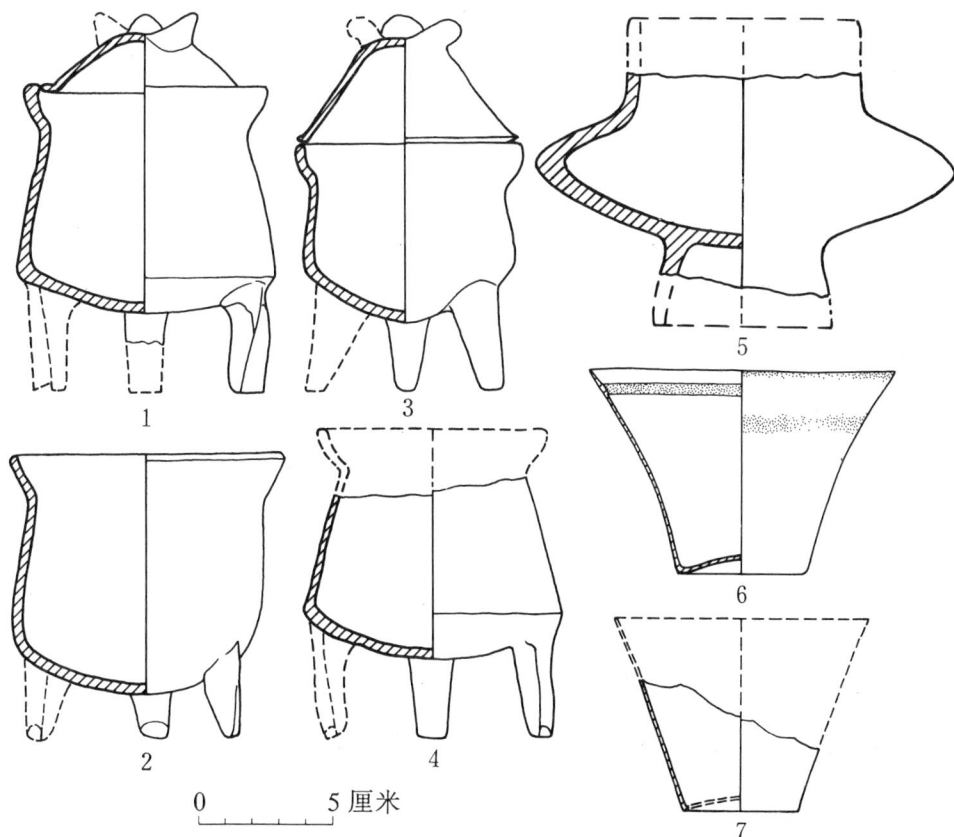

图六六　屈家岭文化第二期 M71 出土部分陶器

1～4. 小鼎 M71：1、M71：12、M71：3、M71：4　　5. 壶形器 M71：5　　6、7. 斜腹杯 M71：2、M71：6

槽。肩饰一组凸弦纹。口径11、底径8、高27厘米（图七一，1；图版三一，2）。标本M32:7，泥质灰陶。浅凹沿。肩饰一组规则的凸弦纹。口径10.4、底径8、高27.6厘米（图七一，2；图版三一，3）。

Ⅱ式　2件。标本M57:4，圆唇内卷，肩斜直，下腹斜近直。肩饰一组不规则的凸弦纹。口径11.6、底径8、高25厘米（图七一，3；图版三一，4）。

中口罐　1件。标本M21:4，泥质灰陶。沿略向外折，圆唇下有浅凹槽，深垂腹，小凹底。最大腹径处饰二周附加堆纹，上腹饰稀疏的浅篮纹。口径18.6、底径7.2、高33厘米（图七一，4；图版三二，1）。

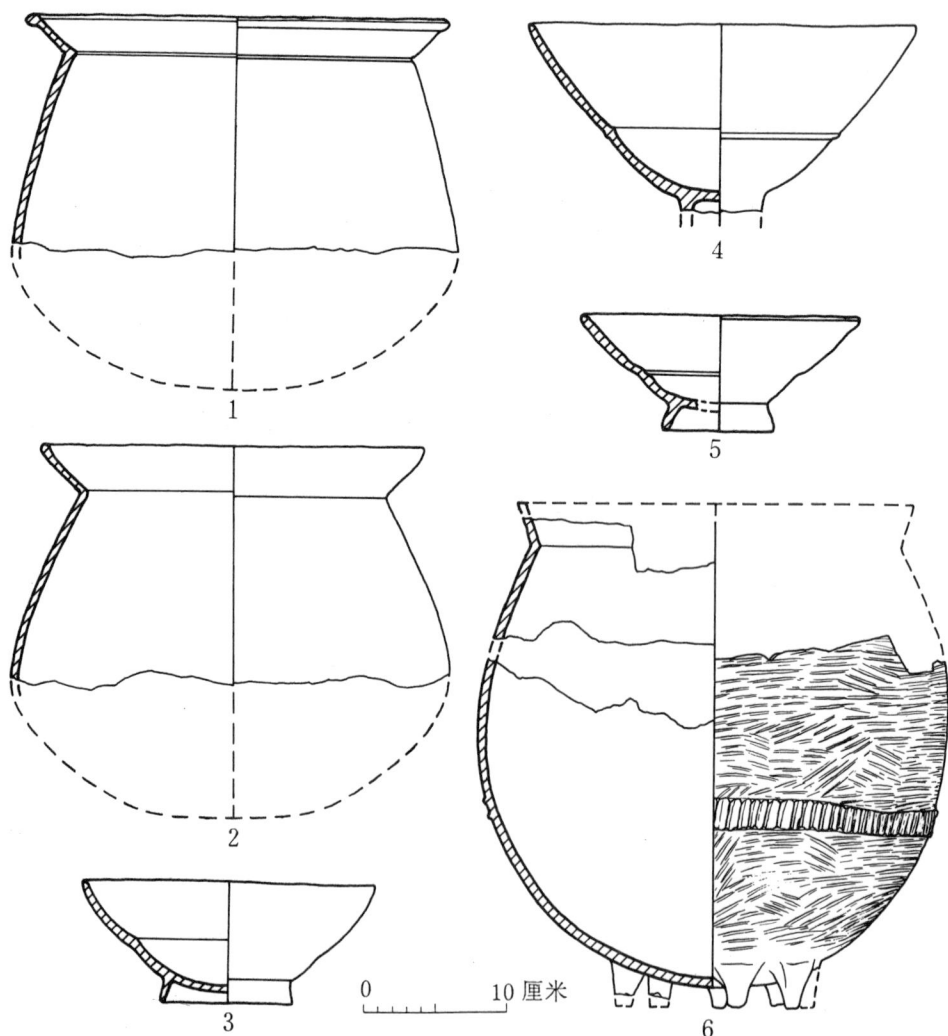

图六七　屈家岭文化第二期瓮棺葬葬具

1、2.陶釜 W86:1、W87:2　　3、5.陶碗 W3:1、W87:1　　4.陶豆 W84:1　　6.陶大口罐 W1:1

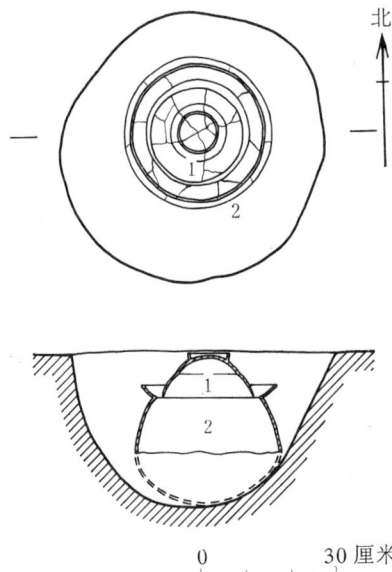

图六八　屈家岭文化第二期 W3 平、剖面图
1. 陶碗　2. 陶釜

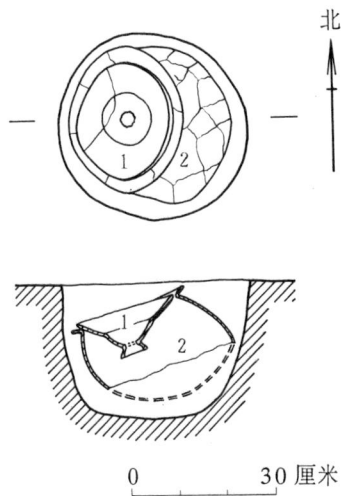

图六九　屈家岭文化第二期 W87 平、剖面图
1. 陶碗　2. 陶釜

小罐　1 件。标本 M52：13，明器，泥质磨光黑陶。折沿，扁鼓腹，平底。素面。口径 4.1、底径 2.8、高 3.8 厘米（图七一，9；图版三二，2）。

壶形器　3 件。均为高直领，扁折腹，细高圈足。标本 M52：20，泥质橙黄陶。大口，圈足略向外撇。素面。口径 9.2、足径 7.6、高 16.6 厘米（图七一，12；图版三二，3）。标本 M58：1，细泥橙黄陶。形体瘦高，圈足上端内收。素面。口径 8、足径 6、高 18 厘米（图七一，13；图版三二，4）。

碗　复原 21 件，均为敞口，矮圈足，素面。按壁的不同分三式。

Ⅰ式　16 件。腹壁微向内折，内壁有折棱，外表有凹痕。标本 M38：9，泥质浅灰陶。碗底正中凿有一个椭圆形小孔，其长径约 2 厘米，短径约 1.5 厘米。口径 19.8、底径 8、高 9.2 厘米（图七一，5；图版三三，1）。标本 M47：13，泥质灰陶。碗底正中凿一个小圆孔，孔径约 1.8 厘米。口径 20.8、底径 8、高 10 厘米（图七一，6；图版三三，2）。

Ⅱ式　3 件。器壁外表凹痕消失呈斜弧形，内壁仍可见折痕。标本 M63：6，泥质黑陶。口径 19、底径 6.4、高 8.4 厘米（图七一，7；图版三三，3）。

Ⅲ式　2 件。标本 M57：7，泥质深灰陶。斜弧壁，折痕消失。口径 18.8、足径 7.4、高 8.8 厘米（图七一，8；图版三三，4）。

杯　分斜腹杯和高圈足杯两种。

图七〇　屈家岭文化第二期陶高领罐

1. Aa 型 I 式 M32：5　　　2～5. Aa 型 II 式 M47：5、M28：12、M28：5、M29：1　　　6～9.
Aa 型 III 式 M28：6、M21：3、M56：15、M20：4　　　10～13. Ab 型 M61：4、M40：14、M57：
1、M52：4　　　14. B 型 I 式 M52：2　　　15、16. B 型 II 式 M52：15、M52：14

　　斜腹杯　是本期墓葬中常见的器形，复原 71 件。均敞口，斜壁，薄胎，细泥陶，
大多颜色不纯，以红陶或橙黄陶为主，少数在器表或内壁施黑色彩绘。按腹部的弧度及
底的大小分三式。

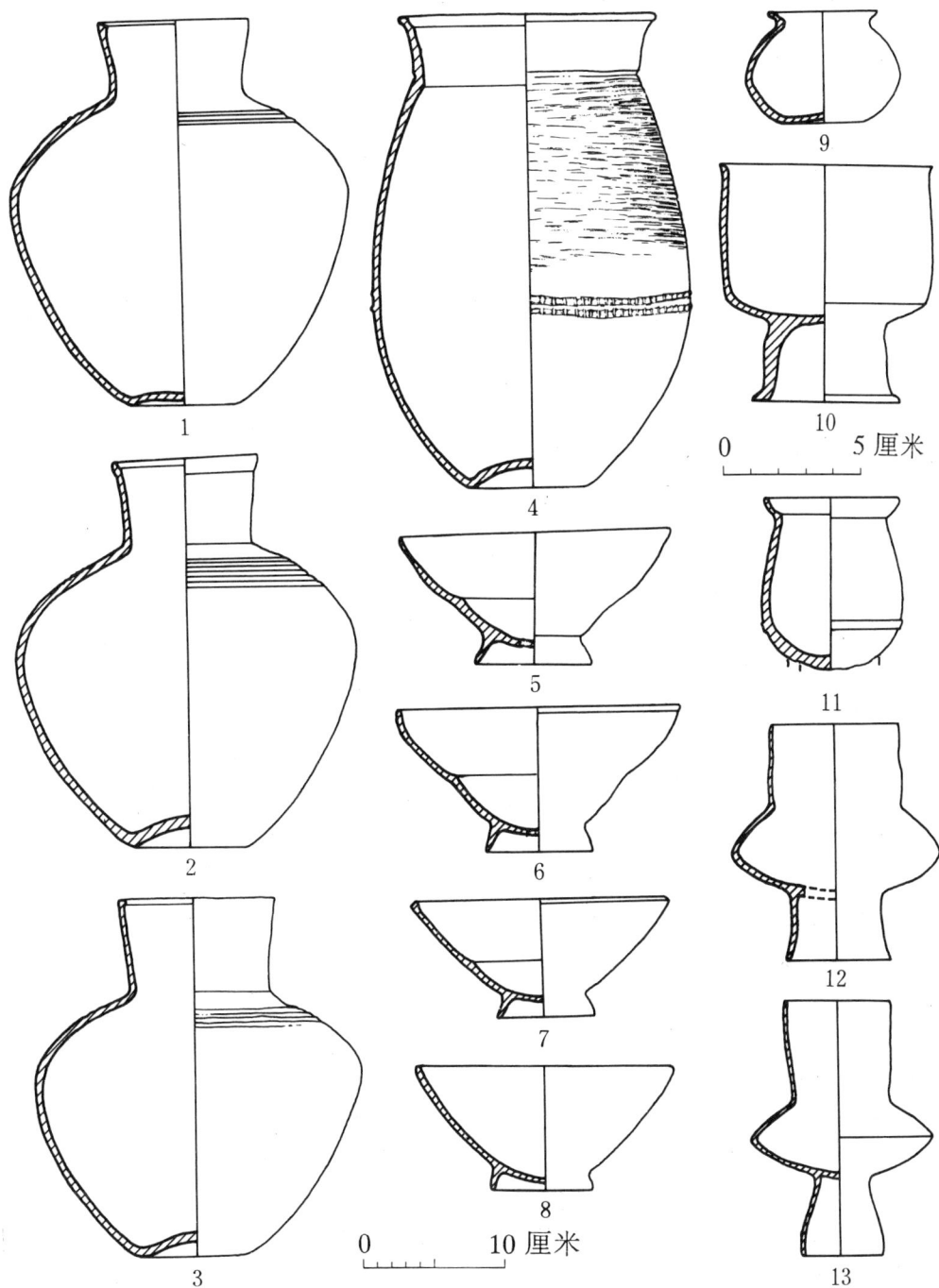

图七一　屈家岭文化第二期陶高领罐、中口罐、碗、小罐、高圈足杯、壶形器

1、2. C型Ⅰ式高领罐 M22:2、M32:7　　3. C型Ⅱ式高领罐 M57:4　　4. 中口罐 M21:4

5、6. Ⅰ式碗 M38:9、M47:13　　7. Ⅱ式碗 M63:6　　8. Ⅲ式碗 M57:7　　9. 小罐 M52:

13　　10、11 高圈足杯 M57:20、M37:1　　12、13. 壶形器 M52:20、M58:1

Ⅰ式 31件。斜直腹或略向内弧，底径较大，制作规整。标本 M68：11，细泥陶，器壁上部橙黄色，下腹及底内外灰色。腹壁略内弧，底内凹。外表施黑色宽带纹，器内饰黑色三等分弧线"心"形纹，彩多已脱落。口径11、底径5、高7.6厘米（图七二，1）。标本 M71：2，细泥陶，器壁上部为橙红色，下腹及底内外为灰色。腹壁略内弧，底内凹。器表上部彩绘已脱落，器内壁上部有道凸棱，上施黑彩。口径11.2、底径4.4、高7.2厘米（图七二，2；图版三三，5）。标本 M65：10，细泥陶，上部呈红黄色，下部为灰色。斜直腹，底内凹。素面。口径10.4、底径4、高7.5厘米（图七二，3）。标本 M69：1，细泥陶，上部为橙黄色，下部为灰色。斜直腹，底残。素面。口径8.4、底径4.2、高6厘米（图七二，4；图版三三，6）。标本 M65：9，细泥陶，器壁上部为橙黄色，下部为灰色。斜直腹，平底略内凹。素面。口径9、底径3.6、高5.4厘米（图七二，5）。标本 M65：12，细泥陶，除内底灰色外，余为橙黄色。腹壁略内弧，凹底。素面。口径10.4、底径4.4、高6厘米（图七二，6；图版三四，1）。

Ⅱ式 37件。斜直腹或略内弧，底径与口径之比小于Ⅰ式，制作不如Ⅰ式规整。有大、中、小之分。标本 M67：6，细泥陶，上部橙黄色，下部灰色。形体较大。斜腹近直，平底略残。素面。口径13、底径4、高7.1厘米（图七二，8；图版三四，2）。标本 M62：12，泥质陶，仅口沿内外为橙红色，余为灰色。斜直腹，凹底。素面。口径9.6、底径3.6、高5.8厘米（图七二，7）。标本 M68：2，泥质橙红陶。形体较小。斜直壁，凹底。素面。口径7.6、底径2.6、高5.3厘米（图七二，9；图版三四，3）。

Ⅲ式 3件。凹弧腹，底与口之比小于Ⅱ式。标本 M52：12，泥质橙黄陶。弧壁向内收，下腹及底残。器表上部施黑彩，多已脱落。口径12、残高5.4厘米（图七二，10）。标本 M53：6，泥质黄陶。尖唇，壁内凹近折，小底残。素面。口径8.4、残高5厘米（图七二，11）。

高圈足杯 2件。标本 M37：1，泥质灰陶。凹折沿，深腹，圜底，圈足残。下腹饰凸弦纹一周。口径9.6、残高6.1厘米（图七一，11）。标本 M57：20，泥质灰陶。直口，斜方唇，直壁，腹较深，平底，圈足下端外折。素面。口径7.5、足径5.5、高8.3厘米（图七一，10；图版三四，4）。

小鼎 是本期墓葬中最常见的器形之一。复原65件。在单个墓葬中的数量一般不超过4件，多带盖。分五型。

A型 29件。垂腹。按口、腹、底的变化分二式。

Ⅰ式 15件。折沿内凹，斜弧腹，圜底，扁凿形足较高。标本 M65：1，泥质黑陶。上有Ⅰ式盖。足斜直，下端外侧内凹。最大腹径处有凸棱一周。口径10.4、通高13厘米（图七三，1；图版三四，5）。标本 M67：4，泥质浅灰陶。上承Ⅰ式盖。素面。口径10、通高14.4厘米（图七三，2；图版三四，6）。标本 M57：13，泥质灰陶。上承Ⅱ式

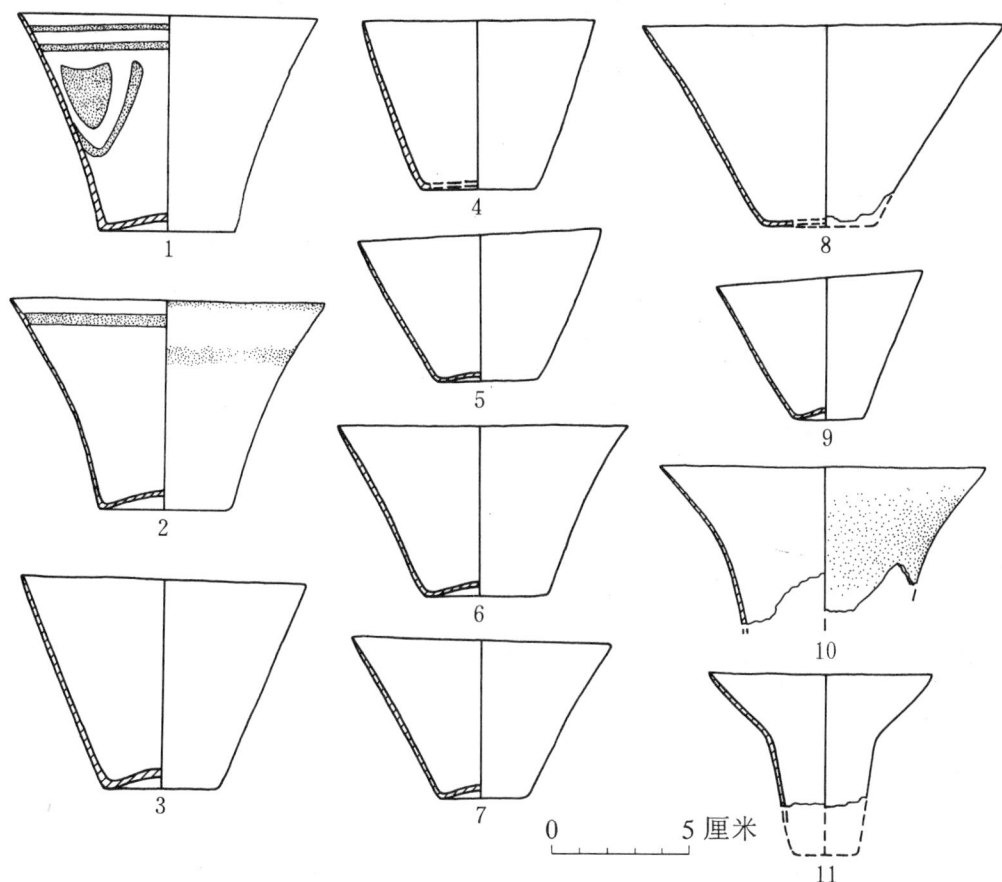

图七二 屈家岭文化第二期陶斜腹杯

1~6. I式 M68:11、M71:2、M65:10、M69:1、M65:9、M65:12 7~9. II式

M62:12、M67:6、M68:2 10、11. III式 M52:12、M53:6

盖。斜壁近直，足为扁锥形。素面。口径10、通高15.2厘米（图七三，3）。

II式 14件。折沿，沿内凹不如I式明显，斜直腹，底较平，多数为扁凿形足，个别为圆锥形足，器体变小。标本M53:8，泥质灰陶，足下端呈红色。圆锥形足较高。素面。口径8.4、高10.8厘米（图七三，4；图版三五，1）。标本M52:9，泥质灰陶。折沿，腹变浅。素面。口径12、高18厘米（图七三，5）。标本M40:4，泥质灰黑陶。上承II式盖，沿厚，斜直壁略内收，平底，足外侧内凹。素面。口径9.5、通高12.8厘米（图七三，6；图版三五，2）。标本M58:11，泥质浅灰陶。上承II式盖，宽斜沿，平底内凹，足尖有凹痕。素面。口径10、通高12.1厘米（图七三，7）。

B型 13件。大口，口径与底径相近，素面。按口、腹、底的变化分二式。

I式 7件。凹折沿。弧腹，有的近直，圜底，扁凿形足，器体较大，制作规整。

图七三 屈家岭文化第二期陶小鼎

1~3. A 型 I 式 M65:1、M67:4、M57:13　4~7. A 型 II 式 M53:8、M52:9、M40:4、M58:11

8~11. B 型 I 式 M69:6、M69:7、M65:2、M68:3　12~14. B 型 II 式 M65:6、M56:22、M56:

21　15~17. C 型 M21:13、M61:7、M67:2

标本 M69：6，泥质浅灰陶。上承Ⅰ式盖，弧壁近直，扁凿足不规则。口径 12.5、通高 14.2 厘米（图七三，8；图版三五，3）。标本 M69：7，泥质灰陶。上承Ⅰ式盖，弧壁近直，陶胎较薄，足外侧面内凹。口径 11.6、通高 14.6 厘米（图七三，9）。标本 M65：2，泥质灰黑陶。上承Ⅰ式盖，弧壁近直，尖圜底。口径 11.2、通高 16.4 厘米（图七三，10）。标本 M68：3，泥质灰陶。上承Ⅰ式盖，弧壁近直。口径 10.4、通高 12.4 厘米（图七三，11）。

Ⅱ式 6件。折沿，凹沿不如Ⅰ式明显，以直腹为主，个别为弧腹，腹变浅，底较平，扁平足或扁凿足，器体小于Ⅰ式，胎变厚。标本 M65：6，泥质黑陶。直腹，扁凿形足上宽下窄。口径 11、高 9.6 厘米（图七三，12）。标本 M56：22，泥质黑陶。上承Ⅱ式盖。斜方唇，直腹，扁平足。口径 9、通高 10.2 厘米（图七三，13；图版三五，4）。标本 M56：21，泥质灰黑陶。上承Ⅱ式盖，折沿，弧腹，扁凿足。口径 8.2、通高 10.6 厘米（图七三，14）。

C型 4件。凹折沿，深直腹或斜直腹，圜底，扁凿形足，素面。标本 M21：13，泥质灰陶。足外侧面内凹，器表上部留有轮制螺旋痕迹。口径 9、高 9 厘米（图七三，15；图版三五，5）。标本 M61：7，泥质浅灰陶。沿较高，直腹，下腹折。口径 10.6、高 11.6 厘米（图七三，16）。标本 M67：2，泥质浅灰陶。上承Ⅱ式盖，沿较高，斜直腹，下腹折，足外侧面内凹。口径 9.8、通高 14.8 厘米（图七三，17；图版三五，6）。

D型 18件。宽折沿，沿面内凹，斜弧腹或直腹，圜底，扁凿形或圆锥形足。皆素面。标本 M38：2，泥质灰陶。斜直壁，下腹折，扁凿形足，外侧面内凹。口径 9.5、高 10.1 厘米（图七四，2；图版三六，1）。标本 M52：17，泥质浅灰陶。斜弧壁，下腹折，圆锥形足。口径 9.6、高 10 厘米（图七四，1）。标本 M61：10，泥质深灰陶。上承Ⅱ式盖，弧壁，腹腔变小，凿形足残，外侧面内凹。口径 8 厘米（图七四，3）。

E型 1件。标本 M67：3，泥质灰陶。上承Ⅰ式盖，窄凹沿，尖唇，弧壁内收，下腹折，大圜底，扁凿足上宽下窄。上腹部有二道细凹弦纹。口径 10.3、通高 13.1 厘米（图七四，4；图版三六，2）。

器盖 复原40件。为小鼎之盖，盖顶为三个角形或乳凸形钮。按钮、面、沿的变化分二式。

Ⅰ式 6件。三钮为角形，盖顶隆弧，沿上翘，制作规整。标本 M65：2，泥质黑陶。三钮较高。素面。口径 10.8、高 3 厘米（图七五，1；图版三六，3）。标本 M67：3，泥质黑陶。素面。口径 9.4、高 3.5 厘米（图七五，2；图版三六，4）。标本 M69：7，泥质灰陶。钮较矮。斜方唇，上翘部分不明显。素面。口径 10.1、高 3.6 厘米（图七五，3；图版三六，5）。

Ⅱ式 34件。三钮变矮，部分盖钮直接在盖顶捏出。盖顶斜弧或斜直，且逐渐变

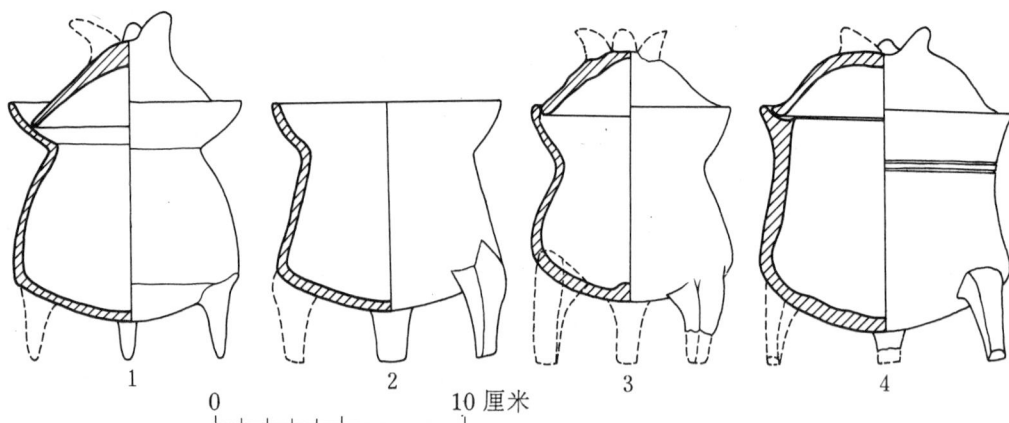

图七四　屈家岭文化第二期陶小鼎

1~3. D 型 M52:17、M38:2、M61:10　　　4. E 型 M67:3

浅，制作不如Ⅰ式规整，标本 M67:7，泥质灰陶。三钮聚于盖顶，盖顶隆弧较高，圆唇。素面。口径 8.1、高 4.3 厘米（图七五，4）。标本 M40:4，泥质灰陶。盖顶三钮相连，其内壁对应处内凹，盖顶斜直。素面。口径 8.5、高 3.1 厘米（图七五，5）。标本 M53:8，泥质灰陶。钮较短小，盖顶斜直较浅。素面。口径 8、高 2.7 厘米（图七五，6；图版三六，6）。标本 M56:22，泥质黑陶。三钮分散，锥钮短小，盖顶较平，盖面斜直较浅，圆唇下有凹槽。素面。口径 7.5、高 2.2 厘米（图七五，7；图版三六，7）。标本 M47:18，泥质黑陶。三钮分散较高，盖顶斜直近平。素面。口径 8.5、高 2.5 厘米（图七五，8；图版三六，8）。

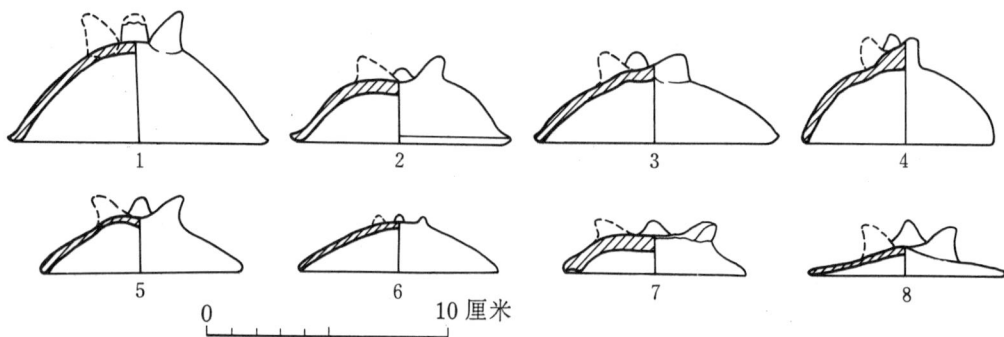

图七五　屈家岭文化第二期陶器盖

1~3. Ⅰ式 M65:2、M67:3、M69:7　　　4~8. Ⅱ式 M67:7、M40:4、M53:8、M56:22、M47:18

第三节　小结

肖家屋脊屈家岭文化的房子扰乱破坏严重，只残存房基，皆为长方形地面式建筑。营建方法相似，系先在地面挖浅坑，垫土一至五层，再立柱盖房。一期的房子仅1座，未见墙基。二期发现6座房子，其中双间房子1座，其它均为单间房子。居住面多用黄沙土铺成，其下多数铺一层红烧土。少数房子设有圆形灶坑。根据柱洞的分布情况，部分房子的墙体结构应为木骨泥墙，并发现了用陶器奠基的迹象。

灰坑数量不多。坑口形状多样，有圆形、椭圆形、不规则形、正方形、长方形、长条形和梯形七类，以前三种数量居多。坑内包含物丰富，主要是陶器，还有大量猪牙，少量兽骨和鱼骨。这些灰坑一般都很浅，加工痕迹不明显，部分应为自然堆积坑。

灰沟数量很少，形制一般比较规整，应为人工挖掘而成，废弃前可作排水用。

屈家岭文化一期未发现墓葬，二期墓葬有土坑墓和瓮棺葬两种。以土坑墓数量居多，为成人和少儿墓葬，主要分布在生活区附近的三个墓地中。墓葬形制皆为长方形土坑竖穴，分布较密集，排列不甚规律。方向以南北向为主，其次为东西向。头向以北向为主，西向次之。少数墓葬设有二层台。一次葬与二次葬数量相当，除部分二次葬人骨腐烂，葬式不清外，余皆为单人仰身直肢葬。绝大多数墓葬有随葬品，随葬品一般置于足端，兼有放置头端、一侧或二层台上，个别墓葬在人体上部的填土中放置随葬器物。

瓮棺葬很少，用于埋葬婴幼儿，零散葬于房子附近。墓坑为圆形竖穴。葬具以陶釜为主，上扣陶碗、豆、釜或罐作为盖。瓮棺正置埋于坑内，在葬具底部和盖顶多凿有小圆孔。人骨腐烂，葬式不清。均无随葬品。

屈家岭文化的石器数量很少，种类不多，器类主要是石斧。形制一般比较规整，琢磨较细致。

屈家岭文化的陶器以泥质灰陶为主，泥质红陶次之，泥质黑陶、黄陶和褐陶很少，还有少量夹砂陶。器表多数为素面，一期的纹饰有弦纹（凸弦纹、凹弦纹）、镂孔、附加堆纹、戳印纹与彩绘，以弦纹和彩绘数量居多。二期基本沿用一期纹饰，新出现了篮纹和刻划纹。纹饰变化明显的是凸弦纹，一期的凸弦纹较规整且凸起较高，二期呈现出潦草、间断而浮浅的衰退现象。陶器制作普遍采用了轮制技术，陶胎较薄而均匀，造型比较规整，蛋壳彩陶斜腹杯是这一时期的典型器物之一。少数器物仍用手制。陶器主要有圈足器、凹底器和三足器三大类，其中圈足器最流行，主要器形碗、豆和壶形器都附有高矮不等的圈足；数量较多的高领罐全部为凹底；三足器以小罐形鼎数量居多，扁圆小锥足为其特色。两期陶器器类基本相同，二期新出器形只有缸和钵。

　　陶器的主要器形变化特征是：高领罐的腹部由圆鼓到较瘦长。壶形器由鼓腹渐变为折腹。仰折双腹碗和仰折双腹豆由仰折双腹渐变为斜弧腹。斜腹杯由大口中底斜直壁向大口小底内弧壁变化，胎由薄变厚。小罐形鼎由窄沿变宽沿，斜腹变直腹，圜底变平底。

　　器盖是屈家岭文化的常见器物之一，主要与小鼎配套使用。彩绘纺轮也是屈家岭文化具有特色的器物，但数量不多。

　　综上所述，屈家岭文化遗存虽不甚丰富，但两期陶器的器形发展演变关系清楚，时间衔接紧密。一期遗存即典型屈家岭文化，二期是一期的继续和发展，其文化内涵分别与《京山屈家岭》[①]报告中的晚一、晚二大体相同。

　　屈家岭文化直接叠压在石家河文化早期遗存之下，其相对年代晚于大溪文化而早于石家河文化。关于肖家屋脊遗址屈家岭文化的绝对年代，目前只有一个[14]C 测定数据供参考。H430 木炭经北京大学考古学系[14]C 实验室测定的年代为距今 4510±70 年（未经树轮校正）[②]，H430 是屈家岭文化二期偏晚的灰坑，对照过去其它遗址的测年数据，该灰坑的[14]C 测定年代似有些偏早。

注　　释：

①　中国社会科学院考古研究所：《京山屈家岭》，科学出版社，1965 年。

②　北京大学考古学系碳十四实验室：《碳十四年代测定报告（一○）》，《文物》1996 年 6 期。

第四章　石家河文化遗存

第一节　生活遗迹和遗物

一　遗迹

（一）石家河文化早期遗迹

石家河文化早期遗迹有房子、灰坑、灰沟、井、路、窑和陶臼遗迹（图七六）。

1. 房子

（1）概况

共发现房屋遗迹 6 座，编号 F6、F7、F9、F10、F12、F14。均分布在遗址 A 区中南部，破坏严重（附表七）。

从残存的迹象可以看出，六座房子的建筑形式均为平地起建，平面形状大多为长方形，分单间和多间房子两种。面积最大的近 95 平方米（F9），最小的残存约 5 平方米（F10），一般在 20 平方米左右。

少数房子残存有墙壁，保存高度 0.2～0.65 米，一般接近垂直。有的在墙壁外侧抹有红胶泥。墙壁下面一般挖有墙基槽，深 0.2～0.45 米。

室内居住面均较平坦坚实，有的是用灰白色或黄褐色土铺成，有的是用细碎的红烧土铺成。居住面与墙壁的界限大都很清楚。

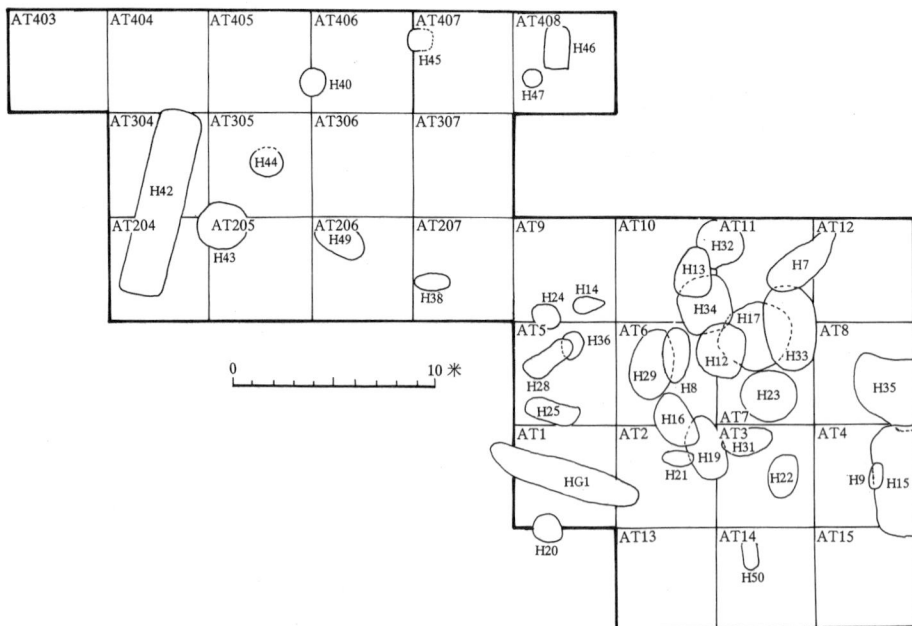

图七六 .A 石家河文化早期生活遗迹分布图

少数房子在居住面上发现有灶坑。灶坑形状均为圆形，底呈锅底状，直径0.44～1.54、深0.08～0.12米，坑壁和坑底被烧烤成深灰色或深红色，较坚硬。

六座房子都有柱洞，多则7个，少则1个，大多在室内居住面上，少数在墙内。柱洞平面大多为圆形，也有的为椭圆形，直径一般为0.15～0.3米，最大达0.5米，深一般为0.08～0.25米。洞壁较直，底有平底和锅底状两种。

(2) 举例

F6　位于AT1405和AT1406南部，叠压于第3层下，打破第4层，分别被H170、H231、H232、H233、H286、H306和HG7打破。房子破坏严重，没有发现墙基和门道，残存居住面，方向不清。从残存的迹象看，应为长方形地面式建筑，残长6.34、残宽3.3米。室内地面平整，用细碎的红烧土铺成。居住面上发现5个柱洞，其中D1、D4被HG7打破，D5被H170、H306打破。柱洞平面呈圆形，直径0.21～0.3、深0.11～0.15米，洞壁较直，底呈锅底状，洞内填黄色土。室内没有发现灶坑和其它遗物。

房内堆积为黄色土，厚0.15～0.21米，土质纯净疏松，似为房子倒塌后的堆积。房内基础可分为四层：第1层，红烧土，厚0.04～0.11米，较坚实，上部分为细碎的红烧土颗粒，下部分为直径0.03～0.09米的大颗粒红烧土；第2层，灰黄色土，厚0.02～0.03米，土质较疏松，无包含物；第3层，灰黑色土，厚0.04～0.11米，中部薄，两侧厚；第 4 层，黄色土，厚 0.09～0.16 米，土质较硬，纯净（图七七）。

F7 位于 AT1607 和 AT1608 南部，叠压于第 4 层之下。东北部被 H338 打破。平面呈长方形，东、南、西破坏严重，残存北墙、东墙、西墙和部分居住面，房子东西残长 8.62、南北残宽 3.1 米。北墙保存较好，残长 8.62、宽 0.68～0.86、高 0.2～0.25 米，东墙和西墙的东端被扰乱，东墙残长 1.62、宽 0.41、高 0.2 米，西墙残长 2.17、宽 0.48、高 0.2 米。墙土呈深灰色，墙土内掺杂有碗、厚胎缸、罐、斜腹杯等碎陶片。墙下面普遍挖有基槽，宽 0.27～0.55 米、深 0.2～0.3 米。基槽较规整，边壁陡直，坑底平整。基槽内填土较杂，大部分为灰褐色土，夹少量灰白色土，填土内包含有罐、碗、杯等陶器残片。在房子西北角墙上发现 4 个柱洞，编号 D1～D4，其中 D1 和 D2 靠近墙内侧，有一部分已伸入室内，D3 和 D4 位于墙外侧。D1、D2、D4 平面呈圆形，直径 0.2～0.28 米。D3 较大，紧靠 D4，平面呈椭圆形，最大直径 0.4 米，深 0.25 米。柱洞壁较陡直，洞底略平，填土深灰色，较松软。

室内地面较平坦，是用灰白色土铺成，土色较纯，和周围墙壁的界限清楚。长 3.1、残宽 1.96 米，残存面积约 6 平方米。室内没有发现灶坑，门道也不清楚，但从

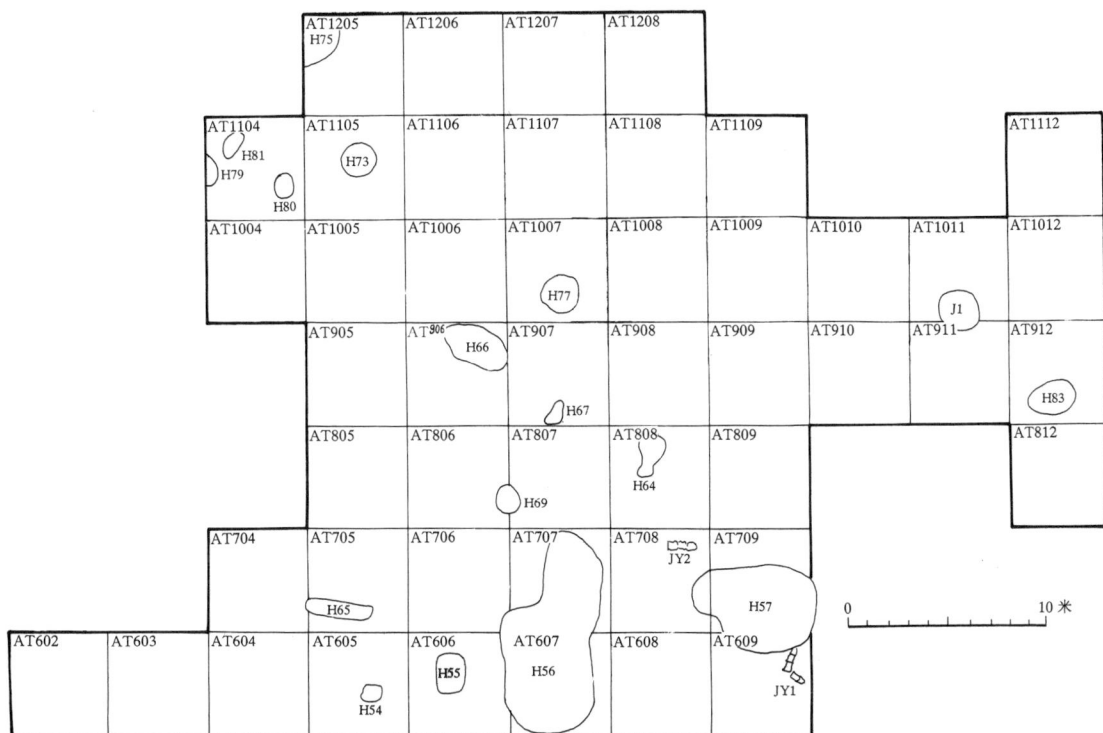

图七六 .B 石家河文化早期生活遗迹分布图

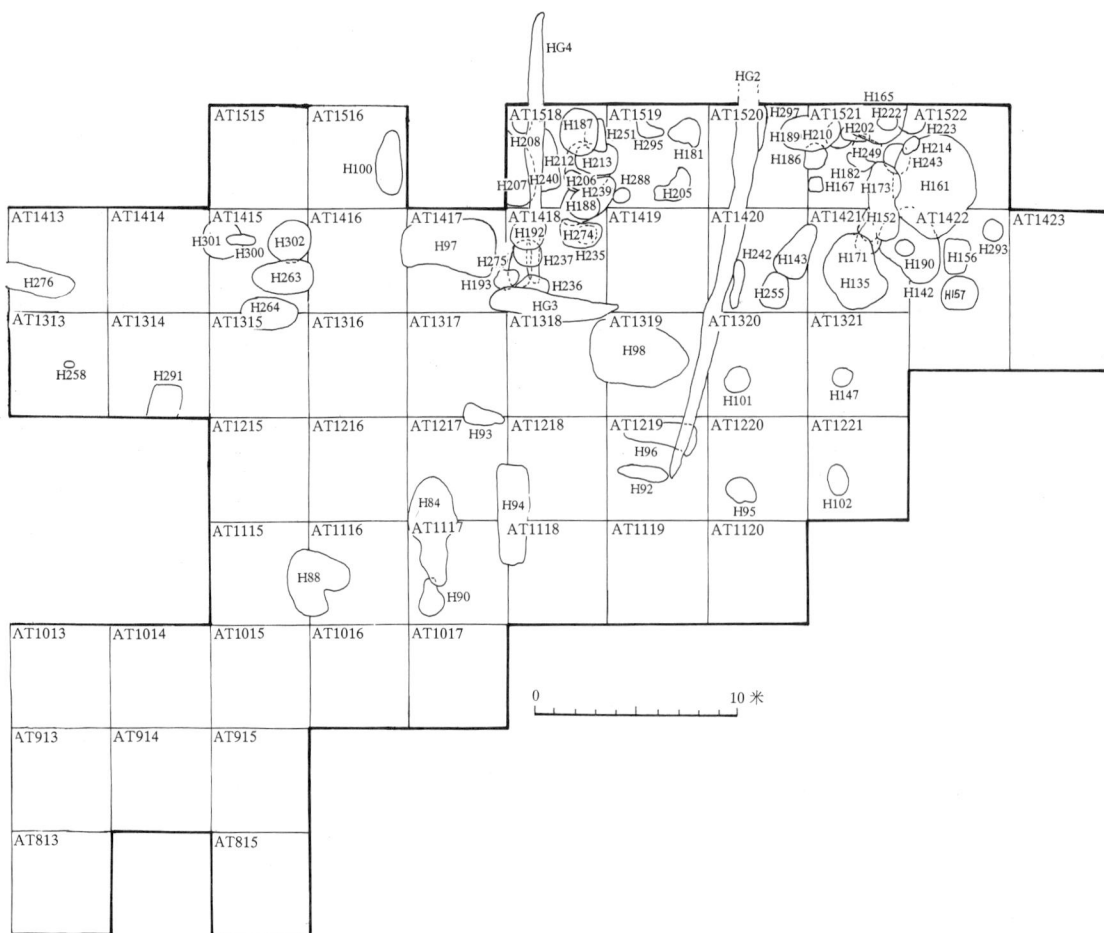

图七六.C　石家河文化早期生活遗迹分布图

东、北、西墙壁皆封闭的情况看，门道应在南边。

　　在房子的东墙和西墙外，分别发现与该房子相同的灰白色居住面，应是和此间房子相连的另外两间房子（图七八）。

　　F9　位于 AT1503、AT1504、AT1603、AT1604 内，方向 5°，叠压于 AT1503 和 AT1603 第 4 层下，打破第 5 层，东侧被石家河文化晚期的 H315 和 H351 打破，中部被同期的 H317、H341、H342 打破，西北角有少部分被第 4 层扰乱。房子平面呈长方形，东西长 14.25、南北宽 6.65 米，室内面积约 68 平方米。房子南北筑有两道土墙，东西两端未发现墙。南墙保存较好，墙长 14.25、宽 0.55～0.8 米、残高 0.42～0.65 米，在南墙外缘紧靠墙壁发现一道窄长条形的红胶泥，长 12.5、宽约 0.05、厚 0.03 米。红胶泥是用细泥和红烧土末搅拌而成。北墙保存稍差，比南墙稍短，长 10.5、宽 0.65～0.85、残高 0.3～0.6 米。南、北墙墙壁均较陡直，土色为黄褐色，土质很硬，可能经过夯筑，但没有发现夯窝。墙下面均挖有基槽，宽 0.8、深 0.3～0.45 米，基槽内填土为黄色，质硬。墙内无柱洞，仅在室内西部发现一个柱洞。柱洞平面为圆形，直径0.2、深 0.15 米，洞内填灰黄色土，质软。房子西北角有一缺口，没有墙，应该是出入室内的门道所在，无台阶。室内没有发现灶坑，也无其它遗物。

室内堆积为黄褐色土，土质较软且纯，包含有少量陶片，厚 0.12～0.2 米，应为房子倒塌后的堆积。室内地面较平整，居住面是用细碎红烧土粒铺成，比较坚硬。居住面下为房基部分，分五层：第 1 层，红烧土，质硬，厚 0.1～0.15 米；第 2 层，浅黄土，质软纯，厚 0.05～0.15 米；第 3 层，红烧土，颗粒较大，质硬，厚 0.05～0.15 米；第

图七六.D　石家河文化早期生活遗迹分布图

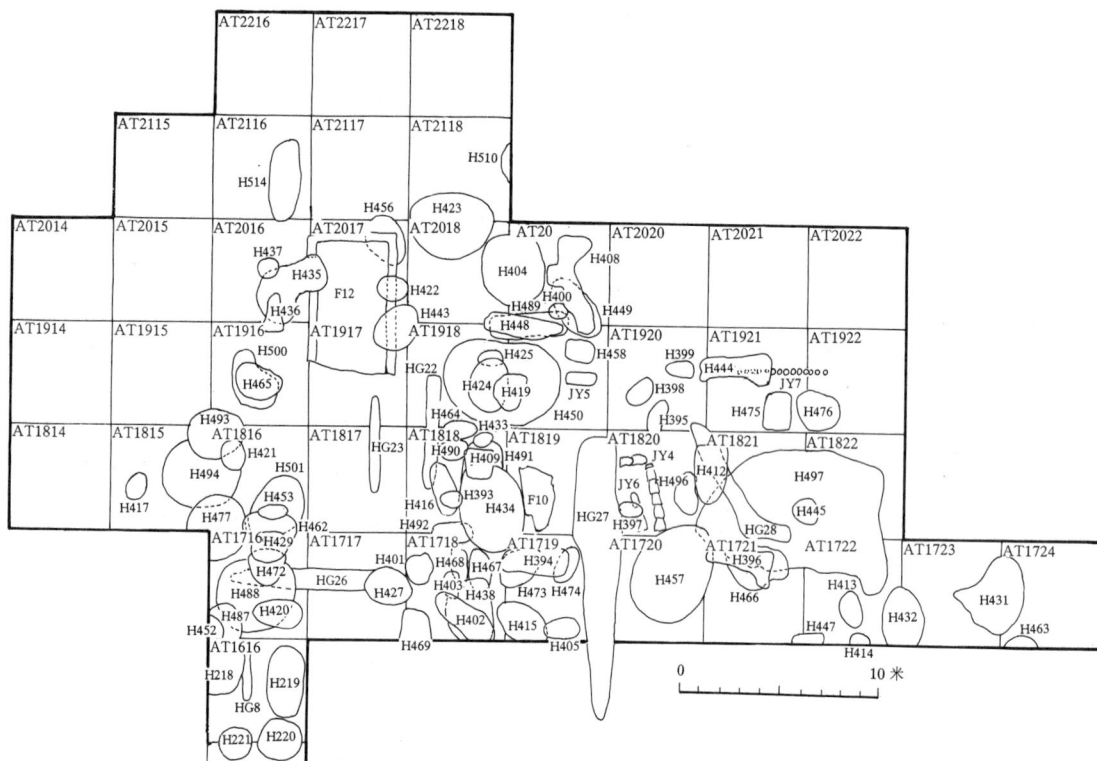

图七六 . E 石家河文化早期生活遗迹分布图

4 层，黄褐色土，夹少量碎陶片，土质较硬，厚 0.1～0.15 米；第 5 层，红烧土，夹较多碎陶片，土质坚硬，厚 0.15～0.2 米（图七九）。

F10 位于 AT1819 中部，叠压于第 2 层下，打破第 3 层。房子破坏严重，形状不明，残存少量居住面。居住面上残留 5 个柱洞，编号 D1～D5，其中四个较大的柱洞（D1～D4），南北呈直线排列。柱洞平面均呈圆形，直径 0.1～0.26、深 0.08～0.25 米。口大底小，洞壁斜直，平底，填土为灰褐色，质软。

室内居住面为浅黄色土，较平整，土质较硬且纯，南北残长 3.12、东西残宽 1.85、厚 0.23 米（图八○；图版三七，1）。

F12 位于 AT2017 内，方向 180°，叠压于第 2 层下，打破第 3 层，东侧和西侧被同期稍晚的 H422、H435、H443 打破，南端被第 2 层扰乱。房子除南端被破坏以外，其它地方保存较好，平面呈长方形，南北残长 6.9、东西宽 4.4 米，室内面积残存约 27 平方米。房子的墙壁已不存在，残存墙基槽和居住面。墙基槽较规则，宽窄基本一致，宽 0.4、深 0.27～0.3 米，下端微内收，平底，基槽内填土为灰褐色，夹少量碎陶片，质硬。在室内北部居住面上发现 3 个柱洞，编号 D1～D3。柱洞平面呈圆形，D3 较大，直径 0.5、深 0.3 米，D1、D2 稍小，直径 0.26～0.3、深 0.2 米。柱洞内填土为灰褐色，土质较软。门道位于房子西部靠北端，被 H435 打破，门道下无基槽。

室内地面较平整，居住面是用黄褐色土铺成，质地致密且硬，与周围墙基槽的界限

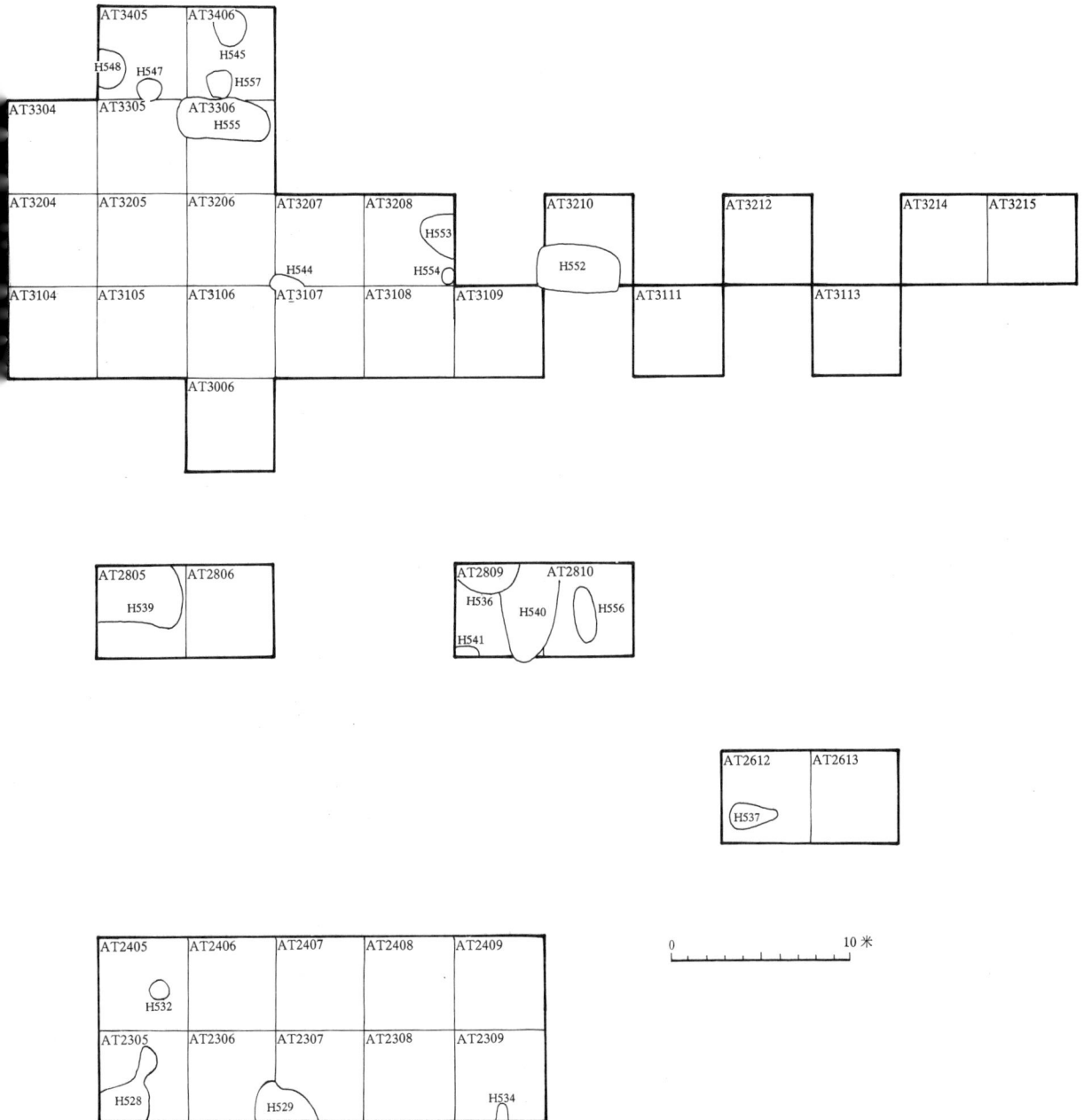

图七六.F　石家河文化早期生活遗迹分布图

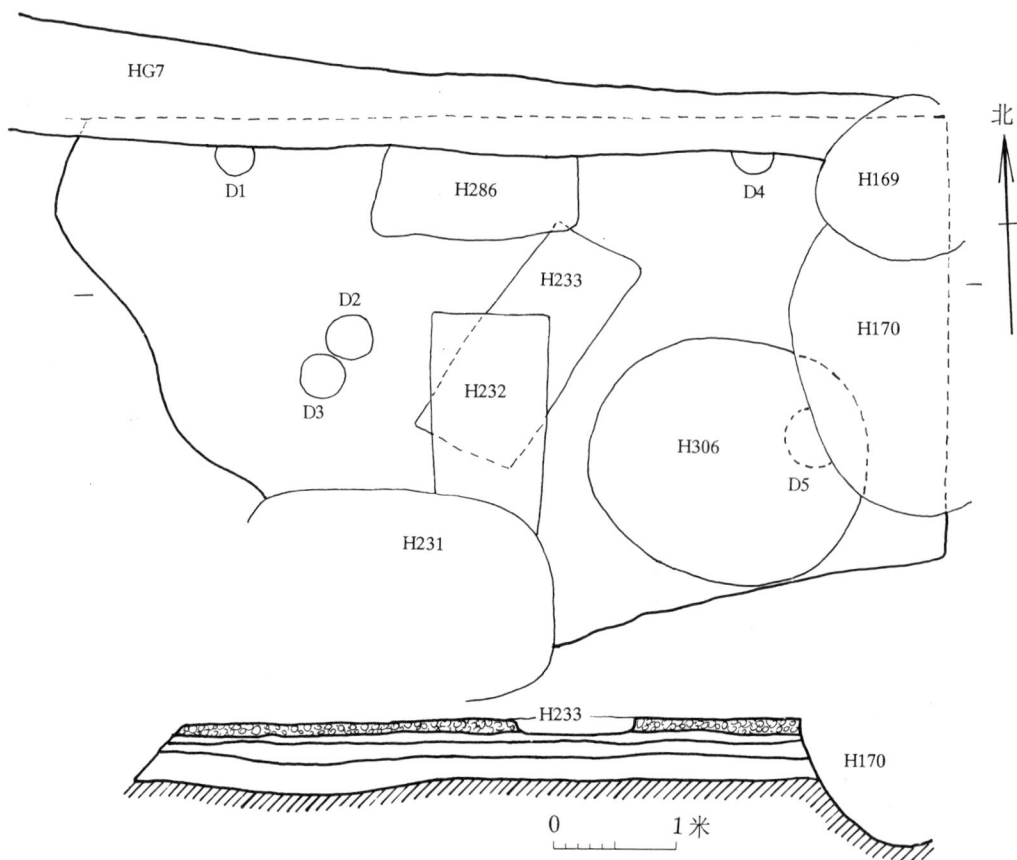

图七七　石家河文化早期 F6 平、剖面图

D1～D5. 柱洞

分明。居住面下为室内垫基，用浅黄色土筑成，土质较硬且纯，厚 0.2～0.3 米。

　　在室内居住面北部三个柱洞（D1～D3）之间，有一个圆形灶坑，直径 1.54、深 0.12 米。灶坑东部被 H422 打破，灶坑略低于居住面，坑壁斜弧，圜底。坑壁和坑底有厚 0.03 米的烧烤面，颜色呈深灰色，比较坚硬。在灶坑北部居住面上，紧靠灶坑边有一堆草木灰烬，草木灰呈圆形堆放，直径 0.5、厚 0.05～0.2 米。房子内无其它遗物（图八一）。

　　F14　位于 AT2004 和 AT1904 内，叠压于第 2 层下，打破第 3 层。由于破坏严重，形状和方向均不清楚。残存室内居住面和柱洞，在居住面上共发现柱洞 7 个，编号 D1～D7，其中 D4～D7 位于居住面的南半部分，四个柱洞由东向西呈直线排列；D1～D3 位于居住面的北半部分，呈三角形分布。柱洞平面形状分为圆形和椭圆形两种，圆形柱洞有 6 个（D1、D3～D7），直径 0.15～0.24、深 0.06～0.12 米。椭圆形柱洞仅 D2 一

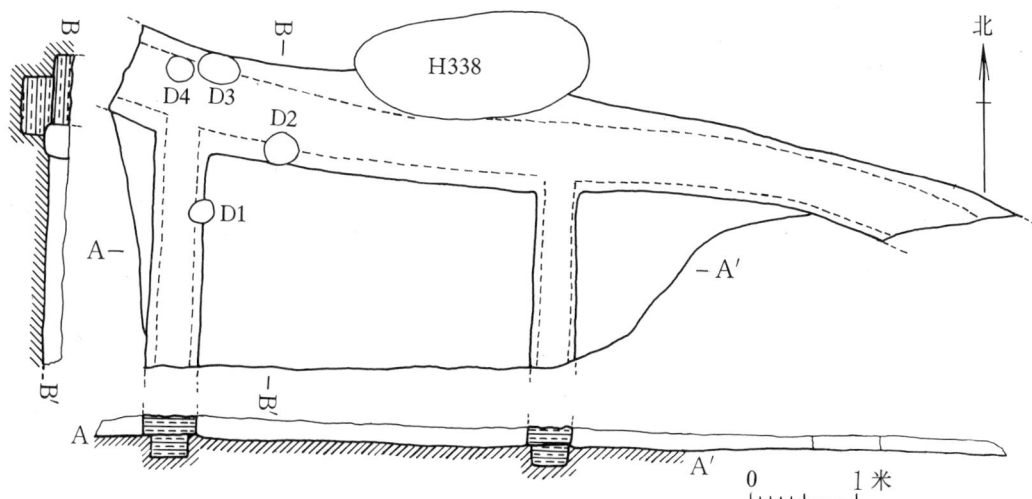

图七八 石家河文化早期 F7 平、剖面图

D1~D4. 柱洞

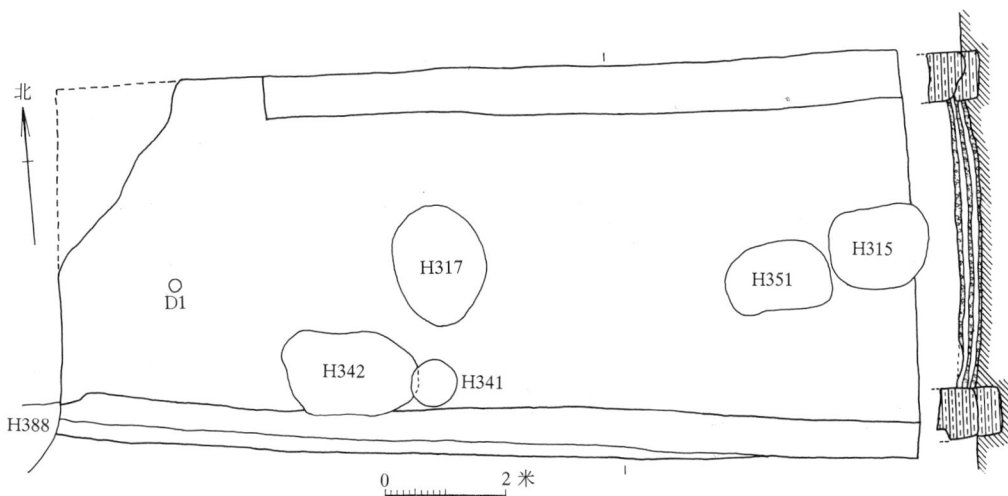

图七九 石家河文化早期 F9 平、剖面图

D1. 柱洞

个，比圆形柱洞大，而且最深，最大直径 0.3、深 0.19 米。柱洞壁均较直，平底。柱洞填土为灰褐色，质软。

居住面是用细碎的红烧土粒铺成，比较坚硬，南北残长 7.6、东西残宽 4.3 米。居住面不平整，中间低，周围高。居住面下用厚 0.08~0.1 米的红烧土块垫基。

在居住面北部发现一个灶坑，平面呈圆形，直径 0.44、深 0.08 米。灶底和灶壁经火烧烤后呈青灰色，质地坚硬。灶底不平，呈锅底形（图八二；图版三七，2）。

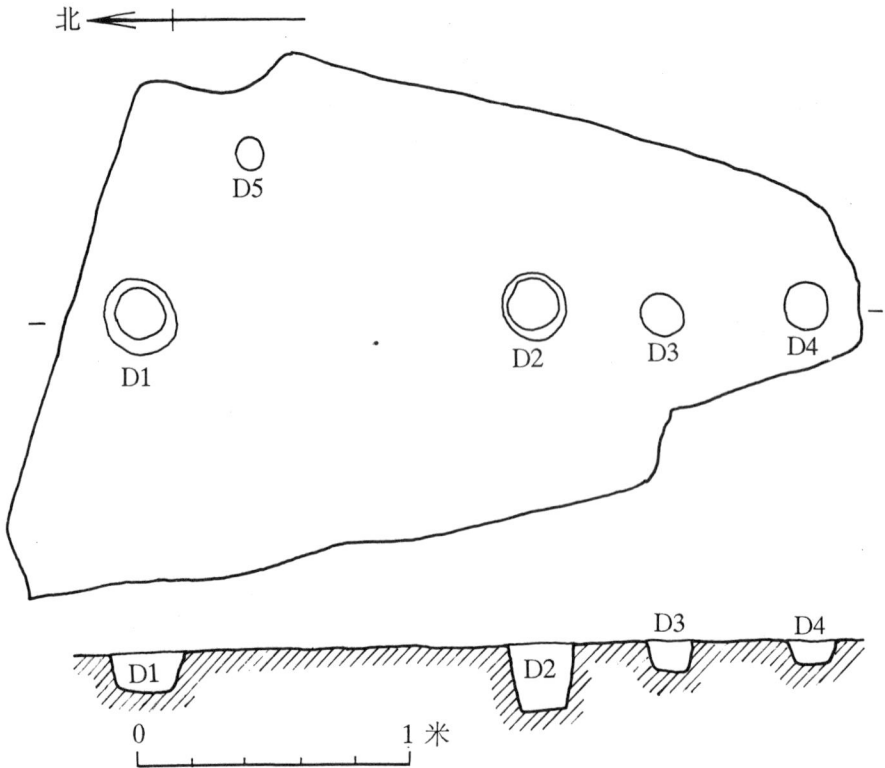

图八〇　石家河文化早期 F10 平、剖面图

D1~D5. 柱洞

2.灰坑

(1) 概况

早期灰坑数量最多，共计 409 个。主要分布在遗址 A 区中部的同期房子周围，多叠压打破关系，其它地方分布较零散。其形制、大小、深浅均有一定的差别，依坑口平面形状可以分为圆形、椭圆形、长方形、正方形、长条形和不规则形六类。其中以椭圆形最多，其次为不规则形和圆形，正方形最少（附表八）。

灰坑内堆积多为灰黑色土，一般土质较松软，包含有较多的木炭末、红烧土颗粒和草木灰烬，有的灰坑还含有动物碎骨和牙齿，大多数灰坑出土遗物较多。

圆形灰坑共 63 个（H12、H17、H20、H22～H24、H32、H40、H43、H44、H47、H73、H75、H77、H95、H101、H105、H107、H111～H113、H119、H126、H137、H138、H140、H144、H147、H148、H151、H159、H163、H175、H185、H188、H190、H197、H200、H201、H208、H210、H211、H218、H220、H221、H234、

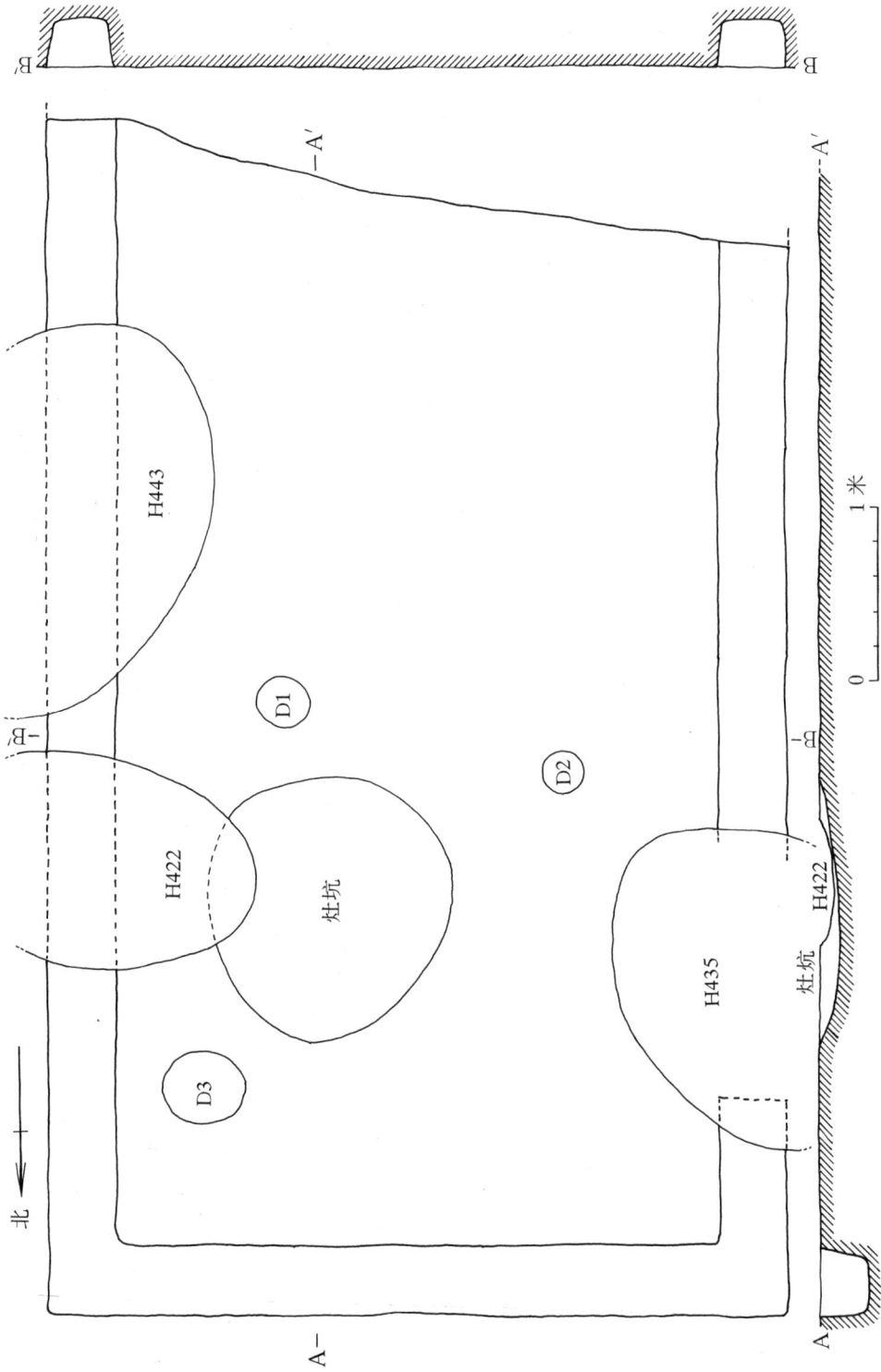

图八一　石家河文化早期 F12 平、剖面图

D1~D3. 柱洞

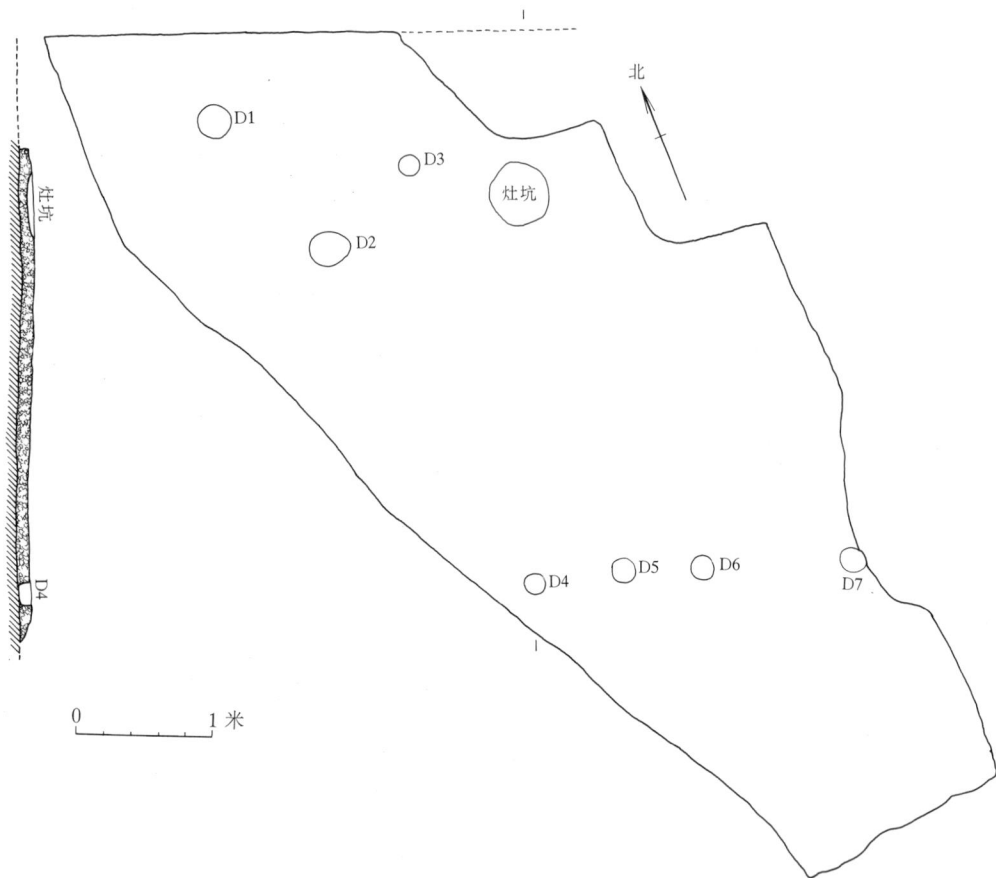

图八二　石家河文化早期 F14 平、剖面图
D1～D7. 柱洞

H237、H250、H288、H293、H316、H322、H341、H371、H404、H421、H437、H477、H488、H493、H494、H511、H532)。依坑壁剖面形状又可以分为口底相等的直壁筒状和口大底小的斜壁下收状两种。

圆形筒状坑，数量较少，一般是口底相等或略有差异，直壁，大多为平底，少量圜底。口径一般为 1～2.5 米，深度一般在 1 米左右。此类灰坑一般经过加工，较规整。

圆形斜壁坑，数量最多，口径大于底径，坑壁斜直或斜弧，大多为圜底，少量平底。大小不等，口径一般为 1.2～2.9 米，最大者达 5.65 米，最小者仅 0.64 米。深一般为 0.5～1 米，最深者达 2.2 米，最浅者仅 0.2 米。

椭圆形灰坑共 211 个 (H7～H9、H13、H14、H16、H19、H21、H25、H29、H33、H34、H36、H38、H49、H66、H80、H81、H83、H98、H100、H102、H106、H110、H114、H115 ～ H117、H120 ～ H123、H125、H127 ～ H131、H135、H136、H139、

H141、H143、H145、H146、H150、H154、H155、H157、H158、H160 ～ H162、H165、H166、H168 ～ H170、H177 ～ H179、H186、H187、H189、H192 ～ H195、H203、H206、H212、H213、H219、H222、H223、H226 ～ H228、H231、H236、H239、H243、H245、H246、H248、H253、H255 ～ H258、H260 ～ H268、H272 ～ H275、H278、H280 ～ H282、H285、H287、H289、H290、H294、H301 ～ H303、H306、H307、H311、H312、H314、H317、H319、H321、H323、H326、H327、H329 ～ H331、H333、H334、H338、H340、H346、H353、H355、H357 ～ H359、H362、H365、H367、H369、H372、H378、H381、H383、H385、H386、H388、H392、H393、H397～H400、H405、H412～H417、H420、H422～H425、H427、H429、H432 ～ H434、H438、H443、H445、H447、H449、H450、H452、H453、H456、H457、H462 ～ H465、H467、H469、H472、H473、H476、H487、H490、H496、H501、H513、H514、H517、H518、H520、H521、H524、H525、H537、H540、H545、H547、H553、H554、H556）。椭圆形灰坑大多较规整，依坑壁剖面形状，可以分为口底相当的直筒状、口大底小的斜壁下收状和口小底大的袋状三种。

椭圆形筒状坑，口底基本相等，直壁呈筒状，平底或圜底，以圜底最多。长径一般为 1～2.5 米，深一般为 0.4～0.6 米。

椭圆形斜壁坑，数量最多，口径大于底径，坑壁斜直或斜弧至底，绝大多数为圜底，少量平底。长径一般为 1.5～3 米，深一般为 0.3～1 米。此类灰坑的坑壁一般不规整，多凹凸不平。

椭圆形袋状坑，数量很少，口径小于底径，坑壁外鼓呈袋状，平底。

长方形灰坑共 33 个（H28、H42、H45、H46、H50、H54、H55、H94、H156、H184、H196、H214、H232、H233、H235、H244、H247、H249、H252、H286、H291、H364、H376、H394、H403、H444、H466、H468、H474、H475、H489、H552、H555）。四角多作圆角，少量方角。一般是口大底小，四壁斜直或斜弧，平底，少量口底相同，圜底。坑口长一般为 1.6～2.4 米，宽一般为 0.8～1.5 米，最大的灰坑坑口长 9.15、宽 2.15 米。灰坑深一般为 0.2～0.5 米。

正方形灰坑最少，仅 3 个（H389、H409、H458），均为圆角方形，直壁，口底基本相等，平底或圜底。边长 1.35～1.8、深 0.2～0.48 米。

长条形灰坑较少，共 19 个（H92、H132、H242、H276、H284、H297、H300、H304、H342、H354、H366、H375、H384、H387、H390、H436、H448、H492、H534）。坑口狭长，两边较直，两端多作圆弧，平面呈条带状。一般是口大底小，坑壁斜直或斜弧，坑底大多不规则，有平底和圜底之分。坑口一般长 1.8～2.9、宽 0.5～1.5、深 0.2～0.5 米。

不规则形灰坑共 71 个（H15、H31、H35、H56、H57、H64、H67、H84、H88、H90、H93、H96、H97、H133、H142、H149、H152、H167、H171、H173、H174、H176、H181 ～ H183、H198、H202、H205、H209、H224、H251、H270、H271、H283、H295、H313、H324、H325、H328、H337、H339、H347、H356、H361、H363、H368、H373、H374、H377、H379、H380、H382、H391、H395、H396、H401、H402、H408、H419、H431、H435、H497、H500、H519、H528、H529、H539、H541、H544、H548、H557）。此类灰坑较复杂，不属上述五类的皆归入其中。坑口形状各不相同，无一定规则，坑壁和底部的修整极差，多数为自然坑堆积而成。大小不等，最大的灰坑坑口长 9.9、宽 4.5 米，最小的灰坑坑口长 0.84、宽 0.3 米。大多数灰坑较浅，深度一般为 0.2～0.5 米。坑壁和底部大多不规整，高低不平，少数为平底或圜底。

另有 9 个灰坑（H79、H207、H240、H269、H298、H299、H491、H510、H536）。由于处于探方边壁上未作进一步的发掘，或被其它遗迹打破，其形状和大小均不明。

（2）举例

圆形灰坑

H43　位于 AT205 北部，叠压于第 2 层下，打破第 3 层。灰坑平面呈圆形，坑口直径 2.5、坑深 0.58 米。坑壁斜弧，平底。坑内堆积为灰黑色土，夹较多草木灰烬，土质较软。出土遗物很丰富，主要为陶器，器类有高领罐、中口罐、长颈罐、小罐、瓮、壶、壶形器、瓶、甑、擂钵、碗、钵、豆、盘、斜腹杯、高圈足杯、盆形鼎、器盖和纺轮，其中完整和能复原的器物较多，有高领罐、中口罐、长颈罐、小罐、瓶、甑、擂钵、钵、豆、斜腹杯、高圈足杯、器盖和纺轮，以中口罐、斜腹杯和擂钵数量最多。除陶器外，还出有铜矿石（图八三，图版三八，1）。

H73　位于 AT1105 北部，坑口叠压在第 3 层下，打破第 4 层。坑口平面呈圆形，口大底小，口径 1.6、深 0.4 米，坑壁圆弧，不规则，底呈锅底形。坑内堆积为深灰色土，并夹有较多草木灰烬，土质较松软。出土陶片较多，器类有高领罐、瓮、缸、豆和纺轮，其中完整和能复原的器形有纺轮和缸（图七六．B）。

H107　位于 AT1402 北部，叠压于第 2 层下，打破第 3、4 层和同层位的 H140，被同层位的 H114 打破。灰坑平面呈圆形，口大底小，坑壁斜弧至底，圜底。坑口直径 2.2、坑深 0.65 米。坑内堆积分上下两层：上层为灰褐色土，质软，厚 0.5 米；下层为灰黑色土，质软粘，厚 0.15 米。出土陶片很多，器类有罐、缸、壶形器、盆、擂钵、钵、斜腹杯、高圈足杯、鼎、器盖、纺轮和猪等，其中完整和能复原的器物有中口罐、盆、擂钵、钵、斜腹杯、纺轮，以中口罐和斜腹杯数量最多。此外还出土了石镞（图八四）。

H138　位于 AT1403 西部，叠压于第 4 层下，打破第 5 层和同层位的 H119 以及叠压于第 5 层下的 H184，西部打破位于 AT1402 方内同期的 H185。灰坑平面呈圆形，口大底小，坑壁斜直，不规则，坑底深浅不一，东部略深于西部。坑口直径 1.5、坑底直径 1.23、坑深 0.3 米。坑内堆积为灰褐色土，夹有少量木炭屑和动物骨渣，土质较软，出土陶片较少且碎，器类有中口罐、豆、高圈足杯、斜腹杯等（图八五）。

H140　位于 AT1402 中部，叠压于第 2 层下，打破第 3 层和 H162，北部和西部分别被同层位的 H107 和 H127 打破。灰坑平面呈圆形，面积较大，口大底小，坑壁斜弧，平底。坑口直径 2.72、坑底直径 2.1、坑深 0.38 米。坑内

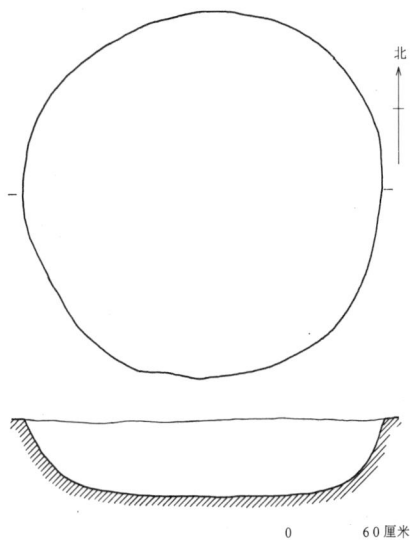

图八三　石家河文化早期 H43 平、剖面图

堆积为灰黑色土，土质较软。出土陶片较多，器类有罐、壶、盆、钵、豆、斜腹杯、罐形鼎、小鼎、器座和纺轮等，完整和复原器物较少（图八四）。

H185　位于 AT1402 东部，叠压于第 3 层下，打破第 4 层和同层位的 H119、H200，东部被同层位的 H138 打破。灰坑平面呈圆形，坑边较规整，口大底小，坑壁斜弧至底，坑底微圜。坑口直径 2、坑深 0.36 米。坑内堆积为灰褐色土，土质较纯且软。出土陶片较少，器类有中口罐、擂钵、豆、斜腹杯等（图八五）。

H197　位于 AT1403 中部，叠压于第 5 层下，被同期的 H184 和 H198 打破，并打破第 6 层。坑口平面呈圆形，口大底小，直径 1.96、深 0.36 米。坑壁斜直，圜底，南边浅，北边深。坑内堆积为灰黑色土，夹有直径 0.02～0.03 米的红烧土小颗粒，土质较疏松。出土陶片较少且碎，能看出器形的有高领罐、缸、斜腹杯（图七六.D）。

H200　位于 AT1402 东部，叠压于第 3 层下，南部被同层位的 H185 打破，打破第 4 层和同层位的 H119、H201。灰坑平面呈圆形，口大底小，坑壁斜弧至底，圜底。坑口直径 1.48、坑深 0.28 米。坑内堆积为灰褐色土，土质较纯且软。出土陶片较多，器类有长颈罐、盆、钵、豆、斜腹杯、盆形鼎等，完整和能复原的器物较少（图八五）。

H208　位于 AT1518 西北部，叠压于第 1 层下，被 HG4 打破，并打破第 2 层。坑口平面呈圆形，直径 0.84、深 0.35 米。坑壁较陡直，呈直筒状，底较平坦。坑内堆积为灰黑色土，较松软，包含物较少，出土有罐、斜腹杯、小鼎等碎陶片（图七六.C）。

H250　位于 AT1403 东北部，叠压于第 6 层下，被同期的 H247 和 H248 打破，并

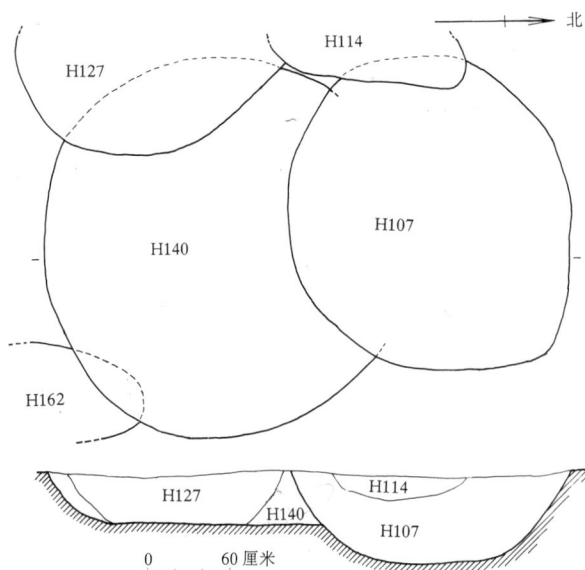

图八四　石家河文化早期 H107、H114、H127、H140 平、剖面图

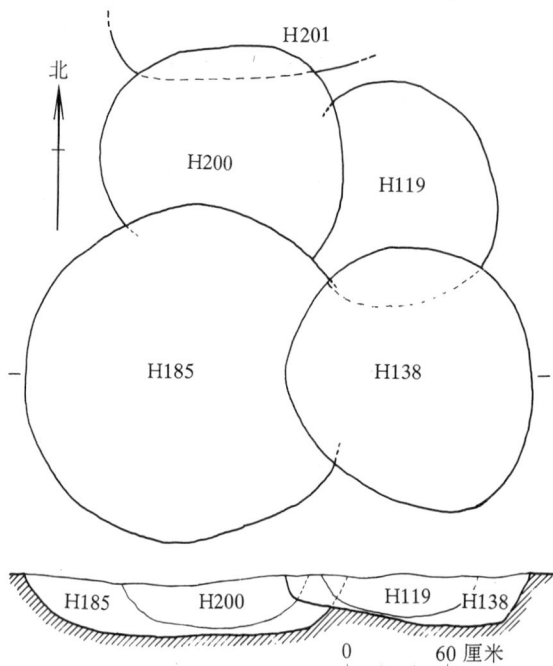

图八五　石家河文化早期 H119、H138、
H185、H200 平、剖面图

打破第 7 层。坑口平面呈圆形，直径 1.88、深 0.55 米。口大底小，坑壁圆弧内收，圜底。坑内堆积为灰黑色土，较疏松。出土陶片较少，器类有缸、碗、豆、斜腹杯和器盖等，完整和能复原的器物有陶缸、斜腹杯和器盖(图七六.D)。

H371　位于 AT1708 和 AT1808 内，向西有少部分伸入 AT1707 和 AT1807 内，叠压于 AT1808 第 6 层下，打破第 7 层，被同期的 H376 和同层位的 H383 打破，并打破同层位的 H379。灰坑平面呈圆形，面积很大，坑口直径 5.65、坑深 2.2 米。坑壁斜弧至底，较规则，圜底。坑内堆积共分三层：第 1 层，灰褐色土，夹有少量草木灰烬和铁锈色斑点，土质较软，厚 1.38 米，该层出土遗物相当丰富；第 2 层，灰褐色淤泥土，夹较多草木灰烬，土质软粘，厚 0.65 米，该层出土遗物较多；第 3 层，黄褐色土，夹少量黑色淤泥，土质软粘，厚 0.15 ～0.34 米，该层出土遗物较少。坑内出土陶片较多，完整和可以复原的器物有高领罐、小口罐、缸、臼、壶形器、钵、豆、斜腹杯、盆形鼎、盉、鬶、垫等，另外还出有石斧、锛、镞（图八六）。

　　椭圆形灰坑

　　H116　位于 AT1407 北部，叠压于第 4 层下。灰坑平面呈椭圆形，口大底小，坑边较规则，坑壁斜弧内收至底处平面呈圆形，东壁、北壁和西壁较陡，南壁较缓，平底。最大口径 1.52、最小口径 1、底径 0.38、坑深 0.6 米。坑内堆积为灰黑色土，土质较松软。出土陶片较少，多为完整器物，器类只有高圈足杯和曲腹杯两种，其中高圈足杯数量最多，达 17 件，曲腹杯有 2 件（图八七；图版三八，2）。

　　H120　位于 AT1406 中部，叠压于第 2 层下，打破第 3、4 层和同层位的 H130。灰坑平面呈椭圆形，坑边不规则，口大底小，坑壁斜弧不规整，圜底。坑口最大直径 2.22、最小直径 1.24、坑深 0.4 米。坑内堆积为灰褐色土，夹杂有少量红烧土粒和骨渣，土质致密，粘性大。出土陶片较少，器类有中口罐、盘、斜腹杯等，还有石斧，完整和能复原的器物很少（图七六 .D）。

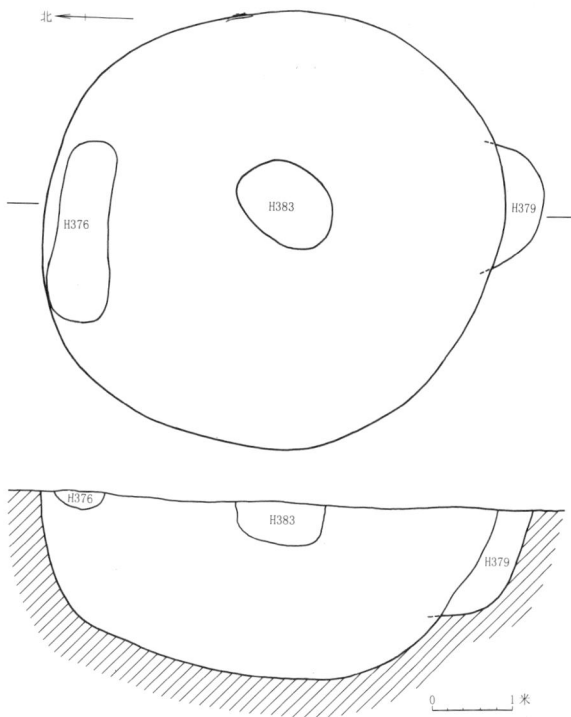

图八六　石家河文化早期 H371 平、剖面图

　　H161　位于 AT1522 南部，西、南部分别伸入 AT1521 和 AT1422 内，叠压于第 2 层下，打破同层位的 H142，西北部被同层位的 H173 和 H214 打破。灰坑平面呈椭圆形，口大底小，坑边较规整，坑壁斜弧至底，东壁、北壁平缓，南壁、西壁较陡，底微圜。最大口径 5、最小口径 4、坑深 0.9 米。坑内堆积共分四层：第 1 层，灰黑色土，夹杂有少量的红烧土块和草木灰烬，土质较软，厚 0.12～0.3 米。该层出土陶片很多，而且多完整和能复原的器物，器类有高领罐、缸、甗、擂钵、碗、钵、豆、斜腹杯、高圈足杯、罐形鼎、盆形鼎、鬶、器座、器盖、纺轮等，其中以钵、擂钵、罐形鼎、盆形鼎、斜腹杯数量最多。第 2 层，灰褐色土，夹杂有少量的红烧土粒和草木灰烬，土质软粘，厚 0.12～0.32 米。该层出土陶片较多，但很破碎，器类有高领罐、盆、擂钵、碗、钵、斜腹杯、器盖等，其中完整和能复原的器物有擂钵、钵、斜腹杯和器盖。出土少量

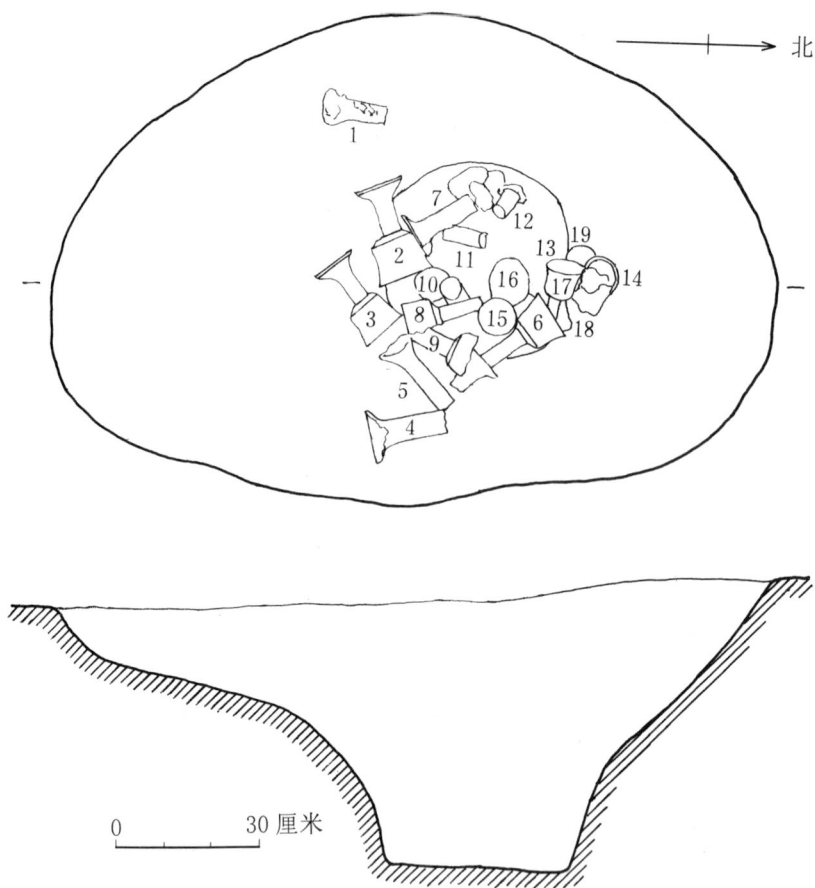

图八七　石家河文化早期 H116 平、剖面图

1~15、17、18.陶高圈足杯　　16、19.陶曲腹杯

石器，器类有斧、镞。第 3 层，灰褐色土，夹杂红烧土粒较多，草木灰烬比上层减少，土质较松软，厚 0.08~0.3 米。出土陶片较少，且破碎，器类有高领罐、瓮、缸、斜腹杯、纺轮等，完整和能复原的器物很少。第 4 层，红褐色土，夹有较多红烧土小颗粒，土质较松软，厚 0.2~0.26 米。无其它遗物（图八八）。

　　H189　位于 AT1520 东北角，叠压于第 1 层下，打破第 2~4 层。灰坑平面呈椭圆形，坑边较规则，口小底大，坑壁外鼓呈袋状，平底。最大口径 2.9、最小口径 1.6 米，最大底径 2.8、最小底径 1.75 米，坑深 0.68 米。坑内堆积分上下两层：上层为灰黑色土，夹零星动物骨渣，土质松软，厚 0.3~0.4 米；下层为灰黄色土，土质较硬，厚 0.25~0.3 米。出土遗物很少，除一件石镞外，均为陶片，器类有高领罐、斜腹杯、盆形鼎等，完整和能复原的器物很少（图七六 .C）。

　　H258　位于 AT1313 中部，叠压于第 7 层下。坑口平面呈椭圆形，最大直径 1、最小直径 0.66、坑深 1 米。坑壁垂直，呈筒状，口底相等，平底，西部略深。坑内堆积为黑色土，土质软粘。出土陶片较少，器类有罐、碗、豆、斜腹杯、纺轮等（图七六.C）。

H338　位于 AT1607 中部偏东，叠压于第 4 层下，打破同期房子 F7，其北端被同期的 H327 打破。坑口平面呈扁椭圆形，最大直径 2.3、最小直径 1.16、坑深 0.43 米。坑壁较陡直，呈筒状，底较平坦。坑内堆积为灰黑色土夹少量黄色土，并包含有少量红烧土小颗粒和黑色木炭屑。出土陶片较少，主要为高领罐、小口罐、小罐、厚胎缸、臼、碗、豆残片（图七六.D）。

H357　位于 AT1707 西部，叠压于第 2 层下，打破第 3 层。灰坑平面呈椭圆形，口大底小，坑边不规则，坑壁斜直，平底。最大口径 1.6、最小口径 1.28 米，最大底径

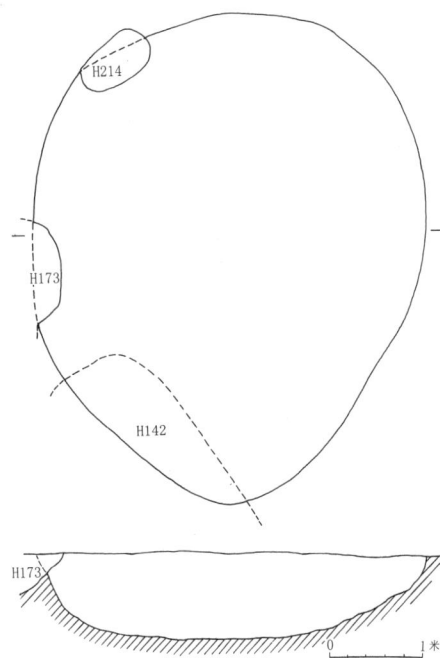

图八八　石家河文化早期 H161 平、剖面图

1.4、最小底径 1 米，坑深 0.4 米。坑内堆积上部为浅红褐色土，夹少量黄色土块，下部土色渐灰，并夹有大量木炭屑和红烧土颗粒，土质较软。出土陶片较少，器类有高领罐、中口罐、豆、斜腹杯、小鼎、器盖等，完整和能复原的器物很少。另外还出土一件石镞（图七六.D）。

H392　位于 AT1804 西南部，叠压于第 10 层下，被同期的 H361 和 H382 叠压。坑口平面呈椭圆形，面积较大，最大口径 4.2、最小口径 3.78、坑深 0.35 米。口大底小，坑壁斜直，最大底径 3.96、最小底径 3.45 米。平底略向东倾斜。坑内堆积为灰黑色土，夹少量红烧土颗粒，土质较硬。出土陶片较多，器类有高领罐、中口罐、缸、壶形器、甗、碗、豆、斜腹杯、高圈足杯、鼎、器盖等，其中完整和能复原的器类有高领罐、中口罐、壶形器、甗、碗、豆、高圈足杯和器盖（图七六.D）。

H427　位于 AT1717 东部，向西伸入 AT1718 内，叠压于第 2 层下，打破第 3～5 层。灰坑平面呈椭圆形，口大底小，坑壁斜弧至底，圜底。坑口最大直径 2.4、最小直径 1.8、坑深 0.75 米。坑内堆积上部为灰黑色土，含较多木炭屑，土质松软；下部为灰红色土，掺杂有较多的红烧土粒和少量木炭屑，土质较硬。出土陶片较多，器类有中口罐、广肩罐、臼、壶、甗、钵、碟、豆、斜腹杯、高圈足杯、鬶等，其中完整和能复

原的器物有中口罐、广肩罐、臼、壶、钵、碟、豆、斜腹杯，以中口罐和斜腹杯数量最多（图七六．E）。

　　H434　位于 AT1819 西部，向西伸入 AT1818 内，向南伸入 AT1718 和 AT1719 内，叠压于第 3 层下，打破第 4 层、第 5 层，西部还打破同期的 H491 和 H492（图七六．E）。灰坑平面呈椭圆形，面积较大，坑边较规整，口大底小，坑壁斜弧至底，东壁、北壁和西壁较陡，南壁较平缓，圜底。最大口径 4.4、最小口径 3.28、坑深 1.9 米。在灰坑底部东北角挖有一个长方形小坑，长 0.48、宽 0.38、深 0.5 米，小坑坑壁垂直，平底，较规整，显然是人工挖掘而成。坑内堆积从上至下分为四层：第 1 层，灰黄色土，土质较硬且纯，呈倾斜堆积，中间厚，周围薄，最厚处厚 0.4 米。该层出土陶片较少，器类有中口罐、缸、碗、钵、豆、斜腹杯、盆形鼎、纺轮等，其中完整和能复原的器物较少，主要是钵、豆、斜腹杯和纺轮，以斜腹杯数量最多。另出有少量石器，主要是石斧和石锛。第 2 层，灰黑色土，夹较多草木灰烬，土质松软，厚 0.35 米。出土陶片很丰富，而且多完整和能复原的器物，器类有高领罐、中口罐、长颈罐、缸、壶、瓶、甑、擂钵、钵、豆、斜腹杯、罐形鼎、盆形鼎、鬶、器座、器盖、纺轮等，其中以罐形鼎、高领罐、豆、斜腹杯数量最多。出土石器有斧和砺石。第 3 层，灰黄色土，夹较多红烧土粒，土质较硬，厚 0.13～0.37 米。第 3 层与第 2 层一样，出土陶片也很多，多完整和能复原的器物，器类有高领罐、中口罐、长颈罐、广肩罐、壶、小壶、擂钵、钵、豆、斜腹杯、单耳杯、罐形鼎、鬶、器盖、纺轮等，其中以罐形鼎、钵、豆、斜腹杯数量最多。另外，该层还出土一件石斧。第 4 层，灰褐色土，夹少量草木灰烬，土质软粘，厚 0.1～0.52 米。该层出土陶片很少，而且较破碎，器类主要为广肩罐和斜腹杯（图八九）。

　　H449　位于 AT2019 东南角，南端深入 AT1919 内，叠压于第 3 层下，打破第 4 层。坑口平面呈椭圆形，口底大小相等，坑壁陡直呈筒状，平底。最大口径 3.3、最小口径 1.68、坑深 0.4 米。坑内堆积为灰黑色土，夹有大量草木灰烬，土质较疏松。出土陶片较多，器类有高领罐、臼、

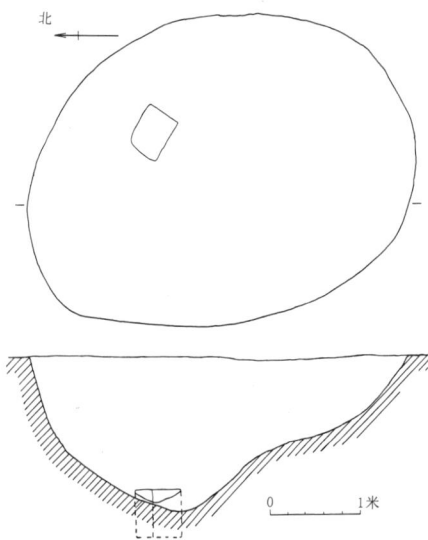

图八九　石家河文化早期 H434 平、剖面图

尊、盆、碗、豆、斜腹杯、鼎、器盖和纺轮，其中完整和能复原的器物有豆、碗、臼、器盖和纺轮（图九〇）。

H450　位于 AT1919 西部和 AT1918 东部，叠压于第 3 层下，打破第 4 层。灰坑面积较大，坑口平面呈椭圆形，口大底小，坑壁圆弧内收，平底。最大口径 5.9、最小口径 4.16、坑深 0.4 米；最大底径 5.1、最小底径 3.4 米。坑内堆积分两层：上层为灰色土夹少量草木灰烬，厚 0.25 米左右，土质较硬；下层为灰色土夹较多草木灰烬，厚 0.15 米左右，土质疏松。出土陶片较丰富，器类有高领罐、缸、壶形器、盆、碗、豆、斜腹杯、矮圈足杯、鼎、鬶、器盖、纺轮等，其中完整和能复原的器物有碗、豆、矮圈足杯、小鼎、器盖和纺轮。另外还有石斧（图九一）。

H457　位于 AT1720 北部，向北伸入 AT1820 内，叠压于第 3 层下，打破第 4 层。坑口平面呈椭圆形，口大底小，坑壁圆弧内收，坑底略平。最大口径 4.85、最小口径 3.75；最大底径 4.15、最小底径 3.16 米；坑深 0.55 米。坑内堆积分上下两层：上层，灰黄色土，质硬，夹少量红烧土粒，厚 0.25

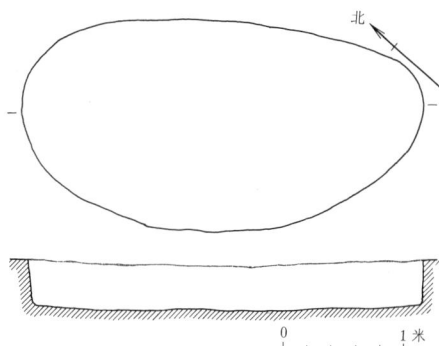

图九〇　石家河文化早期 H449 平、剖面图

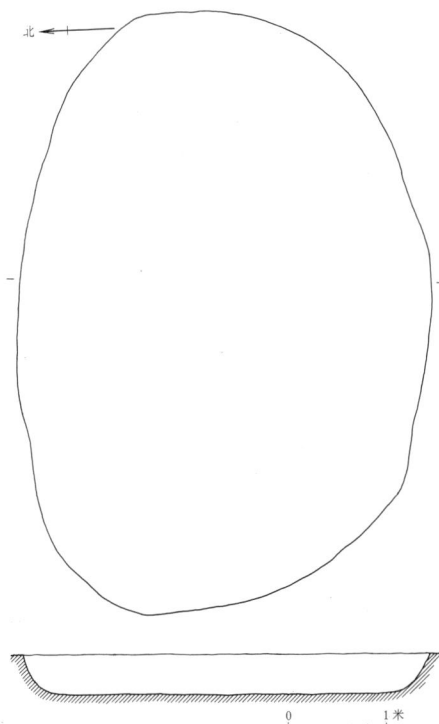

图九一　石家河文化早期 H450 平、剖面图

米；下层，灰黑色土，夹较多红烧土粒，质软，厚 0.3 米左右。出土陶片较多，器类有高领罐、缸、臼、壶、盆、甑、碗、豆、盘、斜腹杯、高圈足杯和罐形鼎等，其中完整和能复原的器物有高领罐、壶、斜腹杯、高圈足杯、罐形鼎（图七六 .E）。

H537 位于AT2612南部，叠压于第3层下，打破第4层。灰坑平面呈不规则椭圆形，东端大西端小，口大底小，坑壁斜弧，圜底，东部稍浅。坑口最大直径2.8、最小直径1.62、坑深1.05米。坑内堆积为灰褐色土，含较多草木灰烬，土质较软。出土遗物较少，均为陶片，完整和能复原的器物有高领罐、斜腹杯、罐形鼎、盆形鼎，其中以斜腹杯数量最多（图七六.F）。

H554 位于AT3208东南部，叠压于第3层下，打破第4层。坑口平面呈椭圆形，坑壁垂直呈筒状，平底。最大口径0.9、最小口径0.64、坑深0.1米。坑内堆积为灰黄色土，土质较硬且纯，包含物少，在坑底发现一具保存完好的猪骨架，猪头向南，侧身，拱背，四肢弯曲（图九二；图版三九，1）。

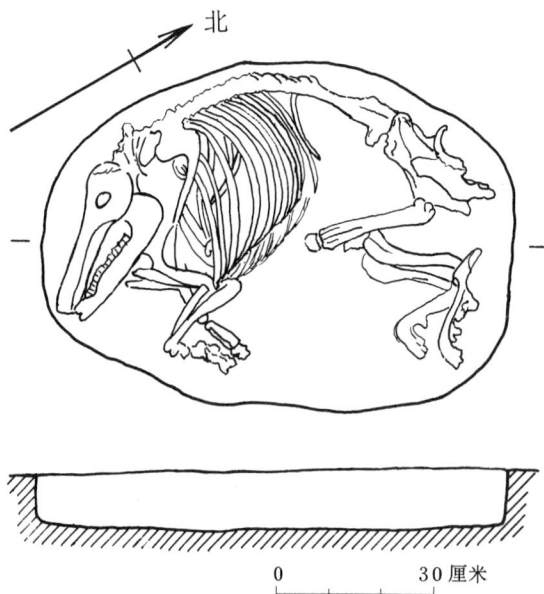

图九二 石家河文化早期H554平、剖面图

长方形灰坑

H42 位于AT304和AT204东部，叠压于第4A层下，打破第4B、5层。灰坑平面呈圆角长方形，南北向，较规整，显然是人工开凿而成。灰坑口大底小，两长边较直，坑壁斜直，不光滑，坑底较平，横截面呈倒梯形。坑口长9.15、宽2.15米，坑底长7.9、宽1米，深1.1米。坑内堆积分上下两层：上层，灰黑色土，夹有较多草木灰烬，土质松软，厚0.4米左右。包含物极为丰富，出土大量陶器和少量石器。陶器中多完整和能复原的器物，器类有高领罐、大口罐、中口罐、长颈罐、广肩罐、瓮、缸、臼、壶、擂钵、钵、碟、盆、甑、豆、盘、斜腹杯、高圈足杯、三足杯、曲腹杯、罐形鼎、器盖和纺轮，以及陶塑动物鸡、狗、羊，其中以高领罐、中口罐、擂钵、豆和斜腹杯数量最多，如斜腹杯数量达20余件。出土石器有斧、钻和镞，另外还出土一块铜矿石。下层，灰黄色土，夹少量草木灰烬，土质较上层硬，厚0.6米左右。出土陶器较上层少，器类有中口罐、瓮、缸、壶形器、擂钵、碟、豆、斜腹杯、盆形鼎等，完整和能复原的器物较少。下层出土石器有凿和镞（图九三；图版三九，2）。

H46 位于AT408北部，叠压于第1层下，打破第2层。灰坑平面呈长方形，口底大小相等，较浅，四壁陡直，平底，底部西端有一浅槽。坑长1.86、宽1.2、深

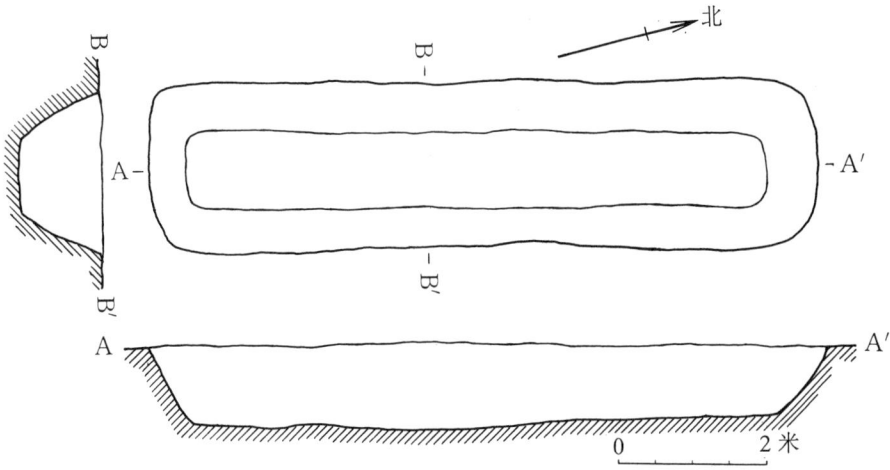

图九三　石家河文化早期 H42 平、剖面图

0.12～0.22 米。坑内堆积为灰褐色土，夹少量草木灰烬和红烧土粒，土质较软。出土陶片很少，器类有缸、盆和斜腹杯，还出土一件石斧（图七六 .A）。

H55　位于 AT606 北部，叠压于第 3 层下，打破第 4 层。灰坑平面呈圆角长方形，口大底小，坑壁斜直，凹凸不平，坑底亦不规则，高低不平。坑长 1.94、宽 1.42、深 0.72 米。坑内堆积为红烧土粒，质松软。出土陶片较少，器类有罐、豆、斜腹杯、纺轮和一件石凿（图七六 .B）。

H184　位于 AT1403 西南部，向西伸入 AT1402 内，叠压于第 5 层下，打破第 6 层和同期的 H197，被同期稍晚的 H119 和 H138 打破。坑口平面呈圆角长方形，长 4、宽 2.2、坑深 0.23 米。坑壁圆弧内收，坑底高低不平，北深南浅。坑内堆积为灰黑色土，土质疏松，北端近底处掺杂有较多动物骨渣和少量木炭屑。出土陶片较多且碎，完整和能复原的器物较少，有缸、碗、钵、斜腹杯、盆形鼎和纺轮，另外还出土一件砺石（图七六 .D）。

H394　位于 AT1719 北部，叠压于第 1 层下，打破第 2 层。灰坑平面呈圆角长方形，口大底小，四壁斜弧，圜底。坑长 2.95、宽 1.5、深 0.5 米。坑内堆积为灰黑色土，夹少量草木灰烬和红烧土粒，土质较软。出土陶片较少，器类有高领罐、臼、盆、碗、钵、豆、斜腹杯、鬶、纺轮等，完整和能复原的器物很少（图七六 .E）。

H474　位于 AT1719 东北角，叠压于第 4 层下，打破第 5 层。坑口平面呈圆角长方形，长 1.6、宽 0.8、坑深 0.2 米。口大底小，四壁圆弧内收，平底，底长 1.2、宽 0.5 米。坑内堆积为灰黑色土，夹较多草木灰烬，质软。出土陶片较少，器类有瓮、高领罐、缸、臼、豆、斜腹杯、鼎和纺轮，完整和能复原的器物有斜腹杯和纺轮（图七六.E）。

H555 位于AT3306北部，叠压于第3层下。坑口平面呈圆角长方形，口大底小，四壁斜直，平底。坑口长5.32、宽2.1米，底长4.77、宽1.42米，坑深0.87米。坑内堆积为灰黑色土，土质松软。出土陶片较多，器类有高领罐、尊、瓮、甑、碗、盆、豆、斜腹杯、盆形鼎等，其中完整和能复原的器物有高领罐、甑、碗、豆、斜腹杯。除陶器外，还出土一件石锛（图七六.F）。

正方形灰坑

H389 位于AT1804东北角，叠压于第10层下，被H382打破。坑口平面呈圆角正方形，口大底小，四壁斜弧，坑底中部略平。边长1.8、坑深0.48米。坑内堆积为灰黄色土，夹少量木炭屑和红烧土粒，土质较硬。出土陶片较少，器类主要是罐、臼、豆、斜腹杯（图七六.D）。

长条形灰坑

H242 位于AT1420西部，叠压于第1层下，打破第2层。灰坑平面呈长条形沟状，南北向，口大底小，两端圆弧，四壁斜弧内收，平底。坑口长2.62、宽0.5米，坑底长2.46、宽0.3米，坑深0.2米。坑内堆积为灰黑色土，土质松软。出土陶片较少，多为厚胎白片和斜腹杯残片（图七六.C）。

H276 位于AT1413西南部，叠压于第5层下，被同期的H270打破。坑口平面呈长条形，两长边较直，两端圆弧。口大底小，坑壁斜弧，坑底不平，东端浅，西端深。坑口长4.45、宽1.25米，坑底长2.4、宽0.79米，坑深0.45米。坑内堆积为灰黑色土，土质较松软。出土陶片较少，器类有高领罐、臼、豆和斜腹杯（图七六.C、D）。

H375 位于AT1807中部偏南，叠压于第2层下，打破第3层，被同层位的H374打破。灰坑平面呈长条形，南北向，坑边不规则，四壁近垂直，平底。灰坑长2.4、宽1.05、深0.23米。坑内堆积为灰黄色土，夹少量木炭屑和红烧土块，土质较硬。出土陶片较少，器类有高领罐、缸、臼、斜腹杯等（图七六.D）。

H384 位于AT1807北部，叠压于第5层下，打破第6层。灰坑平面呈长条形，东西向，口大底小，东端宽，西端窄，坑壁斜弧至底，坑底高低不平。灰坑长4.9、宽0.6~1.5、深0.36米。坑内堆积为灰黄色土，含少量木炭屑，土质较硬。出土陶片很少，器类仅有臼和斜腹杯（图七七.D）。

不规则形灰坑

H56 位于AT607和AT707方内，向西有一小部分伸入AT606和AT706内，叠压于第3层下。坑口平面呈不规则形，面积较大，南北长9.9、东西宽3.07~4.5、坑深0.6米。坑壁不规则，大部分较平缓，与坑底界限不明显，坑底高低不平，北浅南低，属自然坑堆积而成。坑内堆积为深灰色土，土质纯净，较硬。出土遗物相当丰富，其中绝大多数是陶片，可以看出器类的有高领罐、大口罐、中口罐、小罐、缸、臼、壶、壶形器、碗、豆、斜腹杯、高圈足杯、矮圈足杯、小鼎、斝、器盖和纺轮。出土石器有斧和镞（图九四）。

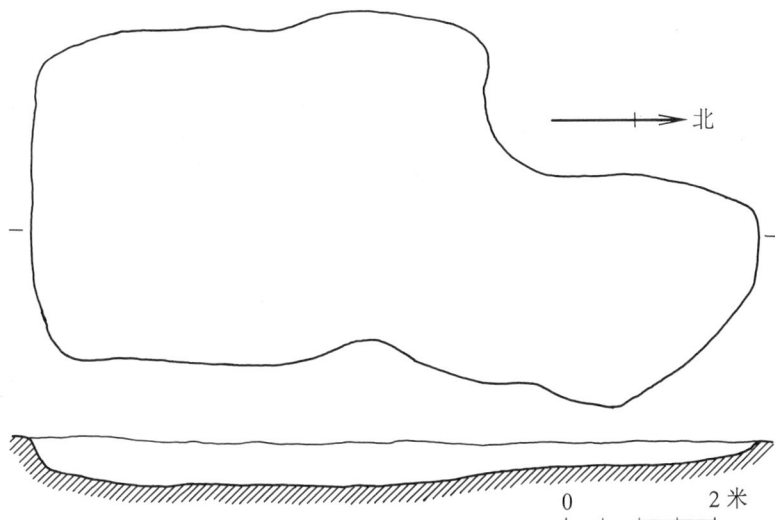

图九四　石家河文化早期 H56 平、剖面图

　　H373　位于 AT1908 西部，叠压于第 6 层下。灰坑平面呈不规则形，口大底小，坑壁斜弧，底略平。灰坑南北长 4.45、东西宽 2.54、深 0.65 米。坑内堆积为灰黑色土，上层夹少量草木灰烬，下层夹较多草木灰烬，土质较软。出土陶片较丰富，器类有高领罐、小口罐、三足罐、缸、臼、壶、擂钵、钵、豆、斜腹杯、罐形鼎、盆形鼎、鬶等，其中完整和能复原的器物有豆、高领罐、三足罐、小口罐、壶、擂钵、钵、斜腹杯和盆形鼎（图七六 .D）。

　　H497　位于 AT1821 和 AT1822 方内，向南有少部分伸入 AT1721 和 AT1722 内，叠压于 AT1822 第 5 层下，打破第 6 层，被同期的 H457 打破。坑口平面呈不规则形，北边圆弧，东边较直，南边呈锯齿状。面积较大，坑口东西长 9.4、南北宽 5.7、坑深 1.6 米。坑壁不规则，东壁、南壁和北壁较陡，西壁斜直。坑底比坑口略小，底部略呈圜底，东深西浅。坑内堆积分上下两层：上层为灰黑色土，夹较多草木灰烬，土质较软，厚 1 米左右；下层为黑色淤积土，质软且纯，厚 0.6 米左右。出土陶片很多，主要出土于上层，器类有高领罐、缸、臼、尊、瓮、壶形器、盆、甑、碗、豆、斜腹杯、高圈足杯、罐形鼎、盆形鼎、小鼎、鬶、器座、器盖等，其中完整和能复原的器物达 30 余件。出土石器有斧和砺石，骨器有镞和针（图九五）。

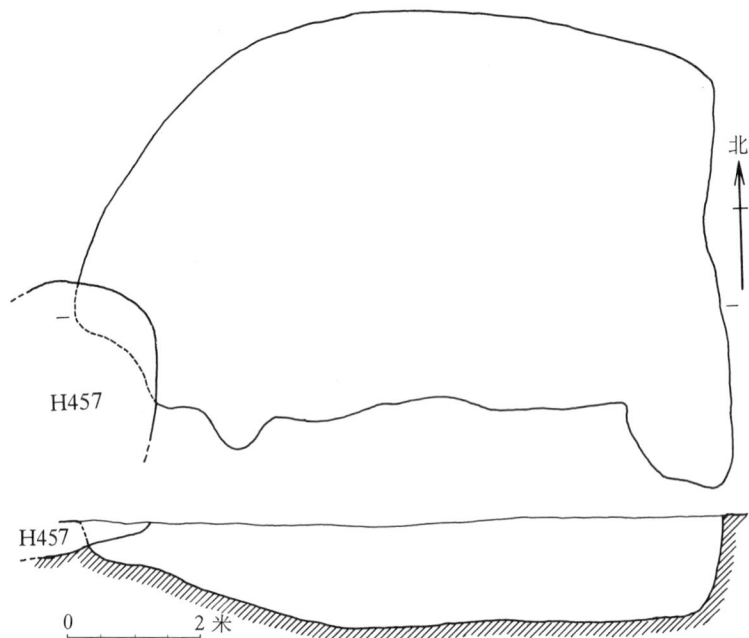

图九五　石家河文化早期 H497 平、剖面图

3．灰沟

（1）概况

早期遗存共发现灰沟 22 个，编号 HG1～HG4、HG6～HG9、HG11、HG12、HG14～HG16、HG18～HG23、HG26～HG28。灰沟大多数分布在遗址 A 区中部，多为人工挖凿而成，多数灰沟应为当时的排水沟。宽窄、长短均有差异，平面形状多为长条沟状，口宽底窄，横截面多呈倒梯形，坑壁一般不规则。灰沟长度一般为 4.5～10 米，最长达 22.5 米（HG11）。宽度一般为 0.5～1.5 米，最宽 2.5 米（HG27）。深浅不一，一般为 0.2～0.5 米，最深的 0.65 米，最浅的仅 0.16 米。沟内堆积一般为灰黑色土，土质多疏松，包含物一般很少（图七六；附表九）。

（2）举例

HG2　位于 AT1520 西部，向南延伸到 AT1420、AT1319、AT1320 和 AT1219 内，叠压于第 1 层下，打破第 2～6 层和同期的 H297 以及屈家岭文化第二期的 F 2。灰沟狭长，呈南北走向，较直，平面呈窄长条形，北端较宽，往南逐渐变窄。口宽底窄，北端较深，沟壁较斜直，底较平，横截面呈倒梯形。南端较浅，沟壁斜弧，圜底，横截面呈半圆形。长 18.85、宽 0.4～1、深 0.25～0.55 米。沟内堆积分上下两层，上层为灰黑色土，夹少量红烧土粒，土质松软，厚 0.24～0.3 米，出土少量陶片，器类有高领罐、缸、碗、钵、豆、斜腹杯、鼎、器盖、纺轮等，完整和能复原的器物很少。下层为灰黄色土，土质较硬，厚0.2~0.3米，出土陶片很少而且破碎，器类有高领罐、中口罐、缸、鼎、器盖、纺轮等（图九六，1）。

HG3 位于AT1418南部，东西两端分别伸入AT1419和AT1417内，叠压于第2层下，打破第3层和同层位的H193、H236。灰沟呈东西走向，较短，平面呈长条形，东端比西端窄。口宽底窄，沟壁斜弧至沟底，横截面呈半圆形。长6.8、宽0.3~1.2、深0.6米。沟内堆积为灰褐色土，土质较软。出土陶片很少，能看出器形的不多，主要为罐、臼、碗、豆等残片（图七六.C）。

HG4 位于AT1318、AT1418、AT1518西部，叠压于第1层下，打破第2层和同期的H207、H208和H275。灰沟系人工开凿而成，南北走向，平面呈长条形沟状，较直，较长，沟口中间宽，两端窄。口大底小，横截面呈倒梯形。沟底深浅不一，中间深，两端浅。长13.4、宽0.55~1、深0.2~0.45厘米。沟内堆积为灰黑色土，土质较松软，包含物较少。出土陶片很少，器类有高领罐、豆、盆形鼎、器盖、纺轮等（图九六，2）。

HG11 位于AT1505南部，向东延伸到AT1506、AT1407、AT1507、AT1408、AT1508、AT1409内，叠压于AT1505第4层下，打破第5、6层，北部被同期的L2叠压，东端被同期的H116和H117打破。灰沟呈东西走向，较宽且长，平面大致呈窄长方形，口宽底窄，东壁和西壁斜直，较陡，北壁和南壁斜弧至沟底，横截面呈半圆形。长22.5、宽2~2.75、深0.65米。沟内堆积上层为灰褐色土，夹少量红烧土粒，土质较软，出土遗物很少，主要为碎陶片，可以看出器形的有高领罐、缸、臼、碗、豆、鼎等，还出土了一件石钻。下层为灰黑色淤泥，质软粘，包含物很少，主要为少量的碎陶片（图九六，3）。

HG15 位于AT1603、AT1604、AT1605和AT1606内，叠压于AT1604和AT1605第5层下，打破第6层。系人工开凿而成，东西向，平面形状呈长条形沟状，大部分地方较直，西端向北弯曲，沟壁陡直，平底，口、底基本相等，残长15.3、宽0.65~1.6、深0.35~0.4米。沟内堆积为灰色土，夹少量草木灰，土质疏松。出土陶片较少，器类有高领罐、缸、盆、碗、豆、斜腹杯等（图九六，4）。

HG16 位于AT1603、AT1604、AT1605内，北距HG15约1米左右，叠压于AT1604和AT1605第5层下，并打破第6层。灰沟系人工开凿而成，东西走向，与HG15平行。平面形状呈细长条形沟状，较直，宽窄基本一致，两端圆弧。口宽底窄，沟壁斜直，平底较规则，横截面呈倒梯形，长10.6、宽0.5~0.8、深0.4米。沟内堆积为浅灰色土，夹少量红烧土粒，土质较软。沟内包含物少，出土少量陶片，器类有高领罐、缸、斜腹杯、鼎等（图九六，5）。

图九六　石家河文化早期 HG2、HG4、HG11、HG15、HG16、HG27 平、剖面图

1. HG2　　2. HG4　　3. HG11　　4. HG15　　5. HG16　　6. HG27

HG22　位于 AT1918 西南部，向南延伸到 AT1818 内，叠压于第 2 层下，打破第 3 层。灰沟呈南北走向，平面呈长条形沟状，口大底小，沟壁斜弧至沟底，横截面呈半圆形。长 5.55、宽 0.55~0.7、深 0.26 米。沟内堆积为灰黑色土，土质较硬，出土物较少，器类有高领罐、臼、甑、豆、斜腹杯、鼎等（图七六.E）。

HG23　位于 AT1817 东部，向北延伸至 AT1917 内，叠压于第 1 层下，打破第 2~4 层。灰沟呈南北走向，较短，平面呈长条形沟状，口大底小，沟壁斜直，圜底，横截面略成倒梯形。长 4.65、宽 0.44、深 0.4 米。沟内堆积为灰黄色土，含少量木炭屑，土质较疏松。出土陶片较少，器类有高领罐、臼、盆、鼎等（图七六.E）。

HG26　位于 AT1717 中部，叠压于第 5 层下，打破第 6 层，东端被同期的 H427 打破。灰沟为东西向，平面形状呈细长条形沟状，较直，北端比南端略窄，而且圆弧，口宽底窄，沟壁斜弧，底略平，横截面大致呈倒梯形。残长 7.5、宽 0.7~1、深 0.2 米。沟内堆积为灰黄色土，土质较软。出土陶片少而碎，能看出的器类有罐、豆、斜腹杯等（图七六.E）。

HG27　位于 AT1719、AT1819 与 AT1720、AT1820 之间，叠压于 AT1719、AT1819 第 4 层下，打破第 5 层和屈家岭文化第二期的 F13。灰沟为南北向，平面呈宽长条形沟状，较直。北端较宽，呈圆角方形；南端较窄，呈圆弧状。口大底小，沟壁斜直，平底，北端较深，南端较浅，横截面呈倒梯形。长 13.55、宽 1~2.5、深 0.3~0.5 米。沟内堆积为灰褐色土，土质较软。出土陶片较少，器类有高领罐、缸、碗、豆、器盖、纺轮等（图九六，6）。

4. 井

J1 位于 AT1011 东南部，叠压于第 4 层下，打破第 5、6 层。平面呈圆形，口大底小，坑壁光滑斜直，平底，口径 1.92、底径 0.7、深 1.75 米。其中堆积为黑色淤泥，质软粘，陶片很少，可能是井（图九七）。

5. 路

发现一条道路，编号 L2，位于 AT1506、AT1507 和 AT1508 内，叠压于 AT1507 第 7 层下，打破第 8 层，叠压同期的 HG11。路较直，东西向，长 23.9、宽 1.55~2 米。路基是用小颗粒的红烧土铺成，厚 0.1~0.15 米，比较坚硬，路面上有的地方残留有灰白色的踩踏面，厚 0.02~0.05 米（图七六.D）。

6. 陶窑

发现两座陶窑，编号 Y1、Y2。Y1 保存较好。Y2 仅残留窑底部分，从残存部分

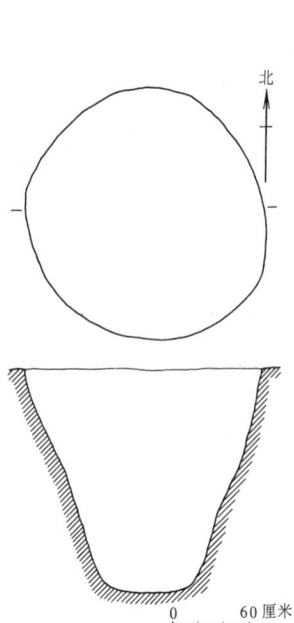

图九七　石家河文化早期 J1 平、剖面图

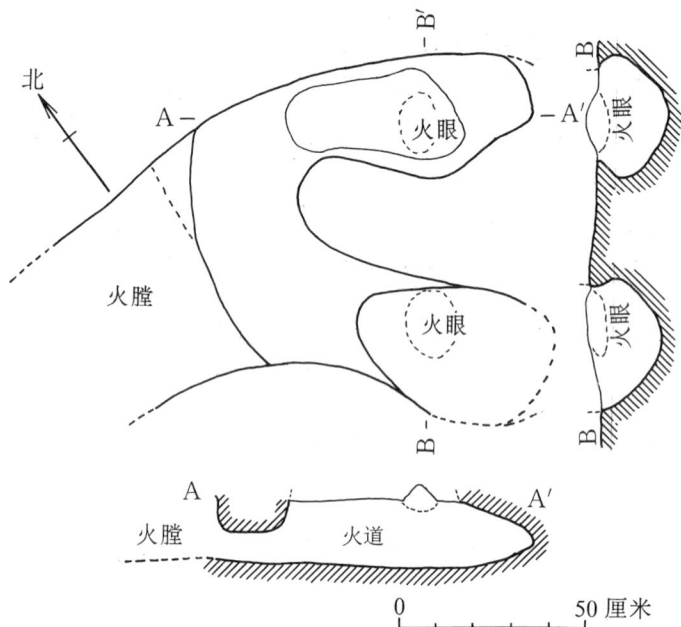

图九八　石家河文化早期 Y1 平、剖面图

看，形制与 Y1 基本一样。

Y1　位于 AT1405 南部扩方内，叠压于第 1 层下，打破第 2 层。陶窑上部已被破坏，窑室无存，下部保存较好，残存火膛、火道和火眼，残长 1.45、宽 0.97 米。火膛位于西部，平面呈长方形，残长 0.45、宽 0.53、残深 0.31 米。火道西端与火膛相通，东端分出两支火道，两支火道前端大致呈圆筒状，后端大致呈椭圆形袋状。在南北两支火道上，各残存一个椭圆形火眼痕迹，南火眼较大，最大径 0.18、最小径 0.14 米，北火眼最大径 0.16、最小径 0.09 米。火膛、火道的内壁均被烧烤成深红色，非常坚硬。火膛和火道内堆积为灰褐色土，土质较松软，是陶窑废弃后的堆积，没有发现其它遗物（图九八）。

Y2　位于 AT1405 南扩方的西南部，叠压于第 1 层下，打破第 2 层。破坏较严重，仅残存窑室底部的深红色窑壁（图七六 .D）。

7. 陶臼遗迹

（1）概况

发现七处厚胎筒形陶臼相互套接的遗迹现象，编号为 JY1～JY7。陶臼遗迹主要分布在遗址 A 区中部（图七六 .B、E），大都破坏严重，以 JY7 保存较好，JY6 保存最差。遗迹均为厚胎筒形夹砂红陶臼组成，除 JY7 的陶臼单个直立放置外，其它均为相互套接平放，大多是平放在当时的地面上，少数置于土坑之中。有的陶臼底部凿穿。此类遗迹的陶臼上常有刻划符号，可能与当时的宗教活动有关。

（2）举例

JY1　位于 AT609 东部第 1 层下，叠压第 2 层。由 A、B 两组陶臼组成，平面呈曲尺形。A 组用三件陶臼（1～3 号）口底相互套接而成，大致呈南北向放置，陶臼口南底北，长 1.18 米。B 组用两件陶臼（4、5 号）口底相互套接而成，大致呈东西向放置，陶臼口东底西，长 1.15 米。两组陶臼相距 0.12 米（图九九；图版四〇，1）。

JY3　位于 AT1705 西南角第 4 层下，叠压第 5 层。破坏严重，可以看出是由六件以上陶臼呈直线相互套接而成的，大致呈南北向，陶臼口南底北，底皆凿穿，平放于一南北向的长方形土坑中。土坑较浅，上部被第 4 层扰乱，西北角和西南角分别被同期的 H331 和 H330 打破。土坑口大底小，四壁斜弧，底略平，口长 2.94、宽 0.68 米，残深 0.24 米。坑内填土为灰褐色土，夹少量草木灰烬，质软，包含有少量陶片和动物牙齿（图一〇〇）。

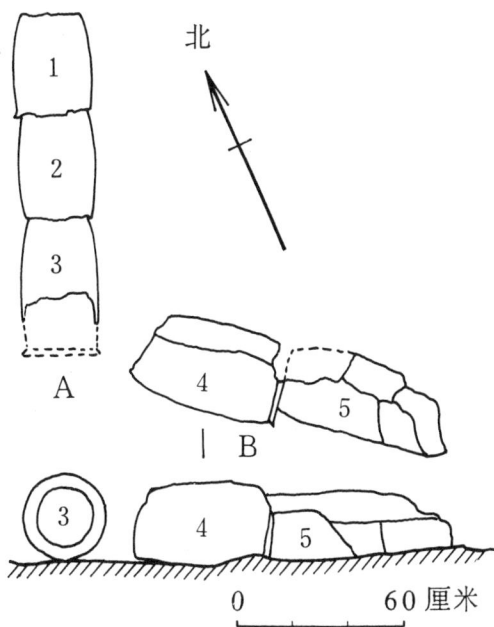

图九九　石家河文化早期 JY1 平面及侧视图
1～5. 陶臼

JY4　位于 AT1820 南部第 2 层下，叠压第 3 层。由 A、B 两组陶臼组成，平面呈曲尺形。A 组用七件陶臼（1～7 号）口底相互套接而成，呈南北向平铺放置，陶臼口南底北，底皆凿穿，长 2.18 米。B 组用三件陶臼（8～10 号）口底相互套接而成，东西向平铺放置，陶臼口西底东，底皆凿穿，长 0.9 米（图一〇一；图版四〇，2）。

JY5　位于 AT1919 东部第 2 层下，打破第 3 层。保存较好，由四件陶臼（1～4 号）相互套接而成，东西向，陶臼口西底东，底皆凿穿，长 1.2 米，平放于一长方形土坑之中。土坑四壁陡直，平底，长 1.76、宽 0.5、深 0.36 米，坑内填土为灰褐色，土质较软，无其它包含物（图一〇二；图版四一，1）。

JY6　位于 AT1820 西南角第 3 层下，叠压第 4 层。破坏严重，残存 3 件陶臼，可以看出两件陶臼相互套接，结构同 JY4，残长 1.18 米（图一〇三）。

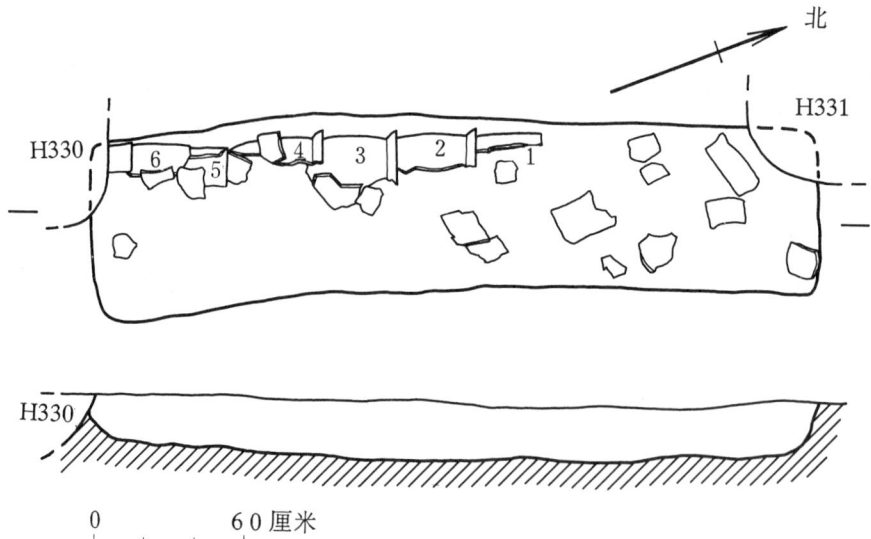

图一〇〇　石家河文化早期JY3平、剖面图

1~6. 陶臼

JY7　位于AT1921和AT1922北部第4层下，叠压第5层。保存较好，由14件陶臼（1~14号）组成，东西向呈直线排列，长4.52米。每件陶臼皆口朝下底朝上放置于当时的地面上，9号臼与10号臼之间相距0.32米，7号臼与8号臼之间相距0.13米，其它各陶臼之间基本上没有间隙。除少数陶臼的底部被扰乱外，大多数陶臼较完整，而且绝大部分陶臼的腹部刻有相同的符号（图一〇四；图版四一，2）。

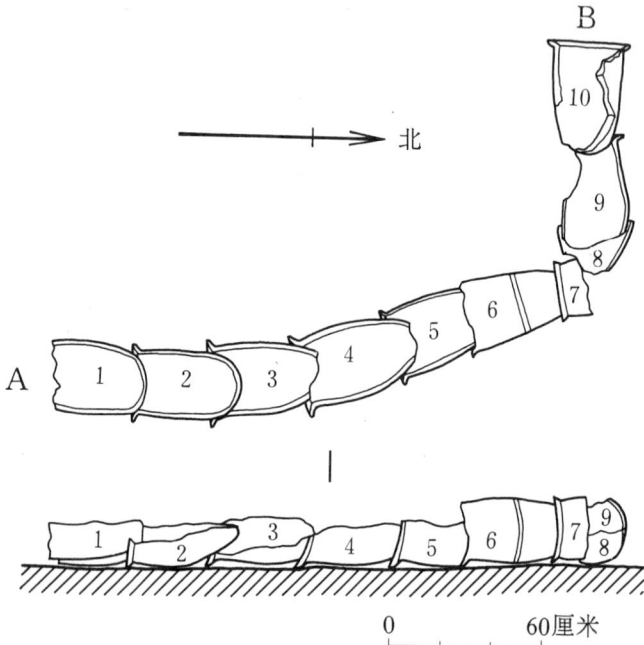

图一〇一　石家河文化早期JY4
平面及侧视图

1~10. 陶臼

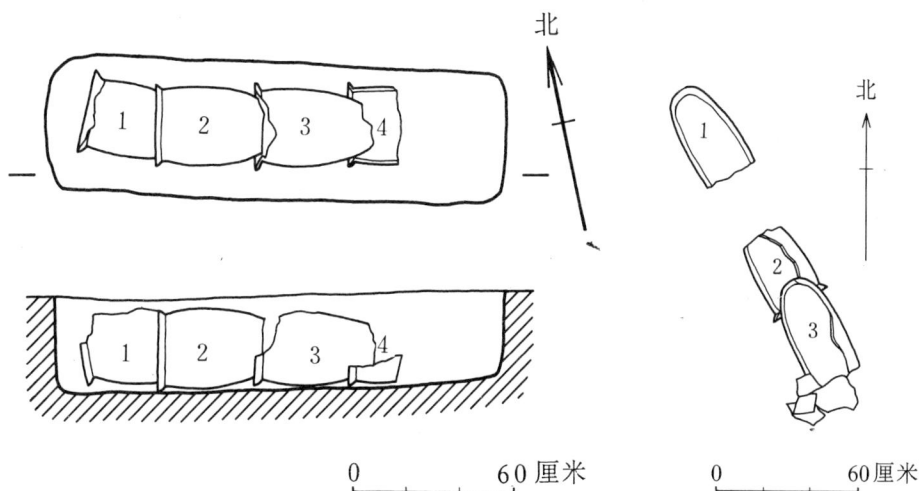

图一〇二　石家河文化早期 JY5 平、剖面图　　图一〇三　石家河文化早期 JY6 平面图

1~4. 陶臼　　　　　　　　　　　　　　　　　　　　1~3. 陶臼

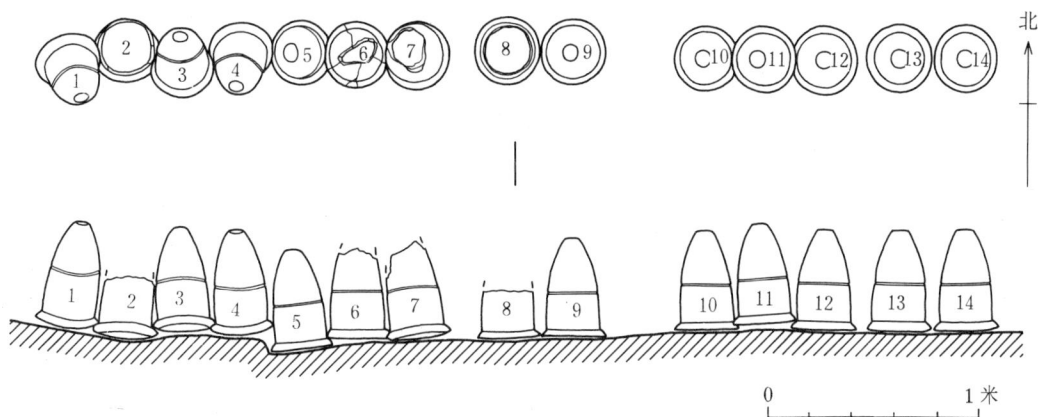

图一〇四　石家河文化早期 JY7 平面及侧视图

1~14. 陶臼

（二）石家河文化晚期遗迹

晚期遗迹有房子、灰坑、灰沟、水塘、路和红烧土遗迹（图一〇五）。

1. 房子

晚期只发现一座房子，编号 F8（附表七）。该房子位于 AT1706 和 AT1806 内，向南有少部分伸入 AT1705 内，向北有少部分伸入 AT1905 内，叠压于 AT1806 第 4 层下，打破第 5 层，被同期的 H332 和 HG13 打破。房子破坏严重，仅残存部分墙基、柱洞和

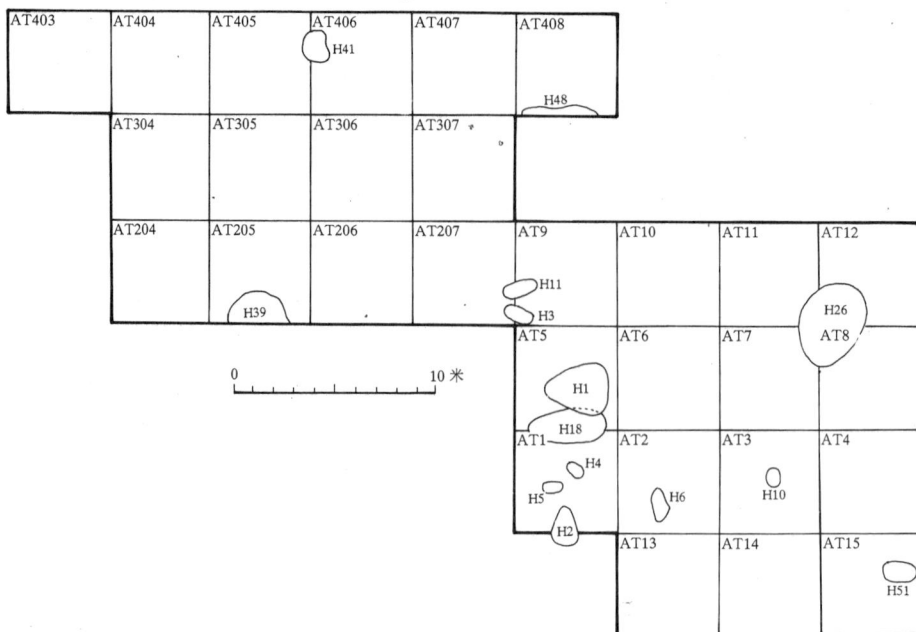

图一〇五 . A　石家河文化晚期生活遗迹分布图

室内居住面。建筑形式为平地起建的地面式建筑，可以看出是分间房子，残长 11、宽 8.72 米。东南部的小房子较完整，残长 4.8、宽 1.82 米。小房子的周围残存部分墙基 (A)，宽 0.22～0.45、残高 0.1～0.15 米。墙基是用大块红烧土掺和灰土筑成的，较坚硬。在墙基和居住面上，共发现柱洞 (D) 30 个，以房子西南角分布最多，其中 D1、D18～D21 和 D3～D7 分别呈直线排列，大多位于墙基内侧。柱洞直径一般在 0.2 米左右，深 0.1～0.25 米。洞内填土为灰褐色，质软。

室内居住面 (B) 是用较细碎的红烧土小颗粒铺成，较平坦，厚 0.02～0.05 米，居住面下为大颗粒的红烧土、碎陶片掺和灰黄色土筑成的房基 (E)，厚 0.1～0.2 米，较坚硬。房子的西南角有一小块地面是用细小的卵石铺成 (C)，长 1.2、宽 0.56 米（图一〇六）。

2. 灰坑

（1）概况

晚期共发现灰坑 90 个，主要分布在遗址 A 区中西部。按坑口平面形状分为圆形、椭圆形、长方形、长条形和不规则形五类，以椭圆形最多，其次为不规则形和圆形，长条形最少（附表一〇；图一〇五）。

灰坑堆积多为灰黑色土，大多包含有草木灰烬和红烧土粒，有的还有动物碎骨和牙齿，土质一般较松软。大部分灰坑内出有较多陶片，部分灰坑内出有许多完整和能复原的器物。

圆形灰坑共 14 个（H26、H39、H53、H63、H71、H109、H215、H418、H426、H441、H495、H516、H543、H550）。按坑壁的剖面形状可以分为口底相等的圆形直筒状、口大底小的圆形斜壁状两种。

圆形筒状坑，数量很少。灰坑平面呈圆形，坑壁陡直，口底相等，多为平底，少量圜底。直径 1.5～2、深 0.25～0.78 米。此类灰坑坑壁和底部多经过加工，较规整。

圆形斜壁坑，数量较多。灰坑平面呈圆形，坑壁斜直或斜弧，口大底小，多为圜底，少量平底。口径 1.3～2.26、底径 1～1.8、深一般为 0.25～0.5 米，最深 1.1 米，最浅仅 0.15 米。此类灰坑的坑壁和坑底大多不规整。

椭圆形灰坑共 40 个（H1～H6、H10、H11、H18、H41、H51、H59～H61、H82、H108、H118、H124、H216、H217、H229、H230、H254、H305、H309、H310、H318、H320、H348、H406、H410、H455、H503、H505、H508、H512、H527、H533、H542、H546）。按坑壁剖面形状可以分为口底相等的椭圆形直筒状、口大底小的椭圆形斜壁状和口小底大的椭圆形袋状三种。

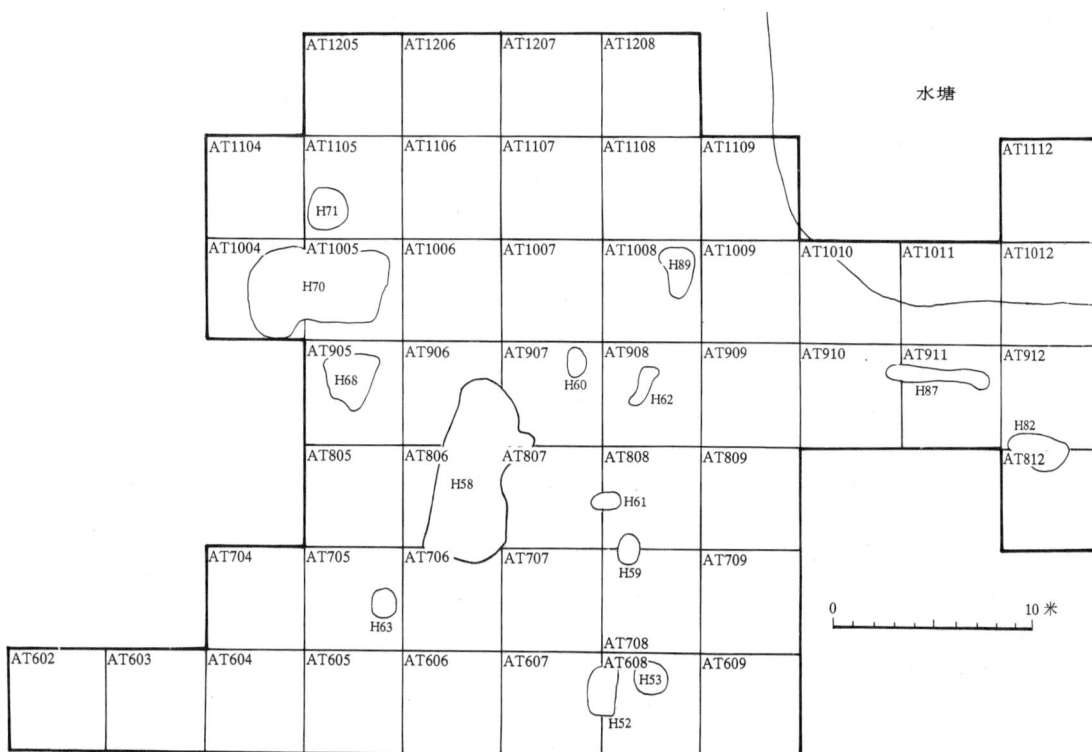

图一〇五.B　石家河文化晚期生活遗迹分布图

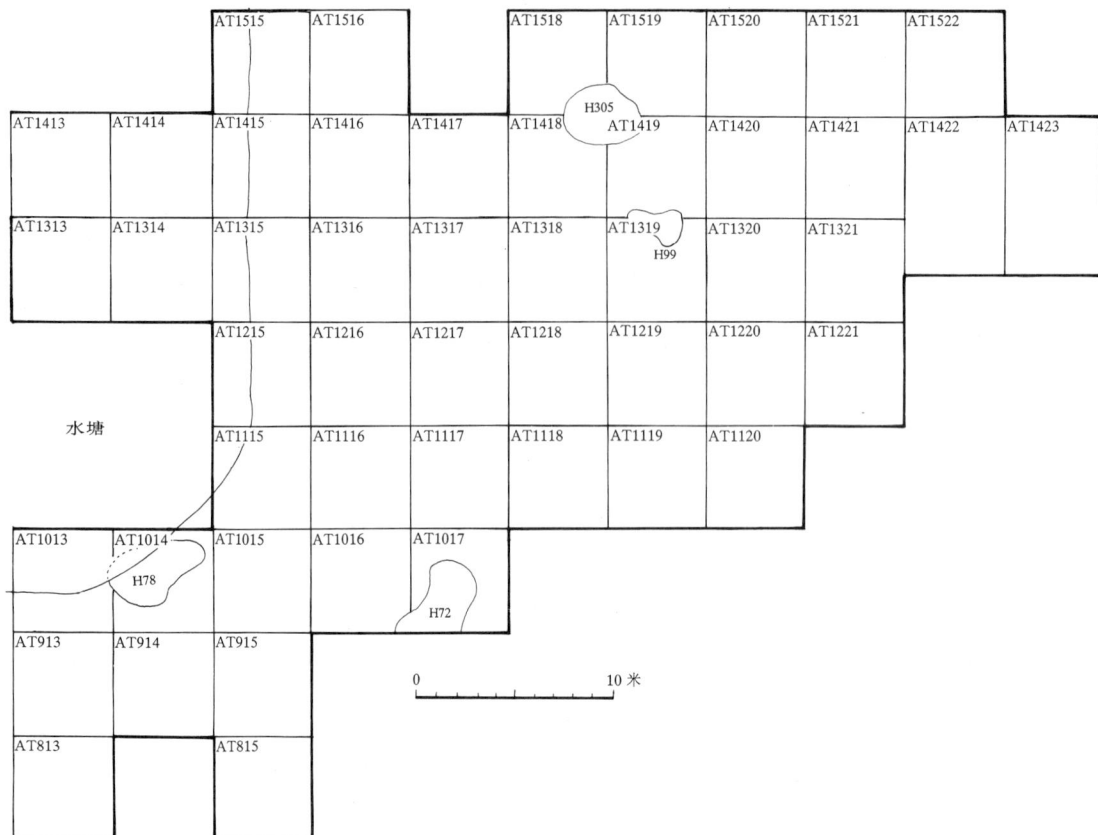

图一〇五.C　石家河文化晚期生活遗迹分布图

椭圆形筒状坑，数量较少。坑口平面呈椭圆形，坑壁陡直，口底相等，或略有差异，坑底多为平底，少量圜底和不规则形底。最大口径 1.3～3.1、最小口径 0.9～2.52、坑深 0.35～1.06 米。

椭圆形斜壁坑，数量最多。坑口平面呈椭圆形，坑壁斜直或斜弧，口大底小，多圜底，少量平底。最大口径一般为 1～3.1 米，最小口径一般为 0.8～2 米，坑深一般为0.2～0.5 米，最深者 1 米。

椭圆形袋状坑，此类灰坑数量很少，仅一个（H230），椭圆口，坑壁外鼓呈袋状，口大底小。

长方形灰坑共 10 个（H52、H180、H315、H343、H351、H370、H440、H504、H535、H551）。多为圆角长方形。大多数坑壁较陡直，口底相等，呈竖井状，少数坑壁斜直或斜弧，口大底小，底一般为平底，少量为圜底或不规则形底。长 1.54～5、宽0.84～3.4、深 0.15～2.05 米。

长条形灰坑最少，有 4 个（H87、H352、H360、H442）。两边较直，两端多作圆弧，平面形状狭长。口大底小，坑壁斜弧，圜底。长 1.55～5.5、宽 0.64～2.86、深 0.28～0.94 米。

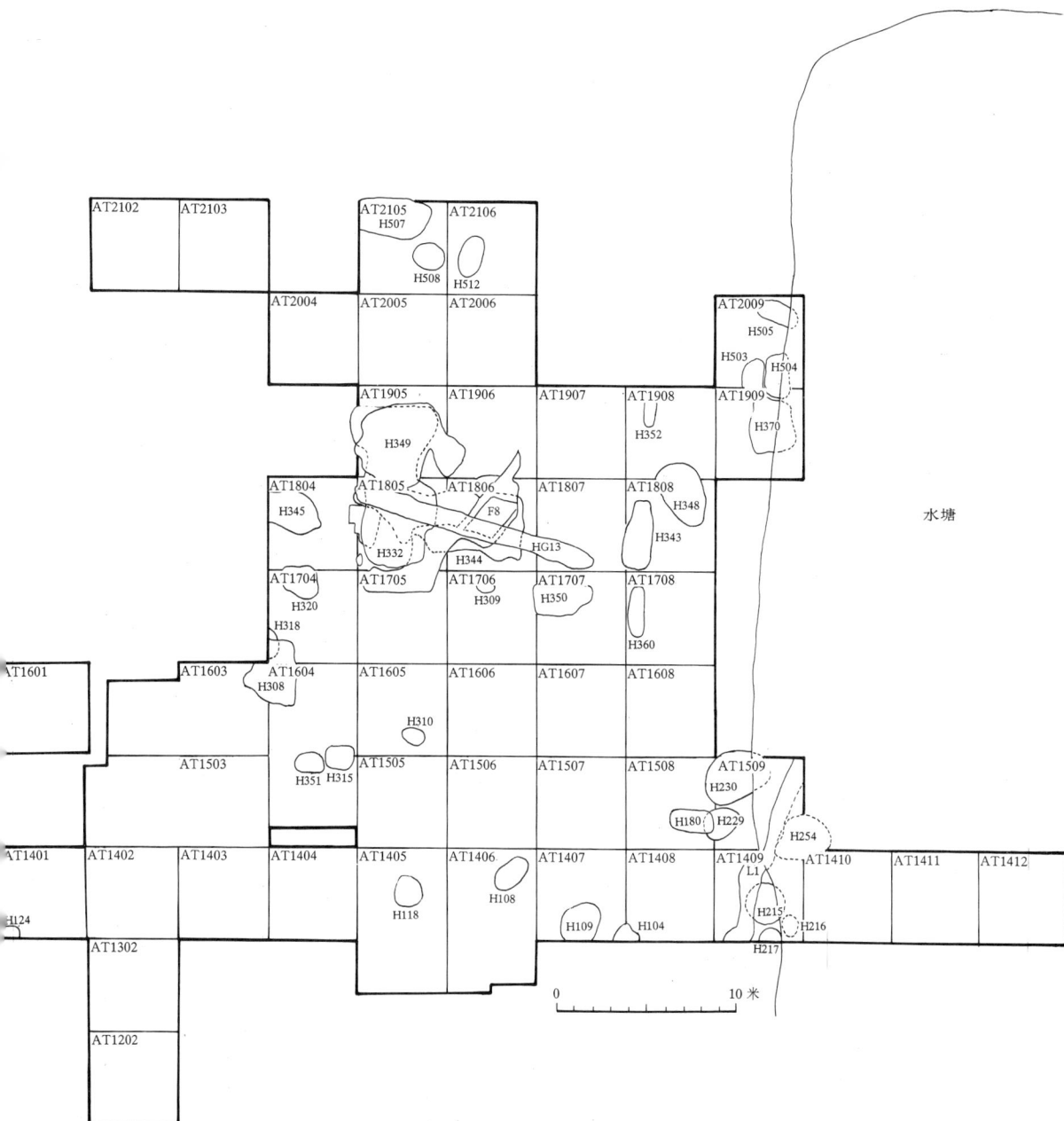

图一〇五 .D　石家河文化晚期生活遗迹分布图

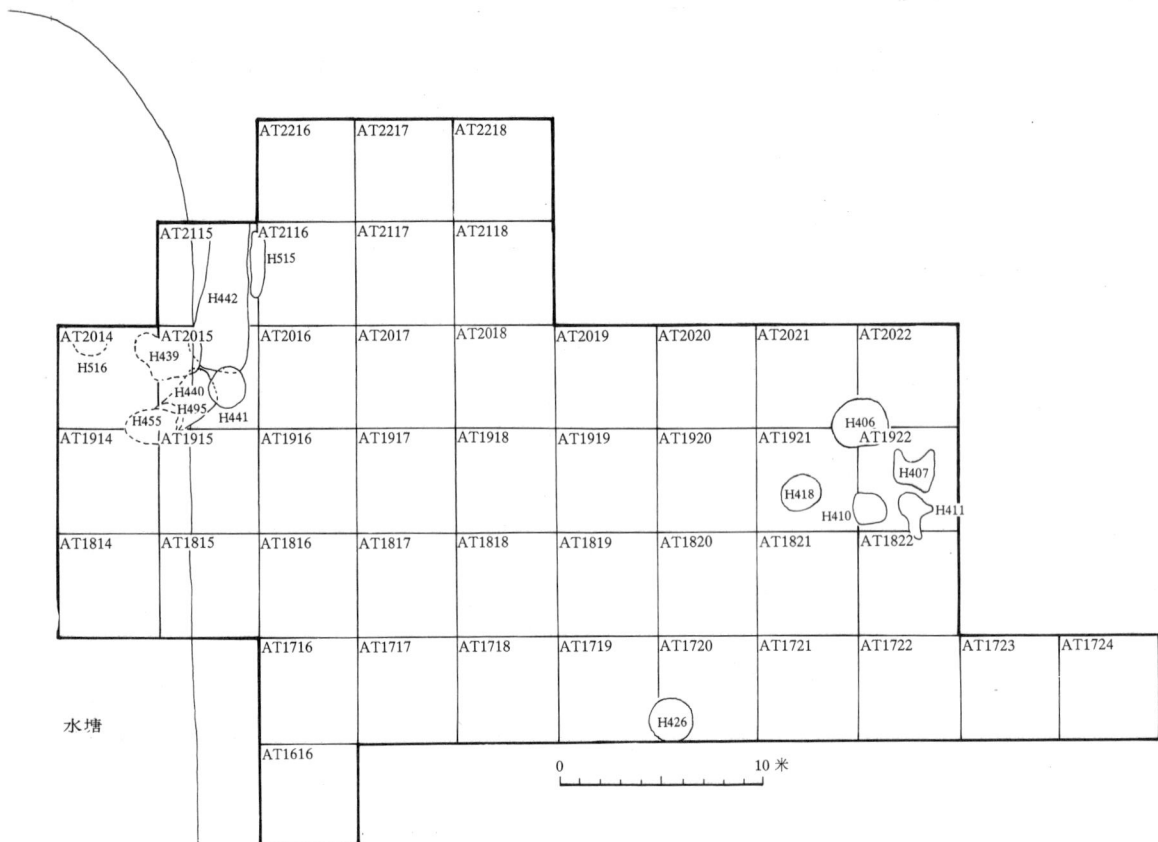

图一〇五.E　石家河文化晚期生活遗迹分布图

不规则形灰坑共 20 个（H58、H62、H68、H70、H72、H78、H89、H99、H308、H332、H344、H345、H349、H350、H407、H411、H439、H507、H530、H538）。此类灰坑一般面积较大，坑口弯曲无一定形状，多为取土坑或自然坑。口大底小，坑壁斜弧不规则，坑底大多凹凸不平。大小不等，最大的灰坑（H58）长 8.2、宽 4.3 米；最小的灰坑（H530）长 1.27、宽 0.8 米；一般长 2~7.8、宽 0.9~4.85 米，坑深 0.1~1.3 米。

另有二个灰坑（H48、H104）由于位于探方边壁上或被其它遗迹打破，形状不明。

（2）举例

圆形灰坑

H441　位于 AT2015 东部，叠压于第 2 层下，打破第 3 层和同期的 H440、H442。灰坑平面呈圆形，直壁呈圆筒状，平底。口径 2、深 0.78 米。坑内堆积为黄褐色土，夹少量红烧土颗粒，土质较硬。出土少量陶片，完整和能复原的器物很少，器类有罐、盆、豆、盘、斜腹杯、鼎、纺轮等，并出有石斧（图一〇七）。

H543　位于 AT3109 中部，叠压于第 1 层下，打破第 2 层。灰坑平面呈圆形，坑壁斜直，较规整，口大底小，平底。口径 1.4、底径 0.7~0.8、深 1.1 米。在底部西南壁设有两级台阶，上下两级台阶均宽 0.15 米，高分别为 0.35 和 0.15 米。坑内堆积为灰黑色土，包含有动物碎骨和牙齿，土质疏松。出土陶片较多，且有一定数量的完整器

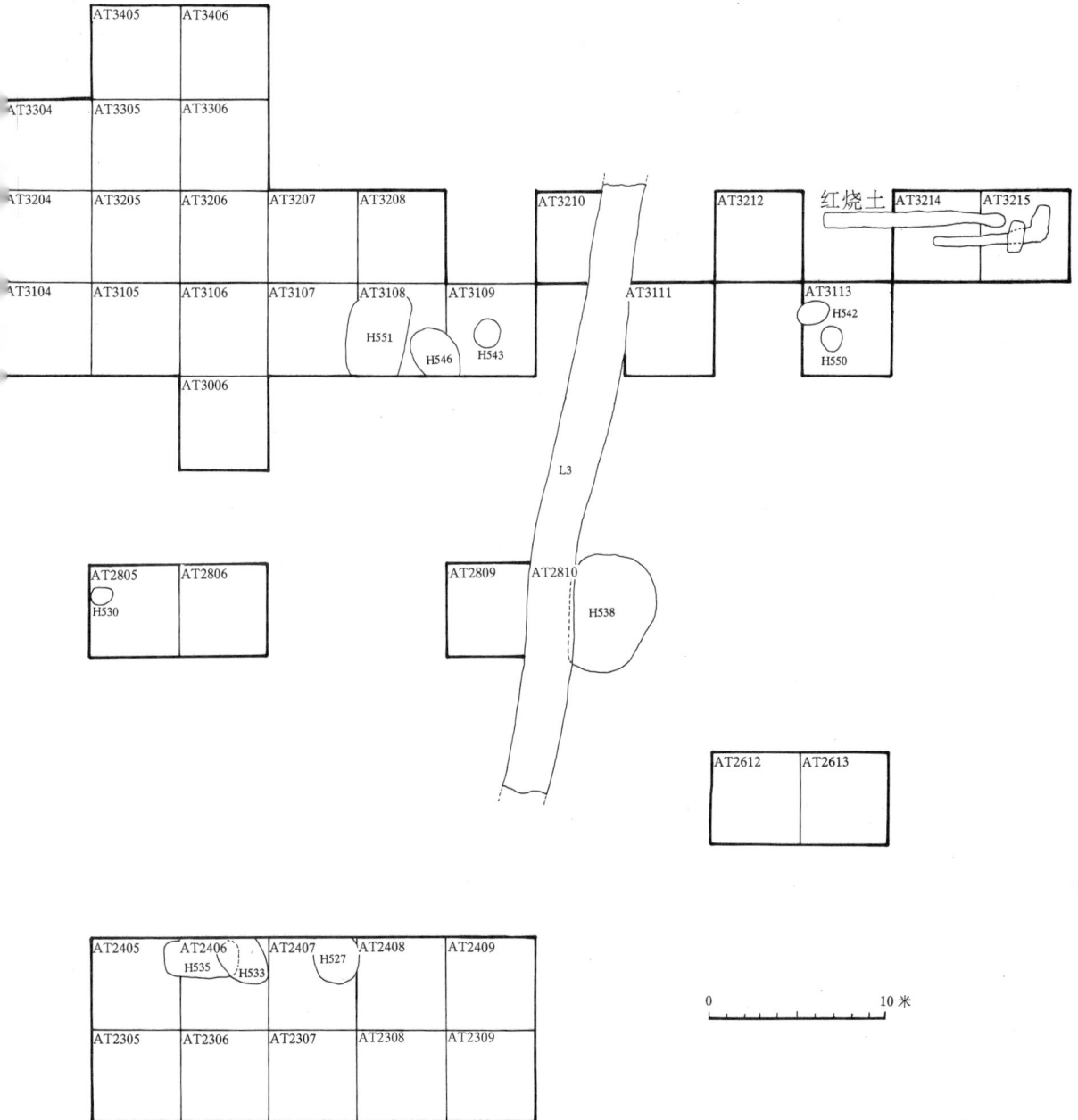

图一○五.F　石家河文化晚期生活遗迹分布图

物，器类有广肩罐、豆、盘、鼎等，并出有一件石镞。该坑加工较细致，规整，且出有完整器物，可能是作为窖穴使用（图一〇八）。

H550　位于 AT3113 西部，叠压于第 3 层下，打破第 4 层。灰坑平面近圆形，坑壁斜弧，不规整，口大底小，圜底。口径 1.3、深 0.37 米。坑内堆积为灰黑色土，夹有少量红烧土粒和动物碎骨，土质疏松。出土少量陶片，器类有广肩罐、瓮、盘、豆、杯、碟、器座等（图一〇五.F）。

椭圆形灰坑

H51　位于 AT15 北部，叠压于第 1 层下，打破第 2 层。灰坑平面呈扁椭圆形，口略大于底，坑壁较陡，呈直筒状，平底。坑口长径 1.64、短径 0.94、深 0.35 米。坑内堆积为灰褐色土，土质较硬。出土陶片很少，器类有广肩罐、斜腹杯、豆等（图一〇五.A）。

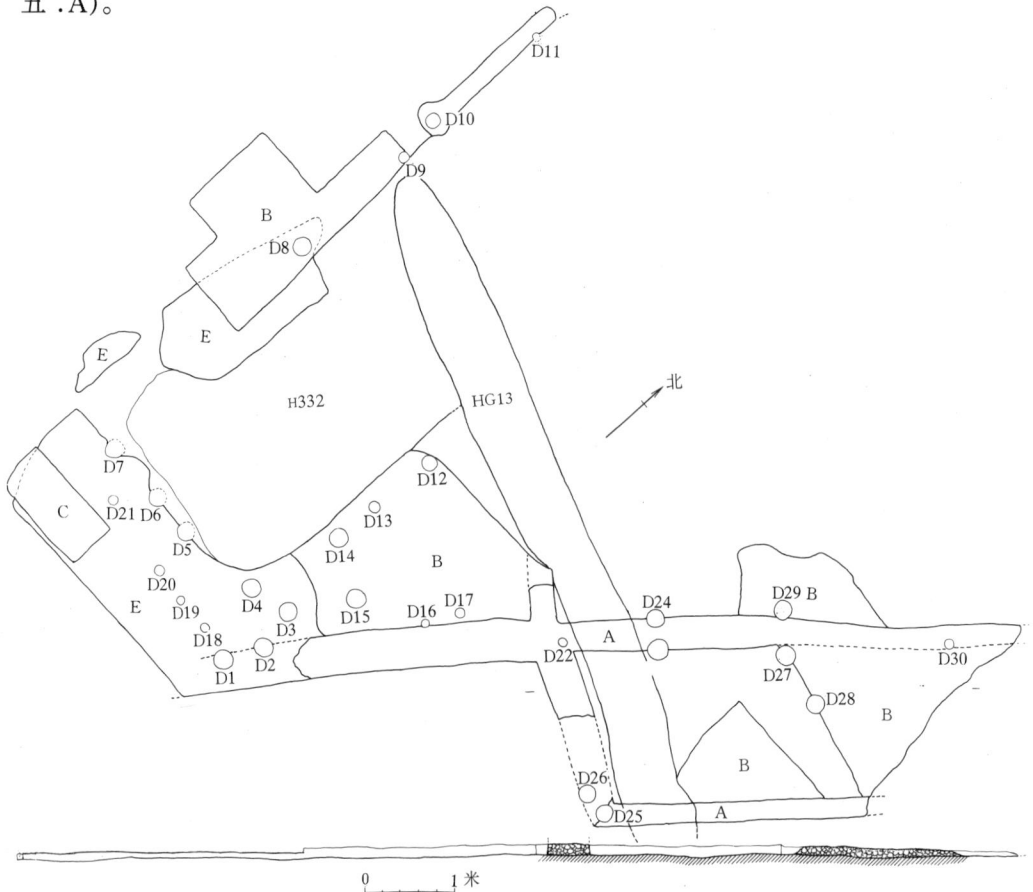

图一〇六　石家河文化晚期 F8 平、剖面图

A. 红烧土墙基　　B. 室内居住面　　C. 黄土夹大量小卵石　　D1～D30. 柱洞　　E. 室内垫基

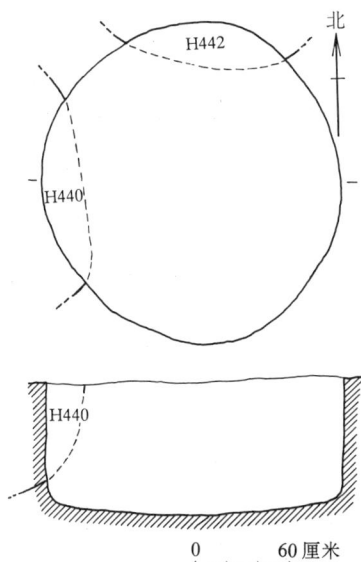

图一〇七　石家河文化晚期 H441 平、剖面图　　图一〇八　石家河文化晚期 H543 平、剖面图

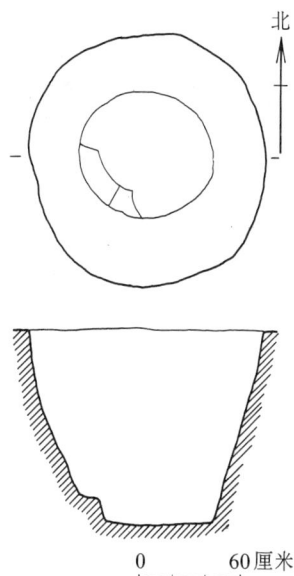

H230　位于 AT1509 西北角，叠压于第 3 层下，打破第 4～6 层。灰坑平面呈椭圆形，口小底大，坑壁下端外鼓，呈袋状，平底。坑口长径 3.88、短径 2.58 米，坑底长径 4.03、短径 3.06 米，坑深 1.23 米。坑内堆积为灰黑色土，夹大量的草木灰烬和较多动物碎骨，土质软粘。出土大量陶片和石器。陶器器类有广肩罐、扁腹罐、盆、钵、豆、斜腹杯、盆形鼎、器盖和纺轮等。石器有锛、钻、棒（图一〇九）。

H254　位于 AT1509 东部，叠压于第 3 层下，打破第 4 层。灰坑平面呈椭圆形，口略大于底，坑壁较陡直，呈筒状，平底。坑口长径 3.1、短径 2.52 米，坑深 1.06 米。坑内堆积为灰黑色土，夹大量草木灰烬，土质较松软。出土大量陶片，器类有罐、瓮、盆、钵、豆、盘、斜腹杯、鼎、鬶、器座、器盖、纺轮等，其中完整和能复原的器物有中口深腹罐、扁腹罐、广肩罐、小罐、瓮、钵、盘、豆、斜腹杯、盆形鼎、器座、器盖，以广肩罐、扁腹罐、瓮、豆和斜腹杯数量最多。出土的石器有棒、砺石、球（图一一〇）。

H542　位于 AT3113 西北部，叠压于第 2 层下，打破第 3 层。灰坑平面呈椭圆形，口大底小，坑壁斜弧至底，不规整，底呈锅底状。坑口长径 1.78、短径 1.18 米，坑深 0.7 米。坑内堆积为灰黑色土，夹较多草木灰烬，土质疏松。出土有少量陶片和骨器。器类主要有广肩罐、豆、盘、斜腹杯、鼎等（图一〇五 .F）。

长方形灰坑

H315　位于 AT1604 东南部，叠压于第 1 层下，打破第 2～6 层，并打破早期的

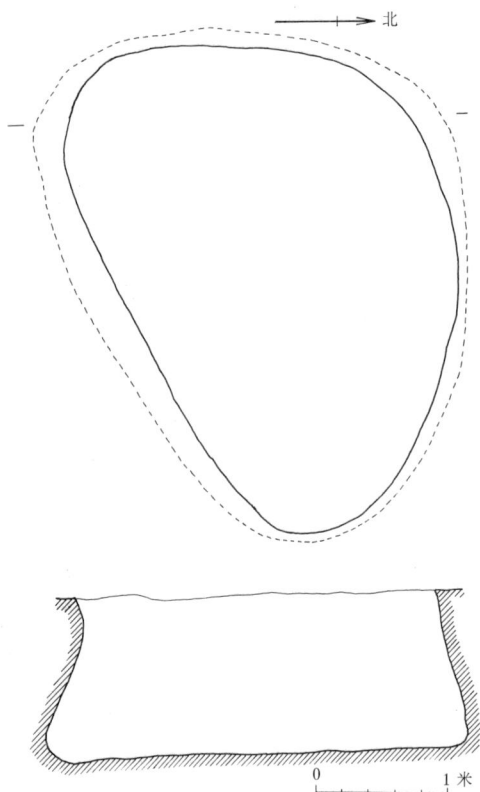

图一〇九　石家河文化晚期 H230 平、剖面图　　　　图一一〇　石家河文化晚期 H254 平、剖面图

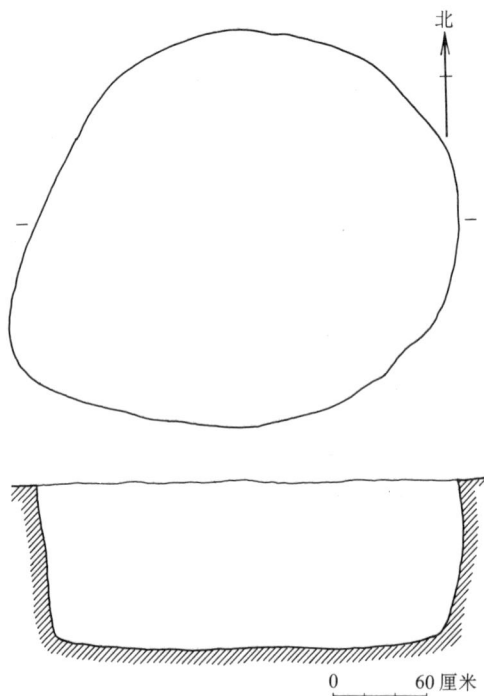

F9。灰坑平面呈圆角长方形，两长边较直，两短边微弧。坑口略小于坑底。四壁垂直，近底处略向外鼓，呈竖井状，坑壁较规整，圜底。长1.8、宽1.4、深2.05米。坑内堆积可分上下两层，上层为灰褐色土，土质较疏松；下层为灰黑色土，夹大量草木灰烬，土质软粘。出土陶片较多，器类有中口深腹罐、广肩罐、缸、豆、盘、斜腹杯、鼎、鬶等（图七九、一一一）。

　　　H351　位于 AT1604 中部，叠压于第3层下，打破第4～6层，并打破早期的 F9。灰坑平面呈圆角长方形，两长边较直，两短边微弧，四壁垂直，坑壁较规整光滑，呈竖井状，圜底。长1.54、宽0.84、深1.28米。坑内堆积为深灰色土，其间杂有少量黄色土块，土质较软。出土一部分完整或近似完整的陶器，器类有中口罐、广肩罐、小罐、瓮、豆、斜腹杯、盆形鼎、鬶、盉、器盖和纺轮等（图七九、一一二）。

　　　H535　位于 AT2406 北部，叠压于第2B层下，打破第3层，被同层位的 H533 打破。灰坑平面呈圆角长方形，面积较大，较浅。口大底小，四壁不规则，或斜弧，或垂直，平底。长4.1、宽2、深0.28米。坑内堆积为灰褐色土，土质较硬且纯。出土陶片较少，器类有广肩罐、盆、豆、斜腹杯、鼎、鬶、轮等（图一〇五.F）。

长条形灰坑

H87　位于 AT911 北部，叠压于第 2 层下，打破第 3 层。灰坑平面呈长条形，两端圆弧。口宽底窄，坑壁斜弧，圜底，长 5.5、宽 0.6～0.8、深 0.3 米。坑内堆积为灰黑色土，土质疏松。出土陶片较少且碎，器类有扁腹罐、豆、纺轮等，并出有陶塑动物和少量石镞、石钻（图一〇五.B）。

H352　位于 AT1908 北部，叠压于第 1 层下，打破第 2 层。灰坑平面呈长条形，两边较直，两端圆弧，较短。口大底小，坑壁斜弧或斜直，底略圜，长 1.55、宽 0.64、深 0.28 米。坑内堆积为灰黑色土，质软。出土陶片很少，能看出器形的有瓮、豆、斜腹杯、鼎等（图一〇五.D）。

不规则形灰坑

H58　位于 AT806 东部，灰坑北部伸入 AT906 和 AT907 内，东、南部有少部分分别伸入 AT807 和 AT706 内，叠压于 AT806 第 1 层下，打破第 2 层，部分地方打破第 3 层。灰坑面积很大，平面形状不规则，口大底小，坑壁不规整，坑底大部略平，仅东南角稍深，呈锅底状。南北最长处 8.2、东西最宽处 4.3、最深 0.9 米。坑内堆积为灰黑色土，夹有较多红烧土粒和草木灰烬，土质松软。出土大量陶片和少量石器。陶器多为

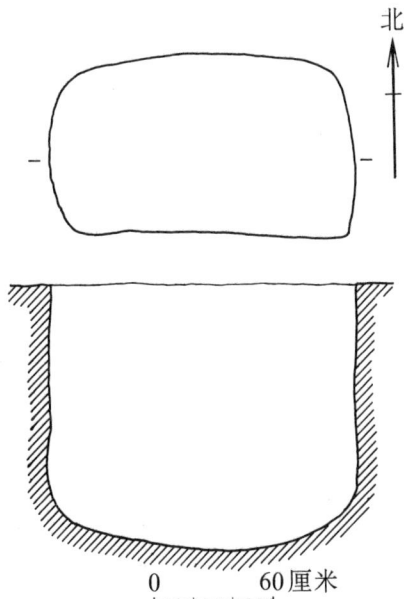

图一一一　石家河文化晚期 H315 平、剖面图　　图一一二　石家河文化晚期 H351 平、剖面图

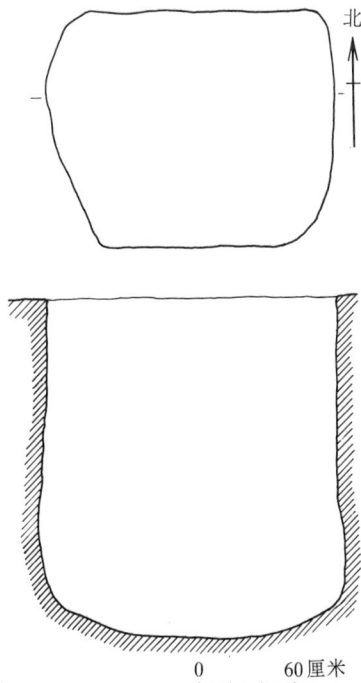

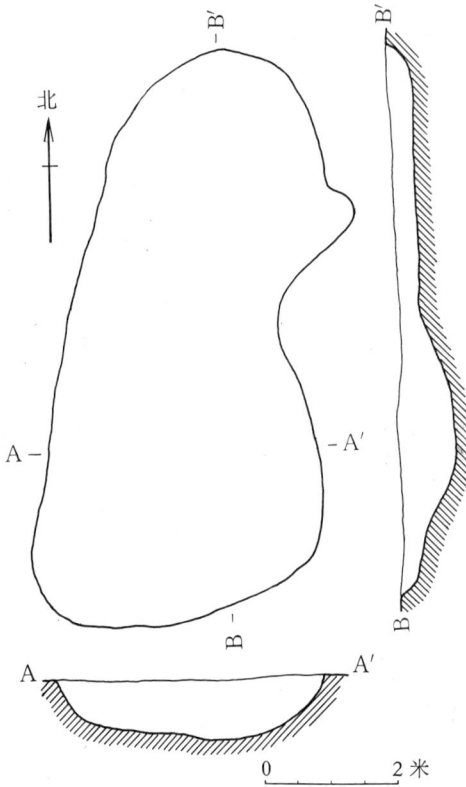

图一一三　石家河文化晚期 H58 平、剖面图

完整和能复原的器物，器类有广肩罐、瓮、盆、盘、豆、壶、斜腹杯、鼎等，石器主要为斧、钻、棒等（图一一三）。

H68　位于 AT905 中部，叠压于第 3 层下，打破第 4 层。灰坑平面不规则，口大底小，坑壁不规整，平底，东西长 2.95、南北宽 2.8、深 0.5 米。坑内堆积为灰黑色土，夹少量红烧土粒，土质较软。出土大量陶器和少量石器。陶器有广肩罐、扁腹罐、三足罐、瓮、缸、盆、钵、豆、盘、斜腹杯、鼎、盉、鬶、器盖等，多为完整或近似完整的器物。另有陶狗。石器有钻（图一一四）。

H70　位于 AT1005 中部，叠压于第 2 层下，打破第 3、4 层。灰坑平面不规则，面积较大，口大底小，坑壁斜弧，底略平。东西长 7.25、南北宽 4.65、深 0.75 米。坑内堆积为灰黑色土，夹较多草木炭屑，土质较松软。出土大量陶片和少量石器，陶器器类有广肩罐、扁腹罐、三足罐、瓮、臼、

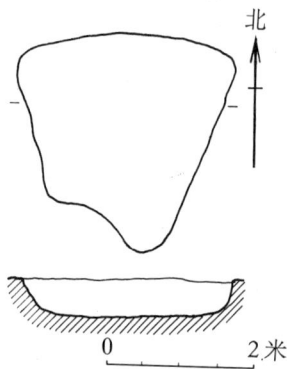

图一一四　石家河文化晚期
　　　　　H68 平、剖面图

图一一五　石家河文化晚期
　　　　　H70 平、剖面图

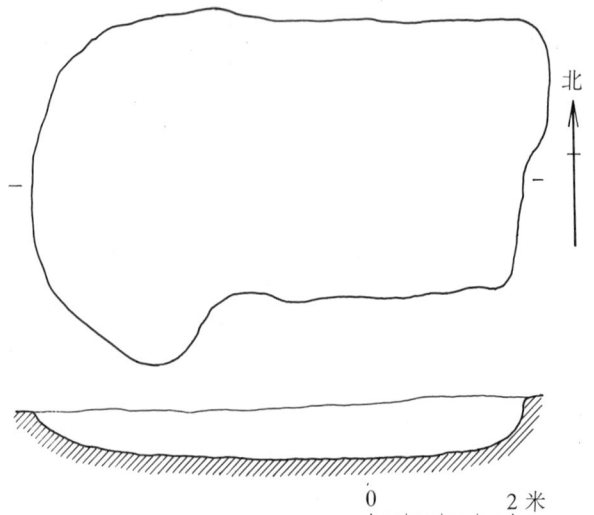

盆、豆、盘、斜腹杯、鬶、器座等，多为完整或近似完整的器物。石器有钻。另外还出土一件鹿角（图一一五）。

H439 位于 AT2015 西北部，叠压于第 2 层下，打破第 3 层及同层位的 H440 和 H442。灰坑平面不规则，口大底小，坑壁不规整，斜直或斜弧，平底。东西长 3.2、南北宽 2.2、深 1.27 米。坑内堆积为灰褐色土，土质较软。出土较多陶片，器类有罐、瓮、缸、豆、杯、鼎、鬶、器盖等，其中完整和能复原的器物有斜腹杯、三足杯、曲腹杯、器盖，以三足杯数量最多（图一一六）。

H538 位于 AT2810 东部，叠压于第 1 层下，打破第 2～5 层。灰坑平面不规则，面积较大，口大底小，斜弧壁，底不规整，东端深西端浅。南北长 6.3、东西宽 4.85、深 1.3 米。坑内堆积为灰黑色土，土质疏松。出土大量陶片和较完整的陶器，器类有罐、缸、臼、盆、钵、豆、盘、杯、鼎、鬶、盉、器盖等，其中完整和能复原的器物有

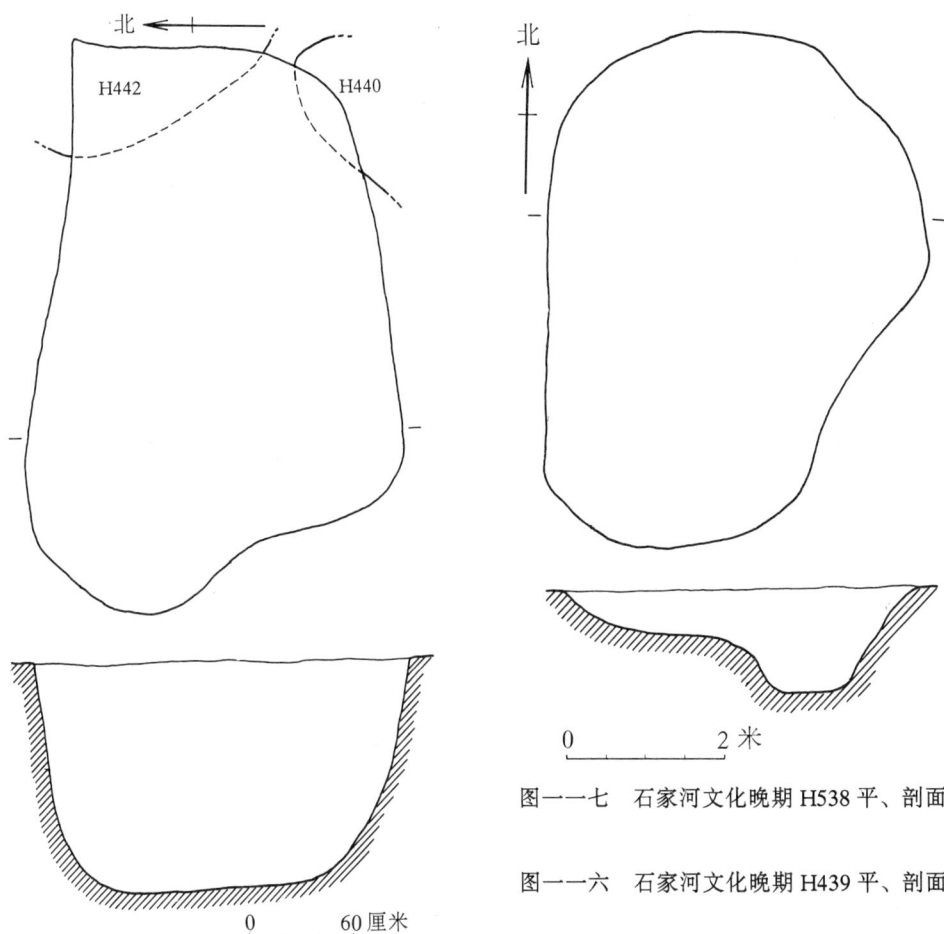

图一一七 石家河文化晚期 H538 平、剖面图

图一一六 石家河文化晚期 H439 平、剖面图

广肩罐、小罐、臼、钵、豆、盘、斜腹杯、三足杯、矮圈足杯、单耳杯、罐形鼎、盉、器盖等（图一一七）。

3．灰沟

只发现一条灰沟，编号 HG13。灰沟位于 AT1805、AT1806 和 AT1807 南部，叠压于第 1 层下，打破第 2 层和同期的 F8。灰沟平面呈窄长条形，东西向，中间狭窄，两端圆弧，口宽底窄，坑壁斜直，底略平。长 14.1、宽 1.15、深 0.3 米。沟内堆积为灰黑色土，夹大量木炭屑，土质较疏松。出土陶片较少，主要为罐、盘、豆、鼎等陶器残片。还出土有少量石器和铜矿石（图一○五．D）。

4．水塘

发现一口水塘，面积很大，位于遗址 A 区中部，叠压于表土层下，打破并叠压石家河文化早期地层和 H258、H264、H268、H269、H270、H289、H291、H294、H301 等。

水塘平面呈圆角长方形，南北向，长 67.5、宽 30、深 0.75 米。口大底小，塘边坡度较平缓，底较平坦。塘内堆积从上至下共分五层。第 1 层，灰白色淤积土，土质松软，较纯净，厚 0.05～0.1 米，该层含有近现代瓷片。第 2 层，黄褐色淤积土，夹有大量铁锈斑点，厚 0.15～0.4 米，该层含有近代瓷片和少量陶片。第 3 层，红褐色土，夹大量铁锈斑点，厚 0.1～0.2 米，土质较纯净。第 4 层，灰黑色土，夹大量铁锈斑，土质坚硬，为淤泥土堆积，厚 0.1～0.3 米，该层含有少量陶片和汉代菱形花纹砖，该层周围叠压石家河文化晚期的 H78、H215、H216、H230、H254、H370、H439、H440、H455、H495、H504、H505、H516 和 W64。第 5 层，灰褐色土，夹少量铁锈斑，土质坚硬，厚 0.1～0.25 米，该层近塘底出土大量陶片，在水塘边，有的地方可以明显看出用大块陶片平铺而成的生活淘洗点，出土的陶器有广肩罐、瓮、盆、豆、盘、鼎等（图一○五）。

从水塘内的堆积可以看出，该水塘最早使用时间是在石家河文化晚期，面积比现在发掘出的实际面积要小，后来塘岸逐渐崩塌、淤积，水塘变浅，最晚至近代该水塘还在使用。

5．路

石家河文化晚期发现两条道路，编号 L1、L3。路分布在遗址 A 区中北部，均为南北向，较直，结构有所不同。

L1　位于 AT1409 东部，向北延伸到 AT1509 内，叠压于第 4 层下，打破第 5 层。路面宽窄不一，东西残长 9.8、南北宽 0.58～1.4 米。路基厚 0.14 米，系用黄褐色土掺和红烧土粒铺成，较坚硬。路基上面有一层厚 0.03 米左右的灰白色踩踏面，较硬（图一〇五 .D）。

L3　位于遗址 A 区北部，较长，南北纵贯 AT2710、AT2810、AT2910、AT3010、AT3110、AT3210 等方，均叠压于各探方第 1 层下，打破第 2 层。残长 32、宽 2.5～2.7 米。路基厚 0.3 米，是用红烧土块掺和碎陶片铺设而成，较坚硬。路面较平，依地势由南往北逐渐降低（图一〇五 .F）。

6. 红烧土遗迹

发现一处红烧土遗迹。遗迹位于遗址 A 区东北部的 AT3214 和 AT3215 内，叠压于第 2 层下。由三条烧土带组成，编号 S1～S3，均用直径 0.05 米左右的红烧土块筑成。S1 位于北部，东西向，与 S3 平行，长 10.3、宽 0.5～0.75、厚 0.04～0.07 米，东端略高，烧土面不平整，西端略低，烧土面较平整。S2 位于 S1 的东部，与 S1 相距 0.4 米，叠压 S3，与 S3 呈十字交叉，南北向，较短，长 1.7、宽 0.4～0.7、厚 0.3～0.7 米，中部高，两端低，烧土面不平整。S3 位于 S1 南部，与 S1 相距 0.35～0.75 米，东西向，东端向北拐，呈曲尺形，长 6.7、宽 0.5～1.1、厚 0.04～0.07 米，烧土面凹凸不平。该红烧土遗迹周围没有发现柱洞，亦无居住痕迹，其用途不详（图一一八）。

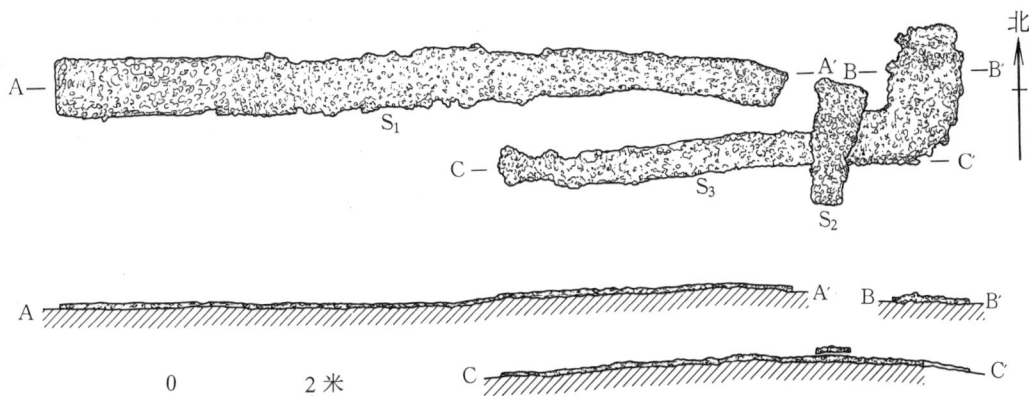

图一一八　石家河文化晚期 AT3214、AT3215 红烧土平、剖面图

二　遗物

肖家屋脊遗址出土石家河文化遗物非常丰富，按质地分有陶器、石器、玉器、骨器、角器和铜矿石等。其中绝大多数是陶器，其次为石器，玉器在生活遗迹中出土较少。这些玉器原来可能是瓮棺葬中的随葬品，后因种种原因被扰入文化层和灰坑中，为

叙述方便，本报告将这部分遗物合并到第二节中。骨、角器出土数量最少，主要为生产工具。另外还出土少量铜矿石和赤铁矿石。

（一）石家河文化早期遗物

按质地分有陶器、石器、骨器和铜矿石等，下面按质料分类介绍。

1. 陶器

按用途分为生活用器、生产工具、陶塑艺术品和其它四类。

（1）生活用器

完整和复原的器物共 2543 件。大部分出于灰坑和文化层中。

陶质分泥质、夹砂和夹炭三大类，以泥质陶为主，夹砂陶次之，夹炭陶最少。泥质陶器的陶土一般经过淘洗，质地较细腻、纯净，颜色分灰、红、黑、褐和橙黄五种。灰陶中有深灰、浅灰、黑灰之分。有的黑陶外表呈黑色，胎呈红色或灰色（俗称黑皮陶），有少量磨光黑陶。褐陶有红褐、灰褐两种。石家河文化早期偏早以灰陶为主，所占比例较大，黑陶次之，红陶占有一定的比例，褐陶较少，另有少量橙黄陶（表八）。早期偏晚以红陶为主，灰陶和黑陶次之，少量褐陶和橙黄陶（表九、一〇）。总的来说，整个石家河文化早期，灰陶所占的比例，时代越早比例越大，时代越晚比例越小；红陶所占的比例，时代越早比例越小，时代越晚比例越大。陶色绝大多数比较纯正，色泽均匀，表里一致，有少部分陶器器表颜色不匀，或红或黑，或灰或红，或者内红外黑。

表八　　　　　　　　H497、H450、H56 陶质陶色统计表

数量和百分比 单位	泥 质 陶					夹 砂 陶				夹炭陶	合计
	灰	红	黑	褐	橙黄	灰	红	黑	褐	黑	
H497	2838	93	660	24	61	20	409	424	3		4532
	62.62	2.05	14.56	0.53	1.36	0.44	9.24	9.36	0.06		100
H450	1476	153	788	15	44	59	213	70	19	11	2848
	51.83	5.37	27.67	0.53	1.54	2.07	7.48	2.46	0.67	0.38	100
H56	2233	1647	1015	11		83	206	53			5248
	42.55	31.38	19.34	0.21		1.58	3.93	1.01			100

夹砂陶的陶土一般不经过精选，大多是在陶土中掺入细小的砂粒，有少部分在陶土

中掺入粗砂或石英石小颗粒，颜色分灰、红、黑、褐四种，以夹砂红陶为主，黑陶和灰陶次之，少量褐陶。

表九　　　　　　　　　H42、H43 陶质陶色统计表

数量和百分比 单位	泥质陶				夹砂陶				合计
	灰	红	黑	褐	灰	红	黑	褐	
H42①	1259	1954	1305	23	11	167	17	3	4739
	26.56	41.23	27.54	0.49	0.23	3.52	0.36	0.07	100
H42②	613	569	471	65	59	67	28		1872
	32.75	30.39	25.16	3.47	3.15	3.58	1.5		100
H43	356	666	395	43	74	10	103	24	1671
	21.3	39.86	23.64	2.57	4.43	0.6	6.16	1.44	100

表一〇　　　　　　　　　H434、H161 陶质陶色统计表

数量和百分比 单位	泥质陶					夹砂陶				夹炭陶		合计
	灰	红	黑	褐	橙黄	灰	红	黑	褐	红	黑	
H434①	311	174	241	45		53	358	140	36	99		1457
	21.35	11.94	16.54	3.09		3.64	24.57	9.61	2.47	6.79		100
H434②	691	322	861	63	15	158	854	497	54	336		3851
	17.94	8.36	22.35	1.64	0.39	4.1	22.18	12.91	1.4	8.73		100
H434③	317	302	445			110	69	176	38	112	15	1584
	20.01	19.07	28.09			6.94	4.36	11.11	2.4	7.07	0.95	100
H434④	24	25	49			15	36	12				161
	14.91	15.53	30.43			9.32	22.36	7.45				100
H161①	582	327	145	45		106	394	125		34	85	1843
	31.58	17.74	7.87	2.44		5.75	21.38	6.78		1.84	4.61	100
H161②	519	246	24	17		63	74	30		23	34	1030
	50.39	23.88	2.33	1.65		6.12	7.18	2.91		2.23	3.3	100
H161③	93	36	117			30	53	25			25	379
	24.54	9.49	30.87			7.92	13.98	6.6			6.6	100

夹炭陶数量很少，主要用于炊器，如鼎、罐等，一般是在陶土中掺入稻谷壳，陶胎松脆轻巧，不宜保存。夹炭陶的颜色有红、黑两种，以红陶为主，黑陶较少。

器表以素面为主，少数经过磨光，有的施一层红色或黑色陶衣。常见的纹饰有弦纹、篮纹、镂孔、附加堆纹、方格纹、刻划纹、绳纹和戳印纹，另有少量的鸡冠耳、牛鼻式耳、按窝和彩陶（表一一、一二、一三）。

表一一　　　　　　　　　　H497、H450、H56 陶器纹饰统计表

数量和百分比　纹饰　单位	素面	篮纹	方格纹	弦纹	绳纹	镂孔	附加堆纹	戳印纹	刻划纹	红衣	按窝	彩绘	合计
H497	3384	672	60	297		43	36	1	1	26	8	4	4532
	74.67	14.83	1.32	6.55		0.95	0.79	0.02	0.02	0.57	0.18	0.09	100
H450	1821	637	8	319		32	22	2		5		2	2848
	63.94	22.37	0.28	11.2		1.12	0.77	0.07		0.18		0.07	100
H56	4367	671	93	82	1	22	9			3			5248
	83.21	12.79	1.77	1.56	0.02	0.42	0.17			0.06			100

表一二　　　　　　　　　　H42、H43 陶器纹饰统计表

数量和百分比　纹饰　单位	素　面	篮　纹	方格纹	弦　纹	绳　纹	镂孔	附加堆纹	合　计
H42①	3006	1296	396	6	23	12		4739
	63.42	27.35	8.36	0.13	0.49	0.25		100
H42②	1325	332	173	26	11		5	1872
	70.78	17.74	9.24	1.39	0.59		0.27	100
H43	1404	149	55	24	16	16	7	1671
	84.02	8.92	3.29	1.44	0.96	0.96	0.41	100

弦纹，是石家河文化早期较常见的一种纹饰，分凸弦纹和凹弦纹两种，往往成组装饰。早期偏早凸弦纹较凹弦纹所占比例要大，凹弦纹多是一种划弦纹，且不规整，早期偏晚凹弦纹比例上升，多较规整。弦纹多饰于鼎、罐、豆、臼、壶等器类的颈、肩和腹部（图一一九，1）。

篮纹，是石家河文化早期常见的纹饰，在所有纹饰中，所占比例最高，均为直接拍印。分横篮纹、斜篮纹、竖篮纹和交错篮纹四种，主要拍印在罐、缸、臼、瓮、盆、甑、鼎等深腹器的腹部（图一一九，2～5）。

表一三 　　　　　　　　　　H434、H161陶器纹饰统计表

数量和百分比 单位 ＼ 纹饰	素面	篮纹	方格纹	弦纹	绳纹	镂孔	附加堆纹	戳印纹	刻划纹	红衣	合计
H434①	1165	143	42	49	13	4	20	11		10	1457
	79.96	9.81	2.88	3.36	0.89	0.27	1.37	0.75		0.75	100
H434②	2844	512	248	158	18	16	8	8	3	36	3851
	73.85	13.3	6.44	4.1	0.47	0.42	0.2	0.2	0.08	0.93	100
H434③	1107	254	9	84	16	10	64	2	10	28	1584
	69.89	16.04	0.57	5.3	1.01	0.63	4.04	0.13	0.63	1.77	100
H434④	84	18	17	22		8	6			6	161
	52.17	11.18	10.56	13.66		4.97	3.73			3.73	100
H161①	1328	254	105	79		8	60	4	5		1843
	72.06	13.78	5.69	4.29		0.43	3.26	0.22	0.27		100
H161②	482	350	122	46		3	24		3		1030
	46.8	33.98	11.84	4.47		0.29	2.33		0.29		100
H161③	259	87	24	2	2		3		2		379
	68.33	22.96	6.33	0.53	0.53		0.79		0.53		100

0 ⸺ 5 厘米

图一一九　石家河文化早期陶器弦纹、篮纹拓片

1. 弦纹 H56　　2、3. 交错篮纹 H161、H42①　　4. 横篮纹 H497　　5. 斜篮纹 H107

镂孔，有圆形和三角形两种，圆形多见，主要饰于高圈足器物上，如豆、高圈足杯、器座等。

附加堆纹，多粘贴而成，纹样有宽带状、索状、锯齿状等，以宽带状附加堆纹多见。多见于缸、臼、中口罐等大形器物的腹部（图一二〇，1～5）。

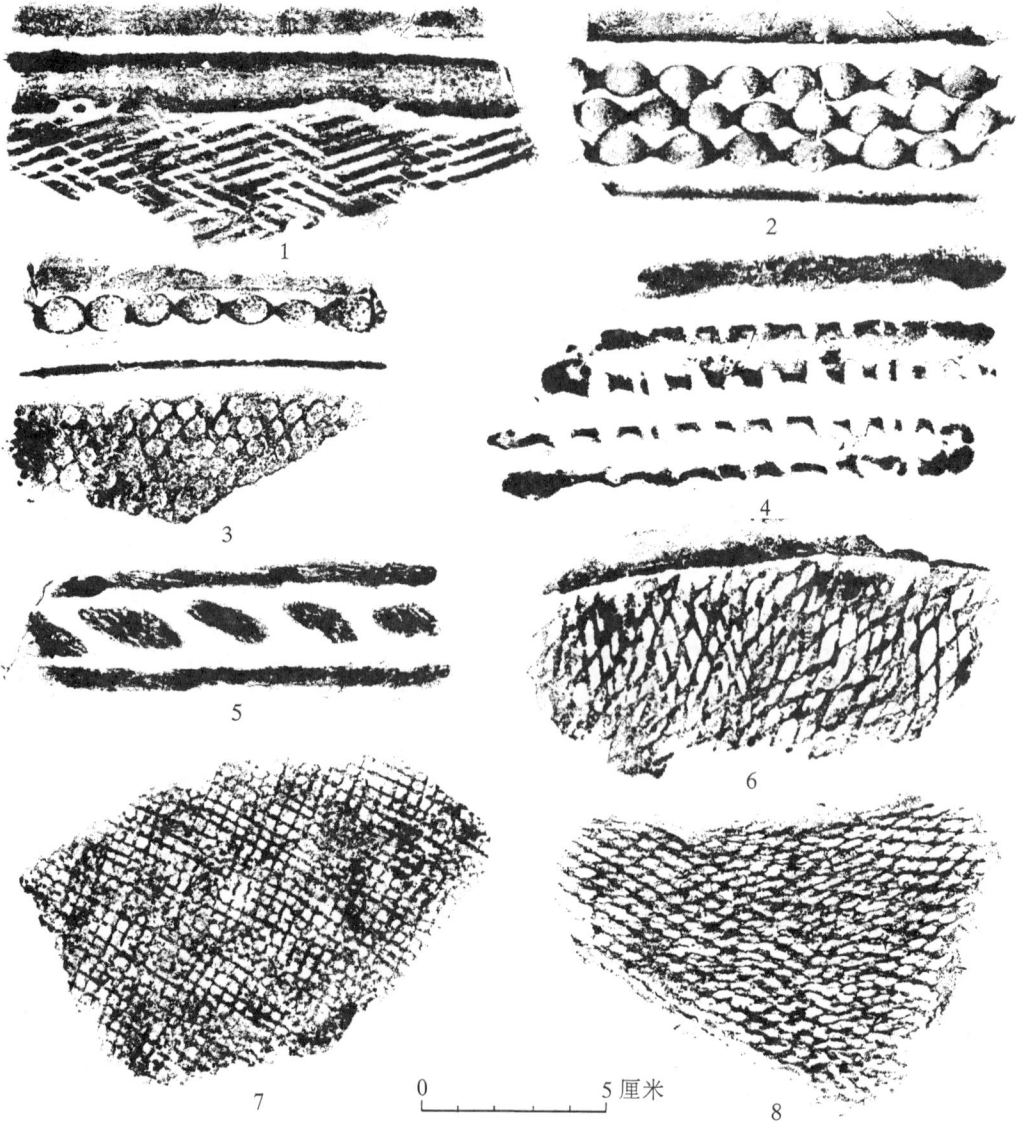

图一二〇　石家河文化早期陶器附加堆纹、方格纹拓片

1～5.附加堆纹 H106、H394、H132、H434③、H166　6～8.方格纹 H442、H24、H434②

方格纹，是石家河文化早期较常见的纹饰，均拍印而成，深浅、大小不一，有正

方格、长方格和斜方格之分。早期偏早方格纹比例较少，多斜方格纹和正方格纹，纹饰较浅而且比较模糊；早期偏晚方格纹数量大增，纹饰较深而且多较清晰。方格纹多见于缸、罐、盆、擂钵和鼎等器物的腹部（图一二〇，6~8）。

刻划纹，数量较少，纹样有网格形、波浪形和回形等，主要见于器物的腹部（图一二一）。

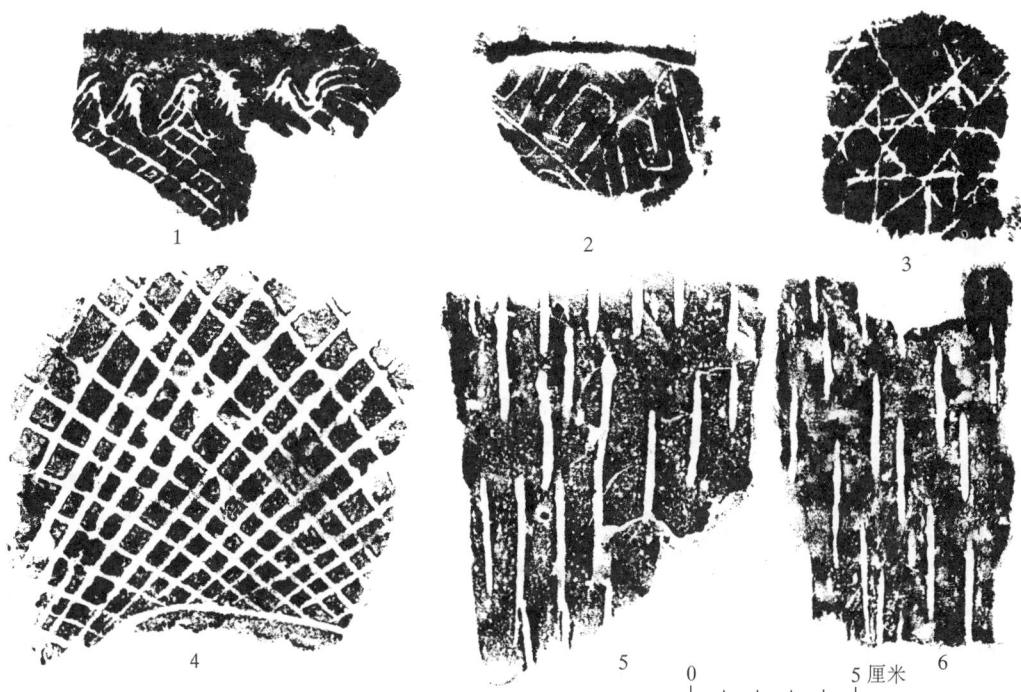

图一二一　石家河文化早期陶器刻划纹拓片

1. H142　　　2. AT1202④:25　　　3. H529　　　4. AT1916④:1　　　5. H110　　　6. H184

绳纹，早期偏晚阶段开始出现，晚期的数量较多，纹饰较浅而杂乱，多饰于罐、壶之类器物的腹部。

戳印纹，数量较少，主要见于宽扁形的鼎足之上。

按窝，数量较少，主要见于鼎足足跟两侧，一般是成组出现。

鸡冠耳和牛鼻式耳，数量很少，主要见于臼、甑的腹部。

彩陶，数量较少，见于石家河文化早期偏早阶段，一般为红彩或黑彩，纹样主要有网格纹、带纹和晕染等，多施于斜腹杯、壶形器和纺轮等器物上。

陶器的制作方法以轮制为主，不少陶器的器表或内壁留有清晰的轮旋痕迹，少数器物的底部还遗留切割的痕迹，因而大部分器物规整、匀称。有些形制复杂的器物，如三足器、圈足器和长颈器物，以及耳、流等附件，一般是分别成型后再粘接复合而成。部分器物分两次成型，即先做出器物的下半部分，待晾到一定程度再接着做好上半部分，有的器物内壁保留有清楚的两次成型痕迹，如鬶、瓮、罐等。高圈足豆的圈足常由两段，有的由三段对接而成，接法有平接和套接两种。少数器物为泥条盘筑制法，如擂钵、瓮、臼、缸等。泥条盘筑陶器普遍经过拍打，内壁留有陶垫窝，外壁拍打纹饰。有些小型器物，如斜腹杯、三足杯、小罐、小鼎、碟和器盖等，以及器物的附件，如附耳、把手、足、钮等，均直接用手捏塑而成。

生活用器器类有罐、瓮、缸、臼、尊、壶、小壶、壶形器、瓶、盆、簋、甑、擂钵、碗、钵、碟、豆、盘、杯、鼎、鬶、盉、斝、器座、器盖，共 25 类，其中以罐、缸、臼、盆、碗、钵、豆、杯、鼎数量居多，是当时人们日常生活中使用的主要器皿。现按器类叙述如下。

罐　数量、种类均很多，分高领罐、大口罐、中口罐、小口罐、长颈罐、三足罐、小罐和广肩罐八种。

高领罐　96 件。为常见的器物之一，多为泥质灰陶，少量夹砂灰陶。早期共分三型。

A 型　61 件。常见，凹沿，深腹。共分五式。

Ⅰ式　18 件。宽深凹沿，圆唇外凸，口较大，弧腹，平底微凹。标本 AT1105④：7，泥质灰陶。素面。口径 12.4、底径 6.7、高 18.4 厘米（图一二二，1）。标本 AT1105④：8，泥质灰陶。肩、腹部饰稀疏斜篮纹。口径 11.6、底径 7.5、高 18.6 厘米（图版四二，1）。标本 H57：25，泥质灰陶。素面。口径 14.4、底径 5.7、高 18.4 厘米（图一二二，2；图版四二，2）。标本 H497：105，泥质黑陶。口外撇，底残。肩饰数道划弦纹，不规则。口径 14、残高 16 厘米（图一二二，3）。

Ⅱ式　11 件。宽凹沿较深，圆唇外侈，鼓腹，平底微凹。标本 H497：122，泥质灰陶。口微外撇，底残。肩饰数道不规则划弦纹。口径 11.7、残高 17.2 厘米（图一二二，4）。标本 H80：2，泥质灰陶。口微外撇。腹饰较稀疏横篮纹。口径 12.6、底径 6.3、高 19 厘米（图一二二，5；图版四二，3）。

Ⅲ式　15 件。宽凹沿变浅，口变小，鼓腹，近底处斜直，平底微凹。标本 H56：8，泥质深灰陶，颈内壁有轮制拉胚痕迹。小口，直颈。素面。口径 11.2、底径 8.2、高 23 厘米（图一二二，6）。标本 H56：15，泥质灰陶。肩、腹部饰横篮纹。口径 9.8、底径 8.5、高 18.8 厘米（图一二二，7；图版四二，4）。

Ⅳ式　10 件。直口，窄沿，沿面有浅凹槽，圆唇微凸，弧腹，近底处近垂直。标本 H56：11，泥质灰陶。平底似假圈足。肩、腹部饰横篮纹。口径 10.2、底径 6.6、高 16.4 厘米（图一二二，9；图版四三，1）。

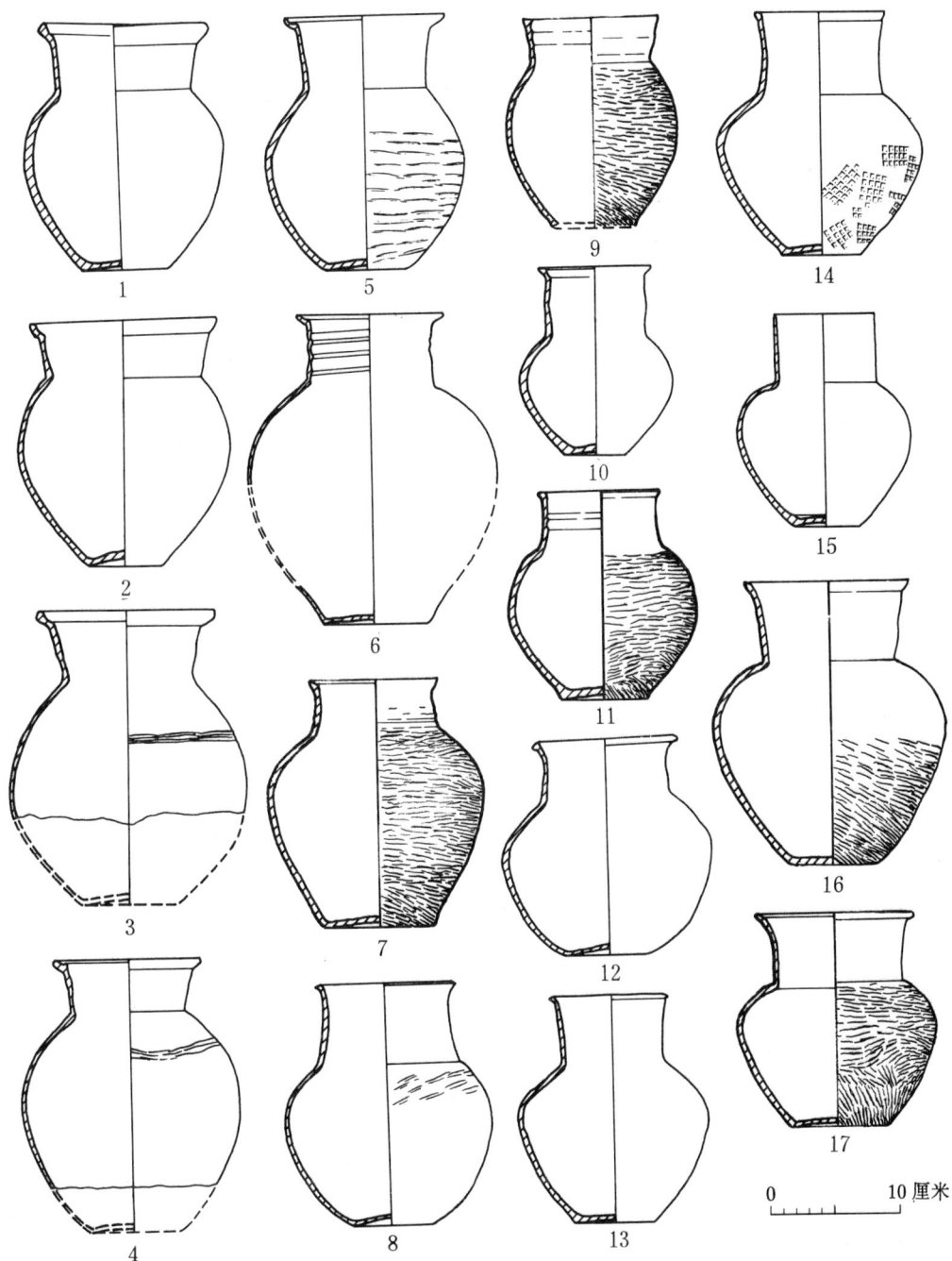

图一二二　石家河文化早期陶高领罐

1~3. A型Ⅰ式 AT1105④:7、H57:25、H497:105　　4、5. A型Ⅱ式 H497:122、H80:2

6、7. A型Ⅲ式 H56:8、H56:15　　8、12. Ba型Ⅰ式 H434②:87、H434②:72　　9. A型Ⅳ

式 H56:11　　10、11. A型Ⅴ式 AT1③:1、AT2612④:10　　13、14. Ba型Ⅱ式 H408:1、

AT1916④B:2　　15. Bb型 AT2218④:2　　16、17. C型 H43:9、H552:1

Ⅴ式　7件。直口，窄沿，沿面凹槽不明显，球腹，腹壁近底处垂直。标本AT1③：1，泥质灰陶。尖唇，细直领，平底微内凹。素面。口径8.8、底径4.8、高13.9厘米（图一二二，10；图版四三，2）。标本AT2612④：10，泥质红陶。圆唇微凸，凹底，近假圈足。上腹饰横篮纹，下腹饰交错篮纹。口径8.8、底径6.7、高15.6厘米（图一二二，11；图版四三，3）。

B型　28件。高领，浅腹扁矮，分两个亚型。

Ba型　17件。侈口，外折沿，分二式。

Ⅰ式　8件。侈口，束颈略粗，圆肩，鼓腹，凹底。标本H434②：87，泥质灰陶。外折沿，尖唇，圆鼓腹，底内凹。肩饰稀疏篮纹。口径10.7、底径6.2、高17.6厘米（图一二二，8）。标本H434②：72，泥质红胎黑皮陶。外折沿，凸唇，鼓腹微折，底微内凹。素面。口径10.4、底径6.4、高16厘米（图一二二，12；图版四三，4）。

Ⅱ式　9件。口微侈，直领，细颈，折肩，弧腹，下腹近斜直，平底微凹。标本H408：1，泥质灰陶。窄沿外凸。素面。口径9、底径6.3、高17厘米（图一二二，13；图版四四，1）。标本AT1916④B：2，泥质灰陶。窄沿，圆唇外凸，腹部饰较稀疏的方格纹。口径10.4、底径6、高18厘米（图一二二，14；图版四四，2）。

Bb型　11件。数量较少。直口，直领，弧腹。标本AT2218④：2，泥质灰陶。尖唇，高直领，圆肩，底微内凹。素面。口径8.5、底径5.3、高16厘米（图一二二，15；图版四四，3）。

C型　7件。数量较少，高领，喇叭形口，圆肩，平底。标本H43：9，泥质灰陶。窄平沿，尖唇外侈，深弧腹。腹饰斜篮纹。口径12.4、底径7、高21.2厘米（图一二二，16；图版四四，4）。标本H552：1，夹砂灰陶。浅凹沿，圆唇外凸，浅弧腹。肩和上腹饰横篮纹，下腹饰交错篮纹。口径12.4、底径7.5、高16.2厘米（图一二二，17；图版四五，1）。

大口罐　9件。均为大口。标本H66：10，泥质灰陶。凹沿，圆唇外凸，高领，鼓肩，扁腹，凹底。素面。口径21、底径9.4、高29.2厘米（图一二三，1；图版四五，2）。标本H56：80，泥质灰陶。仰折沿，方唇，溜肩，鼓腹，平底。素面。口径19.5、底径11.3、高26厘米（图一二三，2；图版四五，3）。标本AT3105③：11，泥质灰陶。仰折沿，圆唇，鼓腹，凹底。素面。口径19.2、底径7、高15.2厘米（图一二三，3；图版四五，4）。标本H248：1，泥质灰陶。卷沿，圆唇，短直颈，垂腹，凹底。素面。口径14、底径8.4、高15.2厘米（图一二三，4；图版四六，1）。标本H42①：61，泥质灰陶。大口，平沿微外折，尖唇，弧腹，凹底。素面。口径24、底径10.8、高18.5厘米（图一二三，5；图版四六，2）。

中口罐　152件。为常见的器物之一。折沿，深腹。据口沿和腹部的特点可以分

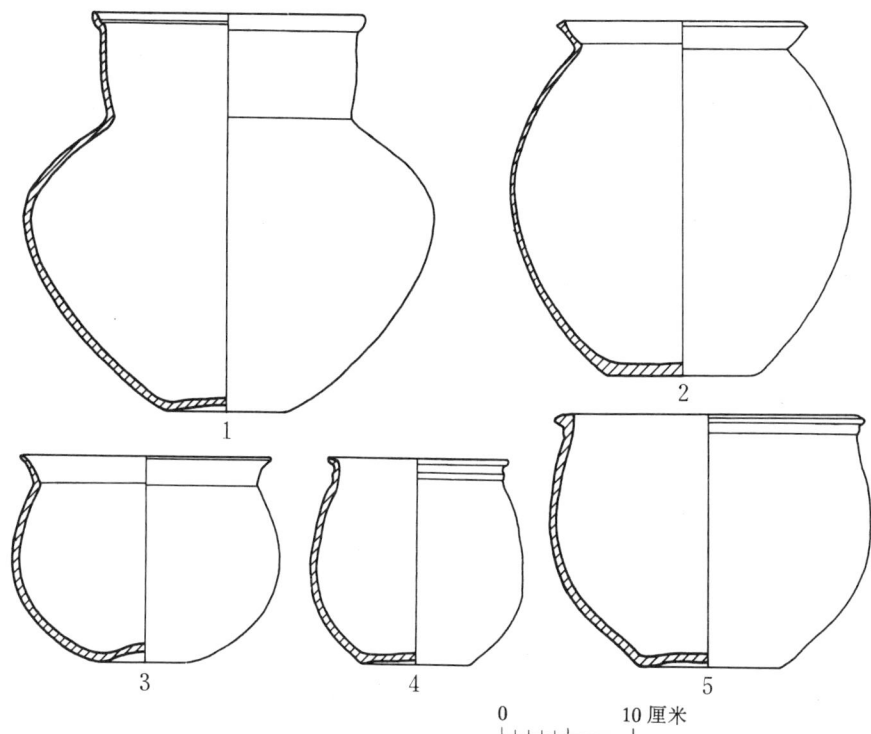

图一二三　石家河文化早期陶大口罐

1. H66：10　　2. H56：80　　3. AT3105③：11　　4. H248：1　　5. H42①：61

为五型。

A型　46件。深鼓腹，器体肥胖，共分四式，只本期有。

Ⅰ式　14件。凹沿，微外折，有领，弧腹，最大腹径在下腹。标本H392：16，泥质灰陶。圆唇，领较高，深弧腹，凹底。上腹饰横篮纹，下腹饰一道锯齿状附加堆纹。口径20、底径8、高33.5厘米（图一二四，1；图版四六，3）。标本AT1007③：18，夹砂灰陶。圆唇，高领，深弧腹，底残。腹部满饰斜篮纹和两道锯齿状附加堆纹。口径26.8厘米（图一二四，2）。标本H56：20，泥质灰陶。尖唇，高领，深弧腹。下腹残。腹部饰较稀疏的横篮纹。口径19.7、残高24.8厘米。

Ⅱ式　11件。仰折沿，沟唇，垂腹，最大腹径在下腹。标本H57：8，泥质灰陶。腹部满饰斜篮纹和一道宽带状附加堆纹。口径16.8、底径15、高34.4厘米（图一二四，4；图版四六，4）。标本H476：9，泥质灰陶。方唇，平底微内凹。腹部满饰方格纹。口径16.8、底径10、高31.6厘米（图版四七，1）。标本H107：45，泥质灰陶。平底似假圈足。素面。口径16.5、底径9.6、高34厘米（图一二四，5）。标本H106：8，泥质灰陶。方唇，沿面微凹，凹底。腹部满饰方格纹。口径12、底径8.5、高28厘米

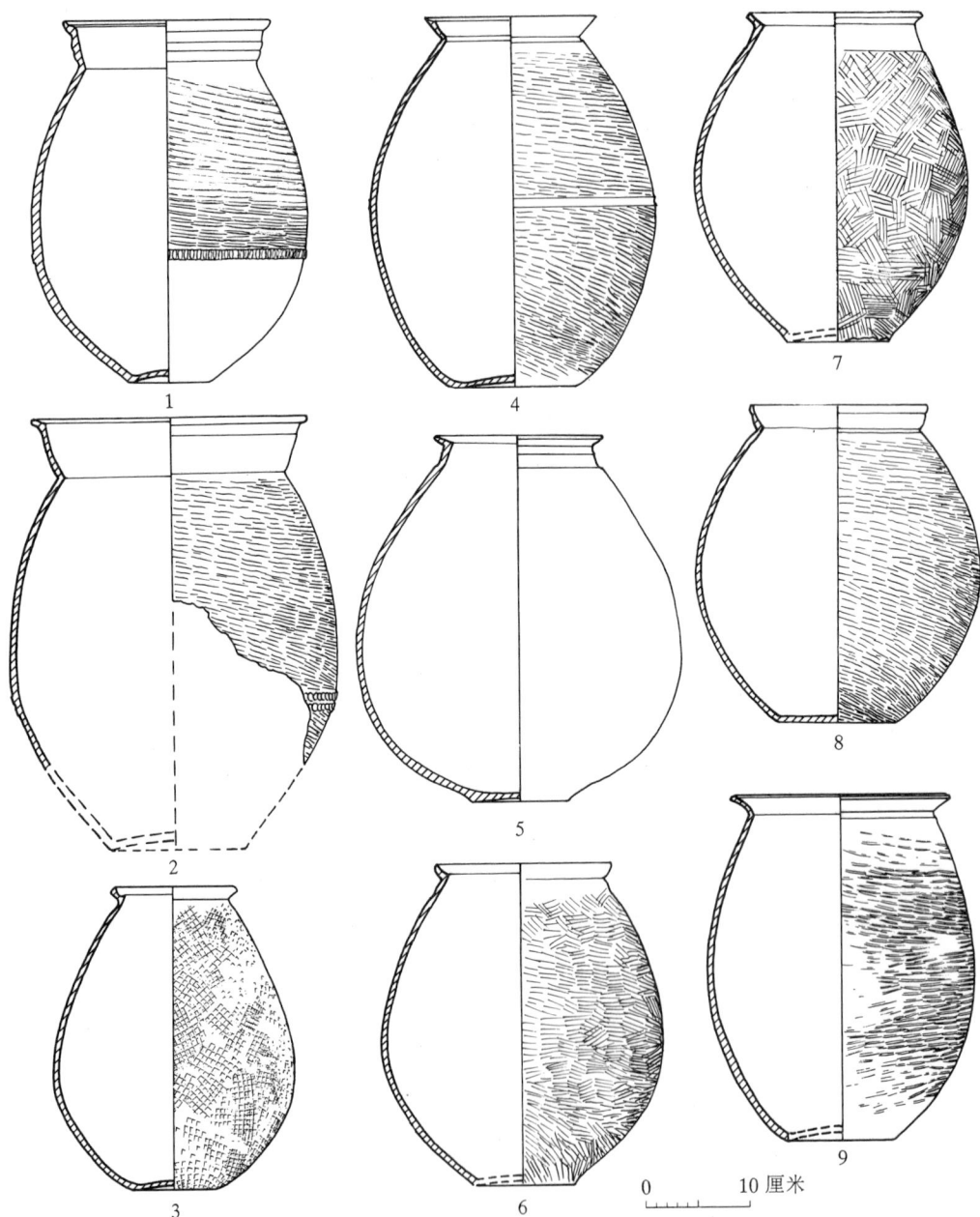

图一二四　石家河文化早期 A 型陶中口罐

1、2. Ⅰ式 H392:16、AT1007③:18　　　3～5. Ⅱ式 H106:8、H57:8、H107:45

6～8. Ⅲ式 H107:48、H107:46、AT407③:7　　9. Ⅳ式 H408:18

（图一二四，3；图版四七，2）。标本 H434②:91，泥质灰陶。口残，凹底。上腹饰横篮纹和一道附加堆纹，下腹饰交错篮纹。底径 9.2、残高 25.8 厘米。

Ⅲ式　18件。仰折沿，鼓腹，最大腹径在中腹。标本 H107：48，夹砂灰陶。仰折沿较矮，沿面微凹，圆唇，底略残。器表满饰交错篮纹。口径 16.2、底径 10、高 30.4 厘米（图一二四，6；图版四七，3）。标本 H107：46，泥质灰陶。底略残。器表满饰交错篮纹。口径 17、高 30 厘米（图一二四，7）。标本 AT407③：7，泥质灰陶。仰折沿较高，凸唇，平底。器表满饰斜篮纹。口径 16.6、底径 11.2、高 29 厘米（图一二四，8）。

Ⅳ式　3件。仰折沿，深弧腹，最大腹径在中腹。标本 H408：18，夹砂灰陶。仰折沿微外翻，方唇，凹底。腹部饰横篮纹，较稀疏模糊。口径 21.4、底径 10.4、高 32 厘米（图一二四，9；图版四七，4）。

B型　82件。器体作橄榄形，共分三式。

Ⅰ式　36件。垂腹，最大腹径在下腹。标本 H434②：71，夹砂黑陶。凹沿，圆唇外折，小平底。素面。口径 11.2、底径 4.8、高 20.2 厘米（图一二五，1；图版四八，1）。标本 H434③：7，夹砂黑陶。折沿，圆唇，小平底微凹。素面。口径 12、底径 5、高 22 厘米（图一二五，2；图版四八，2）。标本 H42①：146，夹砂红陶。折沿，沿面微凹，方唇，平底。腹部满饰斜篮纹。口径 16.7、底径 8、高 25.8 厘米（图一二五，3；图版四八，3）。标本 H427：25，泥质红陶。子母口，凸唇，凹底。腹部满饰横篮纹。口径 13、底径 6.4、高 25.6 厘米（图一二五，4；图版四八，4）。标本 AT2612④：3，泥质灰陶，局部黑色。卷沿，圆唇，平底微凹。下腹饰一道凹弦纹。口径 13.6、底径 8、高 22 厘米（图一二五，5）。

Ⅱ式　19件。鼓腹，最大腹径在中腹。标本 AT304④B：12，泥质红陶。卷沿，沿面平，凹底。腹部满饰方格纹。口径 16.4、底径 10、高 26.8 厘米（图一二五，6）。标本 H42①：144，夹砂灰陶。凹沿，圆唇，平底微内凹。腹部满饰交错篮纹。口径 16、底径 9.2、高 28 厘米（图一二五，7；图版四九，1）。标本 H42①：148，泥质灰陶，局部黑色。折沿，沿面平，圆唇，平底。腹部满饰方格纹。口径 15.6、底径 7.5、高 29.2 厘米（图一二五，8）。标本 AT404②：4，泥质红陶。卷沿，圆唇，中腹腹壁近直，凹底。腹部满饰竖篮纹和一道凹弦纹。口径 13.4、底径 6.4、高 25 厘米（图一二五，9；图版四九，2）。标本 AT1821②：15，夹砂红陶。折沿，沿面微内凹，圆唇，平底微内凹。腹部满饰斜篮纹。口径 12.8、底径 7.6、高 27.6 厘米（图一二五，10）。标本 AT1717②：4，泥质灰陶。折沿，方唇，凹底。腹部满饰斜篮纹。口径 13.6、底径 7.6、高 23.6 厘米（图一二五，11）。标本 H42②：94，泥质红陶，器体较小。折沿，方唇，平底微凹。腹部饰方格纹。口径 12.2、底径 8.4、高 18 厘米（图版四九，3）。标本 H556：1，泥质黑陶，器体较小。折沿，方唇，小凹底。素面。口径 9.2、底径 5.6、高 20.2 厘米（图版四九，4）。

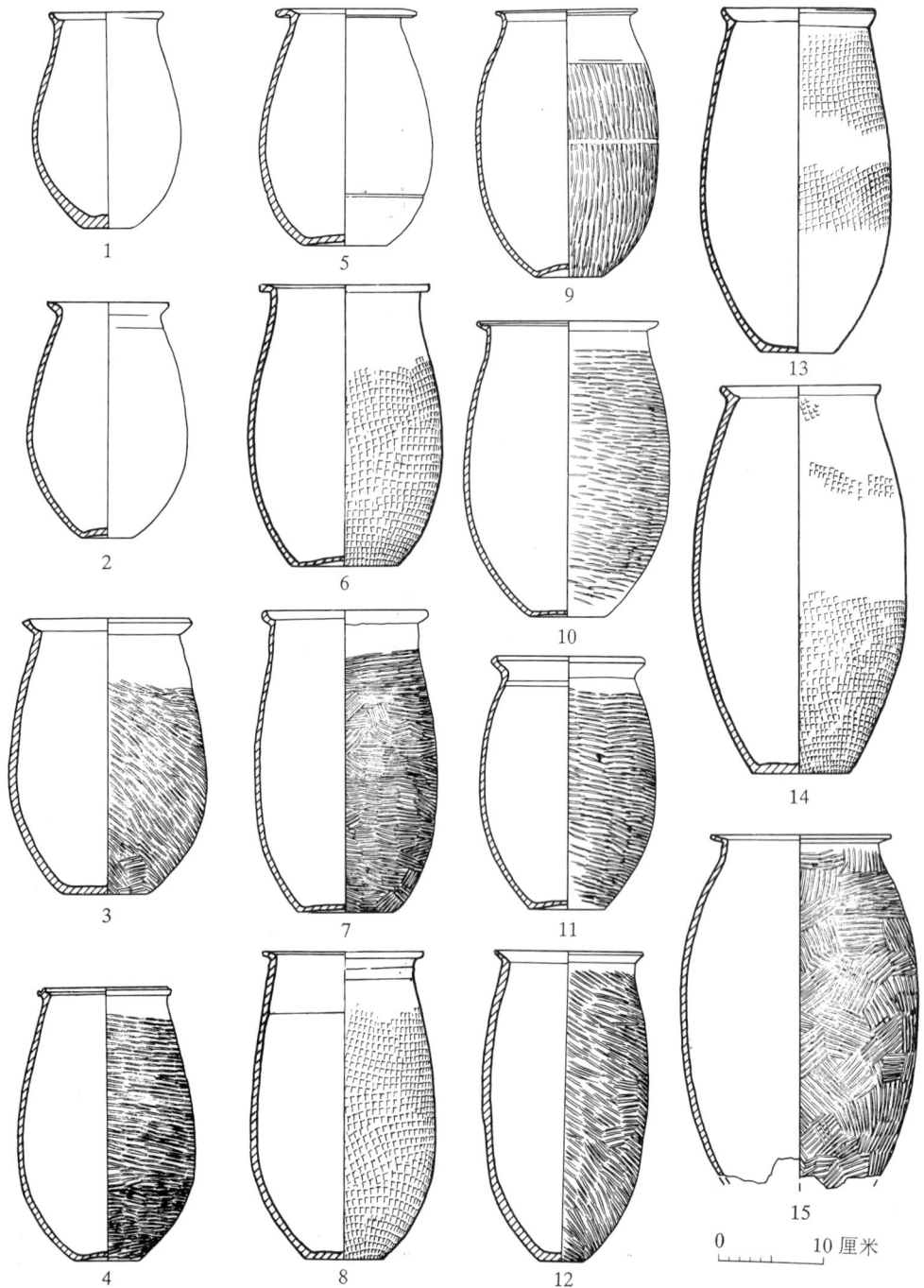

图一二五　石家河文化早期 B 型陶中口罐

1～5．Ⅰ式 H434②：71、H434③：7、H42①：146、H427：25、AT2612④：3

6～11．Ⅱ式 AT304④B：12、H42①：144、H42①：148、AT404②：4、AT1821②：15、

AT1717②：4　　12～15．Ⅲ式 H42①：9、AT206②：1、H465：1、H357：1

Ⅲ式　27件。深弧腹，最大腹径在中腹。标本 H42①：9，夹砂红陶。折沿，沿面平，方唇，小平底。腹部满饰斜篮纹。口径 14.5、底径 4、高 29 厘米（图一二五，12；图版五〇，1）。标本 AT206②：1，夹砂红陶。折沿，沿面微凹，圆唇，小平底。腹部满饰方格纹。口径 14、底径 6.8、高 32.4 厘米（图一二五，13）。标本 H465：1，泥质红陶。折沿，沿面微凹，圆唇，平底。腹部饰方格纹。口径 15.4、底径 9.6、高 36.6 厘米（图一二五，14）。标本 H357：1，泥质红陶。宽沿近平，圆唇，底残。腹饰交错篮纹。口径 17.5、残高 33 厘米（图一二五，15）。

C型　12件。大多为夹砂陶，胎较厚，器体厚重，作橄榄形。分二式。

Ⅰ式　5件。鼓腹，最大腹径在下腹。标本 H493：2，夹砂红陶，胎较厚。凹沿，方唇，平底微凹。颈饰横篮纹，腹部饰交错篮纹，纹饰较浅而模糊。口径 15.2、底径 10、高 35 厘米（图一二六，1；图版五〇，2）。标本 H120：1，夹粗砂红陶，厚胎。折沿，沿面微凹，尖唇，平底微凹。颈下饰竖篮纹，腹部饰较稀疏的交错篮纹。口径 14.8、底径 11、高 35 厘米（图一二六，2；图版五〇，3）。

Ⅱ式　7件。弧腹，最大腹径在中腹。标本 H357：5，泥质灰陶。折沿，沿面平，圆唇，短颈，平底。腹部刻画一人像。人像作站立状，方冠，冠上插羽，方口，直鼻，细颈，两臂平伸，右手似执一钺，两腿分开，双脚着靴。口径 13、底径 8.2、高 29.8 厘米（图一二七；图版五一，1、2）。标本 H42①：159，夹砂灰陶，厚胎。凹沿，圆唇，小平底。素面。口径 14、底径 6.4、高 35.8 厘米（图一二六，3；图版五〇，4）。

D型　6件。窄沿，沿下有凸棱一周，直口或敛口。分二式。

Ⅰ式　1件。标本 AT2020⑤：10，夹砂灰陶。直口，鼓腹，平底。腹部满饰斜篮纹。口径 14.3、底径 5、高 22.5 厘米（图一二六，4；图版五一，3）。

Ⅱ式　5件。敛口，弧腹。标本 H42①：5，泥质灰陶。口微敛，凹底。腹部满饰交错篮纹。口径 16、底径 7.2、高 33.8 厘米（图一二六，5；图版五一，4）。标本 H427：2，泥质红陶。敛口，平底。腹部满饰斜篮纹。口径 14.4、底径 7.2、高 33 厘米（图一二六，6；图版五二，1）。

E型　6件。器体瘦长，上腹斜直，器体作腰鼓形。分二式。

Ⅰ式　2件。宽平沿，垂腹，最大腹径在下腹。标本 H138：1，泥质红胎灰陶。圆唇，底微凹。素面。口径 8.8、底径 8.4、高 30 厘米（图一二六，9；图版五二，2）。

Ⅱ式　4件。弧腹，最大腹径在中腹。标本 H42①：160，泥质黑陶。折沿，圆唇，短直颈，平底。颈和腹部饰少量横篮纹。口径 16、底径 9.6、高 39.8 厘米（图一二六，7；图版五二，3）。标本 AT304④A：23，泥质黑陶。凹沿，圆唇，深弧腹近直，凹底。上腹饰横篮纹，下腹饰斜篮纹。口径 17.2、底径 7.6、高 35.2 厘米（图一二六，8；图版五二，4）。

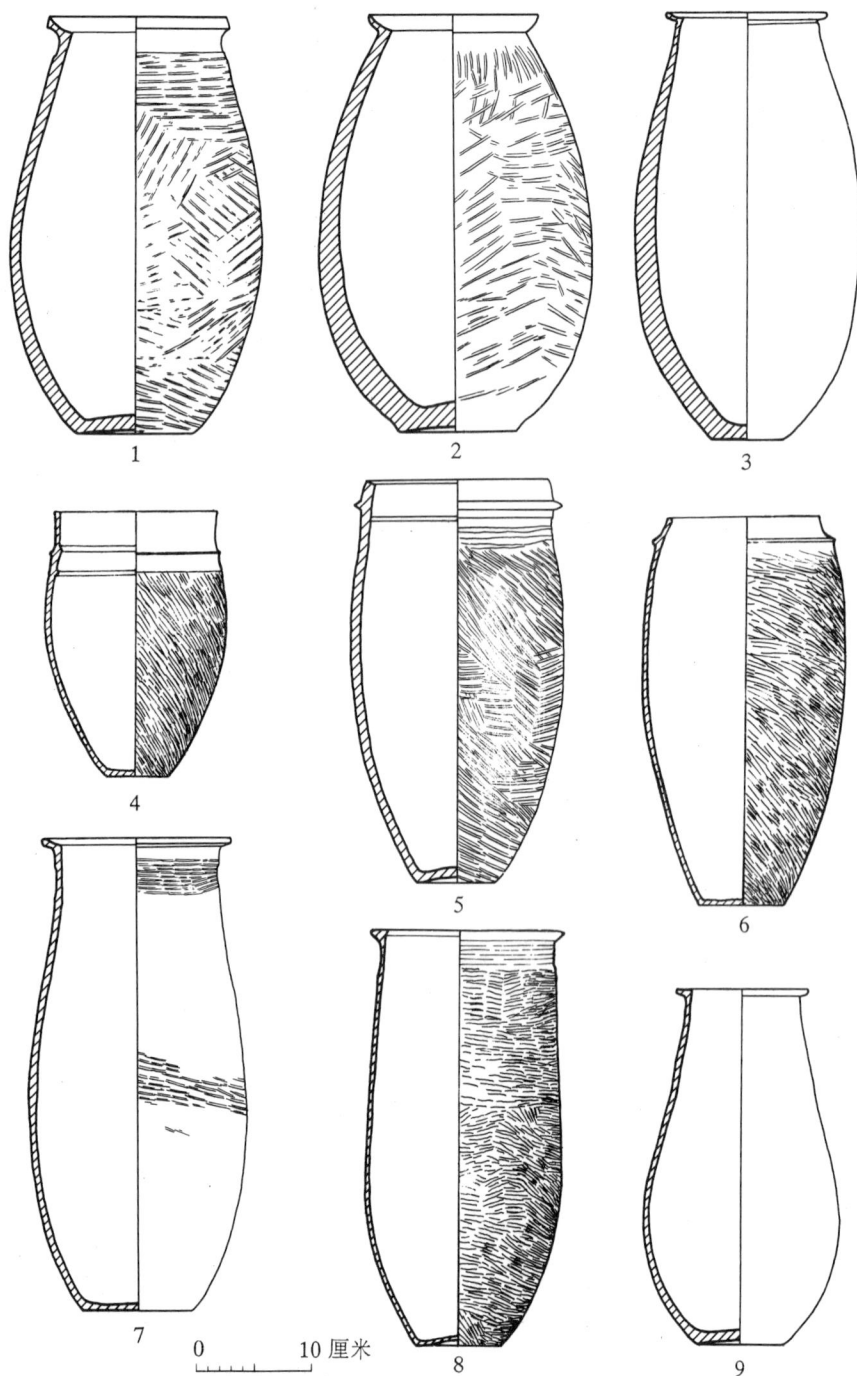

图一二六　石家河文化早期 C、D、E 型陶中口罐

1、2. C 型 I 式 H493:2、H120:1　　3. C 型 II 式 H42①:159　　4. D 型 I 式 AT2020⑤:10　　5、6.
D 型 II 式 H42①:5、H427:2　　7、8. E 型 II 式 H42①:160、AT304④A:23　　9. E 型 I 式 H138:1

小口罐　数量较少，复原 4 件。形制各不相同。标本 H338：1，泥质黑陶。小口，宽平沿，圆唇，细短颈，广肩，鼓腹，平底微凹。腹部满饰方格纹。口径 12、底径 12、高 27.2 厘米（图一二八，4；图版五三，1）。标本 H371：15，夹砂红胎黑陶。小口，口沿残，细束颈，鼓腹，凹底。腹部饰较稀疏的方格纹，浅而模糊。底径 8.5、残高 21.6 厘米（图一二八，2）。标本 H371：17，泥质灰陶。小口，凹沿，圆唇，短束颈，垂腹，圜底。素面。口径 13、高 21.2 厘米（图一二八，3 ）。标本 AT1721④：5，泥质红陶。喇叭形小口，束颈，广肩，弧腹，凹底。素面。口径 14、底径 10、高 30.6 厘米（图一二八，1；图版五三，2）。

长颈罐　30 件。较常见的器物之一。共分三型。

A 型　25 件。细长颈，可分四式。

I 式　4 件。窄沿，沿面有凹槽，折肩。标本 AT1907⑥：1，泥质灰陶。侈口，斜直腹，平底微凹。素面。口径 10.4、底径 6.6、高 14.5 厘米（图一二八，5；图版五三，3）。

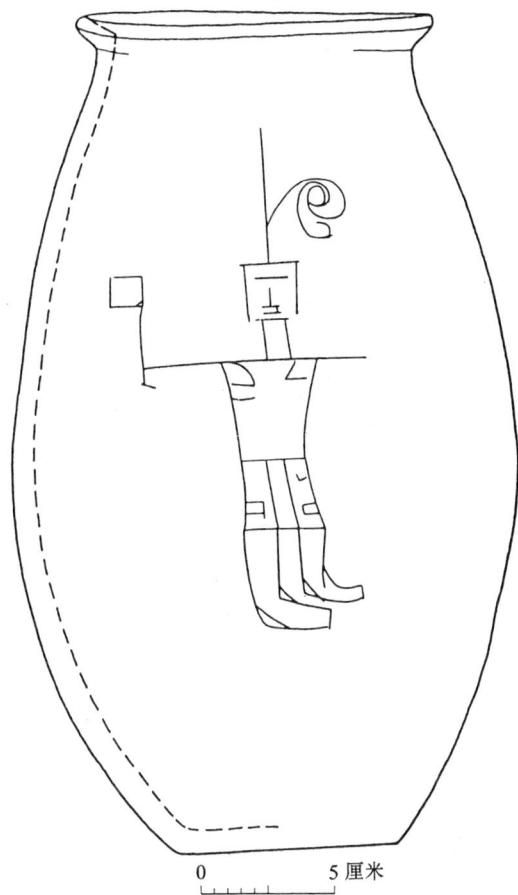

图一二七　石家河文化早期 C 型 II 式陶中口罐 H357：5 刻划人物

II 式　9 件。长颈较粗，窄沿，沟唇，圆肩。标本 H494：1，泥质红陶。直口，弧腹，平底。素面。口径 10、底径 6、高 15.7 厘米（图一二八，6；图版五三，4）。标本 H434②：74，泥质红胎黑陶。口残，腹近折，凹底。素面。底径 7.5、残高 18.5 厘米（图一二八，7）。

III 式　7 件。细长颈，圆唇，鼓腹，腹腔较小，平底。标本 H83：11，夹砂红胎黑陶。侈口。素面。口径 8、底径 4.8、高 13.6 厘米（图一二八，8；图版五三，5）。标本 H8：1，泥质灰陶。口微侈。腹部有一道凸棱。口径 6.6、底径 4.8、高 12 厘米（图一二八，9）。

IV 式　5 件。细长颈，圆唇，鼓腹，小腹腔，平底。标本 H92：4，夹砂黑陶。口微

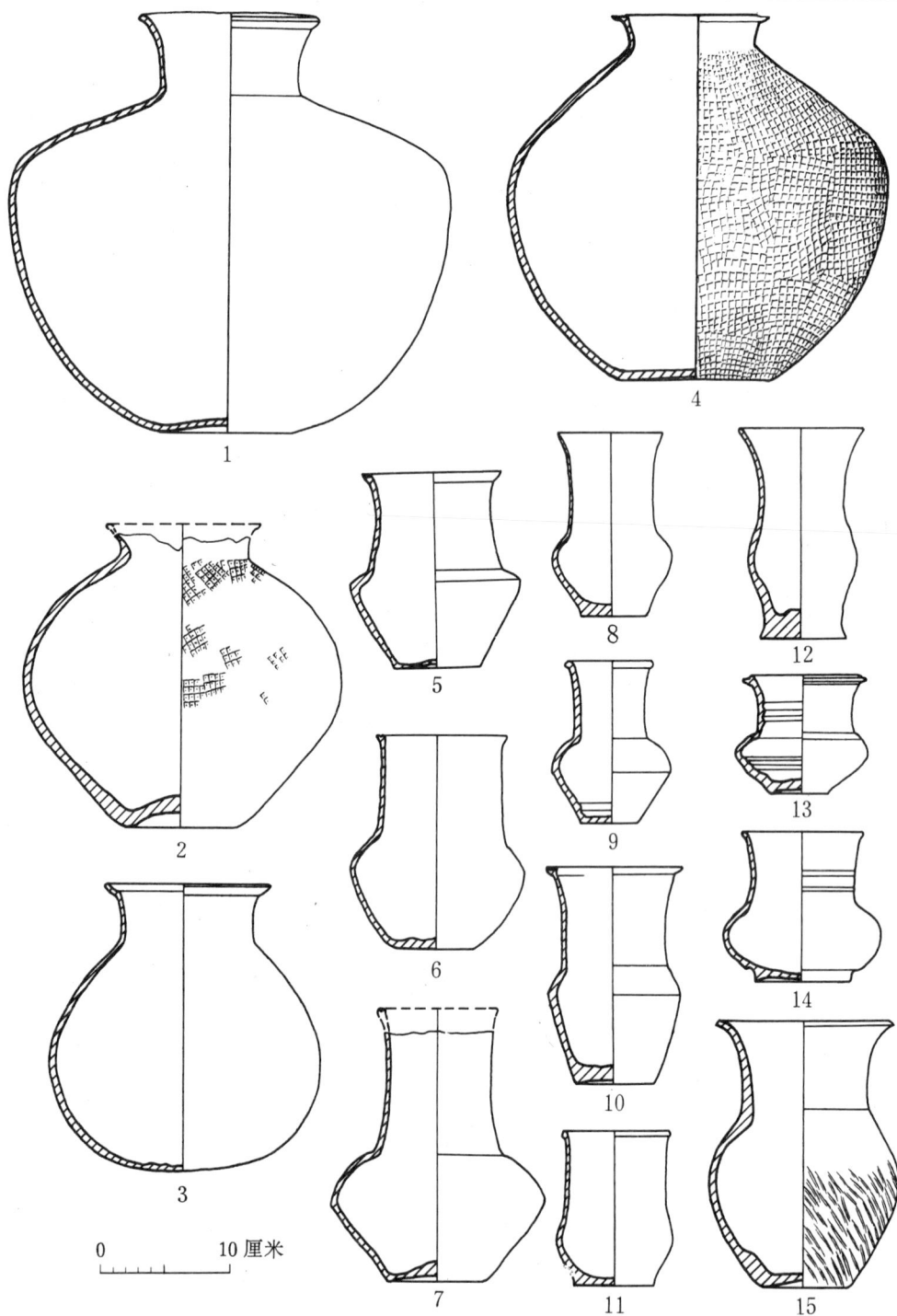

0　　　　　10 厘米

图一二八　石家河文化早期陶小口罐、长颈罐

1~4. 小口罐 AT1721④:5、H371:15、H371:17、H338:1　　5. A 型 I 式长颈罐 AT1907

⑥:1　　6、7. A 型 II 式长颈罐 H494:1、H434②:74　　8、9. A 型 III 式长颈罐 H83:11、

H8:1　　10~12. A 型 IV 式长颈罐 H92:4、AT2014④:2、AT3307②:3　　13. B 型 I 式长

颈罐 H434③:19　　14. B 型 II 式长颈罐 AT204③:3　　15. C 型长颈罐 H465:11

侈，凹沿，平底微凹。素面。口径 10.4、底径 6、高 16 厘米（图一二八，10；图版五三，6）。标本 AT2014④：2，泥质灰陶。圆唇外凸，长颈较直，平底似假圈足。素面。口径 8.2、底径 4.4、高 11.4 厘米（图一二八，11）。标本 AT3307②：3，夹砂灰陶。喇叭口，束颈，平底似假圈足。素面。口径 9.6、底径 6.7、高 15.6 厘米（图一二八，12）。

B 型　4 件。长颈较粗，扁腹，分二式。

Ⅰ式　2 件。粗颈，凹沿，凹底。标本 H434③：19，泥质灰陶。宽沿外折，沿面微凹，圆唇，扁折腹，假圈足不明显。素面。口径 9.5、底径 4.4、高 8.6 厘米（图一二八，13；图版五四，1）。

Ⅱ式　2 件。窄沿，假圈足。标本 AT204③：3，泥质灰陶。窄沿，圆唇，长颈较粗，扁鼓腹，圜底。素面。口径 9.5、底径 7.3、高 11.3 厘米（图一二八，14；图版五四，2）。

C 型　1 件。标本 H465：11，夹砂黑陶，胎较厚。喇叭口，方唇，长颈较粗，圆肩，鼓腹，凹底。下腹饰斜篮纹。口径 13.6、底径 6.4、高 19.5 厘米（图一二八，15；图版五四，3）。

小罐　19 件。数量少，器形较小，共分三型。

A 型　15 件。敞口，分二式。

Ⅰ式　12 件。凹沿，束颈，鼓腹。标本 AT1106④：8，泥质灰陶。凹沿。腹部饰数道划弦纹。口径 10.4、底径 4、高 12.5 厘米（图一二九，2）。标本 H102：3，泥质灰陶，手制，器体不规则。素面。口径 10.3、底径 5.2、高 12.8 厘米（图版五四，4）。标本 AT403②：1，泥质灰陶，手制，器体不规则。喇叭口，短颈，弧腹，凹底。素面。口径 12.2、底径 6.8、高 12.2 厘米（图一二九，4）。

Ⅱ式　3 件。大口，翻沿，小腹。标本 AT1318②：15，泥质红陶。圆腹，凹底。素面。口径 9.6、底径 4.4、高 8.6 厘米（图一二九，5）。标本 H445：8，夹砂红陶。圆唇，弧腹，平底。素面。口径 11.3、底径 5、高 6.7 厘米（图一二九，6；图版五四，5）。标本 AT3212②：15，泥质灰陶。弧腹，凹底。腹饰横篮纹。口径 13、底径 4.4、高 8 厘米（图一二九，7）。

B 型　仅 1 件。标本 H56：24，夹砂灰陶，手制，制作不规则。敛口，凹沿，尖唇上侈，鼓腹，平底微凹。素面。口径 9、底径 5.6、高 10.8 厘米（图一二九，8；图版五四，6）。

C 型　3 件。敛口，折沿，垂腹。标本 H56：6，泥质灰胎黑陶。圆唇，下腹内折，小凹底。素面。口径 6、底径 3.6、高 10 厘米（图一二九，9）。标本 AT207③：1，泥质灰陶。尖唇，下腹内收，凹底。素面。口径 8.2、底径 5、高 9.6 厘米（图一二九，10；

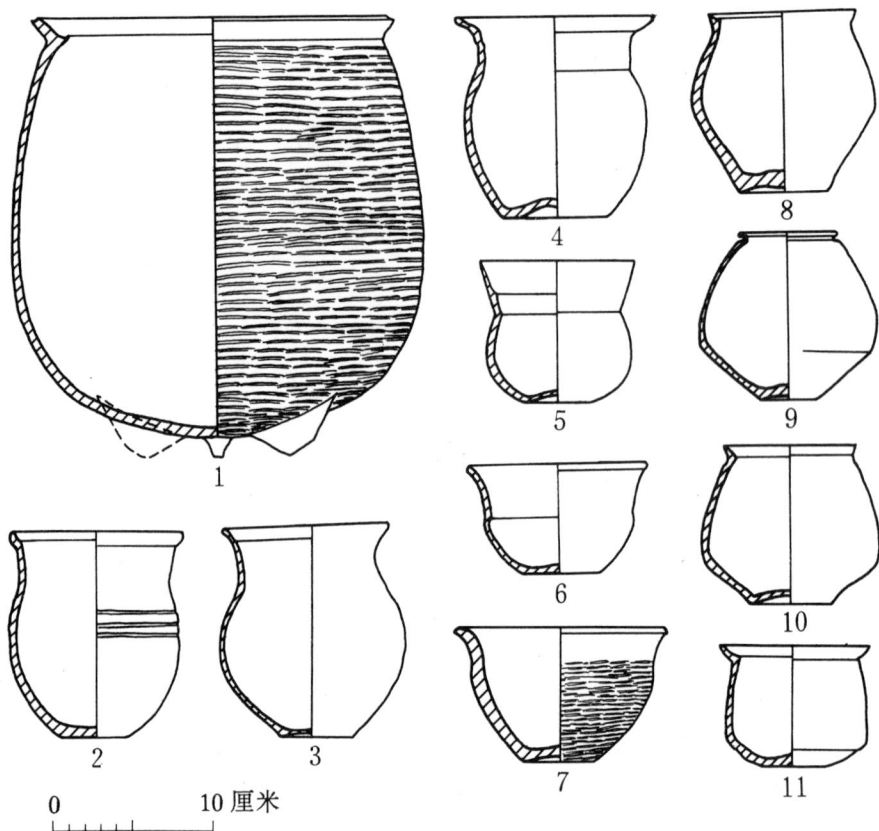

图一二九　石家河文化早期陶三足罐、小罐

1. 三足罐 H373∶45　　2～4. A 型 I 式小罐 AT1106④∶8、H102∶3、AT403②∶1

5～7. A 型 II 式小罐 AT1318②∶15、H445∶8、AT3212②∶15　　8. B 型小罐 H56∶24

9～11. C 型小罐 H56∶6、AT207③∶1、H212∶3

图版五五，1）。标本 H212∶3，泥质黑陶，局部灰色。圆唇，凹沿，平底。素面。口径 9.4、底径 4、高 7.4 厘米（图一二九，11；图版五五，2）。

　　广肩罐　24 件。共分四型，早期只有 A 型。

　　A 型　14 件。弧腹，共分五式，早期有 I、II 式。

　　I 式　4 件。高领，广肩略鼓。标本 H434④∶3，泥质黑陶。侈口，窄沿微凹，深弧腹，底残。肩饰数道划弦纹。口径 12.4、腹径 25、高 27.2 厘米（图一三〇，1；图版五五，3）。标本 H42①∶158，泥质灰陶。窄沿，沿面微凹，深弧腹，凹底。肩、腹部饰三组不规则的划弦纹。口径 12.5、底径 6、高 26 厘米（图一三〇，2；图版五五，4）。

　　II 式　10 件。高领，鼓肩较明显。标本 H434③∶5，夹砂灰陶。宽沿内凹，圆唇外凸，高领较直，鼓肩较明显，弧腹变浅，凹底。器表满饰交错篮纹。口径13、底径8、高24厘米（图一三〇，3；图版五六，1）。

三足罐 数量很少，复原1件。标本H373：45，夹砂灰陶。仰折沿，沿面微凹，沟唇，深垂腹，圜底，附三个侧装梯形足。腹部满饰横篮纹。口径22.5、高26.7厘米（图一二九，1；图版五六，2）。

瓮 35件。形体均较大，完整和能复原的器物很少。标本H497：6，泥质黑陶。凹沿，矮领，圆肩，鼓腹，下腹残。肩、腹部满饰斜篮纹和数道附加堆纹。口径18.4、腹径40.8、残高30厘米（图一三一，1）。标本H44：4，泥质黑陶。矮领，敛口，平肩，上腹近直，下腹残。肩有凸棱一周，腹饰方格纹。口径19.5、残高8.5厘米（图一三一，2）。标本AT405②：3，夹砂灰陶。窄平沿，矮领，圆肩，深鼓腹，平底。器表饰斜篮纹，纹饰较粗犷。口径20.4、底径10.4、高30厘米（图一三一，3；图版五六，3）。标本H347：2，泥质灰陶，局部黑色，胎较厚。口较小，窄沿，凸唇，矮直领，鼓肩，深弧腹，凹底。肩饰数道凹弦纹，腹饰竖篮纹。口径14.3、底径10、高27.6厘米（图一三一，4；图版五六，4）。标本H42①：147，夹砂灰陶。口残，圆肩，深弧腹，平底。器表满饰交错篮纹，肩部饰两道附加堆纹。腹径28.4、底径10、残高29.2厘米（图一三一，5）。

缸 50件。常见器物之一，形体均很大，完整和能复原的器物不多。早晚共分三型。

A型 37件。大口，下腹内折，小平底，分两个亚型。

Aa型 33件。宽沿，上腹斜直或斜弧，下腹内折，分三式。

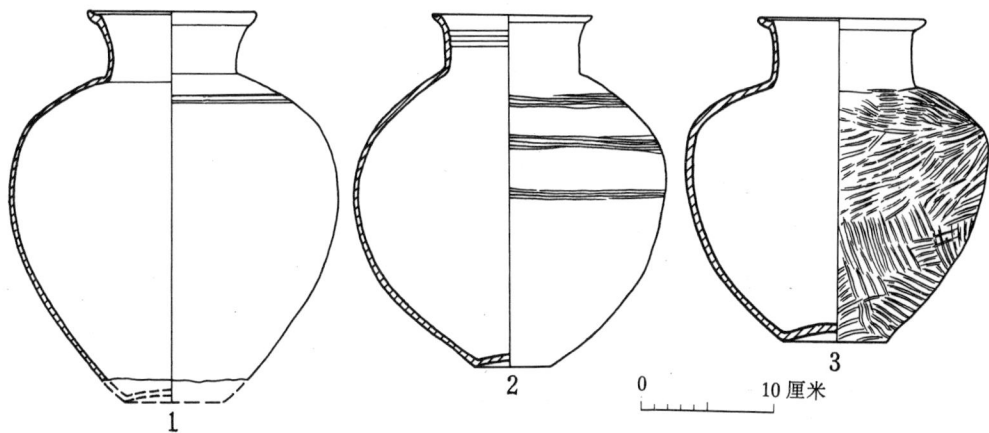

图一三〇 石家河文化早期陶广肩罐

1、2. A型Ⅰ式 H434④：3、H42①：158 3. A型Ⅱ式 H434③：5

Ⅰ式　5件。大口，宽沿外撇，上腹斜弧，下腹内折起棱。标本 AT1406⑤：3，夹砂灰陶。尖唇，深斜弧腹，底残。腹部饰三道附加宽带纹和较稀疏的斜篮纹。口径42.4、腹径31.5、残高40厘米（图一三二，1；图版五七，1）。标本 H379：2，夹砂灰陶。宽沿内侧有凸棱一周，沟唇，深斜弧腹，下腹残。腹部饰附加宽带纹和方格纹。口径50、残高26厘米（图一三二，2）。标本 H497：151，器体很大，夹砂陶，外黑内红。口残，平底。腹饰横篮纹和附加堆纹。底径22.5、残高39.5厘米（图一三二，7）。

Ⅱ式　15件。宽沿外折，上腹斜直，下腹内折起棱。标本 AT405③：1，泥质灰陶。宽平沿外折，方唇，上腹斜直，下腹内折，小平底。上腹满饰方格纹和三道附加宽带纹。口径46、底径13.6、高42.6厘米（图一三二，4；图版五七，2）。标本 H434②：140，夹砂灰陶。口残，上腹较直，下腹内折，平底。腹部满饰方格纹和数道附加宽带纹。底径16.5、残高34厘米（图一三二，3）。

Ⅲ式　13件。直口，直筒形腹，小平底。标本 AT1220②：4，泥质灰陶。宽折沿，深筒形腹，小平底。上腹满饰方格纹。口径36、腹径31.6、高45.2厘米（图一三二，9；图版五七，3）。标本 H127：11，泥质灰陶。口残，上腹腹壁近直，呈筒形，下腹内折起棱，小平底。上腹素面，下腹饰一道凸弦纹。底径12、残高39厘米（图一三二，

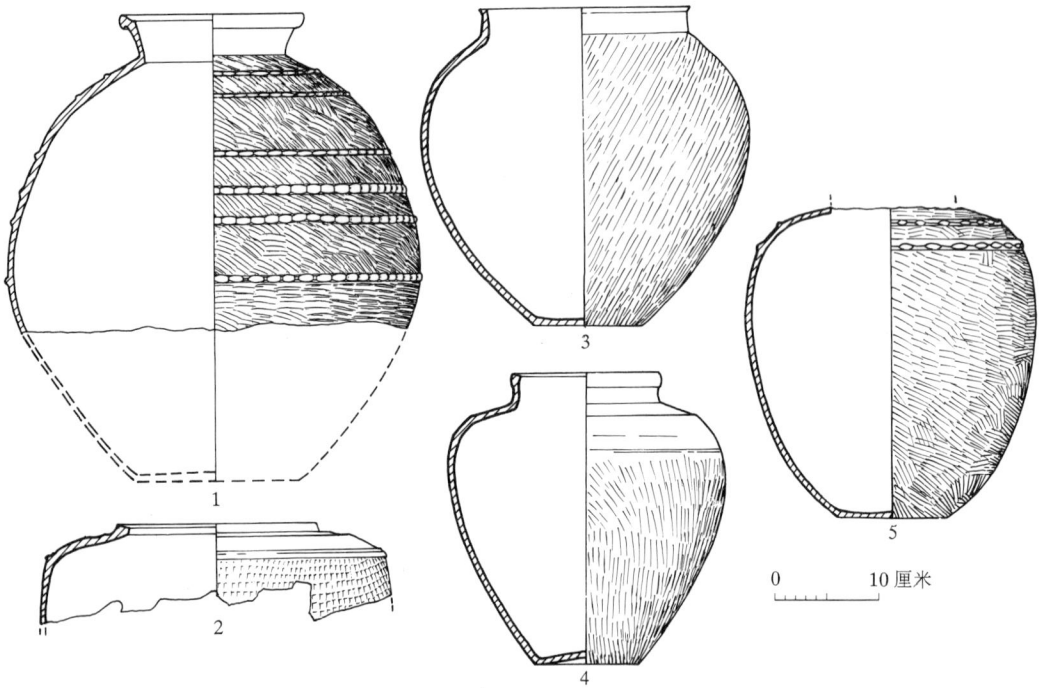

图一三一　石家河文化早期陶瓮

1. H497：6　　2. H44：4　　3. AT405②：3　　4. H347：2　　5. H42①：147

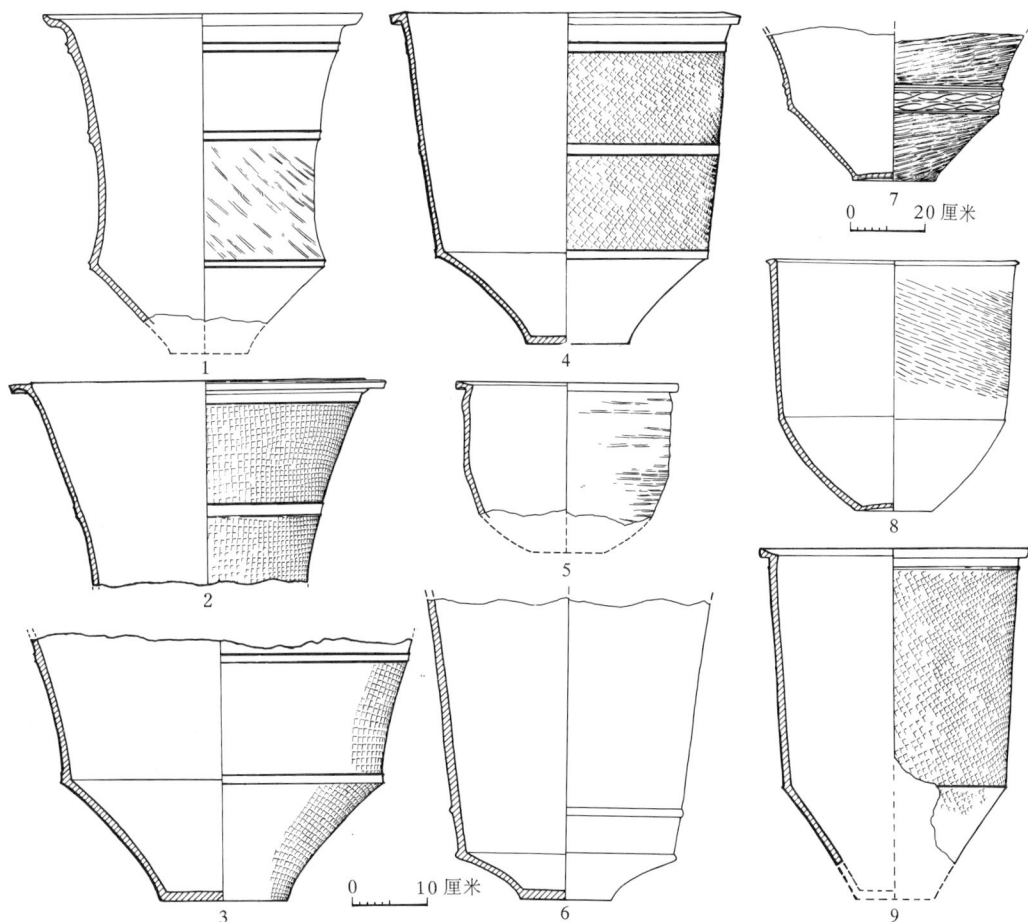

图一三二　石家河文化早期 A 型陶缸

1、2、7. Aa 型 I 式 AT1406⑤：3、H379：2、H497：151　　　3、4. Aa 型 II 式 H434②：140、AT405③：1

5、8. Ab 型 H497：45、AT2308⑤：1　　6、9. Aa 型 III 式 H127：11、AT1220②：4

6)。

　　Ab 型　4 件。直口，直腹，平底。标本 AT2308⑤：1，泥质红陶。窄凸沿，筒形腹，下腹内折，平底微凹。上腹饰斜篮纹。口径 34、底径 10.5、高 32.5 厘米（图一三二，8；图版五七，4）。标本 H497：45，泥质灰陶。宽沿微凹，直腹，底残。口径 29.4、残高 18 厘米（图一三二，5）。

　　B 型　6 件。器体较大，深弧腹或斜直腹，圜底。早晚共分三式，早期有 I、II 式。

　　I 式　3 件。大口，卷沿，深弧腹。标本 H183：7，夹砂红陶，胎较厚。斜弧腹，小圜底残。腹饰横篮纹。口径 62.5、残高 56 厘米（图一三三，1）。

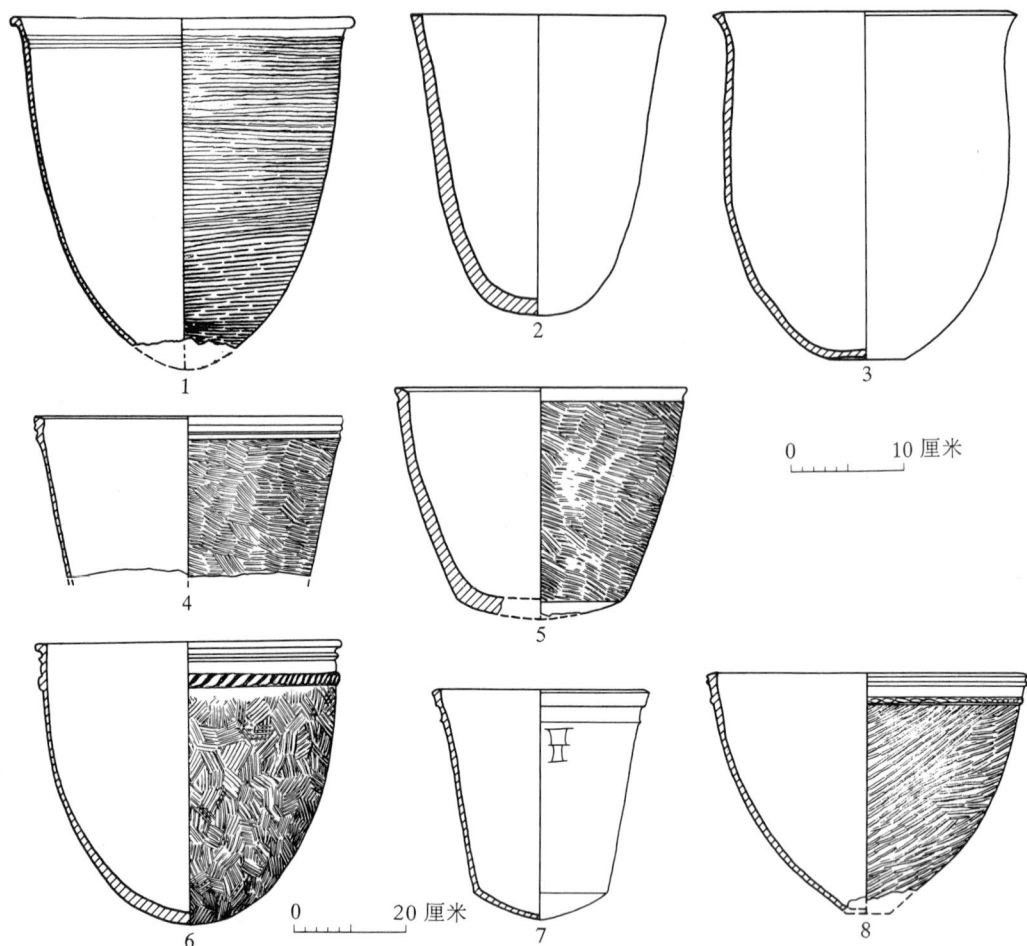

图一三三　石家河文化早期陶缸

1. B型Ⅰ式 H183：7　　2、5、7. B型Ⅱ式 H290：1、H557：3、H434②：80　　3.
其它缸 AT1119③：1　　4、6、8. C型 AT1822⑥：3、AT1522②：1、AT205③：8

　　Ⅱ式　有较多残片，复原 3 件。侈口，窄沿，深斜直腹。标本 H290：1，夹砂红陶，
胎较厚。大口，深腹，圜底。素面。口径 44.8、高 52 厘米（图一三三，2；图版五八，
2）。标本 H557：3，夹砂灰陶，胎较厚。大口，腹较深，下腹内折，圜底残。口沿下饰
一道凹弦纹，腹部满饰斜篮纹。口径 52、高 40 厘米（图一三三，5）。标本 H434②：
80，泥质黑陶，胎较薄。大口，窄沿，宽贴唇，斜直腹，下腹内折，尖底。唇下饰凸弦
纹一周，上腹有一"高圈足杯"形刻划符号。口径 39、高 40 厘米（图一三三，7；图
版五八，1）。

　　C型　7 件。大口，窄沿，双唇，深腹，圜底或小平底。大都残破，能复原的很
少。标本 AT1822⑥：3，夹砂灰陶，胎较薄。双凸唇，斜直腹，下腹残。腹饰交错篮

纹。口径 56、残高 26 厘米（图一三三，4）。标本 AT1522②：1，夹砂灰陶。窄沿，沿面微弧，双凸唇，斜弧腹，圜底。唇下饰附加堆纹一周，腹饰交错篮纹。口径 55.5、高 49 厘米（图一三三，6；图版五八，3）。标本 AT205③：8，夹砂红陶。窄沿，双凸唇，斜弧腹，小平底略残。唇下饰附加堆纹一周，腹部满饰斜篮纹。口径 56.5、高 42.2 厘米（图一三三，8）。

其它缸　1 件。标本 AT1119③：1，夹砂灰陶。侈口，尖唇，深弧腹，小平底。素面。口径 27、底径 8、高 30 厘米（图一三三，3；图版五八，4）。

臼　99 件。均为夹砂陶，厚胎。共分三型。

A 型　80 件。为常见的器物之一，均为夹粗砂红陶，厚胎。仰折沿，深腹，尖底、圜底或小平底。共分四式。

Ⅰ式　8 件。沟唇，垂腹，尖底。标本 H497：152，夹砂红陶。口残，深腹，最大腹径在下腹，底残。腹部满饰横篮纹，下腹饰三道附加堆纹。腹径 32、残高 36 厘米（图一三四，1）。标本 H497：128，夹砂红陶。仰折沿，沿面微弧，深腹，最大腹径在下腹。上腹饰一道附加宽带纹。口径 27.5、高 50.4 厘米（图一三四，2；图版五九，1）。

Ⅱ式　19 件。尖唇，垂腹，圜底。标本 H56：95，夹砂红陶。仰折沿，沿面微凹，深筒形腹，最大腹径在下腹。上腹饰附加宽带纹一周。口径 22.5、高 39.7 厘米（图一三四，3；图版五九，2）。标本 AT1822④：36，夹砂红陶。仰折沿，沿面微凹，深筒形腹，最大腹径在下腹。上腹饰附加宽带纹一周，底部有压印编织纹。口径 22.6、高 41.2 厘米（图一三四，4；图版五九，3）。

Ⅲ式　25 件。圆唇，深弧腹，圜底。标本 JY4：4，夹砂红陶。折沿，沿面平，深弧腹，最大腹径在中腹，底残。腹部满饰斜篮纹，中腹饰一道附加宽带纹。口径 28、腹径 27、残高 41.5 厘米（图一三四，5；图版五九，4）。标本 JY1：3，夹砂红陶。折沿，沿面微凹，深弧腹，最大腹径在中腹，底残。上腹饰一道附加宽带纹。口径 29、腹径 28.5、残高 45 厘米（图一三四，6；图版六〇，1）。

Ⅳ式　28 件。沟唇，深直腹，最大腹径在中腹，尖底或小平底。标本 JY7：4，夹砂红陶，厚胎。沿面微凹，深筒形腹，小平底。腹部满饰横篮纹，中腹饰一道凹弦纹。口径 26.8、底径 5.5、高 50.7 厘米（图一三五，1；图版六〇，2）。标本 JY7：5，夹砂红陶，厚胎。凹沿，深筒形腹，小平底。腹部满饰横篮纹，中腹饰两道凹弦纹，上腹有一刻划符号。口径 27.2、高 51.5 厘米（图一三五，4）。标本 JY7：9，夹砂红陶，厚胎。沿面微凹，小平底。腹部满饰横篮纹，中腹饰一道凹弦纹，上腹有一刻划符号。口径 28.8、底径 6.1、高 46.5 厘米（图一三五，2；图版六〇，3）。标本 JY7：7，夹砂红陶，厚胎。口残，小平底。腹部满饰横篮纹，中腹有一道凹弦纹，上腹有一刻划符号。底径 3、残高 42 厘米（图一三五，3）。标本 JY5：3，夹砂红陶，胎较厚。器体较胖。口残，

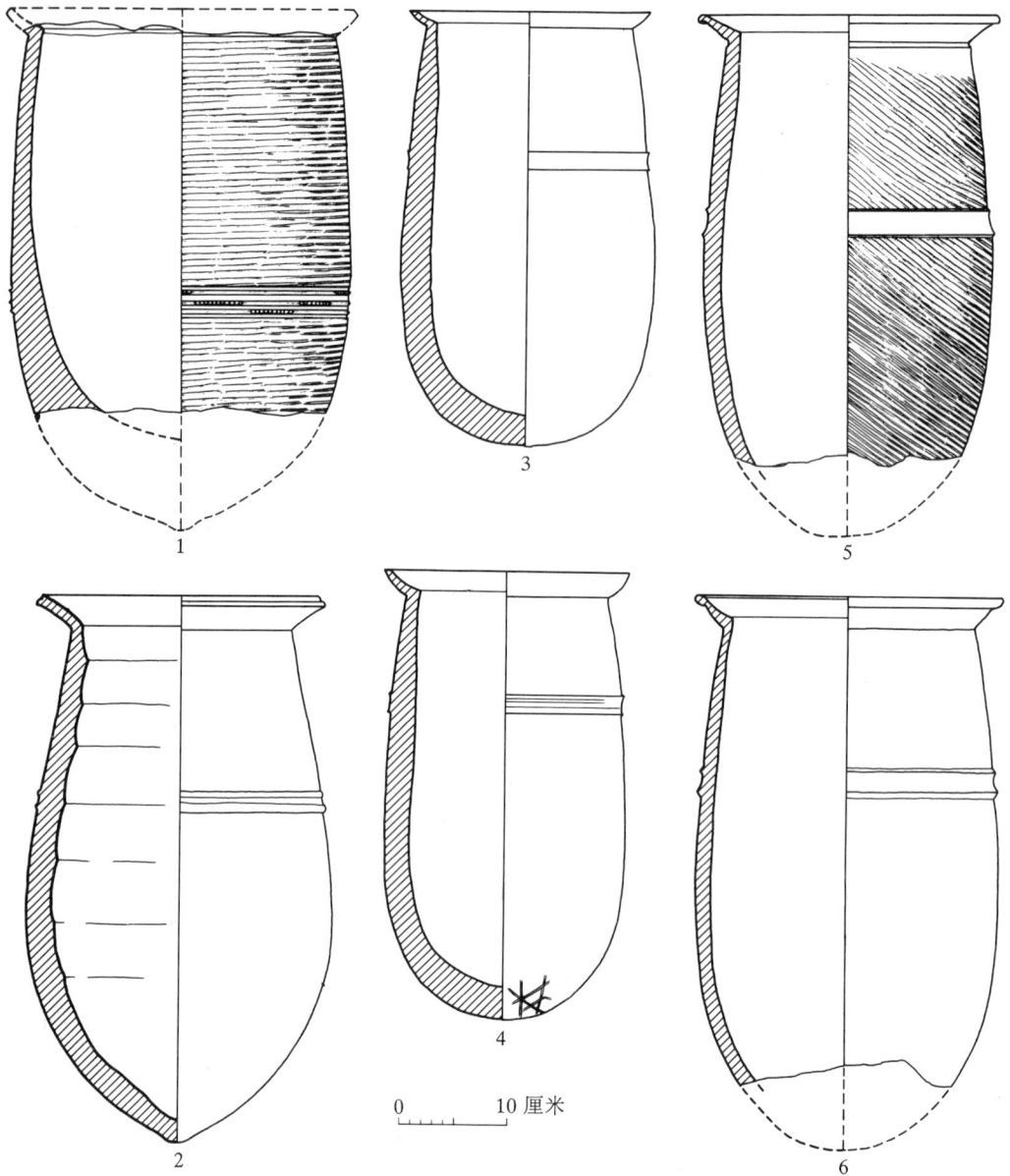

图一三四　石家河文化早期 A 型陶臼

1、2. Ⅰ式 H497:152、H497:128　　3、4. Ⅱ式 H56:95、AT1822④:36　　5、6. Ⅲ式 JY4:4、JY1:3

筒形腹，尖底。腹部满饰斜篮纹，中腹饰两道凹弦纹，上腹有一刻划符号。腹径 27、残高 42.7 厘米（图一三五，5）。标本 JY4:3，夹砂红陶，胎较厚。折沿，沿面平，尖底残。腹饰两道凹弦纹。口径 29、残高 40.3 厘米（图一三五，6）。

B 型　13 件，复原 2 件。大口，深筒形腹，圜底。标本 H205:2，夹砂红陶，厚胎。

平沿，短颈，深直腹，圜底。腹部饰粗斜篮纹。口径34.4、高58厘米（图一三六，1；图版六一，1）。标本H152：1，夹砂灰陶，厚胎。侈沿，沿面平，近直腹，圜底略凸。腹部满饰横篮纹。口径46、高57.8厘米（图一三六，4；图版六〇，4）。

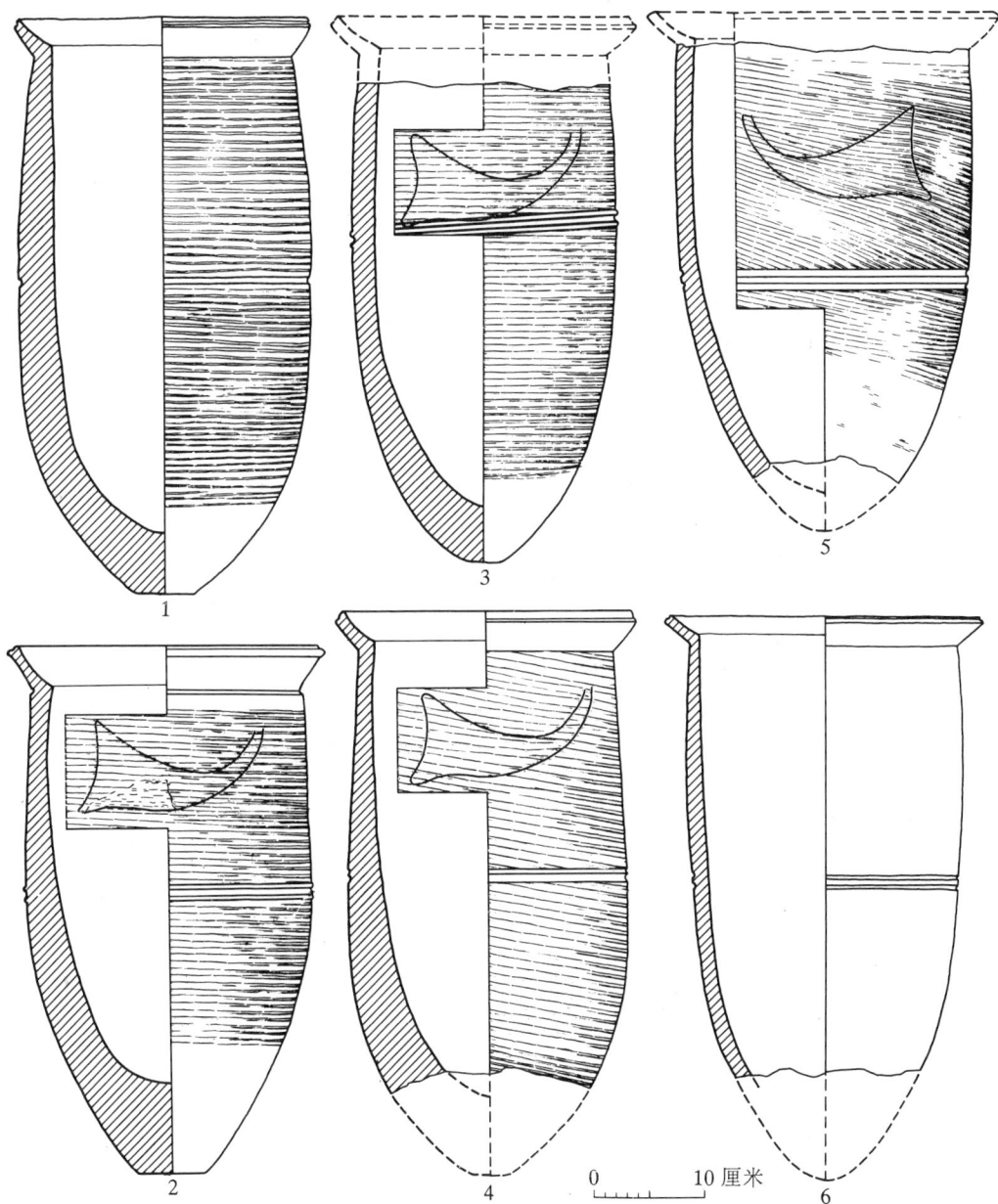

图一三五　石家河文化早期A型陶臼

1～6. Ⅳ式 JY7：4、JY7：9、JY7：7、JY7：5、JY5：3、JY4：3

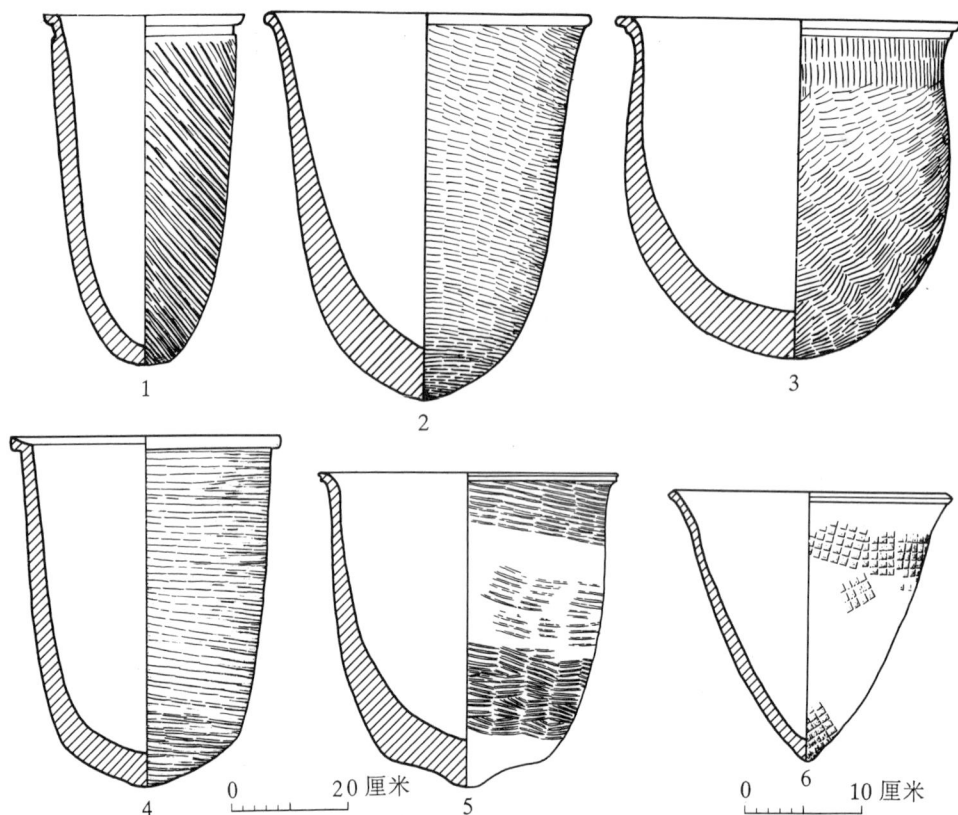

图一三六　石家河文化早期陶臼

1、4. B 型 H205：2、H152：1　　2. C 型 I 式 AT2014④：8

3、5. C 型 II 式 AT2016③：4、H400：5　　6. D 型 AT3111③：1

C 型　5 件。大口，卷沿，深弧腹，圜底。分二式。

I 式　3 件。侈口，深腹。标本 AT2014④：8，夹砂红陶，厚胎。斜直腹，小圜底。器表满饰斜篮纹。口径 56.5、高 64 厘米（图一三六，2；图版六一，2）。

II 式　2 件。直口，翻沿，腹较深。标本 H400：5，夹砂红陶，厚胎。斜弧腹，小凸底。腹部饰较稀疏的斜篮纹。口径 52、高 52 厘米（图一三六，5；图版六一，3）。标本 AT2016③：4，夹砂黑陶，厚胎。弧腹，大圜底。器表满饰竖篮纹和斜篮纹。口径 60、高 56 厘米（图一三六，3；图版六一，4）。

D 型　数量很少，复原 1 件。侈口，斜直腹。标本 AT3111③：1，器形较小，夹砂黑陶，局部灰色。大口，斜直腹，尖底。腹部饰较稀疏的方格纹。口径 24、高 22.3 厘米（图一三六，6）。

尊　14 件。常见器物之一，有夹砂灰陶和夹砂黑陶两种。大口，凹沿，深腹，小凹底。分二式。

Ⅰ式　9件。斜直腹，小底。标本 H497：127，夹砂灰陶，局部红色，厚胎。尖唇，斜腹近直。腹部有两道凸棱，并饰较稀疏的斜篮纹。口径 26、底径 5.6、高 40 厘米（图一三七，1；图版六二，1）。标本 H497：153，夹砂灰陶，胎较厚。口残，斜直腹，口下附对称牛鼻式贯耳两个。唇下和腹部饰三道凸弦纹。底径 6、残高 37.5 厘米（图一三七，2）。标本 H449：15，夹砂黑陶，胎较厚。圆唇外卷，斜腹近直。上腹饰三道凸弦纹。口径 24.8、底径 6.8、高 39.6 厘米（图一三七，3；图版六二，2）。标本 H492：2，夹砂黑陶，胎较薄。尖唇，斜直腹。上腹有两道凸棱，下腹饰稀疏的斜篮纹。口径 25.5、底径 5.5、高 41.5 厘米（图一三七，4）。

Ⅱ式　5件。深弧腹，底稍大。标本 AT1104③B：10，夹砂黑陶，胎较厚。圆唇，底残。口沿下有对称贯耳两个。腹饰三道凸弦纹和稀疏篮纹，下腹有一"⊕"形刻划符号。口径 28.2、残高 34 厘米（图一三七，5；图版六二，3）。标本 AT1516③：2，夹砂黑陶，胎较厚。仰折沿，圆唇。上腹饰两道凸弦纹，下腹饰稀疏斜篮纹。口径 26、底径 8.6、高 39.6 厘米（图一三七，6；图版六二，4）。

壶　14件。均为泥质陶，共分二型。

A型　12件。直口，圈足。分两个亚型。

Aa型　8件。深腹，可分三式。

Ⅰ式　5件。直口，折肩，收腹，圈足较矮。标本 H56：46，泥质黑陶。口和圈足残。细长颈，弧腹，圜底。素面。腹径 16、残高 13.6 厘米（图一三八，1）。标本 H373：5，泥质黑陶。口、颈残。折肩，深弧腹，圜底，矮圈足。素面。腹径 15.8、足径 7.4、残高 12 厘米（图一三八，5）。

Ⅱ式　2件。均残。长直颈，圆肩，弧腹，圜底。标本 H434③：28，泥质黑陶。口和圈足均残。颈较粗。素面。腹径 16.5、残高 18 厘米（图一三八，2）。

Ⅲ式　1件。标本 H434②：65，泥质红胎黑陶。口残，粗长颈，圆肩，鼓腹，圜底，高圈足。腹部饰粗绳纹。口径 11、腹径 15.3、足径 11.6、通高 22.3 厘米（图一三八，3；图版六三，1）。

Ab型　4件。扁腹。标本 H457：20，泥质红陶。口残，细颈，扁圆腹，圜底，矮圈足。素面。腹径 11.6、足径 6、残高 10 厘米（图一三八，6）。标本 H427：5，泥质红胎黑陶。口残。扁鼓腹，凸底，矮圈足。腹部满饰细绳纹和一道凸弦纹。腹径 16、足径 7.3、残高 10 厘米（图一三八，8）。

B型　数量很少，复原 2件。扁腹，平底。标本 H163：20，泥质黑陶。口残。细颈，扁圆腹，小平底。素面。腹径 11.2、底径 3.8、残高 10 厘米（图一三八，7）。标本 AT9②B：1，泥质黑陶。侈口，圆唇，细颈，近扁折腹，平底微内凹。素面。口径

7.2、底径 6.4、高 13 厘米（图一三八，4）。

　　小壶　16 件。形体较小，细长颈，小腹，平底。标本 H434③:74，泥质黑陶。口残，直颈，扁鼓腹，平底微凹。素面。腹径 8、底径 4、残高 8.8 厘米（图一三九，1）。标本 AT1104②:1，泥质灰陶。口微侈，圆唇，长颈较直，鼓腹，平底。素面。口径 7.3、底径 4.2、高 9.8 厘米（图一三九，2）。标本 H438:5，泥质黑陶。口残。扁鼓腹，平底微凹。素面。腹径 8、底径 3.8、残高 8.3 厘米（图一三九，3）。

　　壶形器　38 件。均为泥质红陶，折腹，圈足，共分三式。

　　Ⅰ式　17 件。侈口，细长颈，折腹较扁。标本 H57:14，泥质红陶。口和圈足均

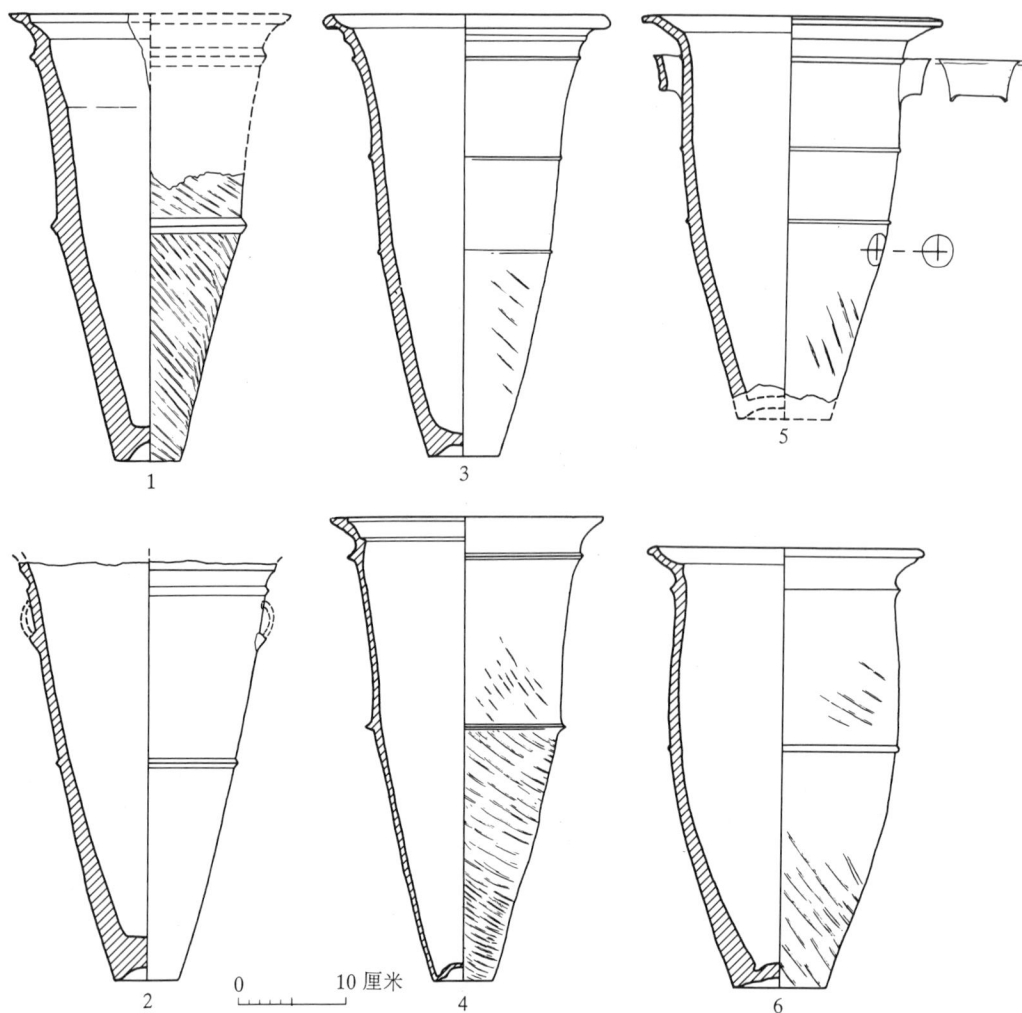

图一三七　石家河文化早期陶尊

1～4. Ⅰ式 H497:127、H497:153、H449:15、H492:2　　5、6. Ⅱ式 AT1104③B:10、AT1516③:2

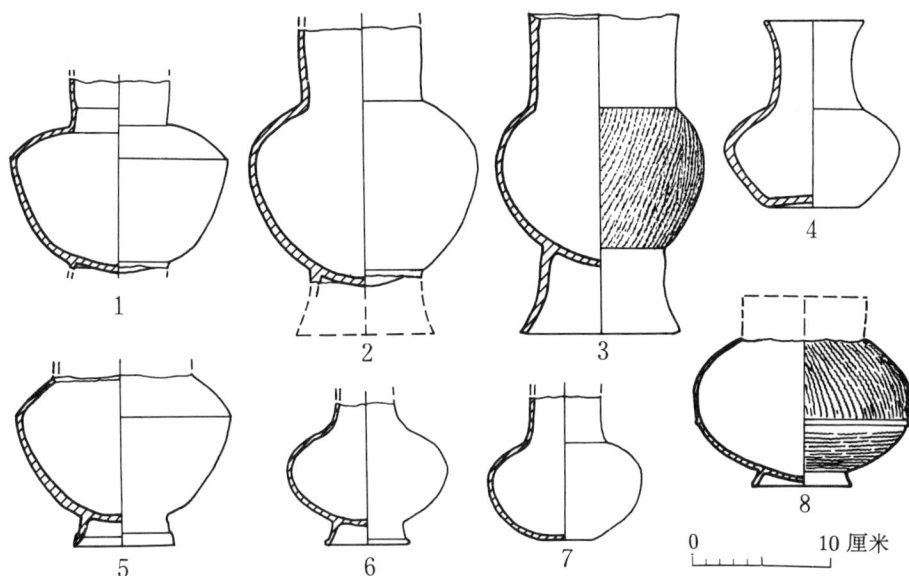

图一三八　石家河文化早期陶壶

1、5. Aa 型 Ⅰ 式 H56∶46、H373∶5　　2. Aa 型 Ⅱ 式 H434③∶28　　3. Aa 型 Ⅲ 式 H434②∶65

4、7. B 型 AT9②B∶1、H163∶20　　6、8. Ab 型 H457∶20、H427∶5

残。圜底。素面。腹径 11.3、残高 6.5 厘米（图一三九，4）。标本 H467∶1，泥质红陶。口和圈足残。圜底。素面。腹径 16.8、残高 8 厘米（图一三九，5）。标本 AT1822⑥∶3，泥质红陶。口和圈足残。颈和圈足饰深红色彩绘网格纹和带纹。腹径 12、残高 8 厘米（图一三九，8）。标本 H392∶1，泥质红陶。口残，细长颈，折腹较深，凹底，假圈足。素面。腹径 11.5、残高 11 厘米（图一三九，9）。

Ⅱ式　13 件。多已残破，近直口，口变大，扁折腹，圈足较高。标本 H56∶64，泥质红陶。直口，腹腔变小，圜底，圈足残。素面。口径 7.9、残高 7 厘米（图一三九，6）。

Ⅲ式　8 件。多已残破。演变成大口杯形，侈口，扁折腹，起凸棱，腹腔变得很小，圜底，喇叭形圈足。标本 H371∶25，泥质红陶。口和圈足均残。素面。腹径 11.7、残高 5.5 厘米（图一三九，7）。标本 AT2612④∶1，泥质红陶。口残。圜底，附三足。素面。腹径 8.8、残高 4 厘米（图一三九，11）。

瓶　数量较少，多已残破，只复原 3 件。标本 AT1907⑥∶2，泥质灰陶。喇叭形口，凹沿，细长颈，肩微折，深斜直腹，平底。素面。口径 8.5、底径 5.3、高 18.8 厘米（图一三九，10；图版六三，2）。标本 H434②∶37，泥质红陶，局部黑色。喇叭形口，细长颈，圆肩，深斜直腹，平底微凹。下腹饰浅而模糊的凹弦纹数道。口径 9.5、

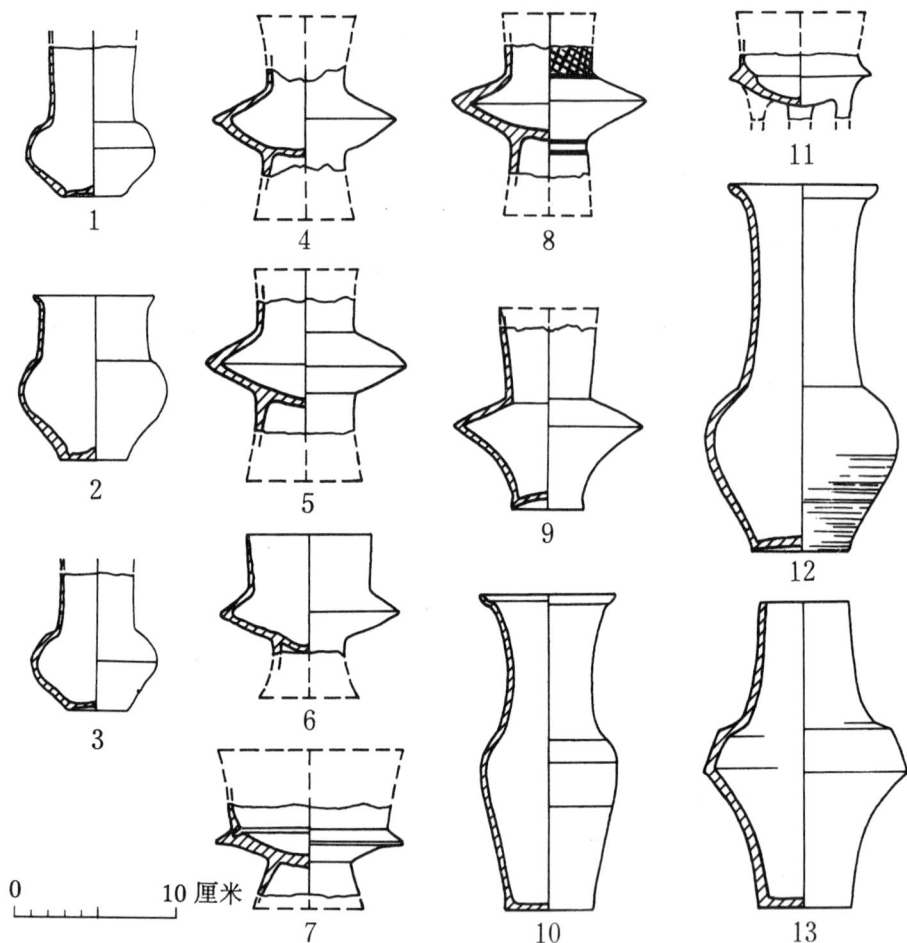

图一三九　石家河文化早期陶小壶、壶形器、瓶

1～3. 小壶 H434③:74、AT1104②:1、H438:5　　4、5、8、9. Ⅰ式壶形器 H57:14、

H467:1、AT1822⑥:3、H392:1　　6. Ⅱ式壶形器 H56:64　　7. 11. Ⅲ式壶形器 H371:

25、AT2612④:1　　10、12、13. 瓶 AT1907⑥:2、H434②:37、AT206④:9

底径 6.3、高 21.7 厘米（图一三九，12；图版六三，3）。标本 AT206④:9，泥质灰陶。
小口，细长颈，折肩，折腹，平底。口径 4.8、底径 6.3、高 18.2 厘米（图一三九，
13；图版六三，4）。

盆　36 件。常见器物之一，共分二型。

A 型　24 件。深腹，分四式。

Ⅰ式　6 件。敞口，宽平沿外折。标本 H497:1，泥质深灰陶。器体较大，胎较厚。
深弧腹，平底微内凹。腹部满饰粗斜篮纹。口径 38、底径 12.4、高 22.5 厘米（图一四
○，1；图版六四，1）。标本 AT1④:5，泥质灰陶。深弧腹，凹底略残。上腹饰稀疏斜

篮纹。口径 37.5、底径 14、高 19 厘米（图一四〇，2）。

Ⅱ式 8 件。近直口，宽平沿，沿面内侧起棱。标本 H492：3，泥质灰陶。平折沿，方唇，斜弧腹，凹底。腹部满饰斜方格纹和两道附加宽带纹。口径 34.6、底径 11、高 16.7 厘米（图一四〇，3；图版六四，2）。标本 AT1604②B：1，泥质灰陶。宽平折沿，沿面内侧起棱，方唇，深弧腹，凹底。腹部满饰斜方格纹和两道带状附加堆纹。口径 33.6、底径 13.3、高 18.3 厘米（图一四〇，8）。

Ⅲ式 8 件。卷沿，直口或敛口，深弧腹，凹底。标本 H394：1，泥质红陶。直口，沿较宽，沿面微凸，凹底略残。素面。口径 29.5、底径 11.4、高 14.8 厘米（图一四

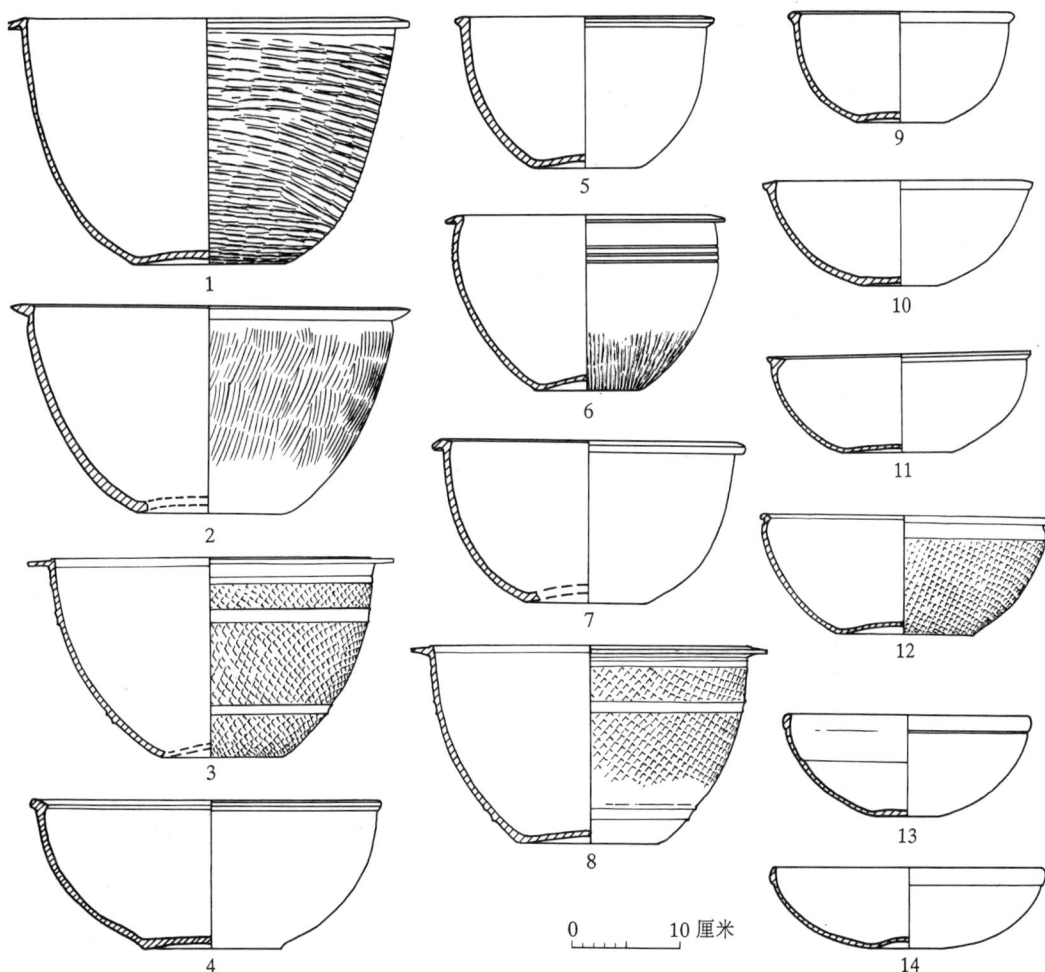

0 10 厘米

图一四〇 石家河文化早期陶盆

1、2. A 型Ⅰ式 H497：1、AT1④：5 　 3、8. A 型Ⅱ式 H492：3、AT1604②B：1 　 4. A 型Ⅳ式 AT13③：3 　 5～7. A 型Ⅲ式 AT4③：10、AT1921④：15、H394：1 　 9. B 型Ⅰ式 AT1219③：20 　 10～14. B 型Ⅱ式 AT2612④：8、AT707②：1、H36：1、AT704②：13、AT1722②：10

〇，7；图版六四，3）。标本 AT4③：10，泥质黑陶。胎较厚。直口，窄沿微卷。素面。口径 24.5、底径 10、高 13.8 厘米（图一四〇，5；图版六四，4）。标本 AT1921④：15，夹砂红陶。口微敛，深弧腹。上腹饰三道凹弦纹，下腹饰竖篮纹。口径 22.5、底径 10、高 16 厘米（图一四〇，6；图版六四，5）。

Ⅳ式　2件。弧腹，近底处略向内曲。标本 AT13③：3，泥质灰陶。小折沿，弧腹，近底处略向内曲，底略凹。素面。口径 32.8、底径 12.8、高 13.8 厘米（图一四〇，4；图版六四，6）。

B型　12件。浅腹，分二式。

Ⅰ式　4件。多已残破，复原1件。标本 AT1219③：20，泥质灰陶。凸沿，口微敛，斜弧腹较深，平底微内凹。素面。口径 21、底径 8.4、高 10.3 厘米（图一四〇，9；图版六五，1）。

Ⅱ式　8件。敛口或直口，浅腹，凹底或平底。标本 AT2612④：8，泥质黑陶。口微敛，窄平沿，斜弧腹，平底微凹。素面。口径 25.8、底径 7.3、高 9.5 厘米（图一四〇，10；图版六五，2）。标本 AT707②：1，泥质灰陶。窄平沿，平底微凹。素面。口径 25.8、底径 10.4、高 9 厘米（图一四〇，11；图版六五，3）。标本 H36：1，夹砂红胎黑陶。卷沿，圆唇，凹底较大。腹部饰拍印方格纹。口径 27.5、底径 13、高 11 厘米（图一四〇，12）。标本 AT704②：13，泥质红陶，慢轮制作，内壁不平滑。口微敛，圆唇外凸，斜弧腹，平底。素面。口径 23.3、底径 7.2、高 9.2 厘米（图一四〇，13；图版六五，4）。标本 AT1722②：10，泥质红陶。短直口，圆唇外凸，弧腹，凹底。素面。口径 25.5、底径 7.4、高 7.4 厘米（图一四〇，14）。

簋　7件。常见器物之一，分二型。

A型　6件。矮圈足，分二式。

Ⅰ式　4件。大多残破，复原1件。标本 AT1604②B：2，夹砂灰陶。宽平沿，沿面起棱，深腹，腹部略鼓。圜底，矮圈足。下腹饰一道宽带纹。口径 29、足径 13.6、通高 19.6 厘米（图一四一，1；图版六五，5）。

Ⅱ式　2件。腹较浅，盆形。标本 AT13③：2，泥质灰陶。口微敛，窄沿，圆唇，斜弧腹变浅，圜底，矮圈足。素面。口径 31.6、足径 11.8、通高 16.8 厘米（图一四一，2；图版六五，6）。

B型　1件。标本 AT304④A：13，夹砂红陶。厚胎，器体厚重。口微敛，宽凹沿，方唇，深斜弧腹，圜底，圈足较高，带矮台座。腹部饰一道宽带纹。口径 31.5、足径 23.4、通高 22.8 厘米（图一四一，3；图版六六，1）。

甑　13件。较常见器物，共分二型，早期有 A 型。

A型　13件。仰折沿，深弧腹，矮圈足。分三式，仅早期有。

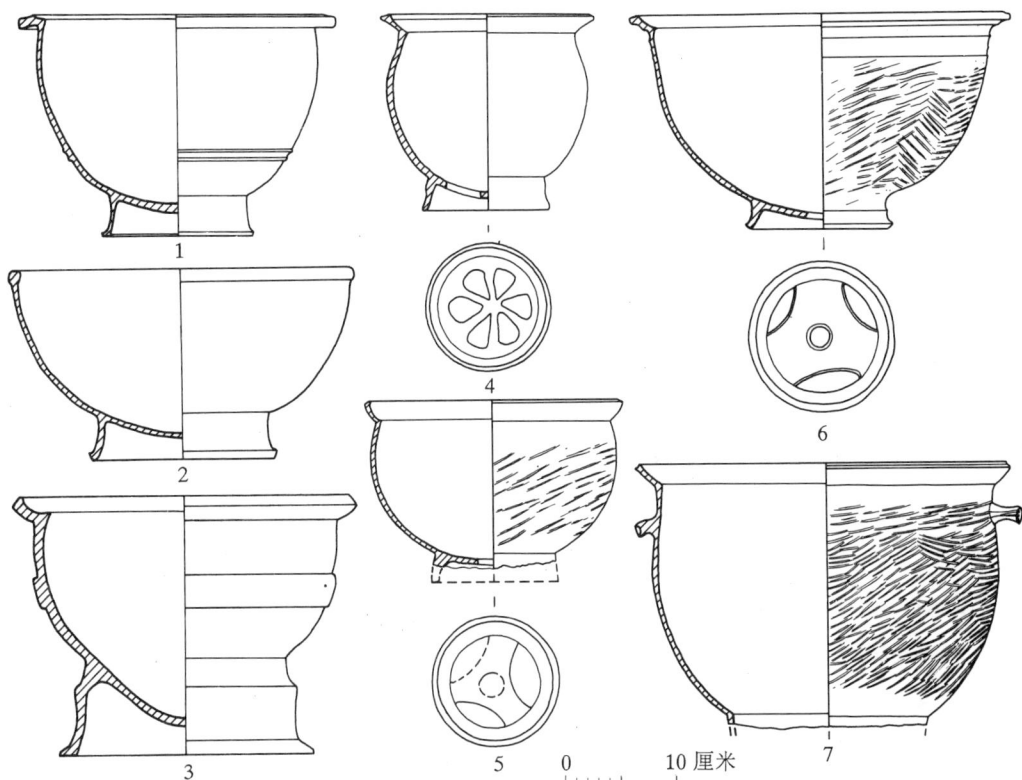

图一四一 石家河文化早期陶簋、甑

1. A型Ⅰ式簋 AT1604②B:2 2. A型Ⅱ式簋 AT13③:2 3. B型簋 AT304④A:13
4、5. A型Ⅰ式甑 H555:2、H555:1 6. A型Ⅱ式甑 H434②:67 7. A型Ⅲ式甑 H43:49

Ⅰ式 8件。深凹沿,深弧腹,圜底。标本 H555:2,泥质灰陶。敛口,鼓腹,底有六个花瓣形箅孔。素面。口径18.8、足径12、通高17.5厘米(图一四一,4;图版六六,2)。标本 H555:1,泥质灰陶。仰折沿,圈足略残,圜底,中心有一圆形箅孔,周围有三个对称的梭形箅孔。腹部饰稀疏斜篮纹。口径23.2、残高14.8厘米(图一四一,5;图版六六,3)。

Ⅱ式 4件。沿面微凹,深斜弧腹,标本 H434②:67,夹砂灰陶。圜底,中心为一圆形箅孔,周围有三个对称的梭形箅孔。腹部饰交错篮纹。口径34.8、足径14、通高19.2厘米(图一四一,6;图版六六,4、6)。

Ⅲ式 1件。标本 H43:49,夹砂灰陶。口近直,仰折沿,沟唇,深弧腹,上腹附两个对称的鸡冠耳,底和圈足均残。腹部饰稀疏篮纹。口径34、残高23.2厘米(图一四一,7;图版六六,5)。

擂钵 55件。常见器物之一。均为夹砂陶,厚胎。共分三型。

A型 46件。漏斗形擂钵。分三式。

Ⅰ式 15件。深盘口,直筒形腹,腹内壁无刻槽。标本H142:6,夹砂红陶。深喇叭形口,有流,卷沿,筒形腹,上下一样粗,平底。下腹近底处饰斜篮纹和一周三角形戳印纹。口径26.5、底径10.4、高23.6厘米(图一四二,1;图版六七,1)。标本H434③:9,夹砂红胎黑陶。深喇叭形口,折沿,筒形腹上腹略细,平底。素面。腹内壁有轮制后的瓦楞状纹。口径21.8、底径9.8、高20.7厘米(图一四二,3)。标本H161②:14,夹砂红陶。喇叭形口微敛,有流,筒形腹下端残。素面。腹内壁有研磨痕迹,凹凸不平。口径19、残高13.5厘米(图一四二,2)。标本H12:6,夹砂灰陶。喇叭形口微敛,有流,直筒形腹,平底。素面。口径25.6、底径11.4、高23.5厘米(图一四二,4)。

Ⅱ式 28件。盘口较深,筒形腹,下腹略细,腹内壁有刻槽。标本H43:61,夹砂红陶。喇叭形口,有流,筒形腹上粗下细,上腹内侧有斜方格纹刻槽,平底。素面。口径24.5、底径10.5、高22.5厘米(图一四二,6;图版六七,2)。标本H43:20,夹砂红陶,喇叭形口,有流,方唇,筒形腹上端略大于下端,上腹内壁有竖线形刻槽,平底。素面。口径23.5、底径9、高19.2厘米(图一四二,5;图版六七,3)。

Ⅲ式 3件。浅盘口,筒形腹,上粗下细,腹内壁有刻槽。标本H43:21,夹砂红陶。有流,上腹内壁有竖线形刻槽,小平底。素面。口径21、高20厘米(图一四二,7;图版六七,4)。

B型 8件。盆形擂钵。分二式。

Ⅰ式 3件。器体较小,无流。标本AT1406④:1,夹砂黑陶。短直口,宽平沿,斜弧腹,凹底。腹部和底部饰方格纹。内壁有研磨痕迹,凹凸不平。口径27.2、底径6、高11.5厘米(图一四三,1;图版六八,1)。标本AT602②:4,夹砂红陶。短直口,宽凹沿,斜弧腹,平底。下腹饰横篮纹。内壁有研磨痕迹,凹凸不平。口径23.2、底径8.4、高10.6厘米(图一四三,2;图版六八,2)。

Ⅱ式 5件。器体较大,敞口,宽沿,有流,斜直腹,平底。标本AT1916④B:1,夹砂陶,内红外黑。宽凹沿外折,沿面中间起脊。腹饰方格纹。器内壁有两组斜方格纹刻槽。口径35.2、底径16.6、高10.8厘米(图一四三,5;图版六八,3)。标本AT2017②:1,夹砂红陶。宽平沿外折,流残。腹饰方格纹。器内壁刻满斜方格纹刻槽。口径40.8、底径11、高14.2厘米(图一四三,4;图版六八,4)。标本AT2308③:5,夹砂红陶。宽平沿外折。腹饰稀疏小方格纹。器内壁有两组斜方格纹刻槽。口径37.5、底径13.5、高12.4厘米(图一四三,6;图版六八,5)。

C型 1件。标本H409:5,夹砂灰陶,厚胎。器体作钵形。敞口,圆唇,圜底。素面。器内壁有研磨痕迹,较粗糙。口径17、高7.5厘米(图一四三,3;图版六八,6)。

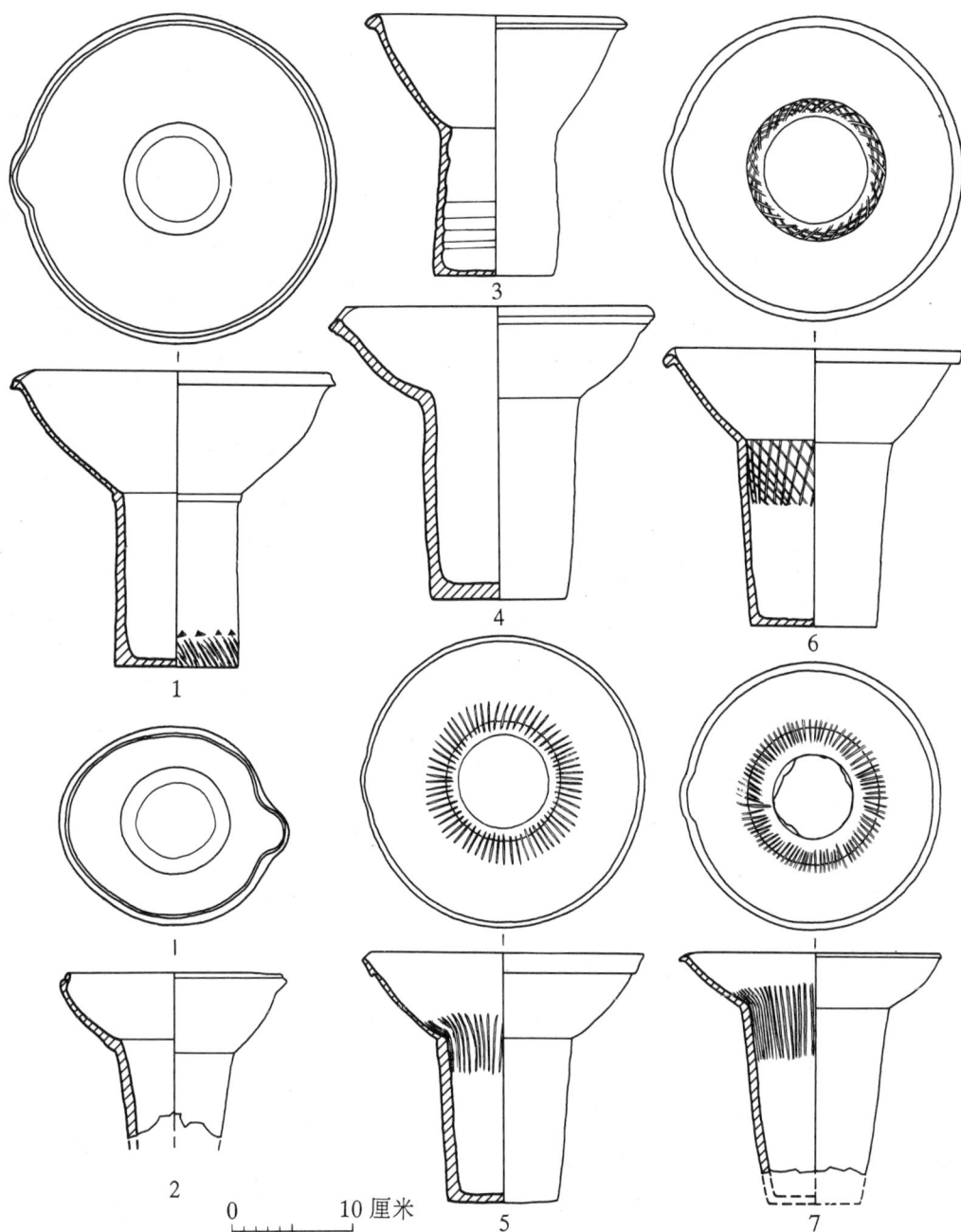

图一四二　石家河文化早期 A 型陶擂钵

1~4. Ⅰ式 H142:6、H161②:14、H434③:9、H12:6

5、6. Ⅱ式 H43:20、H43:61　7. Ⅲ式 H43:21

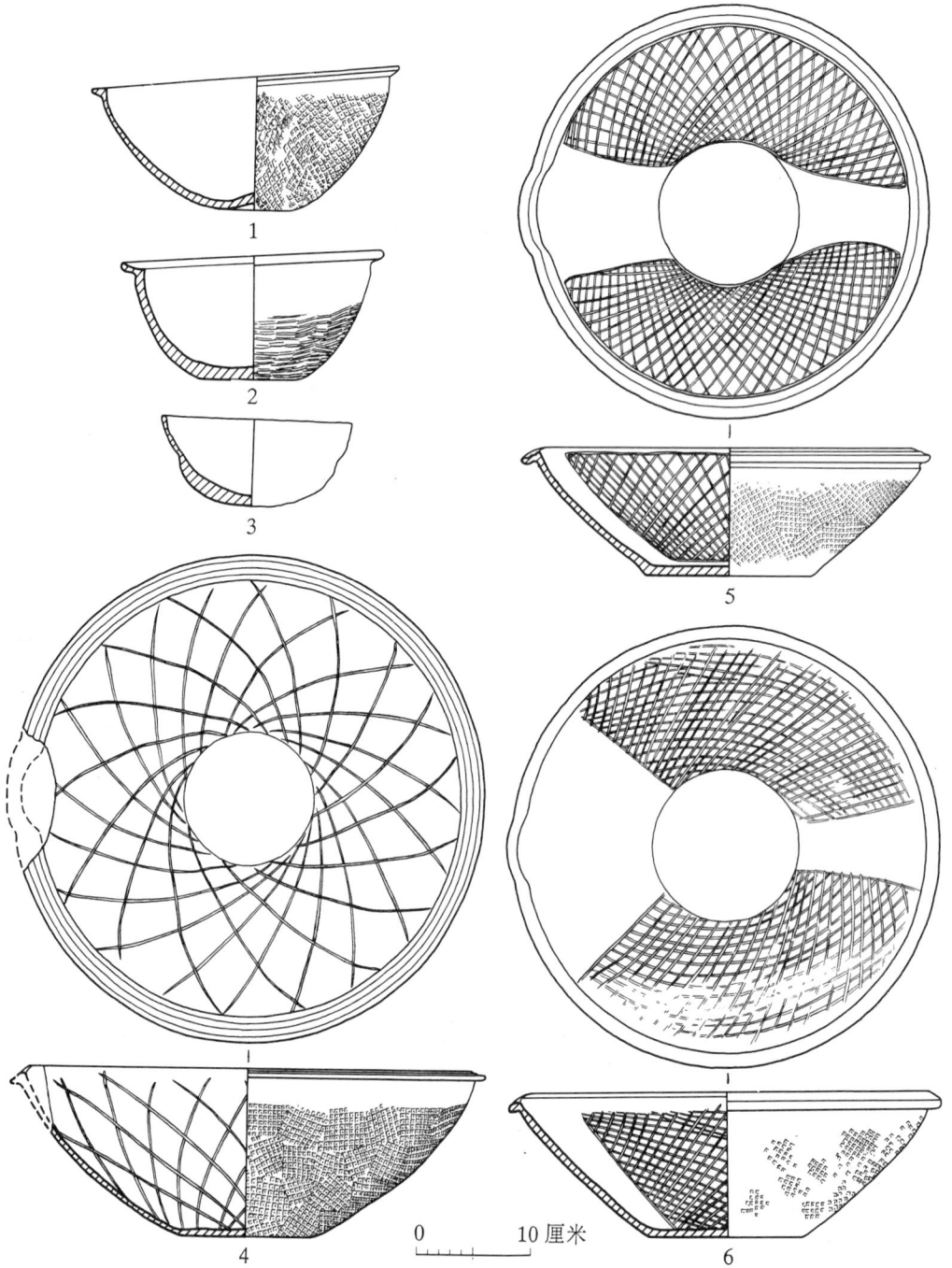

图一四三　石家河文化早期 B、C 型陶擂钵

1、2. B 型 I 式 AT1406④:1、AT602②:4　　3. C 型 H409:5

4～6. B 型 II 式 AT2017②:1、AT1916④B:1、AT2308③:5

碗　64 件。常见器物之一，共分三型。

A 型　38 件。分两个亚型。

Aa 型　18 件。敞口，斜腹，分二式。

Ⅰ式　7 件。口沿内侧微凹，圈足外撇，深腹。标本 H449∶4，泥质灰陶。敞口，深斜直腹，小圜底，矮圈足。素面。口径 18、足径 8、高 9.7 厘米（图一四四，1；图版六九，1）。

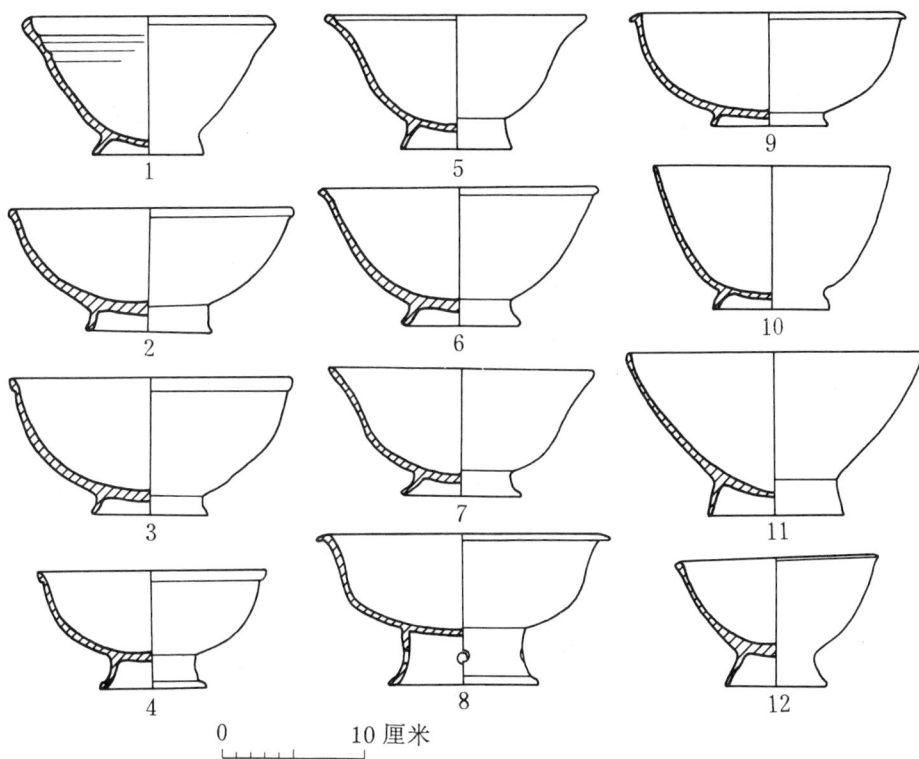

图一四四　石家河文化早期陶碗

1. Aa 型Ⅰ式 H449∶4　　2～4. Aa 型Ⅱ式 H56∶58、H56∶84、H161①∶22　　5. Ab 型Ⅰ式 H450∶10　　6. Ab 型Ⅱ式 H54∶13　　7. Ab 型Ⅲ式 H161①∶7　　8. B 型Ⅰ式 H449∶2　　9. B 型Ⅱ式 H56∶86　　10. C 型Ⅰ式 H450∶44　　11. C 型Ⅱ式 H361∶5　　12. C 型Ⅲ式 H143∶11

Ⅱ式　11 件。圈足微外撇，腹变浅。标本 H56∶58，泥质灰陶。敞口，斜弧腹，大圜底。素面。口径 20.5、足径 8.8、高 8.4 厘米（图一四四，2；图版六九，2）。标本 H56∶84，泥质深灰陶。敞口，斜弧腹，大圜底，矮圈足。素面。口径 20、足径 8、高 9.6 厘米（图一四四，3）。标本 H161①∶22，泥质黑陶。敞口，斜弧腹，圜底，圈足略高。素面。口径 16.5、足径 7.8、高 8.2 厘米（图一四四，4）。

Ab 型　20 件。翻口，曲腹，分三式。

Ⅰ式　6件。口外撇，深腹。标本 H450：10，泥质灰陶。唇内侧微凹，圜底，矮圈足。素面。口径 18.5、足径 8、高 9.2 厘米（图一四四，5；图版六九，3）。

Ⅱ式　9件。口微外撇，腹较深。标本 H54：13，夹砂红胎黑陶。斜弧腹，圜底，矮圈足。素面。口径 19.8、足径 8、高 9.6 厘米（图一四四，6；图版六九，4）。

Ⅲ式　5件。敞口微外撇，浅腹。标本 H161①：7，泥质红陶。斜弧腹，圜底，矮圈足外撇。素面。口径 18.8、足径 8.4、高 8.8 厘米（图一四四，7；图版六九，5）。

B型　14件。分二式。

Ⅰ式　5件。敞口，宽折沿，曲腹。标本 H449：2，泥质黑陶。平沿外折，腹较浅，大圜底，圈足较高。圈足饰四个对称的圆形镂孔。口径 21、足径 9.6、高 10.5 厘米（图一四四，8；图版六九，6）。

Ⅱ式　9件。敞口，小折沿，弧腹。标本 H56：86，泥质红胎黑陶。平沿外折，斜弧腹较浅，矮圈足。素面。口径 20、足径 8、高 7.8 厘米（图一四四，9；图版七〇，1）。

C型　12件。分三式。

Ⅰ式　4件。侈口，深斜直腹。标本 H450：44，泥质灰陶。深腹，腹壁近直，圜底，矮圈足。素面。口径 17、足径 8.2、高 9.9 厘米（图一四四，10；图版七〇，2）。

Ⅱ式　7件。侈口，斜弧腹。标本 H450：1，泥质灰陶。深斜弧腹，圜底，矮圈足。素面。口径 19.2、足径 7.6、高 9.6 厘米（图版七〇，3）。标本 H361：5，泥质灰陶。深斜直腹，小圜底，矮圈足近直。素面。口径 21.2、足径 7、高 11.3 厘米（图一四四，11；图版七〇，4）。

Ⅲ式　1件。标本 H143：11，泥质红陶。敞口，浅斜直腹，圜底，矮圈足外撇。素面。口径 14.5、足径 7.2、高 9 厘米（图一四四，12；图版七〇，5）。

钵　103件。常见器物之一，早晚共分三型，早期有 A、B 两型。

A型　69件。泥质红陶，敞口，外贴沿，平底，器壁有轮制拉坯痕迹。早、晚共分四式，早期有Ⅰ、Ⅱ、Ⅲ式。

Ⅰ式　38件。深腹。标本 H434③：30，泥质红陶。斜直腹，平底。素面。器内壁有轮制痕迹。口径 18、底径 7.2、高 6 厘米（图一四五，1；图版七〇，6）。标本 H431：1，泥质红陶。斜直腹，平底微内凹。素面。器内、外壁有轮制痕迹。口径 20、底径 7.2、高 6.8 厘米（图一四五，2；图版七一，1）。

Ⅱ式　28件。腹较深。标本 H43：13，泥质红陶。斜直腹，平底。素面。口径 18.4、底径 6.4、高 6 厘米（图一四五，3；图版七一，2）。标本 H43：10，泥质红陶。斜腹，平底。素面。器内、外壁有轮制痕迹，制作不规则。口径 19.2、底径 7、高 5.6 厘米（图一四五，4；图版七一，3）。

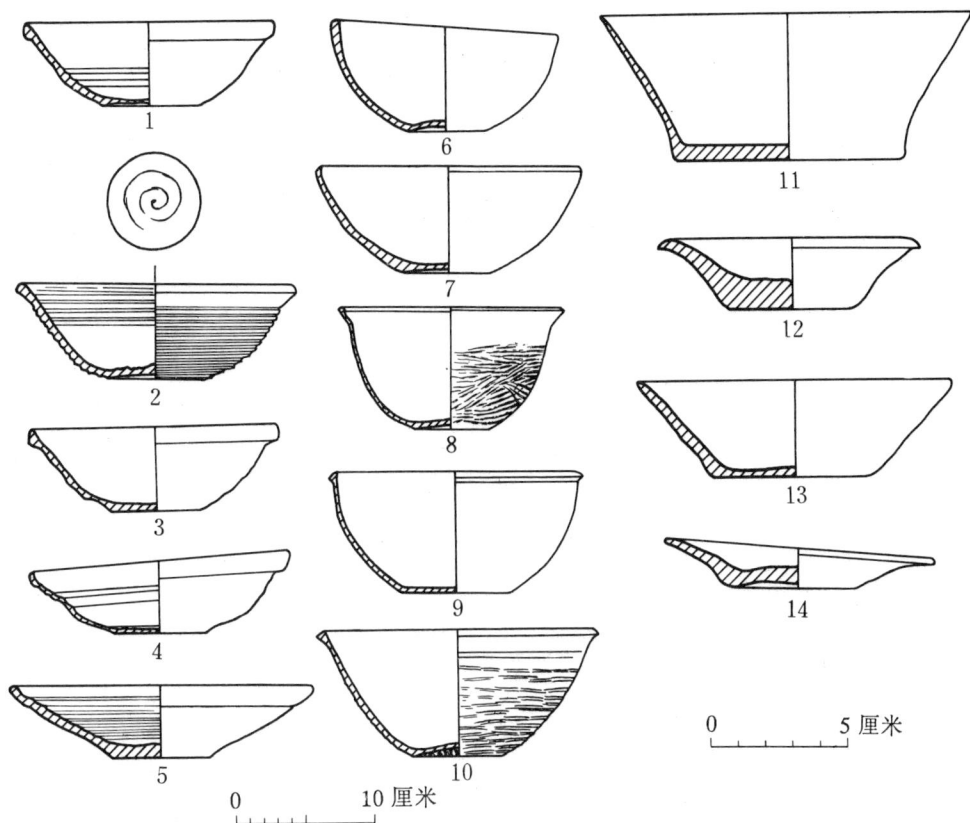

图一四五　石家河文化早期陶钵、碟

1、2. A型 I 式钵 H434③：30、H431：1　　3、4. A型 II 式钵 H43：13、H43：10　　5. A型 III 式钵 H427：4　　6～8. B型 I 式钵 H434③：3、H434③：29、H371：11　　9、10. B型 II 式钵 AT204④：12、H525：1　　11. I 式碟 H42①：139　　12、13. II 式碟 H42①：54、H147：1　　14. III 式碟 H143：2

III式　3件。浅腹。标本 H427：4，泥质红陶，胎较厚。斜直腹，小平底。器内壁有轮制痕迹。口径22.4、底径7.2、高5.2厘米（图一四五，5；图版七一，4）。

B型　34件。深腹，分二式。

I式　23件。凸沿。标本 H434③：3，泥质黑陶。口近直，深弧腹，凹底。素面。口径16.5、底径5.8、高7.6厘米（图一四五，6；图版七一，5）。标本 H434③：29，泥质红陶。斜弧腹，平底微凹。素面。口径18.7、底径6.5、高7.6厘米（图一四五，7；图版七一，6）。标本 H371：11，泥质灰陶。口微侈，斜弧腹，平底微凹。腹和底部饰交错篮纹。口径16.5、底径5.6、高8.6厘米（图一四五，8；图版七二，1）。

II式　11件。折沿。标本 AT204④：12，短直口，深弧腹，平底。素面。口径18.4、底径8.2、高8.2厘米（图一四五，9；图版七二，2）。标本 H525：1，夹砂灰陶。敞口，斜直腹，凹底。腹和底部满饰篮纹。口径 20.5、底径 6.5、高 9 厘米（图一四五，10）。

碟　21 件。均为泥质红陶，手制。分三式。

Ⅰ式　3 件。深腹，形体稍大。标本 H42①：139，泥质红陶。敞口，斜直腹，平底。素面。口径 13.6、底径 8.4、高 5.2 厘米（图一四五，11；图版七二，3）。

Ⅱ式　14 件。腹较浅，形体变小。标本 H42①：54，泥质红陶。敞口外翻，平底。素面。口径 9.6、底径 4.4、高 2.5 厘米（图一四五，12；图版七二，4）。标本 H147：1，泥质红陶。敞口，斜直腹，平底。素面。口径 11.6、底径 5.8、高 3.4 厘米（图一四五，13；图版七二，5）。

Ⅲ式　4 件。浅腹。标本 H143：2，泥质红陶。敞口，凹底。素面。口径 10、底径 4.6、高 1.8 厘米（图一四五，14；图版七二，6）。

豆　151 件。常见器物之一，共分八型，早期有 A、B、C、D、E、F、G 七型。

A 型　48 件。豆盘作钵形，粗柄，高圈足。共分六式，早期有 Ⅰ、Ⅱ、Ⅲ、Ⅳ式。

Ⅰ式　15 件。深腹，腹壁较斜直，圈足台座明显，且有沟槽。标本 H187：3，泥质黑陶。窄沿，弧腹，圜底较平坦，粗柄较直，圈足有矮台座，且有沟槽。下腹饰凸弦纹一周。口径 21.7、足径 12.8、高 18 厘米（图一四六，1；图版七三，1）。标本 H532：4，泥质灰陶。敞口，深弧腹，圜底，粗柄较直，圈足矮台座带沟槽。下腹饰一道带状附加堆纹，柄饰数道划弦纹和五组圆形镂孔，每组三孔。口径 21.5、足径 12.4、高 16.8 厘米（图一四六，2；图版七三，2）。

Ⅱ式　8 件。腹较深，喇叭形高圈足。标本 AT1316③：19，泥质灰胎黑陶。矮直口，斜弧腹，圜底，粗柄。素面。口径 18.2、足径 11.2、高 15.8 厘米（图一四六，3；图版七三，3）。标本 H117：1，泥质灰胎黑陶。敞口，斜弧腹，圜底，柄较粗。素面。口径 15、足径 9.2、高 13.6 厘米（图一四六，4；图版七三，4）。

Ⅲ式　18 件。腹变浅，喇叭形高圈足。标本 H88：13，泥质灰陶。敞口，窄平沿，斜弧腹，圜底，高圈足附矮台座。下腹饰一道凸弦纹。口径 22.6、足径 15.2、高 19.8 厘米（图一四六，5；图版七三，5）。标本 H427：7，泥质灰陶，局部黑色。敞口，斜弧腹较浅，圜底较坦，粗柄。素面。口径 19.5、足径 11.8、高 15.8 厘米（图一四六，6；图版七三，6）。

Ⅳ式　7 件。浅腹，喇叭形高圈足。标本 H414：2，泥质灰陶。敞口，斜弧腹，圜底，内底中心有一泥凸，粗柄。素面。圈足内壁有轮制后形成的瓦楞状纹。口径 16.8、足径 11.2、高 13.8 厘米（图一四六，7；图版七四，1）。

B 型　43 件。豆盘作碗形，小卷沿，细柄，圈足较高，分四式。

Ⅰ式　11 件。深腹，细柄较直，圈足台座明显。标本 H497：106，泥质黑陶。敞

图一四六　石家河文化早期陶豆

1、2. A型Ⅰ式 H187：3、H532：4　　3、4. A型Ⅱ式 AT1316③：19、H117：1　　5、6. A型Ⅲ式 H88：13、H427：7　　7. A型Ⅳ式 H414：2　　8. B型Ⅰ式 H497：106　　9、13. B型Ⅱ式 H101：1、H142：9　　10、12. B型Ⅳ式 H88：10、H43：15　　11. B型Ⅲ式 H161①：5　　14～17. C型Ⅰ式 H449：3、AT305②：3、H371：21、H373：2　　18、19. D型Ⅰ式 H450：13、H96：7　　20. D型Ⅱ式 H434③：8

口，窄平沿，深斜弧腹，圜底，矮柄较直，圈足有矮台座，且有沟槽。下腹饰凸弦纹一周，柄饰两组圆形镂孔，每组三孔。口径28、足径11.2、高25.5厘米（图一四六，8；

图版七四，2）。

Ⅱ式　9件。腹较深，喇叭形高圈足，圈足台座不明显。标本 H101：1，泥质灰陶。敞口，深斜弧腹，细柄较直。素面。口径 18.5、足径 11.2、高 18.8 厘米（图一四六，9；图版七四，3）。标本 H142：9，泥质灰陶。敞口，斜直腹，圜底。下腹饰一道凸弦纹，柄饰六组对穿圆形镂孔。口径 15.2、足径 8、高 14.5 厘米（图一四六，13；图版七四，4）。

Ⅲ式　18件。腹变浅，喇叭形高圈足。标本 H161①：5，泥质灰陶。敞口，弧腹，圜底，细柄，圈足残。口径 17.5、残高 10 厘米（图一四六，11）。

Ⅳ式　5件。浅腹，喇叭形高圈足。标本 H43：15，泥质灰陶。口微敞，斜直腹，下腹微折，圜底，细柄，圈足残。素面。口径 17.5、残高 7.3 厘米（图一四六，12）。标本 H88：10，泥质灰陶。敞口，斜直腹，圜底，细柄，圈足残。下腹饰一道凸弦纹。口径 21、残高 7.3 厘米（图一四六，10）。

C 型　12件。豆盘较浅，作盘形，矮圈足较粗，足跟起小台。共分二式，早期只有Ⅰ式。

Ⅰ式　12件。浅腹，圜底较坦，圈足较矮。标本 H449：3，泥质灰陶。敞口，小折沿，弧腹，圈足有矮台座，并有沟槽。圈足饰圆形镂孔。口径 19、足径 8.8、高 11.5 厘米（图一四六，14；图版七四，5）。标本 AT305②：3，泥质灰陶。敞口，圜底，粗柄较直。柄饰圆形镂孔。口径 18.4、足径 11.2、高 11 厘米（图一四六，15；图版七四，6）。标本 H373：2，夹砂灰陶。短直口，窄平沿，大圜底，粗柄较直，圈足残。口沿下饰一道凹弦纹，柄饰三个对称的圆形镂孔和一道凸弦纹。口径 18.6、残高 11 厘米（图一四六，17）。标本 H371：21，泥质黑陶。敞口，口内侧有一道凸棱，斜弧腹，粗柄，圈足残。柄饰四组对穿的圆形镂孔。口径 17.8、残高 11.5 厘米（图一四六，16；图版七五，1）。

D 型　13件。翻沿，曲腹，细柄，圈足有矮台座。分二式。

Ⅰ式　8件。深腹，圈足台座有沟槽。标本 H450：13，泥质黑陶。敞口，深曲腹，圜底，圈足矮台座明显，并有沟槽。下腹饰凸弦纹两周，柄饰三组圆形镂孔，每组两孔。口径 23.2、足径 8.4、高 18.2 厘米（图一四六，18；图版七五，2）。标本 H96：7，泥质灰陶。敞口，下腹内折起棱，细柄带箍，圈足台座略高。圈足饰圆形镂孔。口径 17.8、足径 9、高 17.2 厘米（图一四六，19；图版七五，3）。

Ⅱ式　5件，复原1件。浅腹，喇叭形圈足，台座无沟槽。标本 H434③：8，泥质黑陶。敞口，口沿外翻，浅腹，下腹内折起棱，圜底，细柄，圈足残。柄饰圆形镂孔。口径 18.3、残高 8.5 厘米（图一四六，20；图版七五，4）。

E 型　13件。细柄，深腹，圈足有双台座。分三式。

Ⅰ式　3件。宽凹沿，近直口。标本 H497：75，泥质灰陶。直口，深弧腹，矮细柄，圈足双台座明显，上台座起棱，下台座带沟槽。下腹饰凸弦纹一周，柄饰三个对称的圆形镂孔。口径 16、足径 10.5、高 17.6 厘米（图一四七，1；图版七五，5）。

图一四七　石家河文化早期陶豆

1. E 型 Ⅰ 式 H497：75　　2. E 型 Ⅱ 式 H392：3　　3、6. E 型 AT2810④：5、H392：5
4. F 型 Ⅰ 式 H449：1　　5、7. F 型 Ⅱ 式 H56：3、H56：4　　8. F 型 Ⅲ 式 H43：1　　9～
11. G 型 Ⅰ 式 H434②：50、H161①：8、H434②：4　　12. G 型 Ⅱ 式 H42②：21

Ⅱ式　5件。窄沿。标本 H392：3，泥质灰陶。敞口，深斜弧腹，尖圜底，喇叭形柄，圈足双台座明显，上台座起棱，下台座无沟槽。素面。口径 22.2、足径 14.4、高 25.8 厘米（图一四七，2；图版七五，6）。

Ⅲ式　5件。卷沿，腹变浅。标本 H392：5，泥质灰陶。敞口，斜腹近直，尖圜底，细柄，圈足有双台座，下台座较宽。圈足饰圆形镂孔，呈交错排列。口径 21、足径 11、高 18.4 厘米（图一四七，6；图版七六，1）。标本 AT2810④：5，泥质灰陶。敞口，浅斜弧腹，圜底，细柄，圈足双台座明显，上台座起棱，下台座带沟槽，较宽。下腹饰一道凸弦纹，圈足饰四个对称的圆形镂孔。口径 17.5、足径 9.6、高 13.6 厘米（图一四七九，3；图版七六，2）。

F 型　13件。宽平沿，豆盘较浅，作盘形。分三式。

Ⅰ式　2件。平沿较宽，深腹，柄较直。圈足较高。标本 H449：1，泥质灰陶，局部黑色。敞口，平沿微折，深斜弧腹，圜底，柄较细，圈足有矮台座，并带沟槽。下腹饰凸弦纹一周，柄饰四个对称的圆形镂孔。口径 23、足径 8.6、高 14.8 厘米（图一四七，4；图版七六，3）。

Ⅱ式　7件。宽平沿，腹较深，高圈足。标本 H56：3，泥质灰陶。敞口，宽平沿外折，斜弧腹，圜底，细柄较直，高圈足附矮台座。柄饰四个较大的圆形镂孔，两两对穿。口径 26、足径 14.4、高 22.2 厘米（图一四七，5；图版七六，4）。标本 H56：4，泥质黑陶。敞口，宽平沿外折，斜弧腹，圜底，圈足附矮台座，并有沟槽，台座内壁有凹。腹饰凸弦纹两周，柄饰数道凹弦纹和圆形镂孔。口径 20、足径 14.4、高 17.6 厘米（图一四七，7；图版七六，5）。

Ⅲ式　4件。宽平沿外折，浅腹，喇叭形高圈足。标本 H43：1，泥质灰陶。敞口，斜弧腹，圜底近平，柄较粗。素面。口径 18、足径 12、高 16.8 厘米（图一四七，8；图版七六，6）。

G型　9件。多为泥质红陶，豆盘作钵形，外贴沿。分二式。

Ⅰ式　6件。深腹。标本 H161①：8，泥质红陶。敞口，深斜弧腹，圜底，粗柄，喇叭形圈足较高，带矮台座。口径 23.2、足径 14.4、高 14.5 厘米（图一四七，10；图版七七，1）。标本 H434②：50，泥质红陶。敞口，斜直腹，近平底，圈足较高。素面。器表和内底有轮制时拉坯痕迹，制作不规整。口径 20.5、足径 9.6、高 10.4 厘米（图一四七，9；图版七七，2）。标本 H434②：4，泥质灰陶。敞口，斜直腹，平底，圈足较高。素面。器内壁有轮制时拉坯形成的瓦楞状纹，器体制作不规整。口径 19.2、足径 8.4、高 10.5 厘米（图一四七，11；图版七七，3）。

Ⅱ式　3件。浅腹。标本 H42②：21，夹砂红陶。敞口，浅斜弧腹，近平底。粗柄，喇叭形高圈足。器表有轮制时拉坯形成的瓦楞状纹。口径 20、足径 15.2、高 15.2 厘米（图一四七，12；图版七七，4）。

除上述较完整的豆以外，还出土了一部分豆圈足。标本 H439：4，泥质黑陶。粗喇叭形，中部外鼓。素面。足径 18.3、残高 6.5 厘米（图一四八，1）。标本 H476：2，泥质灰陶。喇叭形，中下部外鼓，下部有明显矮台座。饰对穿圆形镂孔。足径 13.8、残高 20.5 厘米（图一四八，4）。标本 AT1822⑥：32，泥质灰陶，局部黑色。鼓形，体肥胖，下端有凸棱一周。饰圆形镂孔。足径 19.5、残高 23 厘米（图一四八，2）。标本 AT407③：5，泥质黑陶。鼓形，下端有凸棱一周。饰圆形镂孔。足径 15.3、残高 20.8 厘米（图一四八，3）。标本 AT2806③：4，泥质灰陶。鼓形，带高台座。饰圆形镂孔。足径 15.2、残高 16.5 厘米（图一四八，5）。标本 AT1302②：15，泥质灰陶。上端略鼓，下端带双台座。饰对称圆形镂孔四个。足径 16、残高 21.5 厘米（图一四八，6）。

标本 H552:3，泥质灰陶。上端较细直，下端带双台座。饰较大圆形镂孔。足径 15.3、残高 19.4 厘米（图一四八，7）。

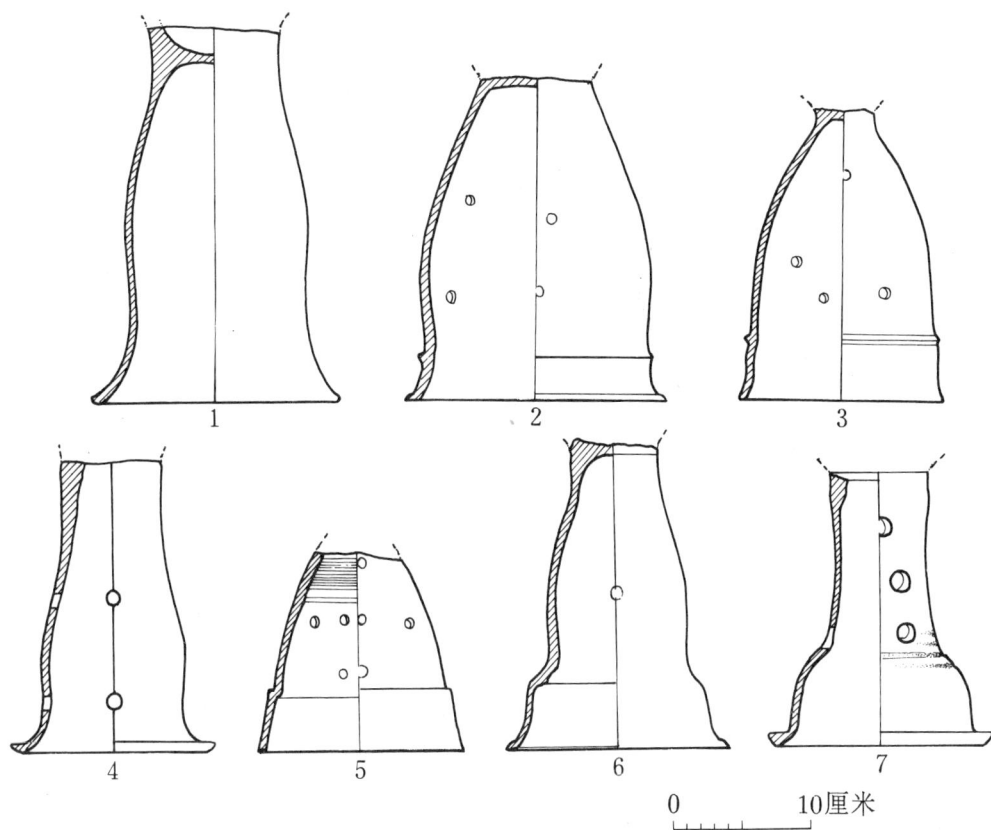

图一四八　石家河文化早期陶豆座
1. H439:4　　2. AT1822⑥:32　　3. AT407③:5　　4. H476:2
5. AT2806③:4　　6. AT1302②:15　　7. H552:3

盘　18 件。数量较多，共分三型，早期有 A、B 两型。

A 型　9 件。斜弧腹，圜底，小矮圈足。共分二式，早期只有 I 式。

I 式　9 件。斜弧腹较深。标本 H42①:150，泥质灰陶。敞口，宽沿外折，圜底，喇叭形矮圈足。素面。口径 26.5、足径 16.8、高 9.4 厘米（图一四九，1；图版七七，5）。标本 H42①:38，泥质灰陶。敞口，宽平沿，圜底，圈足残。口径 28.6、残高 8 厘米（图一四九，2）。

B 型　9 件。折腹，高圈足。标本 H42①:34，泥质灰陶。侈口，腹较深，圜底，粗高圈足，下端残。圈足上端饰圆形镂孔和一道凸弦纹。口径 24、残高 12 厘米（图一四九，3；图版七七，6）。标本 H42①:137，泥质灰陶。侈口，圜底，圈足残。素面。

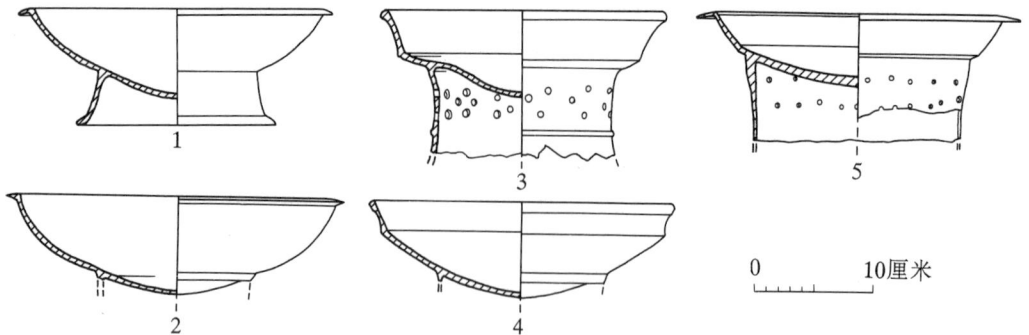

图一四九　石家河文化早期陶盘

1、2. A型I式 H42①:150、H42①:38　　3～5. B型 H42①:34、H42①:137、H42①:35

口径26、残高7.8厘米（图一四九，4）。标本H42①:35，泥质灰陶。敞口，宽平沿外折，腹较浅，圜底，粗高圈足，下端残。圈足上端饰圆形镂孔。口径27.6、残高10.5厘米（图一四九，5）。

杯　数量和种类均很多。早期有斜腹杯、高圈足杯、矮圈足杯、饼形足杯、三足杯、曲腹杯、单耳杯和筒形杯八种。

斜腹杯　1029件。常见器物之一，数量最多，且多完整，均为泥质红陶。早晚共分四型。早期均有。

A型　73件。薄胎，喇叭形口，斜弧腹，近底处垂直，小平底微凹。分三式，仅本期有。

I式　19件。胎很薄，腹壁微斜弧。标本H497:32，泥质红陶。斜腹，腹腔较大，平底微凹。腹部用黑色彩绘四道宽带纹，纹饰多已脱落。口径6.3、底径2.5、高7厘米（图一五○，1；图版七八，1）。

II式　25件。薄胎。标本H57:3，泥质红陶。斜弧腹，腹腔较大，小平底。素面。口径6.8、底径2.4、高7.4厘米（图一五○，2；图版七八，2）。标本H56:25，泥质红陶。喇叭形口外撇，下腹近直，平底微凹。素面。口径5、底径2.5、高5厘米（图一五○，3；图版七八，3）。

III式　29件。胎较薄，下腹腹腔变小。标本H96:1，泥质红陶。斜弧腹，下腹腹腔变小，小平底微凹。素面。口径5.4、底径2.3、高7厘米（图一五○，4）。标本H476:5，泥质红陶。深斜弧腹，下腹腹腔较小，小凹底。素面。口径6、底径2、高7.2厘米（图一五○，5；图版七八，4）。

B型　749件。厚胎，侈口，斜直腹，凹底。分二式。

I式　115件。器体瘦长，胎较厚，斜直腹，下端近垂直，浅凹底。标本H497:

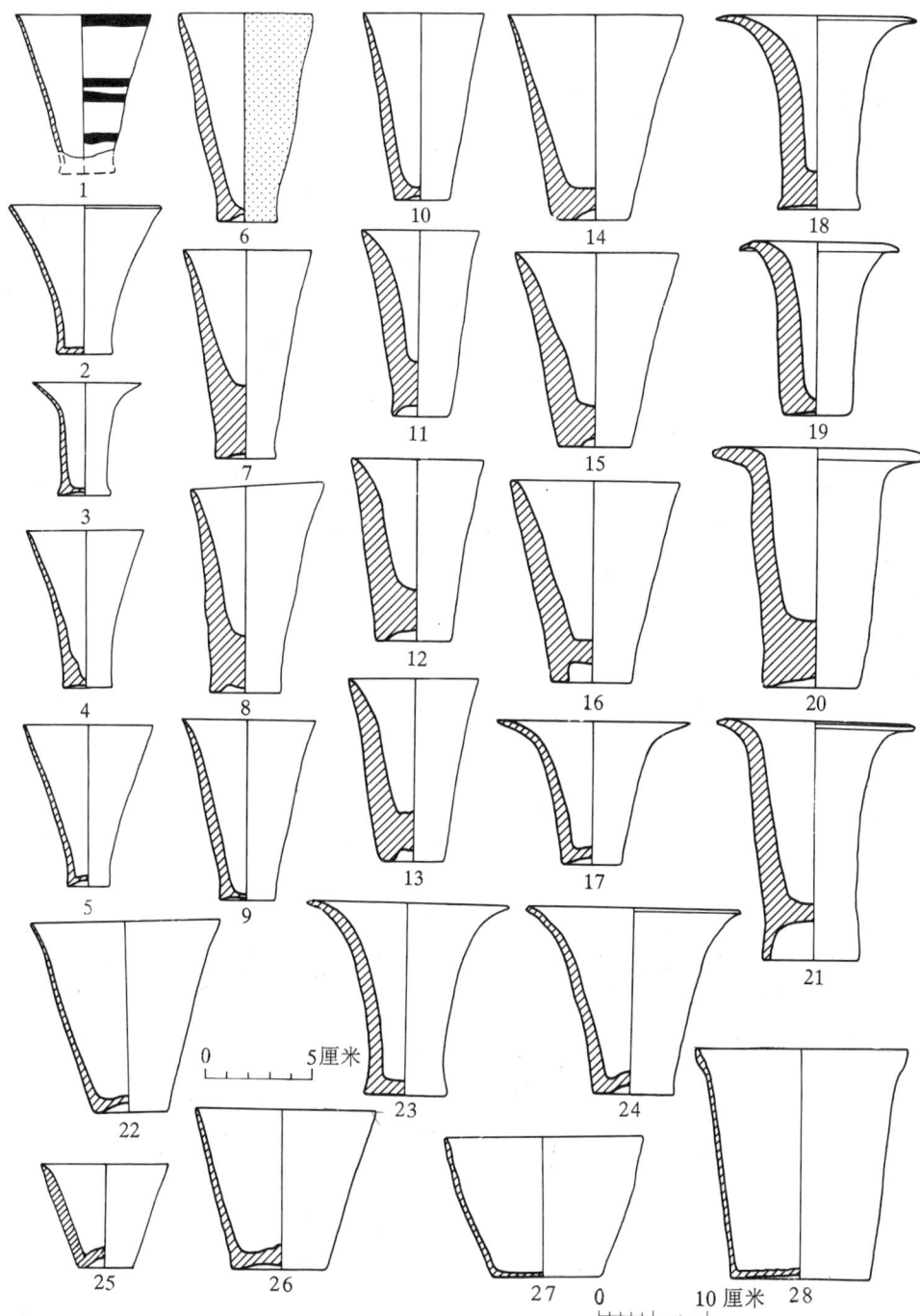

图一五〇　石家河文化早期陶斜腹杯

1. A 型 I 式 H497:32　　2、3. A 型 II 式 H57:3、H56:25　　4、5. A 型 III 式 H96:1、H476:5

6~10. B 型 I 式 H497:36、H184:34、H184:5、H42①:16、H42①:10　　11~16. B 型 II 式

H93:1、H42②:12、H434②:13、H42②:5、H161②:39、H434③:6　　17、18、23、24. C 型 I

式 H56:29、H43:6、H434③:63、H434③:23　　19~21. C 型 II 式 H434②:53、H42①:30、

AT1120④A:3　　22、25~28. D 型 H43:54、H42②:6、H42①:91、H434②:12、AT2118②:10

36，泥质红陶。深斜直腹，腹腔较大，小凹底。器表满饰黑色彩绘，纹饰大多脱落。口径 6.2、底径 2.7、高 9.2 厘米（图一五〇，6；图版七八，5）。标本 H184：34，泥质红陶。浅斜直腹，下腹腹腔变小，小凹底。素面。口径 6、底径 2.8、高 9.2 厘米（图一五〇，7；图版七八，6）。标本 H184：5，泥质红陶。斜直腹，下腹腹腔较小，凹底。素面。制作不规整。口径 6.1、底径 3.2、高 9.2 厘米（图一五〇，8）。标本 H42①：16，泥质红陶。深斜直腹，下腹近直，浅凹底。素面。口径 6.3、底径 2.6、高 8 厘米（图一五〇，9）。标本 H42①：10，泥质灰陶。深斜直腹，浅凹底。素面。口径 5.6、底径 2.4、高 8.3 厘米（图一五〇，10）。

Ⅱ式　634 件。厚胎，斜直腹，腹腔较小，深凹底。标本 H93：1，泥质红陶。斜直腹。素面。口径 5.5、底径 2.6、高 8.2 厘米（图一五〇，11）。标本 H434③：6，泥质红陶。斜直腹较浅。器表满饰深红色陶衣，器内近口处饰一道深红色陶衣。口径 7.8、底径 3.7、高 8.9 厘米（图一五〇，16）。标本 H434②：13，泥质红陶。圆唇，斜直腹较浅，深凹底。素面。口径 6、底径 3、高 8 厘米（图一五〇，13；图版七九，1）。标本 H42②：5，泥质红陶，近口处胎较薄。深斜直腹。素面。口径 8、底径 3.6、高 9.1 厘米（图一五〇，14；图版七九，2）。标本 H161②：39，泥质红陶。斜直腹较浅，小凹底。素面。口径 7.6、底径 3.4、高 8.6 厘米（图一五〇，15）。标本 H42②：12，泥质红陶。浅斜直腹。素面。口径 6.1、底径 3.4、高 8.2 厘米（图一五〇，12）。

C 型　81 件。厚胎，喇叭形口，翻沿。分二式。

Ⅰ式　28 件。大喇叭形口，口沿外翻略上侈，腹腔较大。标本 H56：29，泥质红陶，局部灰色。深斜弧腹，凹底。素面。口径 8.8、底径 2.8、高 6.4 厘米（图一五〇，17；图版七九，3）。标本 H434③：63，泥质红陶，胎较厚。斜弧腹，下腹近直，平底微凹。素面。口径 9.4、底径 4、高 8.5 厘米（图一五〇，23；图版七九，4）。标本 H434③：23，泥质红陶，胎较厚。口微外翻，斜弧腹，大腹腔，凹底。素面。口径 10、底径 3.8、高 8.3 厘米（图一五〇，24）。标本 H43：6，泥质红陶。斜弧腹，下腹近直，腹腔较小，平底微内凹。素面。口径 9.4、底径 3.8、高 8.5 厘米（图一五〇，18；图版七九，5）。

Ⅱ式　53 件。口沿外翻近平，近直腹，腹腔较小。标本 H434②：53，泥质红陶。斜弧腹，下腹近直，平底微凹。素面。口径 7.4、底径 3.2、高 7.7 厘米（图一五〇，19）。标本 H42①：30，泥质红陶。斜直腹较浅，凹底。素面。口径 9.8、底径 4.2、高 10.6 厘米（图一五〇，20；图版七九，6）。标本 AT1120④A：3，泥质红陶。直腹，深凹底。素面。口径 9.2、底径 4.6、高 10.7 厘米（图一五〇，21；图版八〇，1）。

D 型　126 件。大口深腹杯。标本 H42①：91，泥质红陶。侈口，斜直腹，平底。素面。口径 18.2、底径 10.2、高 12.6 厘米（图一五〇，26；图版八〇，3）。标本

AT2118②:10，泥质红陶。器体较大。大口，深斜直腹，平底微内凹。素面。口径20、底径13.2、高20.4厘米（图一五〇，28；图版八〇，4）。标本H434②:12，泥质红陶，胎较厚。侈口，素面。口径18.5、底径9.8、高12.5厘米（图一五〇，27；图版八〇，5）。标本H43:54，泥质红陶，胎较薄。侈口，素面。口径8.8、底径3.4、高8.5厘米（图一五〇，22；图版八〇，2）。标本H42②:6，泥质红陶，厚胎。侈口，深凹底。素面。口径12、底径5.2、高9.4厘米（图一五〇，25；图版八〇，6）。

高圈足杯　166件。常见器物之一，共分七型。

A型　14件。小口，垂腹。分两个亚型。

Aa型　12件。折沿，下腹内折。分二式。

Ⅰ式　5件。沿面内凹，腹壁向外斜直，内底近平。标本AT306③:4，泥质灰陶。仰折沿，圈足残。素面。口径7、残高8.5厘米（图一五一，1）。

Ⅱ式　7件。沿面微凹，腹壁向外斜弧，圜底。标本AT2022③:5，泥质灰陶。宽凹沿，下腹内折起棱，圈足残。素面。口径8.6、残高9厘米（图一五一，2）。标本H17:4，泥质灰陶。敛口，宽沿，沿面微弧，下腹内折起棱，圈足残。素面。口径12、残高10厘米（图一五一，3）。

Ab型　子母口，数量很少，复原2件。标本H432:10，泥质红陶。直腹，下腹内折，近平底，细柄，圈足残。腹饰刻划三角纹，底缘饰锯齿纹。口径7、残高10厘米（图一五一，4）。标本AT2③:1，夹砂红陶。直腹，圜底，高圈足下端残。下腹饰三道附加堆纹。口径7.5、残高12厘米（图一五一，5）。

B型　59件。侈口，束颈，垂腹。分二式。

Ⅰ式　7件。侈口较矮，腹腔较大。标本H207:5，泥质灰陶。高圈足下端残。素面。口径7.2、残高15.2厘米（图一五一，6）。

Ⅱ式　52件。侈口较高，腹腔变小。标本H102:1，泥质灰陶。喇叭形高圈足。下腹饰一道凹弦纹。口径9、足径9.4、高21.6厘米（图一五一，7；图版八一，1）。标本H497:5，泥质灰陶。口和圈足残。下腹饰一道凸棱。残高8.8厘米（图一五一，8）。标本H435:1，泥质灰陶。口和圈足残。下腹内折起棱。圈足上端饰三个对称的圆形镂孔。残高14厘米（图一五一，9）。标本H329:1，泥质灰胎黑陶。口和圈足残。下腹饰凹弦纹一周。残高12厘米（图一五一，10）。

C型　3件。喇叭形口。分二式。

Ⅰ式　3件。折肩，弧腹。标本H521:5，泥质灰陶。深腹，腹腔较大，圈足残。素面。口径12、残高14厘米（图一五一，11）。

Ⅱ式　1件。标本AT406③:6，泥质灰陶。束颈，浅腹，腹腔很小，下腹内折，平底，圈足下端残。圈足上端饰三个对称圆形镂孔。口径11.5、残高15厘米（图一五

0   10厘米

图一五一　石家河文化早期陶高圈足杯

1. Aa 型Ⅰ式 AT306③:4　　2、3. Aa 型Ⅱ式 AT2022③:5、H17:4　　4、5. Ab 型 H432:10、
AT2③:1　　6. B 型Ⅰ式 H207:5　　7~10. B 型Ⅱ式 H102:1、H497:5、H435:1、H329:1
11. C 型Ⅰ式 H521:5　　12. C 型Ⅱ式 AT406③:6　　13. D 型Ⅰ式 H54:42　　14、15. D 型
Ⅱ式 H56:69、H56:68　　16. D 型Ⅲ式 AT1219②:10　　17、18. E 型 H56:63、H211:2
19. F 型 H42①:110　　20. G 型Ⅰ式 H116:3　　21、22. G 型Ⅱ式 H116:7、H116:6

一，12）。

D 型　58 件。扁折腹，高圈足。分三式。

Ⅰ式　19 件。束颈，折腹，腹腔较大。标本 H54：42，泥质黑陶。口残，深折腹起棱，喇叭形高圈足下端残。素面。残高 19.5 厘米（图一五一，13）。

Ⅱ式　27 件，扁折腹，腹腔变小。标本 H56：69，泥质深灰陶。喇叭形口，扁折腹起棱，喇叭形高圈足。素面。口径 8、足径 8.5、高 28.8 厘米（图一五一，14；图版八一，2）。标本 H56：68，泥质灰陶。喇叭形口，扁折腹起棱，喇叭形高圈足。素面。口径 7.5、足径 8.4、高 26.2 厘米（图一五一，15；图版八一，3）。

Ⅲ式　12 件。扁折腹，腹腔消失。标本 AT1219②：10，泥质灰陶。侈口，斜直腹，下腹扁折起棱，腹腔很小，喇叭形高圈足。素面。口径 7、足径 5.5、高 19.8 厘米（图一五一，16；图版八一，4）。

E 型　8 件。侈口，束颈，鼓腹。标本 H56：63，泥质灰陶。深腹，喇叭形高圈足。素面。器内壁有轮制痕迹。口径 7.5、足径 6、高 23.5 厘米（图一五一，17；图版八二，1）。标本 H211：2，泥质灰陶。口残，腹较深，喇叭形圈足下端残。素面。残高 16 厘米（图一五一，18）。

F 型　7 件。侈口，斜腹，粗柄。标本 H42①：110，夹砂黑陶。深腹，下腹有一道凸棱，喇叭形高圈足。素面。口径 11.5、足径 10.5、高 20 厘米（图一五一，19；图版八二，2）。

G 型　17 件。大口，直腹，细长柄，分二式，均出土于 H116。

Ⅰ式　3 件。均为泥质灰陶，胎稍厚。标本 H116：3，口近直，直腹，下腹内折，喇叭形高圈足，带矮台座。素面。口径 9.6、足径 10、高 19.6 厘米（图一五一，20；图版八二，3）。

Ⅱ式　14 件。均为泥质磨光黑陶，薄胎。标本 H116：7，口微侈，斜弧腹，下腹内折起棱，细长柄，喇叭形圈足带矮台座。腹部和柄上端各饰两道凹弦纹。口径 9.2、足径 10.2、高 22 厘米（图一五一，21）。标本 H116：6，口微外侈，斜直腹，下腹内折起棱，细长柄上端有一道箍，喇叭形圈足带矮台座。腹部饰凸弦纹一周。口径 9、足径 9.6、高 24.2 厘米（图一五一，22；图版八二，4）。

矮圈足杯　4 件。标本 H450：8，泥质灰陶。直口，深弧腹，圜底，矮圈足有矮台座。素面。口径 12.5、足径 4.8、高 9.2 厘米（图一五二，1；图版八三，1）。标本 H56：17，泥质灰陶。敞口，斜弧腹，圜底，矮圈足近直。素面。口径 10.5、足径 5.6、高 7 厘米（图一五二，2；图版八三，2）。

饼形足杯　4 件。多残破。标本 AT2407③：5，泥质灰陶。侈口，斜腹，矮柄，饼形足。素面。手制。口径 8.4、足径 3.8、高 8 厘米（图一五二，5；图版八三，3）。

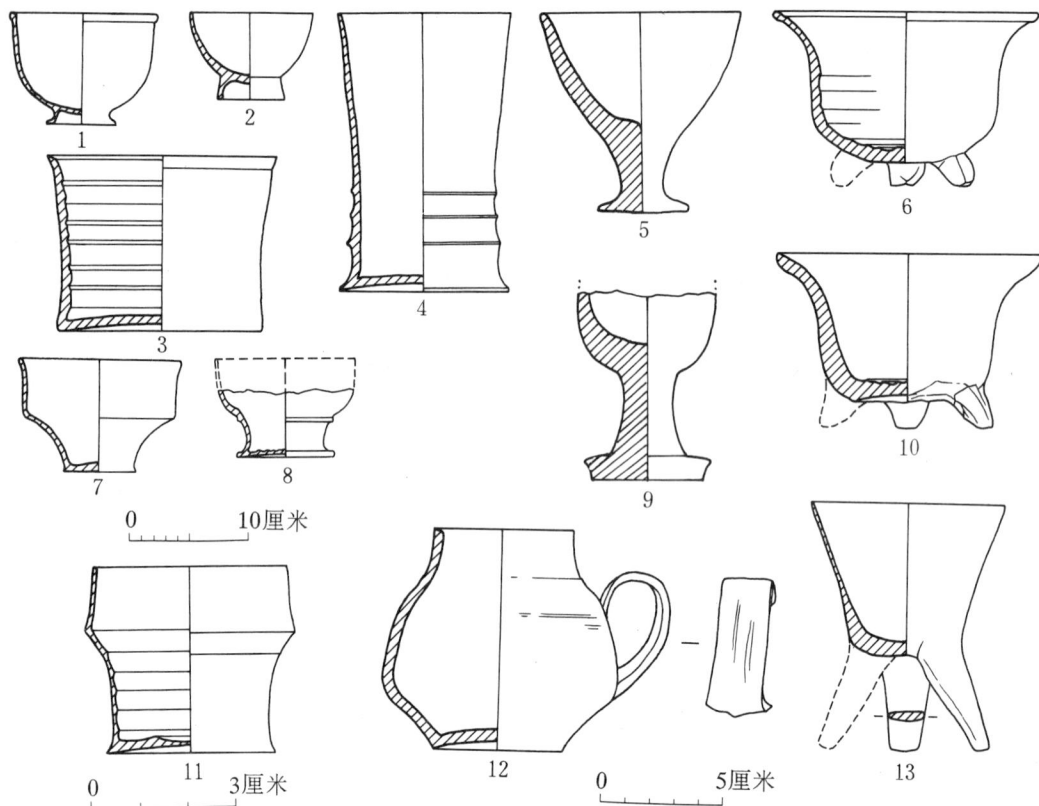

图一五二　石家河文化早期陶矮圈足杯、筒形杯、饼形足杯、三足杯、曲腹杯、单耳杯

1、2. 矮圈足杯 H450:8、H56:17　　3、4. 筒形杯 AT1721④:10、AT602③:15　　5、9.

饼形足杯 AT2407③:5、AT1822⑥:21　　6、10、13. 三足杯 AT3017②:11、AT2216②:15、

H42①:128　　7、8、11. 曲腹杯 H22:1、H116:18、H42①:129　　12. 单耳杯 H434③:18

标本 AT1822⑥:21，夹砂红陶。口残，直腹，细直柄，饼形足。素面。足径 4.5、残高
7.5 厘米（图一五二，9）。

三足杯　7 件。泥质红陶，大口，三矮捏足。标本 AT3017②:11，喇叭形口，曲
腹。小平底，三捏足外撇。素面。器内壁有轮制痕迹。口径 11、通高 7 厘米（图一五
二，6；图版八三，4）。标本 AT2216②:15，喇叭形口，曲腹，平底微内凹，三捏足外
撇。素面。器内底有轮制痕迹。口径 11、通高 7 厘米（图一五二，10；图版八三，5）。
标本 H42①:128，泥质红陶。侈口，深斜直腹，圜底近平，三扁足外撇。素面。口径
8、通高 10 厘米（图一五二，13；图版八三，6）。

曲腹杯　5 件。标本 H22:1，泥质灰陶。直口，下腹内折，平底。素面。口径
13.4、底径 5.8、高 9 厘米（图一五二，7；图版八四，1）。标本 H116:18，泥质黑陶。
口残，曲腹内收，平底微内凹。腹饰凸弦纹一周。内底有轮制痕迹。底径 8.2、残高

5.5 厘米（图一五二，8）。标本 H42①:129，泥质灰陶，薄胎，器体较小。直口，上腹内折，下腹内弧，平底微凹。素面。器内壁有轮制痕迹。口径 4.2、底径 3.6、高 3.8 厘米（图一五二，11；图版八四，2）。

单耳杯　1 件。标本 H434③:18，泥质黑陶。小口，矮领，垂腹，下腹内收，腹部一侧附一单耳，凹底。素面。口径 5.8、底径 5.3、高 8.8 厘米（图一五二，12；图版八四，3）。

筒形杯　2 件。标本 AT1721④:10，泥质红陶，胎较厚，器体较大。直口，深直筒形腹，平底微内凹。素面。内壁有泥条盘筑痕迹，制作较粗糙。口径 19.2、底径 17.2、高 14 厘米（图一五二，3；图版八四，4）。标本 AT602③:15，泥质灰陶。直口，深腹，平底内凹。下腹饰三道凸弦纹，呈竹节状。口径 7、底径 7.2、高 11.2 厘米（图一五二，4；图版八四，5）。

鼎　常见器物之一，分罐形鼎、盆形鼎和小鼎三种。

罐形鼎　43 件。深腹似罐形，均为夹砂陶。依鼎足的不同可以分为五型，早期有 A、B、C、D 型。

A 型　26 件。侧装三角形扁足。分三式。

Ⅰ式　5 件。仰折沿，深垂腹。标本 AT1016③:1，夹砂灰陶。仰折沿，沿面微凹，沟唇，敛口，圜底。腹部和底部饰横篮纹。口径 19.3、通高 22.6 厘米（图一五三，1；图版八五，1）。标本 AT1909⑥:1，夹砂灰陶。敛口，圜底，侧装三角形扁足，下端呈凿形。腹部和底部饰交错篮纹，下腹饰带状附加堆纹一周。口径 19.4、通高 25 厘米（图一五三，2；图版八五，2）。

Ⅱ式　3 件。折沿，球腹。标本 H434③:17，夹砂灰陶。折沿外翻，鼓腹较深，圜底，侧装三角形扁足下端残。足两侧各饰两条竖线划纹。口径 24、残高 22.7 厘米（图一五三，3）。

Ⅲ式　18 件。折沿，扁腹。标本 H161①:6，夹砂灰陶。敛口，扁鼓腹，圜底，足下端残。下腹饰稀疏篮纹。口径 19.2、残高 19.8 厘米（图一五三，4；图版八五，3）。标本 H434②:57，夹砂灰陶，足呈红色。折沿沿面微凹，敛口，扁鼓腹，圜底，足下端残。腹部和底部满饰横篮纹。口径 17、残高 16 厘米（图一五三，12）。标本 H434②:55，夹细砂灰陶，局部黑色。扁鼓腹较浅，圜底，足较直。腹部和底部满饰横篮纹。口径 12.5、通高 14.5 厘米（图一五三，10；图版八五，4）。标本 AT404③:2，夹砂黑陶。折沿沿面微凹，敛口，圜底，足下端残。腹部饰一道带状附加堆纹。口径 19、残高 16.5 厘米（图一五三，6）。

B 型　1 件。数量很少。方柱足。标本 AT1721④:1，夹砂黑陶。折沿，短束颈，深弧腹，圜底。颈饰数道凹弦纹，腹部和底部饰间断竖篮纹，足根外侧有凹槽。口径

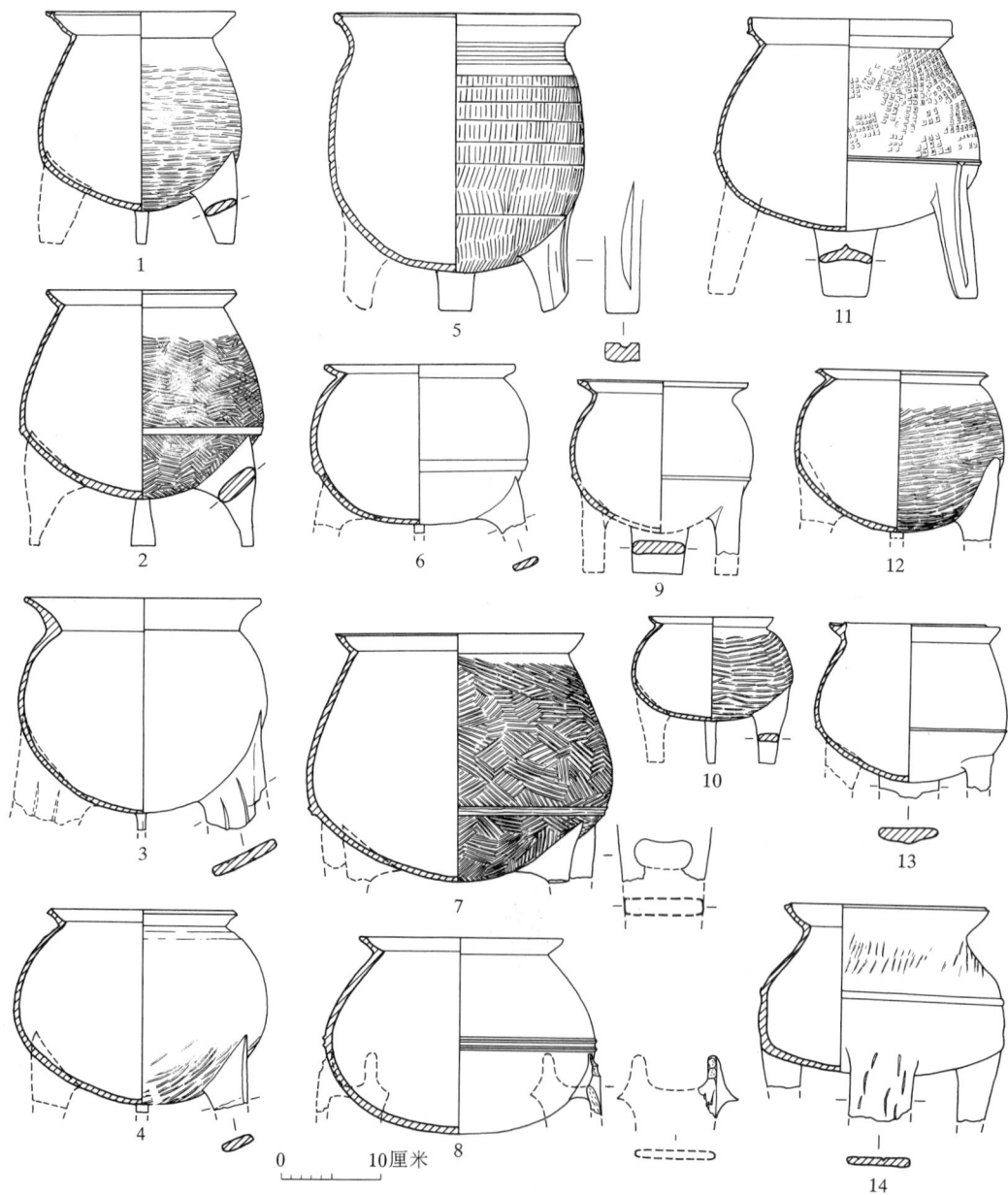

图一五三　石家河文化早期陶罐形鼎

1、2. A型Ⅰ式 AT1016③:1、AT1909⑥:1　　3. A型Ⅱ式 H434③:17　　4、6、10、12. A型Ⅲ式 AT161①:6、
AT404③:2、H434②:55、H434②:57　　5. B型 AT1721④:1　　7. C型Ⅰ式 H434②:59　　8. C型Ⅱ式 H532:
15　　9. D型Ⅰ式 AT1321②:5　　11. D型Ⅲ式 AT1603④:1　　13、14. D型Ⅱ式 H434②:56、H434③:16

23.8、通高29.2厘米（图一五三，5；图版八六，1）。

　　C型　7件。锄形足。分二式。

Ⅰ式 4件。仰折沿，深垂腹。标本 H434②：59，夹砂黑陶。仰折沿沿面内凹，沟唇，深腹下垂，圜底，锄形足下端残。腹部和底部满饰交错篮纹，下腹饰一道带状附加堆纹。口径 25、残高 24.5 厘米（图一五三，7）。

Ⅱ式 3件。折沿，扁鼓腹。标本 H532：15，夹砂黑陶。敛口，折沿沿面内凹，扁鼓腹，圜底，锄形足下端残。腹部饰两道凸弦纹，足根两侧各有两个圆形按窝，足下端饰戳印纹。口径 20.5、残高 19.2 厘米（图一五三，8）。

D型 9件。宽扁足，分三式。

Ⅰ式 5件。深凹沿。标本 AT1321②：5，夹砂灰陶。鼓腹，圜底残，宽扁足较直。下腹饰一道凸弦纹。口径 17、通高 18.8 厘米（图一五三，9；图版八六，2）。

Ⅱ式 3件。浅凹沿。标本 H434②：56，夹砂灰陶，足呈红色。近子母口，鼓腹，圜底，扁足外侧凸弧。下腹饰一道凸弦纹。口径 17.2、残高 17 厘米（图一五三，13；图版八六，3）。标本 H434③：16，夹砂红陶。直腹，圜底，宽扁足下端残。肩部饰较模糊的竖篮纹，腹部饰一道凸弦纹，足外侧饰划纹。口径 20.5、残高 21 厘米（图一五三，14）。

Ⅲ式 复原1件。标本 AT1603④：1，夹砂红陶。盘口，唇下有凸棱一周，深垂腹，圜底，单凸棱宽扁足外撇。上腹饰方格纹，较模糊，下腹饰一道凸弦纹。口径 20.3、通高 27.2 厘米（图一五三，11；图版八六，4）。

盆形鼎 20件。均为夹砂陶，浅腹似盆形，依鼎足的不同，分为四型，早期有A、B两型。

A型 19件。宽扁足，分三式。

Ⅰ式 3件。仰折沿，沿面内凹，腹壁向外斜直。标本 H497：98，夹砂深灰陶。口微敛，宽沿，沿面微凹，下腹内折，圜底，双凸棱宽扁足下端残。素面。口径 26.8、残高 10.5 厘米（图一五四，1）。

Ⅱ式 9件。折沿，腹壁向外斜弧。标本 H373：4，夹砂灰陶。敛口，宽凹沿，下腹内折起棱，圜底，双凸棱宽扁足下端残，足内空。素面。口径 17.5、残高 9 厘米（图一五四，2；图版八七，1）。标本 H161①：44，夹砂黑陶。敛口，宽沿，沿面微弧，下腹内折起棱，圜底，双凸棱宽扁足下端残。素面。口径 23.8、残高 14 厘米（图一五四，3）。

Ⅲ式 7件。盘口，弧腹。标本 H32：1，夹砂黑陶。方唇上侈，弧腹较深，圜底，双凸棱宽扁足。下腹饰一道凸弦纹。口径 23、通高 12.8 厘米（图一五四，7；图版八七，2）。标本 AT2022②：1，夹细砂灰陶。圆唇上翘，弧腹较浅，圜底，单凸棱宽扁足。腹部饰一道凸弦纹。口径 20、通高 17.5 厘米（图一五四，4；图版八七，3）。标本 H434②：58，夹砂红陶。敛口，宽凹沿，方唇上侈，弧腹，圜底，宽扁足下端残。上腹饰斜方格纹，下腹饰一道凸弦纹。口径 23.4、残高 15.5 厘米（图一五四，6；图版八七，4）。

B 型　残片较多，复原 1 件。侧装三角形足。标本 H434②：72，夹砂黑陶。敛口，折沿，腹壁向外斜弧，下腹内折起棱，圈底，侧装三角形扁足下端残。素面。口径 18、残高 10 厘米（图一五四，5）。

小鼎　36 件。均为泥质陶，器形较小。分三式。

Ⅰ式　19 件。仰折沿，圈底，凿形足。标本 H450：54，泥质黑陶。沿面微凹，直腹。带盖。素面。口径 10.3、通高 13.6 厘米（图一五五，1；图版八八，1）。标本 H14：1，泥质灰陶。沿面内凹，垂腹。素面。口径 8.8、通高 8.6 厘米（图一五五，2；图版八八，2）。

Ⅱ式　14 件。口较小，口沿微外折，底近平，矮足。标本 H56：5，泥质黑陶。垂腹。带盖。素面。口径 6.8、通高 10.6 厘米（图一五五，3；图版八八，3）。

Ⅲ式　3 件。小口，口沿微外折，腹壁向外斜直，底近平。标本 AT1③：2，泥质灰陶。下腹内折，锥足。素面。口径 4.9、通高 7.3 厘米（图一五五，4；图版八八，4）。

除上述三种鼎以外，还出土了一定数量的鼎足，主要分三种。

第一种，侧装三角形鼎足。标本 H161②：74，夹砂红陶。上端宽扁，下端一侧呈钩形。残高 12.6 厘米（图一五六，1）。标本 AT1105④：18，夹砂红陶。足跟有一圆形按窝。残高 11.7 厘米（图一五六，2）。标本 H161①：47，夹砂红陶。足跟起脊，下端呈

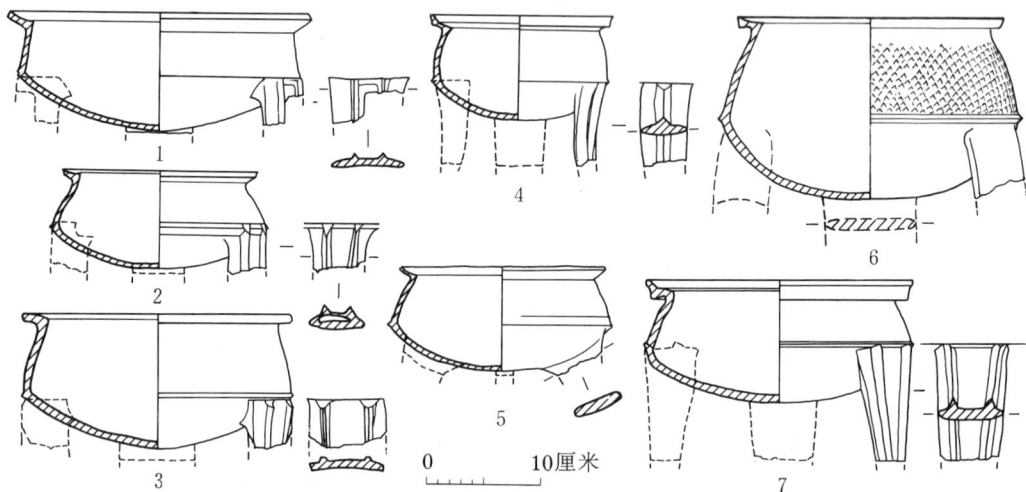

图一五四　石家河文化早期陶盆形鼎

1. A 型Ⅰ式 H497：98　　2、3. A 型Ⅱ式 H373：4、H161①：44　　4、6、7.
A 型Ⅲ式 AT2022②：1、H434②：58、H32：1　　5. B 型 H434②：72

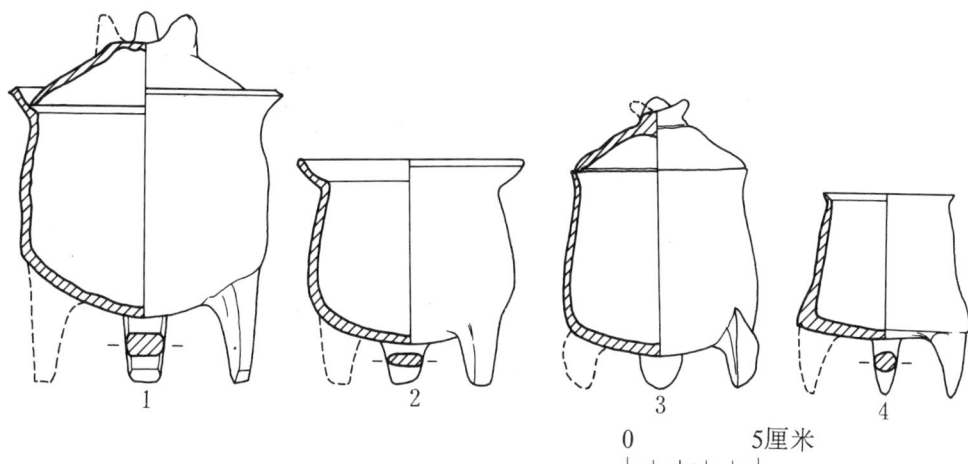

图一五五　石家河文化早期陶小鼎
1、2．Ⅰ式 H450：54、H14：1　　3．Ⅱ式 H56：5　　4．Ⅲ式 AT1③：2

凿形。饰按窝。残高 10.8 厘米（图一五六，3）。标本 H434②：81，夹砂红陶。足跟起脊，下端呈凿形。残高 9.2 厘米（图一五六，4）。标本 H449：18，夹砂红陶。足跟起脊，下端呈凿形。饰按窝。残高 8.7 厘米（图一五六，7）。标本 AT2117②：21，夹砂红陶。下端呈凿形，内外两侧起脊。残高 12 厘米（图一五六，5）。

第二种，锄形足，足跟穿孔。标本 H497：19，夹砂红陶。上端较窄，下端宽扁，中间和两侧起脊。足跟和下端饰按窝。残高 14.8 厘米（图一五六，10）。标本 H140：12，夹砂红陶。上宽下窄。素面。残高 10.9 厘米（图一五六，11）。

第三种，宽扁足。标本 AT14③：4，夹砂黑陶，局部红色。足瘦长。素面。残高 11厘米（图一五六，8）。标本 H392：12，夹砂红陶。较宽扁，两侧外卷，足面微凹。素面。残高 8 厘米（图一五六，6）。标本 AT1608④：19，泥质灰陶。足宽扁，上宽下窄，足面微凹。素面。残高 12.8 厘米（图一五六，9）。标本 H434③：38，夹砂红陶。足面有一竖刻槽。残高 7 厘米（图一五六，13）。标本 H371：19，夹砂红陶。足面有单凸棱。残高 8 厘米（图一五六，14）。标本 H432：9，夹砂红陶，局部黑色。足面有锯齿状单凸棱。残高 16 厘米（图一五六，15）。标本 H152：22，夹炭红陶。足面有双凸棱。残高 8厘米（图一五六，12）。标本 AT1818③：13，夹砂红陶。足面有双凸棱。残高 12 厘米（图一五六，20）。标本 H419：1，夹砂红陶。足面有双凸棱，足下端外撇。凸棱上饰按窝。残高 12 厘米（图一五六，17）。标本 H360：1，夹炭红陶。足面有双凸棱，下端残。足跟饰绚索纹，两侧各有一圆形按窝。残高 8.8 厘米（图一五六，18）。标本 H371：7，夹砂红陶，局部黑色。足面有双凸棱。足跟饰绚索纹，中部饰两道刻划纹。残高 14 厘米（图一五六，19）。标本 H497：31，夹砂红陶，局部黑色。足面有三凸棱，上宽下窄。

0　　　　　　　　　　10 厘米

图一五六　石家河文化早期陶鼎足

1. H161②:74　　2. AT1105④:18　　3. H161①:47　　4. H434②:81　　5. AT2117②:
21　　6. H392:12　　7. H449:18　　8. AT14③:4　　9. AT1608④:19　　10. H497:19
11. H140:12　　12. H152:22　　13. H434③:38　　14. H371:19　　15. H432:9
16. H497:31　　17. H419:1　　18. H360:1　　19. H371:7　　20. AT1818③:13

凸棱上饰按窝。残高 13 厘米（图一五六，16）。

鬶　16 件。常见器物，由于胎很薄，大都保存不好，能复原的器物很少。依颈部的不同，可以分为二型。

A 型　15 件。长颈。分二式。

Ⅰ式　8 件。细长颈，直口，捏流。标本 H450:47，夹砂红陶。肩较平，袋足和把手残。素面。残高 15.6 厘米（图一五七，1）。标本 H434②:34，泥质红陶。溜肩，袋足和把手残。肩部饰一道凸弦纹。残高 17 厘米（图一五七，4）。标本 H434③:14，泥质黑陶。溜肩，袋足和把手残。肩部饰一道索状附加堆纹。残高 10 厘米（图一五七，5）。标本 H434②:33，泥质红陶。细长颈上端残，溜肩，裆较高，瘦袋足外撇，足跟明显，宽带状把手。素面。残高 15.5 厘米（图一五七，3）。

Ⅱ式　7 件。细长颈，盘口，捏流。标本 H427:8，泥质灰陶，器表饰黑色陶衣，大部脱落。溜肩，袋足和把手残。素面。残高 22.3 厘米（图一五七，6）。标本 AT204④:8，夹砂红陶。细长颈上端较肥胖，溜肩，袋足和把手残。颈部饰稀疏篮纹。残高 26 厘米（图一五七，2）。

B 型　粗短颈鬶，复原 1 件。标本 H64:1，夹砂红陶。喇叭口，捏流，短颈，削肩，宽带状把手残，裆较高，瘦袋足较直，锥状足尖。口径 8、通高 21 厘米（图一五七，7；图版八八，5）。

盉　1 件。标本 H371:22，泥质灰陶。小口，短颈，管状流上侈，把手残，鼓腹，矮圈足。素面。口径 7.2、通高 16 厘米（图一五七，8）。

斝　1 件。标本 H56:148，泥质红陶。平口，流残，短直颈，球腹，宽带状把手，平裆较高，瘦袋足近垂直，锥状足尖。素面。口径 6.5、通高 18 厘米（图一五七，9；图版八八，6）。

器座　15 件。常见器物，分四型。

A 型　8 件。上口大，下口小。分二式。

Ⅰ式　4 件。上口外撇，中腰斜直。标本 H497:97，夹砂灰陶。上为敞口，窄平沿；下为喇叭形口，口内侧有凹。中腰向外斜直。腰有对穿圆形镂孔四个，饰宽带纹一周，带纹上下饰篮纹。上口径 18.8、下口径 21、高 13.2 厘米（图一五八，1；图版八九，1）。标本 H168:4，夹砂红陶，胎较厚。上为敞口，下为喇叭形口。中腰向外斜直。腰部上下各有对穿圆形镂孔四个，下腰饰宽带纹一周。上口径 25.5、下口径 32.5、高 25.5 厘米（图一五八，2；图版八九，2）。

Ⅱ式　4 件。束腰。标本 AT2015⑦:2，泥质黑陶。上为敞口，下为喇叭形口，卷沿。上口径 25.5、下口径 31.2、高 18.8 厘米（图一五八，3；图版八九，3）。标本 H123:4，夹砂灰陶。上为侈口，下为喇叭形口。腰饰三组对称圆形镂孔 12 个和六道附

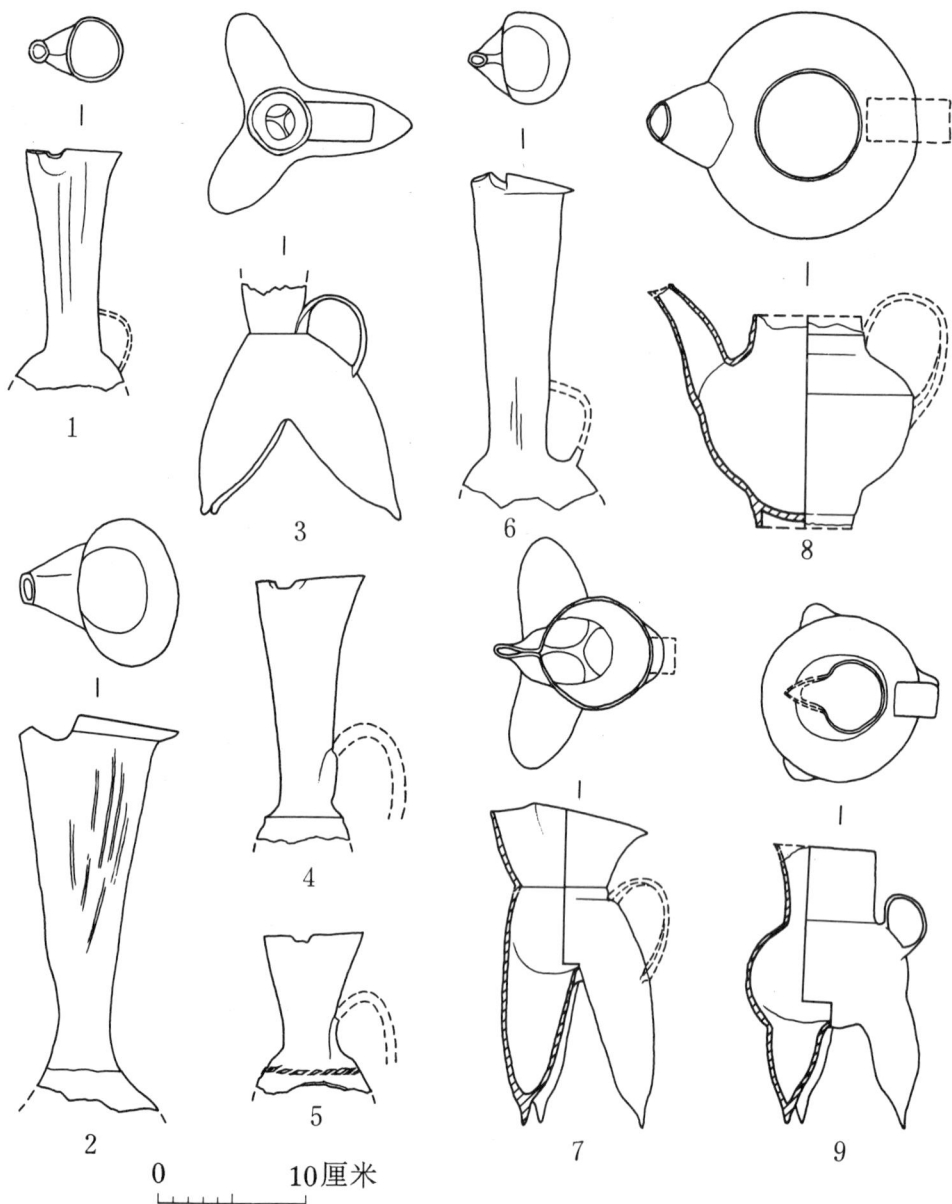

图一五七　石家河文化早期陶鬶、盉、斝

1、3~5. A型Ⅰ式鬶 H450:47、H434②:33、H434②:34、H434③:14　　2、6. A型Ⅱ式鬶

AT204④:8、H427:8　　7. B型鬶 H64:1　　8. 盉 H371:22　　9. 斝 H56:148

加堆纹。上口径27、下口径37、高32.6厘米（图一五八，4；图版八九，4）。

B型　6件。上下口径相等，或略有差异。共分二式，早期只有Ⅰ式。

Ⅰ式　6件。束腰，中腰近直。标本 H329:3，泥质深灰陶，胎较厚。上下口均为敞口，窄平沿。腰饰一道宽带纹，带纹上下饰圆形和三角形镂孔。口径 28、高 21.4 厘米（图一五八，5；图版九〇，1）。标本 AT304④A：8，泥质红陶，胎较厚。上下口相同，均为侈口。腰饰方格纹、圆形镂孔、两道凸弦纹和一道宽带纹。口径 24、高 19.6 厘米（图一五八，6；图版九〇，2）。标本 AT3312④：5，泥质黑陶。上为侈口，下口略大，喇叭形。腰饰数道凹弦纹和对穿圆形镂孔四个。上口径 21.5、下口径 24.5、高 15.2 厘米（图一五八，7；图版九〇，3）。

C 型　1 件。标本 H434②：79，泥质灰陶，器体细高。上口小，喇叭形；下口大，为盘口。束腰细长。下腰有凸棱一周。上口径 10.2、下口径 12.6、高 16.5 厘米（图一五八，8；图版九〇，4）。

器盖　120 件。常见器物，共分七型。

A 型　46 件。盖顶三钮，作覆碟形。分二式。

I 式　32 件。深腹，钮较高。标本 H528：6，泥质黑陶。敞口，翘沿，沿面内凹。素面。口径 10、通高 4.4 厘米（图一五九，1）。标本 H497：23，泥质灰陶。敞口，三

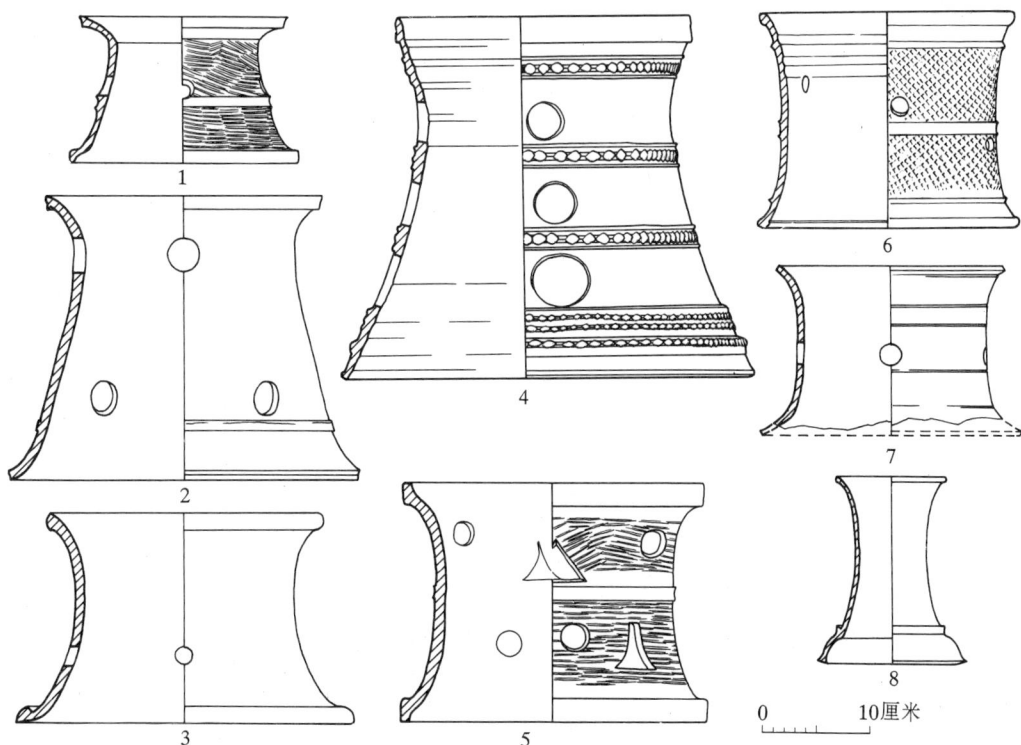

图一五八　石家河文化早期陶器座

1、2. A 型 I 式 H497：97、H168：4　　3、4. A 型 II 式 AT2015⑦：2、H123：4

5~7. B 型 I 式 H329：3、AT304④A：8、AT3312④：5　　8. C 型 H434②：79

钮较集中。素面。口径8.2、通高3.4厘米（图一五九，2；图版九一，1）。标本H231：1，泥质灰陶。短直口，窄平沿微凹。素面。口径9.2、通高4厘米（图一五九，3；图版九一，2）。

Ⅱ式　14件。浅腹，钮较矮。标本H56：8，泥质黑陶。敞口，平沿。素面。口径

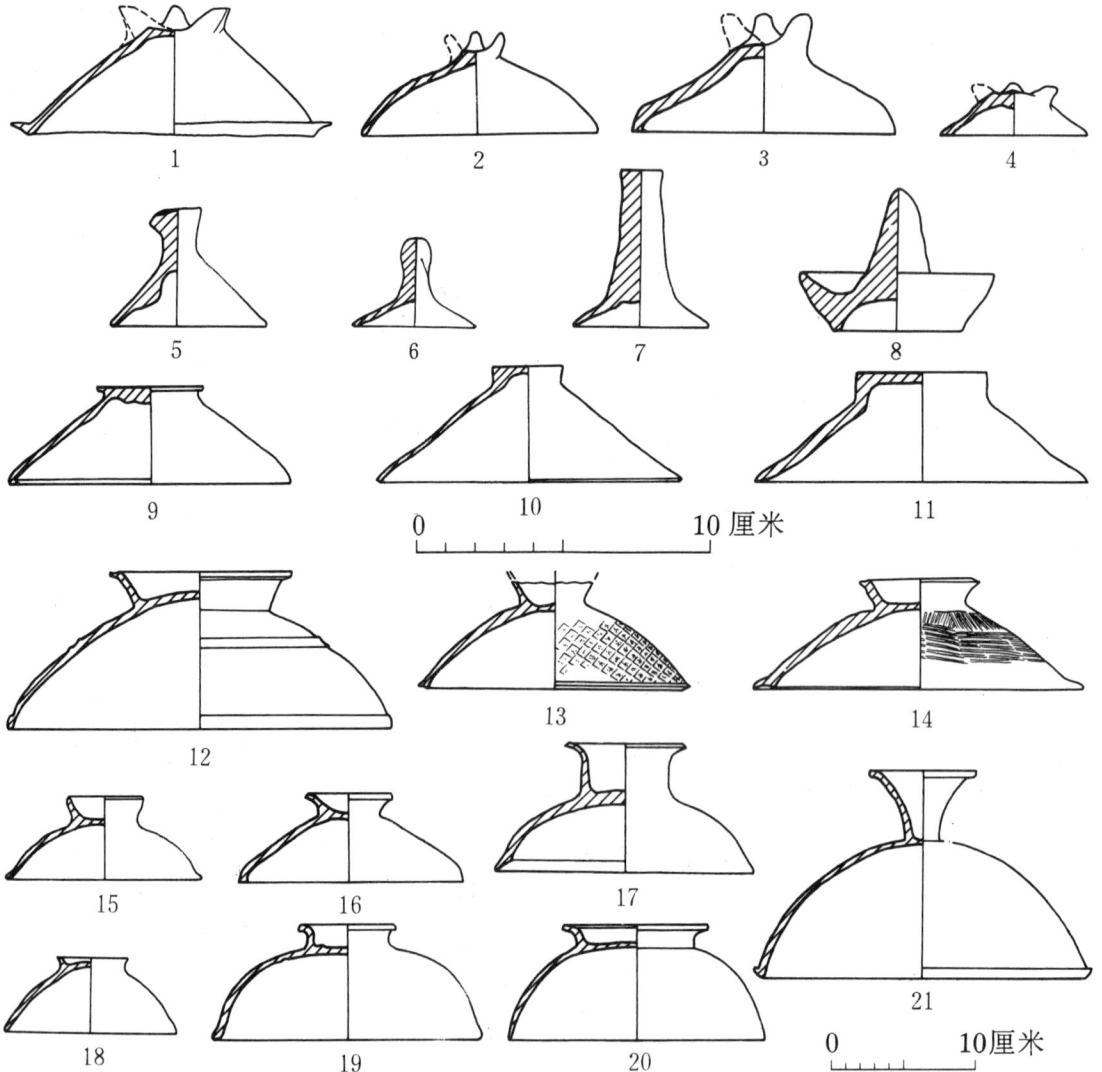

图一五九　石家河文化早期陶器盖

1～3. A型Ⅰ式 H528：6、H497：23、H231：1　　4. A型Ⅱ式 H56：8　　5～8. D型 H450：22、H432：6、H56：51、H56：41　　9～11. E型 H449：4、H43：12、H101：14　　12、13、15、18. B型Ⅰ式 H449：14、H528：2、H54：24、H56：65　　14、16. B型Ⅱ式 H434②：69、H434③：6　17、19、20. B型Ⅲ式 H493：1、H161①：24、H529：10　　21. C型 AT3205④：1

5.2、通高 1.6 厘米（图一五九，4；图版八八，3）。

B 型　39 件。矮圈钮，作覆碗形。共分三式。

Ⅰ式　12 件。腹壁斜弧。标本 H449：14，泥质灰陶。敞口，钮缘外折。盖顶饰带状附加堆纹一周。口径 27.2、通高 10.6 厘米（图一五九，12；图版九一，3）。标本 H528：2，夹砂黑陶。敞口，平沿微外折，钮上端残。盖顶饰方格纹。口径 19.2、残高 7.2 厘米（图一五九，13）。标本 H54：24，泥质灰陶，夹少量粗砂粒。敞口。素面。口径 14.2、通高 5.8 厘米（图一五九，15）。标本 H56：65，泥质灰陶。敞口，圈钮较矮。口径 12.5、通高 5 厘米（图一五九，18）。

Ⅱ式　12 件。腹壁斜直。标本 H434②：69，泥质灰陶。短直口，平沿，钮缘外撇。素面。口径 16.2、通高 6 厘米（图一五九，14；图版九一，4）。标本 H434③：6，夹砂黑陶。凹沿。素面。口径 20.2、通高 7.2 厘米（图一五九，16；图版九一，5）。

Ⅲ式　15 件。弧腹，盖顶近平。标本 H161①：24，泥质灰陶。口微敞，钮缘外卷。素面。口径 18.4、通高 7.8 厘米（图一五九，19；图版九一，6）。标本 H493：1，夹砂黑陶。敞口，圈钮较高，钮缘外卷。素面。口径 18、通高 8.6 厘米（图一五九，17；图版九二，1）。标本 H529：10，泥质灰陶，外表有一层黑陶衣，大部脱落。敞口，钮缘外折。素面。口径 10、通高 7.8 厘米（图一五九，20；图版九二，2）。

C 型　5 件。数量较少，喇叭形高圈钮。标本 AT3205④：1，泥质黑陶。折沿，弧腹，钮缘外折。素面。口径 22.5、通高 14 厘米（图一五九，21）。

D 型　13 件。数量较少，柱钮。标本 H450：22，泥质黑陶。敞口，斜直腹，柱钮较高，钮缘外凸，钮面有按窝。素面。口径 5.6、通高 4 厘米（图一五九，5；图版九二，3）。标本 H432：6，泥质灰陶。斜直腹。口径 4.8、通高 3 厘米（图一五九，6）。标本 H56：51，泥质灰陶。敞口，浅腹，高柱钮，钮面平。素面。口径 4.8、通高 5.3 厘米（图一五九，7；图版九二，4）。标本 H56：41，泥质红陶。折沿，锥状柱钮。素面。口径 4.6、通高 4.8 厘米（图一五九，8；图版九二，5）。

E 型　17 件。数量较少，平顶，饼形钮。标本 H449：4，夹砂灰陶。钮缘外凸。敞口，平沿，斜直腹。素面。口径 20、高 6.6 厘米（图一五九，9；图版九二，6）。标本 H101：14，泥质灰陶。钮缘垂直，敞口，斜直腹。口径 11.8、高 3.7 厘米（图一五九，11）。标本 H43：12，泥质灰陶。敞口，斜直腹。素面。口径 10.8、高 3.9 厘米（图一五九，10）。

除上述器盖外，还出土一部分残盖钮。标本 H434③：12，夹砂红陶。盖钮作灯形，柱状柄。钮下端饰刻划方格纹。残高 10 厘米（图一六○，1）。标本 H432：5，泥质灰陶。盖钮呈塔形。素面。残高 8.2 厘米（图一六○，2）。标本 H539：5，泥质红陶。鹰首形钮，大眼，钩喙，细颈，耳残。颈饰刻划弧线纹。残高 9 厘米（图一六○，3）。

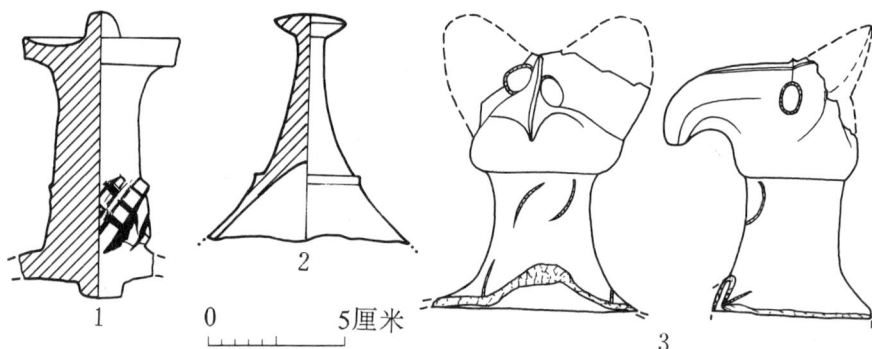

图一六〇　　石家河文化早期陶盖钮
1. H434③:12　　2. H432:5　　3. H539:5

（2）生产工具

生产工具有纺轮、陶垫和滑轮三种。

纺轮　共514件，绝大多数完整。均为细泥圆饼状，中有小孔。有大小、厚薄、素面及彩绘之分。大型（直径4.1~4.9厘米）27件、中型（3.1~4厘米）386件、小型（2.3~3厘米）101件。厚体（1~1.5厘米）28件、中厚（0.5~0.9厘米）358件、薄体（0.2~0.4厘米）128件。

素面纺轮　504件。陶色以红（包括橙红、暗红、灰红）、橙黄居多，黑、灰色很少。按边的不同形状分五型。

A 型　101件。棱边。分三个亚型。

Aa 型　76件，两面平。标本AT2017②:5，黑陶。素面。直径4.3、厚1.5厘米（图一六一，1；图版九三，1）。标本H434③:32，泥质黑陶。素面。直径3.3、厚1厘米（图一六一，2）。标本H107:40，红陶。素面。直径4.8、厚0.8厘米（图一六一，3）。标本AT305②:5，红陶。素面。直径3.9、厚0.5厘米（图一六一，6；图版九三，2）。标本AT1922④:5，橙黄陶。素面。直径3.6、厚0.5厘米（图一六一，5）。标本AT1406④:2，红陶。素面。直径2.9、厚0.4厘米（图一六一，9）。标本H96:11，灰陶，局部黑色。饰"十"字形篦点纹。直径4.4、厚1厘米（图一六一，8；图版九三，3）。标本AT605④:3，黑陶。边饰三周篦点纹。直径4、厚1厘米（图一六一，7；图版九三，4）。标本H42①:12，黑陶。饰"十"字形划纹。直径3.6、厚1.1厘米（图一六一，4；图版九三，5）。

Ab 型　25件，边沿微凸。标本AT3106③:1，橙黄陶，素面。直径3.7、厚0.7厘米（图一六一，12）。标本AT1422④:6，红陶，素面。直径2.7、厚0.5厘米（图一六一，10；图版九三，6）。标本H306:4，红陶。边饰篦点纹两周。直径2.5、厚0.6

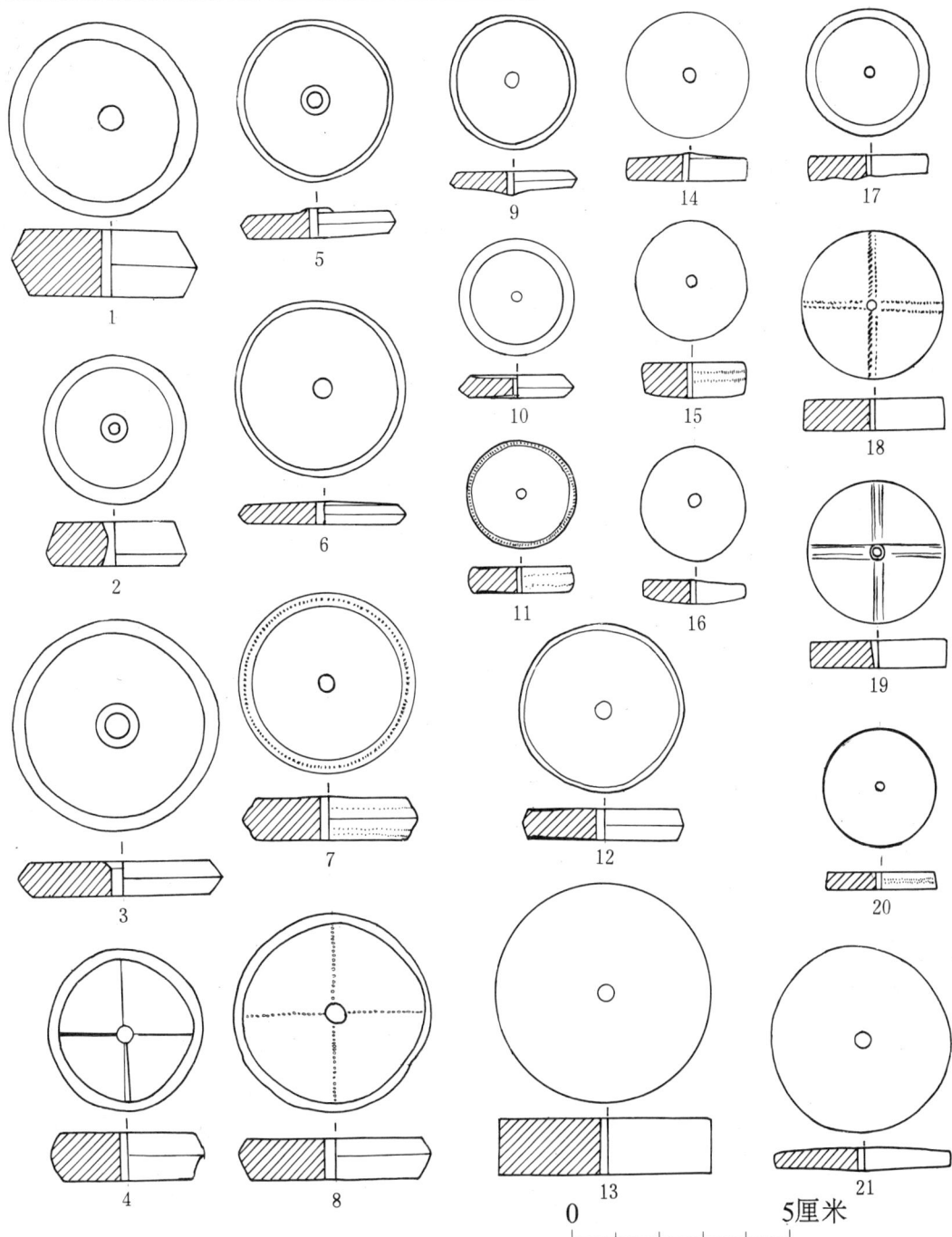

图一六一　石家河文化早期陶纺轮

1~9. Aa 型 AT2017②：5、H434③：32、H107：40、H42①：12、AT1922④：5、AT305②：5、AT605④：3、
H96：11、AT1406④：2　　　10~12. Ab 型 AT1422④：6、H306：4、AT3106③：1　　　13~21. B 型 AT909①：
2、AT1722⑤：54、H280：4、AT605③：1、AT2810③：7、H539：2、AT2805③：2、H539：3、AT1719③：4

厘米（图一六一，11；图版九三，7）。

B 型　61 件，直边。标本 AT909①：2，深红陶。素面。直径 4.9、厚 1.3 厘米（图一六一，13；图版九三，8）。标本 AT1719③：4，灰黄陶。素面。直径 4.2、厚 0.5 厘米（图一六一，21）。标本 AT1722⑤：54，橙黄陶。素面。直径 2.8、厚 0.5 厘米（图一六一，14）。标本 AT605③：1，一面微弧。橙黄陶。素面。直径 2.4、厚 0.5 厘米（图一六一，16）。标本 AT2805③：2，灰红陶。饰双"十"字形划纹。直径 3.2、厚 0.6 厘米（图一六一，19；图版九三，9）。标本 AT2810③：7，灰红陶。饰划纹一周。直径 2.8、厚 0.5 厘米（图一六一，17）。标本 H539：2，色黑红不匀。一面饰双"十"字篦点纹。直径 3.3、厚 0.7 厘米（图一六一，18；图版九三，10）。标本 H280：4，色黑红不匀。边饰篦点纹两周。直径 2.4、厚 0.8 厘米（图一六一，15）。标本 H539：3，灰陶。边饰篦点纹两周。直径 2.6、厚 0.4 厘米（图一六一，20；图版九三，11）。

C 型　176 件。斜边。分两个亚型。

Ca 型　127 件。两面平，素面。标本 AT3111④：2，红陶。直径 3.5、厚 0.6 厘米（图一六二，1；图版九三，12）。标本 AT1221②：13，红陶。直径 3.1、厚 0.3 厘米（图一六二，2）。标本 AT1804⑦：9，红陶。直径 2.8、厚 0.2 厘米（图一六二，3；图版九四，1）。

Cb 型　49 件，边沿微凸。标本 AT3307③：4，红陶。素面。直径 3.4、厚 0.8 厘米（图一六二，4）。标本 AT1522③：35，暗红陶。素面。直径 3.3、厚 0.4 厘米（图一六二，5）。标本 AT3206③：5，红陶，素面。直径 2.3、厚 0.4 厘米（图一六二，6）。标本 AT2307②：10，暗红陶。边饰不规则划纹两周。直径 3.8、厚 0.6 厘米（图一六二，7；图版九四，2）。标本 AT2102⑥：8，橙黄陶。边饰篦点纹一周。直径 2.8、厚 0.5 厘米（图一六二，8；图版九四，3）。

D 型　4 件，弧边。标本 AT2819③：4，一面边沿微凸。橙黄陶，素面。直径 2.4、厚 0.9 厘米（图一六二，12）。标本 AT812③：12，黑陶。一面饰麻点及划纹一周。直径 4.1、厚 1.3 厘米（图一六二，9；图版九四，4）。

E 型　162 件。一面平，另一面中间隆起，素面。分两个亚型。

Ea 型　144 件。隆起弧度小。标本 AT1722⑤：51，直边。橙黄陶。直径 3.9、厚 0.7 厘米（图一六二，10）。标本 AT1921②：6，弧边。灰红陶。直径 3.4、中厚 0.8 厘米（图一六二，11）。标本 AT2409④：5，橙黄陶。直径 3.5、中厚 0.6 厘米（图一六二，13；图版九四，5）。标本 AT1519③：1，橙黄陶。直径 2.9、中厚 0.6 厘米（图一六二，14）。

Eb 型　18 件。隆起弧度大。标本 AT2309④：10，边微弧。橙黄陶。直径 2.8、中厚 1.3 厘米（图一六二，15；图版九四，6）。

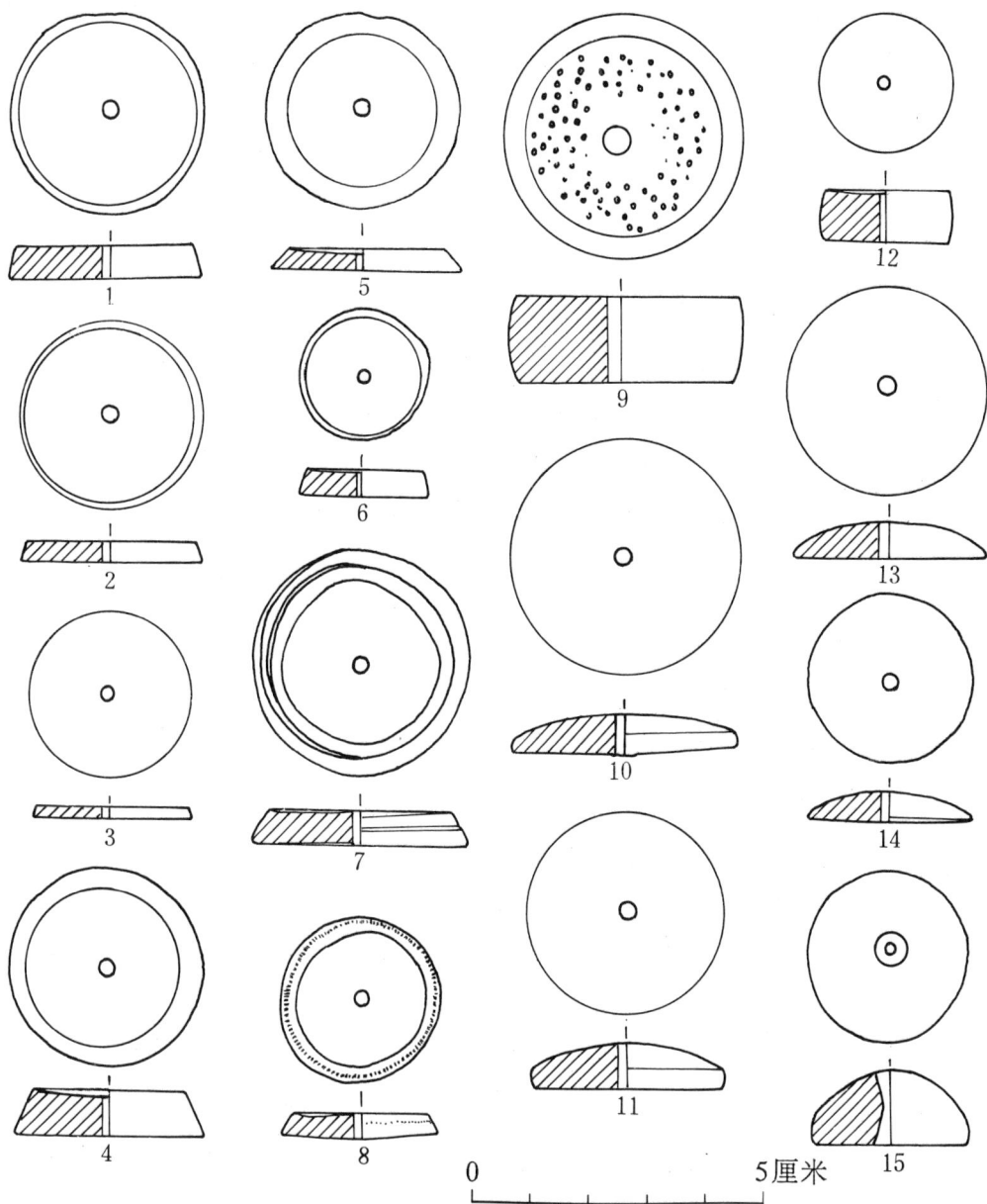

图一六二　石家河文化早期陶纺轮

1~3. Ca 型 AT3111④:2、AT1221②:13、AT1804⑦:9　　4~8. Cb 型 AT3307③:4、AT1522③:35、AT3206③:5、AT2307②:10、AT2102⑥:8　　9、12. D 型 AT812③:12、AT2819③:4　　10、11、13、14. Ea 型 AT1722⑤:51、AT1921②:6、AT2409④:5、AT1519③:1　　15. Eb 型 AT2309④:10

彩绘纺轮　10 件。胎色有橙黄、红、灰白等，一面饰黑彩或红彩，周边均涂红彩。彩绘大部分已脱落，能辨清的图案可分三类。

第一类：8 件。为线段组合纹。标本 AT1922⑤：4，棱边。红陶，饰黑彩，由多组（脱落不清）短直线绕圆周构成。直径 3.5、中厚 0.4 厘米（图一六三，1；图版九四，7）。标本 H207：8，直边。橙黄陶，饰红彩，由四组直线交错排列构成。直径 3.6、中厚 0.6 厘米（图一六三，2）。标本 AT1822⑥：10，直边。灰白陶，饰红彩，由四组斜线交错排列构成。直径 3.9、厚 0.6 厘米（图一六三，3；图版九四，8）。

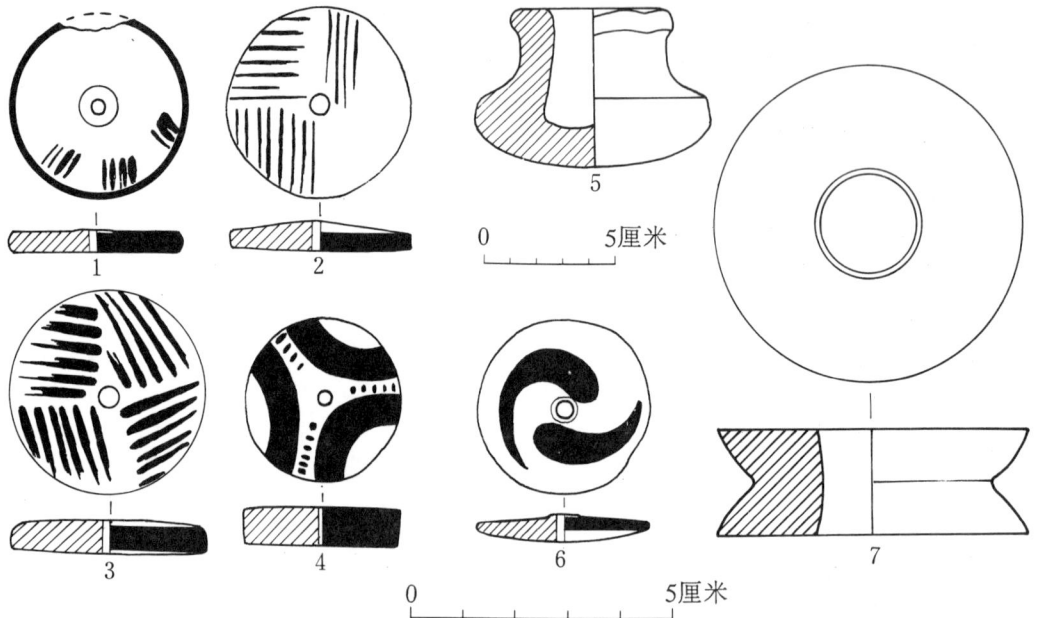

图一六三　石家河文化早期彩绘纺轮、垫、滑轮

1～5. 彩绘纺轮 AT1922⑤：4、H207：8、AT1822⑥：10、AT1722⑤：52、

AT2006②：5　5. 垫 H371：2　7. 滑轮 AT3204②：2

第二类：1 件。标本 AT1722⑤：52，直边。橙黄陶，饰红彩。图案由三个弧形宽带纹间卵点纹组成。直径 3.1、厚 0.7 厘米（图一六三，4；图版九四，9）。

第三类：1 件。标本 AT2006②：5，一面平，一面中间隆起。橙黄陶，饰黑彩，饰太极图案。直径 3.3、厚 0.5 厘米（图一六三，6；图版九四，10）。

垫　1 件。标本 H371：2，夹砂黑红陶。矮领式握手，中空，垫面圆形微隆起。素面。直径 9.2、高 6 厘米（图一六三，5；图版九四，11）。

滑轮　1 件。标本 AT3204②：2，泥质橙黄陶。圆形，束腰，中空。素面。直径 6.2、高 2 厘米（图一六三，7；图版九四，12）。

（3）陶塑艺术品

石家河文化早期共发现陶塑艺术品 29 件。大部分出土于灰坑和文化层中。

陶塑艺术品均为泥质红陶，陶土经过淘洗，陶质细腻。制法皆为捏塑。皆素面。种类有鸡、鸟、猪、狗、羊、猴六种。

鸡　9件。形态、大小各不相同。标本AT1821②：3，体肥胖，昂首，冠和喙残，两翅微张，翘尾，腹下三柱足。素面。长7.5、通高7.9厘米（图一六四，1；图版九五，1）。标本AT1717②：2，体肥胖，昂首，矮冠，粗颈，喙和尾残，收翅，腹下三柱足。素面。残长6.7、通高7.8厘米（图一六四，2；图版九五，2）。标本AT204③：12，昂首，冠、喙和尾残，细长颈，两翅微张，略残，腹下三足残。素面。残长5.7、残高6.2厘米（图一六四，3；图版九五，3）。标本H42①：164，昂首，高冠，尖喙略残，两眼刻划而成，粗颈，两翅、尾和三足残。素面。残长5.2、残高6.8厘米（图一六四，4；图版九五，4）。标本AT1506②：4，体肥胖，昂首，喙残，短颈，两翅张开，尾和腹下三足残。素面。残长6.7、残高6.5厘米（图一六四，6；图版九六，1）。标本AT1506②：5，昂首，尖喙，短颈，收翅，长尾上翘，腹下三矮足。素面。长6.8、通高4.9厘米（图一六四，8；图版九六，2）。标本AT602②：7，昂首，矮冠，尖喙，长颈略粗，两翅张开，腹下三矮足。素面。残长5.6、通高5.8厘米（图一六四，5；图版九七，1）。标本AT1221②：10，体较瘦，昂首，矮冠，尖喙，粗颈，两翅微张，腹下三足残。素面。残长4.8、残高5厘米（图一六四，7；图版九七，2）。

鸡壶　1件。标本H43：14，泥质红陶。由盖、身合成，呈鸡形。盖为鸡头。昂首，高冠，尖喙，粗颈，收翅，短尾，腹中空，腹下三足。素面。长8、通高11.4厘米（图一六五，1；图版九七，3）。

鸟　5件。多已残破。标本AT1407②：7，昂首，短凸喙，颈较短，两翅收敛，长尾，尾端分叉作燕尾形，略残，腹下双柱足。素面。残长5、通高3.7厘米（图一六五，2；图版九七，4）。标本HG2：3，昂首，凸喙，短颈较粗，两翅收敛，腹下双锥足，左足和尾残。素面。残长3.8、通高3.4厘米（图一六五，3；图版九七，5）。

猪　4件。皆作站立状，四肢粗短。标本AT205②：8，体瘦长，大耳，尖嘴，长尾，两前肢略残，两后肢向后蹬，作奔跑状。素面。长9.5、残高4.5厘米（图一六六，1；图版九八，1）。标本H47：4，腰圆体肥，大嘴，小耳，短尾。嘴、眼、鼻均雕塑而成。背和四肢略残。素面。长8.4、残高4.1厘米（图一六六，2；图版九九，1）。标本AT1219②：9，泥质红陶，夹少量砂粒。前身和四肢残，仅剩后半身。体肥胖，后肢粗壮，下端残，短尾向右摆，尾下有两个肥硕的睾丸。素面。残高6.4厘米（图一六六，3）。标本H408：19，残甚，体肥胖。素面。残高5.5厘米（图一六六，4）。

狗　7件。形态各异。标本AT1506②：7，体瘦长，作站立状。嘴和四肢残。昂首作吠叫状，短耳，粗颈，细腰，平背，翘尾略残。素面。残长8.3、残高4.7厘米（图一六七，1；图版九九，2）。标本AT1516②：10，体瘦长，作站立状。四肢和尾端残。

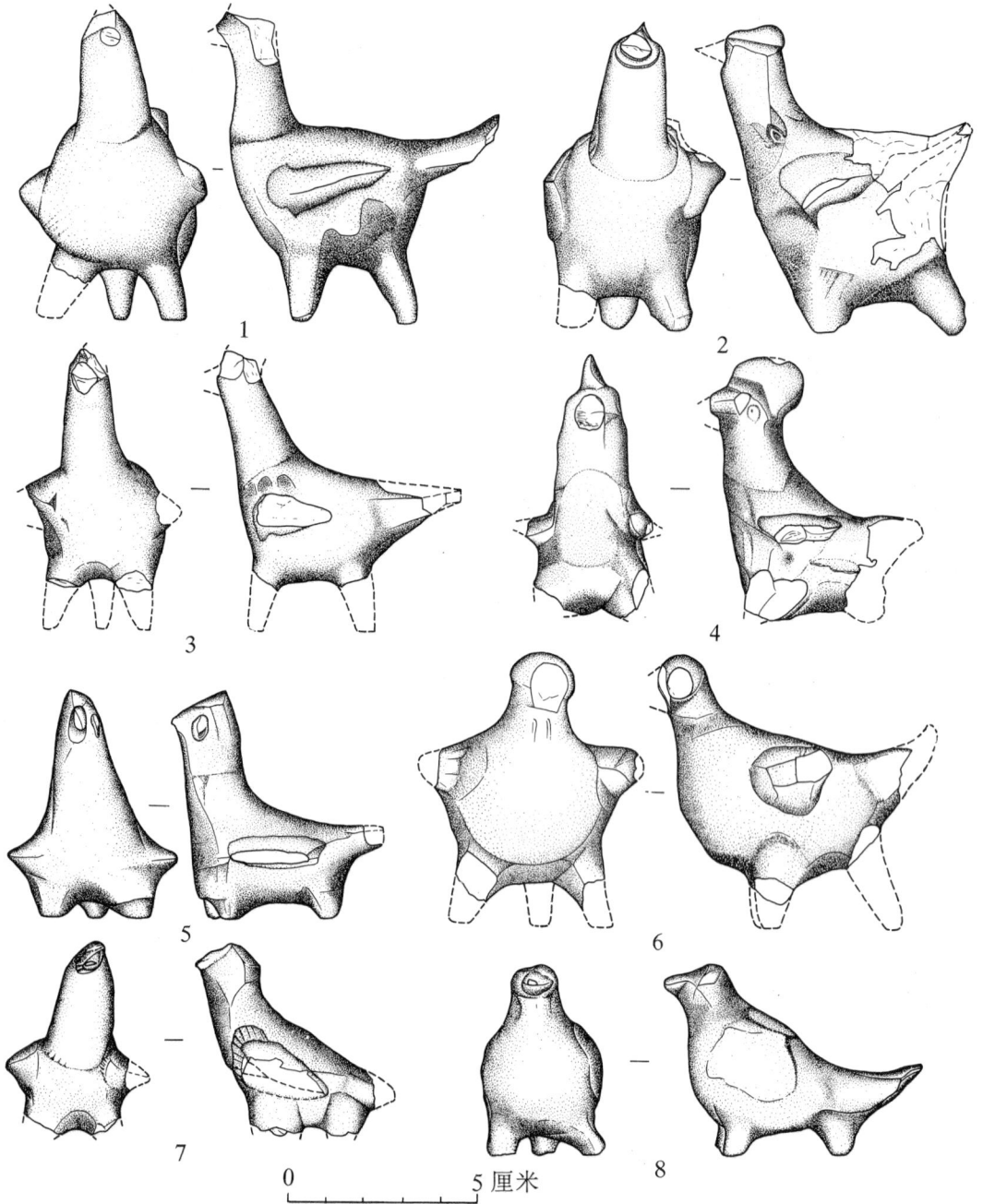

图一六四　石家河文化早期陶鸡

1. AT1821②:3　　2. AT1717②:2　　3. AT204③:12　　4. H42①:164

5. AT602②:7　　6. AT1506②:4　　7. AT1221②:10　　8. AT1506②:5

短耳，细长颈，细腰，拱背。素面。残长 8.6、残高 4.3 厘米（图一六七，3；图版九

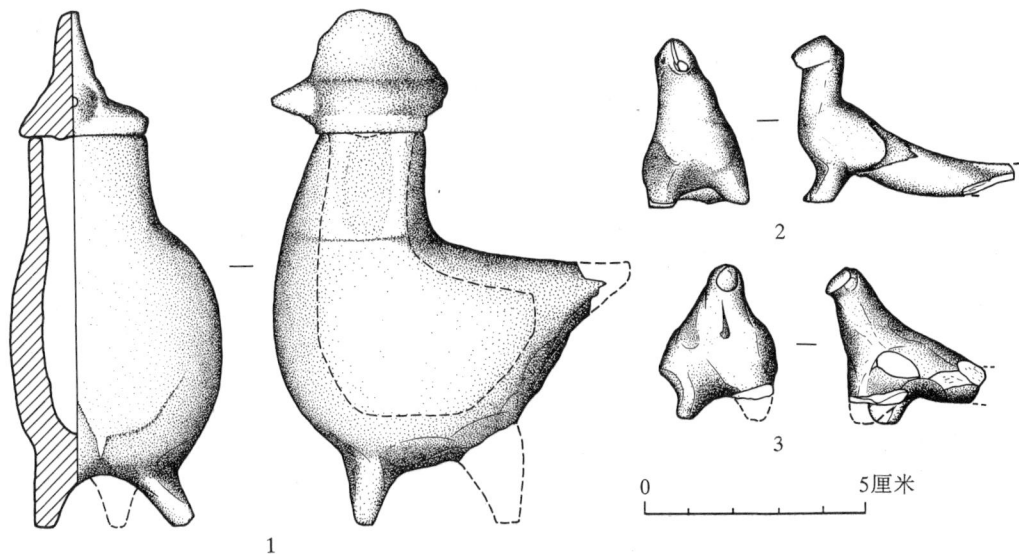

图一六五 石家河文化早期陶鸡壶、鸟

1. 鸡壶 H43:14 2、3. 鸟 AT1407②:7、HG2:3

九，3）。标本 AT13③:9，昂首站立，作吠叫状，小耳，细颈较长，细腰，拱背。尾和四肢残。素面。残长6.2、残高3.9厘米（图一六七，2；图版九九，4）。标本 AT2408③:11，昂首站立，作吠叫状，大耳，颈较短，细腰，平背，短尾下垂，四肢略残。素面。长5.4、残高3.5厘米（图一六七，4；图版九八，2）。标本 AT609②:21，体较肥

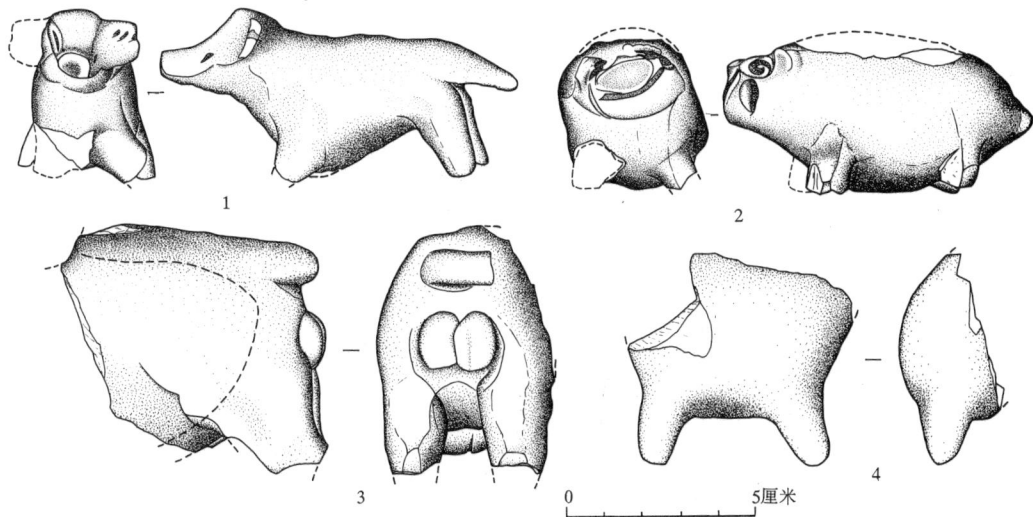

图一六六 石家河文化早期陶猪

1. AT205②:8 2. H47:4 3. AT1219②:9 4. H408:19

胖，昂首作站立状，小耳，短颈，粗腰，尾和四肢残。素面。残长 5.5、残高 4 厘米（图一六七，6）。标本 H42①：18，作侧卧状，头和前身残，细腰，拱背，长尾，后肢交叉。素面。残长 8.6、残高 3 厘米（图一六七，5）。标本 AT405②：7，作侧卧状，头、前身和尾残，细腰，拱背，后肢交叉。素面。残长 7.5、残高 2.4 厘米（图一六七，7）。

羊　2 件。标本 AT405②：8，嘴、尾和四肢残，颈较长，双角卷曲。素面。残长 7.2、残高 4.4 厘米（图一六七，8；图版一〇〇，1）。标本 H42①：123，嘴、角、尾和四肢残，头大，体肥，短粗颈，拱背。残长 6、残高 4.8 厘米（图一六七，9；图版一〇〇，2）。

猴　1 件。标本 AT1821②：6，作站立状，大头，体肥腰圆。大耳，两眼圆瞪，张嘴，平背，背中间刻脊，脊背两侧刻出毛纹，尾端和左前肢残。残长 7.3、高 5 厘米（图一六七，10；图版一〇〇，3）。

（4）刻划符号

石家河文化早期共发现刻划符号 41 个，其中比较完整的 13 个。多发现于陶器残片上，有八个符号发现于较完整的陶器上。其中陶臼上 35 个，陶缸上 3 个，高领罐上 1 个，泥质灰陶片上 2 个。这些有刻划符号的陶器，主要见于陶臼遗迹（7 个）、地层（21 个）和灰坑中（13 个）。地层和灰坑所出有刻划符号的陶臼，有的可能来自于陶臼遗迹。

刻划符号多位于陶器器表的上腹部或肩部，仅有一个位于陶器的中腹部。除一个是由几笔互不相连的单个笔画组成的复合符号外，其余均是单体符号，其基本笔画为弧线和直线，有少数圆戳孔。最少的三画，多的达十画。主要是用竹、木、骨等做成的锐器在陶臼或陶缸的坯体上刻成，笔道深粗而且自然流畅。高领罐等泥质陶器则是在烧成后或使用后刻划，笔道浅细。

刻划符号共分九类。

A 类符号　是最多的一种，共 17 个，均发现于陶臼的上腹部，其中比较完整的 4 个，这类符号由上下两条较长的弧线与左边一道短弧线相交组成，右上端两道弧线不相交。少数符号下面的弧线向左延伸时转而向下。个别符号上发现有朱色印迹。标本 JY5：3，符号较宽，下面一条弧线左端转而向下（图一六八，1、一六九，1；图版一〇一，1）。标本 JY7：6，下弧线左端转而向下（图一六八，2）。比较完整的还有标本 AT1921①：40（图一六八，3、一六九，2；图版一〇一，2）、AT1819③：38（图一六八，4、一六九，3；图版一〇二，1）、AT812③：34（图一六八，5、一六九，4；图版一〇二，3）、JY7：8（图一六八，6、一六九，5；图版一〇二，2）。

B 类符号　2 个，均刻于陶臼的上腹部，其中较完整的一个。其形状与 A 类符号近

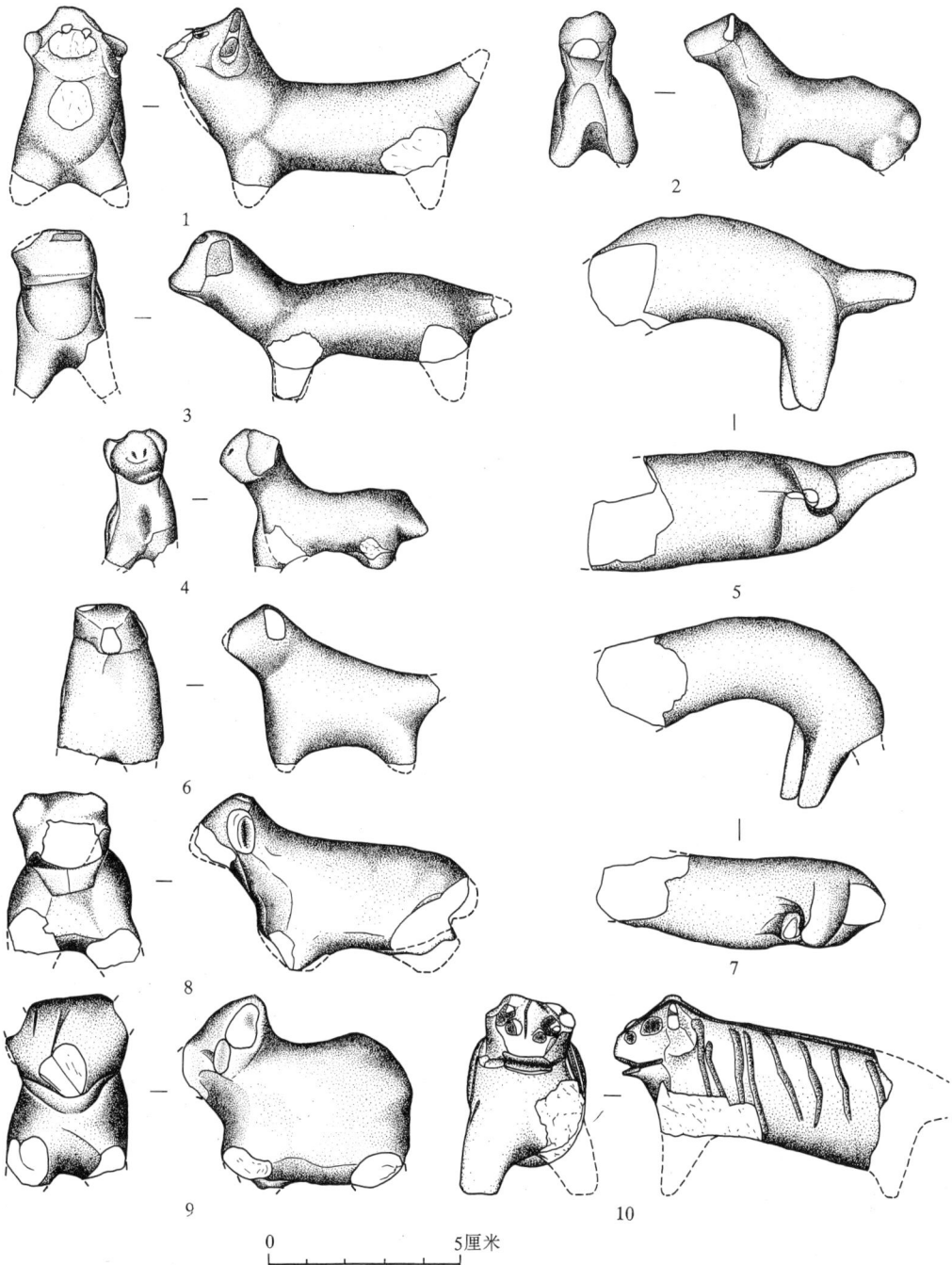

图一六七　石家河文化早期陶狗、羊、猴

1～7. 狗 AT1506②:7、AT13③:9、AT1516②:10、AT2408③:11、H42①:18、AT609②:21、
AT405②:7　　8、9. 羊 AT405②:8、H42①:123　　10. 猴 AT1821②:6

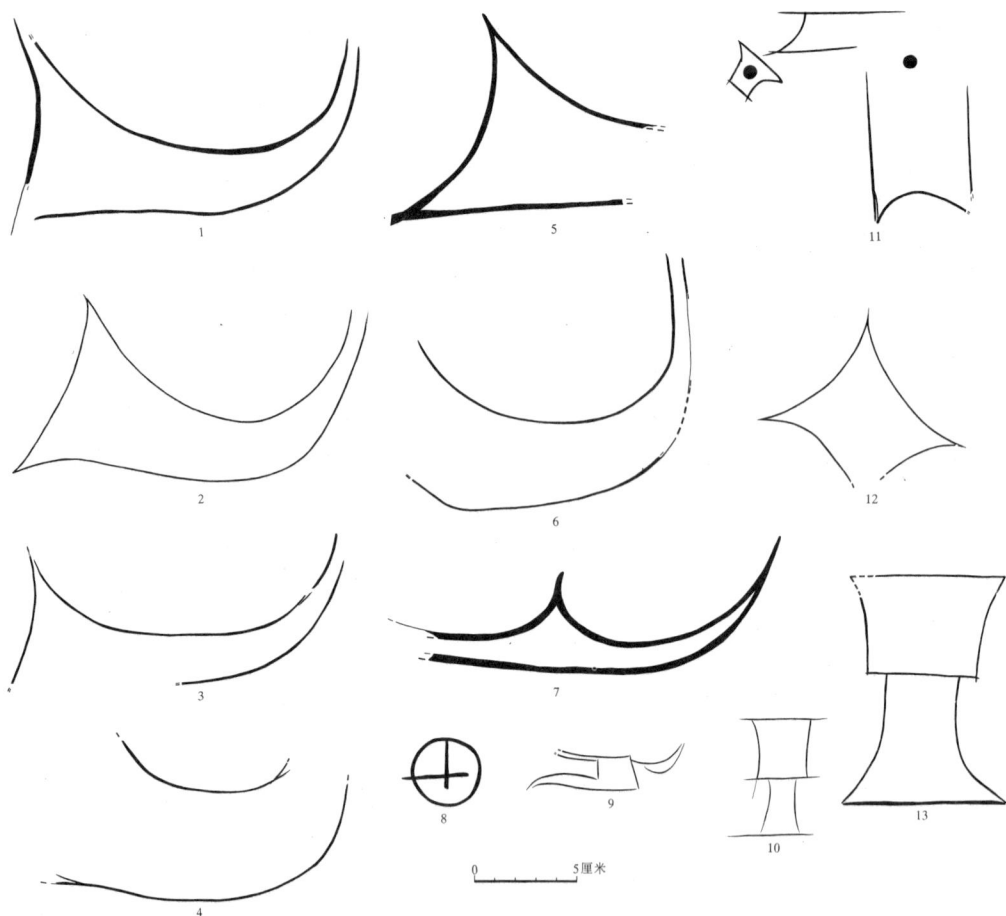

图一六八　石家河文化早期刻划符号

1. JY5:3　　2. JY7:6　　3. AT1921①:40　　4. AT1819③:38　　5. AT812③:34

6. JY7:8　　7. AT812③:10　　8. AT1104③:10　　9. H424:1　　10. H434②:80

11. JY4:2　　12. JY5:2　　13. AT1720③:90

似，但右上端两线相交。标本 AT812③:10，符号呈弧线三角形，左端略残，上面的一条弧线向上侈（图一六八，7、一六九，6；图版一〇二，4）。

　　C 类符号　2 个。形状类似一高圈足杯，由三条水平直线和四条纵向弧线相交而成。标本 AT1720③:90，为陶臼残片。符号大而完整，无侈笔（图一六八，13、一七〇，1；图版一〇三，1）。标本 H434②:80，刻于陶缸的上腹。符号中三条直线向外侈出，四条纵向弧线近直（图一六八，10、一七〇，3；图版一〇三，2）。

　　D 类符号　标本 JY5:2，刻于陶臼的上腹。系由四条内弧线组成的正菱形（图一六八，12、一七〇，6；图版一〇四，1）。

E 类符号　标本 AT1104③：10，刻于陶尊的中腹偏下处。符号为一个圆形，内填"十"字形，"十"字的横笔向左伸出圆圈外（图一六八，8、一七〇，2；图版一〇四，2）。

F 类符号　为复合符号，较完整。标本 JY4:2，刻于陶臼的上腹部。符号由四部分组成，以甲、乙、丙、丁称之。正下方的为符号甲，由一长一短两条垂直线及下方一道内弧线相交组成，下端右侧略残；甲的上方为符号乙，为一圆形小戳孔；乙的左上方为

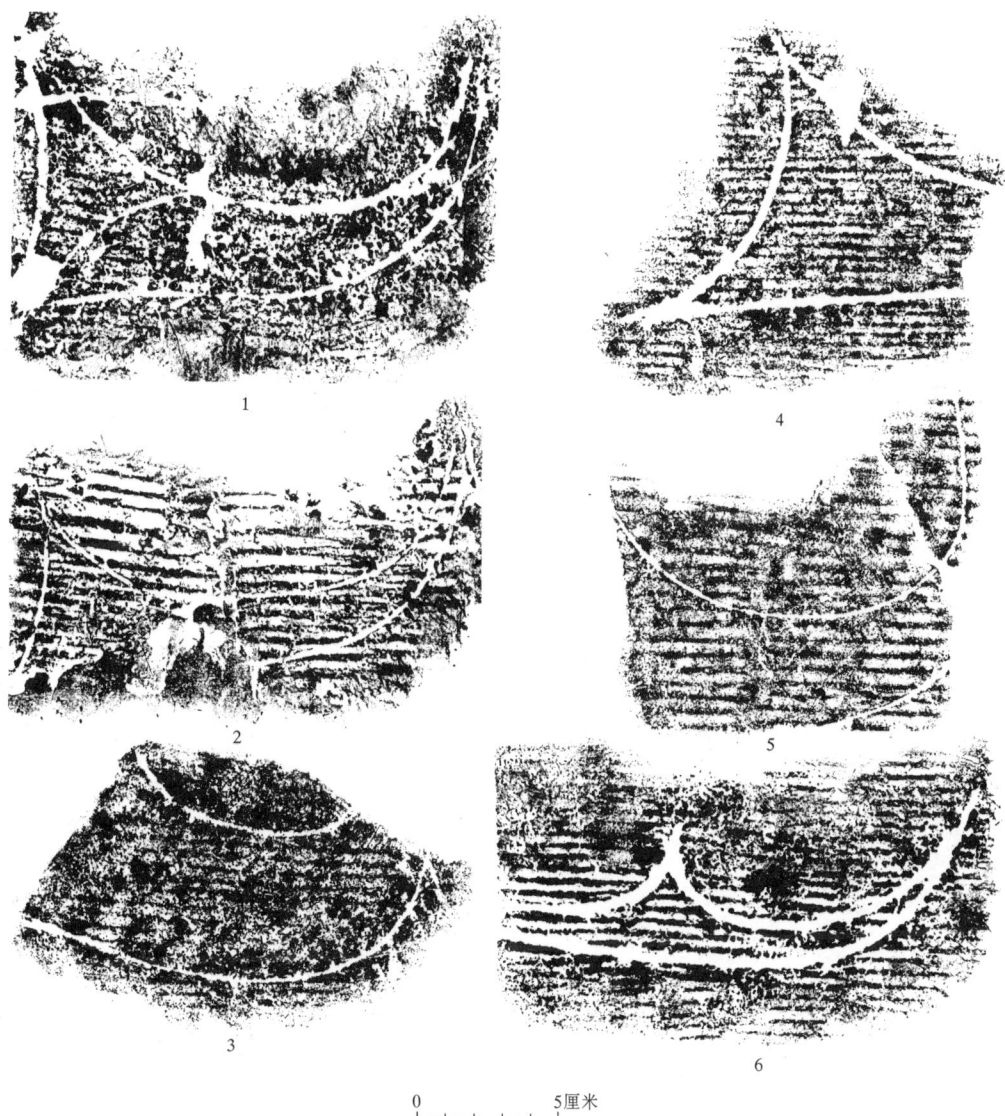

图一六九　石家河文化早期刻划符号

1. JY5:3　　2. AT1921①:40　　3. AT1819③:38　　4. AT812③:34　　5. JY7:8　　6. AT812③:10

图一七〇　　石家河文化早期刻划符号

1. AT1720③:90　　2. AT1104③:10　　3. H434②:80　　4. JY4:2　　5. H489:32　　6. JY5:2

7. AT1219②:10　　8. AT1917③:3　　9. H327:3　　10. AT2022④:13　　11. AT1717④:17

符号丙，由一长一短两条水平直线和左边一道斜弧线相交组成；丙的左下侧为符号丁，由两条直线与两条内弧线相交组成"斜腹杯"形，杯的正中也有一圆形小戳孔，"杯"口向右倾斜，正对符号丙（图一六八，11、一七○，4；图版一○四，3）。

G类符号 标本H424∶1，刻于陶高领罐上。符号较完整，由两个相连的部分组成。左边为四道横向弧线与两条短直线相交而成，左上侧略残；右边由两条弧线组成月牙状（图一六八，9；图版一○四，4）。

H类符号 标本H327∶3，刻于方格纹陶臼残片上。符号由上下相连的两部分组成，上面为一个圆圈，下面为一"人"字形符号，其下残（图一七一，1、一七○，9；图版一○五，1）。

I类符号 标本AT1704②∶8，刻于陶臼残片上。符号由三条横线和两道竖线相交组成，左端残，似是某种工具或武器的柄部（图一七一，2；图版一○五，2）。

其它符号残缺过甚，难以分辨（图一七一，3~18；一七○，5、7、8、10、11；一七二。图版一○五，3、4；一○六；一○七；一○八，1、2）。

石家河文化的刻划符号，可能是用来表达现实或宗教生活中的某些事物（如"高圈足杯"、"斜腹杯"、工具或武器）或过程（如F类符号）以及自然界中的某些现象（如"圆形"，"菱形"，A、H类符号），带有浓厚的宗教色彩。

（5）其它

石家河文化早期除上述陶器外，还有陶祖、陀螺、哨。

祖 1件。标本AT1320②∶7，夹细砂红胎黑陶，黑色大部已脱落。圆锥形，后端残，前端圆滑。素面。捏制。直径2.3、残长6.6厘米（图一七三，1；图版一○八，3）。

陀螺 1件。标本H125∶27，泥质灰陶。上端为圆柱形，下端为圆锥形，顶平。素面。捏制。直径2.6、高3.1厘米（图一七三，2；图版一○八，4）。

哨 1件。标本AT1916④B∶4，泥质灰陶。球形，中空，圆柱形钮上端残，近钮处有一稍大圆形吹孔，底略平，近底侧有一小出音孔。素面。捏制。直径3、残高4.2厘米（图一七三，3；图版一○八，5）。

2. 石器

石器一般经过打、琢、磨三道工序制成。分生产工具和其它两类。

（1）生产工具

数量较多，共225件。器类有斧、锛、钺、镰、刀、凿、钻、镞、矛、研磨器和砺石等，分别叙述如下。

斧 136件。形体较小，长度绝大多数在12厘米以下。大部分有琢制痕迹，通体

图一七一　石家河文化早期刻划符号

1. H327:3　　2. AT1704②:8　　3. H489:32　　4. AT1919③:3　　5. AT1219②:10

6. AT1717④:17　　7. AT2017③:36　　8. AT2022④:13　　9. AT3406④:5

10. AT1920⑤:15　　11. AT3406③:11　　12. H457:18　　13. AT1824⑤:4

14. H57:15　　15. AT2021②:2　　16. H457:4　　17. H450:42　　18. H450:43

磨光者较少。双面刃。分三型。

　　A型　58件。近长方形，分两个亚型。

Aa型 47件。形体较窄长。标本AT11②：6，局部磨光，多处破损。尖顶，弧刃，有使用痕迹。长12、宽5.4、厚3.2厘米（图一七四，1；图版一〇九，1）。标本AT1720③：4，通体磨光。刃部略残。长11、宽6.8、厚2.8厘米（图一七四，2；图版一〇九，3）。标本H158：3，大部磨光，刃部破损严重。长12.8、宽6.5、厚4厘米（图一七四，4）。标本AT1419②：7，通体磨光，刃微弧，有使用痕迹。长10.6、宽5.4、厚3.6厘米（图一七四，3）。标本AT404③：18，打制，刃部磨光。刃微弧。长9、宽5.6、厚2厘米（图一七四，10）。标本H168：5，局部磨光。形体稍宽，上端略窄，顶近平，弧刃有使用痕迹。长10.4、宽6.8、厚3.2厘米（图一七四，5；图版一〇九，2）。标本H434③：21，刃部稍加磨光。弧刃有使用痕迹。长11.8、宽6.6、厚3.6厘米（图一七四，6；图版一〇九，4）。标本H497：95，琢制。扁圆柱体，凸顶，

图一七二 石家河文化早期刻划符号
1. H457：4 2. AT2017③：36 3. AT3406④：5 4. AT1920⑤：15
5. AT3406③：11 6. AT2021②：42 7. H57：15 8. AT1824⑤：4

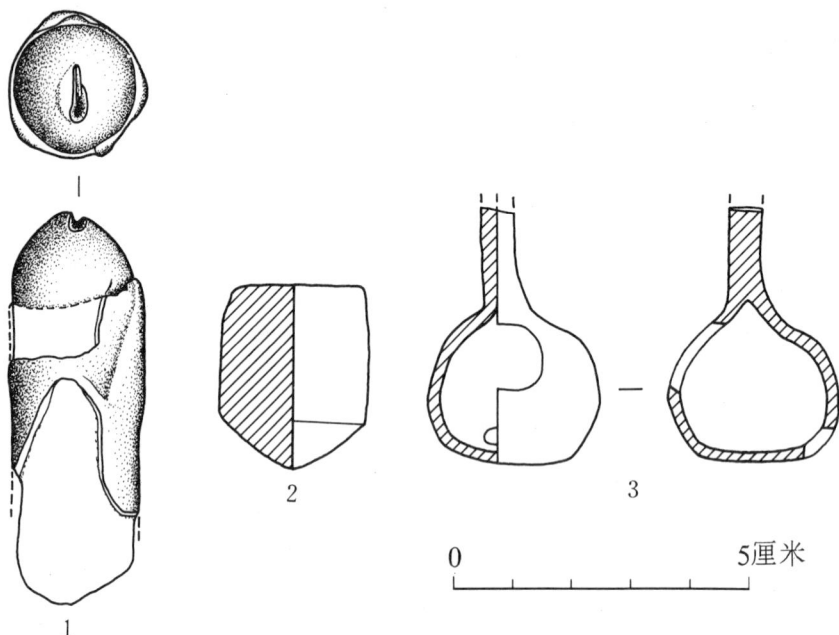

图一七三　石家河文化早期陶祖、陀螺、哨

1. 祖 AT1320②:7　　2. 陀螺 H125:27　　3. 哨 AT1916④B:4

刃残。残长 10.6、宽 5.4、厚 3.5 厘米（图一七四，8）。标本 AT1506③:2，局部磨光。体小特厚，宽平顶，直刃，经使用钝厚。长 7.6、宽 3.8、厚 3.4 厘米（图一七四，14；图版一〇九，5）。标本 H121:3，通体磨光。平顶，弧刃，有使用痕迹，背微弓。长 6.8、宽 5、厚 2 厘米（图一七四，9；图版一〇九，6）。

Ab 型　11 件。形体较宽。标本 AT1403⑥:2，凸顶，刃部残。残长 11.4、宽 8.4、厚 2.4 厘米（图一七四，12）。标本 AT1202④:5，局部磨光。顶宽近平，弧刃，有使用痕迹。长 8、宽 7.2、厚 3 厘米（图一七四，7）。标本 AT1720②:3，通体磨光，有零星琢痕。圆顶，弧刃，有使用痕迹。长 8.6、刃宽 7.6、厚 3 厘米（图一七四，13；图版一〇九，7）。标本 H42①:65，精磨。扁平状，平顶，斜刃略残。长 8.2、宽 6.4、厚 2 厘米（图一七四，11；图版一〇九，8）。

B 型　2 件，长条形。标本 AT1720②:5，大部磨光。上端略宽于刃部，顶近平，弧刃，有使用痕迹。长 16.4、宽 5.6、厚 3 厘米（图一七五，1；图版一〇九，9）。标本 AT2016④:1，刃部磨光。上端略窄于刃部，凸顶，斜刃，有使用痕迹。长 14.4、宽 5.8、厚 3 厘米（图一七五，2；图版一一〇，1）。

C 型　28 件。近梯形。分两个亚型。

Ca 型　21 件。两边较斜直，形状多样。标本 AT1408⑥:17，粗磨，有琢痕。顶宽微弧，弧刃，经使用钝厚，略有破损。长 11.8、刃宽 7.6、厚 4.4 厘米（图一七五，4；图版一一〇，2）。标本 AT1819④：3，局部磨光。上端、刃部略残。残长 15、刃宽 8.8、厚 3.4 厘米（图一七五，5）。标本 AT8③：3，刃部磨光。直刃，有使用痕迹。长 9.8、刃宽 6、厚 2.6 厘米（图一七五，7；图版一一〇，3）。标本 AT204④：13，通体磨光。凸顶，弧刃，有使用痕迹。长 11、刃宽 7、厚 3 厘米（图一七五，6；图版一一〇，4）。标本 AT1516②：5，通体磨光。两边微曲，平顶较宽，弧刃，有使用痕迹。长 7.8、刃宽 6、厚 3 厘米（图一七五，8）。标本 H19：3，通体磨光。形体较小。长 6.6、刃宽 4.6、厚 3 厘米（图一七五，11；图版一一〇，5）。标本 AT3208②：9，刃部磨光。近

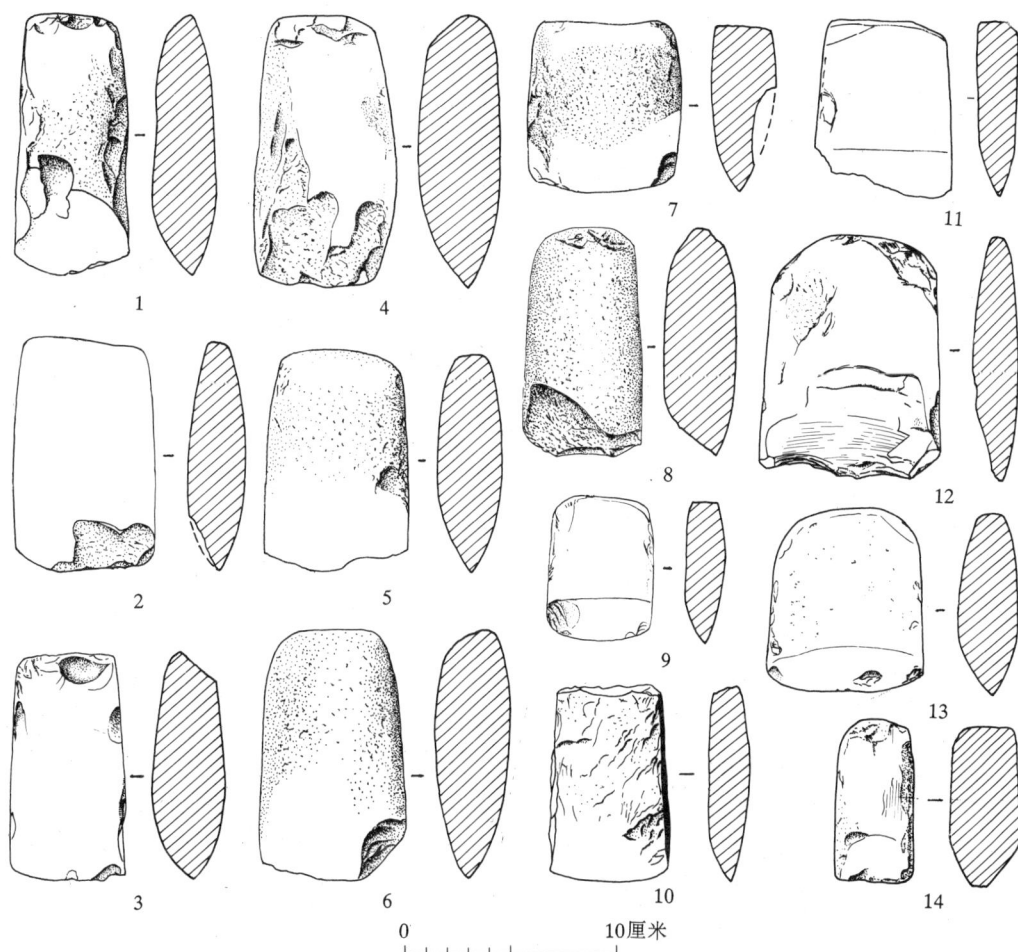

图一七四 石家河文化早期石斧

1～6、8～10、14. Aa 型 AT11②：6、AT1720③：4、AT1419②：7、H158：3、H168：5、H434③：21、H497：95、H121：3、AT404③：18、AT1506③：2　7、11～13. Ab 型 AT1202④：5、H42①：65、AT1403⑥：2、AT1720②：3

图一七五　石家河文化早期石斧

1、2. B 型 AT1720②：5、AT2016④：1　　3. 残斧 AT1822⑥：65　　4～9、11、12、14.
Ca 型 AT1408⑥：17、AT1819④：3、AT204④：13、AT8③：3、AT1516②：5、AT3208②：9、
H19：3、AT606④：10、AT2117②：7　　10、13. Cb 型 AT404③：4、AT207②：2

扁圆柱体，凸顶，刃残。长9.6、刃宽5.8、厚3.6厘米（图一七五，9）。标本 AT606
④：10，两面磨光。上端特窄，略残，刃微弧，有使用痕迹。长11、上宽2.4、刃宽
5.2、厚2厘米（图一七五，12）。标本 AT2117②：7，刃部磨光。圆顶，弧刃。长7.8、
刃宽5.8、厚2.8厘米（图一七五，14）。

Cb 型　7件。两边微内弧，刃厚钝。标本 AT207②：2，大部磨光，多处破损。凸

顶，弧刃，有使用痕迹。长 9.2、刃宽 7、厚 2.4 厘米（图一七五，13；图版一一〇，6）。标本 AT404③:4，刃部稍加磨光。长 9.6、刃宽 6、厚 3.6 厘米（图一七五，10）。

残石斧　48 件，均为中部断裂。标本 AT1822⑥:65，通体磨光。长方形，弧刃。残长 10、刃宽 7.6、厚 3 厘米（图一七五，3）。

锛　29 件。最短的 2.7 厘米，最长的 9 厘米。器形偏小，薄体较多，应作刮削器用。单面刃。分三型。

A 型　19 件。近长方形，分三个亚型。

Aa 型　9 件。形体较窄。标本 AT1418②:3，通体磨光。顶、刃部略残，长 8.9、宽 3.7、厚 1 厘米（图一七六，1）。标本 AT304④A:7，通体磨光。平顶，直刃有使用痕迹，一面上部外凸。长 7.3、刃宽 3.5、厚 1.6 厘米（图一七六，2；图版一一〇，7）。标本 AT1409⑤:7，通体磨光。平顶，刃微弧，有使用痕迹。长 6.6、宽 2.2、厚 1 厘米（图一七六，3；图版一一〇，8）。标本 H361:4，通体磨光。体扁薄，平顶，斜刃，有使用痕迹。长 5.9、宽 2.6、厚 0.8 厘米（图一七六，4；图版一一〇，9）。标本 H434①:26，局部磨光。平顶，斜刃，体较厚。长 4.3、宽 2、厚 0.9 厘米（图一七六，11）。标本 H146:1，通体磨光。形体小，特薄。长 3.9、宽 1.6、厚 0.3 厘米（图一七六，12；图版一一一，1）。

Ab 型　4 件。体较宽。标本 AT10②C:8，通体磨光，有破损面。上端略窄，平顶，斜刃。长 6.3、宽 4.3、厚 1 厘米（图一七六，5；图版一一一，2）。标本 AT11③:2，大部磨光。平顶，直刃，体较厚。长 5、宽 4.7、厚 1.8 厘米（图一七六，6；图版一一一，3）。标本 AT1716②:5，通体磨光，破损重。顶端略窄于刃部，平顶，斜刃，残。长 7、宽 5.6、厚 0.5 厘米（图一七六，7）。

Ac 型　6 件。弓背。标本 AT203③:10，大部磨光。平顶，斜刃，有使用痕迹。长 9.2、宽 4、厚 2.5 厘米（图一七六，8；图版一一一，4）。标本 AT1804③:5，通体磨光，精致。平顶，直刃，有使用痕迹。长 5.2、宽 3.1、厚 0.9 厘米（图一七六，9；图版一一一，5）。标本 AT1302③:2，通体磨光，精致，略有破损。形体特小，平顶，斜刃。长 2.7、宽 2.1、厚 0.8 厘米（图一七六，10；图版一一一，6）。标本 AT12④:3，局部磨光，破损面较大。平顶，刃残，刃面长。长 10、宽 4、厚 3 厘米（图一七六，16）。

B 型　6 件。近梯形。分两个亚型。

Ba 型　4 件。形体较宽。标本 AT2018③:5，通体磨光，表面剥蚀严重。顶略残，刃微弧，厚体。长 5.9、刃宽 3.4、厚 1.8 厘米（图一七六，13）。标本 AT2406⑥:2，通体磨光。凸顶，弧刃。长 5.5、刃宽 2.8、厚 1.2 厘米（图一七六，14；图版一一一，7）。标本 AT1918④:21，通体磨光，破损面较大。平顶，弧刃，有使用痕迹。长 6.4、

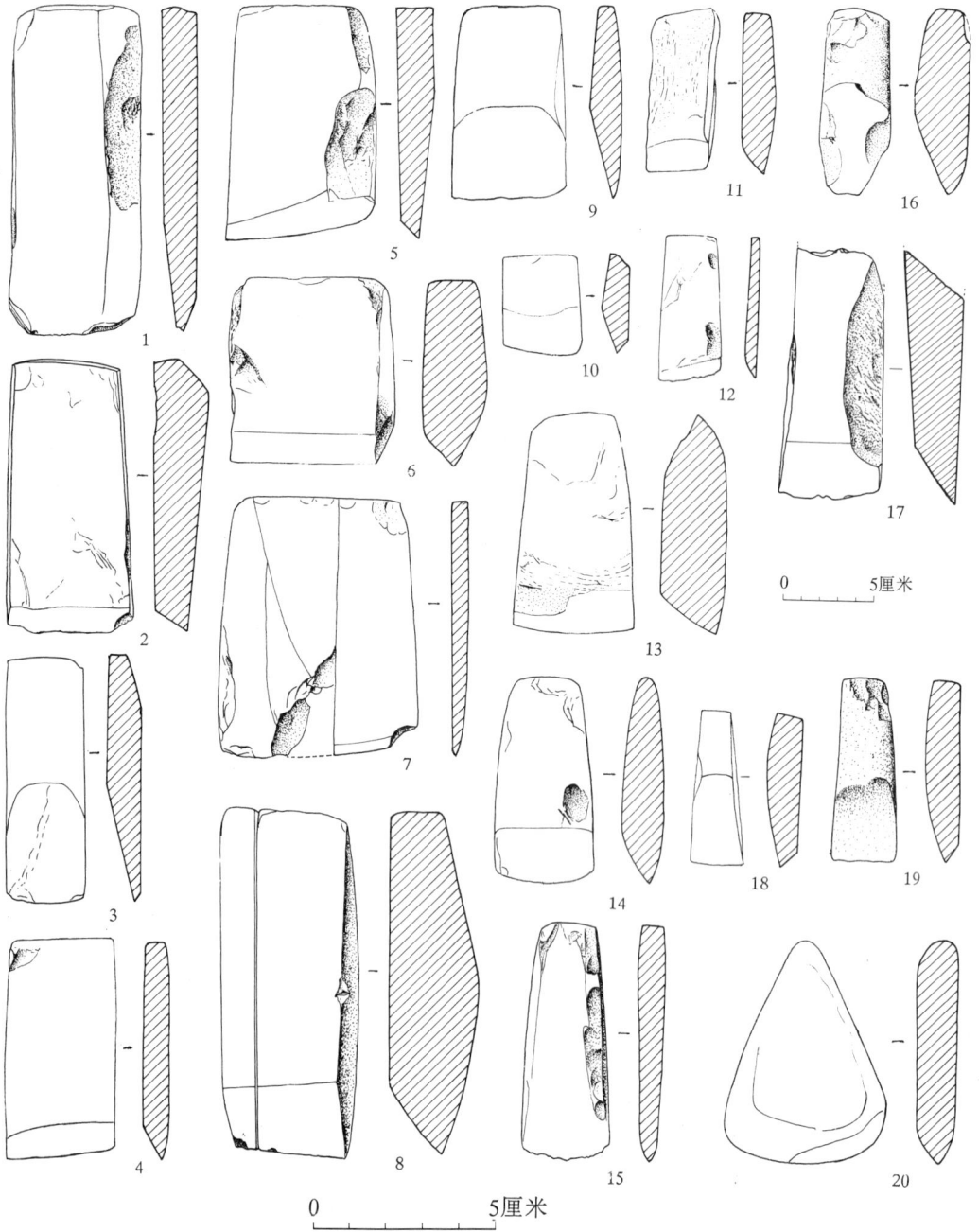

图一七六　石家河文化早期石锛

1～4、11、12. Aa 型 AT1418②:3、AT304④A:7、AT1409⑤:7、H361:4、H434①:26、H146:1

5～7. Ab 型 AT10②C:8、AT11③:2、AT1716②:5　　8～10、16. Ac 型 AT203③:10、AT1804
③:5、AT1302③:2、AT12④:3　　13～15. Ba 型 AT2018③:5、AT2406⑥:2、AT1918④:21

17. 残锛 AT1313④:13　　18、19. Bb 型 AT3111③:3、H119:2　　20. C 型 AT1821⑤:4

刃宽 2.4、厚 0.7 厘米（图一七六，15；图版一一一，8）。

Bb 型 2 件。窄条形。标本 AT3111③：3，通体磨光。斜平顶，刃微弧，刃面长，背微弓。长 4.2、刃宽 1.5、厚 1 厘米（图一七六，18；图版一一一，9）。标本 H119：2，粗磨，有琢痕。平顶，直刃。长 5、刃宽 1.8、厚 0.9 厘米（图一七六，19）。

C 型 1 件。通体磨光。标本 AT1821⑤：4，近似三角形，弧刃。长 6、刃宽 4.4、厚 1.1 厘米（图一七六，20；图版一一一，10）。

残石锛 3 件，均残存刃部。标本 AT1313④：13，磨光。长条形，弧刃，有使用痕迹。残长 13.4、刃宽 5.6、厚 2.8 厘米（图一七六，17）。

半成品 4 件。长方形。标本 AT1206④：3，打、琢基本成锛型。长 15.6、宽 8.4、厚 3.6 厘米（图一七七，1）。标本 H98：4，通体磨光。仅刃部未加工成型。长 19.4、宽 7、厚 1.4 厘米（图一七七，2）。

钺 2 件。均残，上部单面钻一圆孔。标本 H401：3，通体磨光，剥蚀严重。近长方形，上端略窄于刃部，形体宽而薄，斜直刃，有使用痕迹。长 12、上端厚 0.6 厘米（图一七七，3；图版一一二，1）。标本 AT1205②：1，通体磨光，精致。长方形，两边磨成棱形。残长 8、刃宽 8、厚 0.6 厘米（图一七七，10）。

镰 5 件。分二型。

A 型 2 件。近弓形。标本 AT1919③：2，粗磨，有琢痕。后端残，背略呈弓形，双面刃，微内弧。残长 7.8、中宽 4、厚 1 厘米（图一七七，4；图版一一二，2）。标本 AT2407③：6，打制石片，未经加工。弓背，刃内弧。长 11.4、中宽 5.6、厚 1.2 厘米（图一七七，9；图版一一二，3）。

B 型 3 件。前窄后宽形，两端略残。标本 AT2306③：2，通体磨光，有破损。背近直，双面斜弧（向外）刃。残长 8.5、前宽 2.2、后宽 4.7、厚 0.9 厘米（图一七七，5；图版一一二，4）。标本 AT3113③：1，通体磨光，有破损。背近直，双面斜弧（向外）刃。残长 8.9、前宽 2.2、后宽 4、厚 0.8 厘米（图一七七，6；图版一一二，5）。

刀 2 件。标本 AT1316③：5，通体磨光。器形特小，上端略残，双面直刃。残长 2.5、宽 1.6、厚 0.2 厘米（图一七七，7；图版一一二，6）。标本 H529：1，通体磨光。近长方形，直背，双面刃微外弧，有使用痕迹。背面有双孔，单面钻。长 4.3、宽 1.6、厚 0.3 厘米（图一七七，8；图版一一二，7）。

凿 5 件。分两型。

A 型 3 件。圭形。标本 AT606④：11，通体磨光，精致。平顶，刃近直。长 5.7、宽 2.1、厚 1.1 厘米（图一七七，12；图版一一三，1）。标本 H521：6，通体磨光。近圭形，平顶，刃略残。长 7.5、宽 2.2、厚 1.5 厘米（图一七七，14）。标本 AT2307②：9，大部磨光，破损面大。平顶，直刃，有使用痕迹。长 8.9、宽 3.5、厚 1.7 厘米（图

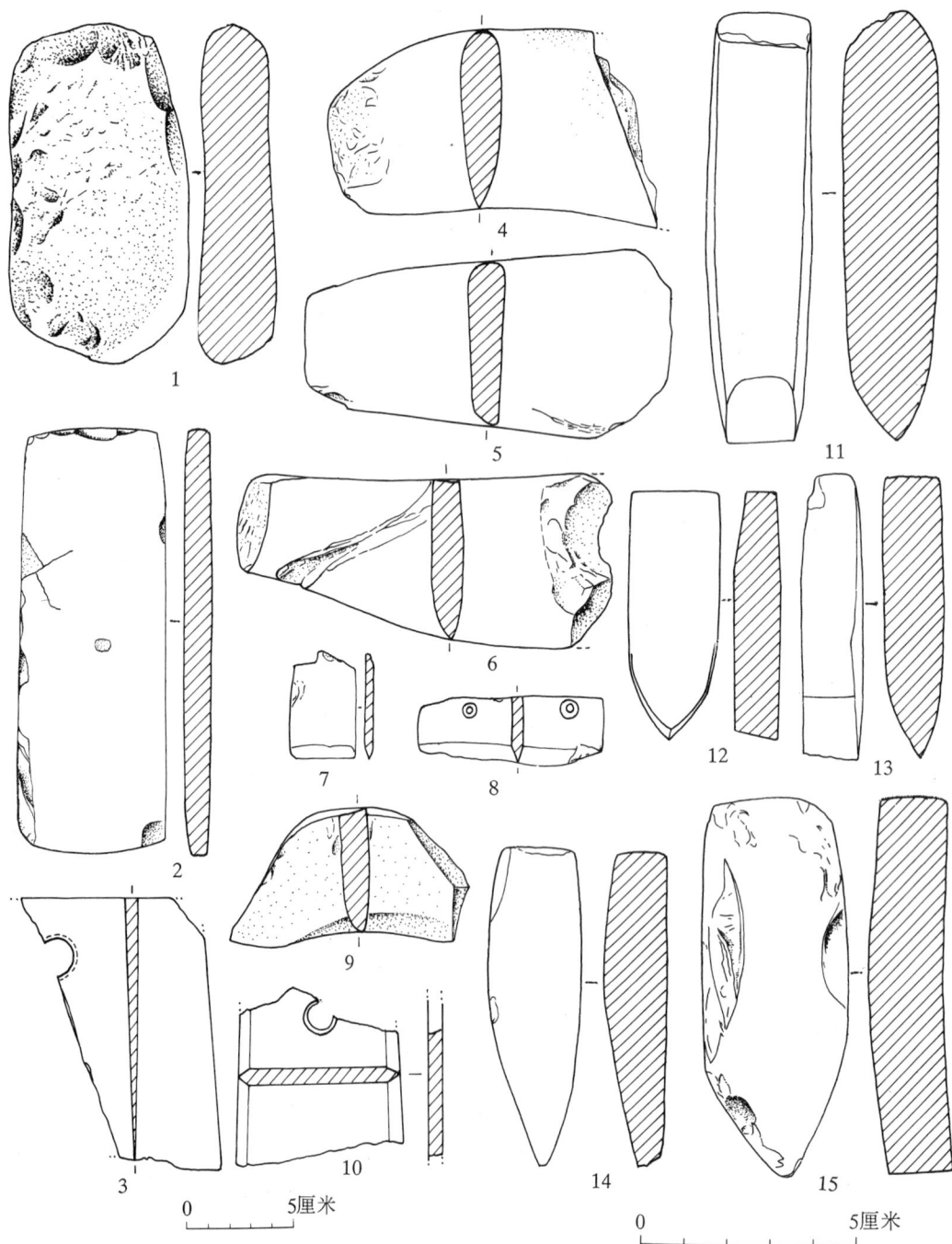

图一七七　石家河文化早期石钺、镰、刀、凿、半成品

1、2. 半成品 AT1206④：3、H98：4　　3、10. 钺 H401：3、AT1205②：1　　4、9. A 型镰 AT1919③：2、
AT2407③：6　　5、6. B 型镰 AT2306③：2、AT3113③：1　　7、8. 刀 AT1316③：5、H529：1　　11、
13. B 型凿 H157：2、H42②：20　　12、14、15. A 型凿 AT606④：11、H521：6、AT2307②：9

一七七，15）。

B 型　2 件。窄条形。标本 H157：2，通体磨光。顶略残，直刃。长 9.8、宽 2.5、厚 2.2 厘米（图一七七，11；图版一一三，2）。标本 H42②：20，通体磨光。平顶，斜刃，有使用痕迹。长 6.6、宽 1.5、厚 1.4 厘米（图一七七，13；图版一一三，3）。

钻　6 件。分两型。

A 型　4 件。钻头为圆锥形，圆柱体，中部呈竹节状。标本 AT405③：2，通体磨光。尾部略残。长 6.2 厘米（图一七八，1；图版一一三，4）。标本 AT1409⑤：8，大部磨光。两端略残，钻头较长。残长 8.3 厘米（图一七八，2；图版一一三，5）。

B 型　2 件。钻头呈乳突状。标本 H42①：68，通体磨光，尾端有锉痕。圆柱体，竹节状，尾部呈圆锥形，略残。残长 8.3 厘米（图一七八，3；图版一一三，6）。标本 HG11：2，通体磨光。两端略残，圆锥体，尾部近竹节状。残长 6.4 厘米（图一七八，4）。

镞　32 件，分三型。

A 型　24 件。镞身横剖面呈棱形，分三个亚型。

Aa 型　19 件。柳叶形，镞身与铤分界明显。标本 H552：5，通体磨光。镞身较宽，前锋略残，边锋有缺痕，铤为不规则圆形。长 9.6 厘米（图一七八，5；图版一一三，7）。标本 AT2019③：4，通体有锉痕。前锋锐，边锋有缺痕，铤为不规则菱形。长 7.7 厘米（图一七八，6）。标本 H371：1，通体磨光。镞身窄，钝锋，铤为不规则菱形。长 7.2 厘米（图一七八，7；图版一一三，8）。标本 AT1316③：7，大部磨光，局部有锉痕。前锋略残，铤为扁圆锥形。长 6.3 厘米（图一七八，8）。标本 AT1408⑥：10，大部磨光。镞身短宽，前锋略残。长 5.7 厘米（图一七八，9）。标本 AT603②：6，镞身磨光。体小，前锋锐，边锋有缺痕，铤为扁圆锥形。长 4.3 厘米（图一七八，17；图版一一三，9）。

Ab 型　1 件。标本 H42①：167，大部磨光，有锉痕。前锋略残，镞身前半部为菱形，后半部呈扁圆状，铤为扁圆锥形。残长 6.9 厘米（图一七八，10；图版一一三，10）。

Ac 型　4 件。镞身与铤无明显分界。标本 H415：1，通体有锉痕，略有破损。前锋残，铤为扁锥状。残长 5.7 厘米（图一七八，16）。

B 型　3 件。镞身横剖面呈三棱形。标本 AT3111④：2，大部磨光，有少量锉痕。前锋略残，镞身窄长，圆锥形短铤。残长 9.4 厘米（图一七八，11；图版一一四，1）。标本 AT1506⑤：11，大部磨光，有锉痕。两端略残，镞身较宽，铤近圆形。残长 6.7 厘米（图一七八，19；图版一一四，2）。

C 型　2 件。铤身前半部为三棱形，后半部呈圆柱体。标本 H42①：168，通体磨

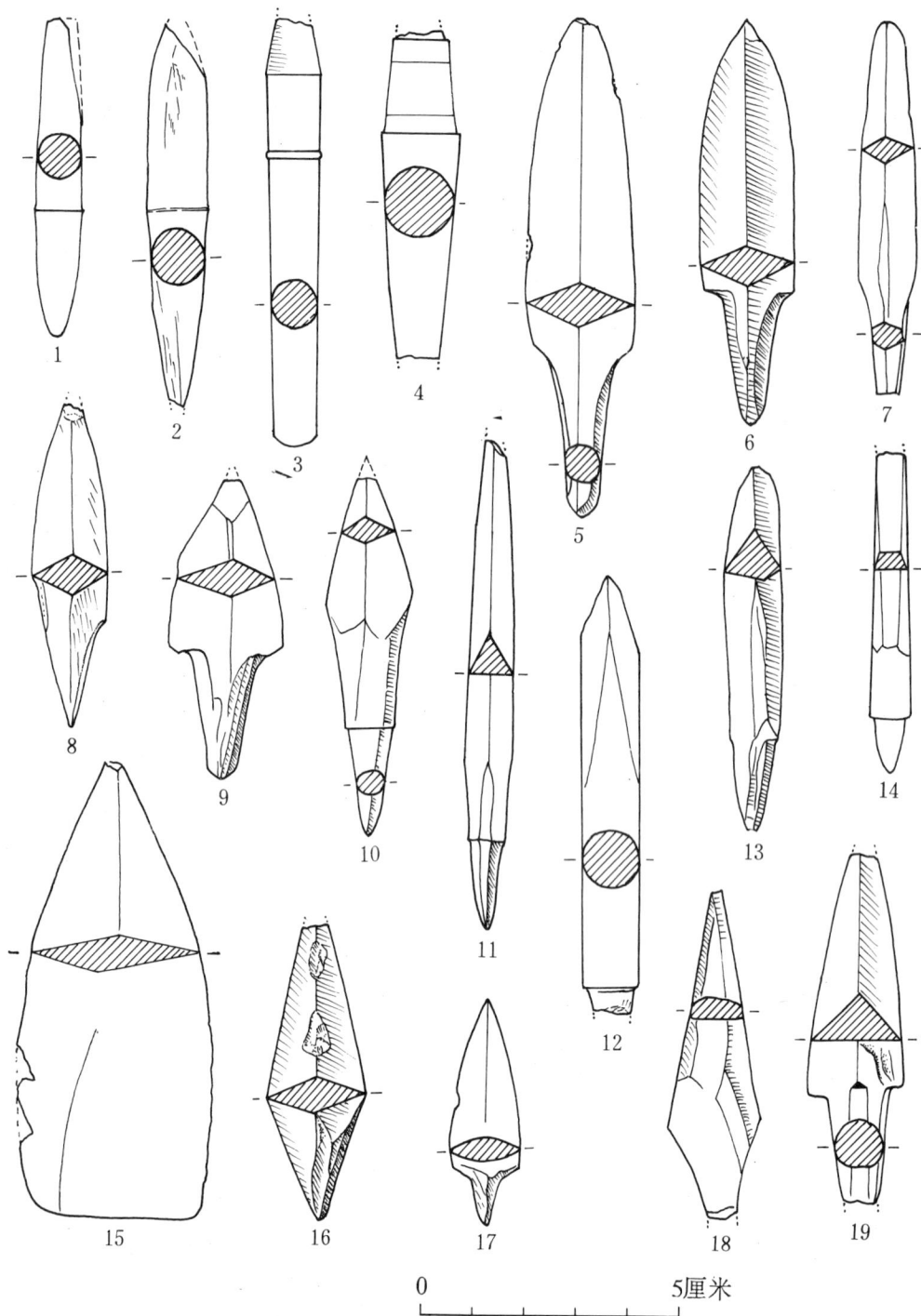

图一七八　石家河文化早期石钻、镞、矛

1、2.A 型钻 AT405③:2、AT1409⑤:8　　3、4.B 型钻 H42①:68、HG11:2　　5～9、17.Aa 型
镞 H552:5、AT2019③:4、H371:1、AT1316③:7、AT1408⑥:10、AT603②:6　　10.Ab 型镞 H42
①:167　　11、19.B 型镞 AT3111④:2、AT1506⑤:11　　12.C 型镞 H42①:168　　13、14、18.
不规则形镞 AT1316③:8、H56:1、AT1916④B:3　　15.矛 H84:4　　16.Ac 型镞 H415:1

光。残长 8.4 厘米（图一七八，12；图版一一四，3）。

另有三件不规则。标本 AT1316③:8，局部磨光。近柳叶形，镞身横剖面呈不规则三棱形，铤为扁圆锥状。长 7 厘米（图一七八，13）。标本 H56:1，通体磨光。前锋略戋，镞身横剖面近梯形，近铤部为圆柱体，圆锥形短铤。残长 6.1 厘米（图一七八，14）。标本 AT1916④B:3，大部磨光。近柳叶形，镞身横剖面近长方形，铤为扁平锥形，略残。残长 6.3 厘米（图一七八，18）。

矛　1 件。标本 H84:4，通体磨光。前锋略残，边锋有缺痕，呈宽叶形，扁平状。前锋呈不规则菱形，后端平。长 8.7、宽 3.9 厘米（图一七八，15；图版一一五，1）。

研磨器　2 件。标本 H520:1，通体磨光。系残石斧改制，长方形磨面，近平，极光滑。长 10.4 厘米（图一七九，1；图版一一五，2）。标本 AT1206④:4，粗磨，有琢痕。近长方形柱体，磨面平。长 8 厘米（图一七九，2；图版一一五，3）。

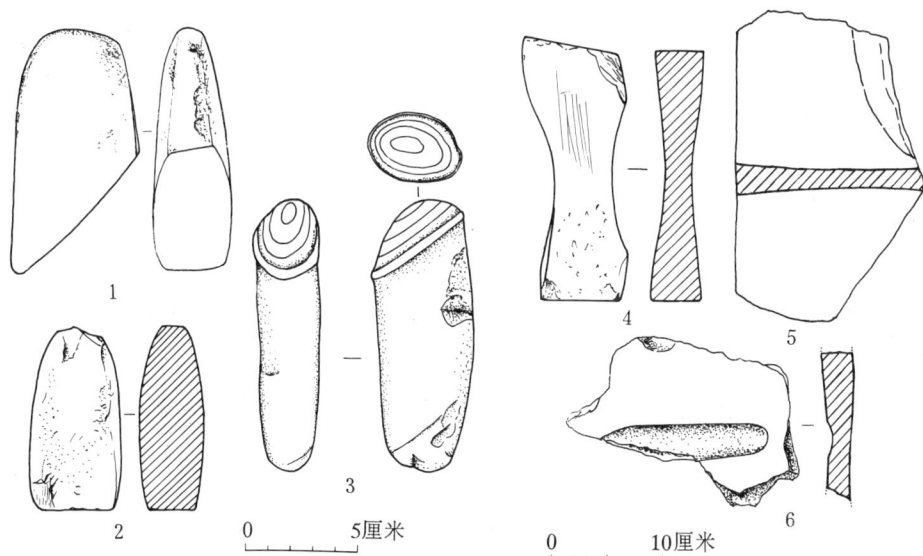

图一七九　石家河文化早期石研磨器、祖、砺石

1、2. 研磨器 H520:1、AT1206④:4　　3. 祖 AT1314⑥:12

4～6. 砺石 AT1413④A:2、H184:2、AT1821④:1

砺石　完整器 1 件，碎块较多。砥磨面内凹，清晰。标本 AT1413④A:2，略呈"8"字形，四面砥磨。长 22.8 厘米（图一七九，4；图版一一五，4）。标本 H184:2，残，形体较大，两面砥磨，残长 26.8 厘米（图一七九，5）。标本 AT1821④:1，残，两面砥磨，一面中部有凹槽。残长 20 厘米（图一七九，6；图版一一五，5）。

（2）其它

石祖　1 件。标本 AT1314⑥:12，通体磨光。扁圆状，前端椭圆形圈为自然纹理形成。长12厘米（图一七九，3；图版一一五，6）。

3．骨、角器

（1）骨器

数量极少，有镞、钻、针三种。

镞 2件。窄长形，通体磨光。标本H544：2，铤残，镞身横剖面呈椭圆形，前锋有棱脊。残长4.8厘米（图一八〇，1；图版一一四，5）。标本H497：15，前锋、铤尾略残，镞身、铤均为圆锥形，分界不明显。残长5.7厘米（图一八〇，2；图版一一四，6）。

钻 1件。标本H66：9，磨光。圆柱体，钻头为圆锥形，尾部残。残长4.7厘米（图一八〇，3；图版一一四，4）。

针 1件。标本H497：16，磨光。扁圆体，钝尖，后端残。残长6.7厘米（图一八〇，4；图版一一四，7）。

（2）角器

鹿角 1件。标本AT1821⑤：5，残存角尖部分，可当锥形器用。残长5厘米（图一八〇，5；图版一一四，8）。

4．铜矿石

共发现5块，主要出土于灰坑和地层中，形状各异，大小不一。标本H42①：63，浅绿色，近长方形，长4.8、宽4.4、厚2.3厘米。标本H43：52，浅绿色，长3.8、宽3.7、厚2.1厘米。标本AT1②：15，浅绿色，长3.5厘米。

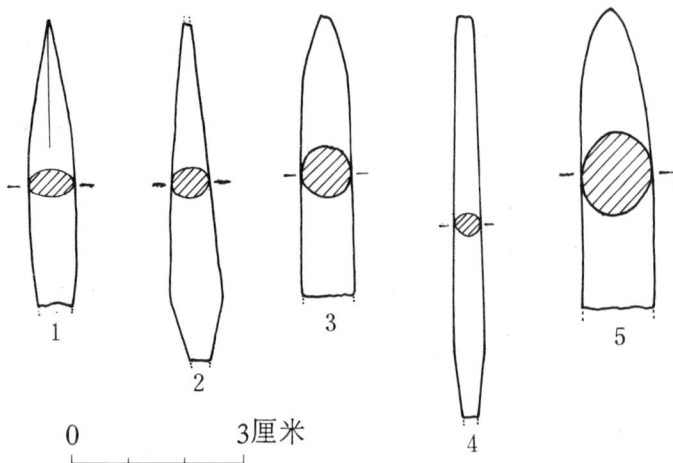

0　　　3厘米

图一八〇　石家河文化早期骨
　　镞、钻、针，鹿角
1、2.镞 H544：2、H497：15
3.钻 H66：9　4.针 H497：16
5.鹿角 AT1821⑤：5

（二）石家河文化晚期遗物

1. 陶器

按用途可分为生活用器、生产工具和陶塑艺术品。

（1）生活用器

此类陶器数量最多。完整的和能复原的共有 386 件。

陶质分泥质和夹砂两类。据 H68、H70 两个灰坑陶片的统计（表一四），泥质陶占绝大多数，夹砂陶很少。在泥质陶中，灰色陶占第一位，其次是红色和黑色陶。在夹砂陶中，红色略多于灰色和黑色。

表一四　　　　　　　　　　H68、H70 陶质陶色统计表

数量和百分比\陶色\单位	泥　质　陶			夹　砂　陶			合　计
	灰	红	黑	灰	红	黑	
H68	3620	3212	1531	76	154	34	8627
	41.96	37.23	17.75	0.88	1.79	0.39	100
H70	1012	268	419	22	47	11	1779
	56.89	15.06	23.55	1.24	2.64	0.61	100

表一五　　　　　　　　　　H68、H70 陶器纹饰统计表

数量和百分比\纹饰\单位	素　面	篮　纹	方格纹	绳　纹	叶脉纹	合　计
H68	5016	2705	408	414	84	8627
	58.14	31.36	4.73	4.8	0.97	100
H70	982	418	116	217	46	1779
	55.2	23.5	6.52	12.2	2.58	100

有纹饰的陶片和无纹饰的陶片比例接近（表一五）。在罐、缸、瓮、臼等类陶器中，有纹饰的占绝大多数。主要纹饰有四种，按比例依次为篮纹、绳纹、方格纹、叶脉纹。篮纹中，绝大多数是竖篮纹和斜篮纹，纹饰一般比较清晰细密（图一八一，1～3）。绳纹大多拍印较浅，纹路比较模糊（图一八一，6）。方格纹有正方格、斜方格和网格等纹样，以正方格较常见（图一八一，4、5、7）。叶脉纹是晚期新出现的一种纹饰，饰于罐、瓮、甑上（图一八一，8、9）。此外还有附加堆纹、划弦纹、按窝、镂孔等。附加堆纹见于较大的缸、瓮等陶器上。划弦纹是篮纹、绳纹和方格纹等的辅助纹饰，起间断

作用。按窝见于鼎足。镂孔饰于盘和器座。这几种纹饰所占的比例极小，且多与主纹兼饰，所以在统计陶质和纹饰的时候，未单独立项。

本期陶器中没有彩陶，只是部分厚胎斜腹杯上涂有红衣。

陶器的制作方法仍以轮制为主，轮制比例高于早期。

陶器类别有罐、瓮、缸、臼、盆、甑、擂钵、钵、豆、盘、杯、鼎、鬶、盂、器座、器盖共十六类。按器类叙述如下。

罐　分广肩罐、扁腹罐、凸底罐、中口罐、三足罐、其它罐。

广肩罐　67 件。分四型。

A 型　36 件。仅见Ⅲ、Ⅳ、Ⅴ式。

Ⅲ式　数量很多，复原 11 件，矮领，肩较广，腹较深。标本 H70：29，泥质灰陶。口微敛，腹偏深，小凹底。饰方格纹。口径 11.8、底径 6.4、高 28 厘米（图一八二，1；图版一一六，1）。标本 H58：1，泥质灰陶。领口微敛，小凹底。饰方格纹。口径 13、底径 7.8、高 28.8 厘米（图一八二，2；图版一一六，2）。标本 H530：1，泥质黑陶。领口微敛，小凹底。肩部饰雨线形划纹。腹下部饰篮纹。口径 12、底径 7.2、高 28.8 厘米（图一八二，3；图版一一六，3）。标本 H68：68，泥质黑皮陶，胎灰色。直领，小凹底。肩部划横人字形纹。口径 12.8、底径 8、高 23.2 厘米（图一八二，4）。标本 H68：6，泥质灰陶。直领，肩部圆弧形，小底略凹。肩上部和下部饰篮纹。口径 13.6、底径 8.8、高 27.2 厘米（图一八二，5）。标本 H70：6，泥质灰皮陶。胎灰红色。直领，小底略凹。饰绳纹和划弦纹。口径 12.8、底径 7.6、高 26 厘米（图一八二，6；图版一一六，4）。标本 H70：8，泥质灰陶。领口稍外撇，下腹略内曲，小凹底。饰稀疏篮纹。肩部划两周不规则的弦纹。口径 14.4、底径 7.2、高 27.2 厘米（图一八二，7；图版一一七，1）。标本 AT805②：3，泥质灰陶。肩部较凸出，下腹微内曲。饰稀疏篮纹。口径 12、底径 8.4、高 24 厘米（图一八二，8；图版一一七，2）。标本 AT805②：1，泥质灰陶。肩部略凸出，平底。饰斜篮纹。口径 14.4、底径 8.4、高 26.4 厘米（图一八二，9；图版一一七，3）。

Ⅳ式　复原 14 件。矮直领，肩部比 A 型Ⅲ式鼓，腹部一般比 A 型Ⅲ式浅，小凹底。标本 H68：80，泥质灰陶。上部饰叶脉纹，下部饰斜篮纹。口径 12.8、底径 7.2、高 25.2 厘米（图一八二，10；图版一一七，4）。标本 H538：1，泥质灰陶。肩和上腹饰斜方格纹，下腹饰斜篮纹。口径 13.6、底径 8、高 25.6 厘米（图一八二，11；图版一一八，1）。标本 AT1105②：2，泥质灰陶。小平底。肩部饰间断绳纹，腹部饰斜篮纹。口径 13.4、底径 8.8、高 24.4 厘米（图一八二，12；图版一一八，2）。

Ⅴ式　11 件。矮直领，肩更鼓，下腹内收偏浅。标本 H254：8，泥质灰陶。腹偏浅，小凹底。饰竖篮纹，肩部饰划弦纹。口径 12、底径 7.6、高 22.2 厘米（图一八三，

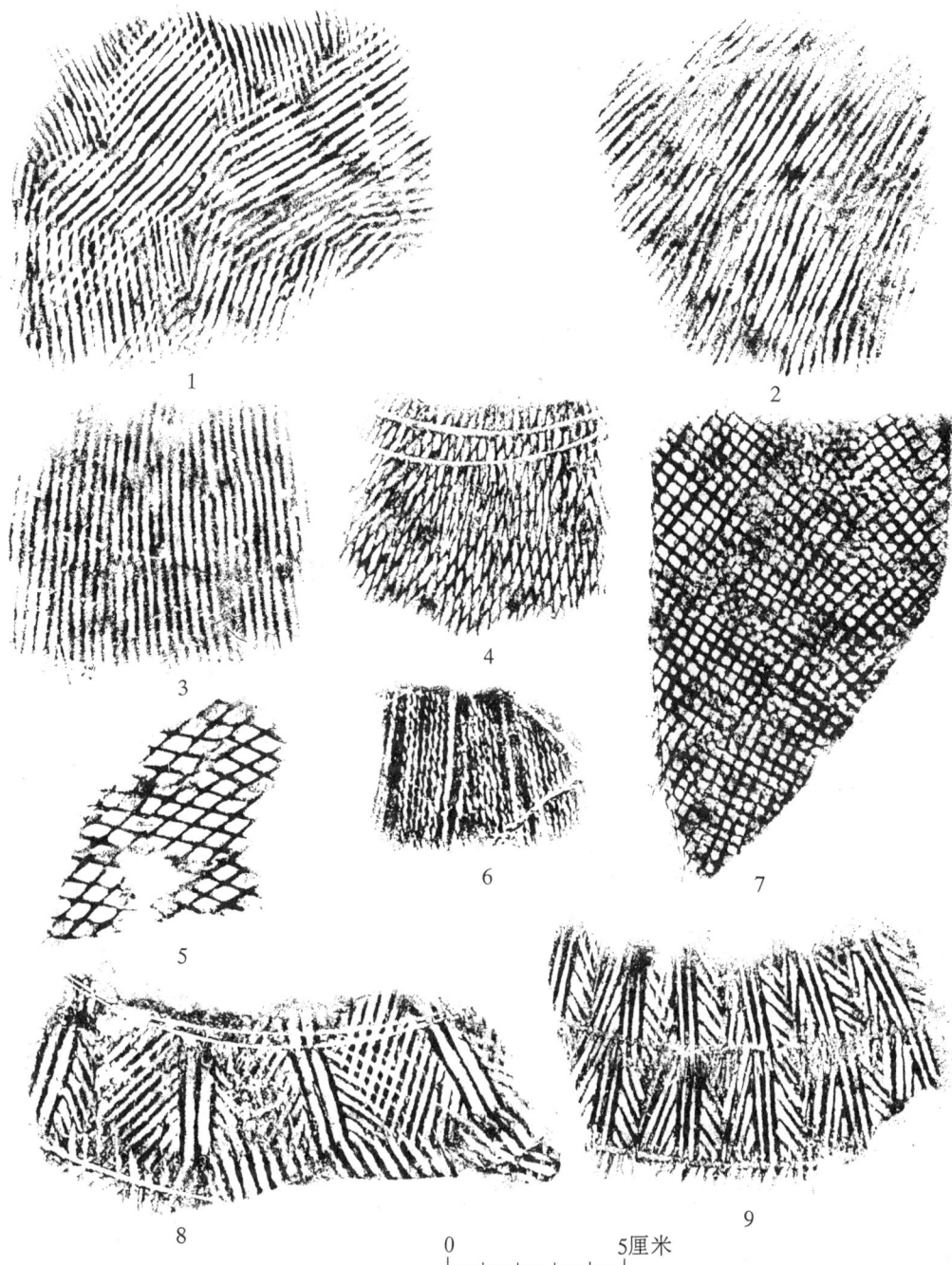

图一八一　石家河文化晚期陶器纹饰拓片

1～3. 篮纹 H70、H68、H538　　4、5、7. 方格纹 H254、
H254、H68　　6. 绳纹 H254　　8、9. 叶脉纹 H538、H254

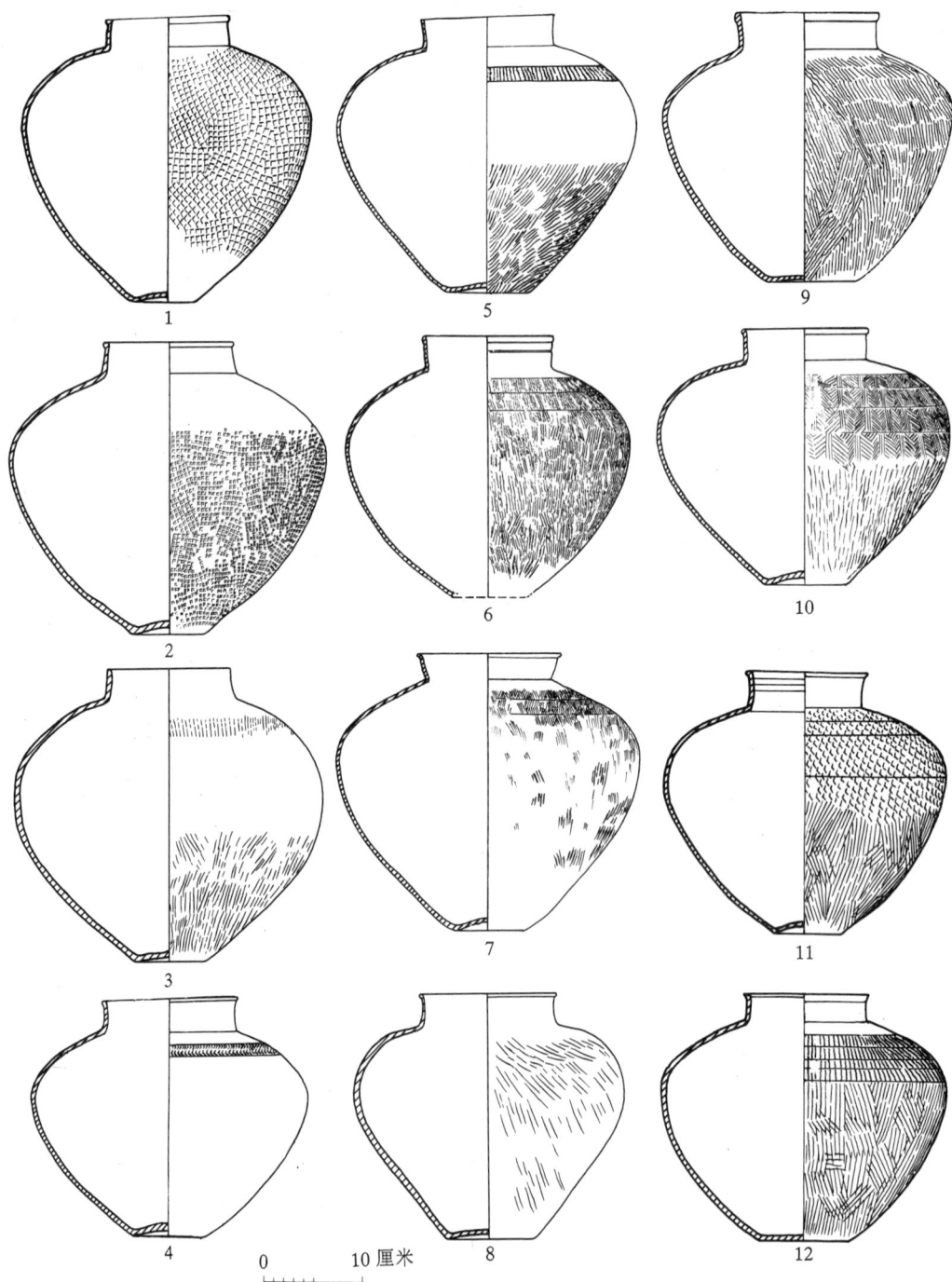

0　　　　　10 厘米

图一八二　石家河文化晚期陶广肩罐

1~9. A型Ⅲ式 H70：29、H58：1、H530：1、H68：68、H68：6、H70：6、H70：8、
AT805②：3、AT805②：1　　10~12. A型Ⅳ式 H68：80、H538：1、AT1105②：2

1；图版一一八，3)。标本 H68:44，泥质灰陶。肩较凸，腹偏浅。饰细篮纹，肩、腹部有划弦纹。口径 12.8、底径 8.8、高 22 厘米（图一八三，2；图版一一八，4)。标本AT13②:2，泥质灰陶。肩部凸出，腹偏浅，小底近平。肩饰细绳纹，腹部饰篮纹。口径 13.2、底径 9.2、高 24.4 厘米（图一八三，3)。标本 H550:1，泥质黑陶。底内凹较甚。饰竖篮纹。口径 15.2、底径 9.6、高 25.4 厘米（图一八三，4；图版一一九，1)。标本 H1:6，泥质灰陶。圆弧肩，小凹底。上腹饰间断斜方格纹，下腹饰斜篮纹。口径 12.8、底径 8、高 24.4 厘米（图一八三，5)。标本 H62:19，夹砂灰陶。腹部扁鼓形，底残。肩及上腹饰叶脉纹，下腹饰篮纹。口径 14.4 厘米（图一八三，6)。标本 H538:20，泥质红陶。底残。肩部饰三道凸弦纹，腹部饰间断方格纹。口径 14.4 厘米（图一八三，7；图版一一九，2)。

B 型　复原 17 件，矮领，广肩外凸，深腹，凹底，整体略似倒置的三角形。标本AT13②:1，泥质灰陶。上腹饰叶脉纹，下腹饰斜篮纹。口径 7.2、底径 12.4、高 33.6厘米（图一八三，8；图版一一九，3)。标本 H68:8，泥质灰陶。饰细密的篮纹，肩部有四道划弦纹。口径 10.8、底径 6.4、高 22.8 厘米（图一八三，12；图版一一九，4)。标本 H26:1，泥质灰陶。下腹渐内收，小底残。饰竖篮纹，肩部有不规则的划弦纹。口径 14、底径 8、高 24.4 厘米（图一八三，11)。标本 H70:25，泥质灰陶。饰绳纹。口径 12、底径 7.2、高 16.2 厘米（图一八三，9；图版一二○，1)。标本 H254:1，泥质灰陶。饰竖篮纹。口径 12.4、底径 7.2、高 21.6 厘米（图一八三，13；图版一二○，2)。标本 H254:12，泥质灰陶。小底残。饰方格纹。口径 12.8、底径 0.8、高 22 厘米（图一八三，15；图版一二○，3)。标本 H538:7，泥质灰陶。口略敞。饰稀疏的篮纹。口径 14、底径 6.4、高 21.6 厘米（图一八三，10；图版一二○，4)。标本 H62:29，泥质灰陶。下部残。肩部饰间断叶脉纹，腹部饰篮纹。口径 15.2 厘米（图一八三，14)。

C 型　6 件。矮领，圆鼓腹，凹底。标本 H78:26，夹砂灰红色陶。饰篮纹，肩部有划弦纹。口径 13.6、底径 8.8、高 24.8 厘米（图一八四，1；图版一二一，1)。标本 H11:1，泥质红陶。器形圆鼓。上腹饰方格纹，下腹饰篮纹。口径 13.4、底径 11、高 24.8 厘米（图一八四，2)。标本 H70:15，泥质黑皮陶，红胎。腹及底部饰竖篮纹。口径 12.8、底径 8.8、高 24 厘米（图一八四，3；图版一二一，2)。标本 H68:71，泥质灰陶。饰浅篮纹。口径 8.2、底径 8.1、高 13.4 厘米（图一八四，4；图版一二一，3)。标本 H70:50，泥质灰陶。腹及底部饰篮纹。口径 10.8、底径 6、高 14.8 厘米（图一八四，5)。标本 H68:67，泥质灰陶。饰菱形方格纹，下腹及底部饰篮纹。口径 10.4、底径 6.4、高 19.6 厘米（图一八四，6)。

D 型　8 件。矮领，鼓肩，下腹内收或内曲，一般为平底。标本 H315:10，泥质灰陶。下腹微内曲，平底。素面。口径 7.2、底径 7.6、高 13.2 厘米（图一八四，7)。标

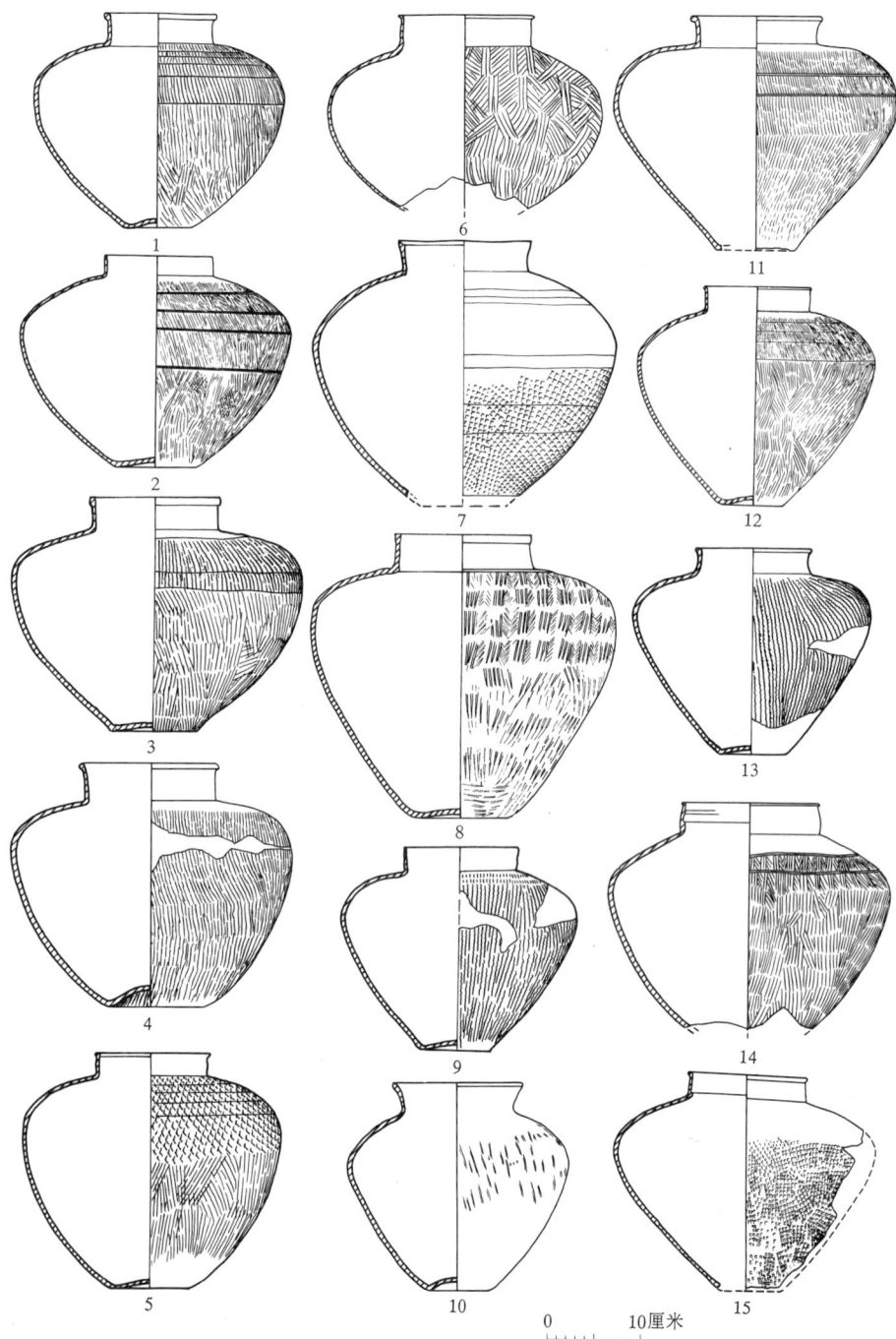

图一八三　石家河文化晚期陶广肩罐

1~7. A 型 V 式 H254：8、H68：44、AT13②：2、H550：1、H1：6、H62：19、H538：20

8~15. B 型 AT13②：1、H70：25、H538：7、H26：1、H68：8、H254：1、H62：29、H254：12

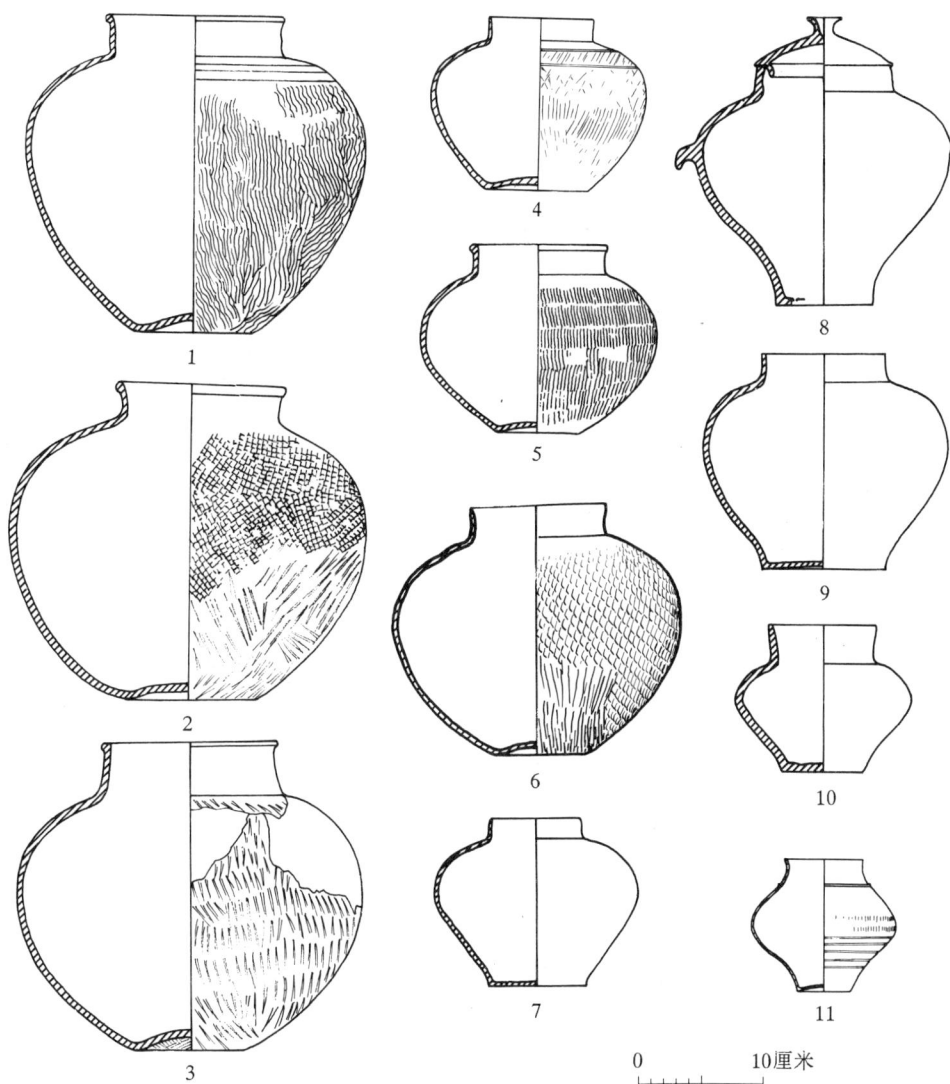

图一八四　石家河文化晚期陶广肩罐

1～6. C型 H78∶26、H11∶1、H70∶15、H68∶71、H70∶50、H68∶67

7～11. D型 H315∶10、H351∶3、AT805②∶11、H1∶2、H538∶31

本 H351∶3，泥质黑陶。口承盖，下腹内曲，底残，肩部有 3 个钩形耳。素面。口径 11.2、底径 8、高 18.8 厘米（图一八四，8；图版一二一，4）。标本 AT805②∶11，泥质灰皮陶。黄胎。下腹内曲，平底。素面。口径 10、底径 10、高 16.8 厘米（图一八四，9；图版一二二，1）。标本 H1∶2，泥质灰陶。肩部微凸，曲腹，平底。素面。口径 8.8、底径 6.4、高 11.4 厘米（图一八四，10；图版一二二，2）。标本 H538∶31，泥质黑陶。肩下部扁鼓，腹内曲，凹底。饰划纹和弦纹。口径 6.4、底径 4.4、高 10.4 厘米（图一八四，11；图版一二二，3）。

扁腹罐　15 件。有领，扁腹。分四型。

A 型　6 件。腹为扁鼓形。标本 H254：10，泥质红陶。领口稍外撇，凹底。下腹饰划弦纹和浅篮纹。口径 14、底径 8.4、高 14.4 厘米（图一八五，1；图版一二二，4）。标本 H68：60，泥质灰陶。直领，凹底。下腹饰篮纹。口径 12、底径 8.4、高 16.8 厘米（图一八五，2）。标本 AT5②A：2，泥质黑皮陶，灰胎。直领较高，凹底。素面。口径 10.8、底径 7.2、高 14.8 厘米（图一八五，3；图版一二三，1）。标本 H13：11，泥质灰皮陶，红胎。矮领，下腹内收，平底。饰弦纹和划纹。口径 9.8、底径 8.2、高 12.5 厘米（图一八五，4；图版一二三，2）。标本 H254：6，泥质灰陶。直领，凹底。下腹饰浅篮纹。口径 10、底径 9.2、高 12 厘米（图一八五，5；图版一二三，3）。标本 H254：2，直领，腹甚扁，平底。下腹及底部饰方格纹。口径 9.5、底径 12、高 11.6 厘米（图一八五，6）。

B 型　3 件。折腹，凹底。标本 H512：4，泥质灰陶。高领，下腹略向外弧。饰稀疏篮纹。口径 12.8、底径 7.2、高 15 厘米（图一八五，7；图版一二三，4）。标本 AT906②：11，泥质灰陶。矮领，下腹向内曲，底残。素面。口径 11、底径 9.2、高 11.4 厘米（图一八五，8；图版一二三，5）。标本 H254：30，泥质黑皮陶，灰胎。曲腹较深。素面。口径 9.2、底径 7、高 11.8 厘米（图一八五，9）。

C 型　6 件。腹浅而极扁，凹底。标本 AT2022②：9，泥质红陶。直领，腹腔容积很小，凹底较平。素面。口径 8.8、底径 14、高 9.6 厘米（图一八五，10；图版一二三，6）。标本 H230：2，泥质灰陶。高领，腹腔小，凹底。底中间略向外凸。素面。口径 12、底径 20、高 11.8 厘米（图一八五，11；图版一二四，1）。标本 AT706②B：4，泥质灰陶。高领，底极凹。素面。口径 10、底径 15.2、高 10.8 厘米（图一八五，12；图版一二四，2）。标本 H254：3，器体较大。泥质灰陶。领较矮，厚圆唇，平肩，底较凹。腹饰斜方格纹。口径 18.4、底径 30、高 20.4 厘米（图一八五，13；图版一二四，3）。标本 H70：5，器体较大。夹砂陶。肩部灰色，腹部红灰色。矮领，口沿外翻，腹较深，底极凹。沿面饰弦纹，上腹饰方格纹，下腹饰篮纹。口径 18.8、底径 18.8、高 20 厘米（图一八五，14；图版一二四，4）。

凸底罐　7 件。直领，扁腹，底中间向下凸出，分两型。

A 型　6 件。尖凸底。标本 H89：18，泥质灰陶。高领，腹极扁，底下有乳头状尖凸。素面。口径 9.6、高 12 厘米（图一八六，1；图版一二四，5）。标本 H52：1，泥质橙黄陶。领部残，腹极扁，底为尖锥形。腹内侧有螺旋形拉坯指印。素面。腹径 16.8 厘米（图一八六，2）。标本 03，夹砂红陶。领部残，腹较扁，底为尖乳头形。素面。

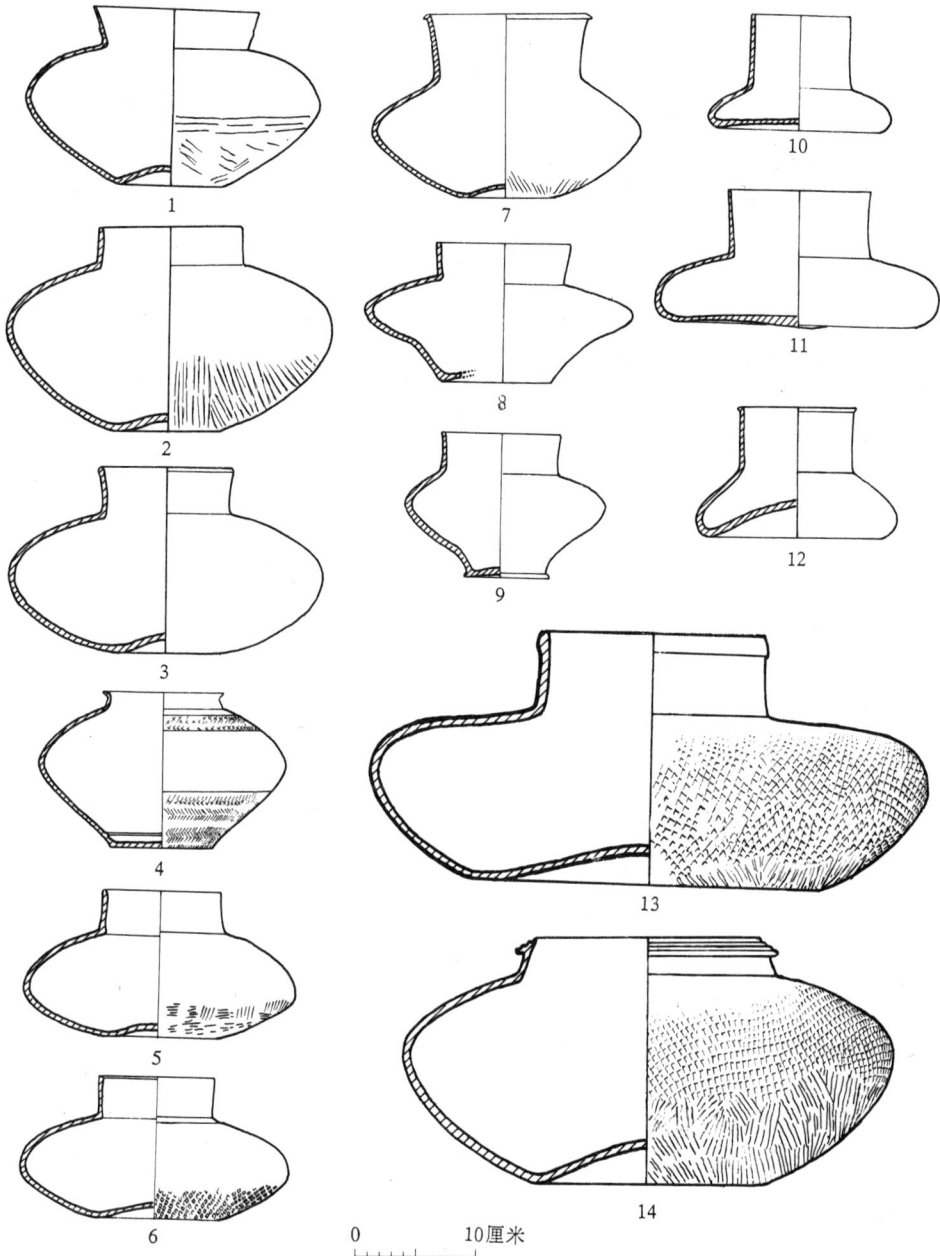

图一八五　石家河文化晚期陶扁腹罐

1～6. A 型 H254:10、H68:60、AT5②A:2、H13:11、H254:6、H254:2　　7～9. B 型 H512:4、
AT906②:11、H254:30　　10～14. C 型 AT2022②:9、H230:2、AT706②B:4、H254:3、H70:5

最大腹径 20.4 厘米（图一八六，3）。

B 型　1 件。平凸底。标本 AT5②A:1，泥质红陶。领残，腹较扁。饰竖绳纹。腹

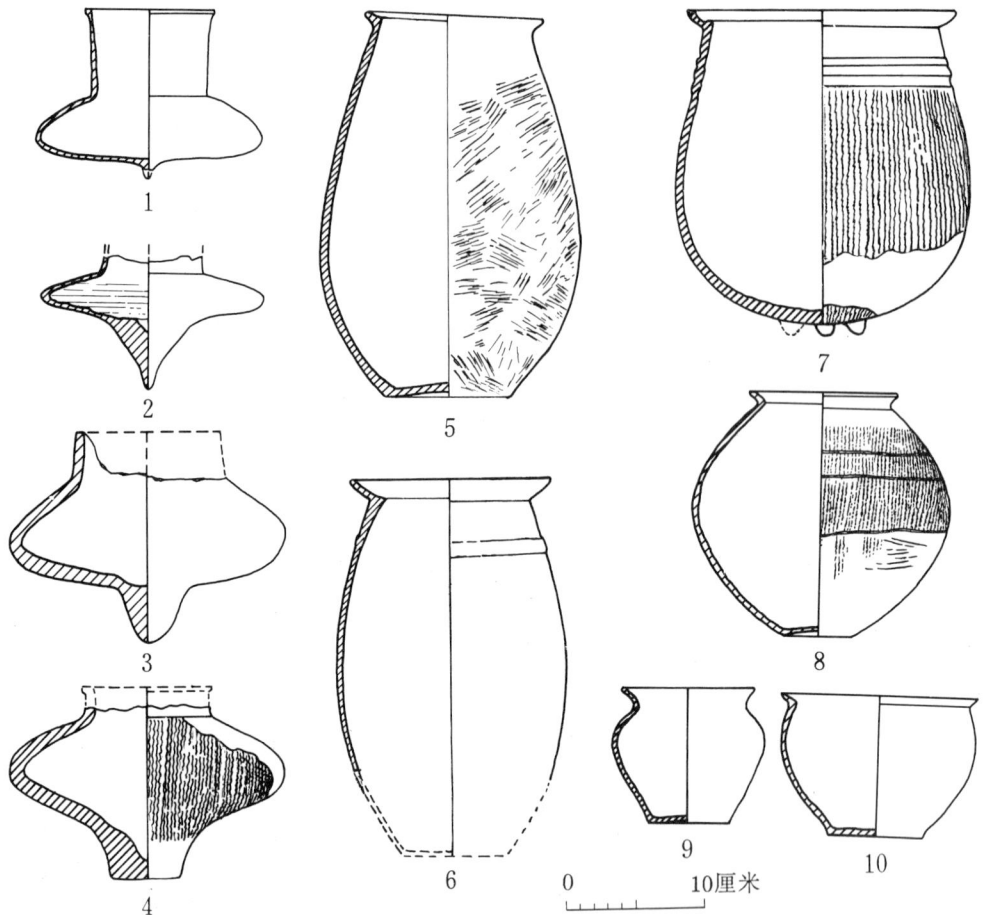

图一八六　石家河文化晚期陶凸底罐、中口罐、三足罐、其它罐

1~3. A型凸底罐 H89:18、H52:1、03　　4. B型凸底罐 AT5②A:2　　5、6. B型Ⅲ式中口
罐 H351:6、H254:26　　7. 三足罐 H70:35　　8~10. 其它罐 AT705②B:4、H78:8、H70:7

径 20.4 厘米（图一八六，4；图版一二四，6）。

　　中口罐　2 件。晚期只有 B 型。

　　B 型　仅见Ⅲ式。

　　Ⅲ式　2 件。中口，深弧腹。标本 H351:6，夹砂灰红色陶。折沿，深垂腹，底略
凹。饰稀疏的篮纹。口径 12.8、底径 10、高 28 厘米（图一八六，5；图版一二五，1）。
标本 H254:26，泥质灰陶。折沿，深弧腹，下残。素面。口径 14.4 厘米（图一八六，
6）。

　　三足罐　数量很少，复原 1 件。标本 H70:35，泥质灰红色陶。折沿，深垂腹，圜
底残，下有 3 个乳头状矮足。饰竖篮纹。口径 19.6、通高 23 厘米（图一八六，7；图

版一二五，2）。

其它罐　3件。标本 AT705②B:4，泥质灰陶。敛口，小折沿，鼓腹，底略凹。上腹饰间断绳纹，下腹饰稀疏篮纹。口径11.2、底径4.8、高17.2厘米（图一八六，8；图版一二五，3）。标本 H78:8，泥质灰陶。卷沿，鼓肩，底近平。素面。口径9.6、底径6、高9.6厘米（图一八六，9；图版一二五，4）。标本 H70:7，泥质灰陶。大口，小卷沿，深腹，底近平。口径14.4、底径7.2、高10厘米（图一八六，10；图版一二五，5）。

瓮　数量较多，复原4件。标本 H1:5，泥质灰陶。矮直领，鼓肩，小底略内凹。饰竖篮纹。口径24.8、底径13、高44厘米（图一八七，1）。标本 H68:78，夹砂灰陶。矮领，尖唇，鼓肩，小底微内凹。饰竖篮纹。口径21.5、底径11.8、高39厘米（图一八七，2；图版一二六，1）。标本 H70:36，夹砂黑陶。矮领，外翻沿。鼓肩，小平底。沿面上饰弦纹，腹饰竖篮纹。口径19.8、底径8.5、高36.5厘米（图一八七，3；图版一二六，2）。标本 H254:5，泥质灰红陶。矮直领，圆唇，凸鼓肩，下腹内曲，小平底。肩部饰斜篮纹，腹部饰间断篮纹。口径21.8、底径9.6、高31.5厘米（图一八七，4；图版一二六，3）。

缸　2件。晚期仅有B、C型。

B型　1件。仅有Ⅲ式。

Ⅲ式　残片较多，复原1件。窄沿，深斜腹，尖圜底。标本 H68:16，夹砂红陶。敞口，深斜腹，尖圜底。饰粗绳纹。口径46.4、深46厘米（图一八七，5；图版一二七，1）。

C型　大口，双唇，深弧腹。复原1件。标本 H315:2，泥质黑皮陶，红胎。敞口，口沿外侧加厚，弧腹，小底微凹。饰间断绳纹。口径57.6、底径12.8、高46.8厘米（图一八七，6；图版一二七，2）。

臼　2件。晚期只有D型。

D型　2件。侈口，斜直壁。标本 H538:17，夹砂灰陶。厚胎，敞口，深腹，小平底。腹及底饰绳纹。口径24.6、高23.6厘米（图一八七，7；图版一二七，3）。标本 H70:26，夹砂橙红陶，口部残，器型与 H538:17 相似。饰篮纹。底径6厘米（图一八七，8）。

盆　13件。有A、B、C、D四型。

A型　10件。敞口，深腹。仅有Ⅳ、Ⅴ式。

Ⅳ式　2件。弧腹，近底处略向内曲。标本 H58:2，泥质灰红陶。折沿，下腹略向内曲，底微向内凹。素面。口径25.6、底径13.6、高10.8厘米（图一八八，1；图版一二八，1）。

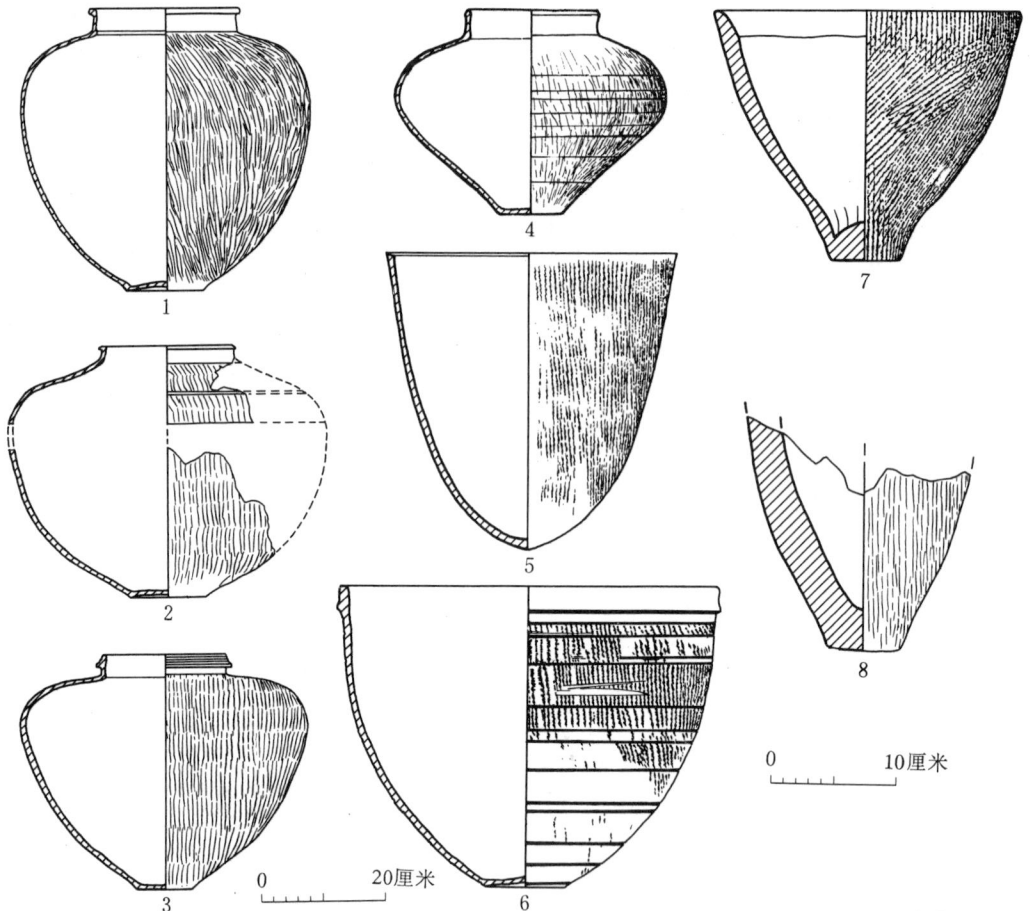

图一八七　石家河文化晚期陶瓮、缸、臼

1～4. 瓮 H1：5、H68：78、H70：36、H254：5　　5. B 型Ⅲ式缸 H68：16

6. C 型缸 H315：2　　7、8. D 型臼 H538：17、H70：26

　　Ⅴ式　8件。曲腹，皆素面。标本 H70：33，泥质灰陶。底微内凹。口径25.6、底径13.6、高12厘米（图一八八，2；图版一二八，2）。标本 H68：64，泥质灰陶。折沿，底微内凹。口径28、底径12、高14厘米（图一八八，3；图版一二八，3）。标本 H62：6，泥质灰陶。折沿，底微凹。口径24、底径11.6、高13.2厘米（图一八八，4；图版一二八，4）。标本 AT908②：5，泥质灰陶。折沿，平底，口径28、底径12、高12厘米（图一八八，5）。标本 H230：1，泥质灰陶。折沿，下腹内曲较甚，平底。口径26.4、底径10.4、高12.4厘米（图一八八，6；图版一二八，5）。

　　B 型　1件。浅腹。仅见Ⅲ式。

　　Ⅲ式　1件。标本 H68：91，泥质灰陶。凹折沿，敞口浅腹，圈足残。饰间断方格

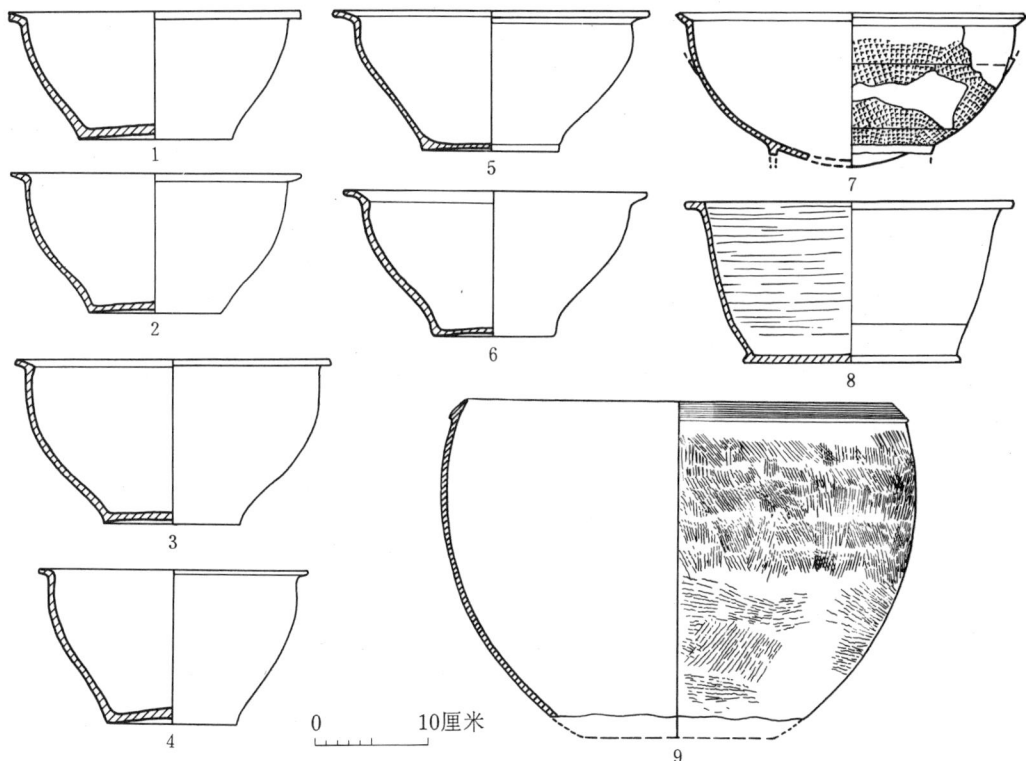

图一八八　石家河文化晚期陶盆

1. A型Ⅳ式 H58:2　　2~6. A型Ⅴ式 H70:33、H68:64、H62:6、AT908②:5、H230:1

7. B型Ⅲ式 H68:91　　8. C型 H538:16　　9. D型 H254:31

纹。口径31厘米（图一八八，7；图版一二八，6）。

C型　1件。标本H538:16，泥质灰陶。敞口，折沿，大平底。下腹饰凸弦纹。器内侧有拉坯指印。口径29.2、底径17.6、高13.8厘米（图一八八，8；图版一二九，1）。

D型　数量较少，复原1件。敛口，弧腹。标本H254:31，泥质灰陶。口稍敛，翻沿，深腰，底残。口沿上饰弦纹，腹部饰篮纹。口径38.4厘米（图一八八，9；图版一二九，2）。

甑　17件。皆上口大，下口小，无底，使用时需另加箅。仅有B型。

B型　17件。盆状，斜直腹。标本AT2206②:2，泥质灰陶。腹上部饰叶脉纹，下腹部饰篮纹。上口径29.6、下口径12、高17.2厘米（图一八九，1；图版一二九，3）。标本AT2106②:1，泥质灰陶。腹部饰稀疏竖篮纹。上口径28、下口径13.5、高17.2厘米（图一八九，2）。标本AT1③:6，泥质灰陶，下口沿略向外凸。饰间断篮纹。上口径 28.8、下口径 16、高 18.4 厘米（图一八九，3；图版一二九，4）。标本 AT910③：3，泥质红陶。漏斗状。下口沿残。腹部饰篮纹。上口径 28 厘米（图一八九，4；图版一二九，5）。标本 AT204②：16，泥质灰陶。漏斗状。腹部饰横篮纹。上口径 20.6、下口径 4.4、高 12.4 厘米（图一八九，5；图版一二九，6）。

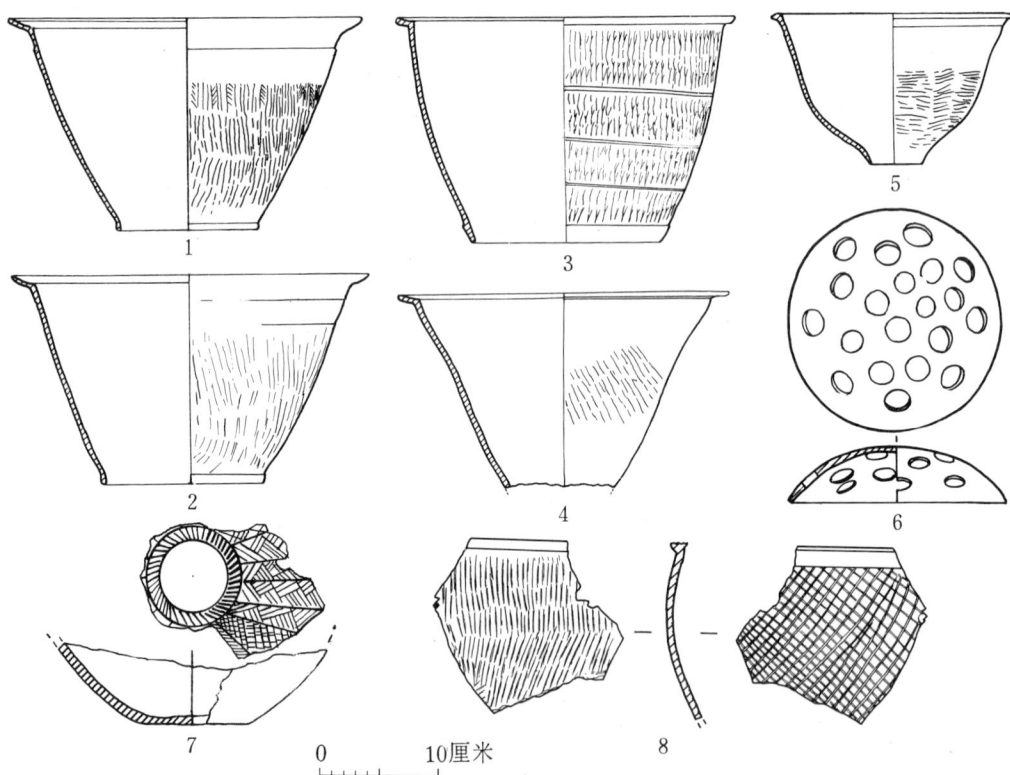

图一八九　石家河文化晚期陶甑、擂钵

1～5. B 型甑 AT2206②：2、AT2106②：1、AT1③：6、AT910③：3、AT204②：16　6. 甑箅 AT1724②：1　7、8. 擂钵 AT704③：4、AT705②B：8

甑箅　1 件。标本 AT1724②：1，泥质黑陶。圆盖形，顶略平，箅上有 20 个由外向内戳的圆孔。箅径 17.6、高 4.4 厘米（图一八九，6；图版一三〇，1）。

擂钵　仅见残片，皆为盆形。标本 AT704③：4，系下腹及底部残片，夹砂褐红色陶。器内刻划人字纹沟槽（图一八九，7）。标本 AT705②B：8，系上腹残片，夹砂红褐色陶。外表饰篮纹，器内刻划网状沟槽（图一八九，8）。

钵　16 件。分四型。

A 型　9 件。泥质红陶。敞口，外贴沿，平底。有 Ⅱ～Ⅳ式。

Ⅱ式　2 件。腹较深，底较大。标本 H230：3，口径 17.6、底径 6.4、高 5.2 厘米

（图一九〇，1；图版一三〇，2）。标本 H332：2，平底加厚，微内凹。口径 17.7、底径 7.6、高 5.2 厘米（图一九〇，2）。

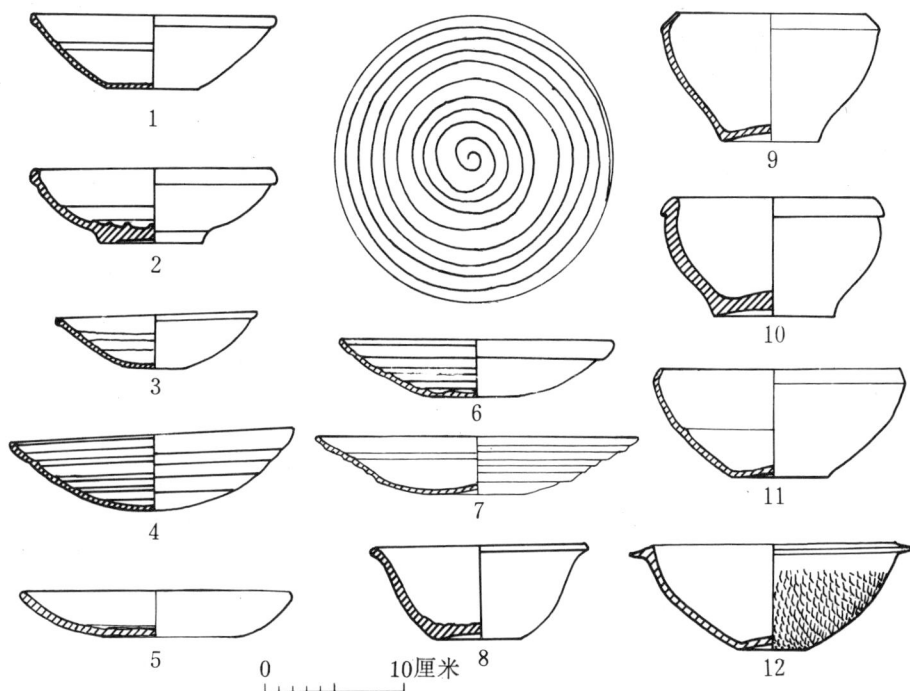

图一九〇 石家河文化晚期陶钵

1、2. A型Ⅱ式 H230：3、H332：2　　3、4. A型Ⅲ式 H78：7、H68：24　　5～7. A型Ⅳ式 AT2612④：2、H350：5、H538：12　　8. B型 H62：2　　9～11. C型 H68：62、H68：17、H546：2　　12. D型 H82：11

Ⅲ式　3件。腹较浅，小平底。标本 H78：7，口径 14.4、底径 4、高 4.8 厘米（图一九〇，3；图版一三〇，3）。标本 H68：24，口径 20.8、底径 4、高 5.2 厘米（图一九〇，4；图版一三〇，4）。

Ⅳ式　4件。形似盘，腹很浅，腹壁与底之间无明显界限。标本 AT2612④：2，平底微凹。口径 20、底径 10、高 3.8 厘米（图一九〇，5）。标本 H350：5，内壁有清晰的拉坯指印痕迹。口径 20、底径 4.8、高 4 厘米（图一九〇，6；图版一三〇，5）。标本 H538：12，腹壁略向内曲，平底微凹，器内外都有指印拉坯痕迹。口径 23.4、底径 9.5、高 4.2 厘米（图一九〇，7；图版一三〇，6）。

B型　1件。仅有Ⅱ式。

Ⅱ式　1件。标本 H62：2，泥质灰红陶。沿略卷，腹较深，平底微内凹。口径 15.2、底径 5.6、高 6.4 厘米（图一九〇，8；图版一三一，1）。

C型　5件。敛口，深腹，底略凹。标本 H68：62，泥质黑皮陶，灰胎。厚沿，下腹微曲。口径 13.6、底径 7.2、高 9.2 厘米（图一九〇，9；图版一三一，2）。标本 H68:17，泥质灰陶。厚胎。口径 14.4、底径 8.8、高 8.4 厘米（图一九〇，10；图版一三一，3）。标本 H546:2，泥质黑陶。口径 17.6、底径 7.4、高 7.6 厘米（图一九〇，11；图版一三一，4）。

D 型　1 件。标本 H82:11，泥质黑陶。宽折沿，凹底。饰菱形方格纹。口径 17.6、底径 4.6、高 7.6 厘米（图一九〇，12；图版一三一，5）。

豆　60 件。有 A、C、H 三型。

A 型　残片很多，复原 17 件。浅盘，喇叭形粗高柄。晚期有 Ⅴ、Ⅵ 式。

Ⅴ式　5 件。盘较浅。标本 H546:1，泥质灰陶。口径 22.2、高 22.4 厘米（图一九一，1；图版一三二，1）。标本 H13:3，泥质灰陶。口径 21.5、高 18 厘米（图一九一，2；图版一三二，2）。

Ⅵ式　12 件。盘很浅。标本 AT3212③:6，泥质灰陶。柄内壁有拉坯指印。口径 17.6、高 19.4 厘米（图一九一，3）。标本 AT3212③:5，口径 19.4、高 18.8 厘米（图一九一，4；图版一三二，3）。标本 H538:3，泥质灰陶。口径 20.6、高 21.6 厘米（图一九一，5；图版一三二，4）。

C 型　残器数量很多，复原 22 件。泥质灰陶。浅盘，矮圈足，足根起小台，有 Ⅱ、Ⅲ 两式。

Ⅱ式　8 件，盘较浅。标本 H68:4，泥质灰陶。口径 24.8、高 13.2 厘米（图一九一，6；图版一三三，1）。标本 AT706②B:21，泥质灰陶。圈足上饰有箍。口径 24、高 14 厘米（图一九一，7；图版一三三，2）。标本 H68:40，泥质灰陶。口径 20.8、底径 11.2、高 12.8 厘米（图一九一，8；图版一三三，3）。

Ⅲ式　14 件。盘很浅。标本 H538:6，泥质灰陶。口径 27、底径 15.6、高 10 厘米（图一九一，9；图版一三三，4）。标本 H68:76，泥质灰陶。盘外有一道凹弦纹，圈足内壁有拉坯指印。口径 26.4、高 13.2 厘米（图一九一，10）。标本 H538:13，泥质黑陶。圈足上有箍。口径 26、高 12.4 厘米（图一九一，11；图版一三三，5）。标本 H68:48，泥质黑陶。盘残，圈足上有箍（图一九一，20）。

H 型　数量较多，完整和能复原的有 21 件。泥质灰陶。侈口。圆唇，浅盘，喇叭形细高柄。柄上端绝大多数有箍，柄下端起小台。分二式。

Ⅰ式　4 件。盘较浅。标本 H68:2，下端残，口径 17.2 厘米（图一九一，12；图版一三四，1）。

Ⅱ式　17 件。盘很浅。标本 H1:3，口径 21.6、高 19.6 厘米（图一九一，13）。标本 H2:1，口径 24.5、高 20 厘米（图一九一，14）。标本 AT3307④:4，口径 24.5、高 19.7 厘米（图一九一，15；图版一三三，6）。标本 H538:15，口径 19.8、高 39.6 厘米

图一九一　石家河文化晚期陶豆

1、2．A 型 V 式 H546：1、H13：3　　3～5．A 型Ⅵ式 AT3212③：6、AT3212③：5、H538：3　　6～8．C 型Ⅱ式
H68：4、AT706②B：21、H68：40　　9～11、20．C 型Ⅲ式 H538：6、H68：76、H538：13、H68：48　　12．H 型
Ⅰ式 H68：2　　13～19．H 型Ⅱ式 H1：3、H2：1、AT3307④：4、H538：21、H538：15、H538：5、AT1112④：5

（图一九一，17；图版一三四，2）。标本 H538:21，柄上有箍和凹弦纹。口径 28.2、高 25.6 厘米（图一九一，16；图版一三四，3）。标本 H538:5，盘残。柄上端有两道箍，箍间饰蠕虫形镂孔。残高 27.2 厘米（图一九一，18）。标本 AT1112④:5，盘残。柄饰弦纹（图一九一，19）。

盘　18 件。是常见器型，晚期有 A、C 两型。

A 型　8 件。均为Ⅱ式。

Ⅱ式　8 件。盘较浅，近似碗形，圈足较细矮。标本 H538:2，泥质灰陶。圈足上有凸棱。口径 24、高 8 厘米（图一九二，1；图版一三五，1）。标本 H551:3，泥质灰陶。圈足残。口径 38.4 厘米（图一九二，9；图版一三五，2）。标本 H68:42，泥质黑皮陶，灰胎。外贴沿。口径 32、高 11.6 厘米（图一九二，2；图版一三五，3）。标本 H538:18，泥质灰陶。小折沿，口径 33.2、高 12.2 厘米（图一九二，3；图版一三五，4）。

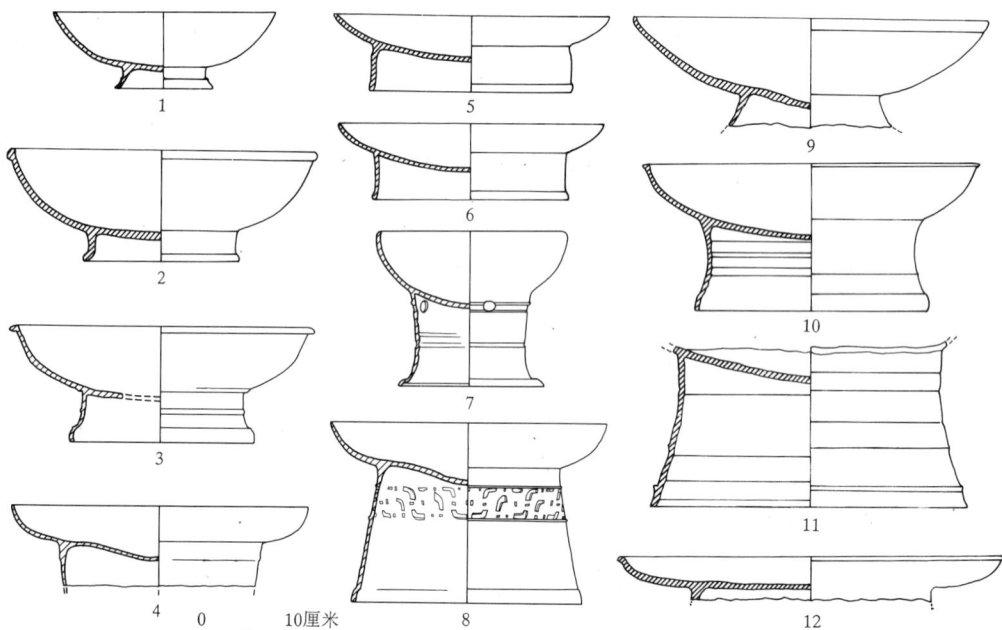

图一九二　石家河文化晚期陶盘

1~3、9. A 型Ⅱ式 H538:2、H68:42、H538:18、H551:3　　4~8、10~12. C 型
H344:2、H11:5、H442:5、H315:9、AT204②:33、H70:51、H254:18、H254:19

C 型　10 件。圆唇，浅盘，粗圈足。标本 H344:2，泥质灰陶。圈足略浅。口径 32 厘米（图一九二，4；图版一三五，5）。标本 H11:5，泥质灰陶。口径 30、高 8 厘米（图一九二，5）。标本 H442:5，泥质灰陶。口径 28.8、高 8 厘米（图一九二，6；图版

一三五，6）。标本 H315：9，泥质灰陶。盘为钵型，圈足上端有一道箍、四个圆镂孔。中间有一道凸弦纹。圈足内壁有拉坯指印。口径 20、高 16 厘米（图一九二，7；图版一三六，1）。标本 AT204②：33，泥质灰陶。盘口下凹，圈足上端饰蠕虫形镂孔。口径 29.6、高 18.7 厘米（图一九二，8；图版一三六，3）。标本 H70：51，泥质灰陶。小折沿，浅盘，圈足略束腰。口径 36.6、高 15.2 厘米（图一九二，10；图版一三六，2）。标本 H254：18，泥质红陶。浅盘残，圈足饰凹弦纹，下端有一道凸棱。圈足直径 34 厘米（图一九二，11）。标本 H254：19，泥质灰陶。盘极浅，圈足残。口径 41.6 厘米（图一九二，12）。

杯　有喇叭形斜腹杯、三足杯、矮圈足杯、单耳杯四种。

斜腹杯　数量很多，完整的有 56 件。皆为 B 型。

B 型　56 件。厚胎，侈口，斜直腹，凹底。晚期仅有Ⅱ式。

Ⅱ式　56 件。泥质红陶，喇叭形，厚胎，底下有凹窝。标本 H538：8，体瘦长，涂红衣，绝大部分已脱落。口径 6.4、底径 2.9、高 9.8 厘米（图一九三，1；图版一三七，1）。标本 H58：31，体瘦。口径 5.2、底径 2.2、高 9 厘米（图一九三，2）。标本 H2：2，体较粗。口径 7.4、底径 3.4、高 8.2 厘米（图一九三，3；图版一三七，2）。标本 H2：7，胎极厚。口径 5.3、底径 3、高 7.9 厘米（图一九三，4）。

三足杯　34 件。泥质红陶。杯身小钵形，外贴沿，壁与底交界处有手捏的 3 个小足，内壁有螺旋状拉坯指印。标本 H439：6，浅弧腹，平底。口径 10.4、通高 7 厘米（图一九三，5；图版一三七，3）。标本 H439：9，圜底。口径 11.6、通高 7 厘米（图一九三，6；图版一三七，4）。标本 H538：27，深斜腹，平底。口径 9.2、通高 6.2 厘米（图一九三，7；图版一三七，5）。标本 AT3307④：1，腹略曲，平底。口径 12、通高 5.2 厘米（图一九三，8；图版一三七，6）。标本 AT3212③：4，腹较曲，圜底。口径 11、通高 7 厘米（图一九三，9）。标本 H72：7，深曲腹。口径 11.6、通高 7.2 厘米（图一九三，11；图版一三八，1）。

矮圈足杯　数量很少，复原 2 件。标本 H538：4，泥质灰陶。直口，深弧腹，圜底，高圈足。口径 12、高 14.4 厘米（图一九三，12；图版一三八，2）。标本 H538：30，细泥黑陶，磨光。上下残，中段束腰，下有细高圈足。残高 12.8 厘米（图一九三，13）。

单耳杯　1 件。标本 H538：14，泥质黑皮陶，灰胎。口沿略向外卷，下腹内曲，平底微凹，一侧有牛鼻形耳。口径 17.7、底径 11.5、高 17.3 厘米（图一九三，10；图版一三八，3）。

鼎　残片较多，但复原的少。有罐形鼎和盆形鼎两种。

罐形鼎　6 件。晚期只有 E 型。

E 型　6 件。圆锥足。标本 H538：11，夹砂黑陶，足红色。折沿，垂腹，圆锥足外

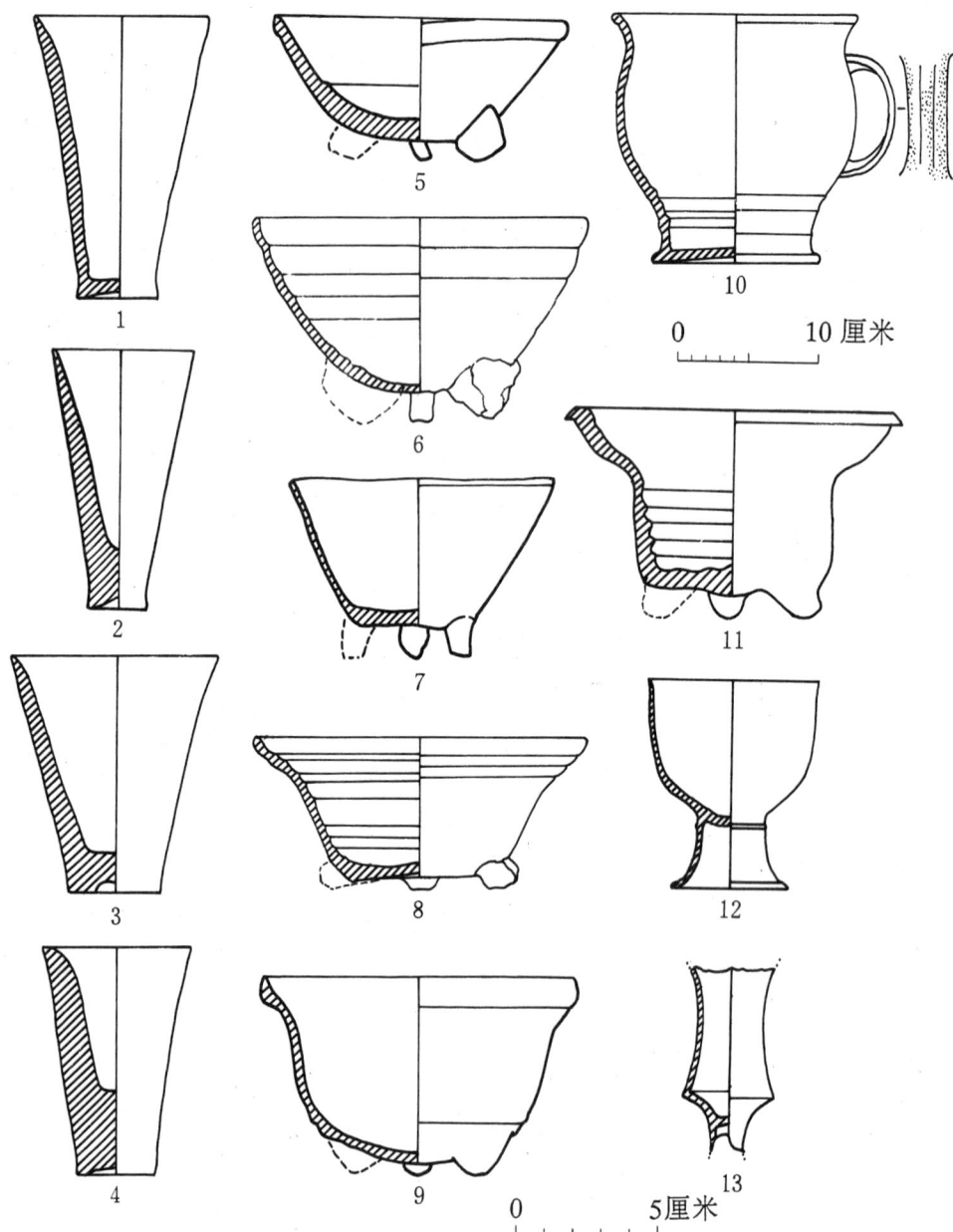

图一九三　石家河文化晚期陶斜腹杯、三足杯、单耳杯、矮圈足杯

1～4. B型Ⅱ式斜腹杯 H538：8、H58：31、H2：2、H2：7　　5～9、11. 三足杯 H439：6、H439：9、H538：27、
AT3307④：1、AT3212③：4、H72：7　　10. 单耳杯 H538：14　　12、13. 矮圈足杯 H538：4、H538：30

撇，足尖残。口径 11.2 厘米（图一九四，1；图版一三八，4）。标本 AT1②：11，夹砂
灰陶。鼎身为小罐形，圆锥足，足尖残。口径 11 厘米（图一九四，2）。

盆形鼎　3件。晚期有 C、D 两型。

C 型　瓦状足。复原 1 件。标本 H78：1，夹砂红陶。直口，唇上有一道沟槽。圈底，宽扁足。腹部饰两道凸弦纹，足外侧刻划竖向细沟槽。口径 29、通高 22.7 厘米（图一九四，3；图版一三九，1）。

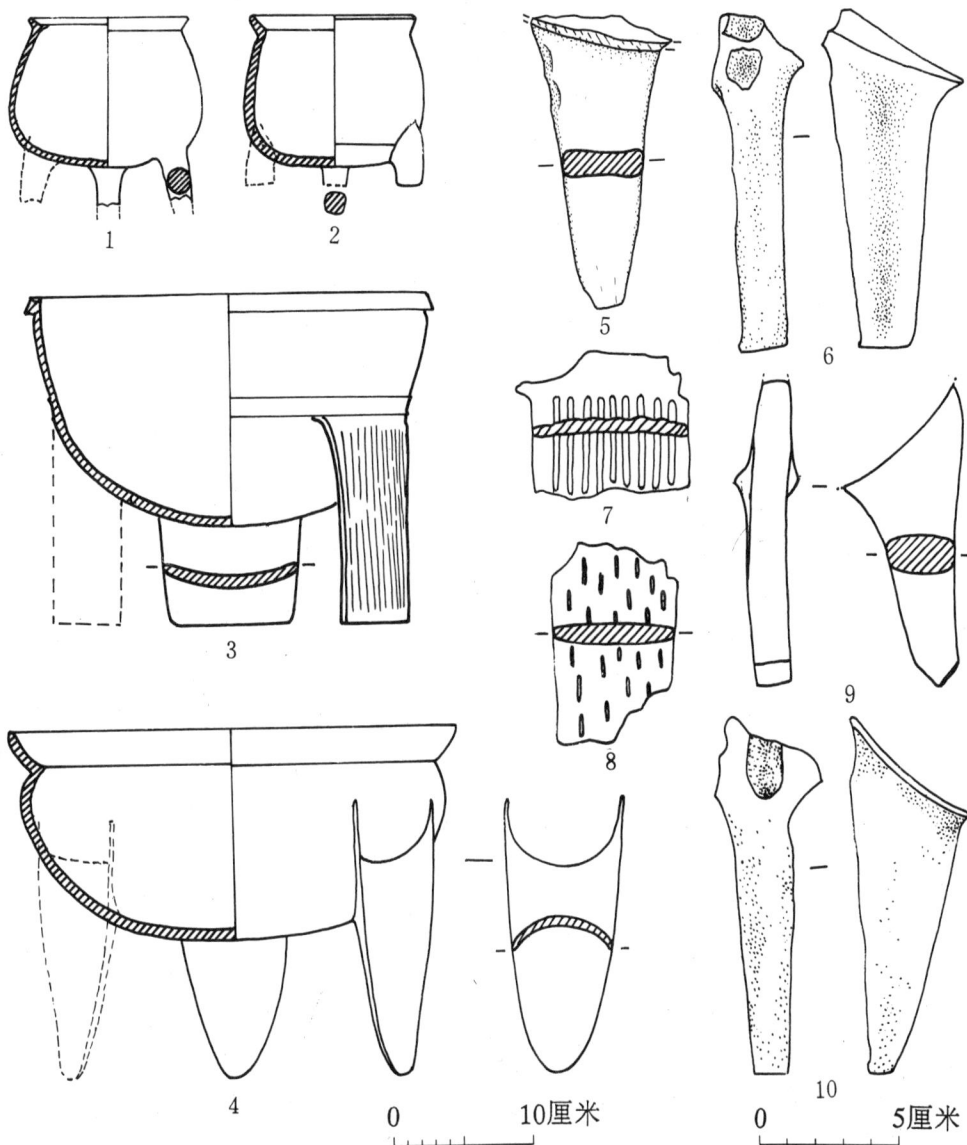

图一九四　石家河文化晚期陶罐形鼎、盆形鼎、鼎足

1、2. E 型罐形鼎 H538：11、AT1②：11　3. C 型盆形鼎 H78：1　4. D 型盆形鼎 H254：4

5～10. 鼎足 H1：7、H254：66、H58：58、H58：24、AT1215④：8、H254：61

D型　舌形足。较少，复原2件。标本H254：4，夹砂红陶。折沿，大圜底。舌形足内凹。口径32、通高24.1厘米（图一九四，4；图版一三九，2）。

鼎足　数量很多。扁锥形足如标本H1：7，足跟外侧有椭圆形按窝（图一九四，5）；标本H254：66和H254：61，足跟有按窝，足尖向外翘（图一九四，6、10），标本AT1215④：8，足尖呈凿形（图一九四，9）。宽扁形足如标本H58：58，外侧划竖条形凹槽（图一九四，7）；标本H58：24，外侧划麻点形凹坑（图一九四，8）。

鬶　极少，复原1件。标本H70：48，泥质白陶。平口，冲天流，粗颈，卷边鋬，肥袋足。颈部饰一对盲鼻和四组凹弦纹。通高26厘米。此种鬶仅见一例（图一九五，1；图版一三九，3）。

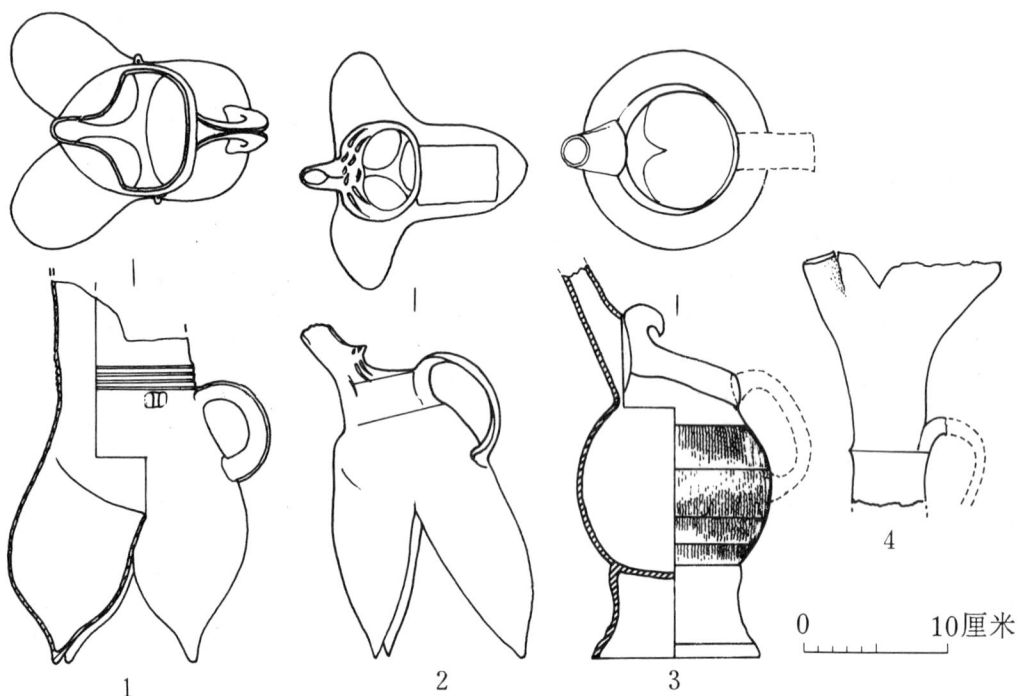

图一九五　石家河文化晚期陶鬶、盉

1.鬶 H70：48　　2～4.盉 H68：63、H538：10、AT1607④：1

盉　很少，且多残片，复原1件。标本H68：63，泥质红陶。管状流，短颈，高裆，袋足较瘦长，宽带形鋬。通高22.4厘米（图一九五，2；图版一三九，4）。标本H538：10，泥质灰陶。管状流，跟部有倒钩，斜弧沿，鼓腹，圈足，鋬残。饰间断细绳纹。残高26.4厘米（图一九五，3）。标本AT1607④：1，夹砂灰陶，颈以下残。管状流，喇叭形口，细长颈（图一九五，4）。

器座　8件。有A、B、D三型。

A型 3件，均为Ⅱ式。

Ⅱ式 上细下粗，束腰。标本 H254：14，泥质灰陶。沿外饰凸棱，中腰饰圆形镂孔4个。上口径 35、下口径 39.6、高 26 厘米（图一九六，1；图版一四〇，1）。标本 H82：10，泥质黑陶。中腹饰三角形镂孔和旋涡纹，下腹饰凸弦纹一周。上口径 21.2、下口径 26.4、高 19.8 厘米（图一九六，2；图版一四〇，2）。

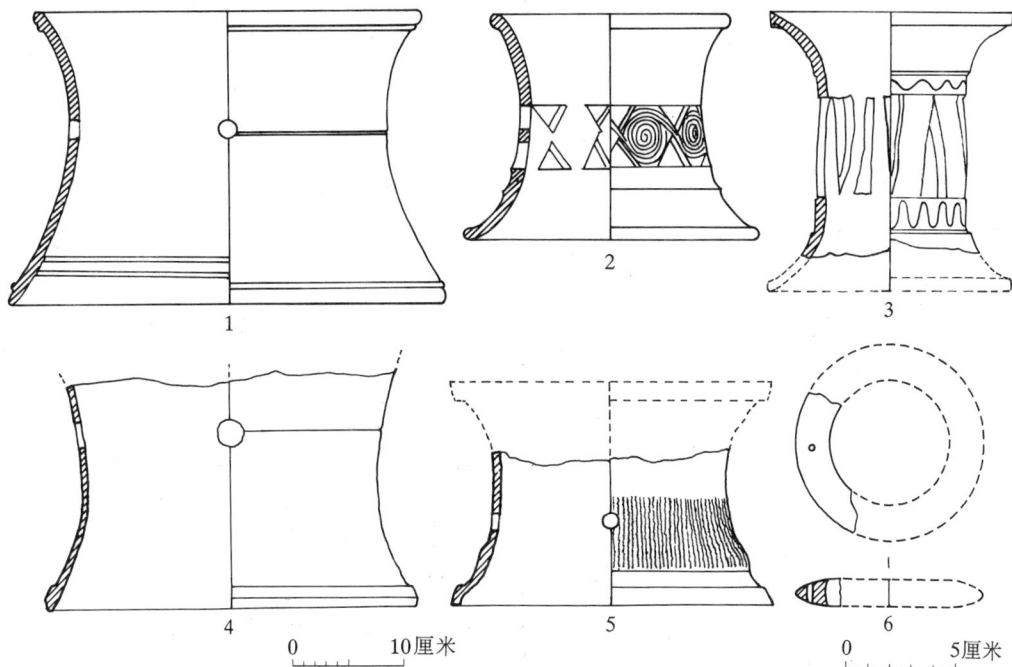

图一九六 石家河文化晚期陶器座

1、2. A型Ⅱ式 H254：14、H82：10 3～5. B型Ⅱ式 AT2014②：5、H254：13、AT3108②：9 6. D型 H550：12

B型 3件，均为Ⅱ式。

Ⅱ式 上下粗细相似，束腰。标本 AT2014②：5，泥质黑陶。一端略残，器体较高。饰三角形镂孔和水波形刻划纹。口径 22 厘米（图一九六，3；图版一四〇，3）。标本 H254：13，泥质灰陶。一端略残，口沿外凸。饰镂孔四个。口径 33.6 厘米（图一九六，4）。标本 AT3108②：9，泥质灰陶。一端略残，沿部起小台。饰绳纹和镂孔。口径 28.8 厘米（图一九六，5）。

D型 2件。环形。标本 H550：12，泥质红陶。残，圆圈形，棱形边。上下穿一小孔。直径 17.2、厚 2.4 厘米（图一九六，6）。

器盖 46件。有 A、B、E、F 型。

A型 8件。盖顶三捏钮，作覆碟形。均为Ⅱ式。

Ⅱ式　8件。浅腹。标本 H538：9，泥质黑陶。三个角形钮，浅弧腹。口径 10、通高 8 厘米（图一九七，1；图版一四一，1）。

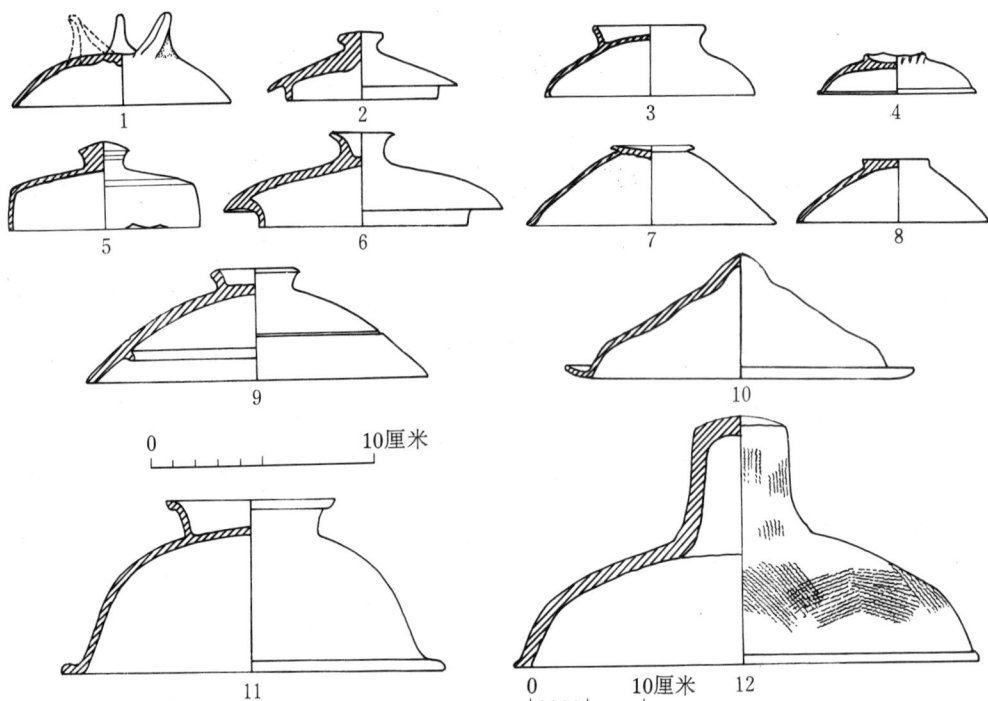

图一九七　石家河文化晚期陶器盖

1. A型Ⅱ式 H538：9　　2、6. F型 H78：32、H351：2　　3、4、9、11. B型Ⅲ式 H230：12、H350：1、H68：81、H344：3　　5、10、12. 其它盖 H254：24、H350：1、H507：1　　7、8. E型 H68：82、H538：22

B型　16件。矮圈钮，作覆碗形。全为Ⅲ式。

Ⅲ式　16件。弧腹，盖顶近平。标本 H344：3，泥质灰陶。深弧腹，卷沿。口径 34.4、高 15.2 厘米（图一九七，11；图版一四一，2）。标本 H230：12，泥质灰陶。口径 18.4、高 6.2 厘米（图一九七，3；图版一四一，3）。标本 H350：1，泥质灰陶。浅弧腹，钮上有手捏痕迹。口径 14、高 3.4 厘米（图一九七，4；图版一四一，4）。标本 H68：81，泥质黑陶。内侧近口处有一周凸棱。口径 15.2、高 4.8 厘米（图一九七，9；图版一四一，5）。

E型　13件。平顶，假圈形钮。此型盖亦可作碗使用。标本 H538：22，泥质灰陶。斜直腹。口径 16.8、高 6.4 厘米（图一九七，8；图版一四一，6）。标本 H68：82，泥质灰红陶。钮沿外凸。口径 22.4、高 7.2 厘米（图一九七，7；图版一四二，1）。

F型　6件。小钮，盖似屋顶，子母口。标本 H78：32，泥质黑陶。口径 7.6、高 3

厘米（图一九七，2；图版一四二，2）。标本 H351：2，泥质灰陶。口径 9.2、高 8 厘米（图一九七，6；图版一四二，3）。

其它盖 3 件。标本 H254：24，泥质灰黄陶。似带顶子的圆帽。口径 8.6、高 3.8 厘米（图一九七，5；图版一四二，5）。标本 H507：1，泥质灰陶。圆柱形钮，中空。饰绳纹。口径 41.8、高 21.6 厘米（图一九七，12；图版一四二，4）。标本 H350：1，泥质灰陶。整体似三角形，无明显的钮，折沿。口径 31.8、高 10.8 厘米（图一九七，10；图版一四二，6）。

（2）生产工具

生产工具有纺轮、垫和轮三种。

纺轮 共 94 件。绝大多数完整。早期的 D 型纺轮不见，彩绘纺轮消失。特大型纺轮 1 件（直径 7 厘米）、大型 8 件、中型 54 件、小型 31 件；厚体 6 件、中厚 49 件、薄体 39 件。均为细泥质，以红陶为主，橙黄陶次之，少量黑灰陶，还有部分陶色不纯。按边的不同分四型。

A 型 23 件。棱边，分两个亚型。

Aa 型 13 件。两面平，素面，大小有别。标本 AT605②B：3，黑陶。直径 4.8、厚 1 厘米（图一九八，1）。标本 AT706②B：5，黑陶。直径 4.2、厚 0.9 厘米（图一九八，2；图版一四三，1）。标本 H442：2，灰陶。直径 2.7、厚 0.6 厘米（图一九八，5）。标本 AT1119②B：7，红陶。直径 3.4、厚 0.3 厘米（图一九八，4；图版一四三，2）。

Ab 型 10 件。一面边沿微凸。其中一件饰纹。标本 H230：15，红陶，边饰三周箆点纹。直径 3.4、厚 0.7 厘米（图一九八，6；图版一四三，3）。

B 型 25 件。直边，两面平。标本 AT913④：1，橙黄陶。素面。直径 3.9、厚 0.6 厘米（图一九八，3）。标本 AT706②B：6，红陶，素面。直径 3.5、厚 0.2 厘米（图一九八，7）。标本 AT1104①：2，黑陶。素面。直径 2.5、厚 0.5 厘米（图一九八，10）。标本 AT404①：7，灰红陶，素面。直径 2.6、厚 0.9 厘米（图一九八，11；图版一四三，4）。标本 AT2014④：4，红陶。一面饰划纹一周。直径 3.1、厚 0.8 厘米（图一九八，8；图版一四三，5）。

C 型 24 件。斜边，素面。分两个亚型。

Ca 型 12 件。两面平。标本 AT2015③：4，色黑红不匀。直径 3.6、厚 0.6 厘米（图一九八，9）。标本 AT2218④：4，橙红陶。直径 2.6、厚 0.5 厘米（图一九八，12；图版一四三，6）。标本 AT3111②：8，红陶。直径 3.7、厚 0.4 厘米（图一九八，18）。

Cb 型 12 件。一面边沿微凸。标本 AT3109③：2，红陶。直径 2.8、厚 0.3 厘米（图一九八，13；图版一四三，7）。

E 型 22 件。一面平，另一面中间隆起，素面。分三个亚型。

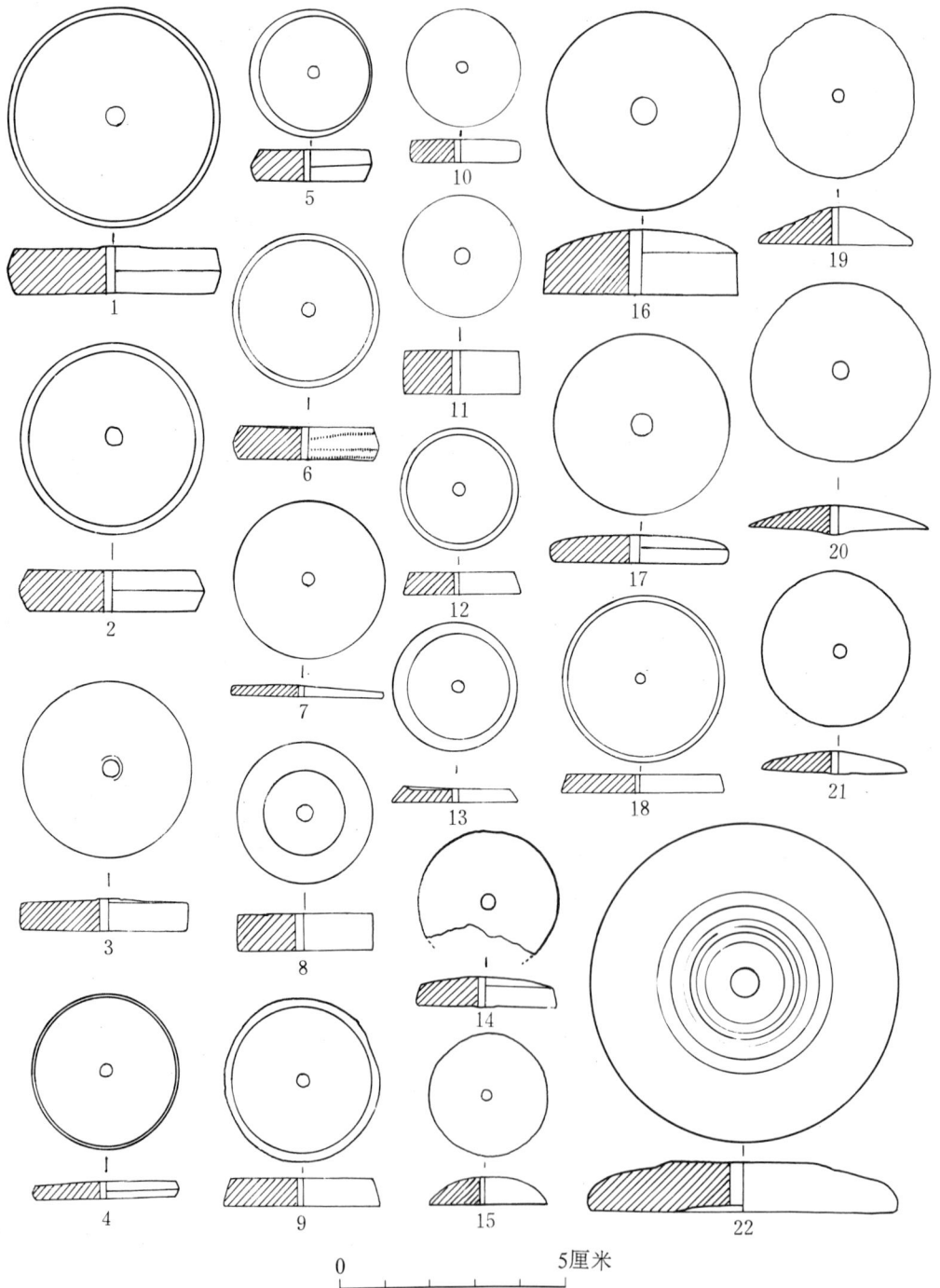

图一九八　石家河文化晚期陶纺轮

1、2、4、5. Aa 型 AT605②B：3、AT706②B：5、AT1119②B：7、H442：2　　3、7、8、10、
11. B 型 AT913④：1、AT706②B：6、AT2014④：4、AT1104①：2、AT404①：7　6. Ab 型
H230：15　　9、12、18. Ca 型 AT2015③：4、AT2218④：4、AT3111②：8　　13. Cb 型
AT3109③：2　　14、16、17. Ea 型 AT14②：2、AT1011④：5、AT14②：1　　15、19～21. Eb
型 AT807④：17、AT2021④：3、AT1909③：2、AT3210④：3　　22. Ec 型 AT1011④：7

Ea 型 8 件。一面稍隆起。标本 AT14②：2，橙黄陶，斜边。直径 3.1、厚 0.6 厘米（图一九八，14）。标本 AT1011④：5，灰红陶，直边。直径 4.4、厚 1.4 厘米（图一九八，16；图版一四三，8）。标本 AT14②：1，红陶，弧边。直径 4、厚 0.6 厘米（图一九八，17）。

Eb 型 13 件。一面隆起。标本 AT807④：17，橙黄陶。直径 2.6、厚 0.6 厘米（图一九八，15；图版一四三，9）。标本 AT2021④：3，橙黄陶。隆起较高。直径 3.5、厚 0.8 厘米（图一九八，19）。标本 AT1909③：2，橙黄陶。直径 4、厚 0.6 厘米（图一九八，20；图版一四三，10）。标本 AT3210④：3，橙黄陶。直径 3.3、厚 0.5 厘米（图一九八，21）。

Ec 型 1 件。标本 AT1011④：7，黑陶。形体特大，一面隆起呈二层台状。直径 7、厚 1.1 厘米（图一九八，22；图版一四三，11）。

垫 1 件。标本 H360：2，泥质红陶。圆锥状，垫面为圆形，近平。制作粗糙，素面。垫面直径 8、高 8.4 厘米（图一九九，1；图版一四三，12）。

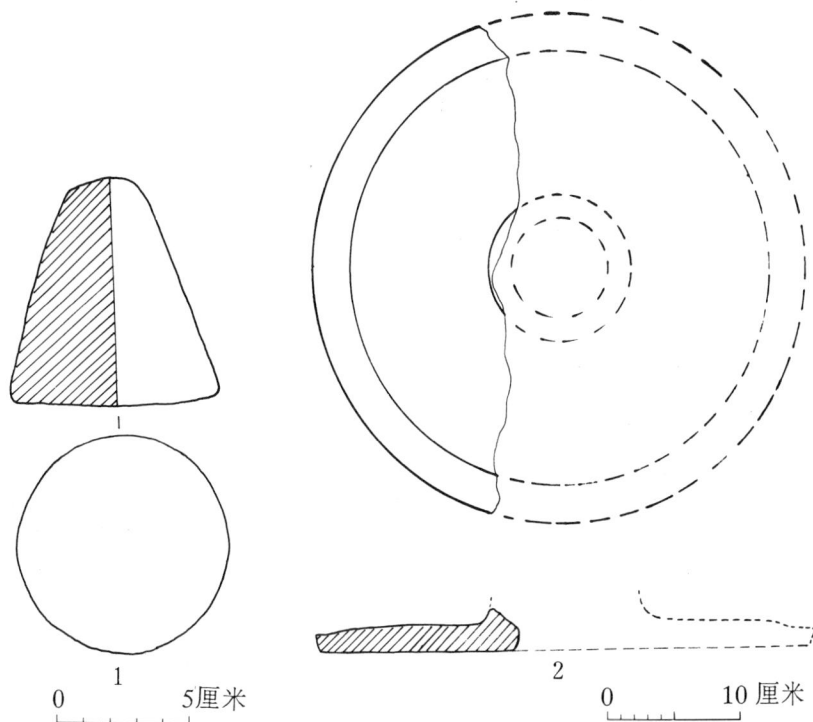

图一九九 石家河文化晚期陶垫、轮
1. 垫 H360:2　　2. 轮 H535:12

轮 1 件。标本 H535：12，残，夹砂灰陶。圆形，似草帽状。近边沿饰划纹一周。直径 37.4 厘米（图一九九，2）。

（3）陶塑艺术品

晚期共出土陶塑艺术品 14 件，有陶人、鸡、鸟、狗、猪和龟，均为泥质红陶，因为与早期同类物品相似，可能为早期混入物。

人　1 件。标本 AT708②：5，残，细腰，着短袍，下肢分开。残高 5.5 厘米（图二〇〇，1；图版一四四，1）。

鸡　1 件。标本 AT1010②：2，头、尾、足残。体肥厚。残高 5 厘米（图二〇〇，8）。

鸡壶　1 件。标本 AT404②：7，内空，可盛水，体肥，三足。高 7.8 厘米（图二〇〇，2；图版一四五，1）。

鸟　5 件。均昂首，长尾上翘，尾端分叉，以双腿和尾支撑。标本 H440：1，长颈。长 4.9、高 4.6 厘米（图二〇〇，3；图版一四五，2）。标本 AT2302②：6，长 5.7、高 3.9 厘米（图二〇〇，4；图版一四四，2）。标本 AT910②：5，长 5.6、高 3.8 厘米（图二〇〇，5；图版一四五，3）。标本 AT2302②：4，尾上翘较高。长 5.6、高 3.8 厘米（图二〇〇，6）。标本 AT905③：9，残。头前伸，短尾。长 4.6 厘米（图二〇〇，7；图版一四四，3）。

狗　4 件。标本 H68：22，残。抬头，站立。残长 6、高 4 厘米（图二〇〇，11；图版一四六，1）。标本 AT2406②：7，残。抬头，作奔跑状，短尾。长 5.1、高 2.6 厘米（图二〇〇，10；图版一四六，2）。

猪　1 件。标本 AT2406②：2，残。体肥，短吻。残长 7、残高 4 厘米（图二〇〇，12）。

龟　1 件。标本 AT1104③A：7，较抽象。长颈，四足。长 3.7、高 2.2 厘米（图二〇〇，9；图版一四四，4）。

2．石器

全部为生产工具，共 169 件。器类有斧、锛、钺、镰、钻、镞、球、研磨器、砺石、棒和纺轮。现分述于下。

斧　33 件。形体偏小，通体磨光较少，双面刃。分四型。

A 型　8 件。近似长方形。分两个亚型。

Aa 型　1 件。近长方形。标本 AT1405②：1，通体磨光，破损面大。体扁薄，凸顶，刃残。残长 11、宽 7、厚 1.9 厘米（图二〇一，1；图版一四七，1）。

Ab 型　7 件。上端略窄于刃部。标本 AT1005②：3，大部磨光。体较厚，平顶，斜刃有使用痕迹。长 8.4、刃宽 6、厚 3.6 厘米（图二〇一，2；图版一四七，2）。标本 AT2806②：4，大部磨光。顶略残，刃近直，有使用痕迹。长 7.2、刃宽 4.6、厚 2.6 厘

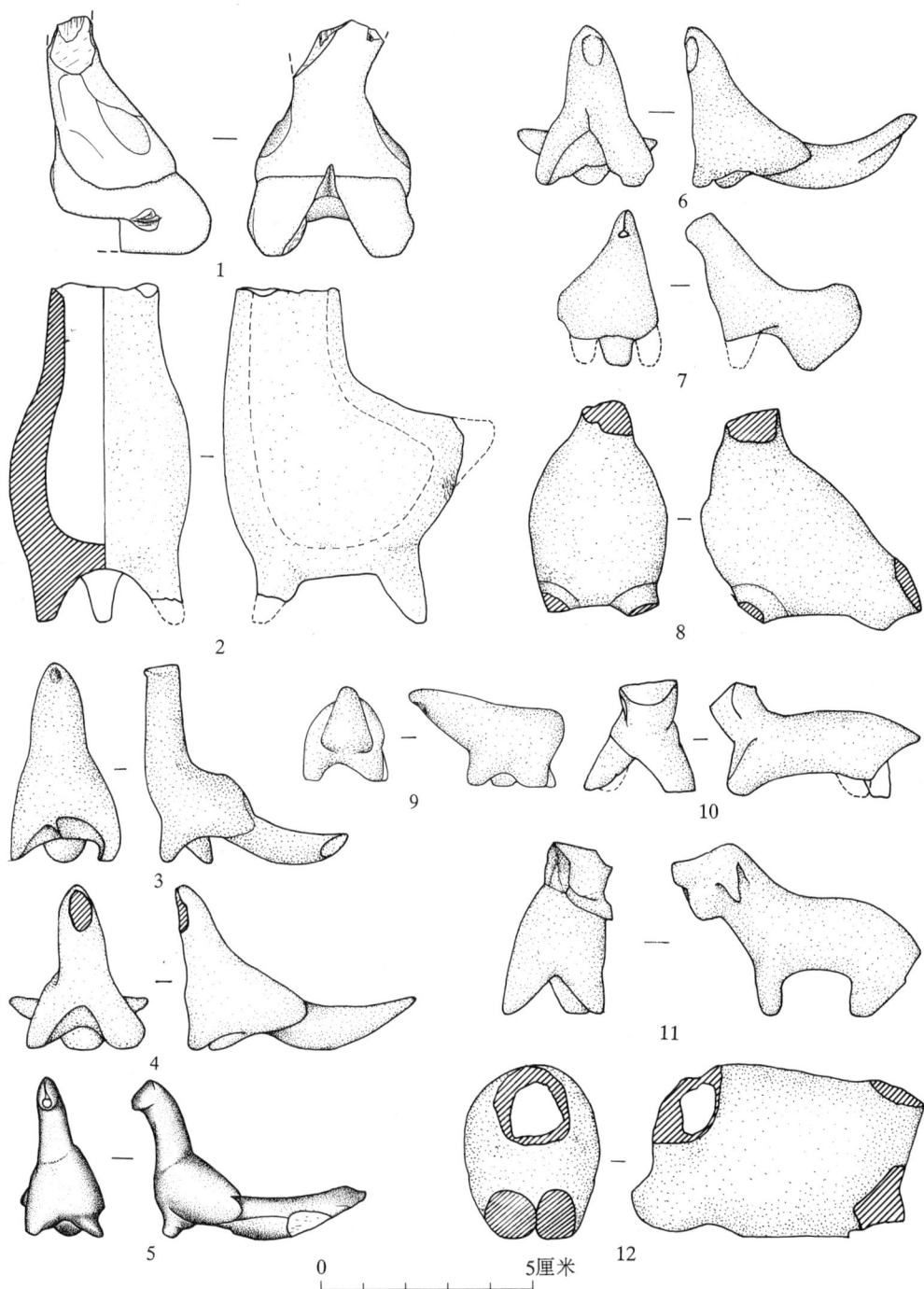

图二〇〇　石家河文化晚期陶人、鸡壶、鸟、鸡、龟、狗、猪

1. 人 AT708②：5　　2. 鸡壶 AT404②：7　　3～7. 鸟 H440：1、AT2302②：6、
AT910②：5、AT2302②：4、AT905③：9　　8. 鸡 AT1010②：2　　9. 龟
AT1104③A：7　　10、11. 狗 AT2406②：7、H68：22　　12. 猪 AT2406②：2

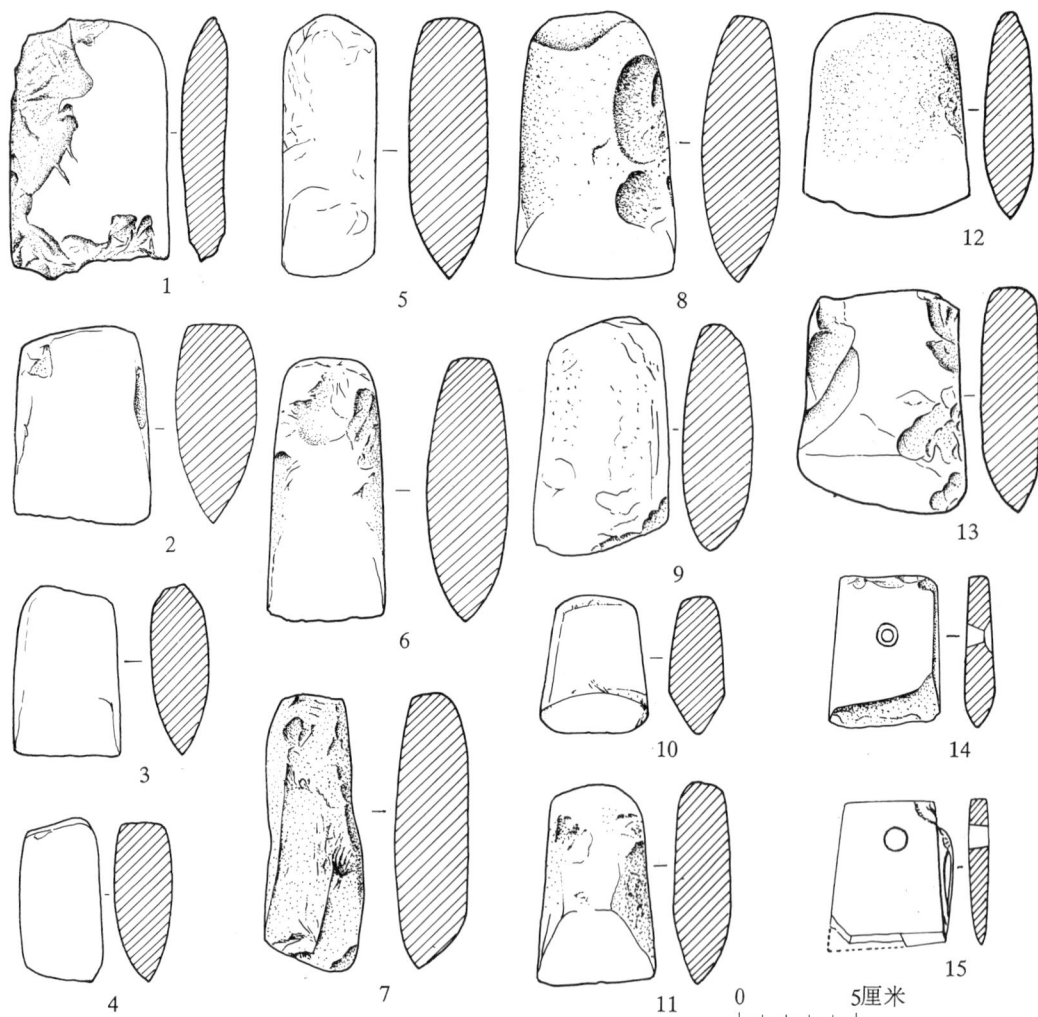

图二〇一 石家河文化晚期石斧

1. Aa 型 AT1405②:1　　2~4. Ab 型 AT1005②:3、AT2806②:4、H530:1　　5. Ba 型 AT1105②:3

6. Bb 型 AT406②:2　　7. Bc 型 H442:6　　8~11. Ca 型 AT3406④:5、AT3②:7、AT1104②:5、

AT3405①:3　　12、13. Cb 型 AT1119②B:3、AT3006②:1　　14、15. D 型 H1:44、H58:60

米（图二〇一，3）。标本 H530:1，通体磨光。平顶，斜刃。长 6.8、宽 3.4、厚 2.6 厘

米（图二〇一，4；图版一四七，3）。

　　B 型　7 件。长条形，分两个亚型。

　　Ba 型　2 件。近长方形。标本 AT1105②:3，大部磨光，有损痕。面微弧，斜刃。

长 11、宽 4.2、厚 3.4 厘米（图二〇一，5；图版一四七，4）。

　　Bb 型　3 件。近梯形。标本 AT406②:2，通体稍加磨光。顶近平，刃微弧，有使用痕迹。长 11.2、刃宽 5.2、厚 3.5 厘米（图二〇一，6；图版一四七，5）。

Bc 型　2 件。形制不规整，中部微曲。标本 H442：6，通体稍加磨光，有琢痕。顶微弧，斜刃有使用痕迹。长 11.6、刃宽 4.2、厚 3.2 厘米（图二〇一，7）。

C 型　16 件。近梯形。分两个亚型。

Ca 型　13 件。形体较窄。标本 AT3406④：5，局部磨光，有破损面。顶近平，弧刃。长 11.2、刃宽 7、厚 3.4 厘米（图二〇一，8）。标本 AT3②：7，粗磨有琢痕，略有破损。凸顶，斜刃。长 10、刃宽 5.8、厚 3 厘米（图二〇一，9）。标本 AT1104②：5，大部磨光。形体较小，顶微弧，弧刃，有使用痕迹。长 5.8、刃宽 4.8、厚 2.4 厘米（图二〇一，10）。标本 AT3405①：3，刃部磨光。弧顶，刃近直，有使用痕迹。长 8.4、刃宽 5.2、厚 2.6 厘米（图二〇一，11；图版一四七，6）。

Cb 型　3 件。形体较宽。标本 AT1119②B：3，刃部磨光。凸顶，斜刃有使用痕迹。长 8.6、刃宽 7.2、厚 2.2 厘米（图二〇一，12；图版一四七，7）。标本 AT3006②：1，通体磨光，破损面大。顶微弧，斜刃。长 9.4、刃宽 7.4、厚 2.6 厘米（图二〇一，13）。

D 型　2 件。近似梯形，中有圆孔。标本 H1：44，大部磨光。平顶，斜刃有使用痕迹。中上部对钻一孔。长 6.4、刃宽 4.8、厚 1.4 厘米（图二〇一，14；图版一四七，8）。标本 H58：60，通体磨光。略残，平顶，斜刃。上部单面钻一孔。长 6.2、刃宽 5.2、厚 1 厘米（图二〇一，15）。

锛　14 件。多数形体小，应作刮削用。单面刃。分三型。

A 型　7 件。近长方形，分两个亚型。

Aa 型　6 件。体较窄长。标本 AT3307④：5，通体磨光。平顶，刃近直，有使用痕迹。长 8、宽 3.5、厚 1.2 厘米（图二〇二，1；图版一四八，1）。标本 AT2②：5，通体磨光，有损痕。平顶，刃微弧。长 5.5、宽 3、厚 1.3 厘米（图二〇二，2）。标本 AT13②：2，通体磨光。平顶，直刃略残。长 4.7、宽 2.8、厚 0.7 厘米（图二〇二，3）。标本 AT3406③：2，平顶，斜刃。长 11.6、宽 6、厚 1 厘米（图二〇二，9；图版一四八，2）。

Ab 型　1 件。标本 AT2014④：3，通体磨光。体较宽短。平顶，斜刃有使用痕迹。长 4.2、宽 3.7、厚 0.7 厘米（图二〇二，4；图版一四八，3）。

B 型　2 件。长条形。标本 AT3406④：6，大部磨光。顶近平，直刃。长 13、宽 4.4、厚 3.6 厘米（图二〇二，6；图版一四八，4）。标本 H442：4，通体磨光，多处破损。上端略窄于刃部，平顶，刃部残。长 13.6、宽 3.6、厚 2:4 厘米（图二〇二，8）。

C 型　5 件。呈梯形，分两个亚型。

Ca 型　2 件。体扁平，平顶，通体磨光。标本 AT3212①：2，斜弧刃，有使用痕

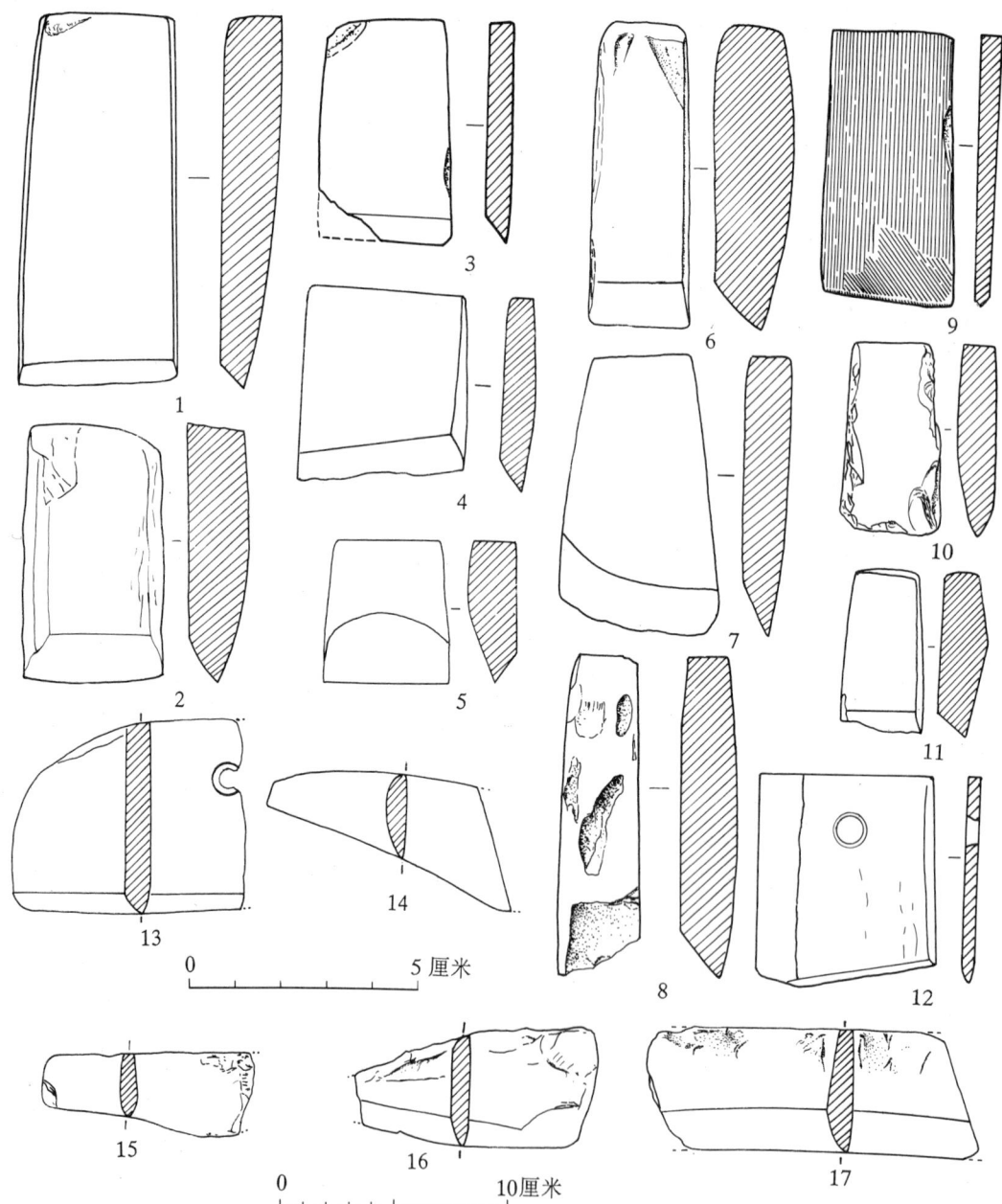

图二○二　石家河文化晚期石锛、钺、镰

1～3、9. Aa 型锛 AT3307④:5、AT2②:5、AT13②:2、AT3406③:2　　4. Ab 型锛 AT2014
④:3　　5、11. Cb 型锛 H407:5、AT2115④:3　　6、8. B 型锛 AT3406④:6、H442:4　　7、
10. Ca 型锛 AT3212①:2、AT404③:26　12. 钺 AT1908②:3　13. A 型镰 H109:29　14
～16. B 型镰 AT13③:4、AT404③:10、AT3③:6　　17. C 型镰 AT705②A:1

迹。长 5.9、刃宽 3.5、厚 1 厘米（图二〇二，7；图版一四八，5）。标本 AT404③:26，通体磨光，边沿破损。刃微斜。长 8.2、宽 4.6、厚 1.7 厘米（图二〇二，10）。

Cb 型　3 件。弓背形。标本 AT2115④:3，通体磨光。顶微弧，直刃略残。长 7、刃宽 3.8、厚 2.6 厘米（图二〇二，11；图版一四八，6）。标本 H407:5，通体磨光。平顶，直刃。长 3、刃宽 2.8、厚 1.1 厘米（图二〇二，5；图版一四八，7）。

钺　1 件。标本 AT1908②:3，通体磨光，器表侵蚀严重。体扁平，平顶，斜刃。上部有一圆孔。长 9、宽 8、厚 0.6 厘米（图二〇二，12；图版一四八，8）。

镰　6 件。分三型。

A 型　2 件。均残，弓背形。标本 H109:29，通体磨光。双面直刃。上部对钻一圆孔。残长 5.3、宽 4.1、厚 0.6 厘米（图二〇二，13；图版一四九，1）。

B 型　3 件。前窄后宽形。标本 AT13③:4，通体磨光。背微弧，单面斜刃，后端残。残长 5.5、前宽 0.6、后宽 2.6、厚 0.5 厘米（图二〇二，14）。标本 AT404③:10，通体磨光。后端残，直背，双面斜刃微内弧。残长 9.1、前宽 2.2、后宽 3.6、厚 0.8 厘米（图二〇二，15）。标本 AT3③:6，稍加磨光，破损面大。前端略残，斜背微弧，双面斜刃，前斜后直，制作粗糙。残长 10.8、前宽 2.2、后宽 5.2、厚 0.8 厘米（图二〇二，16；图版一四九，2）。

C 型　1 件。标本 AT705②A:1，大部磨光。长方形，两端残，直背，单面直刃。残长 14.8、宽 5.4、厚 0.6 厘米（图二〇二，17；图版一四九，3）。

钻　17 件。分三型。

A 型　10 件。钻头为圆锥形，分两个亚型。

Aa 型　9 件。竹节状圆柱体。标本 H230:10，通体磨光。形体较长，尾部为圆锥形。长 8.9 厘米（图二〇三，1；图版一五〇，1）。标本 H68:58，通体有锉痕。钻头略残，尾部呈乳钉状。长 7.3 厘米（图二〇三，2；图版一五〇，2）。标本 AT910②:4，通体磨光。体细短，尾部呈圆锥状。长 5.3 厘米（图二〇三，3；图版一五〇，3）。

Ab 型　1 件。标本 H58:69，大部磨光，有少量锉痕。圆柱体，粗短，尾部为圆锥形。长 3.9 厘米（图二〇三，4；图版一五〇，5）。

B 型　6 件。钻头略呈乳凸状。竹节状圆柱体。标本 AT807②:4，通体磨光。体较长，尾部呈乳钉状。长 10.4 厘米（图二〇三，5；图版一五〇，6）。标本 H70:4，通体磨光。尾部残，体呈双竹节状。残长 8.5 厘米（图二〇三，6）。

C 型　1 件。标本 AT3406②:1，大部有锉痕。钻头为扁圆锥形，体为不规则圆柱形，尾端平。长 5.6 厘米（图二〇三，7；图版一五〇，4）。

棒　77 件。绝大多数出于 H230 和 H254 灰坑中，其它灰坑及文化层只有零星发现。皆为不规则圆柱体，两端不齐，长短有别，最短的 10.6、最长的 15.2 厘米。粗

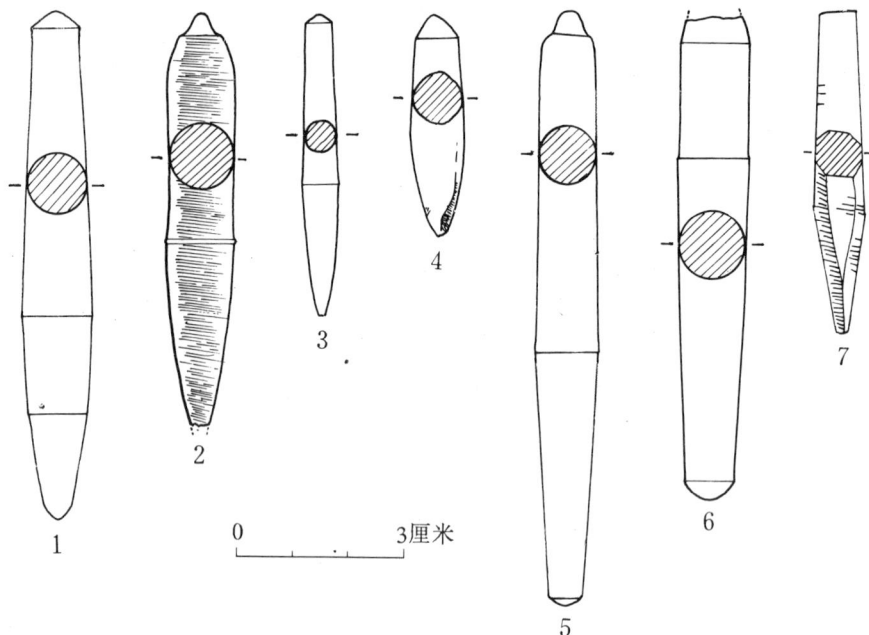

图二〇三　石家河文化晚期石钻

1～3. Aa 型 H230:10、H68:58、AT910②:4　　4. Ab 型 H58:69

5、6. B 型 AT807②:4、H70:4　　7. C 型 AT3406②:1

磨。标本 H254:62。长 15.2、直径 2.8 厘米（图二〇四，1；图版一五〇，11）。标本 H254:63，长 15.2、直径 2.4 厘米（图二〇四，2；图版一五〇，12）。标本 H230:13，长 10、直径 2.2 厘米（图二〇四，3；图版一五〇，13）。标本 H254:64，长 11.8、直径 1.8 厘米（图二〇四，4）。标本 H230:14，前端磨成锥状。长 10.6、直径 2.4 厘米（图二〇四，5）。根据后者观察，这批石棒应为钻的半成品，两者岩性亦相同。

镞　16 件。分两型。

A 型　9 件。柳叶形，体较宽。分两个亚型。

Aa 型　4 件。镞身与铤分界明显，横剖面呈菱形。标本 AT3406③:2，通体磨光，略有破损。扁圆状铤。长 6.3 厘米（图二〇四，6；图版一五〇，7）。标本 AT1409②:4，通体磨光。残，铤为扁锥状。残长 4.3 厘米（图二〇四，7）。标本 AT2015②:3，通体磨光。形制不规整，镞身横剖面近菱形，扁平锥状铤。长 6.1 厘米（图二〇四，8）。

Ab 型　5 件。镞身与铤无明显分界，近似柳叶形。标本 AT1408④:1，通体有锉痕，略有破损。前锋略残，镞身横剖面呈菱形，扁锥状铤。长 8.1 厘米（图二〇四，9；图版一五〇，8）。标本 AT3207②:5，通体磨光。边锋有缺痕。前锋、铤略残，镞身横剖面呈菱形。残长 4.4 厘米（图二○四，10；图版一五○，9）。标本 AT3406②∶3，通体有锉痕。前锋、铤略残，镞身横剖面扁平微弧，铤亦为扁平状。残长 4.8 厘米（图二○四，11）。

B 型　2 件。镞身为三棱形，较精致。标本 AT3006③∶2，通体磨光。镞身窄长，铤残，圆柱状。残长 6.7 厘米（图二○四，12）。标本 AT2②∶6，通体磨光。前锋略残，镞身前半部为三棱形，后半部为圆角三棱形。扁圆柱状铤，略有破损。长 7.7 厘米（图二○四，13；图版一五○，10）。

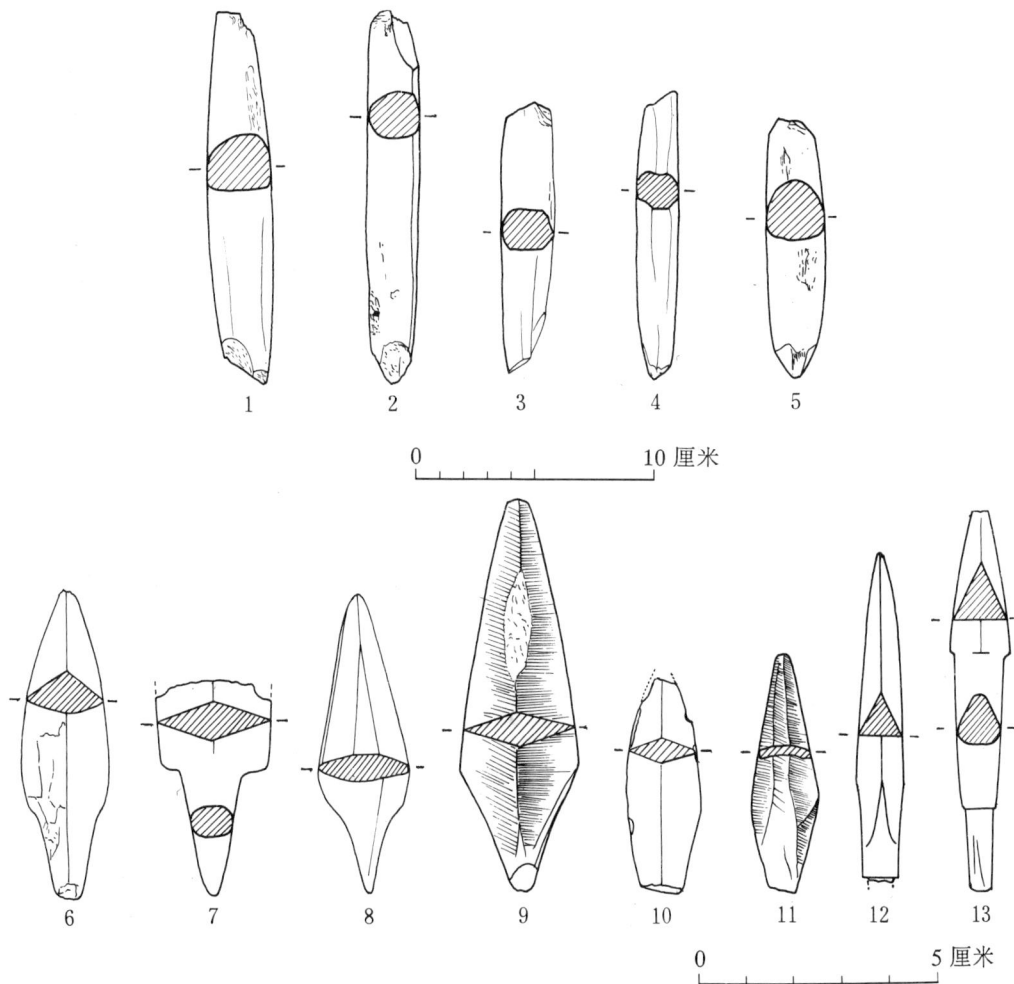

图二○四　石家河文化晚期石棒、镞

1~5. 棒 H254∶62、H254∶63、H230∶13、H254∶64、H230∶14　　6~8. Aa 型镞 AT3406③∶2、AT1409②∶4、AT2015②∶3　　9~11. Ab 型镞 AT1408④∶1、AT3207②∶5、AT3406②∶3　　12、13. B 型镞 AT3006③∶2、AT2②∶6

球　2件。近圆形，大小略有差别。标本 H254：65，通体稍加磨光，有琢痕。直径 6 厘米（图二〇五，1；图版一四九，4）。

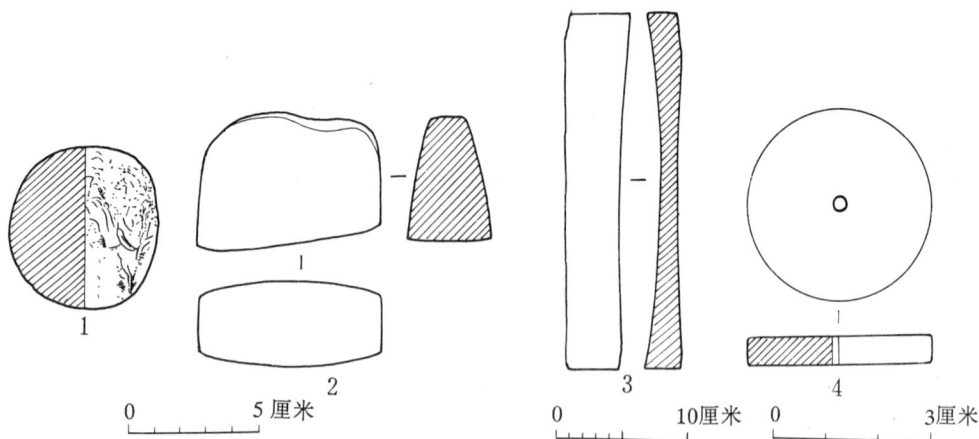

图二〇五　石家河文化晚期石球、研磨器、砺石、纺轮

1. 球 H254：65　　2. 研磨器 AT2014④：9　　3. 砺石 AT1006③：1　　4. 纺轮 AT3109②：7

研磨器　1件。标本 AT2014④：9，通体磨光，系残石斧改制。磨面近长方形，极光滑。长5、宽7厘米（图二〇五，2；图版一四九，5）。

砺石　1件。标本 AT1006③：1，窄条形，两砥磨面内凹。长26、最宽处4.8厘米（图二〇五，3；图版一四九，6）。另外还有一些砺石碎块，砥磨面明显。

纺轮　1件。标本 AT3109②：7，用滑石磨制，形体规整。圆形，直边，中有小圆孔。直径3.6、厚0.5厘米（图二〇五，4；图版一四九，7）。

第二节　墓葬

一　墓葬形制

共发现石家河文化墓葬109座，其中土坑墓23座，年代均为石家河文化早期；瓮棺葬86座，其中早期墓9座，晚期墓77座（图四一）。

（一）石家河文化早期墓葬

共发现墓葬32座，其中土坑墓23座（附表一一），瓮棺葬9座（附表一二）。

1. 土坑墓

23座土坑墓中，有20座分别位于前述三个墓地中（这三个墓地系由屈家岭文化第二期延用下来的），其余3座为零星分布。

南部墓地 有石家河文化早期墓葬11座：M7～M11、M13～M15、M25～M27，分布在AT1～AT4、AT7、AT8、AT11、AT13等探方中，处于该墓地的东半部。其分布特点是同期墓葬相对集中，且出现了以大墓（M7）为中心的分布格局，大墓的北边和南边各有5座墓葬。另外随葬品较多的M8、M11与M7的距离也较近。墓葬方向以南北向略偏东为主，有M8、M14、M10；其次为东北—西南向，有M7、M9、M15、M25；南北向略偏西的有M11、M26、M27；东西向的有M13。

有打破关系的墓葬一组：

M8 → M14

东南部墓地 有石家河文化早期墓葬2座：M30、M34，均分布在AT1216方中，处于该墓地的西部，方向均为西北—东南向。

西北部墓地 有石家河文化早期墓葬7座：M54、M55、M59、M60、M64、M70、M72，分布在AT3006、AT3106、AT3206等探方中，均处于该墓地的中部。墓葬的排列较有规律，与南部墓地相似，出现了以大墓（M54）为中心的分布格局，大墓的南、北两边各有三座墓葬。墓葬的方向较一致，除M72为南向外，余均为东偏北向。

三座零星分布的墓葬为M48～M50，分别位于AT1519、AT1202等探方中。

（1）墓坑

均为长方形竖穴。为放置器物，M8坑口一角向外扩出，M25坑口足端挖一个半圆形浅坑。少数墓葬坑口大于坑底。坑底一般加工平整。其中有二层台的墓葬三座：M7、M8、M11。二层台有三种形状：第一种是足端和一侧有二层台，如M11；第二种是左右两侧和足端有二层台，如M7；第三种是四边都有二层台，如M8。这种情况可能与葬具有关。成人墓一般长2米，宽0.5～1.4米，残深0.2～0.4米，墓坑最长的可达3米以上，最宽的在2米以上。小孩墓一般较小，墓口长0.6～1.6米，宽0.4～0.7米，残深0.1～0.25米。

（2）葬具

只发现M55有板灰痕迹，由薄木板组成长方形板框，底板的南、北、东三面均伸出长方形框外，唯东面恰好与挡板平齐，板与板之间的结合方式不清楚。板灰厚度0.05～0.07米，残高约0.1米，南、北面的墙板长1.87米，东、西面的挡板长0.4米，底板长1.94、宽0.45米，整个葬具仅可容纳人骨（图二〇六；图版一五一，1）。另外M8等也可能使用了葬具。

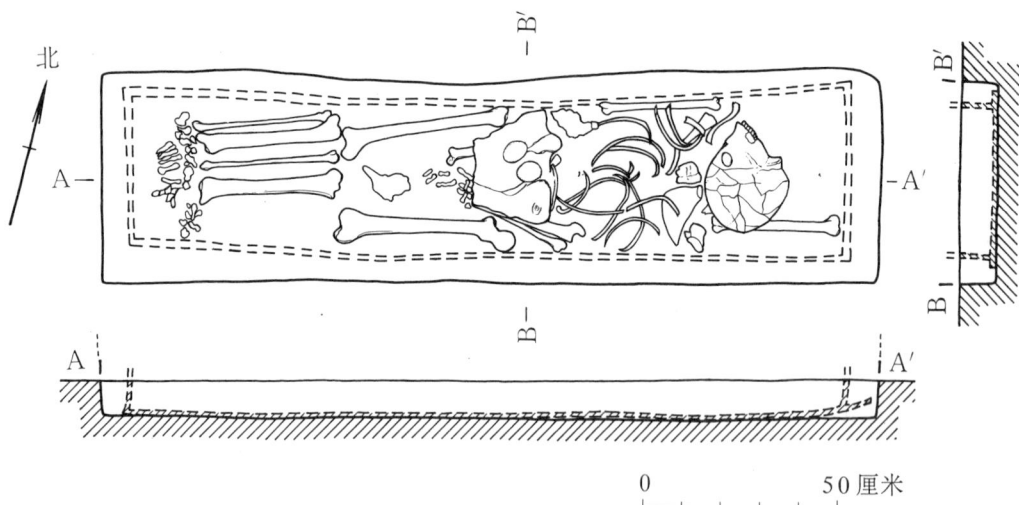

图二〇六　石家河文化早期 M55 平、剖面图

（3）葬式

23 座土坑墓能辨别葬式的有 19 座，其中仰身直肢葬 11 座：M7、M10、M11、M13、M14、M25、M30、M48、M55、M59、M60。二次葬 15 座：M7、M9、M11、M13、M15、M26、M48、M49、M50、M54、M55、M59、M60、M64、M70。有些二次葬的人骨架也摆成仰身直肢的形状。因骨朽或扰乱而致葬式不明的有 4 座：M8、M27、M34、M72。

墓葬的头向除 M50 不清外，北向的有 M10、M11、M25，东北向的有 M7、M8、M15、M64、M70，东向的有 M48、M49、M54、M55、M59、M60，南向的有 M72，西南向的有 M9，西向的有 M13、M14，西北向的有 M26、M27、M30、M34。

（4）随葬品分布

23 座土坑墓有 17 座墓葬出土了随葬品，除 M19 随葬品放置位置不清外，其它 16 座墓的随葬品主要放置在墓坑底部的头端、足端、体侧、体上及二层台上，有二座墓葬还将随葬品放置在坑口的填土中。

（5）墓葬举例

M7　位于南部墓地的 AT3 内，叠压于第 4 层下，打破第 5 层，被 H31 打破。为足端较宽的长方形宽坑竖穴墓，方向 60°。在坑的足端和两侧有二层台。填土为灰褐色粘土夹黄粘土。坑口长 3.2、头端宽 1.8、足端宽 2.35 米；坑底长 2、宽 0.9 米，坑深 0.95 米。未发现葬具。葬式为单人二次葬，人骨摆放成仰身直肢的形状，面向不清，男性。随葬品 103 件，坑底头端及左侧依次置壶形器 1 件、器盖 1 件、小鼎 4 件、石钺

1件，足端置斜腹杯29件，足端二层台置高领罐62件、大口罐1件、中口罐1件、碗2件、钵1件（图二〇七、二〇八；图版一五一，2）。

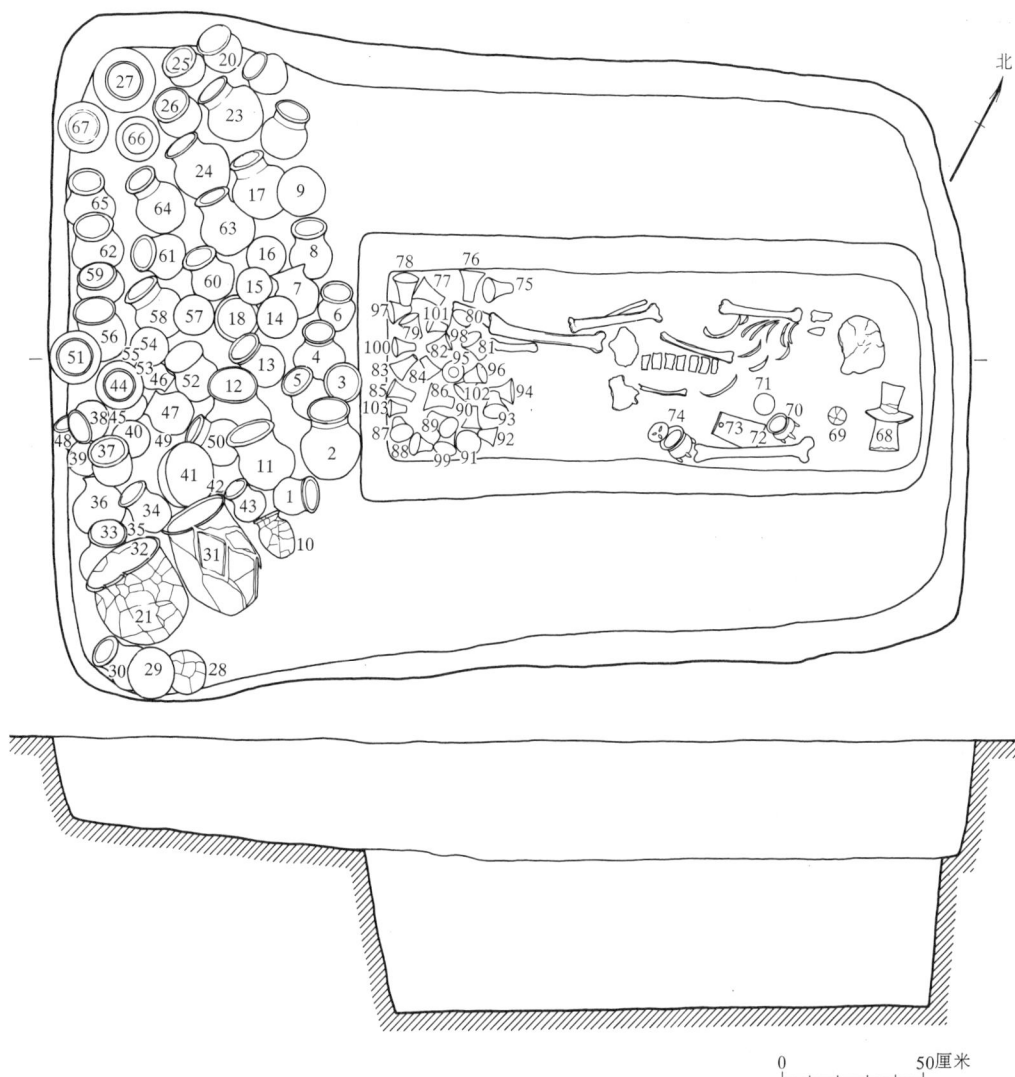

图二〇七 石家河文化早期M7平、剖面图

1~20、22~27、29、30、32~40、42、43、45~67. 陶高领罐　　21. 陶大口罐

28、41. 陶碗　　31. 陶中口罐　　44. 陶钵　　68. 陶壶形器　　69. 陶器盖

70~72、74. 陶小鼎　　73. 石钺　　75~103. 陶斜腹杯

M8 位于南部墓地的AT7内，叠压于第3B层下，打破M14的足端和第4层。长方形竖穴，方向32°。坑东南部向外凸出，四边有二层台。坑口长2.33~2.41、宽1.03~1.25米，坑底长1.53、宽0.5、坑深0.45米。坑内填土为灰褐色粘土。未发现葬

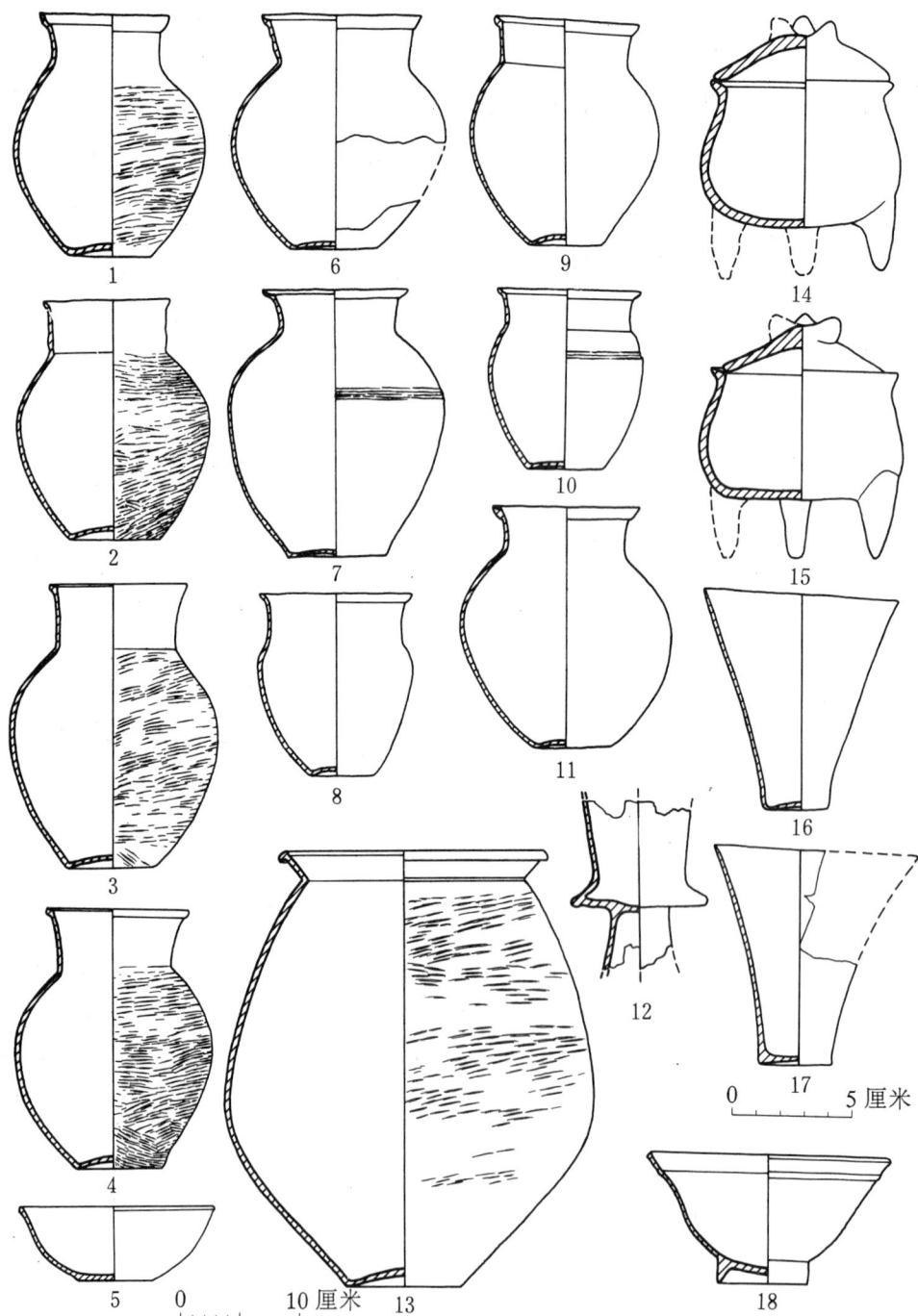

图二〇八　石家河文化早期 M7 出土部分陶器

1～4、6～11. 高领罐 M7:36、M7:59、M7:42、M7:13、M7:63、M7:4、M7:34、

M7:30、M7:3、M7:60　5. 钵 M7:44　　12. 壶形器 M7:68　　13. 中口罐 M7:31

14、15. 小鼎 M7:74、M7:70　　16、17. 斜腹杯 M7:85、M7:90　　18. 碗 M7:41

具痕迹，推测使用了葬具。人骨架已腐，仅剩骨渣，葬式不明，性别和年龄不清。随葬品40件，分两处放置：坑底部北端（头端）置斜腹杯5件，二层台东南部置高领罐5件、小鼎4件、斜腹杯25件、纺轮1件（图二〇九、二一〇）。

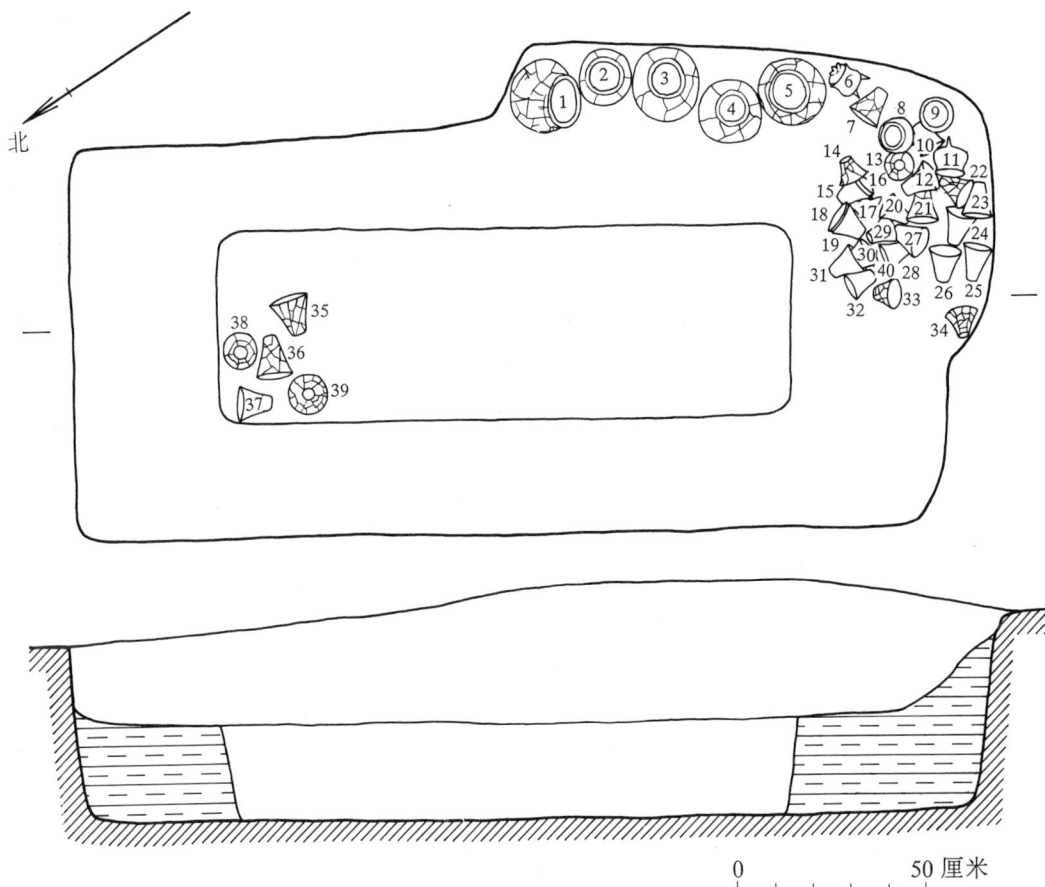

图二〇九 石家河文化早期 M8 平、剖面图

1~5.陶高领罐 6、8、9、11.陶小鼎 7、10、12~39.陶斜腹杯 40.陶纺轮

M11 位于南部墓地的AT2内，叠压于第3层下，打破第4层。长方形竖穴，方向350°。右侧及足端有二层台。坑口长2.65、宽1.05米，坑底长2.2、宽0.65米，坑深0.47米。坑内填土为红褐色粘土，夹少量红烧土颗粒。未发现葬具。葬式为单人二次葬，人骨架摆放成仰身直肢的形状，面向西，性别及年龄不清。随葬品23件，分两处放置，坑底头端置小鼎3件、斜腹杯3件，二层台置高领罐16件、碗1件（图二一一）。

M25 位于南部墓地的AT13内，叠压于第3层下，头端被扰，打破第4层。长方

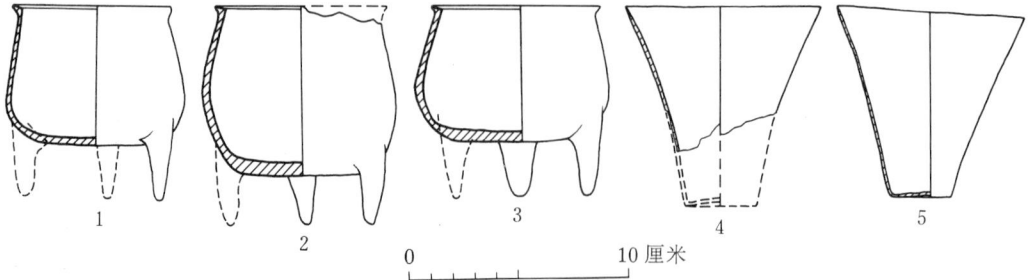

图二一〇　石家河文化早期 M8 出土部分陶器

1~3. 小鼎 M8:6、M8:8、M8:9　　4、5. 斜腹杯 M8:12、M8:7

形竖穴，方向 30°。墓坑长 2.35、宽 1、残深 0.4 米；在墓坑足端有一个放置器物的半圆形浅坑。坑内填土为灰黄色粘土。浅坑东西长 1.65、南北宽 0.45、深 0.1 米。坑壁陡直，坑底较平。未发现葬具。人骨架偏处于墓坑的东北部，葬式为单人仰身直肢葬，头骨与躯干分离。面向上，两足并拢，性别及年龄不清。随葬品分两处放置：坑底头端置小鼎 3 件、斜腹杯 1 件，足端浅坑置高领罐 4 件，大口罐 1 件（图二一二、二一三；图版一五二，1）。

　　M48　位于 AT1519 内，叠压于第 2 层下，打破第 3 层，头端被 H181 打破。长方形竖穴，方向 70°。坑口长 2.2、宽 0.9 米。未发现葬具。葬式为单人二次葬，人骨摆放成仰身直肢的形状，面向上，经鉴定为 25 岁左右的女性。随葬品 43 件，陶器有高领罐 4 件、大口罐 1 件、豆 3 件、斜腹杯 30 件、罐形鼎 1 件、纺轮 3 件。另有圭形石凿 1 件。均散置于人骨架上方的填土中（图二一四、二一五；图版一五二，2）。

　　M54　位于西北部墓地的 AT3106 内，叠压于第 3 层下。长方形竖穴，方向 78°。坑长 2.6、宽 1.05、深 0.4 米。坑内填土为灰黄色粘土。未发现葬具。葬式为单人二次葬，面向上，为成年男性。随葬品共 102 件，其中 99 件高领罐分布在身体右侧，分三层摆放，第一层一行 14 件，第二层二行 45 件，第三层二行 40 件；另在头端置高领罐 1 件，足端置高领罐 1 件、大口罐 1 件（图二一六、二一七；图版一五三，1）。

　　M60　位于西北部墓地的 AT3206 内，叠压于第 3 层下。长方形竖穴，方向 71°。坑长 2.2、宽 0.66、残深 0.2 米。坑内填土为灰黄色粘土。未发现葬具。葬式为单人二次葬，人骨架摆放成仰身直肢的形状，面向上。年龄及性别不清，随葬品有斜腹杯 6 件，放置于股骨上方的填土中（图二一八、二一九）。

　　M64　位于西北部墓地的 AT3006 内，叠压于第 3 层下。长方形竖穴，方向 43°。坑口长 1.9、宽 0.5、深 0.1 米。底部较平。坑内填土为灰黄色粘土。未发现葬具。葬式为单人二次葬，仅见颌骨，年龄及性别不清。随葬品 5 件，为小鼎 2 件、斜腹杯 3

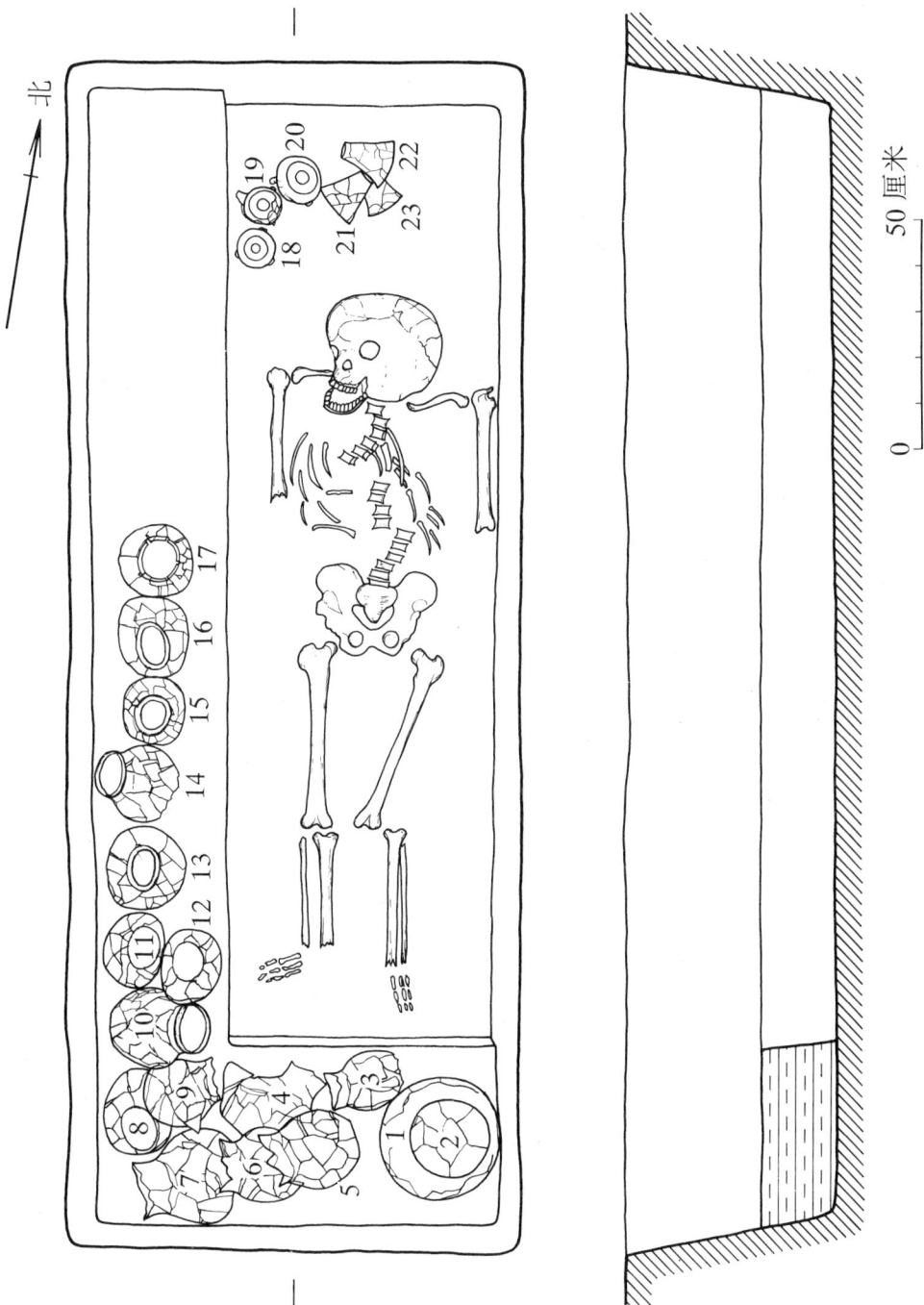

图二一一 石家河文化早期 M11 平、剖面图

1、3～17. 陶高领罐 2. 陶碗 18～20. 陶小鼎 21～23. 陶斜腹杯

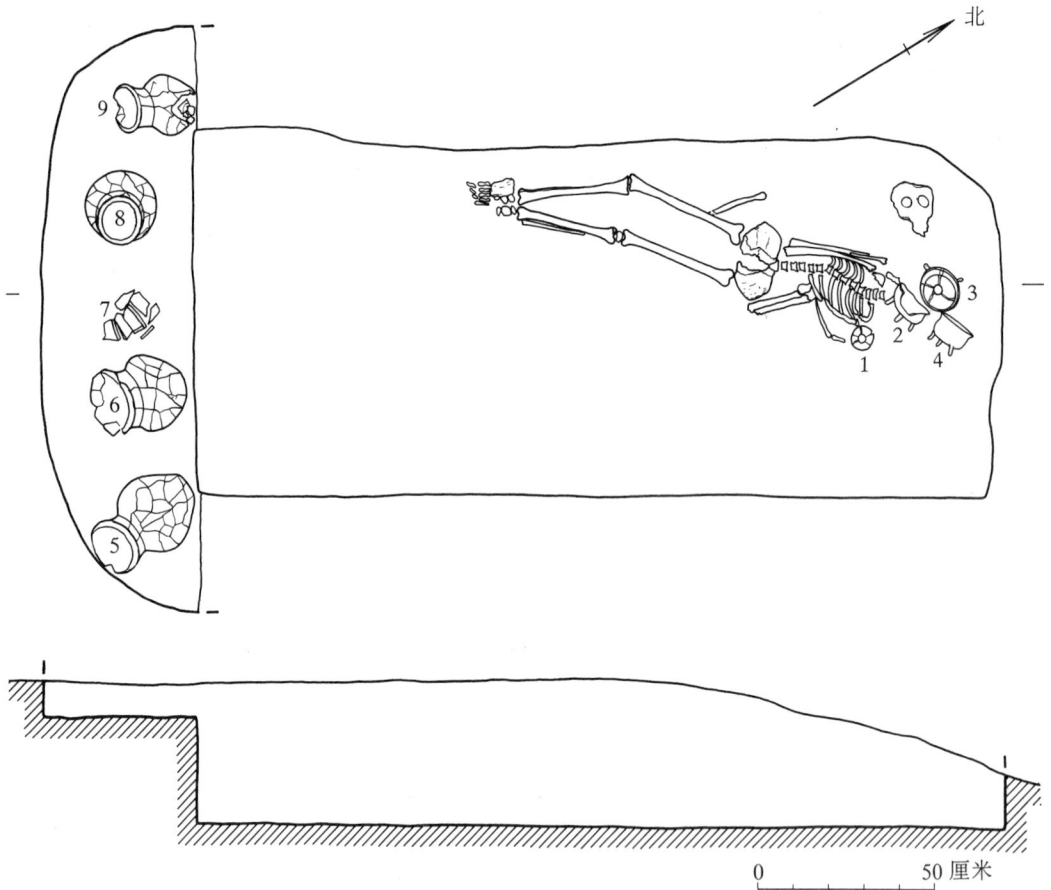

图二一二　石家河文化早期 M25 平、剖面图

1. 陶斜腹杯　　2~4. 陶小鼎　　5、6、8、9. 陶高领罐　　7. 陶大口罐

件，均放置于身体左侧（图二二〇、二二一）。

M70　位于西北部墓地的 AT3006 内，叠压于第 3 层下。长方形竖穴，方向 56°。坑口长 1.32、宽 0.48~0.55、残深 0.1 米。坑一端稍宽。四壁较直，底部平整。坑内填土为灰黄色粘土。未发现葬具。葬式为小孩单人二次葬，性别不清。无随葬品（图二二二；图版一五三，2）。

2. 瓮棺葬

石家河文化早期共发现瓮棺葬 9 座：W47、W55、W79、W80、W81、W82、W83、W85、W89（附表一二），分布于 AT1302、AT1403、AT1820、AT1720、AT1721、AT1921、AT1718、AT1918、AT2408 中，其中以发掘区的东部偏多（图四一）。

（1）墓坑

坑口平面呈圆形的有 7 座：W55、W79～W83、W85，呈不规则圆形的有 2 座：W47、W89。坑壁均加工成斜弧壁。圜底的有 5 座：W55、W81、W82、W85、W47；平底的有四座：W79、W80、W83、W89。坑口径 0.4～0.8、深 0.2～0.6 米。墓坑较浅的瓮棺多被扰乱。

（2）葬具

均为陶器，多数残破。葬具只用一件陶器的有 7 座：W47、W55、W79～W82、W89，用二件陶器的有 2 座：W83、W85。W83 为釜上反扣一平底钵，W85 为鼎釜相扣。用作单件葬具的有直壁折腹缸、筒形圈足罐、大口垂腹罐、瓮、鼎等。

葬具正置的有 5 座：W47、W80、W82、W83、W85；斜置的有 2 座：W55、W79。W55 缸口朝南，W79 罐口偏向东侧。卧置的有 W89，口朝东。11 件葬具中保存较好的有 5 件。其形状如下：

折腹缸　形制清楚的有 2 件。标本 W55:1，夹砂灰陶。口沿残，敞口，斜直壁，下腹内折。中腹有一道不规则的凸弦纹。口径 40、底径 11.2、残高 32.8 厘米（图二二三，1；图版一五四，1）。标本 W47:1，泥质灰陶，夹细砂。腹残。凹折沿，斜方唇，直壁，下腹内折，小平底。沿下饰一周凸弦纹，腹饰方格纹。口径 37.6、底径 13.6 厘米（图二二三，2）。

大口罐　1 件。W82:1，泥质红陶。斜折沿，斜方唇外侈，球形腹，圜底近平，腹部和底部饰篮纹。口径 24.8、高 28.8 厘米（图二二三，3；图版一五四，2）。

圈足罐　1 件。W79:1，夹砂红陶。残。仰折沿略凹，方唇，斜壁近直，圜底近平，圈足残。腹饰不明显的浅方格纹。口径 28、残高 28 厘米（图二二三，4；图版一五四，3）。

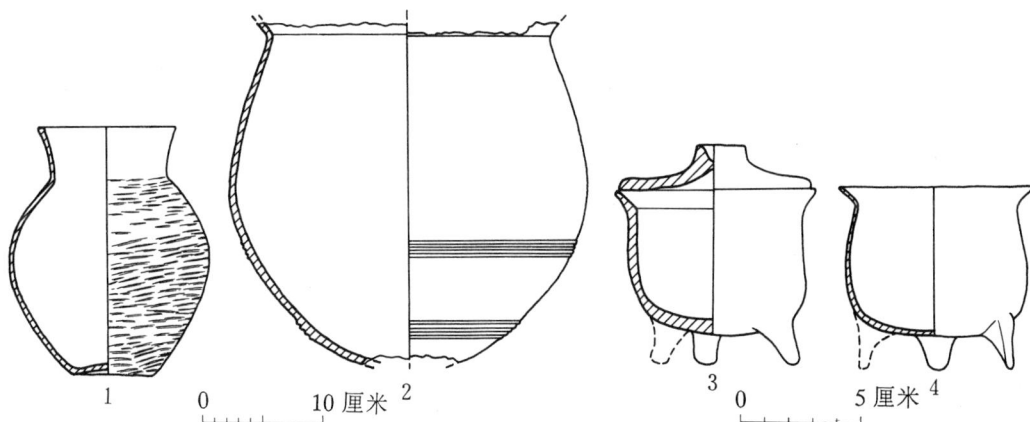

图二一三　石家河文化早期 M25 出土部分陶器

1. 高领罐 M25:5　　2. 大口罐 M25:7　　3、4. 小鼎 M25:3、M25:2

北

50 厘米

0

图二一四 石家河文化早期 M48 平、剖面图

1~30. 陶斜腹杯 31、32、41. 陶豆 33. 陶大口罐 34、35、39. 陶纺轮 36. 陶罐形鼎 37、38、40、42. 陶高领罐 43. 石凿

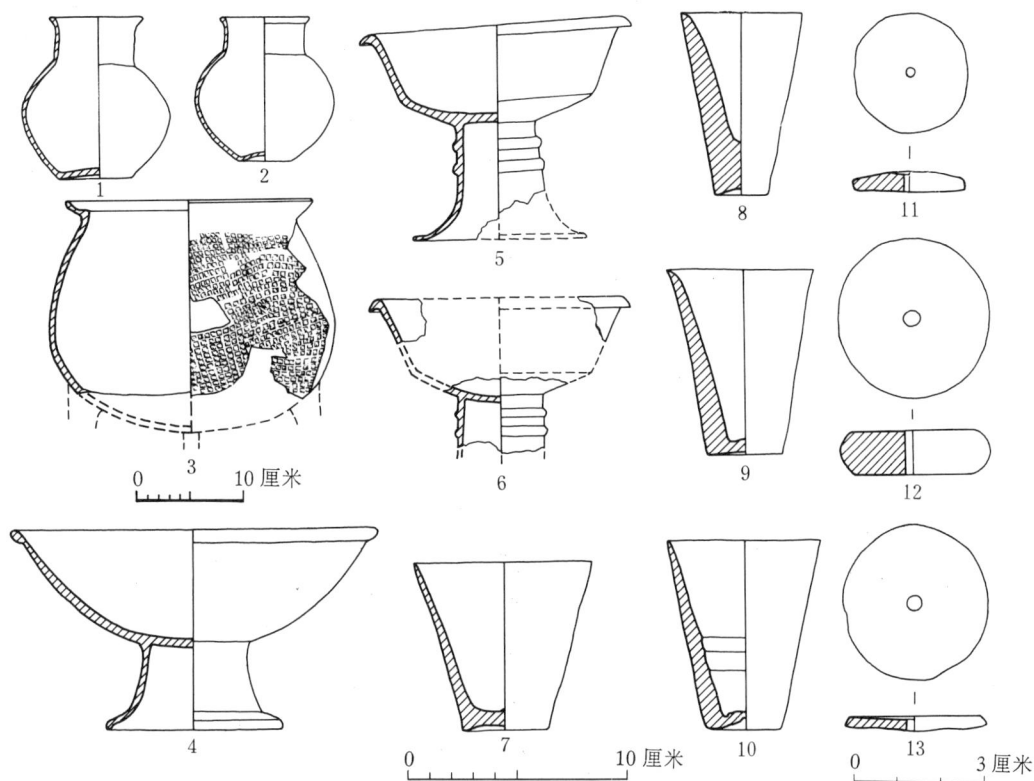

图二一五 石家河文化早期 M48 出土部分陶器

1、2. 高领罐 M48:37、M48:38　3. 罐形鼎 M48:36　　4~6. 豆 M48:41、M48:31、M48:32

7~10 斜腹杯 M48:8、M48:3、M48:18、M48:12　　11~13. 纺轮 M48:35、M48:39、M48:34

钵　1件。W83:1，泥质灰胎黑皮陶。敞口，沿外折，尖唇，斜弧腹，小平底。素面。口径18.4、底径7.6、高7.5厘米（图二二三，5；图版一五四，4）。

（3）葬式

人骨多腐，葬式不清，但从骨渣痕迹和葬具容量来判断，埋葬的大多应为婴幼儿。未发现随葬品。

（4）瓮棺葬举例

W47　位于 AT1302 内，叠压于第2层下。不规则圆形竖穴，斜弧壁，平底。坑口径0.6、深0.5米。葬具为直壁折腹小平底缸，正置，缸底凿有一个小圆孔。缸内有大量骨渣。无随葬品（图二二四；图版一五五，1）。

W55　位于 AT1403 内，叠压于第5层下。圆形竖穴，斜弧壁，圜底。坑口径0.46、残深0.2米。葬具为直壁折腹小平底缸，缸口向南斜置。缸内有小孩骨渣。无随葬品（图二二五；图版一五五，2）。

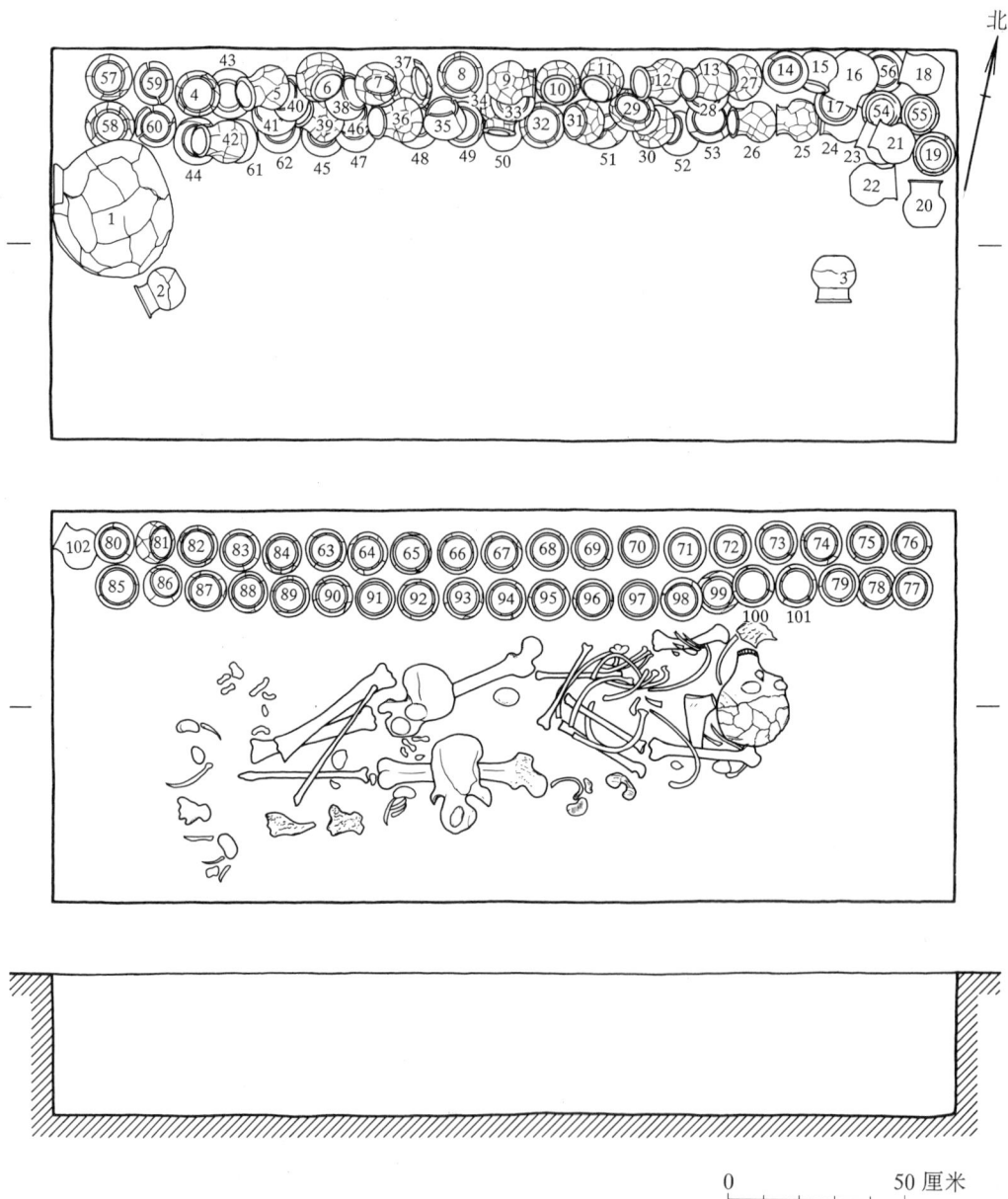

图二一六　石家河文化早期 M54 平、剖面图

上：上层随葬器物　　中：下层随葬器物及人骨　　下：纵剖面图

1. 陶大口罐　　2～102. 陶高领罐

W79　位于 AT1820 内，叠压于第 1 层下，打破第 2 层。圆形竖穴，斜弧壁，平底。坑口直径 0.55、残深 0.3 米。葬具为一折沿筒形圈足罐，罐口偏向东侧。罐内有骨渣，无随葬品（图二二六；图版一五六，1）。

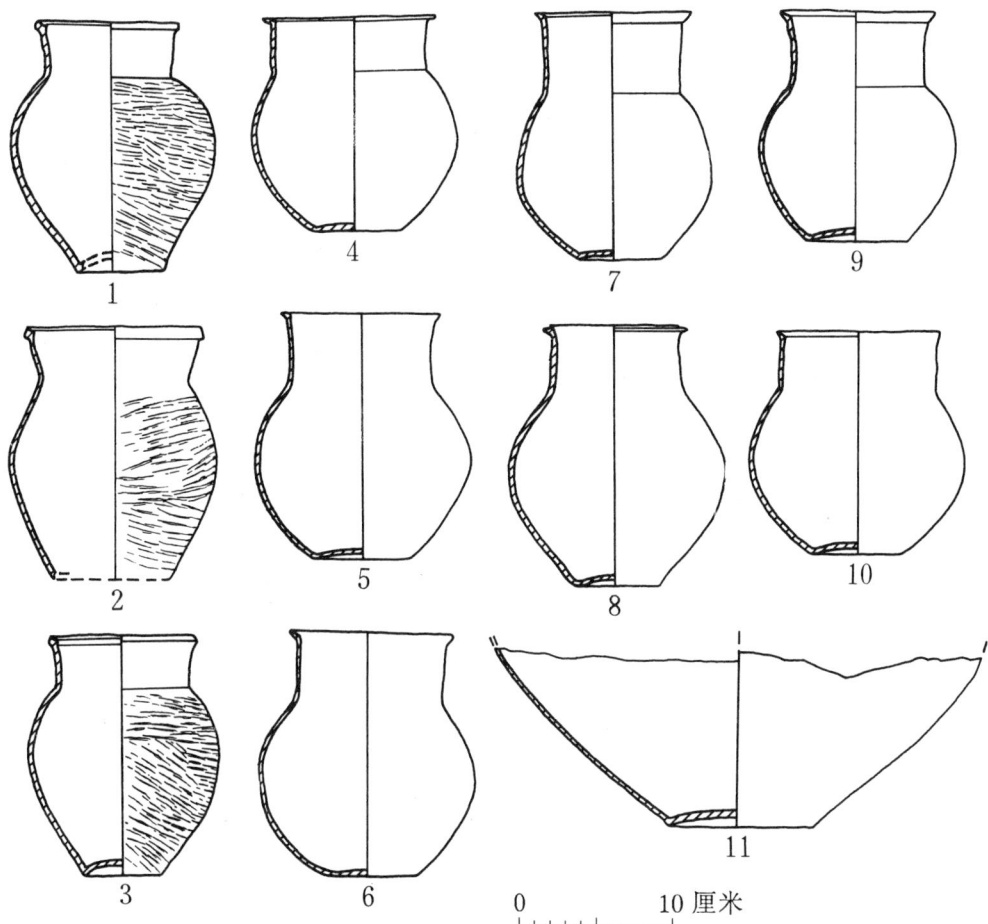

图二一七　石家河文化早期 M54 出土部分陶器

1～10. 高领罐 M54：20、M54：71、M54：84、M54：40、M54：58、
M54：28、M54：32、M54：9、M54：67、M54：6　11. 大口罐 M54：1

W83　位于 AT1718 内，叠压于第 2 层下，打破第 3 层。圆形竖穴，斜弧壁，平底。坑口径 0.57、残深 0.25 米。葬具为夹炭红陶圜底釜，其上反扣一平底钵，正置，出土时钵已落于釜中。骨渣无存，无随葬品（图二二七）。

（二）石家河文化晚期瓮棺葬

共发现瓮棺葬 77 座（附表一三）。大都分布于发掘区中部同期水塘的东西两侧，另有 23 座瓮棺葬零星分布（图四一）。

水塘东侧　共有相对集中的瓮棺葬 20 座：W5、W6、W8、W9、W11、W14、W16～W22、W24～W26、W29、W38、W41、W64，分布于 AT1216、AT1316、AT1415、

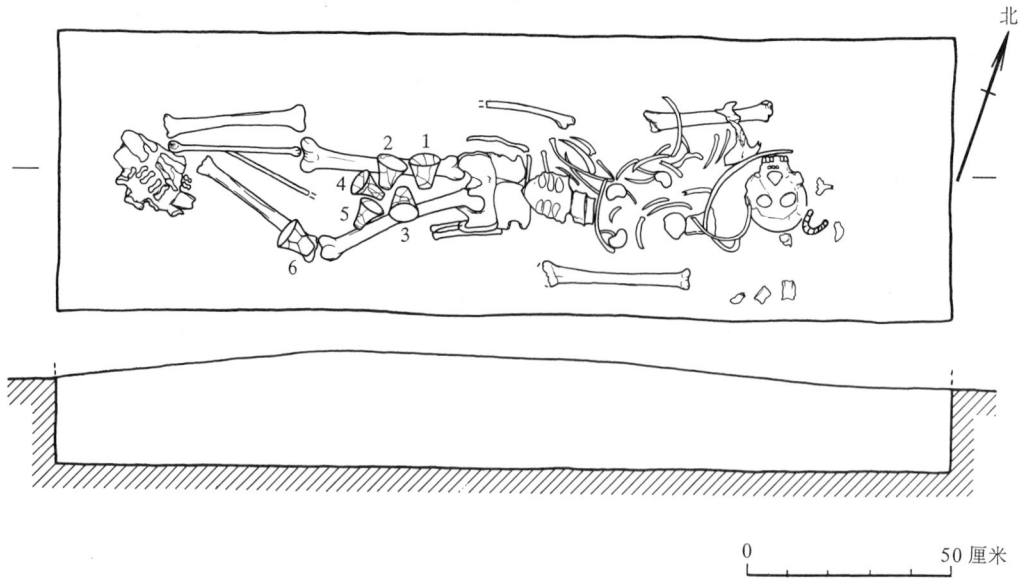

0　　　　　　　　　　　50 厘米

图二一八　石家河文化早期 M60 平、剖面图

1～6. 陶斜腹杯

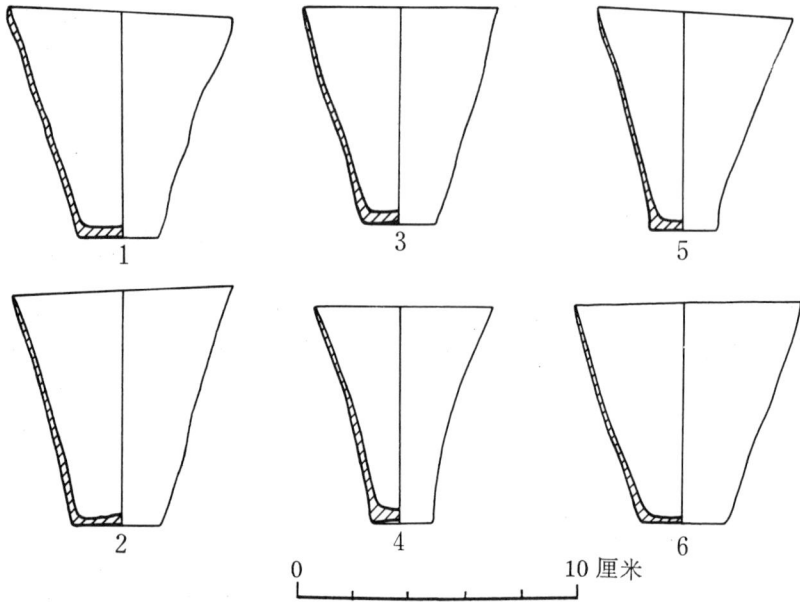

0　　　　　　　　　　10 厘米

图二一九　石家河文化早期 M60 出土陶斜腹杯

1. M60：1　　2. M60：2　　3. M60：3　　4. M60：4　　5. M60：5　　6. M60：6

AT1416、AT1516 探方中（图版一五六，2）。从发掘情况来看，这一瓮棺葬区可分成两

图二二〇　石家河文化早期 M64 平、剖面图

1、3.陶小鼎　　2.陶鼎盖　　4～6.陶斜腹杯

个部分，南部相对集中，由 W18 往南，共有 13 座；北部稍显稀疏，有 7 座，其中西部的 W64 还被水塘叠压。

有叠压关系的瓮棺葬一组：

W38 — W41

水塘西侧　共有相对集中的瓮棺葬 34 座：W27、W28、W30～W37、W39、W40、W43～W45、W48～W54、W56～W59、W63、W65、W66、W70～W73、W75，分布于 AT1303、AT1403、AT1404、AT1405、AT1406、AT1506 探方中（图版一五七）。这一瓮棺墓区瓮棺葬分布比较紧凑，呈东西长条形分布，且这一瓮棺墓区内部还有若干小的瓮棺群，如 W50～W52、W54，均位于 AT1506 探方中，且处于同一层位之下，采

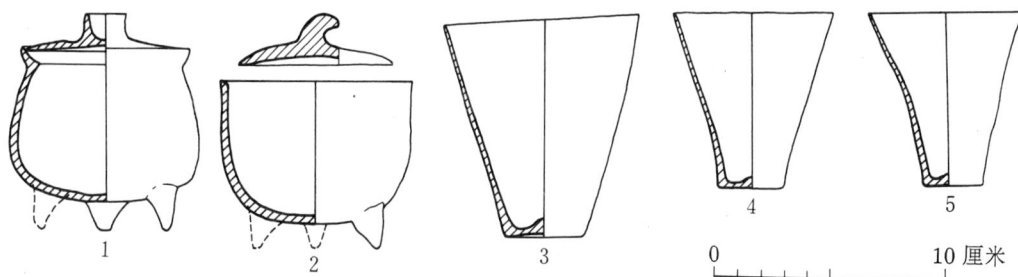

图二二一　石家河文化早期 M64 出土部分陶器

1、2.小鼎 M64:1、M64:3　　　3～5.斜腹杯 M64:4、M64:5、M64:6

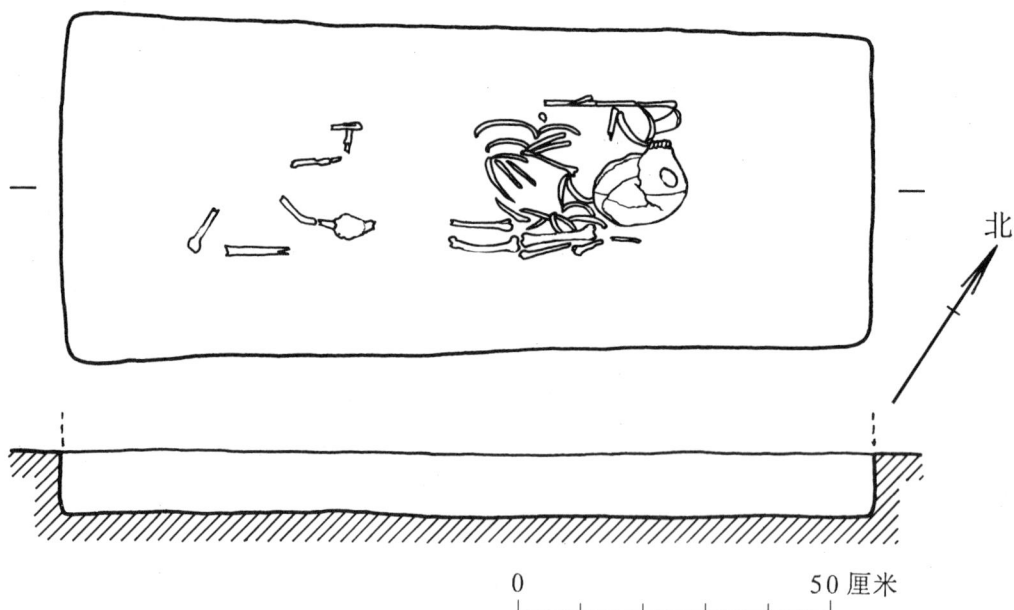

图二二二　石家河文化早期 M70 平、剖面图

用的葬具也相似，均为灰陶瓮，其中 W50 出有玉器。

瓮棺葬之间的打破关系有三组：

W31 → W34

W43 → W37

W45 → W48

其它为零星分布。

1. 墓坑

按平面形状可分为圆形、椭圆形、桃形、不规则形四种，均为竖穴，坑壁可分为斜弧壁、斜直壁两种。坑底加工成平底或圜底。

圆形墓坑有 56 座，其中以圆形斜弧壁圜底数量最多，有 43 座：W2、W4～10、W12～W15、W20～W26、W32、W35、W41、W44、W45、W51、W53、W54、W58、W66、W67、W70、W71、W73～W75、W77、W88、W90、W91、W92、W94～W96。圆形斜弧壁平底墓坑 11 座：W18、W19、W28、W29、W33、W42、W43、W48、W59、W64、W76 等。圆形斜直壁平底墓坑 2 座：W16、W17。椭圆形墓坑有 12 座，其中椭圆形斜弧壁平底墓坑 6 座：W27、W30、W37、W38、W56、W57。椭圆形斜弧壁圜底墓坑 6 座：W11、W36、W40、W63、W68、W69。桃形墓坑 3 座：W31、W39、W46，均为斜弧壁圜底。不规则形墓坑 6 座：W34、W49、W50、W52、W65、W72，均为斜弧

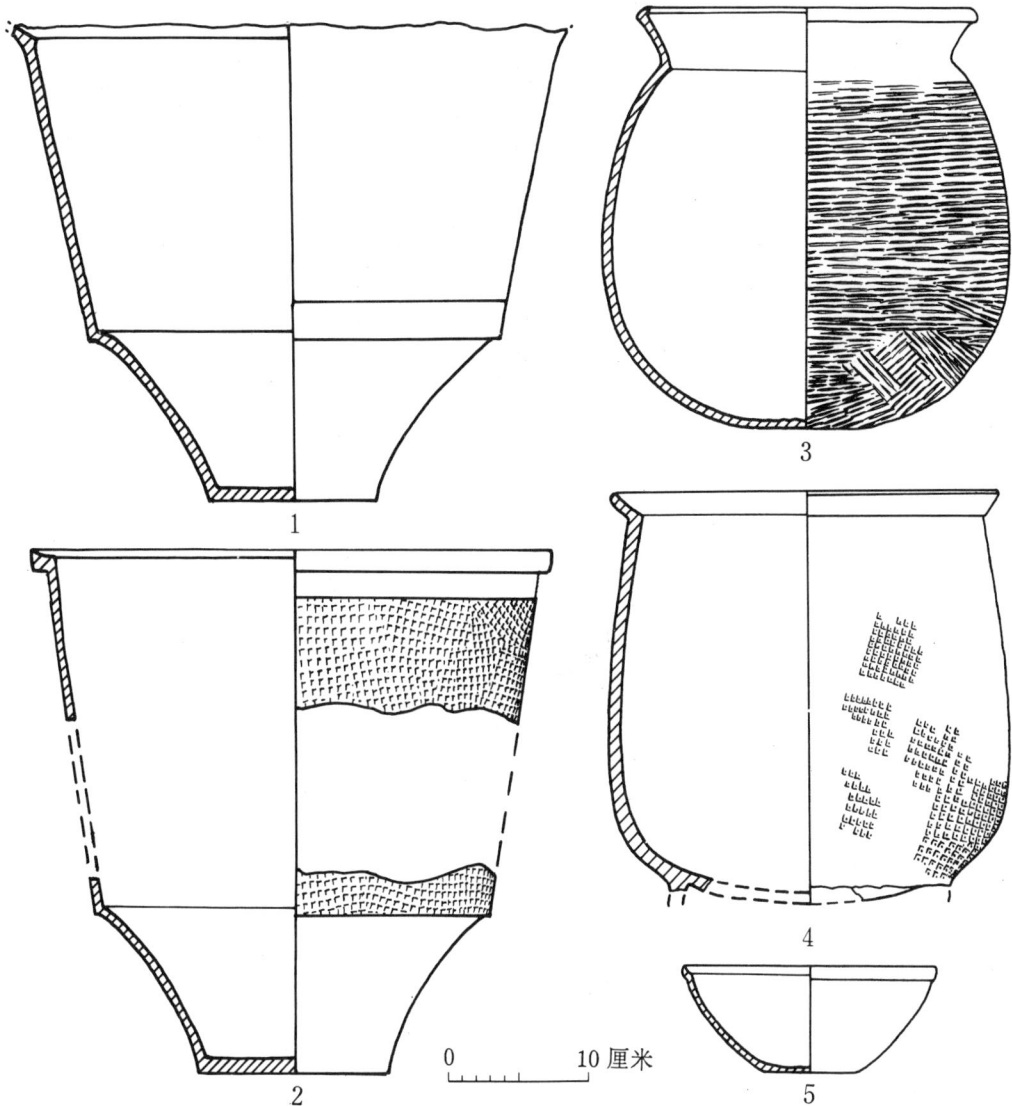

图二二三　石家河文化早期瓮棺葬葬具

1、2. 陶缸 W55∶1、W47∶1　　3. 陶大口罐 W82∶1　　4. 陶圈足罐 W79∶1　　5. 陶钵 W83∶1

壁圜底。

　　墓坑大小与葬具的大小有密切关系。坑口平面呈圆形的，口径最小的 0.3 米，最大的 1.4 米；坑口平面呈椭圆形的，坑口最大径在 0.5～0.9 米之间，最小径在 0.4～0.7 米之间；坑口平面呈桃形的最大径在 0.75～0.95 米之间；不规则形的口径在 0.4～0.75 米之间。瓮棺葬一般深 0.2～0.6 米，最深达 0.8 米，少数在 0.1～0.2 米之间。

北

1

1

0　　20 厘米

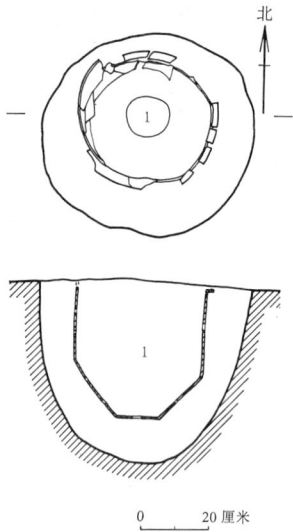

图二二四　石家河文化早期 W47 平、剖面图

1. 陶缸

北

1

0　　20 厘米

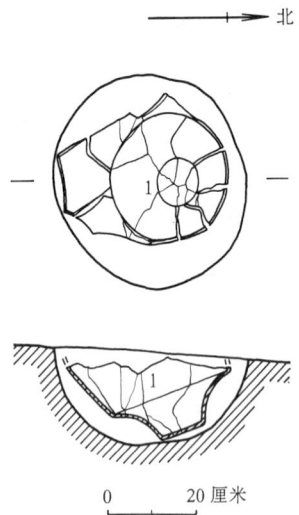

图二二五　石家河文化早期 W55 平、剖面图

1. 陶缸

北

1

1

0　　20 厘米

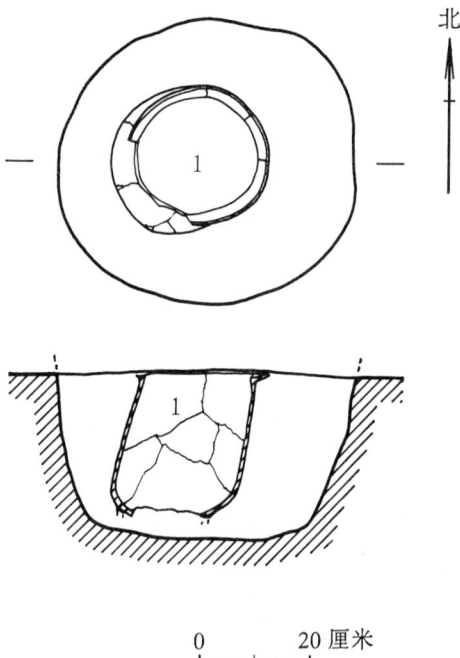

图二二六　石家河文化早期 W79 平、剖面图

1. 陶圈足罐

北

1

2

2

1

0　　20 厘米

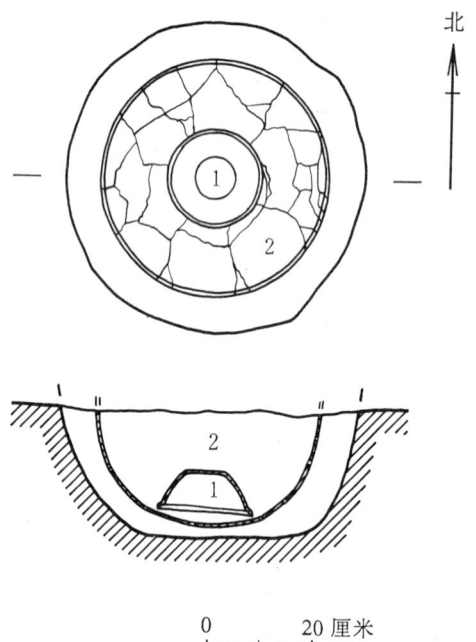

图二二七　石家河文化早期 W83 平、剖面图

1. 陶钵　　2. 陶釜

2. 葬具

本期瓮棺葬具以陶瓮为主，不少是两瓮相扣，这些瓮往往形体较大。也有以实用陶器临时用作葬具的，如鼎、缸、罐等。用作瓮盖的有盆、钵、圈足盘、豆、器盖等。由于这些瓮棺距地表较浅，多数瓮棺遭到破坏，77 座瓮棺中葬具保存较好的仅 12 座，其余 65 座保存不佳，有的盖无存，有的残存器底。

按葬具的不同分四类：

（1）以瓮为葬具的瓮棺共有 61 座，其中 17 座瓮棺有盖，44 座无盖。

瓮加瓮 10 座：W6、W26、W33、W50、W51、W53、W59、W65、W66、W76；

瓮加盆 1 座：W2；

瓮加缸 1 座：W30；

瓮加钵 2 座：W34、W39；

瓮加盘 2 座：W13、W45；

瓮加豆 1 座：W35；

无盖的 44 座：W4、W5、W7～W12、W14～W17、W19～W25、W27～W29、W31、W38、W40、W42、W46、W49、W52、W56～W58、W64、W67、W68、W70、W71、W73、W74、W77、W88、W91、W94、W95。

（2）以缸为葬具的瓮棺有 6 座，其中 3 座有盖。

缸加缸 1 座：W32；

缸加鼎 1 座：W75；

缸加器盖 1 座：W90；

无盖的 3 座：W69、W92、W96。

（3）以鼎为葬具的 1 座：W37，为鼎加钵。

（4）以罐为葬具的 9 座，其中 7 座有盖，分别是：

罐加钵 3 座：W18、W36、W41；

罐加盆 2 座：W44、W63；

罐加豆 1 座：W48；

罐加瓮 1 座：W54；

无盖的 2 座瓮棺是：W43、W72。

不少瓮棺在瓮的底部凿有小孔，如 W6、W7、W16、W17 等；还有将广肩弧腹小平底瓮从肩部锯开后再合上的情形，以便于成人装殓，如 W6。

葬具的放置以正置为主，少数侧放。葬具一般直接放在坑底上，W18 在坑底垫有三块厚胎夹砂陶片，便于放稳。

　　用作葬具的陶器以灰陶为主，包括泥质陶和夹砂陶，红陶不多，黑陶少见。纹饰主要有篮纹、附加堆纹、弦纹、方格纹等，有纹饰的陶器多于素面陶。大件器物如瓮、缸等采用手制，小件器物如钵、盘、豆多采用轮制。

　　瓮　出土72件，是数量最多的一种，复原或大致复原的仅8件，分广肩弧腹瓮、广肩斜腹瓮、窄肩弧腹瓮、折沿瓮、敛口瓮等五个类型，鉴于大部分器物难以复原，完整器物数量有限，不再分型分式。

　　广肩弧腹瓮　出土61件，数量最多。此类瓮应是专用葬具，体大腹粗，底部分为小平底、圜底、凹底等。仅小平底类瓮复原2件，底部凿有孔的多是这类瓮。

　　广肩弧腹小平底瓮　较完整的有4件。其特点是短直领，厚圆唇，广肩，深弧腹，下腹斜向内收成小平底。标本W71:1，泥质黑陶。腹残。器表满饰交错篮纹，肩部饰一道抹弦纹。口径26、底径9.6、高约58.4厘米（图二二八，1；图版一五八，1）。标本W6:1，泥质灰陶。器物从肩部锯开。瓮底正中凿有一个小圆孔，孔径约2厘米。腹饰三道附加堆纹和交错篮纹。底径14、残高51.2厘米（图二二八，2；图版一五九，1）。标本W6:2，泥质灰陶。瓮由肩部锯开再合上，肩残，瓮底正中凿有一个小圆孔，孔径2厘米。腹饰四道附加堆纹和交错篮纹。口径28.8、底径12、高约61.6厘米（图二二八，3；图版一五九，2）。标本W7:1，泥质灰陶。器物从肩部锯开，仅存下部。瓮底正中凿有一个小圆孔，孔径1.6厘米。腹饰方格纹和三道附加宽带纹。最大腹径约56厘米，底径13.6、残高40.8厘米（图二二八，4；图版一五八，2）。

　　小平底瓮　均残。标本W59:1，泥质灰陶。肩以上残。器表饰斜篮纹和竖篮纹，底径9.6、残高34.8厘米（图二二八，5）。

　　圜底瓮　标本W58:1，泥质灰陶，仅存下腹及底。饰方格纹。残高28厘米（图二二八，6）。

　　凹底瓮　均残。标本W23:1，泥质灰陶。仅存下腹及底，饰篮纹和两道附加堆纹。底径13.6、残高29.6厘米（图二二八，7）。

　　广肩斜腹瓮　出土8件，均残。标本W35:2，泥质灰陶。口、颈残。小平底略内凹。肩饰二道凸弦纹，腹饰交错篮纹。口径21.2、底径12.8、残高30.4厘米（图二二九，1；图版一五八，3）。

　　窄肩弧腹瓮　出土1件，残。W76:2，泥质灰陶，口、颈及底均残，体瘦，腹深。器表饰方格纹和三道贴弦纹。残口径23.2、残高35.2厘米（图二二九，2；图版一六〇，1）。

　　折沿瓮　1件。W76:1，夹砂灰陶，仰折沿略凹，方唇，唇上有凹槽。深弧腹外鼓，小平底略凹，腹饰斜篮纹。口径36、底径14、高47.2厘米（图二二九，4；图版一六〇，2）。

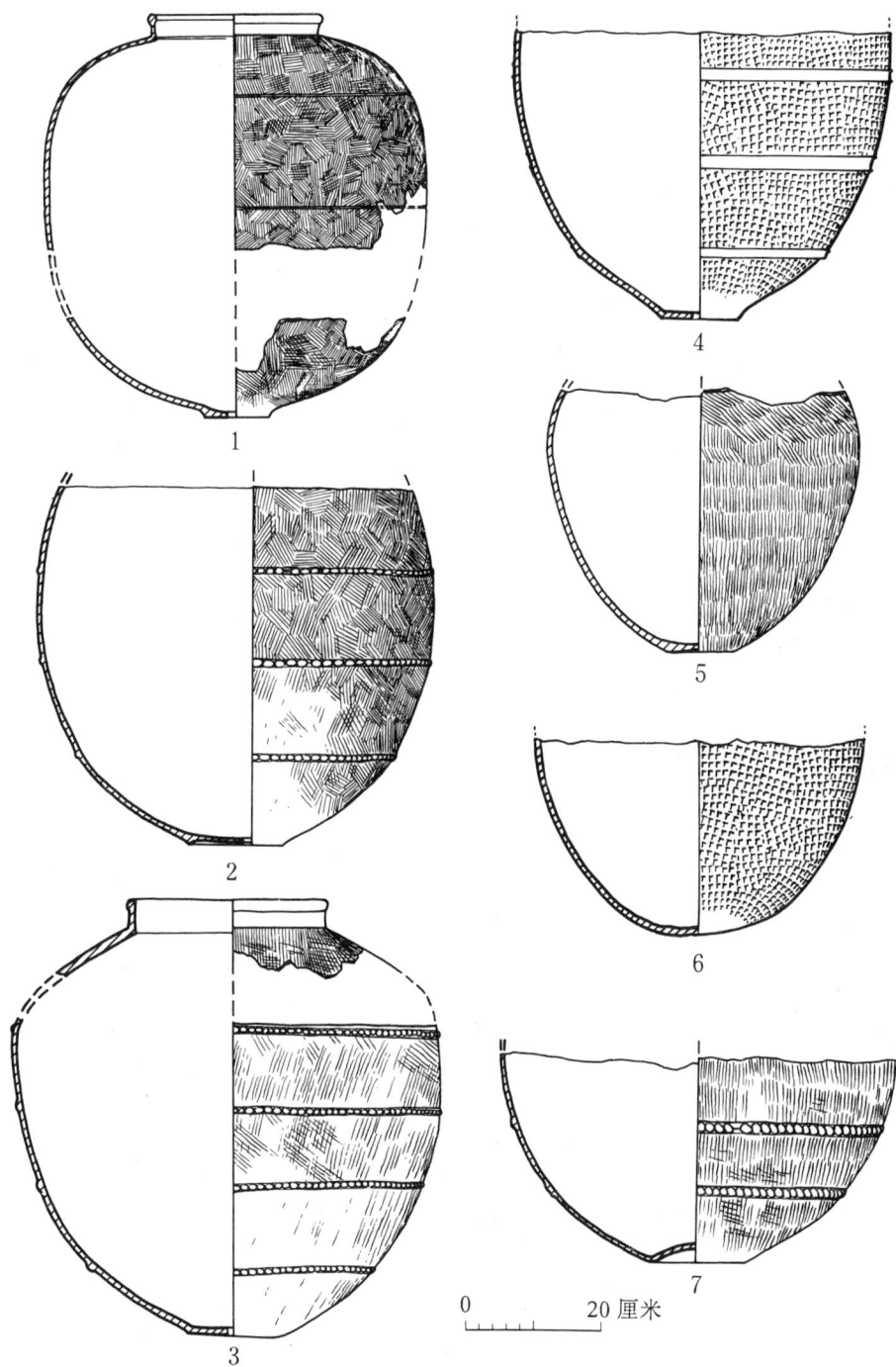

图二二八　石家河文化晚期瓮棺葬葬具陶瓮

1. W71:1　　2. W6:1　　3. W6:2　　4. W7:1　　5. W59:1　　6. W58:1　　7. W23:1

敛口瓮 1件。W30:1，泥质灰陶。敛口，方唇外侈，弧腹外鼓，小凹底外侈。沿下有道凸弦纹，腹饰交错篮纹。口径28.8、底径12、高34.4厘米（图二二九，5；图版一五八，4）。

缸 8件，均残。用作盖的陶缸残存口部，用作葬具的陶缸残存腹部和底部。残存口部的缸均为折沿，包括平折沿和斜折沿；残存底部的缸均为圜底。W30:2，泥质红陶。平折沿，斜方唇，微弧腹残，饰竖篮纹。口径42、残高约12厘米（图二二九，3）。W32:1，泥质红陶。直口微敛，斜折沿，尖唇，直壁残，沿下有四道浅凹弦纹。口径34.4、残高12.8厘米（图二二九，6）。标本W32:2，夹砂灰陶。口残。敞口，斜壁较直，深腹，小圜底，器表饰斜篮纹。残口径42.8、残高40厘米（图二二九，7）。

喇叭形器盖 1件，残。W90:1，夹砂红陶。盖顶残。凹弧壁，厚圆唇，素面。口径49.2、残高26.8厘米（图二二九，8；图版一六一，1）。

罐 9件，有广肩罐、大口罐等，均残。

广肩罐 3件。标本W18:2，泥质灰陶。口、颈残，广肩，腹残，弧腹，小平底，

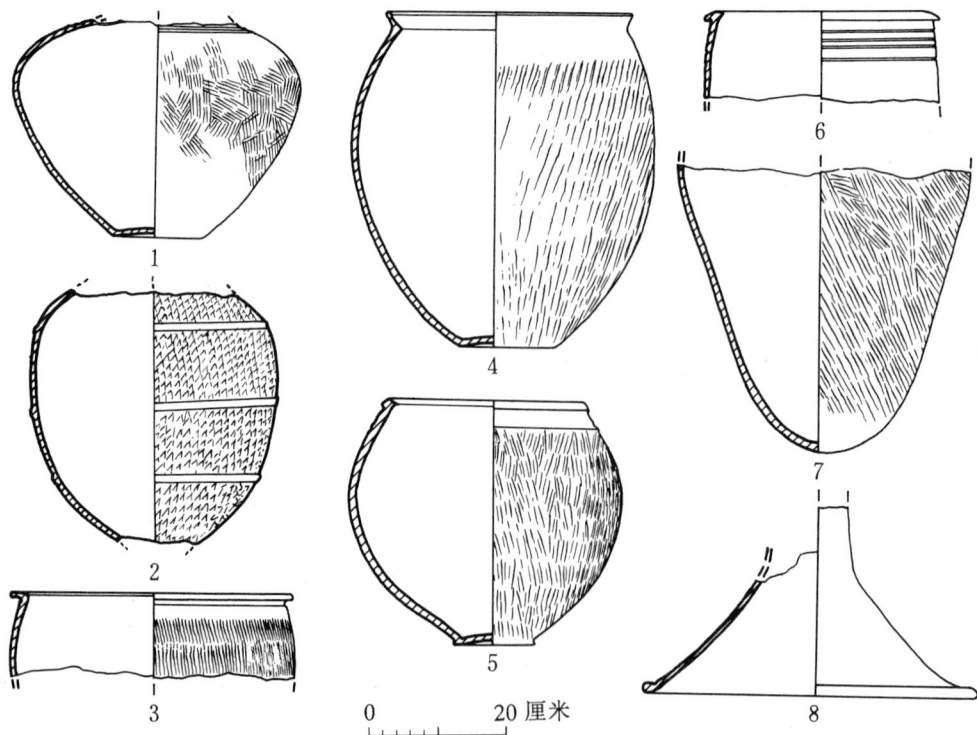

图二二九 石家河文化晚期瓮棺葬葬具

1、2、4、5. 陶瓮 W35:2、W76:2、W76:1、W30:1

3、6、7. 陶缸 W30:2、W32:1、W32:2 8. 陶器盖 W90:1

底部正中凿有一个小圆孔，孔径 6.4 厘米，器表饰竖篮纹和斜篮纹。残口径 15、底径
8.8、残高 24.8 厘米（图二三〇，1）。

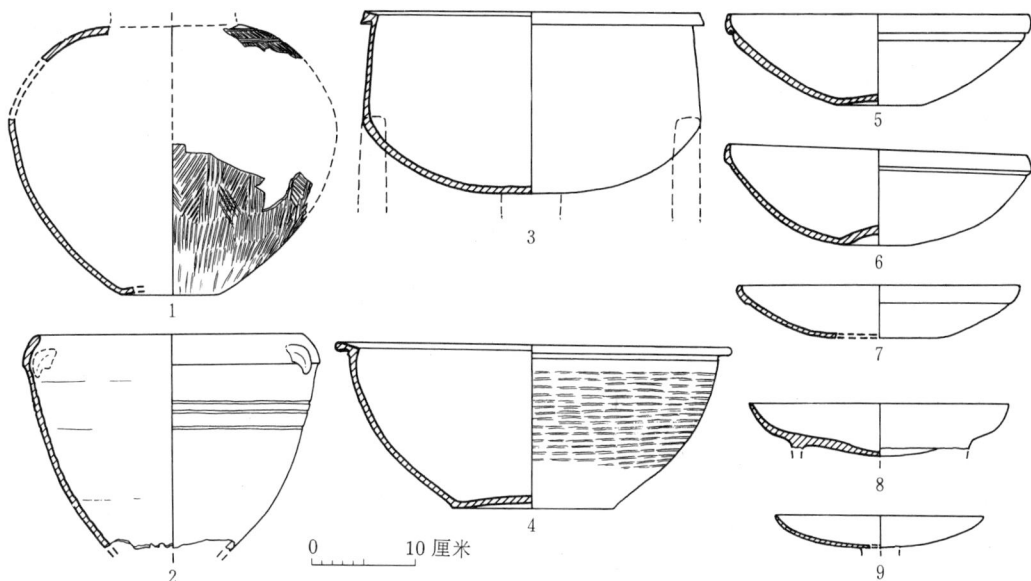

图二三〇 石家河文化晚期瓮棺葬葬具

1. 陶广肩罐 W18:2　2. 陶大口罐 W41:1　3. 陶鼎 W37:2　4. 陶盆 W2:1
5~7. 陶钵 W18:1、W37:1、W34:1　8. 陶盘 W45:1　9. 陶豆 W35:1

大口罐　1 件。标本 W41:1，夹砂灰黄陶。大口微内敛，圆唇，深斜弧腹，底残。
沿下附三个泥凸式耳，下腹饰稀疏的篮纹。口径 26.8、残高 21 厘米（图二三〇，2；
图版一六一，2）。

鼎　2 件，均残，复原盆形鼎身 1 件。标本 W37:2，夹砂红陶。折凹沿，斜方唇，
斜直壁，圜底，三足残。素面。口径 32.8、残高 17.2 厘米（图二三〇，3；图版一六
一，3）。

盆　3 件，复原 1 件。标本 W2:1，泥质灰陶。敞口，折沿，圆唇，斜弧腹，下腹
略内收，底略凹，腹饰稀疏的篮纹。口径 38.4、底径 16、高 15.6 厘米（图二三〇，4；
图版一六一，4）。

钵　6 件，复原 3 件，均为大敞口，斜腹，小底。标本 W18:1，泥质红陶。直口，
圆唇，腹较深，底微凹。素面，口沿下有道沟槽。口径 29.5、底径 8、高 8.6 厘米（图
二三〇，5；图版一六一，5）。标本 W37:1，泥质红陶。直口，尖唇，厚沿，腹较深，
凹底，素面。口径 29.6、底径 7、高 9.6 厘米（图二三〇，6）。标本 W34:1，泥质红
陶。敞口，圆唇，厚沿，坦腹较浅，平底，残。素面。口径 28、底径 12、高 4.8 厘米

（图二三〇，7；图版一六一，6）。

盘　2 件，复原 1 件盘身。标本 W45：1，泥质灰 陶。敞口，尖唇，斜弧腹，底下凹，圈足残。素面。口径 25.6、残高 6 厘米（图二三〇，8）。

豆　2 件，复原豆盘 1 件。标本 W35：1，泥质灰陶。敞口，圆唇，坦腹，圈足残，底部有一孔。素面。口径 20.8、残高 3 厘米（图二三〇，9）。

3. 葬式

大多数人骨保存不好，一般仅存骨渣，有些连骨渣也无存，仅有少数剩下几根肢骨，如 W71 有几根肢骨叠放在一起；W76 在上面的盖瓮里发现有成人的头骨。据观察，本期瓮棺葬应是成年人和婴幼儿共用的葬俗。

4. 随葬器物的分布

77 座瓮棺中有 16 座瓮棺有随葬器物，分别是 W6、W7、W12、W17、W23～W25、W30、W33、W49、W50、W58、W59、W69、W71、W90，其中 W49 随葬铜矿石 1 块，其余的瓮棺均随葬玉器，W6 还随葬有陶斜腹杯及兽牙。

随葬玉器的瓮棺一般容量较大，腹径多在 40 厘米以上，主要是广肩弧腹瓮，推测其所葬多是成人；容量较小的或是临时用作葬具的，如圜底缸、盆形鼎、广肩罐、大敛口罐等一般不随葬玉器。

瓮棺随葬玉器的数量不等，一般不超过 10 件，最多的为 W6，有 56 件，最少的仅 1 件。

5. 瓮棺葬举例

W2　位于 AT1104 西南部，叠压于第 2 层下，打破第 3 层。圆形竖穴，斜弧壁，圜底。坑口径 1 米，残深 0.4 米。葬具 2 件，下面一瓮正置，口向上，其上反扣一盆，盆口略向东偏斜。出土时已破碎。人骨已朽，性别和年龄不清。无随葬品（图二三一；图版一六二，1）。

W6　位于 AT1216 内，叠压于第 1 层下，打破第 2 层及 M32、M34，墓口距地表深 0.35 米，圆形竖穴。坑口径 1.4 米，深 0.8 米。葬具为两瓮上下扣合而成，正置。两瓮均为广肩弧腹小平底瓮，均从肩部锯开，装入人骨之后再合上。两瓮均在底部正中凿有一个规则的小圆孔，孔径 2 厘米。人骨已腐，但骨架尚可辨认为成人，性别不清。随葬品共 59 件。其中玉器 56 件，计玉人头像 6 件、虎头像 5 件、盘龙 1 件、玉蝉 11 件、飞鹰 1 件、璜 2 件、管 10 件、坠 1 件、珠 5 件、圆片 2 件、笄 2 件、柄形饰 5 件、碎块 5 件。另外还有陶斜腹杯 1 件、猪牙 1 件、石珠 1 件。均置于下面的瓮中（图二三二；图版一六三，1、2）。

W7 位于 AT1217 内，叠压于第 2 层下，打破第 3 层。圆形竖穴，坑口径 0.8、底径 0.3、深 0.5 米。葬具有陶瓮 1 件，瓮肩部以上被锯掉，瓮底正中凿有一个小圆孔。正置。人骨已朽，年龄及性别不清。随葬品有玉器 6 件，计玉人头像 1 件、蝉 1 件、残片 4 件，置于瓮中（图二三三；图版一六二，2）。

W18 位于 AT1316 内，叠压于第 2 层下，打破第 3 层。圆形竖穴，口径 0.6 米，底径 0.2 米，深 0.25米。葬具为一广肩罐，上面反扣一红陶钵。罐口、领残，罐底正中凿有一个小孔，孔径 6.4 厘米。罐底垫有三块厚胎夹砂陶片。正置，钵口向下，稍向西倾斜。人骨仅见残骸，性别和年龄不清。未发现随葬品（图二三四；图版一六二，3）。

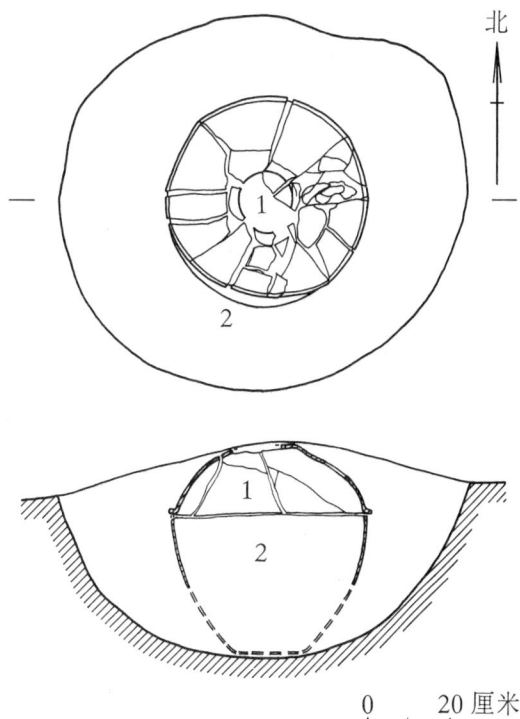

图二三一 石家河文化晚期 W2 平、剖面图
1. 陶盆 2. 陶瓮

W30 位于 AT1404 内，叠压于第 1 层下，打破第 2 层。椭圆形竖穴。口径 0.66～0.55、底径 0.3～0.35、残深 0.2 米。葬具为一敛口瓮，上反扣一折沿缸。瓮正置。缸口朝下，缸底被扰。瓮内有少量骨渣，性别和年龄不清。瓮内随葬残玉片 3 件（图二三五；图版一六四，1）。

W32 位于 AT1403 内，叠压于第 3 层下，打破第 4 层。圆形竖穴，坑口径 0.7、深 0.45 米。葬具为一敞口深腹圜底缸，缸口略偏向于南方。上面反扣一折沿深腹缸，缸底残，瓮内有少量骨渣，性别和年龄不清，不见随葬品（图二三六；图版一六四，2）。

W35 位于 AT1403 内，叠压于第 3 层下，打破第 4 层，坑口被破坏。圆形竖穴。坑口径 0.6、残深 0.25 米。葬具为广肩斜腹瓮，体形较小，口、颈残，正置；上面反扣一豆，豆圈足残，瓮内有骨渣，性别和年龄不清，无随葬品（图二三七；图版一六五，1）。

W37 位于 AT1405 内，叠压于第 1 层下，被 W43 打破，打破 H158。椭圆形竖

北

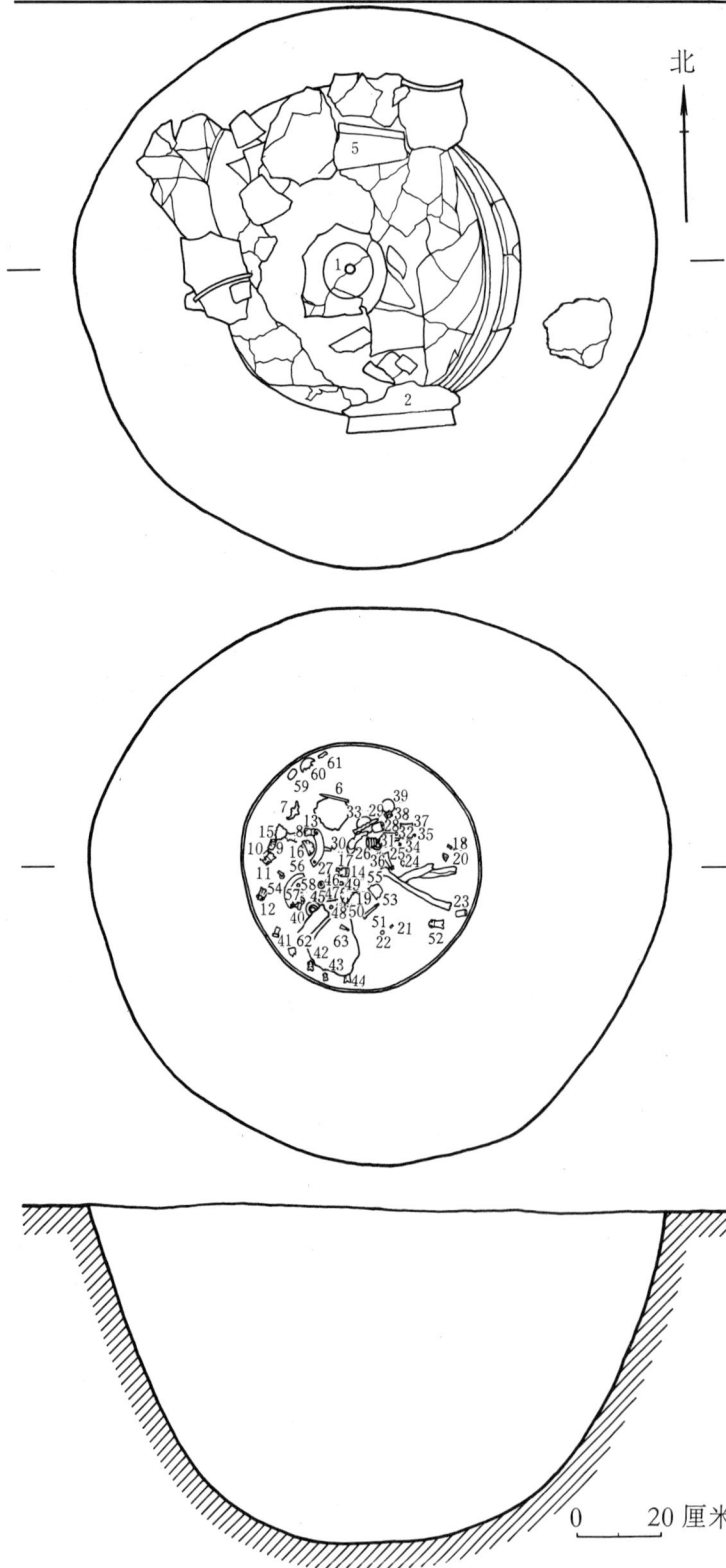

图二三二　石家河文化晚期 W6 平、剖面图

1、2.陶瓮　5.陶斜腹杯
6、51.玉笄　7.玉飞鹰　8、10～13、40、42～44、52、61.玉蝉　9、14、17、32、38、41.玉人头像　15、16、19、53、60.玉虎头像　18、22、23、25、26、28、35、45、46、59.玉管　20、24、34、48、57.玉碎块　21、49、50、54、58.玉珠　27、56.玉璜　29、30、37、47、55.玉柄形饰　31.玉坠　33、39.玉圆片　36.玉盘龙　62.兽牙　63.石珠
（3、4 号为空号）

0　　　20 厘米

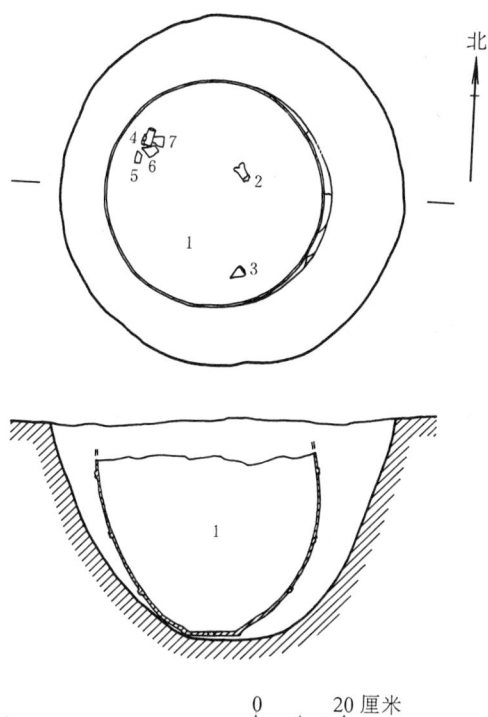

图二三三　石家河文化晚期 W7 平、剖面图
1. 陶瓮　2. 玉蝉　3、5~7.
残玉片　4. 玉人头像

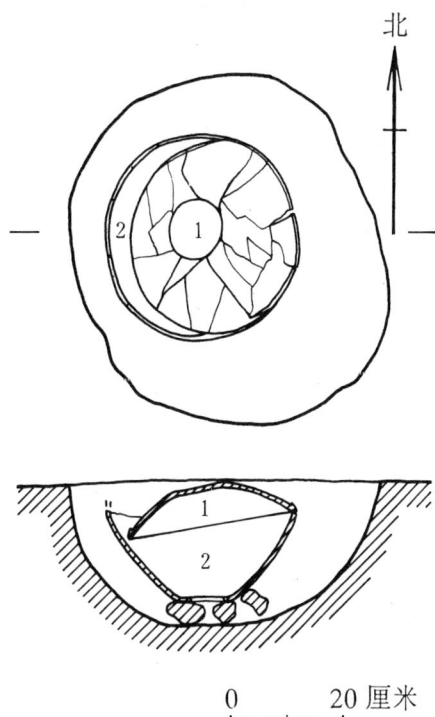

图二三四　石家河文化晚期 W18 平、剖面图
1. 陶钵　2. 陶瓮

穴，坑口长径 0.7、短径 0.6、残深 0.25 米。葬具为一红陶盆形鼎，足残。鼎口向上略偏向北，上面反扣一红陶钵。鼎内有骨渣，性别和年龄不清。无随葬器物（图二三八；图版一六五，2）。

W41　位于 AT1415 内，开口于第 5 层下，被 W38 叠压，打破 H263。圆形竖穴。坑口径 0.5、深 0.36 米。葬具为一大口罐，罐底残，正置，上反扣一红陶钵。罐内不见骨骸和随葬品（图二三九）。

W45　位于 AT1405 内，叠压于第 1 层下，打破第 2 层和 W48。圆形竖穴，坑口径 0.6、底径 0.35、深 0.35 米。葬具为一陶瓮，正置，瓮上部残，上盖一豆，圈足残，出土时豆已落入瓮内。瓮内有几枚牙齿，性别和年龄不清，无随葬品（图二四〇）。

W71　位于 AT1406 北部，叠压于第 1 层下，打破第 2 层。圆形竖穴，坑口径 0.8、深 0.55 米。葬具为一陶瓮，正置。瓮内有成人肢骨及少量骨渣，性别和年龄不清。随葬品有 7 件玉器，计玉虎头像 1 件、玉蝉 1 件、玉笄 1 件、长方形透雕片饰 1 件、纺轮 1 件、玉碎片 2 件（图二四一）。

W76　位于 AT1806 内，叠压于第 2 层下，坑口被 HG13 打破，打破第 3 层。圆形竖穴，坑口径 0.9、残深 0.76 米。葬具有两件，下面是一件折沿瓮，上面覆盖一窄肩弧腹瓮，领、底均残。出土时均被压碎。无随葬品（图二四二）。

W96　位于 AT1716 内，叠压于第 1 层下，打破第 2 层。圆形竖穴，坑口径 0.6、深 0.5 米。葬具为一厚胎陶缸，口、底残。缸内不见骨骸痕迹，无随葬品（图二四三）。

二　随葬器物

109 座墓葬共出各类随葬器物 558 件，包括陶容器，陶、石工具，玉器，铜矿石，猪牙等，分别出自 32 座墓葬中，其中早期为土坑墓，晚期为瓮棺葬。

（一）石家河文化早期墓葬随葬器物

23 座早期土坑墓中，17 座墓出土了随葬品，共计 441 件（套），其中陶质容器 435

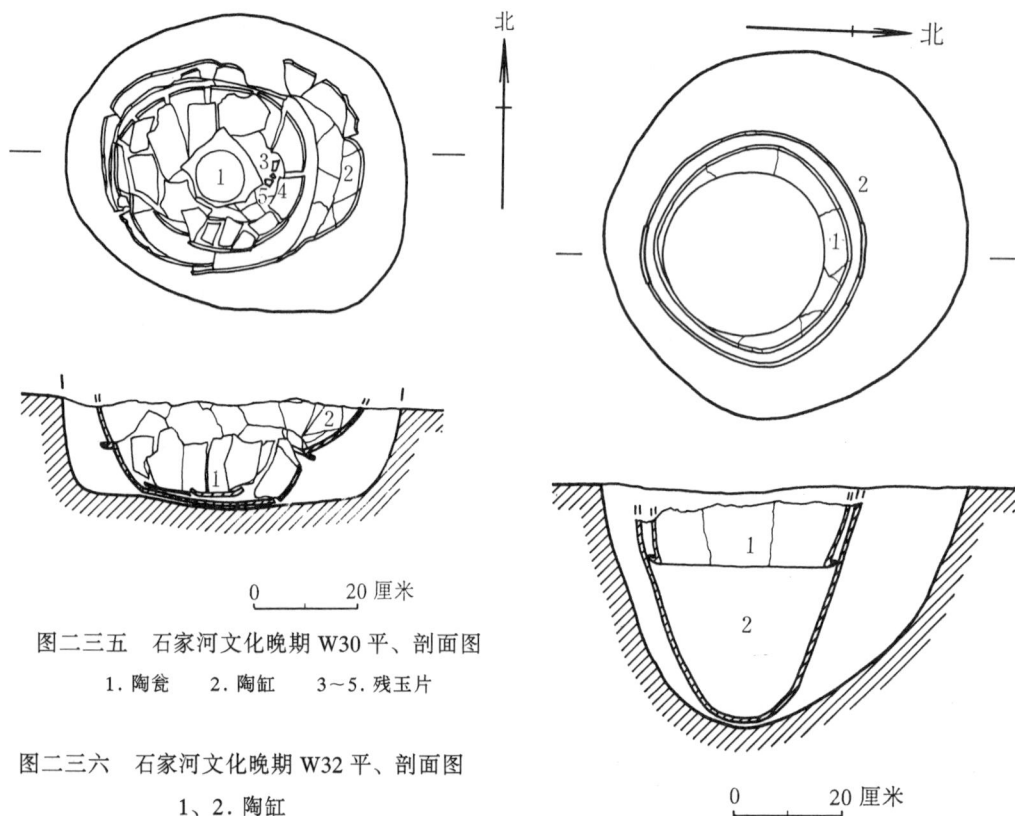

图二三五　石家河文化晚期 W30 平、剖面图
1. 陶瓮　　2. 陶缸　　3～5. 残玉片

图二三六　石家河文化晚期 W32 平、剖面图
1、2. 陶缸

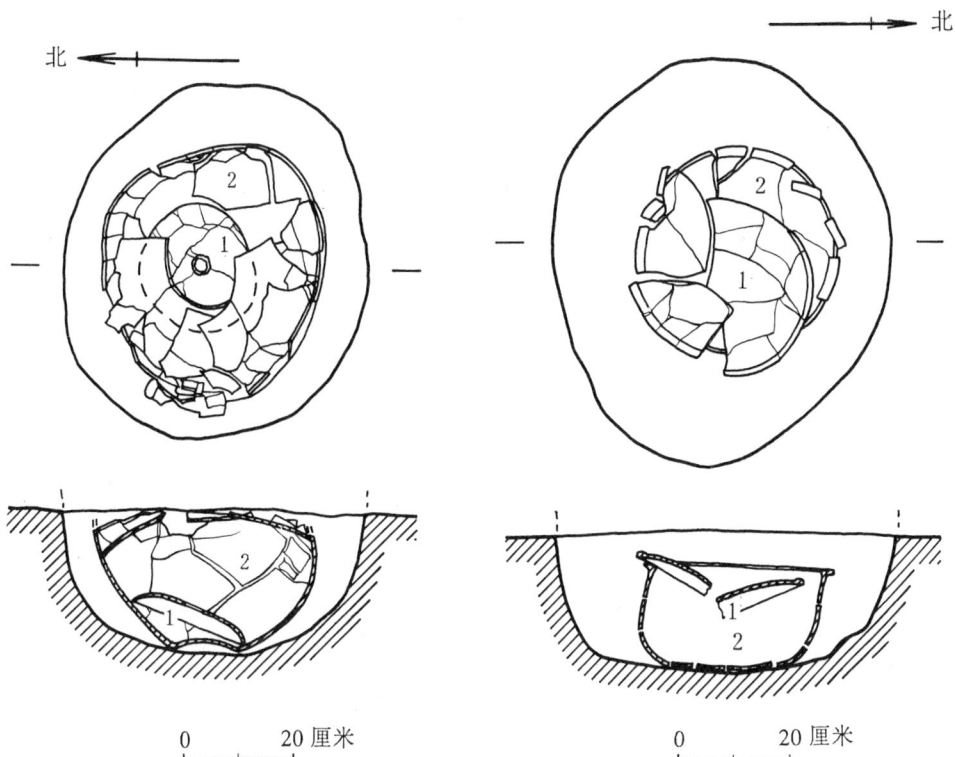

图二三七 石家河文化晚期 W35 平、剖面图
1. 陶豆 2. 陶瓮

图二三八 石家河文化晚期 W37 平、剖面图
1. 陶钵 2. 陶鼎

件（套）、陶工具（纺轮）4 件、石器 2 件。瓮棺葬中未发现随葬品。

1. 陶容器

435 件陶质容器中，复原 284 件，包括实用的食器、炊器和明器等。绝大部分为泥质陶，陶色以灰陶为主，红陶次之，黑陶略少于红陶居第三位。夹砂陶少见，主要是红陶（表一六）。

随葬陶器以素面为主。有纹饰的陶器以篮纹较多见，弦纹其次，附加堆纹和方格纹少见，彩陶少见。篮纹主要见于高领罐的腹部。有的高领罐篮纹和弦纹并施。有些斜腹杯表面涂红衣，多已脱落（表一七）。

陶器制作方法主要是轮制，少量手制。陶器种类主要有罐、壶形器、碗、钵、斜腹杯、豆、罐形鼎、小鼎、器盖等，以罐、斜腹杯、小鼎为常见。

罐 有高领罐、大口罐、中口罐三种。

高领罐 是石家河文化早期墓葬中出土数量最多的器类，共 286 件，复原 202 件，

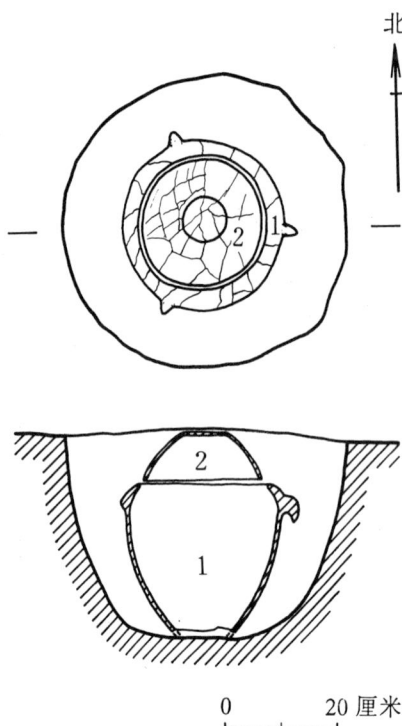

图二三九　石家河文化晚期 W41 平、剖面图

1. 陶大口罐　2. 陶钵

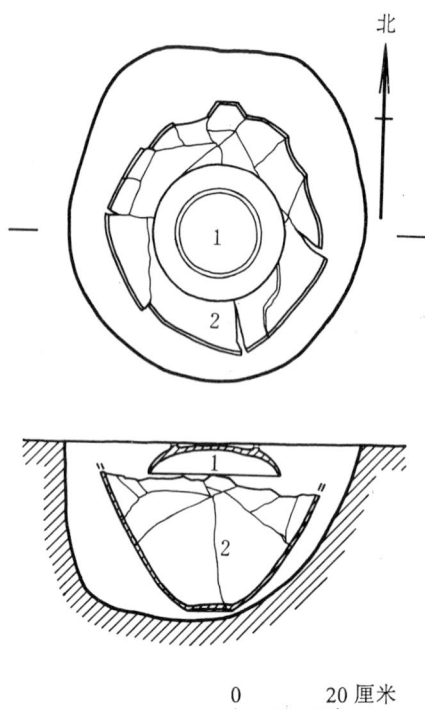

图二四〇　石家河文化晚期 W45 平、剖面图

1. 陶盘　2. 陶瓮

表一六　　　　　石家河文化早期土坑墓出土陶器陶质陶色统计表

数量和百分比 陶色 单位	泥 质 陶				夹砂陶	合　计
	灰	红	黑	黄	红	
M7	69	13	2			84
	82.1	15.5	2.4			100
M54	70		8			78
	89.74		10.26			100
M60	6					6
	100					100
M64		3	3			6
		50	50			100
M48	5	36			1	42
	11.9	85.7			2.4	100

共分三型。

A型　69件。沿面内凹，溜肩，凹底，皆饰篮纹。分三式。

Ⅰ式　5件。折沿，沿面内凹，直颈，斜弧腹外鼓，所饰篮纹多较稀疏。标本M11：2，泥质灰黄陶。形体较大，底残。颈部以下饰稀疏斜篮纹，肩饰一组划弦纹。口径11.5、底径8.5、高24.4厘米（图二四四，1；图版一六六，1）。标本M7：2，泥质灰黄陶。颈部以下饰稀疏篮纹。口径11.8、底径8、高23.2厘米（图二四四，5；图版一六六，2）。标本M7：36，泥质灰陶。颈部以下饰横篮纹。口径11.4、底径6.8、高

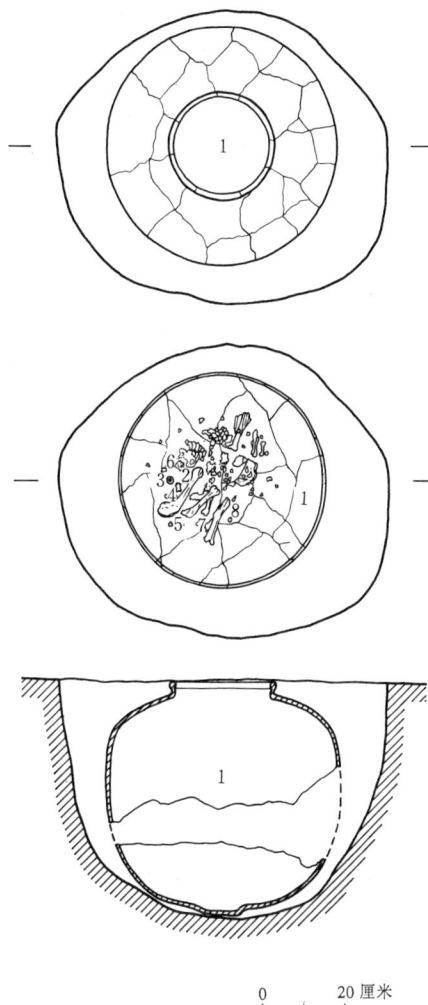

图二四一　石家河文化晚期W71平、剖面图

1. 陶瓮　　2. 玉蝉　　3. 玉纺轮　　4. 玉笄

5. 玉长方形透雕片饰　　6. 玉虎头像　　7、8. 玉碎片

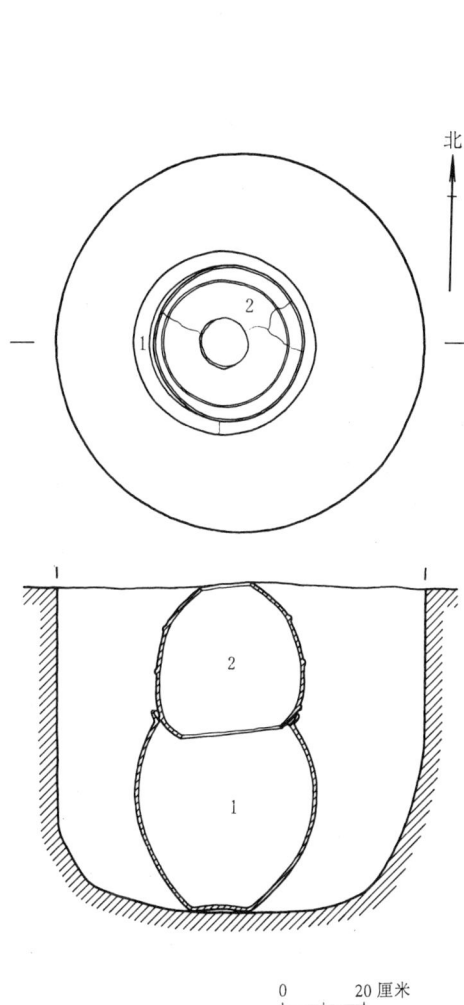

图二四二　石家河文化晚期W76平、剖面图

1、2. 陶瓮

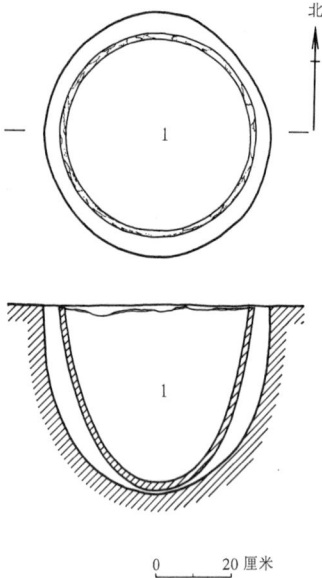

图二四三　石家河文化晚期 W96
　　　　　平、剖面图
　　　　　1. 陶缸

20 厘米（图二四四，2；图版一六六，3）。

　　Ⅱ式　19 件。沿面凹槽变浅，斜弧腹，有的下腹近底处开始内收，腹饰篮纹。标本 M7：59，泥质灰陶。窄凹沿，直颈，斜弧腹。口径 11、底径 6.8、高 19.5 厘米（图二四四，3；图版一六六，4）。标本 M25：5，泥质黑陶。斜直颈，斜弧腹。口径 11.6、底径 5.8、高 20 厘米（图二四四，4）。标本 M7：48，泥质浅灰陶。颈部斜直，下腹内收，凹底近平。口径 12.5、底径 7.8、高 21.5 厘米（图二四四，6；图版一六七，1）。标本 M7：11，泥质灰陶。窄沿，下腹略内收。口径 12.3、底径 8、高 23.3 厘米（图二四四，7）。

　　Ⅲ式　45 件，沿面有沟槽，器体变瘦小。颈下至底满饰深密的篮纹。均出于 M54。标本 M54：43，泥质黑陶。方唇上有沟槽。饰斜篮纹。口径 10.8、底径 6.2、高 15.2 厘米（图二四四，8；图版一六七，2）。标本 M54：42，泥质浅灰陶。腹饰交错篮纹。口径 8.4、底径 6、高 14.2 厘米（图二四四，9）。标本 M54：50，泥质灰陶。腹饰斜篮纹。口径 10.2、底径 6.6、高 15.2 厘米（图二四四，10；图版一六七，3）。

表一七　　　　石家河文化早期土坑墓出土陶器纹饰统计表

单位 \ 纹饰（数量和百分比）	素　面	弦　纹	篮　纹	方格纹	红　衣	合　计
M7	35	27	22			84
	41.66	32.14	26.2			100
M54	33		45			78
	42.3		57.7			100
M60	6					6
	100					100
M64	6					6
	100					100
M48	34	2		1	5	42
	80.95	4.76		2.38	11.91	100

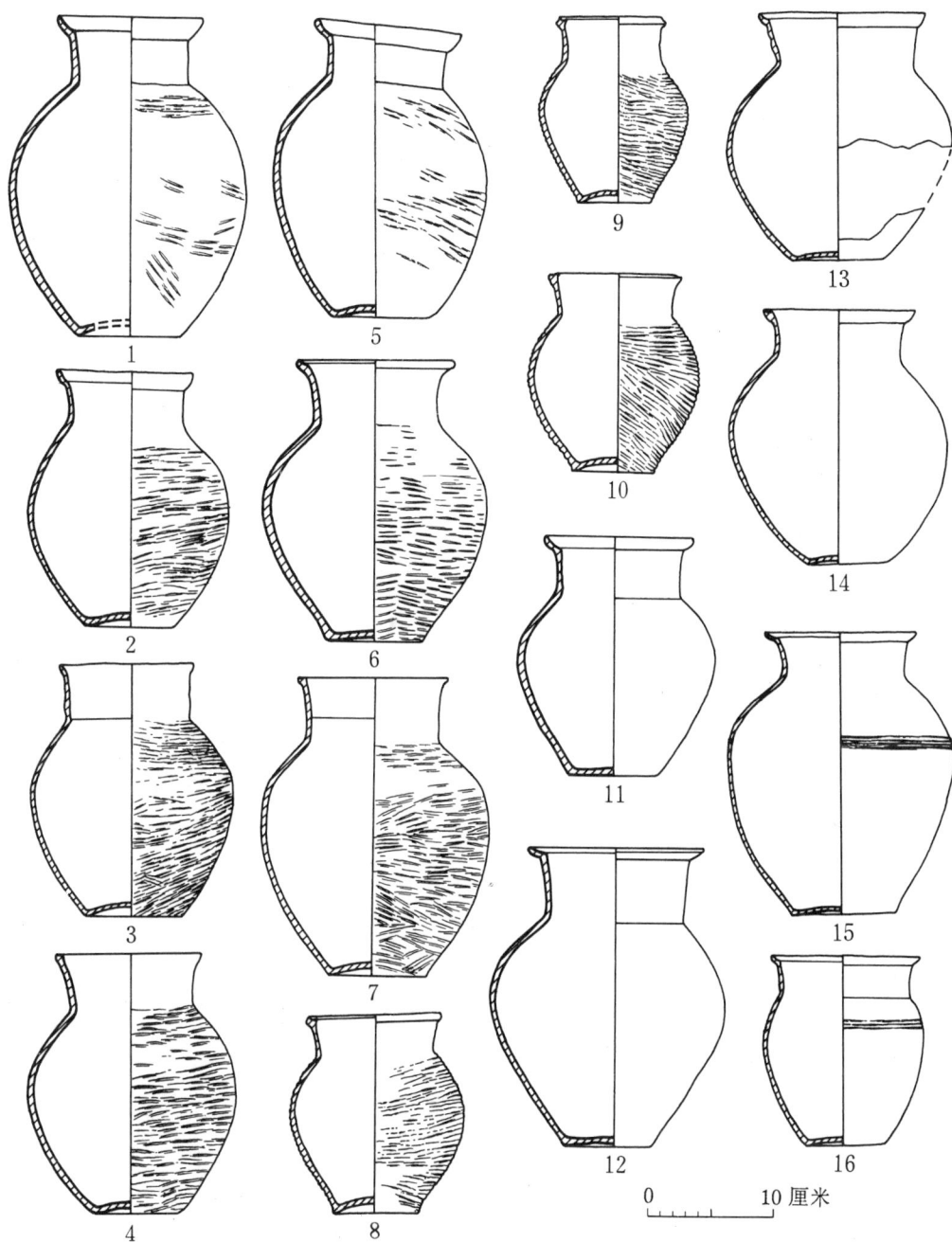

图二四四　石家河文化早期陶高领罐

1、2、5. A型Ⅰ式 M11：2、M7：36、M7：2　　3、4、6、7. A型Ⅱ式 M7：59、M25：5、
M7：48、M7：11　　8～10. A型Ⅲ式 M54：43、M54：42、M54：50　　11～14. B型Ⅰ式 M27：7、
M27：9、M7：63、M7：60　　15、16. B型Ⅱ式 M7：4、M7：3

B型　51件，肩较突出，器体较瘦长，小平底或略凹。分二式。

Ⅰ式　7件，凹沿较深，直颈。标本M27：7，泥质灰陶。小平底。素面。口径12、底径7.2、高18.4厘米（图二四四，11；图版一六七，4）。标本M27：9，泥质灰陶。小平底略凹。素面。口径14、底径7、高23厘米（图二四四，12；图版一六八，1）。标本M7：63，泥质灰陶。斜直颈，腹残。素面。口径13.6、底径7.2、高19厘米（图二四四，13；图版一六八，2）。标本M7：60，泥质灰陶。厚沿，直颈。素面。口径12.4、底径6.4、高19.2厘米（图二四四，14；图版一六八，3）。

Ⅱ式　44件。凹槽变浅，小平底略内凹，大部分出于M7。标本M7：4，泥质灰陶。宽沿，斜直颈，下腹略内收。肩饰一组细划弦纹。口径12.1、底径8.4、高21.6厘米（图二四四，15）。标本M7：3，泥质灰陶。宽沿，斜直颈，肩部饰一组划弦纹。口径12、底径6、高14.9厘米（图二四四，16；图版一六八，4）。标本M7：7，泥质灰陶。宽凹沿，直颈。口径12、底径6.1、高14.9厘米（图二四五，1；图版一六九，1）。标本M7：30，泥质灰陶。窄沿，圆唇。素面。口径11.6、底径6.2、高18.3厘米（图二四五，2；图版一六九，2）。标本M27：13，泥质灰陶。斜折沿，尖唇。素面。口径11、底径6.6、高19.2厘米（图二四五，3；图版一六九，3）。标本M7：47，泥质灰陶。厚沿，腹残。素面。口径11.5、底径7、高21.2厘米（图二四五，4；图版一六九，4）。标本M7：51，泥质灰陶。厚沿，腹残。素面。口径13.2、底径7、高21.4厘米（图二四五，5；图版一七〇，1）。

C型　82件。窄沿，高直领，鼓腹，小凹底或平底，器体较小。标本M54：58，泥质灰陶。窄凹沿，球形腹，凹底。素面。口径10.2、底径6.4、高15.8厘米（图二四五，6）。标本M59：21，泥质黑陶。窄凹沿，球腹，凹底。素面。口径9.4、底径6、高15.5厘米（图二四五，7）。标本M59：33，泥质灰陶。窄凹沿，斜直颈，球形腹，小凹底。素面。口径9、底径5.6、高15.2厘米（图二四五，8；图版一七〇，2）。标本M59：1，泥质灰陶。窄凹沿，高直领略曲，球形腹。素面。口径9.8、底径5、高14.8厘米（图二四五，9）。标本M59：41，泥质黑陶。窄凹沿，深弧腹，平底。素面。口径10.6、底径5、高15.4厘米（图二四五，10；图版一七〇，3）。标本M54：6，泥质灰陶。斜折沿略凹，扁球腹，凹底。素面。口径10.7、底径9.3、高14.8厘米（图二四五，11；图版一七〇，4）。标本M54：14，泥质灰陶。斜折沿略凹。球形腹，凹底。素面。口径9.5、底径5.6、高13.3厘米（图二四五，12）。标本M48：37，泥质灰陶。平沿外侈。素面。口径14.6、底径6.6、高14.6厘米（图二四五，13）。标本M48：38，泥质灰陶。平沿上略有凹痕，沿外侈。素面。口径8.2、底径5.2、高13厘米（图二四五，14；图版一七〇，5）。

大口罐　1件。标本M25：7，泥质灰陶。口、底残，仰折沿，弧鼓腹，底径较小。

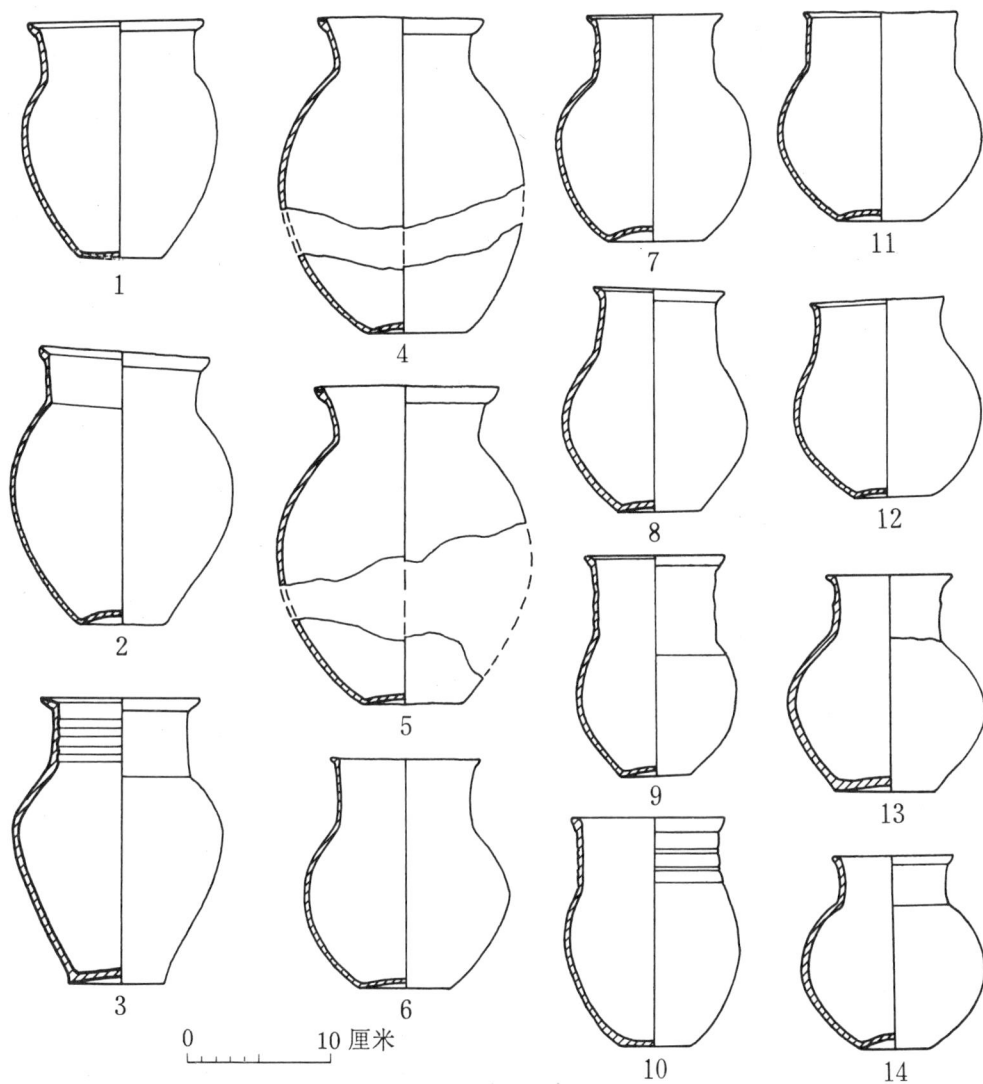

图二四五　石家河文化早期陶高领罐

1~5. B型Ⅱ式 M7:7、M7:30、M27:13、M7:47、M7:51　　6~14. C型 M54:58、M59:21、
M59:33、M59:1、M59:41、M54:6、M54:14、M48:37、M48:38

下腹部饰两组各四道整齐而细密的凸弦纹。残口径25.2厘米（图二四六，1）。

中口罐　1件。标本M7:31，泥质灰陶。仰折沿，唇较厚，深垂腹，下腹急斜收，小凹底。腹部饰稀疏篮纹。口径22.4、底径9.6、高35.4厘米（图二四六，6；图版一七〇，6）。

壶形器　1件。标本M7:68，泥质橙黄陶。口、足残。高直颈较粗，扁折腹很浅，喇叭形高圈足。素面。残高13.6厘米（图二四六，7）。

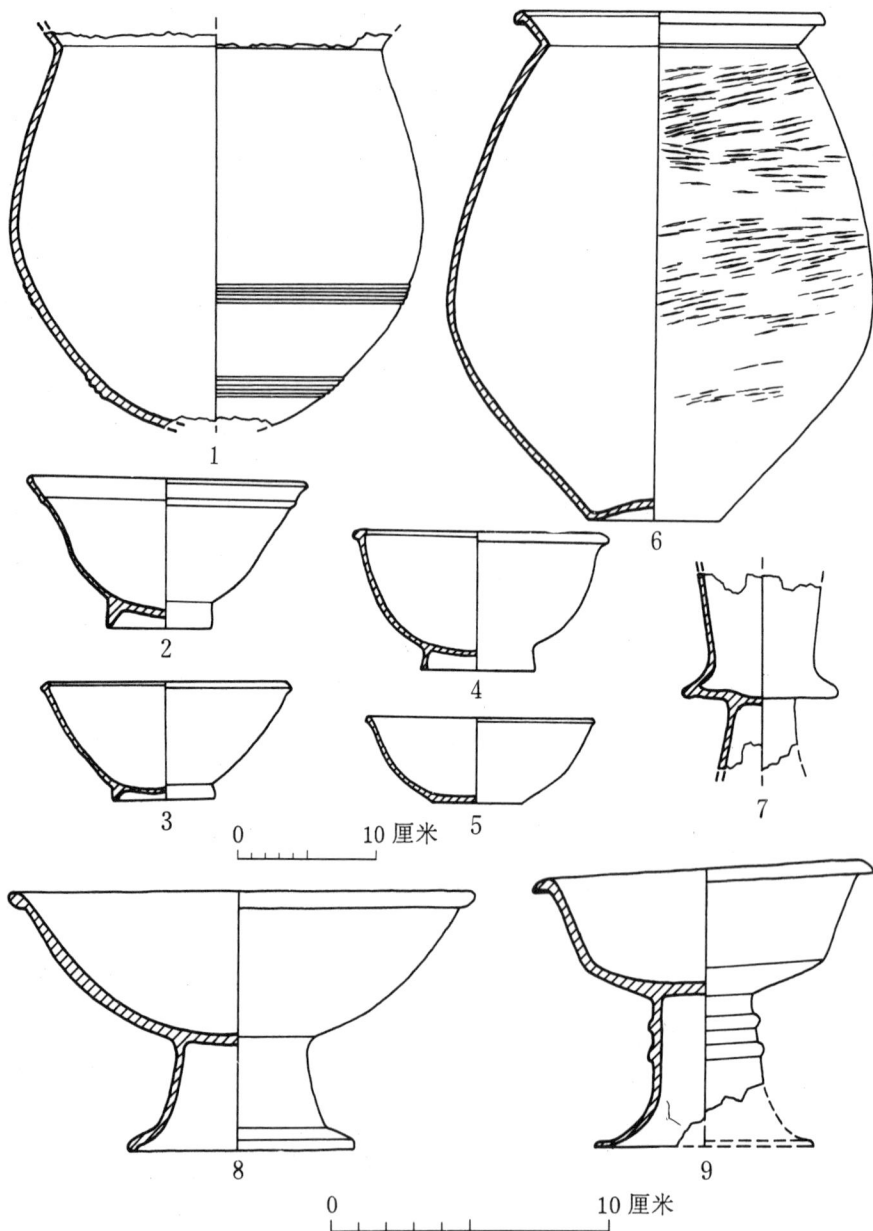

图二四六　石家河文化早期墓葬出土部分陶器

1. 大口罐 M25:7　　2、3. A 型碗 M7:41、M59:58　　4. B 型碗 M59:54

5. 钵 M7:44　　6. 中口罐 M7:31　　7. 壶形器 M7:68　　8. 豆 M48:41　　9. 豆 M48:31

碗　复原 3 件。均为敞口，弧腹，圜底，矮圈足。按口沿、腹部的不同分二型。

A 型　2 件。内勾唇，斜弧腹，圈足下端尖。标本 M7:41，泥质灰红陶。上腹略内收，下腹略外鼓，上腹内壁有道凹槽。外壁有两道凹弦纹。口径20、足径6.8、高10.6厘米（图二四六，2；图版一七一，1）。标本M59：58，泥质黑陶。素面。口径18、足径7.2、高8.2厘米（图二四六，3；图版一七一，2）。

B型　1件。标本M59：54，泥质黑陶。斜折沿较宽，弧腹稍外鼓。素面。口径18.8、足径8.4、高9.8厘米（图二四六，4；图版一七一，3）。

钵　1件。标本M7：44，泥质灰陶。敞口，斜弧腹，平底。素面。口径16.6、底径6、高6厘米（图二四六，5；图版一七一，4）。

豆　复原3件。标本M48：41，泥质灰陶。敞口，厚圆唇，坦腹，底较平，喇叭形圈足。素面。口径17、底径8.2、高9厘米（图二四六，8；图版一七三，4）。标本M48：31，泥质红陶。敞口，卷沿，折腹，底较平，喇叭形高圈足。圈足上部有两周凸棱。口径12.5、足径7.7、高9.4厘米（图二四六，9）。

斜腹杯　复原54件。均为敞口，深腹，小底。按胎的厚薄分二型。

A型　19件。薄胎，素面。分三式。

Ⅰ式　1件，标本M8：7，泥质橙黄陶，斜直腹，小平底。口径8.6、底径3.1、高8.7厘米（图二四七，1；图版一七一，5）。

Ⅱ式　18件。斜弧腹内收，器体变瘦。标本M7：75，泥质橙黄陶，平底。口径8.3、底径2.8、高9厘米（图二四七，2；图版一七一，6）。标本M8：10，泥质橙黄陶，器底外侈。口径7.5、底径2.9、高8.1厘米（图二四七，3；图版一七二，1）。标本M64：5，泥质橙黄陶，器底内部正中有一泥凸。口径6.8、底径2.6、高7.3厘米（图二四七，4；图版一七二，2）。标本M60：4，泥质橙黄陶，器内底呈灰色。小平底略凹。口径6.4、底径2.2、高7.5厘米（图二四七，5；图版一七二，3）。

B型　35件。厚胎。分三式。

Ⅰ式　6件。斜直腹，小平底。标本M64：4，泥质陶，上部橙红色，下部及底内外灰色。杯内底正中有泥凸。素面。口径8.2、底径3.2、高9.6厘米（图二四七，6；图版一七二，4）。标本M60：6，泥质陶，上部橙红色，下部及底内外灰色。内底平。素面。口径8.1、底径2.8、高7.7厘米（图二四七，7；图版一七二，5）。

Ⅱ式　14件。胎变厚，腹腔变小，斜直腹，杯底内有泥凸，外有窝坑。标本M48：28，泥质红陶。素面。口径8.3、底径4、高7.6厘米（图二四七，8；图版一七二，6）。标本M48：14，泥质红陶。素面。口径7.5、底径4、高7.3厘米（图二四七，9）。

Ⅲ式　15件。胎更厚，腹腔更小，器表多涂红衣，凹底。标本M48：12，泥质红陶。斜直壁。器表涂红衣，多已脱落。口径7.2、底径3.2、高8.5厘米（图二四七，10；图版一七三，1）。标本M48：24，泥质红陶。口略外翻，器表涂红衣，多脱落。口径6.8、底径3.4、高8.5厘米（图二四七，11；图版一七三，2）。标本M48：21，泥质

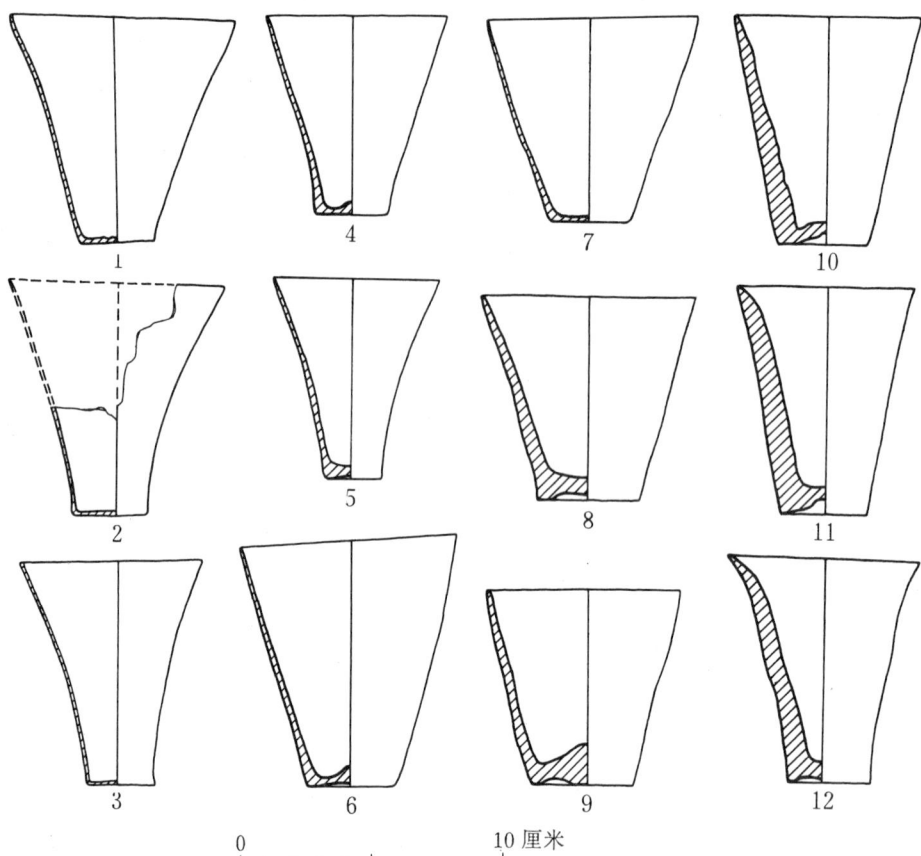

图二四七　石家河文化早期陶斜腹杯

1. A型Ⅰ式 M8:7　　　2~5. A型Ⅱ式 M7:75、M8:10、M64:5、M60:4

6、7. B型Ⅰ式 M64:4、M60:6　　　8、9. B型Ⅱ式 M48:28、M48:14

10~12. B型Ⅲ式 M48:12、M48:24、M48:21

黄陶，口沿外翻。器表涂红衣，多脱落。口径7.4、底径3.2、高8.5厘米（图二四七，12；图版一七三，3）。

罐形鼎　1件。标本M48:36，夹砂红陶。凹折沿，鼓腹，圜底，足残。腹饰方格纹。口径22.5、残高18.4厘米（图二四八，1）。

小鼎　复原20件。形体均较小，多数带盖。皆素面。分二型。

A型　10件。斜弧腹，圜底近平或平底，圆锥足较高。标本M64:1，泥质黑陶。凹折沿，圜底近平。口承A型盖。口径7.4、鼎高7.6厘米（图二四八，2；图版一七三，5）。标本M7:71，泥质深灰陶。窄凹沿，底较平。口径7.2、高7.4厘米（图二四八，3；图版一七三，6）。标本M8:9，泥质灰陶。折沿，底较平。口径7.5、高8.5厘米（图二四八，4；图版一七四，1）。标本 M8:8，泥质浅灰陶。折沿，底较平。口径7.6、高9.5厘米（图二四八，5）。

　　B型　10件，腹近直或斜直，矮扁凿形足。标本 M11:20，泥质红陶。上承 B 型盖，口沿略外卷，直腹，底近平。口径8.7、通高10厘米（图二四八，6；图版一七四，2）。标本 M50:4，泥质浅灰陶。上承 B 型器盖。口略外卷，斜腹近直，底近平。口径7.8、通高6.6厘米（图二四八，7）。标本 M25:3，泥质红陶。上承 B 型器盖，腹较直，圜底，扁凿足外撇。口径8.4、通高8.8厘米（图二四八，8；图版一七四，3）。

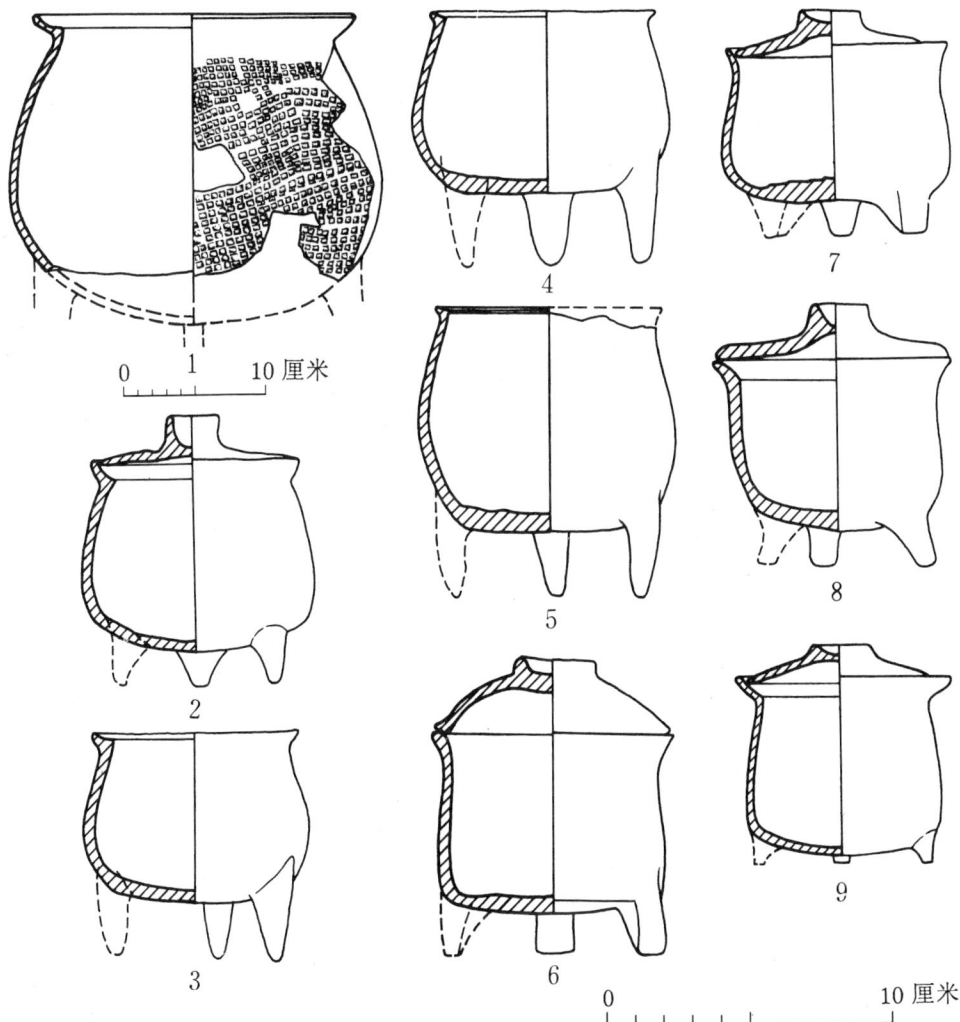

图二四八　石家河文化早期陶罐形鼎、小鼎

1. 罐形鼎 M48:36　　2~5. A 型小鼎 M64:1、M7:71、M8:9、M8:8、

6~9. B 型小鼎 M11:20、M50:4、M25:3、M50:3

标本 M50：3，泥质灰陶。上承 B 型器盖，凹折沿，腹近直，圜底近平，矮扁足。口径 7.6、通高 7 厘米（图二四八，9）。

器盖　复原 17 件。皆素面。依钮可分三型。

A 型　8 件。盖顶三个角形钮，斜直腹。标本 M8：11，泥质浅灰陶。口径 6.2、高 2.4 厘米（图二四九，1；图版一七四，4）。标本 M7：69，泥质黑陶。口径 6.7、高 2.4 厘米（图二四九，2）。

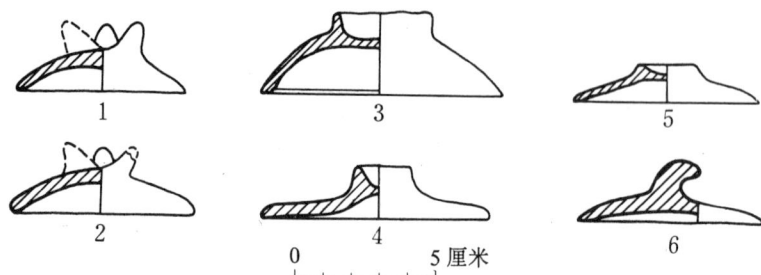

图二四九　石家河文化早期陶器盖（小鼎盖）

1、2. A 型 M8：11、M7：69　　3～5. B 型 M11：18、M25：3、M50：3　　6. C 型 M64：3

B 型　8 件，矮圈钮，标本 M11：18，泥质红陶。口径 8.7、高 2.8 厘米（图二四九，3；图版一七四，5）。标本 M25：3，泥质陶。器表黑色，器内红色。口径 8、高 1.8 厘米（图二四九，4；图版一七四，6）。标本 M50：3，泥质灰陶。圈钮较矮。口径 6.6、高 1.3 厘米（图二四九，5）。

C 型　1 件。标本 M64：3，泥质灰陶。弯角形钮，盖顶斜直近平。口径 6.5、高 2.1 厘米（图二四九，6；图版一七四，7）。

2．生产工具

石家河文化早期墓葬中出土生产工具很少，有陶纺轮、圭形石凿，石钺因只出 1 件，也归于生产工具类。

陶纺轮　4 件。扁平圆形，中有一孔。皆素面。标本 M8：40，泥质红陶。弧边，一侧有缺损。直径 3.6、厚 0.3 厘米（图二五〇，1；图版一七五，1）。标本 M48：39，泥质红陶。体厚，弧边。直径 3.5、厚 1 厘米（图二五〇，2；图版一七五，2）。标本 M48：35，泥质红陶。直边，一面平，一面弧，一道柳叶形的凹槽穿过小孔。直径 2.7、厚 0.5 厘米（图二五〇，3；图版一七五，3）。标本 M48：34，泥质红陶。棱边，一面平略凹，一面平略鼓。直径 3.4、厚 0.4 厘米（图二五〇，4；图版一七五，4）。

圭形石凿　1 件。标本 M48：43，上端残，磨制光滑。宽 2.3、厚 1.1、残高 3.2 厘米（图二五〇，5）。

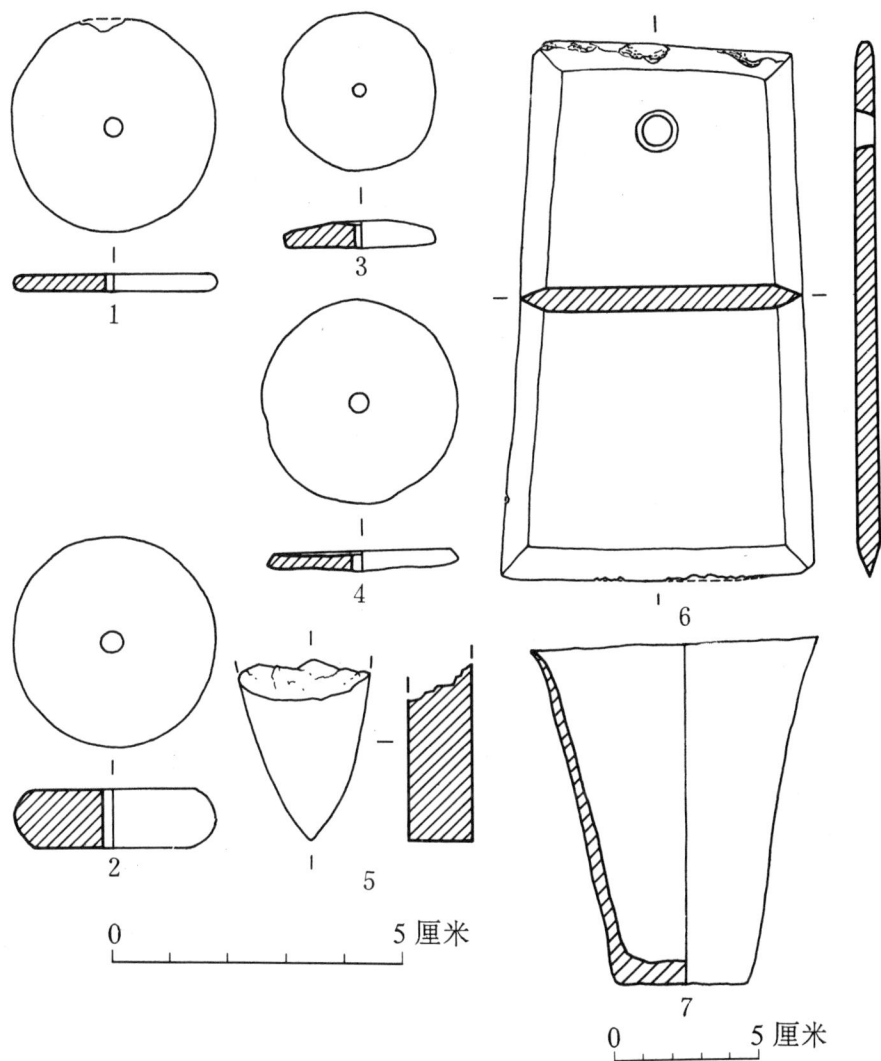

图二五〇　石家河文化早期陶纺轮、斜腹杯，石凿、钺

1、2. 陶纺轮 M8:40、M48:39　　3. 陶纺轮 M48:35　　4. 陶纺轮 M48:34

5. 石凿 M48:43　　6. 石钺 M7:73　　7. 陶斜腹杯 W6:5

　　石钺　1件。标本 M7:73，平面呈梯形，顶部和刃部稍斜，两面平。三边有刃，均为两面刃。孔为单面钻，打磨光滑。正面及一侧刃部有使用过的细小缺痕。背面孔左侧有朱砂痕迹。顶宽9、刃宽11.2、高18.2、厚0.8厘米（图二五〇，6；图版一七五，5）。

（三）石家河文化晚期瓮棺葬随葬品

77 座瓮棺中有 16 座瓮棺出土了随葬品，其中陶斜腹杯 1 件、铜矿石 1 件、猪牙 1 件、玉器 109 件。

1. 陶器

77 座瓮棺葬中，只 W6 随葬 1 件斜腹杯。标本 W6:5，泥质红陶。敞口，尖唇，斜直壁；深腹，平底。素面。口径 9.6、底径 4.2、高 11.6 厘米（图二五〇，7；图版一七五，6）。

2. 玉器

（1）出土情况

共发现玉器 157 件，其中 109 件出于瓮棺葬，33 件出于文化层，一件出于灰坑，14 件是从遗址上采集的。从田野发掘和室内整理的情况推测，所有的玉器都应属于瓮棺葬的随葬品。理由是：有相当多的瓮棺葬已被扰乱，瓮棺碎片散落于它处。如果这些瓮棺中原来随葬有玉器，那么玉器被扰掉也是有可能的。再则，从灰坑、文化层、取土场上出土或采集的玉器，形态特点也都和瓮棺中出土的一样。基于以上原因，本报告将肖家屋脊遗址出土的石家河文化晚期玉器都作为瓮棺葬的随葬品进行叙述。

（2）玉料的色泽和成分

玉器一般保存较好，只有个别受沁较严重。绝大部分玉料为青白玉，呈黄绿色，深浅不同。有玻璃光泽。由于色泽相似，推测这些玉料为同一地方所出。玉器受沁后，表面程度不同地出现了乳白色或灰白色的斑点及斑块。北京大学地质系对在遗址上采集到的五件玉器碎片进行了鉴定，发现其硬度内外不同，表层硬度＜5.5，内部新鲜面＞5.5，化学成分主要为 SiO_2，大多在 56％ 以上；其次为 MgO、CaO、Al_2O_3。由于受表层风化作用，沿裂隙表面不同程度褐铁矿化和粘土化，故定名为"表层风化透闪石软玉"，如按颜色分类，此类软玉可称为"青白玉"（附录一）。

在遗址中还发现二件滑石器，一件为羊头像，一件为鹿头像，质地细腻松软，表面晶莹光泽。因为古人认为美石就是玉，所以本报告把这两件滑石雕像也归入玉器一并叙述。

（3）玉器的加工技术和方法

玉器中有一些是半成品，并同出一定数量的边角废料，故推测这些玉器当为本地产品。经观察，玉器的制作过程主要有锯割、制坯、雕琢、钻孔、抛光等工序。锯割一般是用线锯，个别的采用片锯。操作时大多先从一面切割。待切到一定深度时，再从另一面切割。两条锯口如不能重合，便会在玉片上留下切割的痕迹。也有的玉块是在两面切割到一定深度时从中间敲断的。制坯是根据设计图样，用线切法将玉片四周多余的部分琢磨掉，使玉坯的轮廓和成品基本一致。这样的玉坯类似于成品的正投影。如虎头像即属于此类玉坯。雕琢是对玉坯作进一步加工，主要是饰纹。有浮雕、圆雕和透雕三种。浮雕是主要雕法，阴纹阳纹都有，阳纹采用减地法。圆雕很少，工艺水平很高，飞鹰即为一件上乘之作。透雕也不多，其饰纹方法是先在玉片上画好纹样，再在纹样上钻孔，最后用线锯将孔眼扩锯成纹。钻孔方法有管钻和实心钻两种。有些喇叭形玉管内外壁非常圆正，说明管钻水平很高。钻这种孔所用的管钻可能是被固定在一种简单的旋转机械上。而玉器背面和侧面的一些小孔是用实心钻钻成的。抛光技术使用很广泛，但一般只用于玉器的正面，反面绝大多数都不抛光。

（4）玉器的用途和用法

绝大部分玉器属于装饰品，品种包括人头像、虎头像、蝉、盘龙、飞鹰，还有璜、坠、珠、笄、管、柄形饰、牌形饰等。各种玉器的用法有待研究。从其形状及钻孔部位等特点分析，有些玉器可能是用线穿连，悬挂于某一部位，有些玉器可能是用线缀缝于软质的冠服上，还有的可能是镶嵌或缚扎于木质类物件上。

玉质生产工具可能具有礼仪性质，不作实用，如锛、纺轮、刀等。

（5）玉器的品种及形态特点

人头像　共发现7件。

标本 W6:32，头像雕于一块三棱形玉上，玉的反面内凹，光素，正面呈棱形，玉料为黄绿色，表面有乳白色斑点。人像头戴浅冠，头两侧上方有弯角形装饰，角下方有两道略向上卷的飞棱。棱形眼，宽鼻梁，鼻尖向外突出。耳廓分明，耳涡微凹，耳下戴大环。口略开，口内隐露四颗牙齿，口的两侧各有一对獠牙，上獠牙在内侧，向外撇，下獠牙不如上獠牙清晰，在外侧。下颌较尖削，略向前伸。颈部有一道细凹槽。从头顶到颈底有一纵向隧孔。人头像长 3.7、额顶最宽处 3.6、额部最厚处 1.4、隧孔直径 0.25 厘米。从此件玉器背面内凹光素的特点分析，它原来可能是被固定在某种物件的弧形面上，其隧孔和颈部凹槽是为了便于用线固定（图二五一，1；彩版一）。

标本 W6:14，是一长方形片状人头像。正面浮雕，反面光平，玉料为黄绿色，有光泽，正面抛光。头像戴浅冠，冠前面饰对称的涡形云纹。棱形眼，外眼角向上斜。鼻较宽。闭口，口角略向下。大耳戴环，环中间穿圆孔。颈部亦穿一圆孔。头像长 2.85、冠顶最宽处 2.2、中间厚 0.55 厘米（图二五一，2；彩版二，1）。

标本 W7:4，人头像浮雕于一玉管的表面。玉管上端较粗，下端较细，中间略向内凹。玉料为青黄色，表面有灰绿色斑点。正面经抛光。人头像戴箍形冠，箍在脑后起结，箍上饰斜平行线纹。五官为浅浮雕。眼似果核，外眼角上挑，内眼角下勾。鼻较

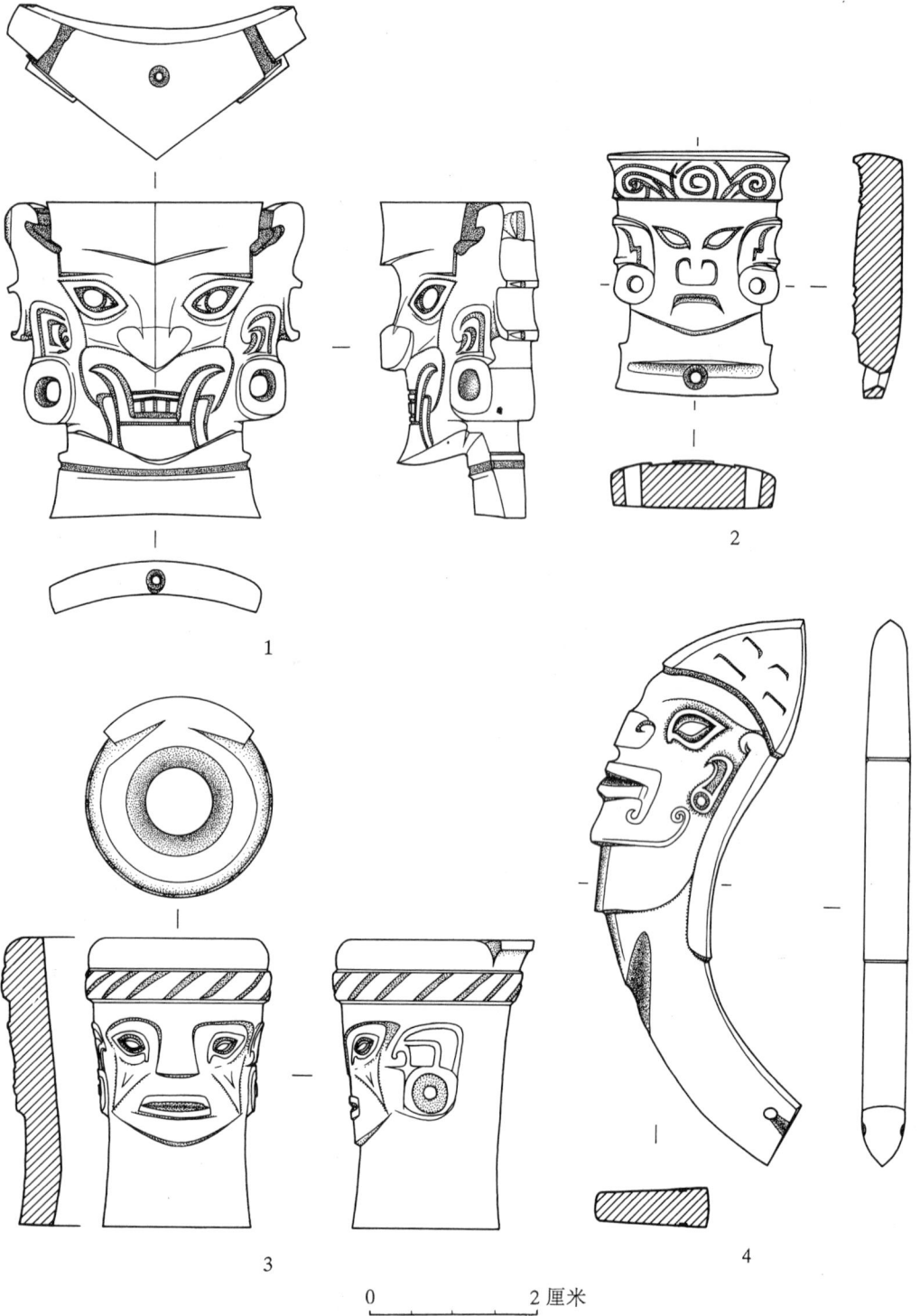

0 ⸻⸻⸻ 2厘米

图二五一　石家河文化晚期玉人头像

1. W6:32　　2. W6:14　　3. W7:4　　4. W6:17

长，轮廓线上端与眉相连。口形较宽，微开。耳廓有内外两层，耳下垂环。玉管全长3.9、玉管底径1.85、箍形冠处径2.3、孔径上端1.25、下端1.05厘米（图二五一，3；彩版二，2）。

标本W6:17，人头像浮雕于一块弧形玉片上。玉为青黄色，表面有乳白色斑点，经过抛光。此人头像构思奇特，雕者以璜形器的外缘为对称轴，将一个完整的人面一分为二，分雕于玉片的两面，两面人像相同。人像头戴尖冠，冠上有抓钉状纹饰，冠后有披，直拖后颈下。眼如果核，外眼角上挑，内眼角略向下勾，眼眶和眼珠凸出。鼻较短，下端稍尖。大口微开，厚唇。耳较小，细长，耳下戴环。下颌和口角有卷云纹。面部表情庄重威严。璜形器较细的一端穿一小孔。璜形器的弦长5.7、厚0.5厘米（图二五一，4；彩版三）。

标本W6:41，人头像浮雕于一长方形玉片上，反面平素。玉料为黄绿色，表面有粉状白斑。人像头戴平顶圆帽，鼻梁与双眉相连，鼻端如蒜头形，无目。口微开，上唇稍翘。耳长大，下垂环，但未钻孔眼。面部表情作愁苦态。左面部由背面向正面穿一圆孔，在玉片的上下边缘各有一个由背面和侧面相通的垂直小孔。此玉长2.6、冠处宽1.3、厚0.5厘米（图二五二，1；彩版四，1）。

标本W6:38，人头像雕于一块棱形玉柱上，玉料为黄绿色，光洁润泽。人像极抽象，头戴浅冠，脸部仅有左右对称的两个眼窝，两颊部有近似长方形的浮雕。头两侧有扉棱。玉柱上下贯穿一隧孔。玉上下长2.05、顶面对角线长1.9厘米（图二五二，3；彩版四，3）。

标本W6:9的特点与W6:38相似（图二五二，2；彩版四，2）。

玉蝉 是玉器中数量最多的一种，共33件。按雕琢的复杂程度分为三类。

第一类 7件。特点是雕琢特别精致。

标本W6:8，蝉体近似长方形，片状，正面稍凸弧，反面平素。玉料呈黄绿色，表面有粉状白斑。蝉头部口吻凸出，目近似椭圆形。颈部较宽，微向上鼓，绘两个卷云纹，颈后有三道平行凸线。双翼收合，翼上有两道细脉，翼尖向上和向两侧弯翘。翼间露出带节的身和尾。左目和左翼尖的反面各有一个和侧面相通的小圆孔。长2.6、宽1.9、厚0.5厘米（图二五三，1；彩版五，1）。

标本W6:12，蝉雕于一块厚玉片上。蝉体较宽肥，反面中间自上而下有一道凹槽，槽下端有细密而平行的横线，槽两侧光素。玉为黄绿色，表面有粉状白斑。蝉头部口吻凸出，双目近似椭圆形，颈部较宽，左右两侧各饰一对反向的卷云纹。颈后部有五道平行的细凸线纹。双翼收合，翼面上有两条筋脉，翼尖向上和向外侧弯翘。翼间露出带节的身和尖尾。长2.5、翼尖处宽2、厚0.9厘米（图二五三，2；彩版五，2）。

标本AT1321①:1，蝉雕于一块近似长方形的薄玉片上，反面平素。玉料呈浅黄

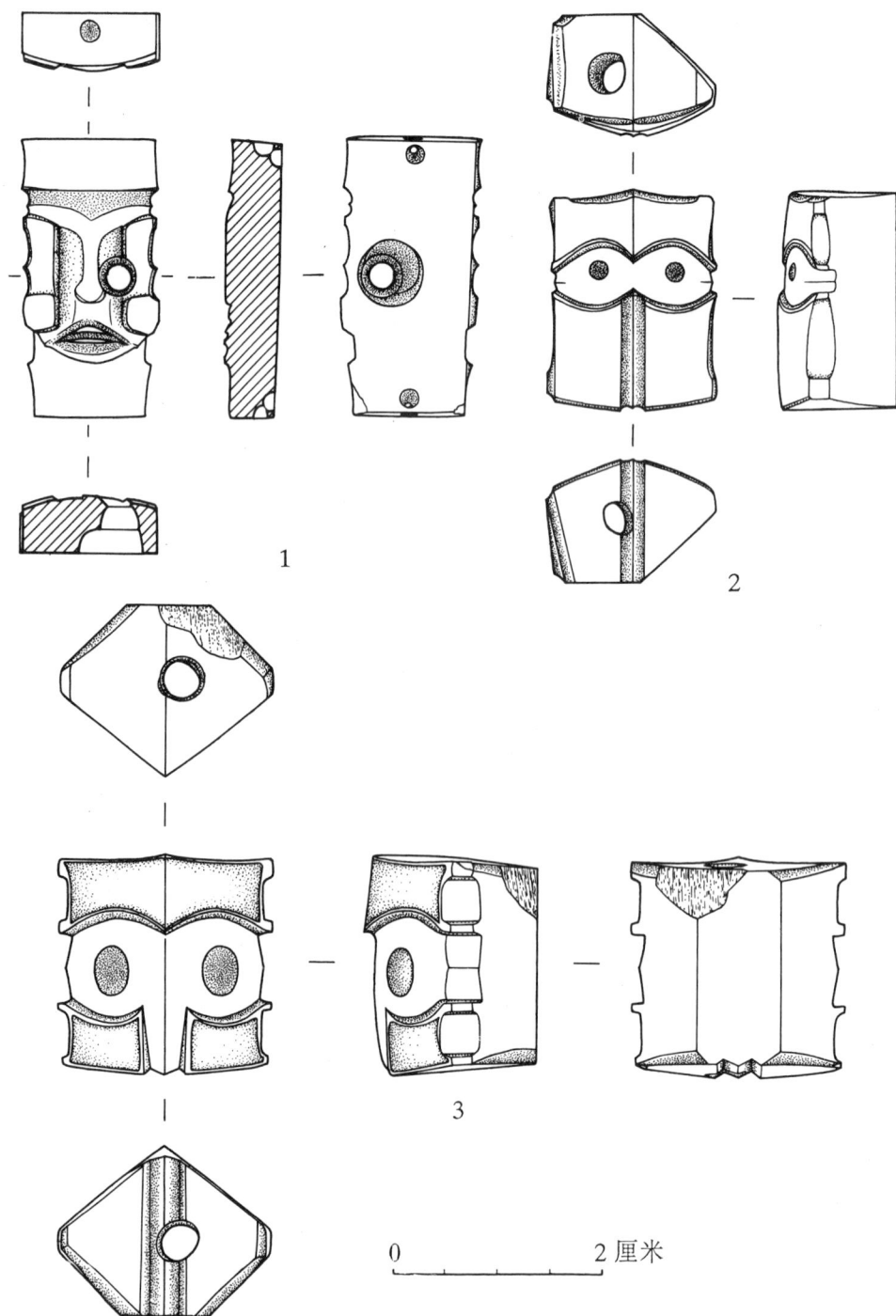

图二五二　石家河文化晚期玉人头像

1. W6:41　　2. W6:9　　3. W6:38

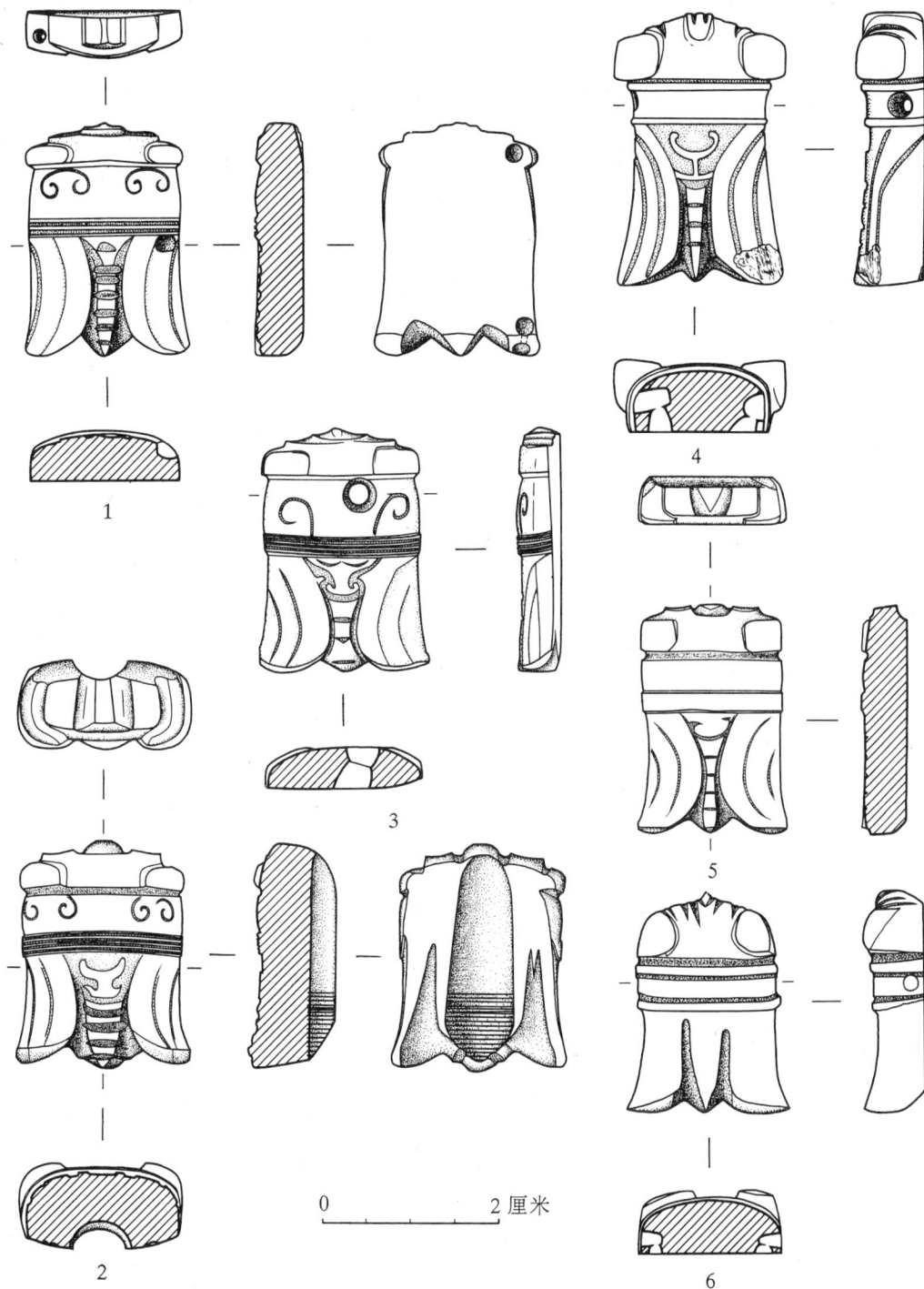

图二五三　石家河文化晚期玉蝉

1. W6:8　　2. W6:12　　3. AT1321①:1　　4. W71:2　　5. W6:11　　6. W6:10

色，有深绿色斑纹。蝉头部口吻似花瓣形，向前凸出，双目外鼓。颈较宽，微鼓，颈间有两个对称的卷云纹，颈后部有四道细密的平行凸线。双翼收合，翼面较宽，上有两条细筋脉。翼间露出身尾，身为竹节形，尾较钝。蝉颈部对钻一圆孔。长2.7、中间厚0.45、最宽1.95厘米（图二五三，3；彩版六，1）。

标本W71：2，蝉雕于一块长方形玉片上，反面光平。玉料呈黄灰色，左右侧为灰白色，夹褐色条斑，背腹有多道纵向裂纹。蝉头部前端呈弧形，口吻呈瓣状。双目鼓凸。颈为横带形。双翼收合，翼面有两条筋脉，翼尖向上和向两侧弯翘。双翼间露出带节的身和尖尾。颈两侧各有一个和腹面垂直相通的小孔。长3、颈部宽1.5、尾端厚0.75厘米（图二五三，4；彩版六，3）。

标本W6：11，蝉雕于长方形玉片上，反面光平。玉料为黄绿色，表面略呈青灰色。蝉口吻向前凸出，目近似方形。颈部呈带状，后侧有微凸的横条，双翼收合，翼面有两道筋脉，翼尖向上和侧面弯翘。蝉身露于翼间，有竹节形纹饰，尾钝尖。长2.25、两翼尖间宽1.7、厚0.5厘米（图二五三，5；彩版六，4）。

标本W6：10，蝉雕于玉片上，反面平素。玉料为黄绿色，表面有粉状白斑，蝉左目和口部呈枣红色，口吻向前凸出，目似桃形，颈部有两条凸棱。身翼间以凹槽分割。翼尖向上和向外弯翘，尾向上翘。在颈部两侧有和反面垂直相通的隧孔。长2.45、翼尖间距1.9、厚0.75厘米（图二五三，6；彩版六，5）。

标本W6：43，蝉形体很小，片状，头尾向正面弯弧。头部口吻凸出，目近似长方形。颈部较宽，微凸，后侧有两道平行凸线。双翼收拢，未琢出筋脉，翼间露出身和尾。长1.4、尾宽0.85、厚0.3厘米（图二五四，1；彩版七，2）。

第二类　9件，雕琢不如第一类精致，身和翼分化不明显，仅在后尾处有两个豁口。

标本AT1215①：1，蝉雕于一块较宽的方形玉片上，乳白色，有绿色斑点。头前端为弧形，有口吻。目似果核形。头颈间有一道浅凹槽，翼尖向上翘，并向两侧弯，两翼间露出尾尖。长2、头宽1.7、背厚0.65厘米（图二五四，5；彩版七，3）。

标本AT1601①：3，蝉雕于一块梯形玉片上，反面平素。玉料为黄绿色，表面因轻度受沁而泛红。正面雕琢简单，头前部凸出，口吻呈瓣状，目为长方形，颈后部有一道凸起的横带。身翼不分，仅在后尾处有两个小豁口，表现出尾部，翼尖略上翘和外撇。长3.1、尾端最宽2.2、最厚0.8厘米（图二五四，4；彩版七，4）。

标本W17：2，蝉雕于一块向正面弓曲的玉片上，两头薄，中间厚，反面上下各有一条竖凹槽。玉为青绿色。蝉口吻向前凸出成尖状。目近似方形。颈部有三道横凸棱。身翼不分，尾与翼尖间有两个小豁口。从左侧向右侧单向穿一小孔。长2.05、颈宽1.1、中间厚0.5厘米（图二五四，3；彩版七，1）。

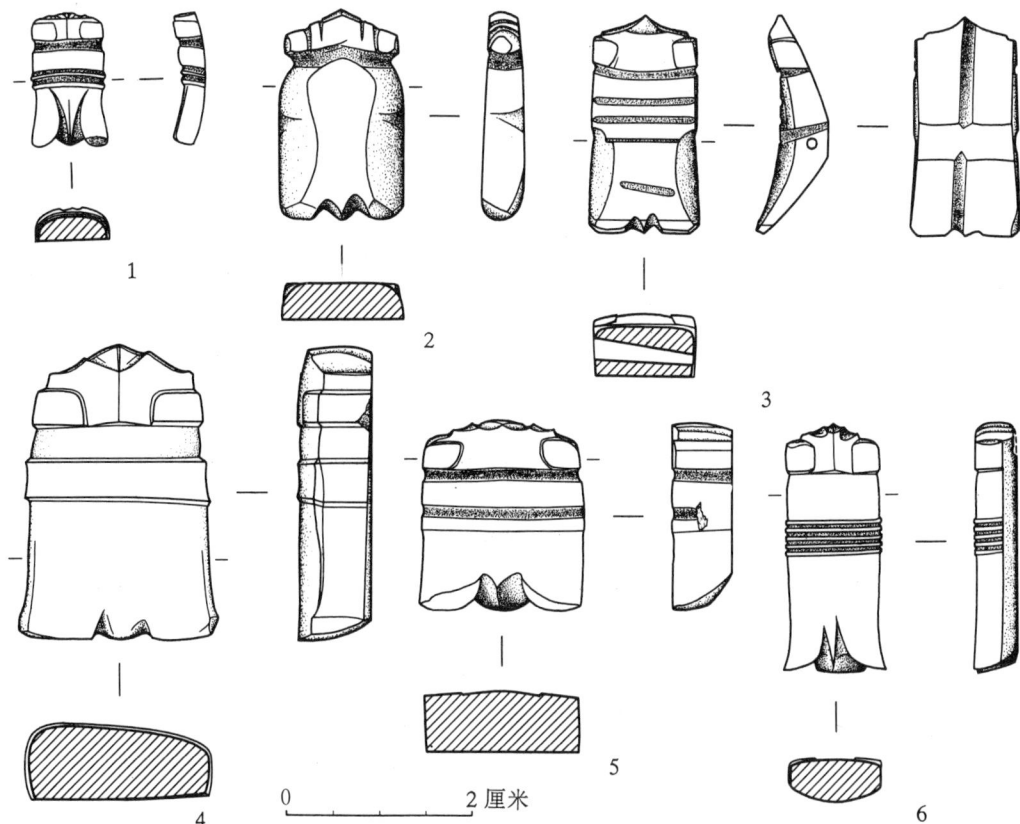

图二五四 石家河文化晚期玉蝉

1. W6:43 2. W6:61 3. W17:2 4. AT1601①:3 5. AT1215①:1 6. AT1115②:5

标本 W6:61，蝉雕于一块较薄的玉片上，反面平素，玉为黄绿色，表面有粉状白斑。蝉头部呈三角形，口吻稍凸，目较小。其它部位略加雕琢，仅尾与翼间有两个豁口。长 2.2、宽 1.4、尾厚 0.8 厘米（图二五四，2；彩版七，6）。

标本 AT1115②:5，蝉雕于一块细长的玉片上，反面平素。玉为乳白色，有绿斑，经过抛光，有光泽。头部较短，口吻凸出如花瓣形，目为方形。背部琢五道平行阳线。翼与身在后端分化，翼尖向两侧弯。长 1.65、中间宽 1、厚 0.5 厘米（图二五四，6；彩版七，8）。

第三类 共 17 件，有二件略残。雕琢简单，身翼不分，仅在尾端琢一豁口。

标本 W6:40，蝉雕于一块长方形玉片上，背面平素。玉表面呈灰色。吻部尖凸，目近似方形，颈部为宽带状，身翼不分，仅尾端有一半圆形豁口，翼尖稍外翘。长 2.5、尾端宽 1.6、厚 0.45 厘米（图二五五，1；彩版七，9）。

标本 W6:44，蝉雕于一块梯形玉片上，反面平素。玉为深黄色，局部有淡黄色斑

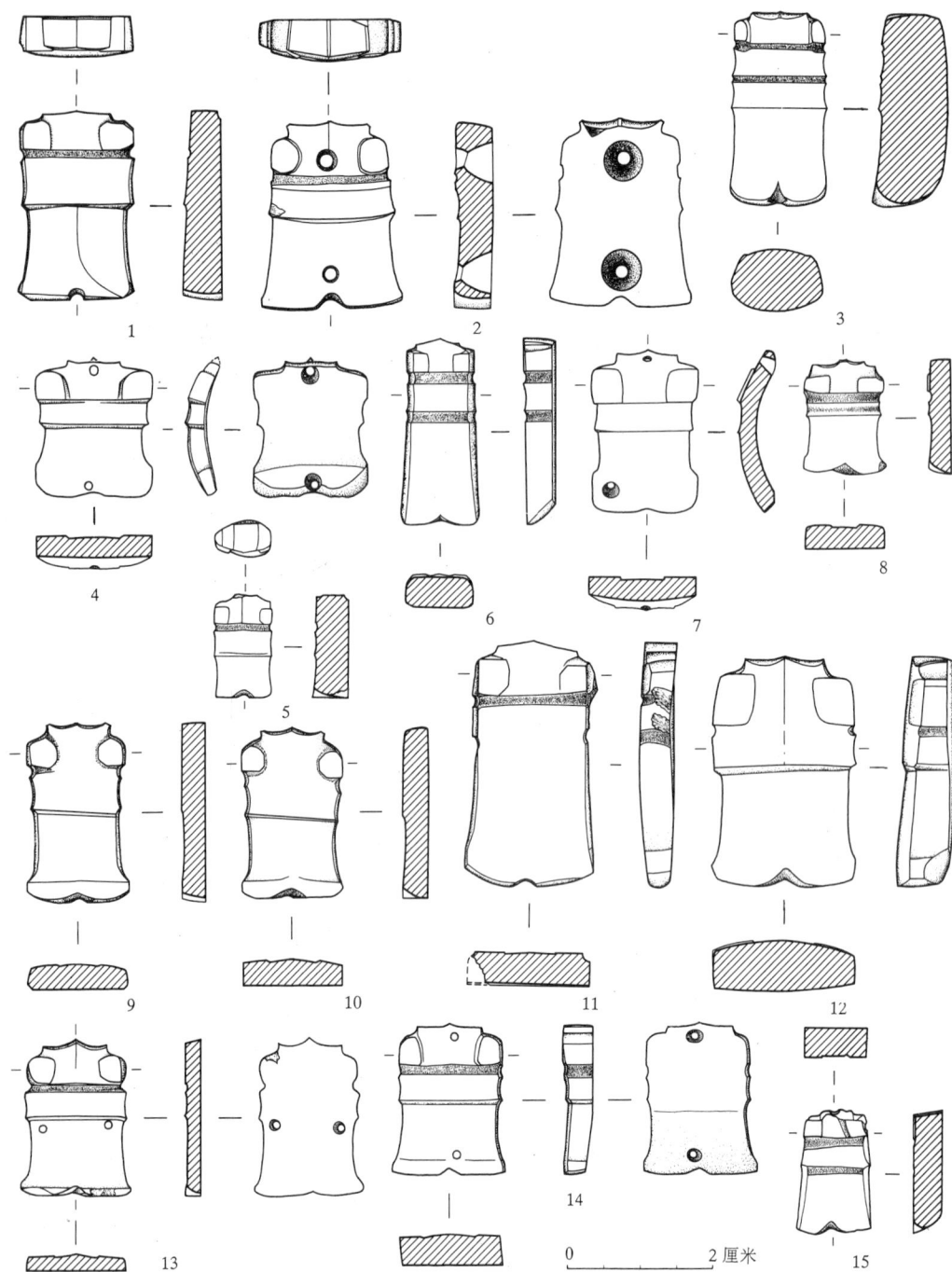

图二五五　石家河文化晚期玉蝉

1. W6：40　　2. W6：44　　3. W7：2　　4. W90：12　　5. W17：8　　6.

AT1213②：1　　7. W90：8　　8. W17：1　　9. W6：13　　10. W6：42　　11.

W6：52　　12. H97：1　　13. W25：5　　14. W25：4　　15. AT1216②：1

块。口吻较尖。目近似圆形，颈为横带形，身翼不分，仅尾端有一豁口，翼尖略外翘。头和近尾处各有一个由反面单穿的小孔。长 2.5、尾端宽 2、厚 0.25 厘米（图二五五，2；彩版八，2）。

标本 W90:12，蝉雕于一块向反面弧曲的玉片上。光素。玉呈灰白色，受沁严重，局部表皮已脱落。蝉体分头、颈和身翼三部分，雕琢简单。尾端略内凹，翼尖圆钝，外翘。头尾各有一个由反面向正面单穿的小孔，长 1.8、翼尾宽 1.6、厚 0.25 厘米（图二五五，4；彩版八，3）。

标本 W7:2，蝉雕于一块扁圆柱形玉上，背面光素。玉为黄绿色，有光泽，左侧局部有红色斑块。蝉体分头、颈、身翼三部分。颈较宽，中间以一条凹线分为两节。尾端有一豁口。翼外角圆钝。长 2.6、厚 0.9 厘米（图二五五，3；彩版八，5）。

标本 AT1213②:1，蝉雕于一块长条形玉片上，反面平素。玉正面呈金黄色，带紫色斑纹。反面颜色较浅，有光泽。蝉体为头、颈、身翼三部分。口吻向前尖凸，颈前后两侧有凹槽。尾端有一豁口，翼尖略外撒。长 2.5、尾宽 1.1、中间厚 0.4 厘米（图二五五，6；彩版八，1）。

第三类其它标本还有：W17:8（图二五五，5）、W90:9（彩版八，4）、W90:8（图二五五，7；彩版八，7）、W17:1（图二五五，8；彩版八，8）、W6:13（图二五五，9；彩版八，9）、W6:42（图二五五，10；彩版八，10）、W6:52（图二五五，11；彩版六，2）、H97:1（图二五五，12；彩版七，5）、W25:5（图二五五，13；彩版八，6）、W25:4（图二五五，14；彩版七，7）、AT1216②:1（图二五五，15）。

虎头像　共 9 件。

标本 W6:19，虎头像雕于一块较薄的玉片上，反面平素。玉为黄绿色，表面轻度受沁，呈灰白色，正面抛光。虎额顶有三个尖状凸起。近中偏右边缘有一个半圆形豁口。虎面正中有一道竖凸棱。耳廓近似树叶形，耳角向斜上方伸出，耳内有旋涡状纹，耳涡穿小圆孔。鼻宽大，鼻梁线与眉相连。圆眼，颧部较鼓。额顶至鼻端间距 2.1、两耳尖间距 3.6、厚 0.4 厘米（图二五六，1；彩版九，1）。

标本 W6:16 与标本 W6:19 非常相似。唯颧部更外鼓一些。额尖至鼻端 2.2、两耳尖间距 3.5、厚 0.4 厘米（图二五六，2；彩版九，2）。

标本 W6:53，虎头像雕于一块厚玉片上，反面平素。玉因受沁而呈灰白色。额中间略向上凸出。耳廓浮凸较高。耳窝内钻约 0.1 厘米深的小圆孔。圆目，眼珠凸出。颧部较鼓，鼻端延伸至玉片的下侧面。两侧有对钻的隧孔，左右贯通。由此推测，此玉为缀于织物表面的装饰品。两耳尖间距 3.4、上下长 2.8、厚 1.1 厘米（图二五六，4；彩版一〇，1）。

标本 AT13①:1，虎头像雕于一块正面近似长方形的厚玉上，反面厚薄不均。玉为

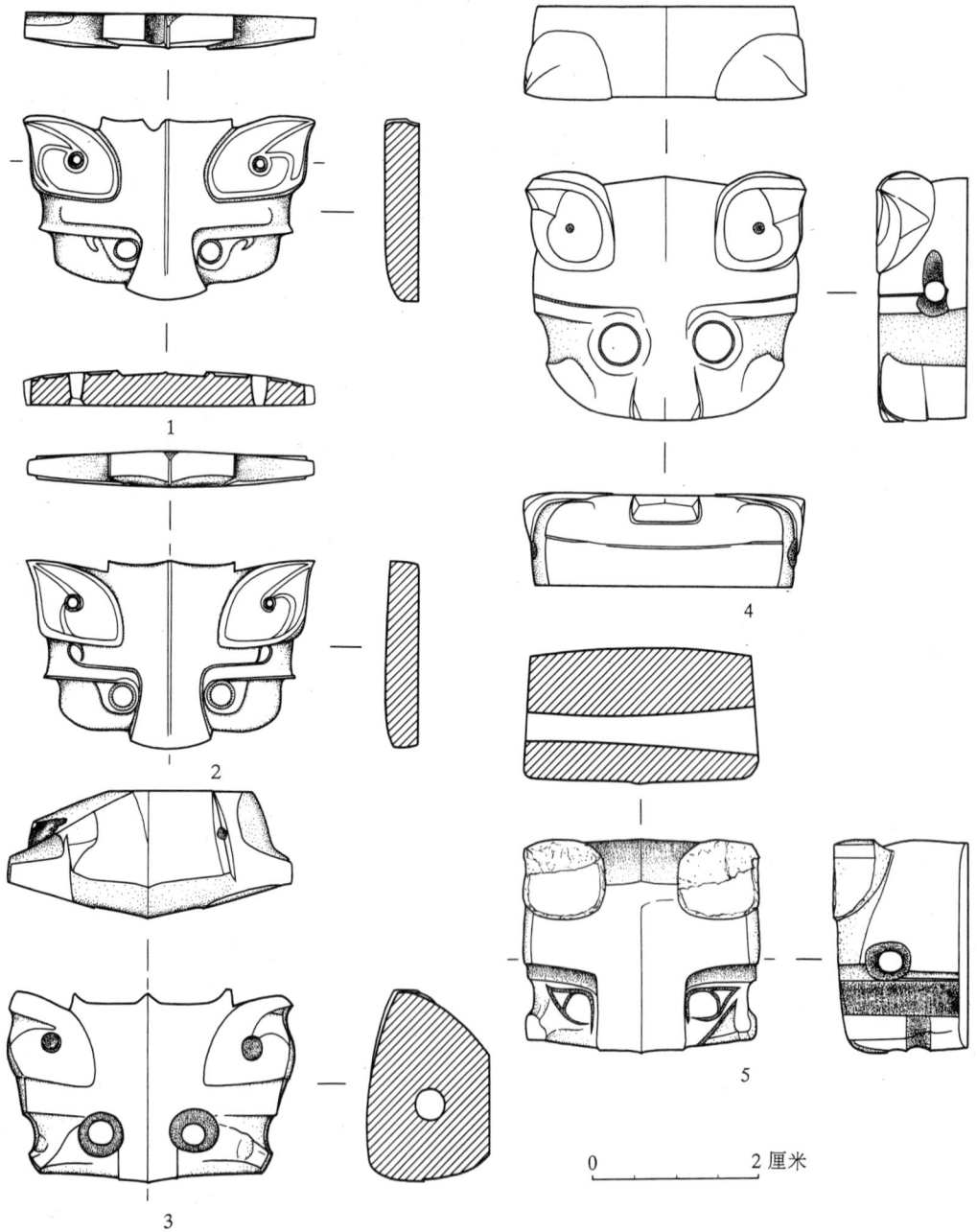

图二五六　石家河文化晚期玉虎头像

1. W6:19　　2. W6:16　　3. AT13①:1　　4. W6:53　　5. 010

乳白色，局部透露黄绿色，抛光。虎额顶有三个尖突。虎面正中有一条凸棱。耳廓近似三角形，耳内有旋涡形纹，耳窝钻一深约 0.2 厘米的小孔。圆目，眼圈下凹，眼球鼓出，颧部向外鼓凸。鼻长大，鼻下部延伸浮雕于下侧面上。两侧面向内穿一隧孔，左右贯通，上下长 2.2、左右宽 3.1、下侧厚 1.5 厘米（图二五六，3；彩版一〇，2）。

标本 W71：6，虎头像雕于一块近似六方体的玉上，玉呈淡青色，较润泽。此头像构思极其巧妙，为叙述方便，这里将不同的面分别编为 1～5 号。1 号浮雕是虎头的主正面，2 号是上侧面，3 号是下侧面。若按 2、1、3 顺序把三个面连接展开，则可看出这是一个完整的虎头形象。1 号面上端两侧浮雕虎耳，这两只耳向额顶转弯，并向 2 号面两边延伸。从整体看，耳廓像尖长的柳树叶，耳涡内钻约 0.2 厘米深的小洞。1 号面下部两侧琢虎目，以阴线表示眼圈，眼珠有凸出感。颧部稍向外鼓。鼻梁宽大，鼻下端向底面转弯延伸，浮雕于 3 号面的上端。3 号面中间透雕出长方形口，此口与 2 号面上的圆洞相通。主正面的两侧各向内钻一圆孔，左右相通。四个侧面上的孔均在玉块中心汇通。1 号面两耳尖间距 2.3 厘米，2 号面两耳尖间距 2.33 厘米。4 号面右边长 1.35 厘米。2 号孔径 1 厘米（图二五七；彩版一一，1）。

标本 010，虎头像雕于一较厚的方形玉上，反面光素。玉正面为玛瑙色，反面及侧面大部分呈乳白色。两耳边缘及反面一角有残损。此面正中有一道竖凸棱，耳窝下凹。目以线雕表现，外眼角向上挑，圆眼球。鼻宽大，颧凸出。从左侧向右侧掏一隧孔，掏穿后再从右侧稍加修理。额顶至鼻尖 2.5、中间宽 2.9、额部厚 1.65 厘米（图二五六，5；彩版一〇，3）。

标本 04，虎头像雕于一块三角形玉片上。反面光平。玉呈黄绿色，正反面抛光，细腻润泽。耳为菱形，上端较尖，半闭目，直鼻梁。耳尖间宽 2.35、额顶至鼻端 1.35、厚 0.5 厘米（图二五八，1；彩版一一，2）。

标本 W6：15，此虎头像是一件半成品，片状，反面光平。玉为黄绿色，表面有灰白色斑点。从轮廓看，额顶有三个尖凸，耳较尖，鼓颧。上下长 2.8、宽 3.3、厚 0.7 厘米（图二五八，2；彩版一一，3）。

标本 W6：60，为一抽象的透雕虎头像，玉为片状，两面光平。侧面和底面连成半圆形。玉呈黄绿色，表面有白斑，像头戴人字形冠，两侧上方有弯角形饰物。斜目，眼内角较宽。鼻、口、耳等均未表现。上下长 1.8、宽 3.3、厚 0.4 厘米（图二五八，3；彩版一一，4）。

飞鹰　1 件，标本 W6：7。圆雕。玉为黄绿色，有白色纹斑。正面浮雕，反面光素。鹰作飞翔状，形象矫健有力。扁钩形喙，小圆眼。背较宽，尾较圆，浮雕羽毛纹。双翅略向上抬举，并向后斜展。翅肩突出，翅近尖处分叉。每翅上有四道平行带钩的羽翎。翅尖间最宽 4.2、身长 1.9、尾厚 0.35 厘米（图二五八，4；彩版一二，1、2）。

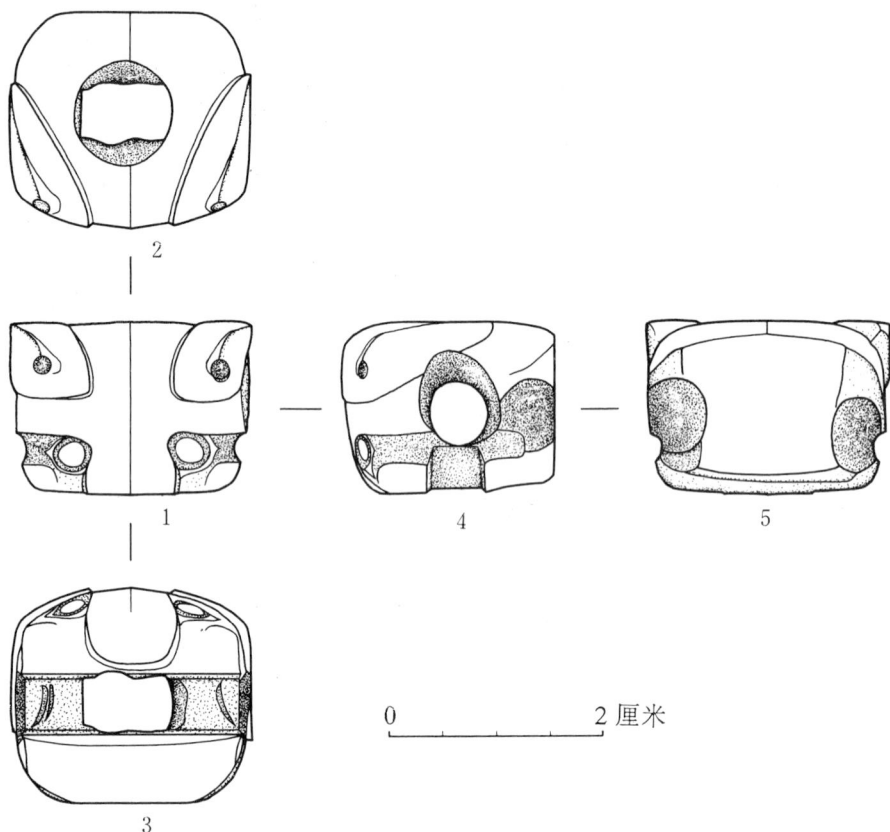

图二五七　石家河文化晚期 W71：6 玉虎头像
1. 正面　　2. 顶面　　3. 底面　　4. 侧面　　5. 背面

　　盘龙　1件，标本 W6：36。玉为黄绿色，表面有灰白斑。龙体首尾相卷，成块形。上颌尖凸，下颌短，口微开。额部有一道横凸棱，额顶到颈后部有长角形浮雕。尾为钝尖形。最大外径 3.8、体侧宽 1.2、厚 0.8 厘米（图二五八，5；彩版一二，3）。

　　羊头像　1件。标本 AT1601①：4，雕于一块滑石片上。质地软，青白色，局部有残缺。背面平素。头两侧有大弯角蟠绕双耳。额顶有三个凸尖，额面略鼓，反面有四个孔，上部一个小孔，与侧面一孔内通，侧面的一个已豁。中间两个孔，斜钻而成，内部互通。下面的一个孔与底侧的一孔相通。长 4.8、额宽 4.7、额厚 1.7 厘米（图二五九，1；彩版一三，2）。

　　鹿头像　1件。标本 AT1601①：3，雕于一块片状滑石上。质地软，乳白色，有光泽。正面略向上弧，反面平素，粗糙。鹿面近似三角形，颧部外鼓，颌两侧稍内凹。面部钻两个小孔，与背面相通，似表示双目，可以穿系或缚扎。头上有两只带齿状分枝的大角，角上端残。角下有小尖耳。长 6.5、宽 5.5、厚 1 厘米（图二五九，2；彩版一三，1）。

玉笄　共5件。

标本012，玉为青绿色，出土前断为数截，已修复。上段为方棱柱形，浮雕鹰一只。喙为尖钩状，头两侧有目，长翅收合，两翅上各有四道带钩的平行羽纹，两组羽纹在背部斜交。笄中段有一单面穿的小孔。孔下侧有一道凸棱。笄下段近似圆锥形，圆弧

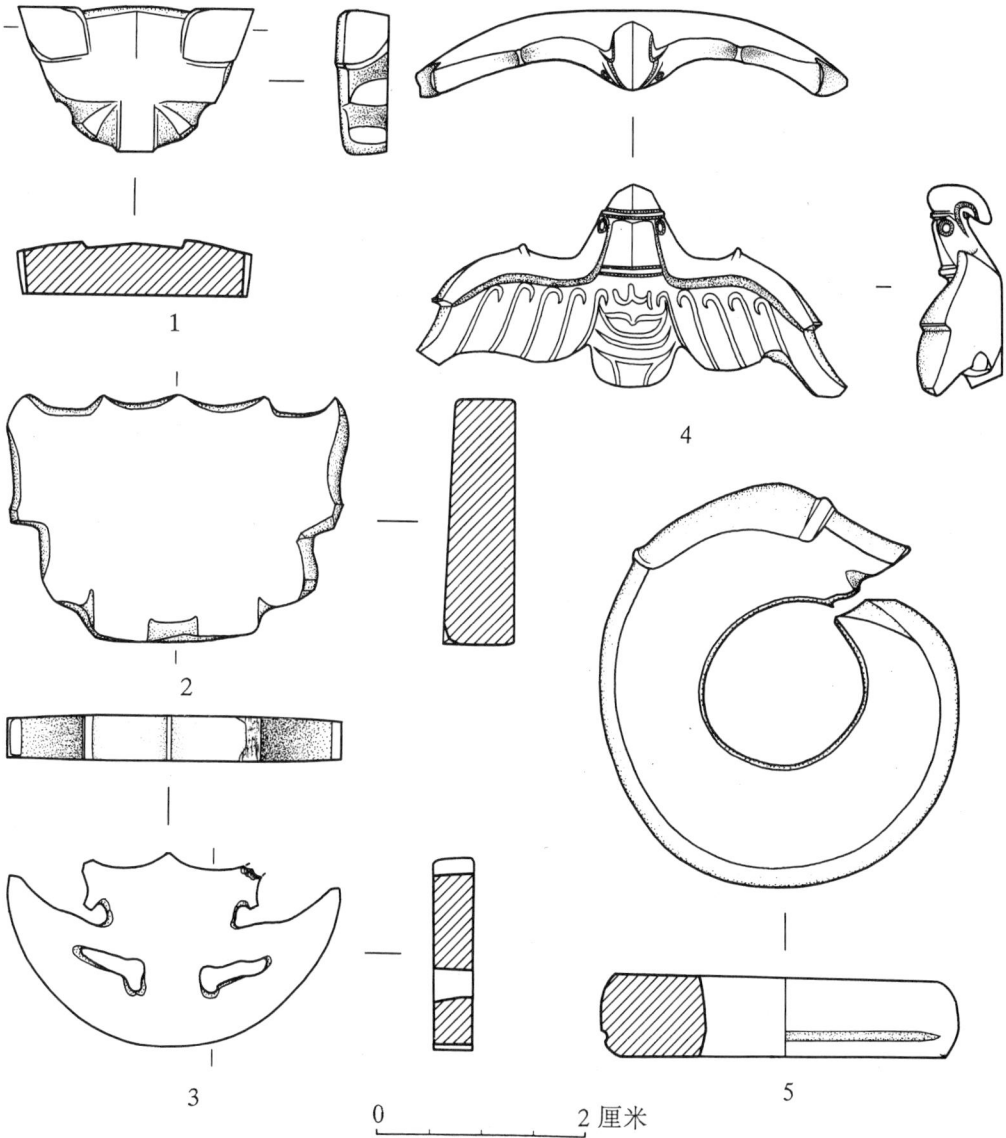

图二五八　石家河文化晚期玉虎头像、飞鹰、盘龙

1～3. 虎头像 04、W6:15、W6:60　　4. 飞鹰 W6:7　　5. 盘龙 W6:36

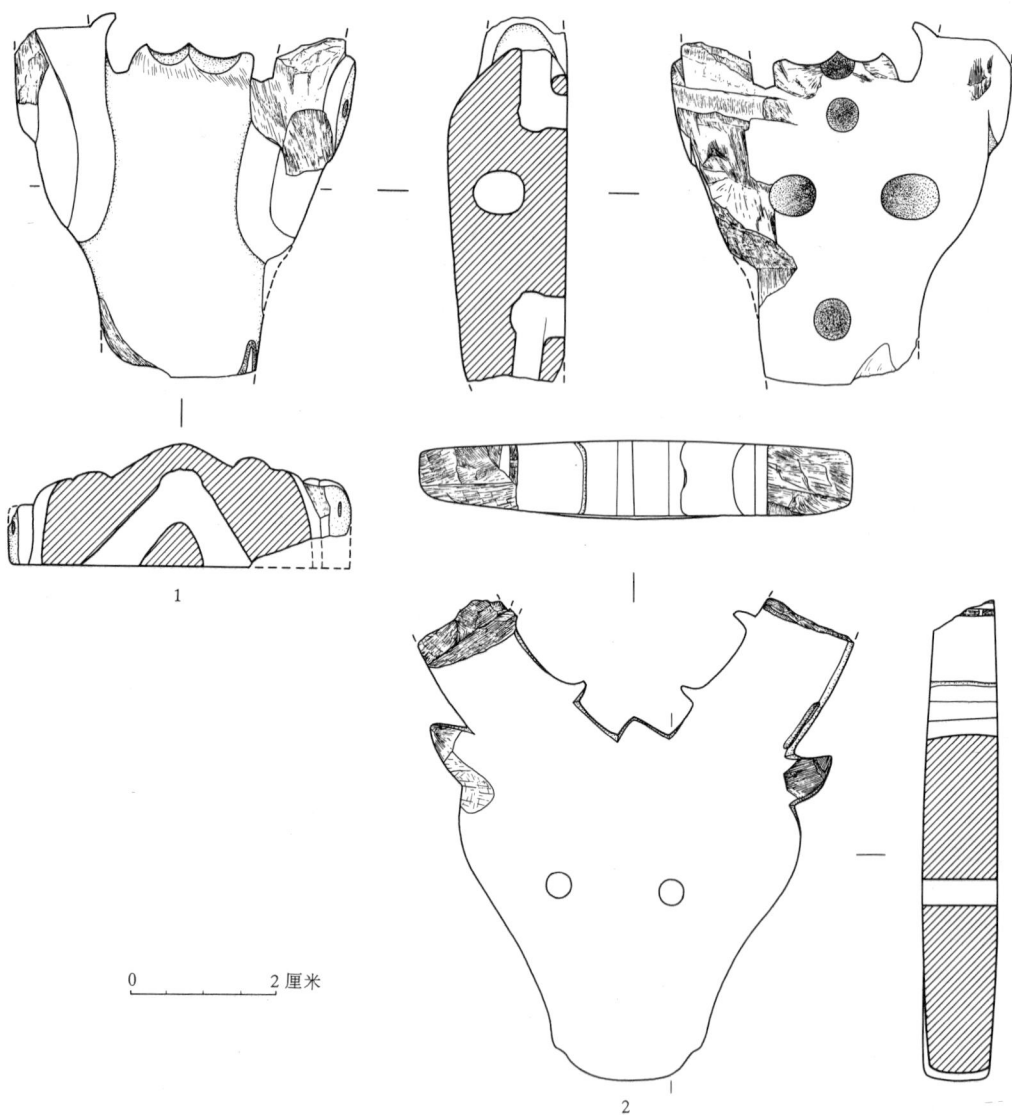

图二五九　石家河文化晚期石羊头像、鹿头像

1. 羊头像 AT1601①：4　　　2. 鹿头像 AT1601①：3

形头。全长 8.1、上段对角长 1.5、凸棱下侧直径 1 厘米（图二六〇，1；彩版一四，1）。

标本 AT1215②：2，玉表面轻度受沁，白色泛红，尖端呈黑色，下段内透黄绿色。出土前断为两段，已修复。笄为细长圆锥形，上端有平顶圆锥形榫。近榫处饰平行凸线。笄中段有一单向穿孔。下端尖细。全长 13.5、近孔处直径 0.7 厘米（图二六〇，2；彩版一四，2）。

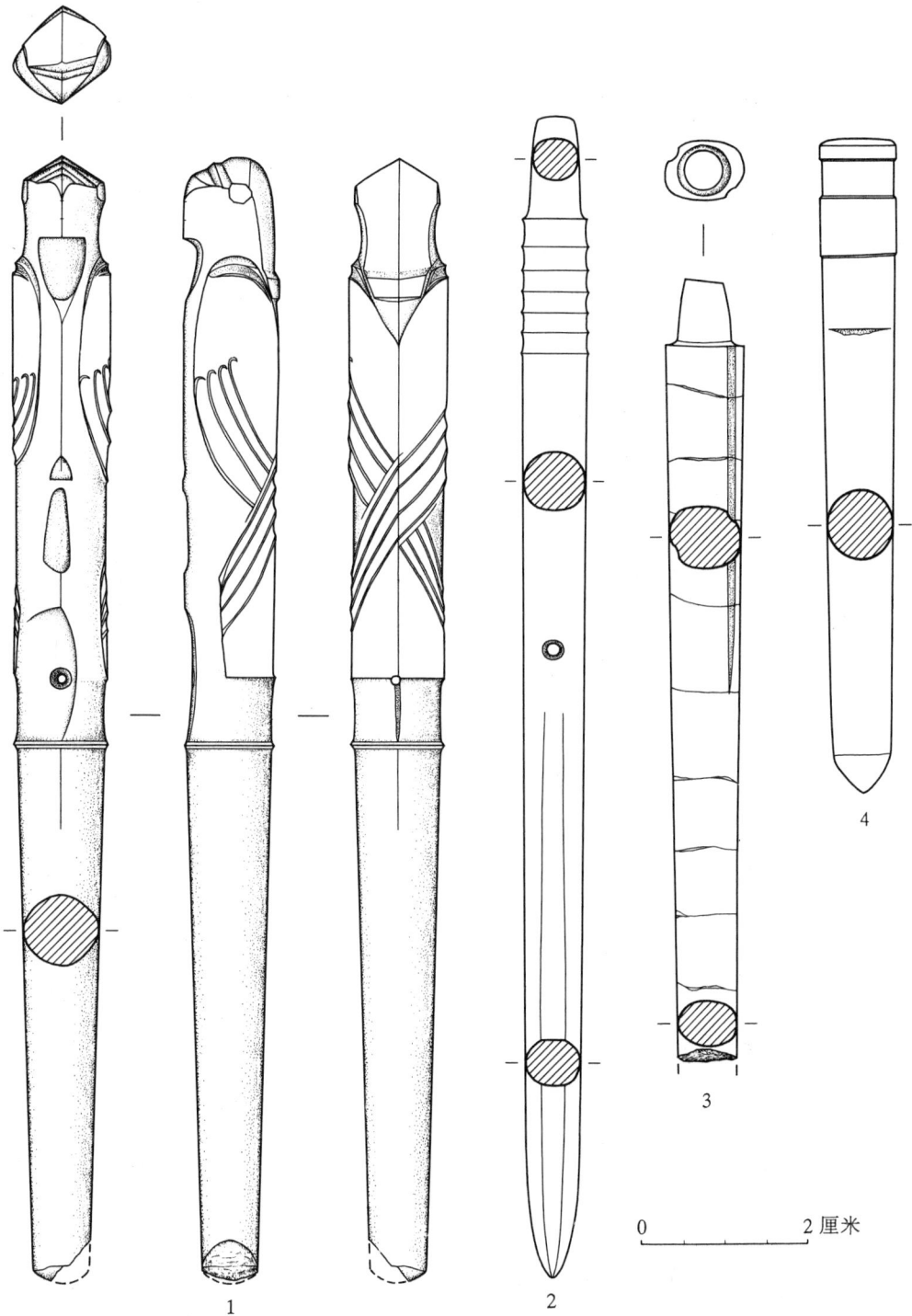

图二六○　石家河文化晚期玉笄

1. 012　　2. AT1215②:2　　3. W71:4　　4. W6:6

标本 W71：4，下端残，断为 10 段。扁锥形，上端有平顶锥状短榫。玉为青绿色，有白斑。残长 9.1、最大径 0.9 厘米（图二六〇，3；图版一七六，1）。

标本 W6：6，器形较短，圆锥形，上端如螺帽形，下端较尖钝。玉为黄绿色，表面为灰白色，长 7.55、中段直径 0.85 厘米（图二六〇，4；图版一七六，7）。

标本 W6：51，玉内透黄绿色，表面为灰白色。长方柱形，上端略向外凸出，下端为尖锥形。全长 5.8、顶面长 0.9、宽 0.6 厘米（图二六一，1；图版一七六，4）。

柄形饰　共 7 件，似为某种装饰品的复合件。

标本 AT1219①：1，上端及下段均残失。玉为淡黄色。整体抛光。笄为圆柱形，顶端有榫。上段较细，饰两道平行凸线。中段略粗，饰六组平行线纹，再由四条竖凹槽等分。残长 6.5、中段径 0.7 厘米（图二六一，2；图版一七六，2）。

标本 AT1115②：1，玉为青绿色，局部泛红。上段顶端为花瓣形，内有径 1.5 厘米的喇叭形孔。中段饰两组平行凸线。下端渐细，平头。长 6、直径 1.2 厘米（图二六一，4；图版一七六，5）。

标本 W6：37。玉为黄绿色，有白斑。器为管形，上端稍粗，下端有凹口榫，孔上下贯通。长 3.1、最大直径 0.9 厘米（图二六一，3；图版一七六，6）。

标本 W6：29。玉为乳白色，内透黄绿色。器上段为长方柱形，饰竹节形纹。中间偏下段为扁柱形。榫为圆锥形，钝尖。长 6.4、顶面长 0.85、宽 0.6 厘米（图二六一，6；图版一七六，9）。

标本 W6：47。玉为黄绿色，表面轻微受沁，大部分呈青灰色。器为扁条形，下端有榫，榫内钻圆孔，孔一面有豁缺。长 4.25、宽 1、厚 0.4 厘米（图二六一，7；彩版一四，5）。

标本 W6：55，玉为黄绿色。形似椭圆形小棒，外表饰三道凸弦纹。上端内钻一 1.1 厘米的孔，下端有凹口榫，榫一侧残。长 2.35、直径 0.6 厘米（图二六一，8）。

标本 W6：30，玉料为黄绿色，表面有灰白色斑点，器为扁条形。长 4.2、宽 1、厚 0.4 厘米（图二六一，9；彩版一四，3）。

长方形透雕片饰　1 件，标本 W71：5。玉为灰白色，反面光素。出土前已碎成许多块，经拼对成形。器为长方形，下端有尖凸，似为榫。顶端饰卷云纹，两侧为锯齿形，中间有四条平行竖凸线，凸线两侧各饰五个等距离的椭圆形孔。长 9.6、宽 3、厚 0.5 厘米（图二六一，5；图版一七六，8）。

玉管　共 11 件，分三类。

第一类　3 件，形体较大，管壁很薄，呈喇叭形。

标本 W6：26，玉为黄绿色，有光泽。上端比下端略细，表面有两道凸棱。壁内有细密均匀的弦纹。管的外壁和内孔极圆正，基本无误差。长 1.75、上端外径 2.2、下端

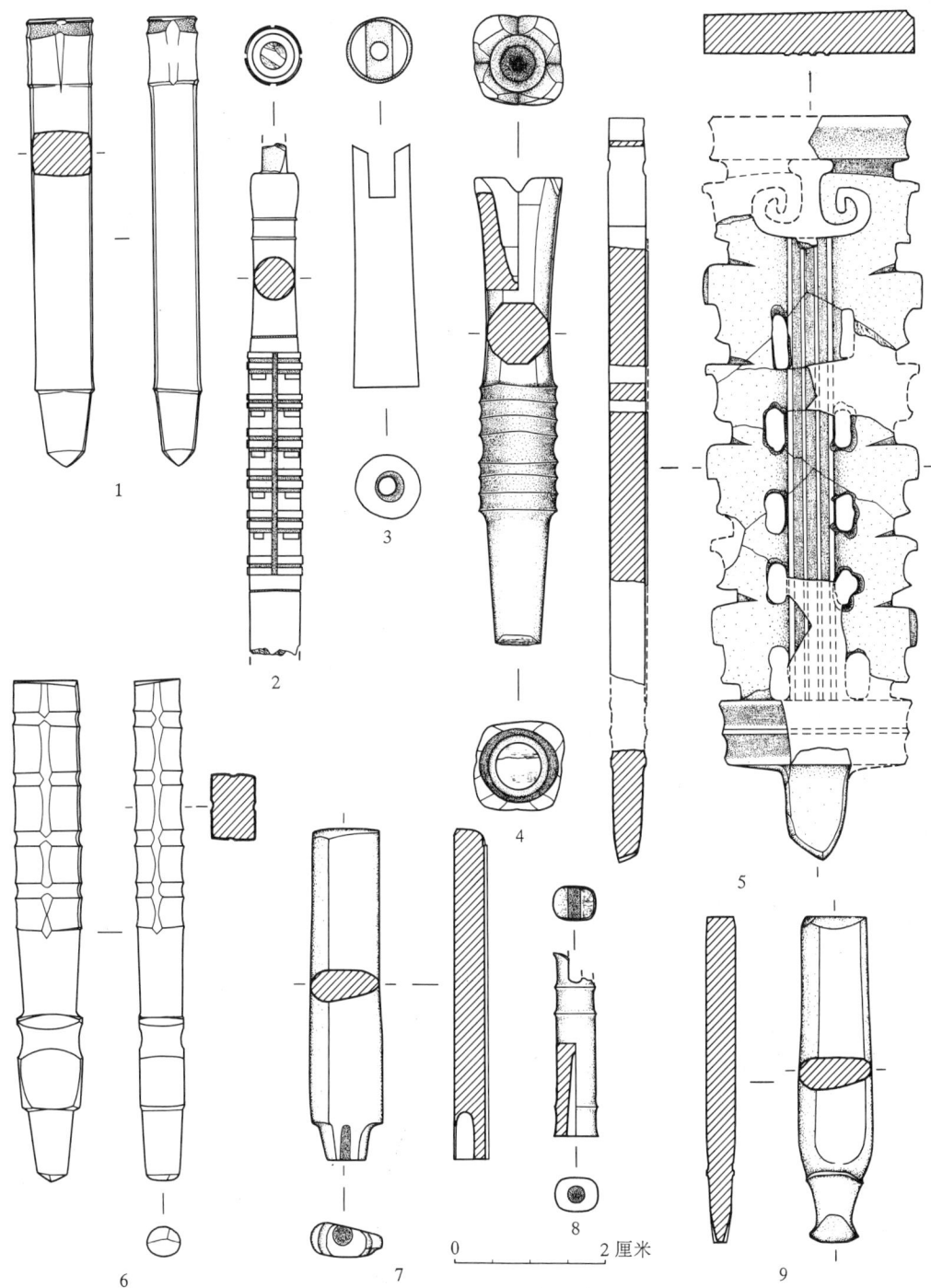

图二六一　石家河文化晚期玉柄形饰、长方形透雕片饰

1.笄 W6:51　　2~4、6~9.柄形饰 AT1219①:1、W6:37、AT1115②:1、
W6:29、W6:47、W6:55、W6:30　　5.长方形透雕片饰 W71:5

外径 2.6 厘米（图二六二，1；彩版一五，4）。

标本 W6:25，玉为黄绿色，局部有粉状白斑。器为细长喇叭形，上端有一道凸棱。孔腔和外壁极圆正，口沿和底边为同心圆。长 4.2、上端外径 1.65、下端外径 3.4 厘米（图二六二，2；彩版一五，5）。

标本 W6:45，玉为黄绿色，局部有粉状白斑。形似喇叭形。上端饰一周凸棱，中间饰三周平行凸棱。孔腔圆正，管壁各部分均在同心圆上。长 3.3、上端外径 2.1、下端外径 3.8 厘米（图二六二，3；彩版一五，6）。

第二类　5 件，形体较大，圆筒形，厚壁。

标本 W6:59，玉为黄绿色，表面有霜样白斑。圆筒形，侧面有一处切割面痕迹。内部纵向对穿一孔。长 2.7、外径 1.8 厘米（图二六二，7；图版一七七，1）。

标本 W6:23，玉为黄绿色，表面为灰绿色。外形、孔和 W6:59 基本相同，侧面也有一处切割面的痕迹。长 2.6、外径 1.65 厘米（图二六二，5；图版一七七，2）。

标本 W6:46，玉为淡绿色，表面局部有白色和淡褐色斑纹。器形如枣，侧面有切割面的痕迹，中间对穿小孔，孔形状不甚规则。长 1.9、直径 1.6 厘米（图二六二，8；图版一七七，4）。

标本 W6:28，玉为黄绿色，表面有白灰色斑。圆筒形，侧面有切割面痕迹。孔径较大，管钻而成。长 2.7、直径 2.4 厘米（图二六二，4；图版一七七，3）。

标本 W6:35，玉为浅黄色，略带绿色，有白斑。器内有单面钻小孔。长 1.5、直径 0.9 厘米（图二六二，6；图版一七七，5）。

第三类　3 件，形体很小。

标本 W6:18，玉为淡黄色，表面呈灰白色。短圆柱形，纵向单面钻穿一孔，长 1、直径 0.7 厘米（图二六二，9；图版一七八，6）。

标本 W6:22，玉为黄绿色，外圆，截面不甚规则，内中单向穿一孔。长 0.75、直径 0.7 厘米（图二六二，10；图版一七七，8）。

标本 W23:1，淡黄绿色，和 W6:22 相似。内中小孔系对钻而成。长 1、直径 0.45 厘米（图二六二，11；图版一七七，7）。

玉坠　4 件。

标本 AT1017②:1，玉料为灰白色，有绿色和棕色斑纹。坠上窄下宽，钝圆角较扁。上端有一单向穿孔。长 4.1、厚 0.6 厘米（图二六三，1；图版一七七，9）。

标本 W6:31。玉为黄绿色，表面局部有白斑。扁条形，上端较窄和较薄，下端较宽和较厚。上端单面穿一小孔。长 4.6、下端宽 1.2、下端厚 0.5 厘米（图二六三，2；彩版一四，4）。

标本 W24:1，玉为黄绿色，一面泛白。器呈梯形，扁薄，横断面如梭形。下端有

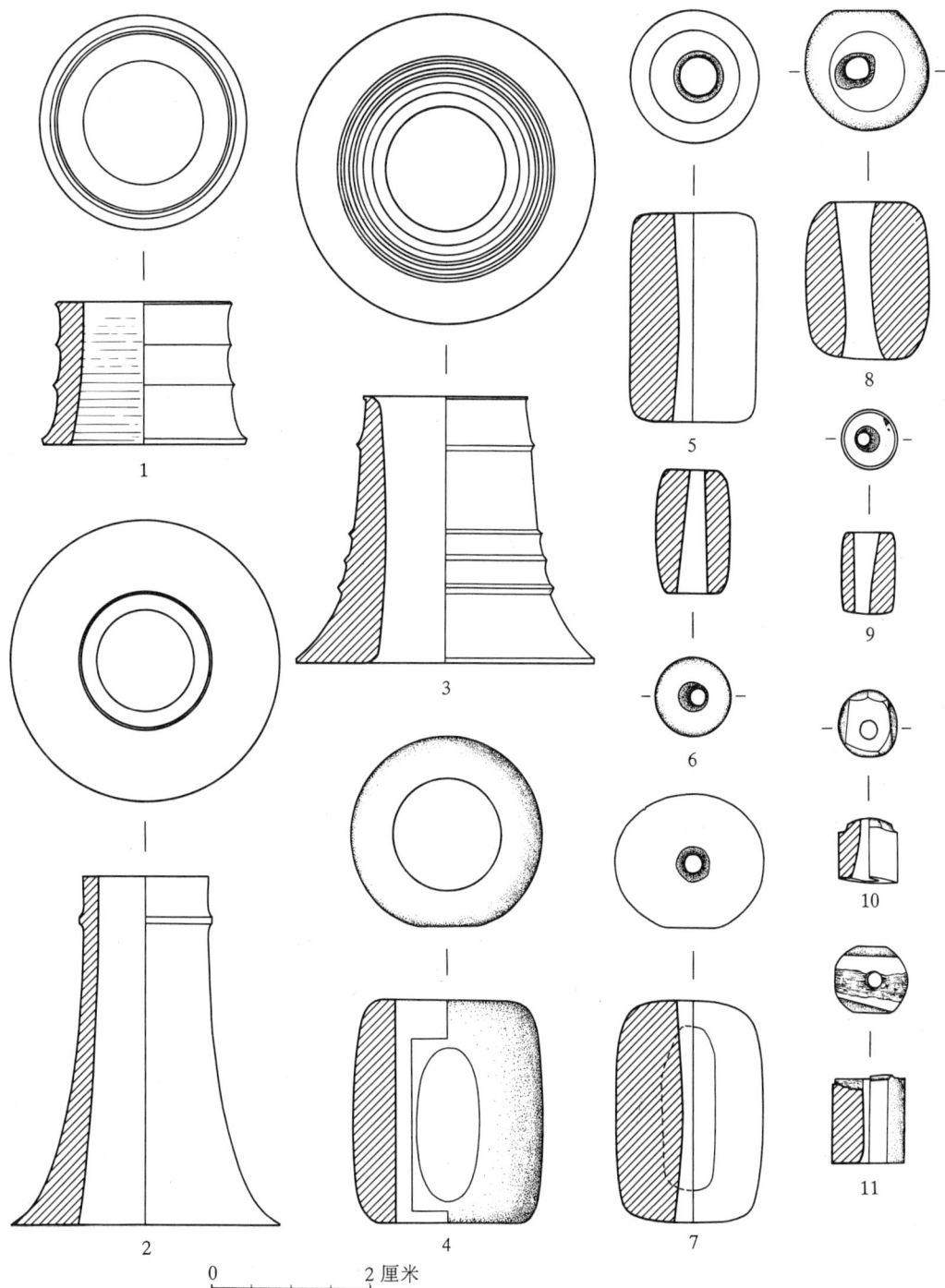

图二六二　石家河文化晚期玉管

1. W6：26　　2. W6：25　　3. W6：45　　4. W6：28　　5. W6：23

6. W6：35　　7. W6：59　　8. W6：46　　9. W6：18　　10. W6：22　　11. W23：1

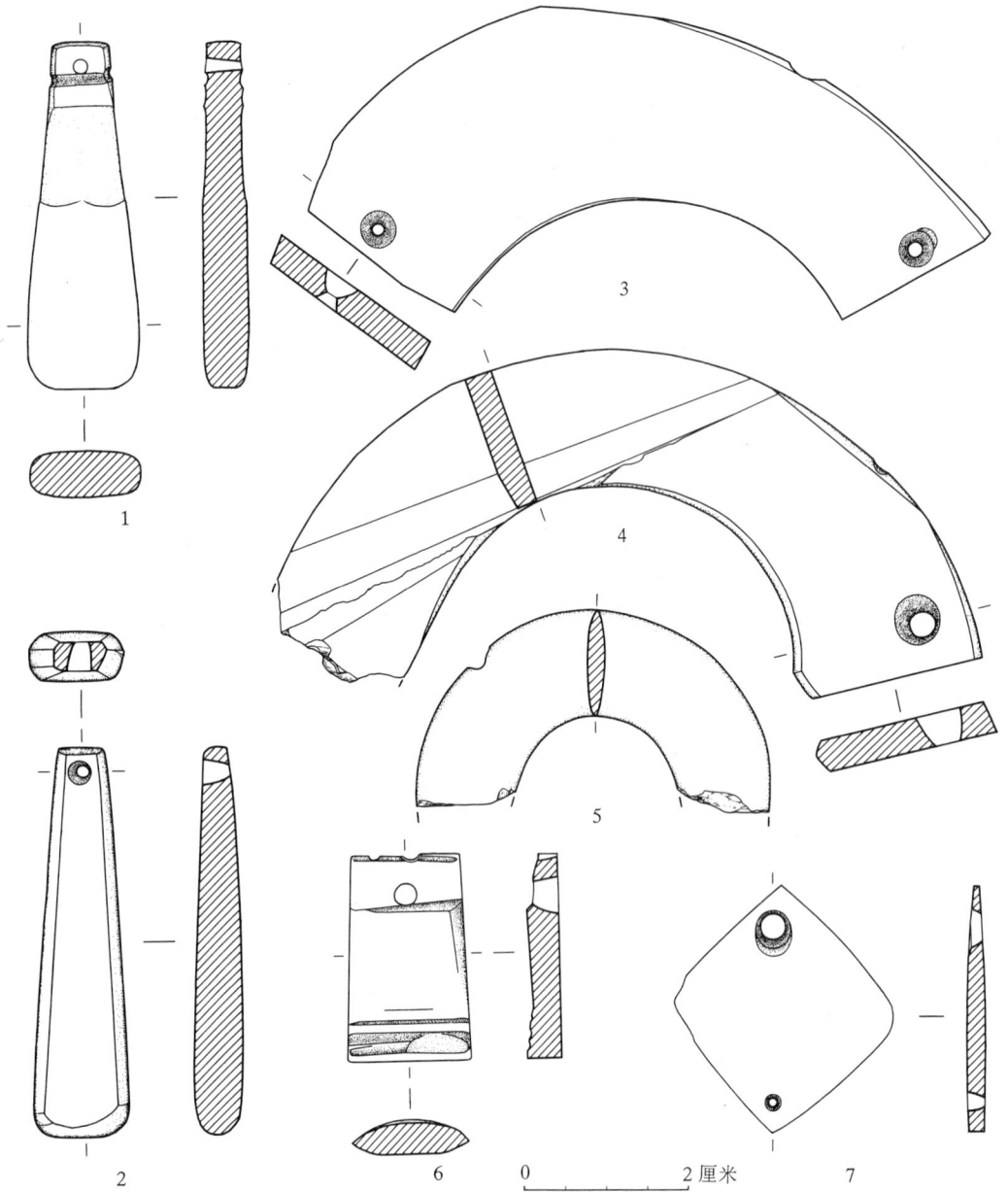

图二六三　石家河文化晚期玉坠、璜

1、2、6、7. 坠 AT1017②:1、W6:31、W24:1、011　　3～5. 璜 W6:27、W6:56、W90:1

一道横凹，上端有一个单面穿孔。长 2.4、下端宽 1.5、中间厚 0.4 厘米（图二六三，6；图版一七七，12）。

标本 011，玉为黄绿色，局部有白色和褐色斑纹。器体为扁薄菱形，两面光平，均经抛光。上下两角各有一个单面穿孔，上端的孔较大。上下角间距 2.9、厚 0.2 厘米（图二六三，7；图版一七六，3）。

玉璜 4 件。

标本 W6：27，玉为黄绿色，泛白斑。弧形，扁薄，两端宽窄不一样。两端有孔，对钻而成。外缘残存切割痕迹。内角间距 4.7、最宽 2.5、厚 0.4 厘米（图二六三，3；彩版一五，1）。

标本 W6：56，玉为黄绿色，有孔的一端为灰白色，一端略残，弧形，扁薄，一面残留片锯切割的痕迹。内角间距 5、最宽 2.2、厚 0.4 厘米（图二六三，4；彩版一五，2、3）。

标本 W90：1，玉为灰白色，两面抛光。半圆形，两端略残，扁薄。宽 1.25、厚 0.2 厘米（图二六三，5；图版一七八，1）。

玉璜标本还有 07（图版一七八，2）。

玉圆片 3 件。

标本 W6：33，玉为黄绿色，表面有乳白色斑点。圆形，极扁薄，正面略向外鼓，反面略内凹，两边有对称的方耳形榫状物。可嵌在表面为弧状的某种器物上。直径 3.5、厚 0.4 厘米（图二六四，1；图版一七八，4）。

标本 W6：39，玉为黄绿色，表面为乳白色。圆形，极扁薄，正面微鼓，反面微凹。两侧各有一个小孔与反面小孔垂直相通。从钻孔特点看，此件可以用线缀于某种织物上。直径 3.3、厚 0.3 厘米（图二六四，2；图版一七八，3）。

牌形饰 2 件，形状相同。

标本 W59：3，玉为黄绿色，正面微鼓抛光，反面光平，有白斑。器为圆角长方形，长 2.8、宽 1.1、厚 0.5 厘米（图二六四，3；图版一七七，11）。

标本 W59：2，反面有缺损，余同 W59：1。长 3、宽 1.1、厚 0.5 厘米（图二六四，4；图版一七七，10）。

玉珠 10 件。

标本 W58：2、3，玉为黄中带绿，有白斑。二珠完全相同，侧面近似椭圆形，上下面为圆形，单面穿孔。直径 0.75 厘米（图二六五，1；图版一七八，8、9）。

标本 W6：49，玉为黄绿色，器为短圆柱形，一面遗有切割痕迹，内有单面穿孔。高 1、直径 1 厘米（图二六五，2；图版一七七，6）。

标本 W17：7，玉原为黄绿色，因受沁大部分变为灰白色，局部有裂痕。侧视近方形，上下面为圆形。上下对穿圆孔，两侧面穿一小孔。直径 0.9 厘米（图二六五，3；图版一七八，5）。

标本 W25：2，玉呈青灰色。器为小圆柱形，实心。长 0.9、直径 0.6 厘米（图二六五，4；图版一七八，7）。

标本 W6：58，玉为浅黄绿色，器形不规则，内中单面穿一孔，长 2.2 厘米（图二六五，5）。与此件相似的还有 W6：21（图二六五，6）、W6：50（图二六五，7）、W6：14（图二六五，8）。

工具　有纺轮、锛、刀。

纺轮　1 件，标本 W71：3。玉为两面光平，斜弧形边，单面穿孔。直径 2.6、厚 0.5 厘米（图二六四，6；图版一七八，10）。

锛　1 件，标本 AT1406①：1，玉为青灰色，局部为灰黄色，有玻璃光泽。细长条形，弧形刃，无使用痕迹。长 4.1、刃宽 1.1 厘米（图二六四，5；图版一七八，12）。

刀　1 件，标本 017。玉因受沁呈灰色，有白色纹斑。梯形，扁薄，双面平刃。长 1.7、宽 2.3、厚 0.3 厘米（图二六四，7；图版一七八，11）。

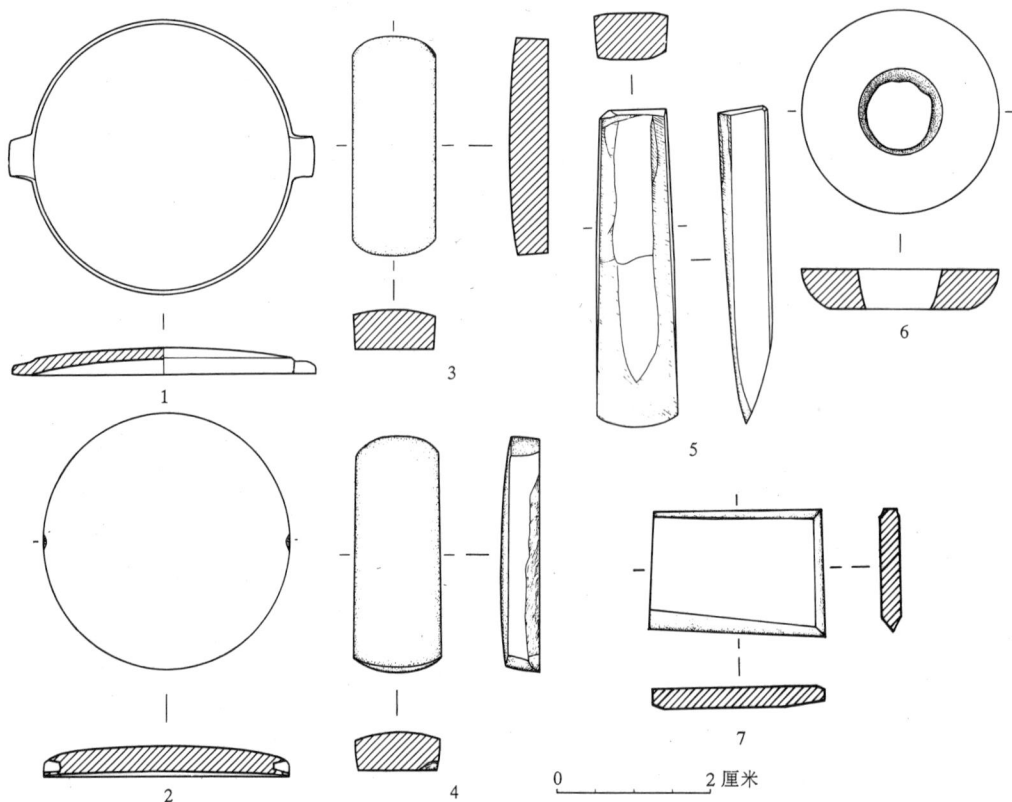

图二六四　石家河文化晚期玉片、牌形饰、锛、纺轮、刀

1、2. 圆片 W6：33、W6：39　　3、4. 牌形饰 W59：3、W59：2

5. 锛 AT1406①：1　　6. 纺轮 W71：3　　7. 刀 017

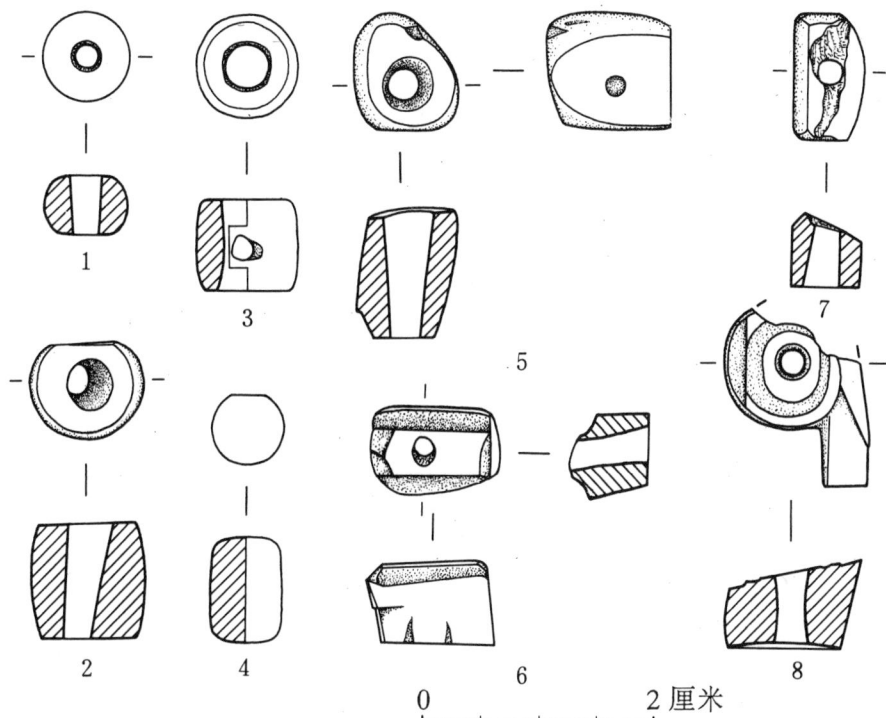

图二六五　石家河文化晚期玉珠

1. W58:2　　2. W6:49　　3. W17:7　　4. W25:2
5. W6:58　　6. W6:21　　7. W6:50　　8. W6:14

碎块　数量比较多，形状不一，大多为各种玉器的残片，少数可能是边角废料，也有可能是镶嵌材料，都有加工痕迹（图版一七七，13）。

第三节　小　结

肖家屋脊遗址发掘面积 6710 平方米，是石家河遗址群一次较大规模的发掘，特别是丰富的石家河文化遗存的发现，为研究石家河文化的分期以及与屈家岭文化的关系提供了宝贵的资料。

肖家屋脊遗址石家河文化遗存堆积最厚，发现的遗迹和遗物十分丰富，是该遗址的主要文化内涵。发现的石家河文化遗存主要是生活遗存和墓葬两部分。根据地层叠压、遗迹之间的打破关系和以陶器为主要代表的遗物的变化，将该遗址的石家河文化遗存分作早、晚两期。两期的文化面貌，特别是陶器，均有比较显著的特点，且又有一定的继承性（图二六六）。

一　文化特征

（一）石家河文化早期文化特征

房子大多为长方形，未见圆形，分单间和多间房子两种。建筑结构均为平地起建，不见半地穴式房子。少数房子残存有墙壁，有的在墙壁外侧抹有红胶泥，墙壁下面一般挖有墙基槽。柱洞一般见于室内居住面上，多圆形和椭圆形，墙内柱洞较少，说明此类房子的墙体结构应为板筑墙。室内地面多用细碎的红烧土或较纯净的黄土铺成，有的由数层红烧土间黄土铺成。有的房子内还发现有灶坑，均为圆形，锅底状，坑壁和坑底被烧烤成深灰色或深红色，较坚硬。门道清楚者均设在南壁。

灰坑的数量较多，形制也比较复杂，平面形状有圆形、椭圆形、长方形、正方形、长条形和不规则形六类，其中以椭圆形灰坑最多，其次为不规则形和圆形灰坑，正方形灰坑最少。依坑壁剖面形状又可分为口底相等的直壁筒状、口大底小的斜壁下收状和口小底大的袋状三种，其中以口大底小的斜壁状数量最多，其次为直壁筒状坑，袋状坑最少。直壁筒状坑和袋状坑一般较规整，多数经过较细致的加工，周壁光滑，底部平坦，个别灰坑在坑底还挖有台阶，这些灰坑在废弃之前，当是人们为储存物品而建造的窖穴。大多数灰坑出土遗物较多，多为陶器和石器，有的还出有动物碎骨和牙齿。有的灰坑出有成组且完整的陶容器和石质生产工具，个别灰坑出有完整的猪骨架，这些灰坑当与某些特别用途和当时人们的祭祀活动有关。

灰沟的数量较少，多为人工挖凿而成，多数灰沟应为当时的排水沟。

水井平面形状为圆形，口大底小。

道路的路基用红烧土铺成，较坚硬，路面有灰白色踩踏面。

陶窑由火膛、火道、窑室和火眼构成。

石家河文化早期陶臼遗迹大都破坏严重，以JY7保存较好。均用厚胎筒形夹砂红陶臼组成。JY7由单个陶臼直立放置，口下底上，东西向呈直线排列；其它陶臼遗迹均由数件或数组陶臼口底相互套接平铺而成，大多是平放在当时的地面上，少数置于土坑之中。有的陶臼底部凿穿。在相当数量的陶臼上腹部发现有刻划符号，因此，这些陶臼遗迹可能与当时人们的宗教活动有关。

石家河文化早期陶器分泥质、夹砂和夹炭三大类，以泥质陶为主，夹砂陶次之，夹炭陶最少。泥质陶中，灰陶所占比例最大，其次是红陶和黑陶，有少量褐陶、橙黄陶。夹砂陶以红色为主，黑陶和灰陶次之，褐陶甚少。器表以素面为主，少数经过磨光，有

图二六六.A 石家河文化陶器分期图

器类	缸			臼				盆		簋		甑		碗			
分期	Aa	Ab	B	A	B	C	D	A	B	A	B	A	B	Aa	Ab	B	C

图二六六.B　石家河文化陶器分期图

器类 分期	碟	钵		擂钵		豆							盘		
		A	B	A	B	A	B	C	D	E	F	G	H	A	B	C

图二六六.C　石家河文化陶器分期图

器类 / 分期	斜腹杯				高圈足杯								三足杯	罐形鼎					盆形鼎			
	A	B	C	D	Aa	Ab	B	C	D	E	F	G		A	B	C	D	E	A	B	C	D

图二六六.D　石家河文化陶器分期图

的施一层红色或黑色陶衣。纹饰以篮纹最多，有横篮纹、斜篮纹、竖篮纹和交错篮纹四种，方格纹、弦纹、绳纹次之，还有附加堆纹、镂孔、刻划纹、戳印纹和指窝纹等。另有少量鸡冠耳和牛鼻式耳。有少量彩陶，纹样主要有网格纹、带纹和晕染，主要施于壶形器、斜腹杯和纺轮上。

陶器上有不少刻划符号，种类众多。刻划符号绝大部分刻在陶臼的上腹部，个别刻在陶尊的中腹部和高领罐的肩部。一般是在陶器烧制之前刻上去的，笔画均匀流畅。

陶器的制作方法以轮制为主，不少陶器的器表或内壁留有清晰的轮旋痕迹，因而大部分器物造型规整、匀称。小型器物，如斜腹杯、三足杯、小罐、小鼎、碟、器盖、纺轮和陶塑小动物等，以及器物的附件，如附耳、把手、足、钮等，均直接用手捏塑而成。有些形制复杂的器物，如三足器、圈足器和长颈器物，以及耳、流等附件，一般是分别成形后再粘接复合而成，有的器物内壁保留有清楚的两次成形痕迹，如鬶、瓮、罐等，高圈足豆的圈足常由两段，有的三段对接而成，接法有平接和套接两种。少数器物的制法为泥条盘筑，如擂钵、瓮、臼、缸等。陶器有平底器、圜底器、圈足器和三足器四大类，以平底器和圈足器最多，其次为三足器和圜底器。

陶器的种类以喇叭形斜腹杯数量最多，约占复原陶器总数的四分之一，是石家河文化早期的显著特征；其次为纺轮，约占复原陶器总数的五分之一。高领罐、中口罐、广肩罐、大口折腹小平底缸、大口圜底缸、夹砂厚胎筒形臼、大口小底尊、折腹壶形器、敞口盆、漏斗形擂钵、敞口圈足碗、红陶敞口平底钵、喇叭形粗柄和细柄豆、粗圈足盘、喇叭形斜腹杯、高圈足杯、三足杯、罐形鼎、盆形凸棱宽扁足鼎、细长颈鬶、三捏钮和圈钮器盖、陶塑小动物等，是肖家屋脊遗址石家河文化早期出土数量最多的典型陶器群。

石器数量较多，石器加工技术已经定型化，一般经过打、琢、磨三道工序制作而成，器体一般较小，通体磨光者少。石器类型以加工工具类（包括斧、锛、凿和钻）最多，武器类（包括穿孔石钺、镞和矛）次之，农业生产工具（包括刀和研磨器）最少。

早期骨、角器较少，主要是镞、钻、针等小型器物。

根据地层叠压和遗迹之间的相互打破关系、器物形制特点及变化，石家河文化早期至少可以分作前、后两段。

早期前段　包括 AT305 第 3 层，AT905 第 4、5 层，AT1216 第 3 层，AT2308 第 4 层以及其它相应地层的遗迹和遗物。以 F6、F7、H54、H56、H57、H392、H449、H450、H497、JY4 等单位为代表。

陶器以泥质灰陶为主，黑陶次之，红陶占有一定的比例，褐陶较少，有少量的橙黄陶。纹饰中篮纹一般为较稀疏的粗斜篮纹。弦纹多凸弦纹，凹弦纹多是一种划弦纹，且不规整。方格纹比例较小，纹饰较浅而模糊。绳纹罕见。有少量彩陶。

常见的陶器器形有 A 型 I 至 IV 式高领罐；A 型 I、II 式，D 型 I 式中口罐；A 型 I 式长颈罐；Aa 型 I 式，Ab 型，B 型 I、II 式缸；A 型 I 至 III 式，C 型 I 式臼；I、II 式尊；瓮；I、II 式壶形器；A 型 I、II 式，B 型 I 式盆；A 型 I 式甑；Aa 型 I、II 式，Ab 型 I、II 式，B 型 I、II 式，C 型 I、II 式碗；A 型 I、II 式，B 型 I 式，C 型 I 式，D 型 I 式，E 型 I 至 III 式，F 型 I、II 式豆；A 型 I 至 III 式，B 型 I 式，C 型 I 式斜腹杯；Aa 型 I、II 式，Ab 型，B 型 I、II 式，C 型 I、II 式，D 型 I、II 式，E 型高圈足杯；A 型 I 式，B 型，D 型 I 式罐形鼎；A 型 I 式盆形鼎；I、II 式小鼎；A 型 I 式鬶；A 型 I 式器座；A 型 I、II 式，B 型 I 式，C 型，D 型，E 型器盖等（表一八）。A 型高领罐口沿一般为仰折深凹沿，腹部为弧腹或鼓腹，肩部一般饰不规则划弦纹，秉承了屈家岭文化的部分特征。A 型中口罐一般为有领，凹沿，深弧腹，最大腹径在下腹。长颈罐口沿内侧一般有凹槽。Aa 型大口折腹小平底缸一般为深斜弧腹。A 型夹砂厚胎筒形臼腹部一般为垂腹，最大腹径在下腹，底一般为尖底或圜底。壶形器一般为长颈，高圈足，扁折腹，腹腔较大。A 型盆一般为宽平沿，深弧腹。甑为凹沿，深腹。碗的腹部一般较深，圈足多外撇，有的还残留有双腹的痕迹。豆均为深腹，多粗柄，圈足多带有台座，且台座很明显。多 A 型薄胎斜腹杯，有的还饰彩；B 型厚胎斜腹杯腹腔稍大。罐形鼎多为仰折沿，深垂腹。盆形鼎多为仰折凹沿，腹壁向外斜直。A 型鬶多细长颈，直口。A 型器座上口外撇，中腰斜直。多 A 型三捏钮器盖，B 型器盖多作碗形。

早期后段 包括 AT305 第 2 层、AT1216 第 2 层、AT1522 第 2 层、AT1818 第 2、3 层、AT2308 第 3 层、AT3106 第 3 层以及其它相应地层的遗迹和遗物。以 F9、H42、H43、H161、H371、H434、HG2、HG7 等单位为代表。

陶器中灰陶比例变小，红陶比例增大，黑陶较少。纹饰中篮纹纹样增多，有横篮纹、斜篮纹、竖篮纹和交错篮纹，一般较细密。凸弦纹较少，凹弦纹比例上升，多较规整。方格纹数量大增，纹饰较深而且多较清晰。绳纹比前段增多。附加堆纹比前段减少。不见彩陶。

常见的陶器器形有 A 型 V 式，Ba 型 I、II 式，Bb 型，C 型高领罐；A 型 III、IV 式，B 型 I 至 III 式，C 型 I、II 式，D 型 II 式，E 型 I、II 式中口罐；A 型 II 至 IV 式，B 型 I、II 式，C 型长颈罐；A 型 I、II 式广肩罐；Aa 型 II、III 式，B 型 II 式，C 型缸；A 型 IV 式，B 型，C 型 II 式，D 型臼；瓮；III 式壶形器；A 型 III、IV 式，B 型 II 式盆；A 型 I、II 式簋；A 型 II、III 式甑；Aa 型 II 式，Ab 型 III 式，C 型 III 式碗；A 型 I 至 III 式，B 型 I、II 式钵；I 至 III 式碟；A 型 I 至 III 式，B 型 I、II 式擂钵；A 型 III、IV 式，B 型 II 至 IV 式，C 型 I 式，D 型 II 式，F 型 III 式，G 型 I、II 式豆；A 型 III 式，B 型 II 式，C 型 I、II 式，D 型斜腹杯；Aa 型 II 式，D 型 III 式，F 型，G 型 I、II 式高圈

表一八　　　　　　　　石家河文化陶器型式分期表（一）

分期 / 式别	高领罐 A	Ba	Bb	C	大口罐	中口罐 A	B	C	D	E	小口罐	长颈罐 A	B	C	广肩罐 A	B	C	D	小罐 A	B	C	扁腹罐 A	B	C	凸底罐 A	B	三足罐
早期·前段	I II III IV				√	I II			I		√	I							I								
早期·后段	V	I II	√	√	√	III IV	I II III	I II	III	I II	√	II III IV	I II	√	I II				II	√	√						√
晚期						III									III IV V	√	√	√				√	√		√	√	

续表一八　　　　　　　石家河文化陶器型式分期表（二）

分期 / 式别	缸 Aa	Ab	B	C	臼 A	B	C	D	尊	瓮	壶 Aa	Ab	B	小壶	壶形器	瓶	盆 A	B	簋 A	B	甗 A	B	擂钵 A	B	C
早期·前段	I	√			I II III		I		I II	√	I II	I	√	I II	I II		I		I		I		I	I	
早期·后段	II III		√		IV	√	II	√	√	II III	√	√	√	III	√	III IV	III IV		I II	√	II III		I II III	I II	√
晚期			III	√						√	√						IV V		III			√		√	

续表一八　　　　　　　石家河文化陶器型式分期表（三）

分期 / 式别	碗 Aa	Ab	B	C	钵 A	B	C	碟	豆 A	B	C	D	E	F	G	H	盘 A	B	斜腹杯 A	B	C	D
早期·前段	I II	I II	I II	I II					I II	I	I	I	I II III	I II	III				I II III	I	I	
早期·后段	II	III		III	I II III	I II III		I II III	III	II III IV	I	II		III	I II		I	√	III	II III	I II	√
晚期			III IV		III IV	II		√	V VI	II III					III		I II	√	√		II	

续表一八　　　　石家河文化陶器型式分期表（四）

式别分期		高圈足杯								矮圈足杯	饼形足杯	三足杯	曲腹杯	单耳杯	罐形鼎					盆形鼎				小鼎
		Aa	Ab	B	C	D	E	F	G						A	B	C	D	E	A	B	C	D	
早期	前段	I II	✓	I II	I II	I II	✓			✓	✓				I	✓		I		I				I II
	后段	II			III			I II		✓	✓		✓	✓	II III	III	I III	II III		II III	✓			III
晚期										✓	✓	✓							✓			✓	✓	

续表一八　　　　石家河文化陶器型式分期表（五）

式别分期		鬶		盉	斝	器座				器盖						纺轮									陶塑艺术品
		A	B			A	B	C	D	A	B	C	D	E	F	Aa	Ab	B	Ca	Cb	D	Ea	Eb	Ec	
早期	前段	I			✓	I				I II	I	✓	✓	✓		✓	✓	✓	✓	✓	✓	✓			
	后段	I II	✓	✓		I II	I	✓		II	II III	III				✓	✓	✓	✓	✓	✓	✓	✓		✓
晚期				✓		II	II		✓	II	III					✓	✓	✓	✓	✓	✓	✓	✓		✓

足杯；三足杯；A 型 I 式，B 型盘；A 型 II、III 式，C 型 I、II 式，D 型 II、III 式罐形鼎；A 型 II、III 式，B 型盆形鼎；III 式小鼎；A 型 I、II 式，B 型鬶；A 型 II 式，B 型 I 式器座；B 型 II、III 式，E 型器盖等（表一八）。A 型高领罐较少见，一般为直口，窄沿，沿面凹槽变得不明显，腹壁近底处变得垂直似假圈足，出现 B、C 型高领罐。A 型中口罐一般为矮折沿，无领，腹变浅，最大腹径在中腹。出现 B、C 型橄榄形中口罐。长颈罐口沿少见或不见凹槽，腹腔由大变小。新出现广肩罐。A 型折腹小平底缸的腹部由前段的斜弧腹变成斜直腹到直筒形腹。A 型夹砂厚胎筒形臼腹部均为深直腹，最大腹径在中腹，底一般为尖底或小平底。壶形器演变成大口杯形，器体变矮，腹腔变得很小。A 型盆一般为卷沿，直口或敛口，腹部变浅。甑为折沿，沿面凹槽变浅。碗的腹部多变浅，圈足多内收。出现 A 型红陶平底钵和 A 型漏斗形擂钵。豆盘变浅，柄变细，圈足台座不明显。A 型薄胎斜腹杯的胎变厚；大量出现的是 B 型厚胎斜腹杯，且腹腔变得很小；C 型斜腹杯由前段的大喇叭形口、口沿外翻上侈，变成口沿外翻近平。罐形鼎

一般为矮折沿，腹部一般为球腹或扁鼓腹。盆形鼎口沿由矮折沿变成浅盘口，腹部变成向外斜弧。A型细长颈鬶一般为盘口。A型器座多为束腰。A型器盖少见或不见，B形器盖腹变浅，盖顶近平。

石家河文化早期的前、后两段各有特点，但从大多数器形的演变来看，其发展是十分自然的，承袭的连贯性很明显，因而将其归为一期。

（二）石家河文化晚期文化特征

石家河文化晚期包括 AT905 第 2、3 层、AT1005 第 2 层、AT1604 第 3 层、AT2015 第 2 层、AT2308 第 2 层、AT3106 第 2 层以及其它相应地层的遗迹和遗物。属于这一期的代表遗迹主要有 F8、H58、H68、H70、H230、H254、H351、H439、H538、HG13，以及水塘等。

晚期仅发现一座房子，且破坏严重。建筑结构为平地起建的分间房子，墙基是用大块红烧土掺灰土筑成，室内居住面是用较细碎的红烧土颗粒铺成，房基为红烧土、碎陶片掺和灰黄土筑成。

灰坑平面形状有圆形、椭圆形、长方形、长条形和不规则形五类，其中以椭圆形灰坑最多，其次为不规则形和圆形灰坑。依坑壁剖面形状又可分为口底相等的直壁筒状、口大底小的斜壁下收状和口小底大的袋状三种，其中斜壁坑数量最多，其次为直壁筒状坑，袋状坑仅一个。大多数灰坑出土遗物较多，多为陶器和石器，有的还出有动物碎骨和牙齿。有的灰坑出有成组且完整的陶容器、石质生产工具，以及制作石器的原料。

灰沟仅发现一条，为人工挖凿而成。

水塘平面呈圆角长方形，面积很大，在水塘边有用大块陶片平铺而成的生活陶洗点。

有专门的道路通往居住区，道路的路基均用红烧土铺成，有的掺和黄褐色土或碎陶片，较坚硬，路面上有灰白色踩踏面。

发现的大片红烧土遗迹，周围无柱洞，亦无居住痕迹，应为某种建筑遗迹。

石家河文化晚期陶器分泥质和夹砂两大类，泥质陶占绝大多数，夹砂陶很少。泥质陶中，灰陶占第一位，其次是黑陶和红陶。夹砂陶以红色为主，灰陶和黑陶次之。素面陶和有纹饰的陶器比例接近。纹饰以篮纹最多，其次为绳纹、方格纹和叶脉纹，少量附加堆纹、划弦纹、指窝纹和镂孔。篮纹中，绝大多数是竖篮纹和斜篮纹，纹饰一般比较清晰细密。绳纹大多拍印较浅，纹路比较模糊。方格纹有正方格、斜方格和网格等纹样，以正方格最常见。叶脉纹是晚期新出现的一种纹饰。晚期没有发现彩陶，只是部分厚胎斜腹杯上涂有红衣。陶器的制作方法仍以轮制为主，轮制的比例高于早期，小型器物斜腹杯、三足杯，以及器物的附件，如附耳、把手、足、钮等，均直接用手捏塑而成。陶器有平底器、凹底器、圜底器、圈足器和三足器五类，以凹底器和圈足器最多，其次为平底器和三足器，圜底器较少。

喇叭形斜腹杯数量变少，继之而起的是广肩罐、扁腹罐、凸底罐和细柄带箍豆，成为石家河文化晚期的显著特征。矮领广肩罐、扁腹罐、凸底罐、矮直领广肩瓮、大口圜底缸、敞口浅腹盆、敞口斜直腹无底甑、红陶敞口浅腹平底钵、喇叭形粗柄和细柄带箍豆、粗高圈足盘、喇叭形厚胎斜腹杯、三足杯、锥足罐形鼎、盆形舌形足鼎、粗短颈鬶、管状流盉、子母口器盖等，是石家河文化晚期出土数量最多、特征最明显的典型陶器群。

常见的陶器器形有 B 型Ⅲ式中口罐；A 型Ⅲ至Ⅴ式，B 型，C 型，D 型广肩罐；扁腹罐；凸底罐；B 型Ⅲ式，C 型缸；D 型臼；瓮；A 型Ⅳ、Ⅴ式，B 型Ⅲ式盆；B 型甑；A 型Ⅲ、Ⅳ式，B 型Ⅱ式，C 型钵；B 型盆形擂钵；A 型Ⅴ、Ⅵ式，C 型Ⅱ、Ⅲ式，H 型Ⅰ、Ⅱ式豆；B 型Ⅱ式斜腹杯；三足杯；A 型Ⅱ式，C 型盘；E 型罐形鼎；C 型、D 型盆形鼎；盉；A 型Ⅱ式，B 型Ⅱ式器座；E 型，F 型器盖等（表一八）。

石家河文化晚期石器均为磨制，器体一般较小。器类主要为生产工具，以加工工具类（包括斧、锛和钻）最多，武器类次之，农业生产工具（包括刀和研磨器）最少。有少量的球、砺石和纺轮。发现大量的石棒，绝大多数出于 H230 和 H254 中，皆为不规则圆柱体，长短有别，应为石钻的半成品。发现的二件滑石器，一件为羊头像，一件为鹿头像，质地细腻松软，表面晶莹光泽。

（三）石家河文化墓葬特点

石家河文化的墓葬分土坑墓和瓮棺葬两类，其中土坑墓的年代均为石家河文化早期，晚期没有发现土坑墓。

土坑墓的墓葬形制均为长方形竖穴，墓葬方向以南北向为主，其次为东西向。墓坑一般口底相当，少数墓口大于墓底。少数墓在墓底有生土二层台。个别墓葬有使用木质葬具的痕迹。绝大多数墓为二次葬，头向主要为东向和东北向，葬式均为仰身直肢葬。23 座墓中有 17 座墓出土了随葬品。随葬品多寡不一，大型墓葬的随葬品多达一百余件，而一般墓葬的随葬品在二三十件左右，少数墓葬只随葬三四件或不见随葬品。随葬品一般放置在墓坑底人骨的头端和脚端，有二层台的均放在二层台上，少数墓葬的随葬品放置于坑口。

土坑墓除 M48 时代偏晚属早期后段外，余皆属于早期前段。

随葬品中绝大多数是陶器，少量石器。

随葬陶器绝大部分为泥质陶，且以灰陶为主，红陶次之，黑陶略少于红陶居第三位。夹砂陶少见，主要为红陶。器表以素面为主，纹饰以篮纹多见，弦纹其次，少量附加堆纹、方格纹和红衣陶。陶器制作方法主要为轮制，小件器物为手制。器类有高领罐、大口罐、中口罐、壶形器、碗、钵、斜腹杯、豆、罐形鼎、小鼎、器盖和纺轮等。其中绝大多数是高领罐，占随葬陶器总数的 45% 以上。

瓮棺葬在石家河文化早期较少见，而到石家河文化晚期则成为主要的埋葬习俗。石家河文化早期瓮棺葬分布较零星，主要分布在遗址 A 区的东部。葬具均为陶器，一般是器体较小的陶釜、罐、缸、瓮、鼎等，有的釜上盖钵，有的鼎釜相扣，有的葬具在底部凿有小孔。葬具一般正置，少数斜置和卧置，埋葬的大多是婴幼儿，且无随葬品。

石家河文化晚期瓮棺葬主要集中分布在同期水塘的东西两侧，可以明显地看出是两个较完整的瓮棺葬墓地。水塘东侧墓地以大型瓮棺墓 W6 为中心，在 20×20 米的范围内分布了 28 座瓮棺墓，以墓地南部的分布最为密集，有的墓还有相互打破关系。水塘西侧墓地以 W71 为中心，在东西长 18、南北宽 11 米的范围内分布了 35 座瓮棺墓，其中相互打破关系的墓有两组。墓坑平面形状以圆形为主，其次为椭圆形和不规则形，坑壁有斜弧壁和斜直壁之分，坑底有平底和圜底之分。葬具以小口矮直领陶瓮为主，这种陶瓮均较大；少数瓮棺用陶鼎、缸、罐作葬具。大型瓮棺墓一般是用两瓮相扣（W6），其它稍小的瓮棺一般是用陶盆、钵、圈足盘、豆和器盖作盖。多数瓮棺墓的人骨已腐，仅残留骨渣，少数墓中残留肢骨或头骨。较大的瓮棺墓一般是成人墓，为了便于装殓，有的瓮棺肩部被锯开，装入尸骨后再扣合（W6）。有些较小的瓮棺墓则为婴幼儿墓。77座瓮棺墓中有 16 座墓出土了随葬品，随葬品中除少量陶器、铜矿石和猪牙外，绝大部分为玉器，均出自较大的成人瓮棺墓中。这些瓮棺一般用广肩瓮作葬具，容量均较大，腹径在 40 厘米以上。随葬的玉器多寡不等，一般不超过 10 件，最多的为 W6，出有 56件，最少的仅 1 件。容量较小的或是临时用作葬具的，如圜底缸、盆形鼎、广肩罐等一般不随葬玉器。

石家河文化晚期以其玉器最具特色，除少量出于地层和灰坑中外，其它绝大部分出于瓮棺葬中。玉器种类有人头像、虎头像、蝉、盘龙、飞鹰、璜、坠、珠、笄、管、柄形饰和牌形饰等，还有小型生产工具锛、纺轮和刀。其中数量最多的是蝉，其次为管、珠、虎头像和人头像。玉器均较小，一般保存较好，只有个别受沁较严重。绝大部分玉料为青白玉，由于色泽相似，玉料应为同一地方所出。玉器受沁后，表面程度不同地出现了乳白色或灰白色斑点及斑块。玉器中有一部分是半成品和边角废料，因此推测这些玉器为本地产品。玉器的制作过程主要有锯割、制坯、雕琢、钻孔、抛光等工序。绝大部分玉器属于装饰品，玉质生产工具可能具有礼仪性质。

二 石家河文化晚期与早期的关系

从以上所述文化特征来看，肖家屋脊遗址石家河文化遗存早、晚期无论是陶器的制作方法和纹饰，还是器物种类和形态等诸方面都存在相似因素，但同时也存在显著的差别。

两期的陶器均以泥质灰陶为主，制法均以轮制为主，小型器物均为捏塑。器表均以素面为主，纹饰均以篮纹为主，较常见的纹饰均有方格纹、绳纹、弦纹、附加堆纹、镂孔和指窝纹。早期后段较少见的绳纹到晚期大量出现，成为仅次于篮纹的主要纹饰。晚期新出现并开始流行叶脉纹。

早期的陶器种类较多，晚期的陶器种类较少，但都以罐、瓮、缸、盆、甑、擂钵、钵、豆、盘、杯、鼎、鬶、盉、器座和器盖为其基本的种类。早期非常流行的高领罐、中口罐、长颈罐、壶形器、A型大口折腹小平底缸、A型夹砂厚胎筒形刻符曰、尊、壶、簋、A型漏斗形擂钵、碗、斜腹杯、高圈足杯、凸棱宽扁足D型罐形鼎和A型盆形鼎、小鼎、细长颈鬶等器物，到石家河文化晚期突然消失或趋于消亡，却新出现了矮直领广肩罐、扁腹罐、凸底罐、小口矮直领瓮、粗高圈足盘、细柄带箍豆、白陶冲天流肥袋足鬶等带有明显中原龙山文化风格的陶器。

出现于早期后段的广肩罐，数量很少，到晚期则成为最常见的器形，并由早期的凹沿高领变成了窄沿矮直领，由早期的肩微鼓到鼓肩，并演变出B、C、D型广肩罐。大量出现于早期后段的B型橄榄形中口罐，发展到晚期虽然存在，但数量锐减，明显处于衰落地位。

B型和C型缸是早、晚两期共有的常见器物。

A型深腹盆盛行于早、晚两期，从早到晚发展演变脉络比较清晰。早期为大敞口，宽平沿，深斜弧腹，近凹底。晚期口微敛，宽沿微外卷，曲腹，底近平。其演变的主要趋势是：口沿由外折到外卷，由大敞口到敞口到微敛到敛口，腹部由深到浅，腹壁由深斜弧腹到曲腹。

大量出现于早期后段的A型红陶平底钵，到晚期继续盛行，而且器壁都有轮制指印拉坯痕迹，其变化的主要趋势是腹部由深腹到浅腹，最后变成腹部与底之间无明显的界限，近似盘形。

B型盆形擂钵，数量虽不多见，但早、晚两期均有发现。

豆在早、晚两期均属最常见的器形之一，其中发展演变脉络比较清楚的是A型高圈足豆和C型矮圈足豆，其变化的共同特征是口沿由小折沿到凸沿到圆唇，腹部由深腹到浅腹，腹壁由斜直到斜弧到较平坦，圈足台座由有沟槽到无沟槽，由明显到不明显，柄由不带箍到有箍，晚期并出现 H 型细柄带箍豆。

斜腹杯在早期以其数量最多、型式最复杂而成为石家河文化早期最显著的特征之一，而到晚期虽然继续存在，但无论是数量还是型式均走向衰落。

出现于早期后段的盘，到晚期已成为最常见的器形之一，其早晚的主要变化在于腹部，由早期的深腹到晚期的浅腹，并在晚期演变出 C 型粗高圈足盘。

罐形鼎是早期常见的器形，形式多样，到晚期虽然继续存在，但形体均已变小，不如早期那么发达了，而且新出现 E 型锥足罐形鼎。盆形鼎是早、晚两期常见的器形，早期盛行的宽扁足到晚期继续盛行，晚期新出现 D 型舌形足盆形鼎。

器座是早、晚两期共有的器形，早期的 A 型Ⅱ式器座，到晚期继续存在，B 型器座到晚期则新出现Ⅱ式。

器盖在石家河文化遗存中，型式比较复杂而又富于变化，是其典型器类之一，早期的 A、B 型器盖在晚期继续存在或流行，E 型器盖虽不多见，但在早、晚两期的遗物中均有发现，其型式也基本一样。

两期石器均以磨制为主，器类主要为生产工具，都有斧、锛、钺、刀、钻、镞、研磨器和砺石等，而且同类石器的形体也基本相同，也就是说早期盛行的一些石器的型式在晚期继续盛行。

早期少见玉器，而晚期则突然出现大量玉器。

另外还有一个值得注意的问题就是，石家河文化晚期开始流行瓮棺葬式和大面积的瓮棺墓地，这些瓮棺墓中随葬有大量玉器。不仅肖家屋脊遗址如此，而且荆州枣林岗[①]和钟祥六合[②]等石家河文化晚期遗址也是这样。而在历年的田野工作中，我们始终没有发现过石家河文化晚期土坑墓。这种情况表明，石家河文化早期土坑墓葬俗发展到石家河文化晚期为瓮棺葬俗所替代。石家河文化早期带有宗教性质的陶臼遗迹到石家河文化晚期也不见踪影。

石家河文化早期和晚期之间存在显著差别的主要原因是，晚期遗存替代早期遗存只延续了一部分早期的文化因素，却融入了大量非当地文化传统的新文化因素，其中最主要的是河南龙山文化因素和山东龙山文化因素。这些新的文化因素，有的是外来文化的传入或影响，有的是文化交互作用。石家河文化晚期在融合了多种来源的文化因素之后，形成了有别于石家河文化早期遗存的自身特色。因此从总体上看，它与早期文化有相当大的差别，与早期文化之间呈现出一种"断层"现象。有部分学者认为石家河文化晚期遗存与早期遗存的差别很大，"基本上没有直接的发展关系，故不应再纳入石家河文化范畴"[③]，而应该命名为另一种文化或文化类型。目前对石家河文化晚期的材料掌握还不多，但通过调查和发掘，此类遗存在石家河遗址群的三房湾、邓家湾、蓄树岭、杨家湾、堰兜子湾、谭家港、傲家全、北堤、罗家柏岭、潘家岭、胡三家、新河、新农村等遗址均有发现④，因此，就肖家屋脊遗址而言，本报告暂且将其归为石家河文化。

三　石家河文化的年代

肖家屋脊遗址石家河文化遗存的相对年代，上限晚于屈家岭文化，这在该遗址的地层叠压关系中均可看出。石家河新石器时代遗址群的邓家湾遗址和谭家岭遗址，均有石家河文化早期遗存直接叠压在屈家岭文化晚期遗存之上的确切的层位证据⑤。至于其下限，在肖家屋脊遗址没有发现比石家河文化更晚的文化遗存，但在荆州荆南寺遗址发现了石家河文化遗存被叠压在二里头三期文化遗存之下的层位关系，在河南临汝煤山发现煤山二期文化直接叠压在二里头一期文化之下的层位关系⑥，而煤山二期文化的一些器形与石家河文化晚期的一些器形相同或相似，如煤山二期文化的Ⅰ式豆，Ⅰ式、Ⅲ式高领瓮和深腹瓮，均与石家河文化晚期的同类器相同或相似，煤山二期文化出土的长尾小鸟与石家河文化的长尾小鸟相同，应是石家河文化的影响所至，说明石家河文化晚期遗存与煤山二期文化的时代相当。

石家河文化遗存的绝对年代，经北京大学考古学系碳十四实验室测定的木炭标本共有四个（表一九），均为石家河文化早期，其中 H434 第 2 层测定的年代距今为 4410±100 年⑦，H98 测定的年代距今为 4135±70 年，H42 第 1 层共测得两个数据，年代分别为距今 4285±100 年和 4560±80 年，后者显然偏高。关于石家河文化晚期没有直接的测定数据，参考其它遗址的年代数据（如河南临汝煤山一期 T13③ 木炭所测的实际年代为公元前 2290±160 年，F6 出土木炭的实际年代为公元前 2005±120 年⑧，煤山一期的陶器，有相当多的特征和石家河文化晚期相似，二者大体属同一时期遗存），我们推定，肖家屋脊遗址石家河文化遗存的绝对年代上限为距今 4600 年（屈家岭文化的下限），下限距今约 4000 年左右，前后延续了大约 600 年。

表一九　　　　　**肖家屋脊遗址石家河文化¹⁴C 年代数据表**

实验室编号	出土单位	材　料	距今年代
BK90142	H434②	木　炭	4410±100
BK89038	H98	木　炭	4135±70
BK89037	H42①	木　炭	4285±100
BK89045	H42①	木　炭	4560±80

注　释:

①　荆州博物馆 1991 年发掘资料。

②　荆州博物馆:《钟祥六合遗址》,《江汉考古》1987 年 2 期。

③　韩建业、杨新改:《王湾三期文化研究》,《考古学报》1997 年 1 期。

④　北京大学考古学系、湖北省文物考古研究所、湖北省荆州博物馆:《石家河遗址群调查报告》,《南方民族考古》1992 年第 5 辑。

⑤⑧　石家河考古队:《湖北省石河遗址群 1987 年发掘简报》,《文物》1990 年 8 期。

⑥　中国社会科学院考古研究所河南二队:《河南临汝煤山遗址发掘报告》,《考古学报》1982 年 4 期。

⑦　北京大学考古学系碳十四实验室:《碳十四年代测定报告(一〇)》,《文物》1996 年 6 期。

第五章　楚墓

第一节　墓葬分布

共发现楚墓 8 座，编号 M1～M4、M6、M16～M18（附表一四）。均为小型墓葬，全部分布在遗址 A 区南部。稍大的墓，分布在遗址 A 区南部偏西；较小的墓，分布在遗址 A 区南部偏东。墓葬较为密集，两墓最近的距离仅相距 3.6 米（图二六七）。

第二节　墓葬形制

一　墓坑形制

八座楚墓均为长方形竖穴土坑墓，叠压于表土层下，打破石家河文化层和屈家岭文化层。墓坑方向以南北向最多，有五座；其余三座为东西向。头向以放置随葬器物一端为准，北向有三座（6°～8°），东向有三座（90°～112°），南向有二座（190°～210°）。

墓坑均口大底小，四壁斜直，平底。墓口一般长 2～3.35、宽 0.8～2.15、距地表深 0.1～0.25 米。最大的墓，墓口长 3.5 米（M18）；最小的墓，墓口长 1.9 米（M2）。墓底一般长 1.9～3、宽 0.75～1.85 米。最大的墓，墓底宽 3.2 米（M18）；最小的墓，墓底宽仅 0.4 米（M2）。墓坑深一般为 0.8～1.6、最深的 1.85 米（M18），最浅的仅 0.25 米（M4）。

墓坑的宽度，除 M16、M17、M18 较宽，为长方形宽坑外，其余五座墓较窄，均

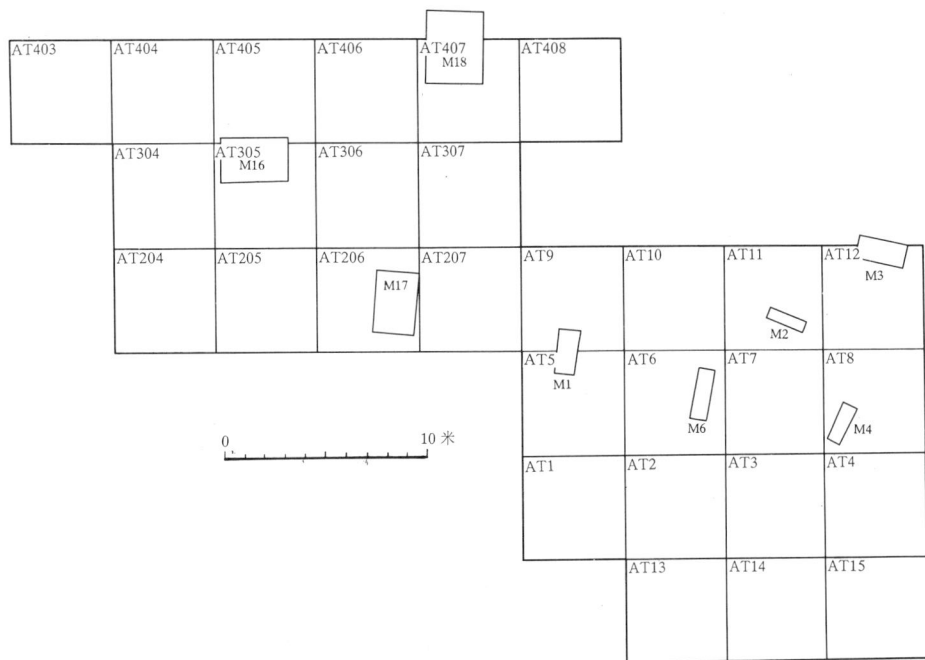

图二六七　楚墓分布图

为长方形窄坑。宽坑墓，长宽的比例为 3:2，墓形较大，均为一椁一棺。窄坑墓，长宽的比例为 2:1，墓形较小，均为单棺小墓。

M4 和 M6 设有壁龛，均为边龛，平面形状均为梯形，顶为平顶，发掘时均已倒塌。两座墓的壁龛大小基本相同。M6 的壁龛设在比棺略高的墓壁上，M4 的壁龛设在近墓底处的墓壁上。

墓葬填土均为黄褐色五花土，夹有少量屈家岭文化和石家河文化陶片，填土均夯实，夯窝大都不明显。

二　葬具

八座墓的葬具均腐，根据棺椁痕迹，可以看出，有一椁一棺墓和无椁单棺墓两种。

（一）一椁一棺墓

一椁一棺墓三座（M16～M18）。从朽痕看，椁室均由盖板、两边壁板、两端挡板和底板构成。椁盖板均横铺在椁室之上，椁挡板两端多出壁板之外，与椁壁板结合成"Ⅱ"形，椁底板均为竖铺。最大的椁室长 2.56、宽 1.5 米（M18），最小的椁室长 2.05、宽 1.21 米（M16）。

M18 的椁室内设有头箱和棺室，头箱与棺室之间设隔板。

一椁一棺墓的木棺均腐烂，结构均辨认不清。

（二）无椁单棺墓

无椁单棺墓五座。此类墓绝大部分只能看出棺的腐烂痕迹，结构均不清。根据痕迹可以看出，棺长一般为 2 米左右，宽为 0.5 米左右。

三　葬式

八座墓的人骨架均已腐朽，葬式不清。

四　随葬器物的放置

随葬器物的放置根据墓坑、棺椁的不同而各异。一椁一棺墓除 M17 的随葬器物放置于椁室内一端的空隙处外，其余两座墓的随葬器物均放置于椁室内一侧。无椁单棺墓的随葬器物多放置在棺外一端的墓坑内。带壁龛的墓，随葬器物均放置在壁龛内。

五　墓葬举例

（一）一椁一棺墓

M16　位于 AT305 北部，叠压于第 1 层（表土层）下，打破第 2、3 层。为长方形竖穴宽坑墓。方向 90°。墓坑口大底小，墓口长 3.35、宽 2.15 米，墓底长 2.69、宽 1.64 米，墓坑深 1.6 米。墓坑四壁斜直，平底。填土为黄褐色五花土，均夯实。

葬具已全部腐烂，仅剩棺椁痕迹。从痕迹看，椁室由盖板、两侧壁板、两端挡板和底板组成，长 2.05、宽 1.21 米。盖板为横铺，底板为竖铺。椁室内放置单棺，仅剩朽痕，长约 1.9、宽约 0.6 米。

人骨架已腐朽，葬式不清。

随葬器物均为陶器，有罐 1 件、豆 2 件、盂 1 件。均放置在椁室内北侧（图二六八；图版一七九，1）。

M17　位于 AT206 东部，叠压于第 1 层（表土层）下，打破第 2～4 层。为长方形竖穴宽坑墓。方向 8°。墓坑口大底小，墓口长 3.18、宽 2.1 米，墓底长 3、宽 1.85 米，墓坑深 1.6 米。墓坑四壁较陡直，坑壁平滑，坑底较平。填土为黄褐色五花土，经

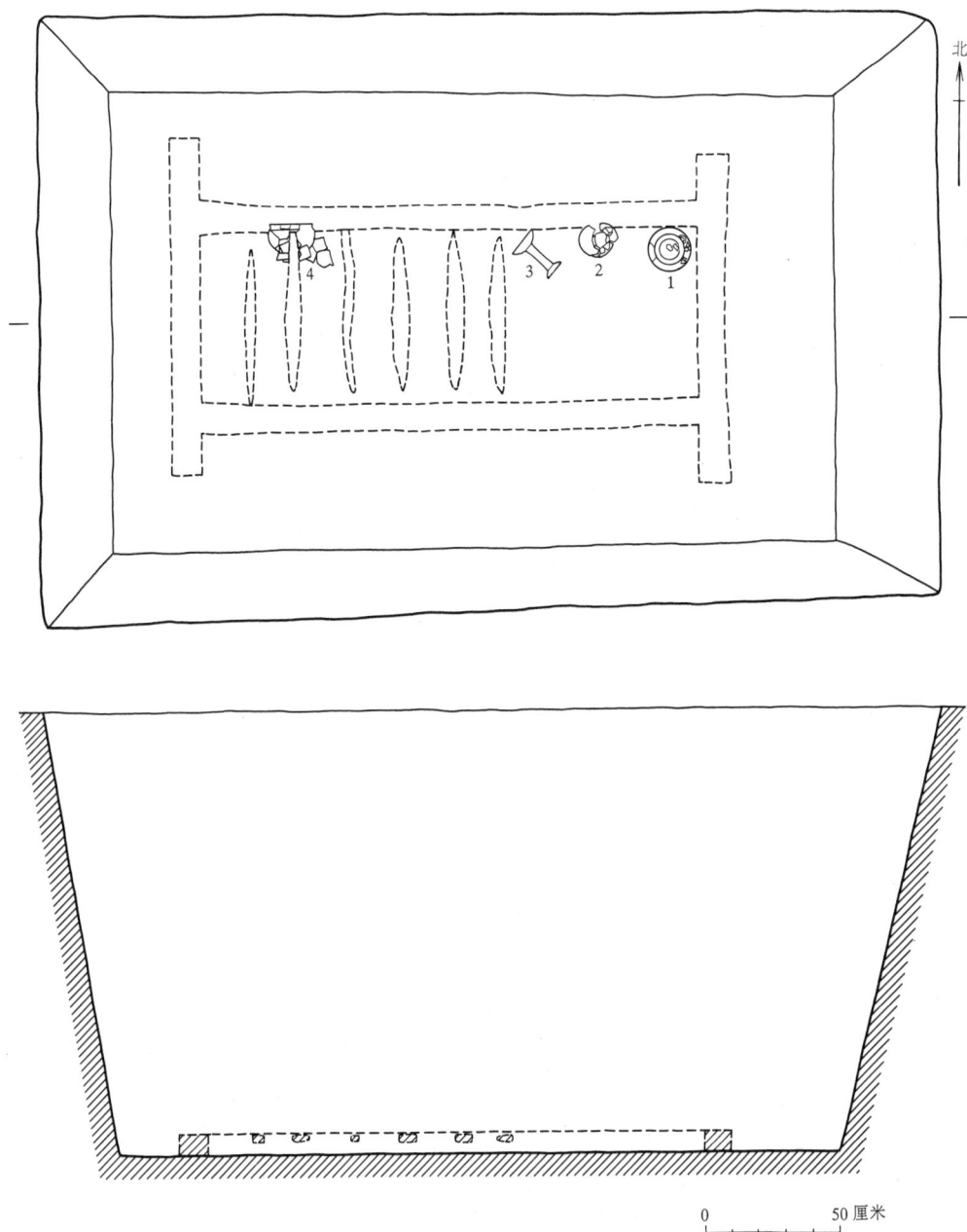

图二六八　楚墓 M16 平、剖面图
1. 陶罐　　2、3. 陶豆　　4. 陶盂

夯实。

　　葬具已腐烂，仅剩棺椁痕迹，为一椁一棺。椁长约 2.5、宽约 1.63 米，由盖板、

两侧壁板、两端挡板和底板组成。盖板为横铺；底板为竖铺。椁室内放置单棺，已腐。

人骨架已腐朽，葬式不清。

随葬器物均为陶器，有鼎2件、敦2件、壶2件、豆2件、方座飞鸟1件。均放置在椁室内北端空隙处（图二六九）。

M18 位于AT407北部，叠压于第1层（表土层）下，打破第2、3层。为长方形竖穴宽坑墓。方向6°。墓坑口大底小，墓口长3.5、宽2.8米，墓底长3.2、宽2.21米，墓坑深1.85米。墓坑四壁斜直，平底。填土为黄褐色五花土，经夯实。

葬具已全部腐烂，仅剩棺椁痕迹，为一椁一棺墓，椁长约2.56、宽约1.5米。椁室内设有头箱和棺室。头箱位于椁室北端，长1.18、宽0.4米。棺室位于椁室南端，长1.84、宽1.16米。头箱与棺室之间用隔板隔开。棺室内放置单棺，长约1.72、宽约0.52米。

人骨架已腐朽，葬式不清。

随葬器物仅剩陶器，有鼎2件、敦2件、壶2件、豆1件、罐1件。全部放置在棺室内棺西侧与椁壁板之间的空隙处。头箱随葬器物已朽（图二七○；图版一七九，2）。

（二）无椁单棺墓

M1 位于AT5北部，叠压于第1层（表土层）下，打破第2～5层。为长方形竖穴窄坑墓。方向190°。墓坑口大底小，墓口长2.48、宽1.07米，墓底长2.38、宽0.95米，墓坑深0.9米。墓坑四壁较陡直，平底。填土为黄褐色五花土，经夯实。

葬具已腐烂，仅剩棺痕，为单棺墓，棺长约2.05、宽0.54米。

人骨架已腐朽，葬式不清。

随葬器物均为陶器，有罐1件、豆3件、盖豆1件。均放置在墓坑内南端东侧（图二七一）。

M3 位于AT12北部，叠压于第1层（表土层）下，打破第2～4层。为长方形竖穴窄坑墓。方向103°。墓坑口大底小，墓口长2.45、宽1.1米，墓底长2.35、宽1米，墓坑深0.76米。墓坑四壁较陡直，平底。填土为黄褐色五花土，经夯实。

葬具已全部腐烂，仅剩棺痕，为单棺。

人骨架已腐朽，葬式不清。

随葬器物均为陶器，有鬲、盂、豆、罐各1件。均放置在棺外墓坑东端（图二七二）。

M4 位于AT8西南角，叠压于第1层（表土层）下，打破第2～4层。为长方形竖穴窄坑墓。方向210°。墓坑口大底小，墓口长2、宽0.85米，墓底长1.9、宽0.75米，墓坑残深0.25米。墓坑四壁斜直，平底。在墓室西壁南端设有壁龛，呈梯形，顶

图二六九　楚墓 M17 平、剖面图

1、6.陶方座飞鸟　　2、3.陶敦　　4、9.陶壶　　5、10.陶豆　　7、8.陶鼎

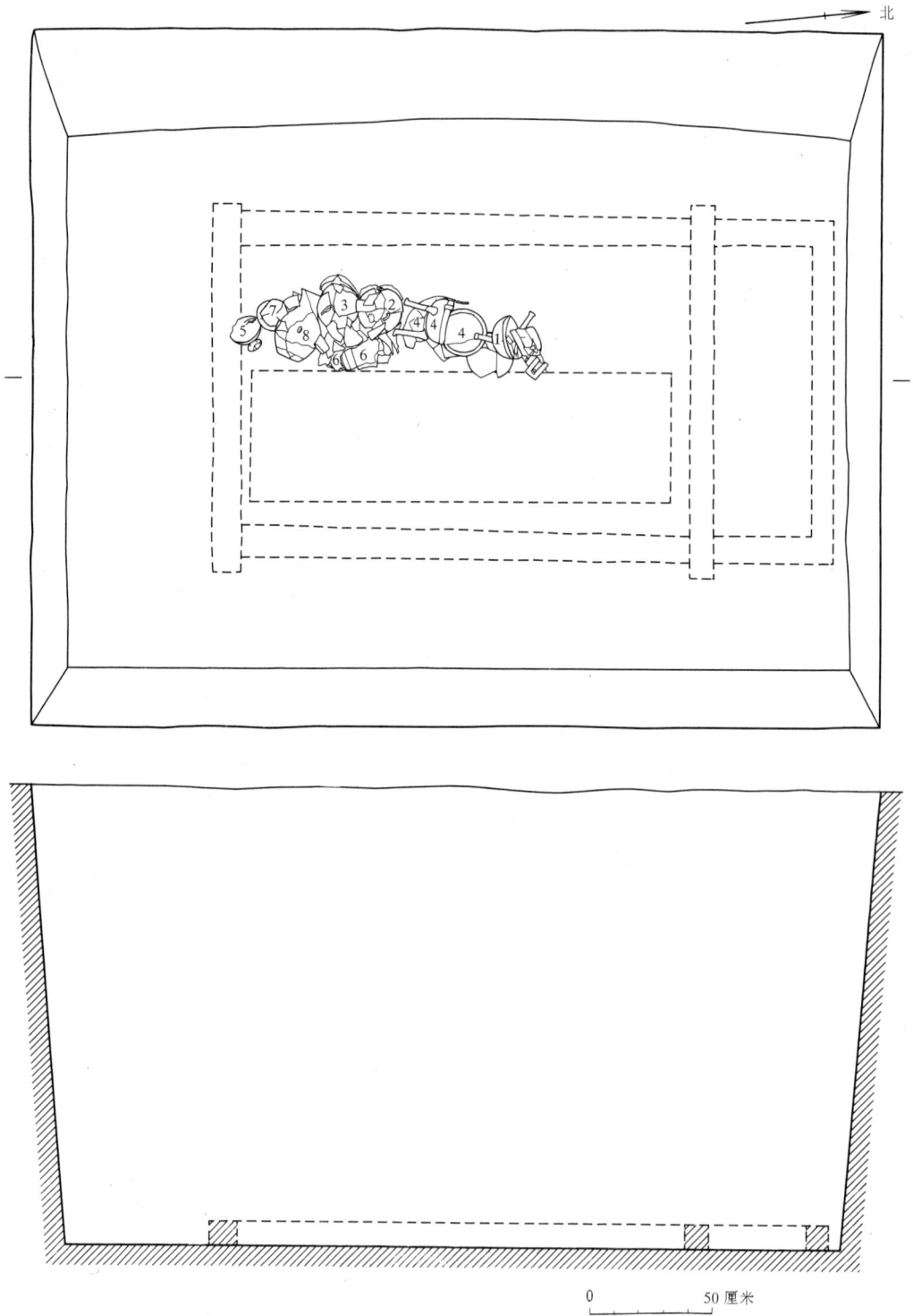

图二七〇　楚墓 M18 平、剖面图

1、4.陶鼎　　2、3.陶敦　　5.陶豆　　6、8.陶壶　　7.陶罐

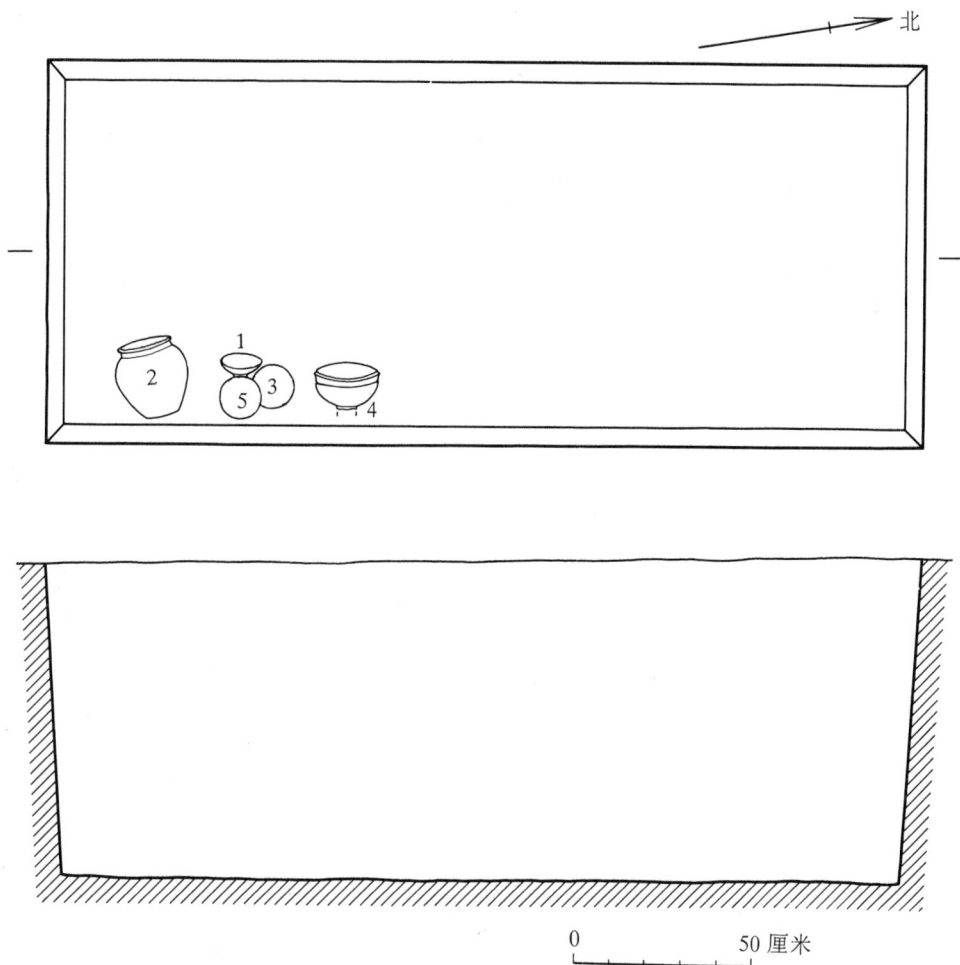

图二七一　楚墓 M1 平、剖面图

1、3、5. 陶豆　　2. 陶罐　　4. 陶盖豆

为平顶，发掘时已倒塌。壁龛高 0.2、宽 0.8、深 0.35 米，距墓底高 0.13 米。墓坑填土为黄褐色五花土，经夯实。

葬具已腐烂，仅剩棺痕，为单棺墓，棺长约 1.8、宽 0.5 米。

人骨架已腐朽，葬式不清。

随葬器物均为陶器，有盂 1 件、罐 1 件、豆 2 件。均放置在壁龛内（图二七三）。

M6　位于 AT6 东北角，叠压于第 1 层（表土层）下，打破第 2～4 层。为长方形竖穴窄坑墓。方向 6°。墓坑口大底小，墓口长 2.5、宽 0.8 米，墓底长 2.3、宽 0.6 米，墓坑深 1.12 米。墓坑四壁较陡直，平底。在墓坑西壁靠北端设有壁龛，平面呈梯形，顶为平顶，发掘时倒塌。壁龛高 0.26、宽 0.7、深 0.34 米，距墓底高 0.91 米。墓坑填

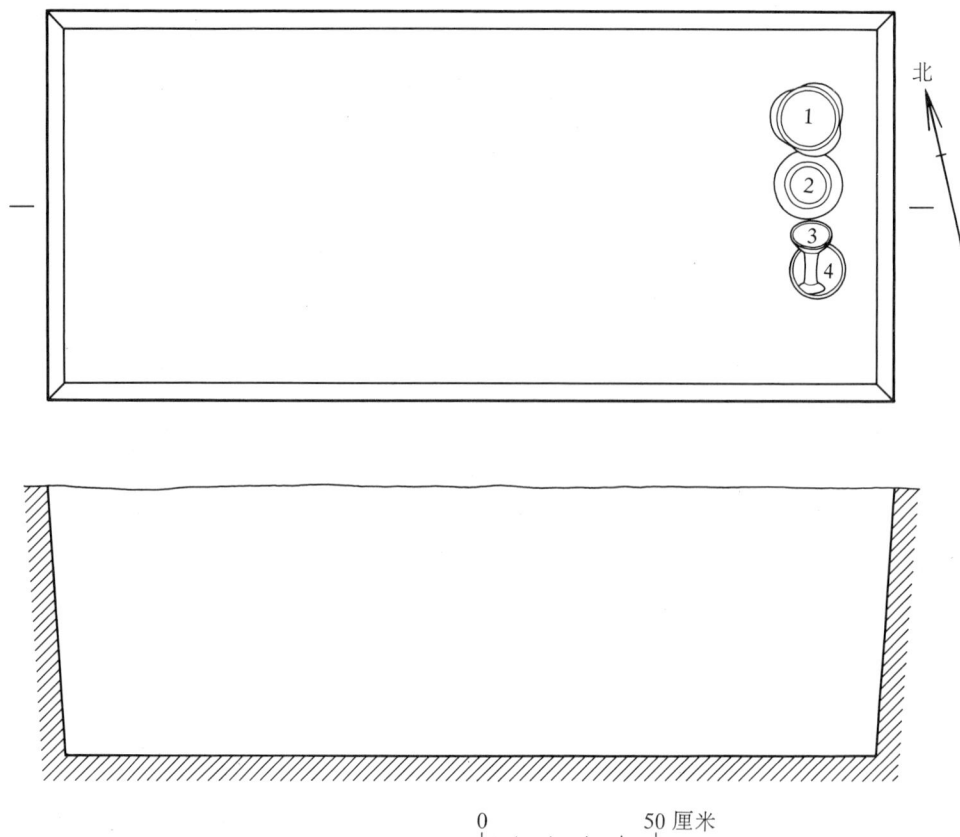

图二七二　楚墓 M3 平、剖面图

1. 陶鬲　　2. 陶罐　　3. 陶豆　　4. 陶盂

土为黄褐色五花土，经夯实。

葬具已腐烂，仅剩棺痕，为单棺，棺长约 2、宽约 0.5 米。

人骨架已腐朽，葬式不清。

随葬器物均为陶器，有盂、罐、豆各 1 件。均放置在壁龛内（图二七四）。

第三节　随葬器物

八座楚墓的随葬器物均为陶器，共计 38 件。每墓出土陶器多寡不一，多则 9 件（M17），少则只有 1 件（M2）。器类有鬲、盂、豆、罐、鼎、敦、壶、方座飞鸟，分日用器和礼器两大类。

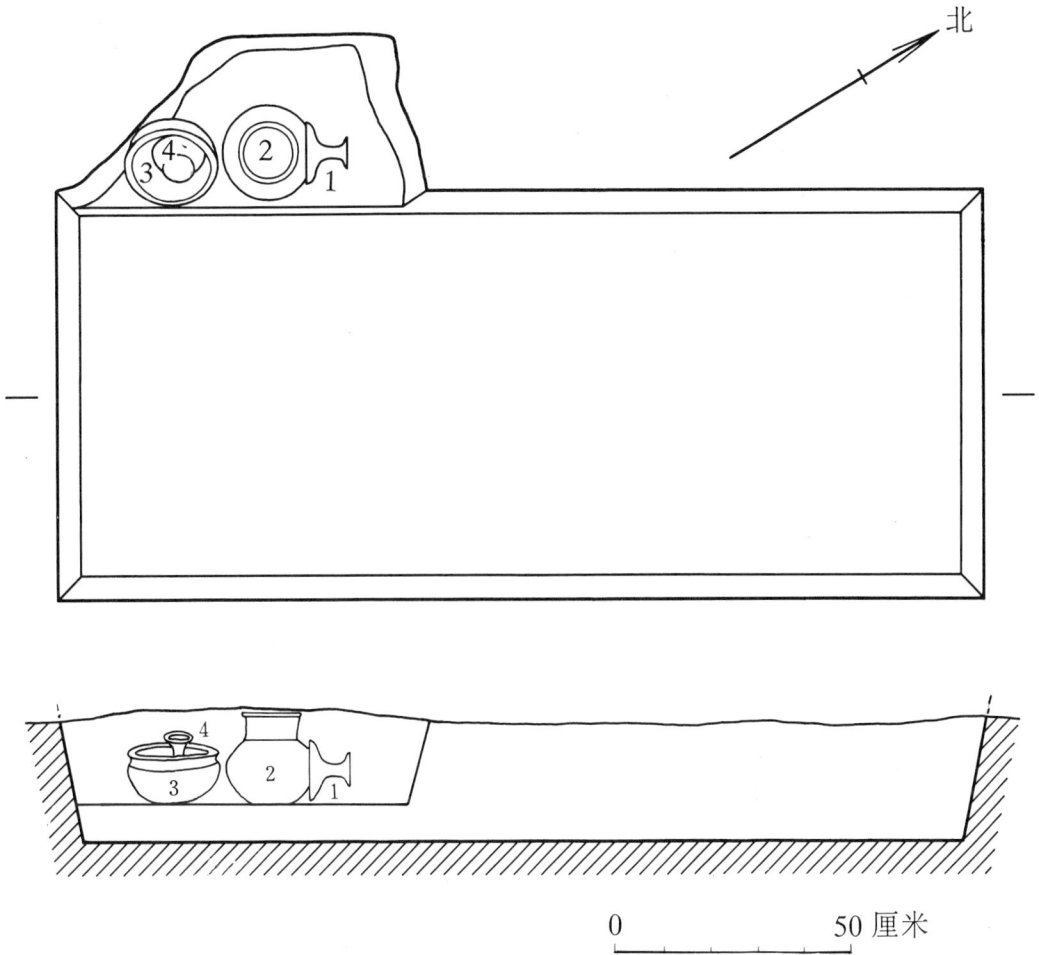

图二七三　楚墓 M4 平、剖面图

1、4.陶豆　　2.陶罐　　3.陶盂

一　日用器

日用器有鬲、盂、豆、盖豆和罐。

鬲　1件。标本 M3:1，泥质灰陶。大口，窄平沿，凸唇，短直颈，深腹，最大腹径在上腹，平裆，柱状足高而微外鼓。腹、足均满饰绳纹，上腹饰一道凹弦纹。口径18、腹径 21.8、通高 23.5 厘米（图二七五，1；图版一八〇，1）。

盂　4件，分出于四座墓中。分二式。

Ⅰ式　2件，复原1件。敛口，翻折沿，短斜颈，肩部微凸，深弧腹，凹圜底。标

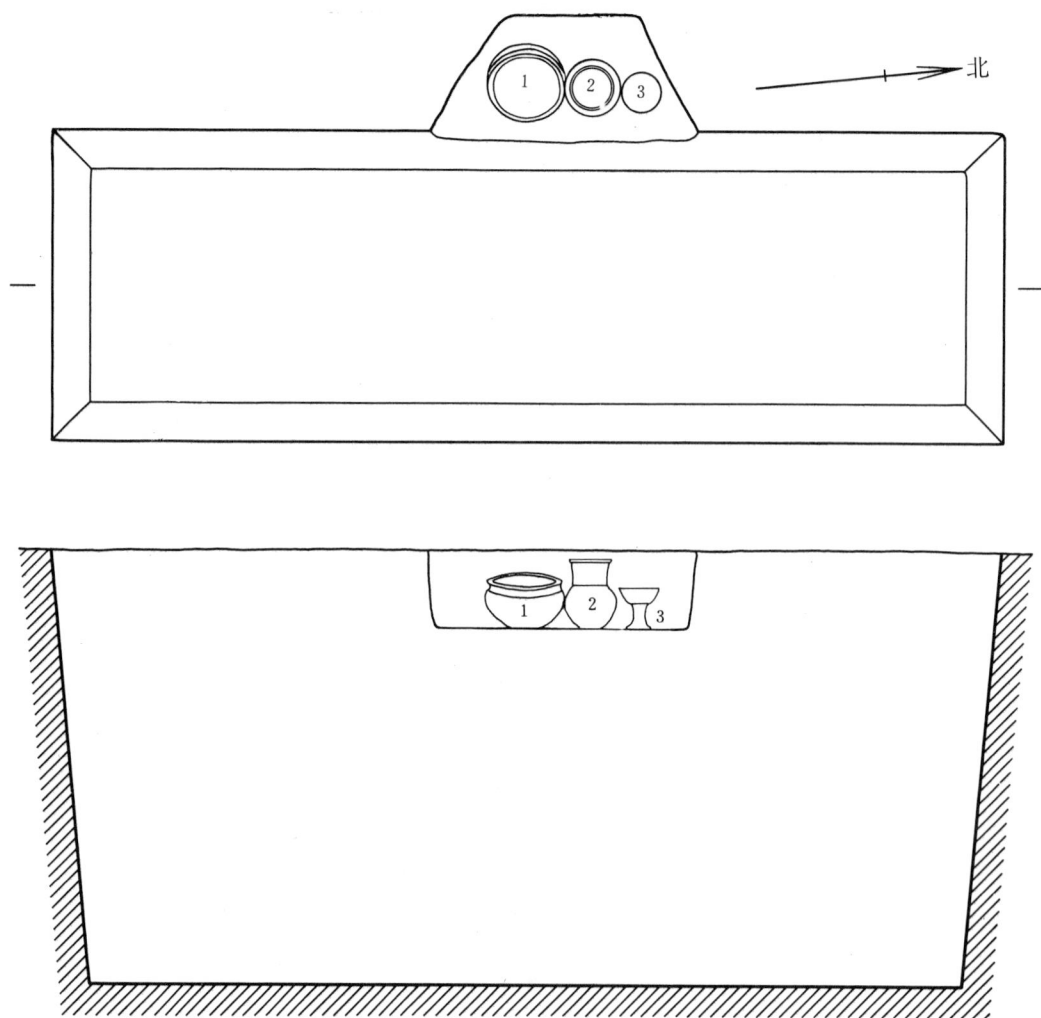

北

0　　　　　　　　　50 厘米

图二七四　楚墓 M6 平、剖面图

1. 陶盂　　2. 陶罐　　3. 陶豆

本 M4：3，泥质灰陶。上腹饰数道凹弦纹，下腹饰绳纹。口径 20、底径 8.8、高 10.8 厘米（图二七五，2；图版一八〇，2）。

　　Ⅱ式　2 件。均为泥质灰陶。口微敛，折沿，短直颈，凸肩，深鼓腹，凹圜底。标本 M6：1，平折沿。上腹饰数道凹弦纹，下腹及底饰绳纹。口径 20、底径 8、高 11.6 厘米（图二七五，3；图版一八〇，3）。标本 M16：4，仰折沿。上腹饰数道凹弦纹，下腹及底饰绳纹。口径 19.6、底径 7.2、高 10.3 厘米（图二七五，4；图版一八〇，4）。

豆　13件，分出于八座墓中，分三型。

A型　9件，分出于五座墓中，型式可分的有8件。敞口，圆唇，斜弧腹，细矮柄，喇叭形柄座，共分三式。

Ⅰ式　6件。内底为平底或接近平底。标本M1:5，泥质灰陶。内底近平，喇叭形柄座较高。素面。口径12、高10.4厘米（图二七六，1）。标本M2:1，泥质灰陶。内底近平，柄座较高。素面。口径12.8、高10厘米（图二七六，2；图版一八○，5）。标本M4:1，泥质灰陶。近直腹，内底平，柄座较矮。素面。口径12.8、高8.8厘米（图二七六，3；图版一八○，6）。标本M4:4，泥质灰陶。内底平，细柄略高，柄座较

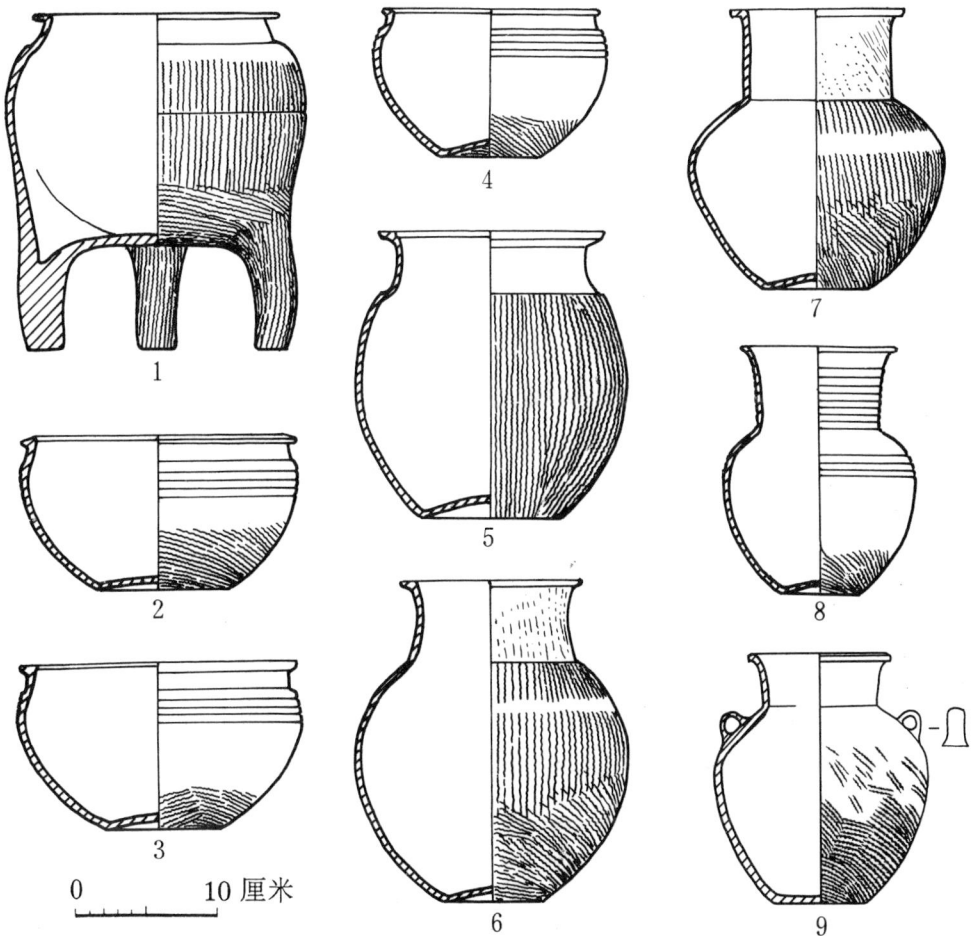

图二七五　楚墓出土陶鬲、盂、罐

1. 鬲 M3:1　　2. Ⅰ式盂 M4:3　　3、4. Ⅱ式盂 M6:1、M16:4　　5. Ⅰ式罐 M1:2

6. Ⅱ式罐 M3:1　　7. Ⅲ式罐 M4:2　　8、9. Ⅳ式罐 M6:2、M16:1

矮。素面。口径12.7、高11.6厘米（图二七六，4；图版一八一，1）。

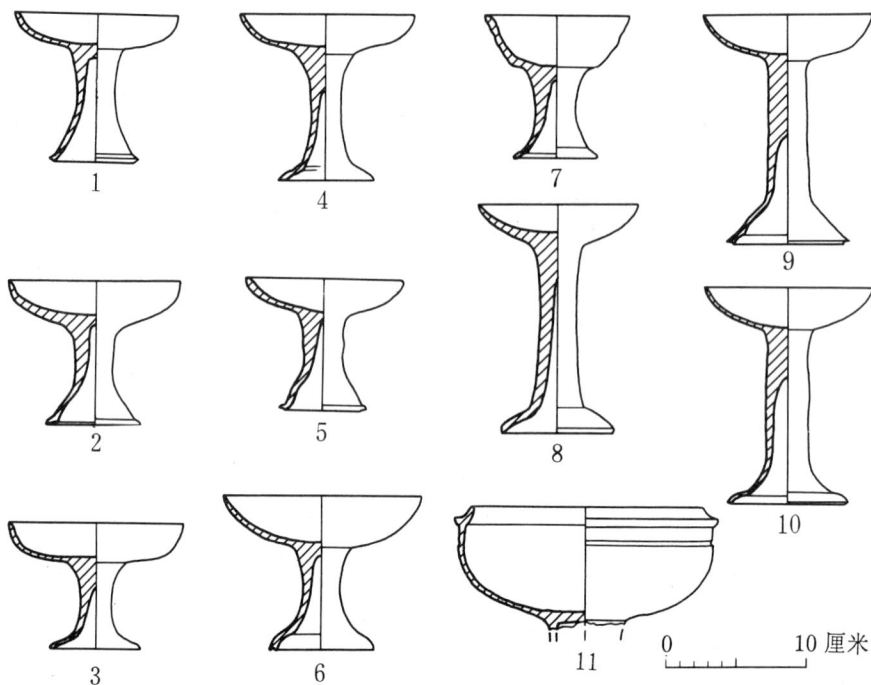

图二七六　楚墓出土陶豆

1～4．A型Ⅰ式 M1:5、M2:1、M4:1、M4:4、　　5．A型Ⅱ式 M16:2　　6．A型Ⅲ式 M18:5

7．B型 M6:3　　8．C型Ⅰ式 M16:3　　9、10．C型Ⅱ式 M17:5、M17:10　　11．盖豆 M1:4

Ⅱ式　1件。标本 M16:2，泥质灰陶。浅腹，圜底，矮直柄，喇叭形柄座较高。口径11.2、高9.2厘米（图二七六，5；图版一八一，2）。

Ⅲ式　1件。标本 M18:5，泥质灰陶。腹较深，圜底，柄座较矮，底座缘面微鼓。素面。口径14.4、高11.2厘米（图二七六，6；图版一八一，3）。

B型　1件。标本 M6:3，泥质红陶。敞口，圆唇，深斜直腹，下腹内折，底近平，细矮柄，喇叭形柄座较矮。素面。口径10.4、高10厘米（图二七六，7；图版一八一，4）。

C型　3件。分出于二座墓中，敞口，斜腹，细长柄。分二式。

Ⅰ式　1件。标本 M16:3，泥质灰陶。浅腹，圜底，细长柄微弧，柄座较矮，座面微凸弧。素面。口径11.6、高16厘米（图二七六，8；图版一八一，5）。

Ⅱ式　2件。腹略深，圜底，细长柄较直。标本 M17:5，泥质灰陶。柄座较高。素面。口径12.4、高16厘米（图二七六，9）。标本 M17:10，泥质灰陶。柄座较矮，且有台座。素面。口径12.2、高15.2厘米（图二七六，10；图版一八一，6）。

盖豆　1件。标本 M1:4，泥质灰陶。出土时缺盖，器形较大。子母口，深腹微鼓，圜底，柄残。上腹饰一道凹弦纹。口径 16.8、残高 8.4 厘米（图二七六，11）。

罐　6件。分出于五座墓中，能分式的有 5 件，分四式。

Ⅰ式　1件。标本 M1:2，泥质红陶。口较大，高领，宽平折沿，凸肩，深弧腹，凹圜底较大。腹部满饰绳纹。口径 16.2、底径 10.4、高 20 厘米（图二七五，5；图版一八二，1）。

Ⅱ式　1件。标本 M3:1，泥质灰陶。宽平折沿，沿面有两道凹槽，颈较长，溜肩，球腹，凹圜底。通体饰绳纹，颈部绳纹抹平，较模糊，肩部绳纹抹平一道。口径 13.2、底径 7、高 22.5 厘米（图二七五，6；图版一八二，2）。

Ⅲ式　1件。标本 M4:2，泥质深灰陶。宽平折沿，沿面有两道凹槽，长颈较直，鼓肩，弧腹略扁，凹圜底。颈、腹、底通饰绳纹，颈部绳纹抹平，较模糊，肩部绳纹抹平一道。口径 12.6、底径 7.6、高 18.8 厘米（图二七五，7；图版一八二，3）。

Ⅳ式　2件。侈口，窄沿，长颈外撇，溜肩，鼓腹。标本 M6:2，泥质灰陶。沿面微凹，凹圜底。颈和肩部饰数道凹弦纹，下腹及底部饰绳纹。口径 11.2、底径 5.6、高 17.2 厘米（图二七五，8；图版一八二，4）。标本 M16:1，泥质灰陶。肩部有对称牛鼻式贯耳两个，平底。腹饰绳纹，上腹绳纹较模糊。口径 10.4、底径 6.8、高 17.4 厘米（图二七五，9；图版一八二，5）。

二　礼器

礼器有鼎、敦、壶和方座飞鸟。

鼎　4件。分出于二座墓，分二式。

Ⅰ式　2件。均出于 M18，泥质灰陶。子母口承盖，盖面弧形，盖顶有一桥形钮，方耳外撇，浅腹近直，圜底，三柱状足较高且细，足下端作蹄形。腹部饰两道凹弦纹。标本 M18:1，柱足较直。口径 18.6、通高 24.5 厘米（图二七七，1；图版一八三，1）。标本 M18:4，口径 19.8、通高 24 厘米（图二七七，2）。

Ⅱ式　2件。均出于 M17，泥质深灰陶。子母口承盖，盖残，方耳外侈，浅腹，腹壁向内斜弧，圜底，三扁方足外撇。腹饰两道凹弦纹。标本 M17:8，口径 19、通高 21.5 厘米（图二七七，3；图版一八三，2）。

敦　4件。分出于二座墓，分二式。

Ⅰ式　2件。均出于 M18，泥质灰陶。由盖、身扣合而成椭圆形，盖、身形制大小相同，直口，窄沿，圜底，三"S"形钮或足。底和盖顶各饰两道凹弦纹。标本 M18:3，口径 16、通高 22.8 厘米（图二七七，4；图版一八三，3）。

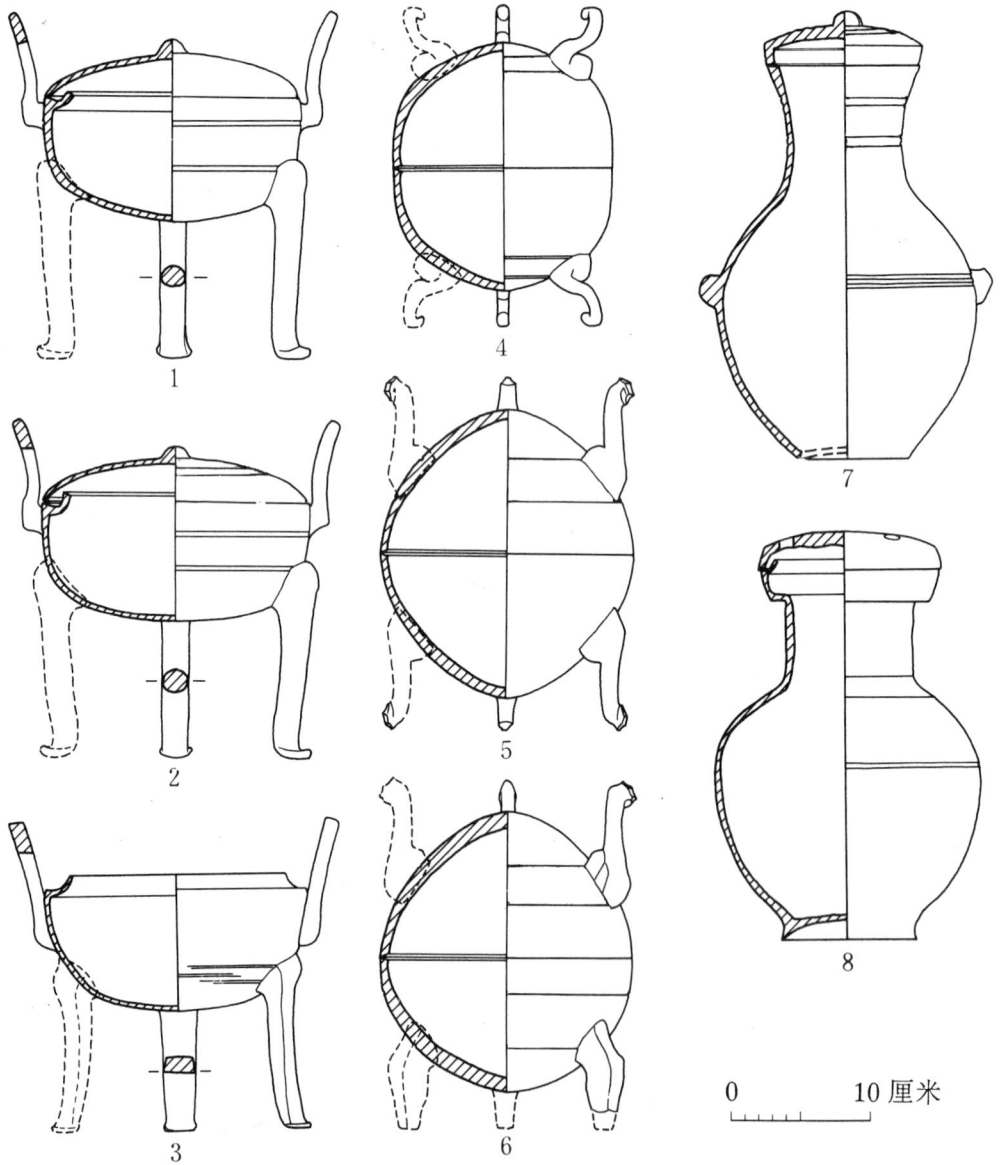

图二七七　楚墓出土陶鼎、敦、壶

1、2. Ⅰ式鼎 M18：1、M18：4　　3. Ⅱ式鼎 M17：8　　4. Ⅰ式敦 M18：3

5、6. Ⅱ式敦 M17：2、M17：3　　7. Ⅰ式壶 M18：9　　8. Ⅱ式壶 M17：9

　　Ⅱ式　2件。均出于 M17，泥质深灰陶。由盖、身扣合而成椭圆形，近直口，窄沿，近凸底。标本 M17：2，盖、身相同，三"S"形钮或足。盖顶饰两道凹弦纹。口径18.5、通高 24.8 厘米（图二七七，5；图版一八三，4）。标本 M17：3，盖深，腹浅，盖顶近凸，底近圜，盖顶三"S"形钮，腹下三兽蹄形足，足下端略残。盖顶和腹部各饰两道凹弦纹。口径 18.5、残高 24.5 厘米（图二七七，6）。

壶　4 件。分出于二座墓，分二式。

Ⅰ式　2 件。均出于 M18，泥质灰陶。喇叭形口承盖，盖顶微弧，中心有一鸡冠形钮，窄平沿，长颈内束，溜肩，腹有对称鸡冠耳两个，鼓腹，平底微凹。标本 M18：9，底略残。盖顶、颈、腹部饰数道凹弦纹。口径 11、通高 31.5 厘米（图二七七，7；图版一八三，5）。

Ⅱ式　2 件。均出于 M17，泥质灰陶。子母口承盖，盖顶略平，边缘有两个圆形镂孔，子母口作盘形，长颈较直，圆肩，鼓腹，矮圈足。标本 M17：9，肩、腹部饰数道凹弦纹。口径 13、通高 29 厘米（图二七七，8；图版一八三，6）。

方座飞鸟　1 件。标本 M17：1、6，泥质灰陶。鸟仰首，张嘴，双眼外凸，作引吭长鸣状，展翅，长尾上翘，尾羽分开，呈展翅飞翔状。鸟背上左右各有一个圆孔，圆孔内插有鹿角，出土时鹿角已腐，鸟腹中空，尾下有一长方形孔作肛门，腹下有一方形孔。鸟下有一方形陶座，座顶上有一方孔，方孔内插木立柱，鸟立于其上，出土时木柱已腐烂。鸟和方座皆素面。鸟为捏塑，座为模制。鸟高 29.5、座高 11.6 厘米（图二七八；图版一八四）。

第四节　分期和年代

八座楚墓没有相互打破关系，出土器物中亦没有发现纪年材料，因此只能根据随葬器物组合及其器形变化，并参照其它地区楚墓分期的研究成果，来确定其分期和年代。

八座楚墓中除 M2 只随葬一件陶豆外，其余七座墓的器物组合有下列四种情况：

1. 豆、盖豆、罐。有一座墓（M1）。

2. 鬲、盂、豆、罐。有一座墓（M3）。

3. 盂、豆、罐。有三座墓（M4、M6、M16）。

4. 鼎、敦、壶、豆。有二座墓（M17、M18）。

上述四种情况中，第 1、2、3 种只出日用陶器，第 4 种出仿铜陶礼器，根据器物型式的变化，可将上述四种器物基本组合归为三组：

第一组：鬲，Ⅰ式盂，A 型Ⅰ式豆，盖豆，Ⅰ、Ⅱ、Ⅲ式罐。

第二组：Ⅱ式盂，A 型Ⅱ式、B 型、C 型Ⅰ式豆，Ⅳ式罐。

第三组：Ⅰ式、Ⅱ式鼎，Ⅰ、Ⅱ式敦，Ⅰ、Ⅱ式壶，A 型Ⅲ式、C 型Ⅱ式豆。

以上三组陶器组合情况，反映了八座墓的发展序列。据此，可将这八座楚墓分为一、二、三期，各期的时代大致如下：

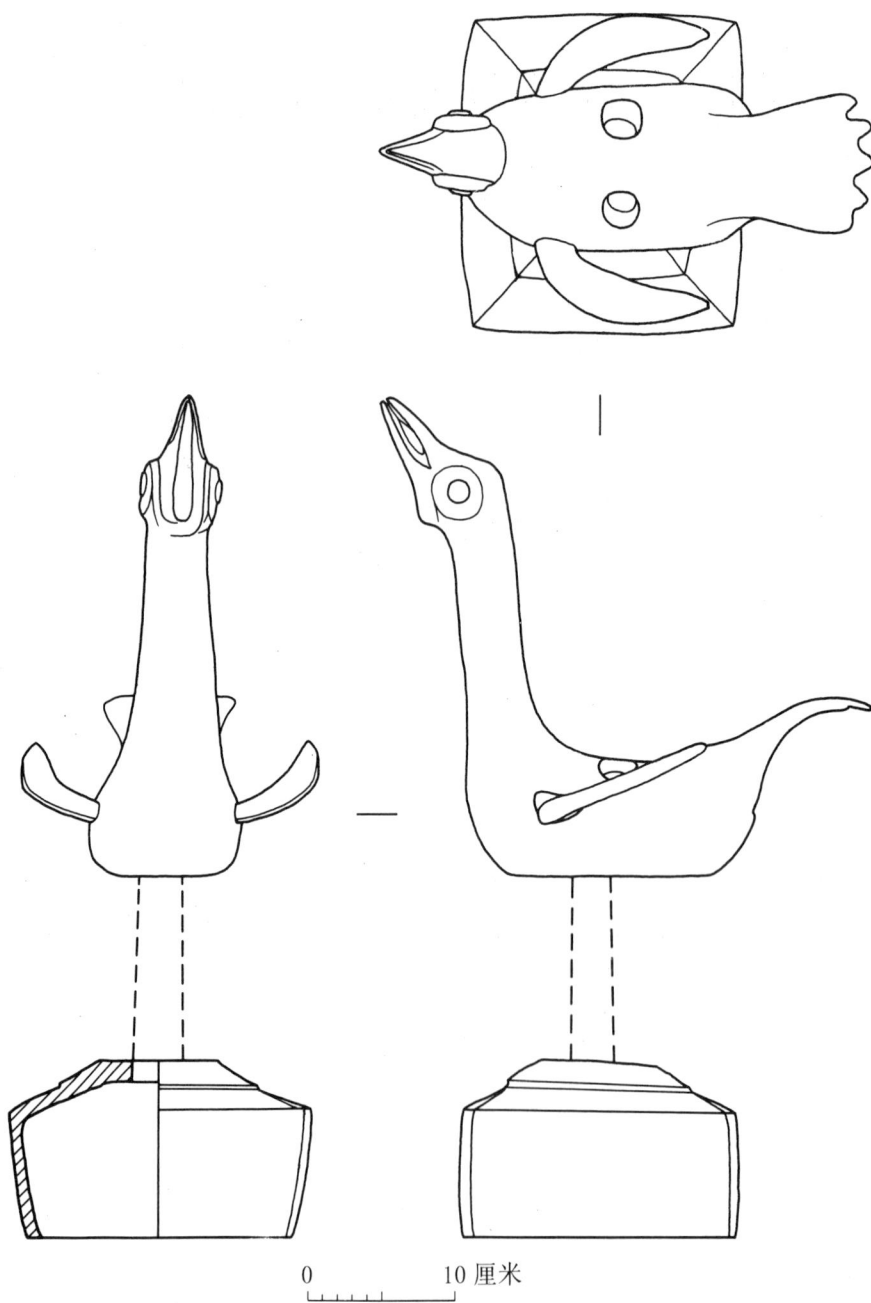

图二七八　楚墓 M17:1、6 陶方座飞鸟

第一期　4 座墓（M1～M4）。均为无椁单棺墓，随葬器物均为日用陶器。该期的鬲，Ⅰ式盂，Ⅰ、Ⅱ、Ⅲ式罐分别与当阳赵家湖第四期楚墓（春秋晚期）[①] LM3、

JM139、JM107、JM127 所出同类器相似。出土的 A 型 I 式豆，浅盘近折壁，矮柄呈弧形，是春秋中晚期较常见的器形，如当阳赵家湖楚墓[②]、秭归柳林溪遗址[③]、荆门子陵岗楚墓[④]均出有。因此，该期的年代可定在春秋晚期。

第二期　2 座墓（M6、M16）。M6 为无椁单棺墓，M16 为一椁一棺墓，随葬器物均为日用陶器。该期新出现 II 式盂、A 型 II 式豆、C 型 I 式豆、IV 式罐，器形均较第一期晚。II 式盂、IV 式罐，与当阳赵家湖第五期楚墓（战国早期）[⑤]所出同类器相似，与江陵雨台山第三期楚墓（战国早期）[⑥]所出同类器也大体相当。C 型 I 式豆，浅盘，细长柄，在江陵等地的战国早期楚墓中才开始出现，故该期的年代应为战国早期。

第三期　2 座墓（M17、M18）。均为一椁一棺墓，随葬器物中出现仿铜陶礼器，日用陶器中新出现 A 型 III 式、C 型 II 式豆。I、II 式鼎，方耳外撇，浅腹，实足，与当阳赵家湖 JM173 所出鼎近似，I 式敦、I 式壶，分别与当阳赵家湖第六期楚墓（战国中期）JM202、JM172、JM59 所出同类器近似。虎座飞鸟是江陵地区战国中期楚墓中较为流行的器形，肖家屋脊 M17 出土的陶方座飞鸟，在造型和结构上与虎座飞鸟基本相似，所不同的是一为方座，一为虎座。因此，该期的年代应在战国中期。

第五节　小结

这批楚墓均属小型墓，数量少，延续时间短，保存情况差。但所出随葬器物却具有浓厚的楚文化特点，为楚文化的研究提供了新的资料。

一　墓葬特点

第一，墓地范围小。在发掘的 6700 余平方米的范围内，仅发掘了八座楚墓，而且全部集中分布在遗址 A 区南部，占地面积约 800 余平方米。

第二，墓坑方向以南北向居多，头向以向北和向东为主，向南较少。发现的两座壁龛墓的壁龛均为边龛。

第三，墓坑均为长方形竖穴，口大底小。无椁单棺墓均为长方形窄坑，墓坑四壁较陡直。一椁一棺墓均为长方形宽坑，墓坑四壁斜直。

第四，无椁单棺的陶器基本组合为鬲、盂、豆、罐，均为日用陶器；一椁一棺墓的陶器基本组合为盂、豆、罐等日用器或鼎、敦、壶等仿铜陶礼器。

二　墓主人身分推测

这八座楚墓均为小型墓，墓主身分应较低下。从棺椁等级来看，M16～M18 为一椁一棺，属同一等级，《礼记·檀弓》载："天子之棺四重。"郑玄注："诸公三重，诸侯再重，大夫一重，士不重。"因此，M16～M18 三墓的墓主应为士这一阶层。M17 和 M18 随葬仿铜陶礼器，墓主身分略高，M16 只随葬日用陶器，而且数量较少，墓主身分略低。M1、M2、M3、M4 和 M6 的葬具均为无椁单棺，随葬器物较少，且均为日用陶器，其墓主身分应为庶民。

注　释:

①　②　⑤　湖北省宜昌地区博物馆、北京大学考古学系:《当阳赵家湖楚墓》，文物出版社，1992 年。

③　湖北省博物馆江陵工作站:《1981 年湖北柳林溪遗址的发掘》，《考古与文物》1986 年 6 期。

④　荆门市博物馆:《荆门市子陵岗古墓发掘简报》，《江汉考古》1990 年 4 期。

⑥　湖北省荆州地区博物馆:《江陵雨台山楚墓》，文物出版社，1984 年。

附表一　　　　　　　　　　屈家岭文化房子登记表　　　　　　　单位:米

编号	期别	所在探方	层位上	层位下	形制	尺寸	方向	门道	灶坑	居住面结构	柱洞数量	遗物	备注
1	二期	1106	5	生	长方形地面式建筑	8.65×3.5	10°	南		?	100		双间房子,被H74打破
2	二期	1521	2	生	长方形地面式建筑	残3×2.4	?	?		?	7		被H167、H173、H186、H202、H249打破,破坏严重
3	一期	1520	3	4	长方形地面式建筑	残8.6×6.5	?	?		灰黄色沙土	29	碗3	被HG2、H189、M48打破
5	二期	1422	3	4	长方形地面式建筑	残15.8×5	?	?		灰黄土	8	缸片	被H293、H143、H255、W69打破
11	二期	1815	3	4	长方形地面式建筑	残3.2×3	?	?		黄褐土	2		破坏严重
13	二期	1820	5	生	长方形地面式建筑	残8.2×3.5	?	?	圆形	浅黄土	19		被HG27、H457、H496打破
15	二期	2021	3	生	长方形地面式建筑	残9.3×4	?	?	圆形	黄褐土	28	碗4	被H406打破

说明　1.一座房子跨两个以上探方的,只登记其中一个。2.层位栏中,"上"栏仅登记诸叠压、打破该房子的地层或遗迹单位中最早的,"下"栏仅登记被该房子叠压或打破的地层或遗迹单位中最晚的,阿拉伯数字表示地层编号,"生"表示生土。3.遗物栏中,质地均为陶器,阿拉伯数字表示数量。

附表二　　　　　　　　　屈家岭文化第一期灰坑登记表　　　　　　单位:米

编号	所在探方	层位上	层位下	形状	尺寸	主要遗物	备注
238	1505	3	4	圆形	1.1-0.2	高领罐A型Ⅰ式1,碗A型Ⅰ式2、C型1,鼎1,器盖B型1	
531	2308	5	生	正方形	3.8×3.7-0.6	高领罐A型Ⅰ式1、B型1,扁腹罐1,小罐2,壶形器Ⅰ式2,盆1,甑1,碗A型Ⅰ式2、B型1、C型2,豆Aa型Ⅰ式1,斜腹杯Ⅰ式5,矮圈足杯1,鼎Aa型4、Ab型Ⅰ式1,器盖A型9、B型2、C型2,纺轮A型1、Ba型1,彩绘纺轮1;石锥形器1	

说明　1. 一个灰坑跨两个以上探方的，只登记其中一个。2. 层位栏中，"上"栏仅登记诸叠压、打破该灰坑的地层或遗迹单位中最早的，"下"栏仅登记被该灰坑打破的地层或遗迹单位中最晚的。阿拉伯数字表示地层编号，"生"表示生土。3. 尺寸栏中，圆形注直径，正方形注长×宽，深度一律用"－"表示。4. 遗物栏中，未注明质地的是陶器，阿拉伯数字表示数量。难以辨明型式的只登记器类，难以辨明亚型的只登记型，难以辨明式的只登记型或亚型或器类。

附表三　　　　　　　屈家岭文化第二期灰坑登记表　　　　　单位：米

编号	所在探方	层位 上	层位 下	形 状	尺 寸	主 要 遗 物	备 注
27	9	2C	3	正方形	1.26×1.12－0.35	高领罐 A 型Ⅱ式 1，碗 A 型Ⅰ式 1、Ⅱ式 1、Cb 型 1，斜腹杯 1，鼎 1	
65	705	4	生	长条形	3.4×0.8－0.3	盆 1，碗 A 型Ⅰ式 2、B 型 1，豆 1，矮圈足杯 1，器盖 1	
76	1105	4	生	圆形	1.45－0.2	高领罐 A 型 1、C 型 1，大口罐 1，碗 A 型Ⅰ式 1，豆 Ab 型 1，鼎 1	被 H71 打破
85	913	3	4	圆形	4.65－0.4	高领罐 A 型Ⅱ式 2，大口罐 1，小罐 1，壶形器Ⅱ式 1，甑 1，碗 A 型Ⅰ式 9、Ⅱ式 2、C 型 2，其它碗 1，钵 A 型 1，豆 Aa 型Ⅱ式 1、Ab 型 1、B 型 2，斜腹杯Ⅰ式 2，高圈足杯 2，矮圈足杯 2，其它杯 1，鼎 Aa 型 3、Ab 型 2、B 型 1，器盖 B 型 1，纺轮 A 型 2、Ba 型 1、Bb 型 1、C 型 1、D 型 2，彩绘纺轮 1	
91	1217	4	生	椭圆形	2.5×1.5－0.2	高领罐 1，碗 A 型Ⅱ式 1，鼎 1，器盖 A 型 1	
279	1405	3	4	圆形	1.46－0.34	高领罐 A 型 1，碗 A 型 1，器盖 B 型 1	
335	1706	7A	7B	圆形	1.44－0.3	碗 A 型 1，斜腹杯Ⅱ式 1，鼎 1	被 H328 打破，打破 HG17
336	1706	7A	7B	不规则形	1.36×1.2－0.1	碗 A 型 1，斜腹杯Ⅰ式 1	被 H328 打破，打破 H17

续附表三

编号	所在探方	层位 上	层位 下	形状	尺寸	主要遗物	备注
430	1817	4	5	椭圆形	2.22×1.22－0.36	高领罐 A 型Ⅱ式 2、D 型 1，大口罐 1，壶形器Ⅲ式 2，甑 1，碗 A 型Ⅱ式 1，其它碗 1，豆 Aa 型Ⅱ式 1，斜腹杯Ⅱ式 1，鼎 Ab 型Ⅱ式 2，器盖 A 型 2、B 型 1，纺轮 Ca 型 1；石斧 Ca 型 1	
454	1815	3	4	椭圆形	3×1.1－0.2	大口罐 1，小鼎 1，碗 A 型Ⅰ式 1，斜腹杯Ⅱ式 1	被 F11 打破
459	1817	5	6	圆形	1.7－0.2	高领罐 B 型 1，大口罐 1，碗 A 型Ⅰ式 1，高圈足杯 1，鼎 Ab 型Ⅱ式 1；石斧 B 型 1	打破 H460
460	1817	5	6	不规则形	1.3×1－0.2	罐 1，杯 1，纺轮 Ca 型 1	被 H459 打破
461	1817	5	6	椭圆形	1.46×0.94－0.2	罐 1，碗 1，豆 1	
470	1717	6	7	圆形	1.2－0.2	罐 1，碗 1，鼎 1	
471	1918	5	生	椭圆形	1.3×0.9－0.3	罐 1，碗 1，壶形器 1	
479	1817	6	7	不规则形	1.6×1.2－0.15	碗 A 型Ⅰ式 1，高圈足杯 1，鼎 Aa 型 1，器盖 A 型 1	打破 HG31
480	1717	7	8	不规则形	3.3×1.7－0.3	碗 1，斜腹杯 1，彩绘纺轮 1	被 H427 打破，打破 H498
481	1815	5	H482	长方形	0.95×0.7－0.15	罐 1，碗 1，鼎 1	打破 H482
482	1815	H481	H486	长方形	1.85×0.75－0.2	大口罐 1，碗 B 型 1，高圈足杯 1，小鼎 1，纺轮 Ba 型 1、Bb 型 2、C 型	被 H481 打破，打破 H486
483	1815	5	H485	梯形	1.3×?－0.15	罐 1，豆 1，鼎 1	打破 H485、H486

续附表三

编号	所在探方	层位		形状	尺 寸	主 要 遗 物	备 注
		上	下				
484	1815	4	H486	梯形	2.5×0.8－0.2	大口罐 1，缸 1，碗 A 型Ⅱ式 1，斜腹杯Ⅱ式 1，高圈足杯 1，鼎 1，器盖 B 型 1	打破 H485、H486
485	1815	H483	生	不规则形	?×1.6－0.3	碗 A 型Ⅰ式 1，豆 Ab 型 1，鼎 1	被 H483、H484 打破
486	1815	H482	生	不规则形	?×3.5－0.14	罐 1，缸 1，鼎 1，器盖 1	被 H482、H483、H484、H485 打破
498	1717	8	9	圆形	1.7－0.8	罐 1，碗 1，斜腹杯 1	
499	1920	5	6	圆形	?－0.14	高领罐 A 型 1，碗 B 型 1、C 型 1，豆 1	
502	2018	4	5	不规则形	?×2.2－0.5	高领罐 A 型Ⅱ式 1，大口罐 1，碗 A 型Ⅰ式 2、Ⅱ式 1，小鼎 1	
506	2018	4	5	椭圆形	3.05×1.3－0.4	碗 A 型Ⅰ式 1、Ⅱ式 1，钵 B 型 1，器盖 A 型 1，纺轮 D 型 1	
509	2117	3	4	圆形	?－0.75	壶形器Ⅲ式 1，碗 A 型Ⅱ式 2、B 型 1、C 型 3，豆 Aa 型Ⅰ式 1，斜腹杯Ⅱ式 3，鼎 Aa 型 1，其它鼎 1，纺轮 Aa 型 1、Ca 型 1	
522	2002	5	6	梯形	2.05×1.45－0.25	大口罐 1，碗 A 型Ⅰ式 1，小鼎 1	
523	1814	2	3	圆形	2－0.5	高领罐 A 型Ⅱ式 1，缸 1，碗 A 型Ⅰ式 1，豆 1，鼎 1，器盖 A 型 1	
526	1814	2	3	椭圆形	2.2×1.3－0.5	罐 1，碗 1，豆 1	

说明　1．一个灰坑跨两个以上探方的，只登记其中一个。2．层位栏中，"上"栏仅登记诸叠压、打破该灰坑的地层或遗迹单位中最早的，"下"栏仅登记被该灰坑打破的地层或遗迹单位中最晚的。阿拉伯数字表示地层编号，"生"表示生土。3．尺寸栏中，圆形注直径，椭圆形注长径×短径，正方形、长方形和梯形注长×宽，不规则形注最大径×最小径，深度一律用"－"表示。4．遗物栏中，未注明质地的是陶器，阿拉伯数字表示数量。难以辨明型式的只登记器类，难以辨明亚型的只登记型，难以辨明式的只登记型或亚型或器类。

附表四				屈家岭文化第二期灰沟登记表		单位：米
编号	所在探方	层位上	层位下	尺　寸	主　要　遗　物	备　注
17	1716	7A	7B	5×2.5－0.3	壶形器1，碗A型1，鼎1，器盖A型1，兽骨1	被H328、H335、H336打破
29	1817	6	7	3.4×0.23－0.2	缸A型Ⅱ式1，斜腹杯1，鼎Ab型Ⅱ式1	
30	1918	5	生	5.1×3－0.5	高领罐A型Ⅱ式1，大口罐1，甑1，碗A型Ⅱ式1，鼎Ab型Ⅱ式1，其它鼎1，器盖A型2、B型1，纺轮Ca型1	
31	1817	6	7	4.7×1.8－0.4	高领罐A型1，缸1，壶形器1，碗A型Ⅰ式1、Cb型1，鼎Aa型1，器盖A型1	被HG29、H479打破
32	1717	8	9	4×1.87－0.78	高领罐A型Ⅱ式1，碗A型Ⅱ式2，鼎足1，豆Aa型Ⅰ式1，斜腹杯Ⅱ式1，器盖B型2，彩绘纺轮2	
33	1718	4	5	4×1.9－0.36	高领罐A型Ⅱ式1，壶形器1，碗A型Ⅱ式1，斜腹杯1	被H427打破
34	1818	6	7	4.2×1.6－0.32	高领罐A型Ⅱ式1，碗A型Ⅰ式1、B型1，深腹罐1，大口罐1，小罐1，器盖A型1，纺轮B型1	被W87、H490、H492打破，打破HG35、HG36
35	1818	6	7	4.25×1.03－0.4	碗A型1、B型1，鼎A型1，器盖A型1	被H490、H491、H492、HG34打破
36	1818	7	8	1.87×0.78－0.4	高领罐A型1，大口罐1，碗A型Ⅱ式1，鼎1	被HG34、M52打破

说明　1.一个灰沟跨两个以上探方的，只登记其中一个。2.层位栏中，"上"栏仅登记诸叠压、打破该灰沟的地层或遗迹单位中最早的，"下"栏仅登记被该灰沟打破的地层或遗迹单位中最晚的。阿拉伯数字表示地层编号，"生"表示生土。3.尺寸栏中，尺寸为长×宽－深。4.遗物栏中，未注明质地的是陶器，阿拉伯数字表示数量。难以辨明型式的只登记器类，难以辨明亚型的只登记型，难以辨明式的只登记型或亚型或器类。

附表五　　　　　　屈家岭文化第二期土坑墓登记表　　　　　　单位:米

墓号	所在探方	层位 上	层位 下	墓坑 长×宽－深	方向	葬式	性别年龄	随葬器物	备注
19	305	2	3	残2.2×0.55－0.35	35°	仰身直肢无头骨			头端被M16打破
20	305	2	3	？×0.7－0.3	40°	无人骨	？	高领罐Aa型Ⅲ式1，大口罐1，碗1	北部被M16打破，仅剩南部足端器物
21	204	4	生	2.4×1.6－0.3	3°	二次葬无头骨		高领罐Aa型Ⅲ式10，中口罐1，罐2，小鼎C型1	头端打破M22，西南角足端有二层台
22	205	3	4	2.3×0.9－残0.35	277°	不见人骨	？	高领罐C型Ⅰ式1，高领罐3，小鼎A型Ⅰ式1，小鼎1，小鼎盖1，斜腹杯1	头端南部被M21打破
23	404	3		2.65×0.7－残0.2	10°	二次葬		高领罐Aa型Ⅱ式1，高领罐8	北部被扰，下肢摆放零乱
24	407	3	4	1.9×0.7－残0.2	15°	二次葬仰身直肢			
28	807	4	生	3×1－0.5	30°	二次葬仰身直肢		高领罐Aa型Ⅱ式5、Ⅲ式4，高领罐13，中口罐2，钵1	骨架两侧有生土二层台，足端有浅坑
29	908	3	4	2.4×0.9－0.3	270°	二次葬		高领罐Aa型Ⅱ式1，高领罐3，斜腹杯2，小鼎1，鼎盖1	可能有葬具

续附表五

墓号	所在探方	层位上	层位下	墓坑 长×宽-深	方向	葬式	性别年龄	随葬器物	备注
31	1216	3	4	2.3×0.7-残0.15	131°	仰身直肢	男		被M34叠压，打破M36、M44
32	1216	3	4	2.4×1-0.25	27°	骨腐 二次葬	？	高领罐Aa型Ⅰ式1、Ⅱ式2、C型Ⅰ式1，高领罐7，碗Ⅰ式1	被W6打破，被M30、M34叠压，打破M36，叠压M47
33	1217	2B	3	1.5×0.8-0.2	9°	仰身直肢 无头骨		高领罐5，斜腹杯5	头端打破M46
35	1216	3	4	1.95×0.7-残0.15	320°	仰身直肢			被M39打破，打破M41、M44
36	1216	4	生	残2×0.6-0.3	115°	二次葬		斜腹杯8，小鼎3	被M30、M34叠压，被M31、M32打破，人骨摆放零乱
37	1117	M45	生	残0.6×0.7-0.2	270°	？	？	高领罐Aa型Ⅱ式3，高圈足杯1，小鼎1，残陶片2	西部被H84、M45打破，人骨架被扰
38	1117	3	生	2.2×0.8-0.3	180°	二次葬		高领罐Aa型Ⅱ式1、Ⅲ式1，碗Ⅰ式2，斜腹杯5，小鼎A型Ⅲ式1、D型1	
39	1217	2B	3	1.8×0.9-0.1	220°	？	？	高领罐Aa型Ⅲ式1，罐2，斜腹杯1	打破M35，叠压M41

续附表五

墓号	所在探方	层位上	层位下	墓坑长×宽－深	方向	葬式	性别年龄	随葬器物	备注
40	1217	3	4	2.4×0.9－0.35	南北向	？	？	高领罐 Aa 型Ⅱ式1、Ab 式1、高领罐9，碗2，斜腹杯Ⅰ式1，斜腹杯3，小鼎 A 型Ⅱ式1、小鼎2	
41	1217	4	H91	0.2×0.7－0.3	？	二次葬	？	斜腹杯9，小鼎 D 型3、小鼎Ⅱ式3	被 M39 叠压，被 M35 打破
42	1216	3	4	残 1.2×0.7－残 0.1	120°	仰身直肢	？	斜腹杯4	胸部以上被 H84 打破
43	1217	3	4	1.8×0.7－0.2	？	二次葬	？	斜腹杯3，小鼎 A 型Ⅱ式2、小鼎1	打破 H91，叠压 M47，无头骨
44	1217	4	生	1.4×0.8－0.3	？	？	？	碗Ⅰ式1、碗1	被 M31、M35 打破
45	1217	3	M37	1.2×0.65－残 0.1	20°	二次葬仰身直肢	小孩	斜腹杯4，小鼎 A 型Ⅱ式1、D 型1、小鼎1	大部被 H84 打破，打破 M37
46	1217	4	生	残 0.7×0.85－0.2	14°	不见骨架	？	罐3	南部足端被 M33 打破，北部被扰
47	1316	4	生	3×1.8－0.3	105°	二次葬仰身直肢		高领罐 Aa 型Ⅱ式2、Ⅲ式4、高领罐5，碗Ⅰ式4，斜腹杯Ⅰ式1、斜腹杯4，小鼎 A 型Ⅱ式4	一侧设二层台，可能有葬具，东南、西南侧分别被 M43、M32 叠压

续附表五

墓号	所在探方	层位		墓坑 长×宽－深	方向	葬式	性别年龄	随葬器物	备注
		上	下						
52	1818	6	7	2.25×1.24－0.25	0°	二次葬仰身直肢		高领罐Ab型1、B型Ⅰ式2、Ⅱ式3、高领罐2、小罐1、壶形器1、碗Ⅱ式3、斜腹杯Ⅲ式2、斜腹杯2、小鼎A型Ⅱ式1、D型2	设二层台，打破HG36，头骨置左股骨处，头向朝足端
53	1818	7	8	2.1×0.7－0.3	0°	仰身直肢		斜腹杯Ⅱ式1、Ⅲ式1、斜腹杯2、小鼎A型Ⅱ式2、D型2	
56	3105	3	M62	1.85×0.9－0.48	12°	仰身直肢		高领罐Aa型Ⅲ式17、高领罐2、大口罐1、小鼎B型Ⅱ式2、小鼎1	叠压M62东南角，足端外侧置器物
57	3205	3	生	2.62×1.3－0.4	357°	仰身直肢		高领罐Ab型1、C型Ⅰ式2、Ⅱ式1、小罐1、碗Ⅰ式4、Ⅲ式1、斜腹杯Ⅰ式2、Ⅱ式6、斜腹杯3、高圈足杯1、小鼎A型Ⅰ式1、小鼎3	足端有圆弧形浅坑
58	3107	3	生	3.26×0.75－残0.1	270°	二次葬		高领罐3、壶形器1、钵1、斜腹杯Ⅰ式1、斜腹杯12、小鼎A型Ⅱ式2、B型Ⅱ式2	坑口被扰乱，骨架零乱

续附表五

墓号	所在探方	层位上	层位下	墓坑长×宽-深	方向	葬式	性别年龄	随葬器物	备注
61	3207	3	生	2.4×0.8-0.25	95°	仰身直肢		高领罐 Aa 型 II 式 1、III 式 2、Ab 型 1，斜腹杯 7，小鼎 C 型 1、D 型 2	
62	3205	4	生	2.3×0.7-残0.2	5°	仰身直肢	女	斜腹杯 I 式 2、II 式 8，斜腹杯 10，小鼎 A 型 I 式 2、B 型 I 式 2	墓坑东南角被 M56 叠压
63	3207	3	生	残0.7×0.5-0.15	225°	?	?	高领罐 Aa 型 III 式 5，碗 II 式 1	被 H544 打破，骨架被扰
65	3305	2	M69	2.3×0.8-残0.15	20°	仰身直肢	?	斜腹杯 I 式 8、II 式 6，小鼎 A 型 I 式 2、B 型 I 式 3、II 式 1，器盖 I 式 1	打破 M68
67	3305	2	3	2×0.8-0.25	10°	二次葬仰身直肢	男	高领罐 Aa 型 II 式 1，碗 I 式 4，斜腹杯 I 式 1、II 式 6，小鼎 A 型 I 式 2、C 型 1、E 型 1	北部被 H547 打破，罐、碗置足端
68	3305	M65	3	残1.35×0.5-0.2	344°	有骨沫葬式不清	?	斜腹杯 I 式 12、II 式 10，小鼎 A 型 I 式 3、B 型 I 式 1	被 M65 打破
69	3405		生	1.7×0.8-0.3	12°	骨朽葬式不清	?	斜腹杯 I 式 1、斜腹杯 3，小鼎 A 型 I 式 1、B 型 I 式 2、小鼎 1	足端有二层台

续附表五

墓号	所在探方	层位		墓坑 长×宽−深	方向	葬式	性别年龄	随葬器物	备注
		上	下						
71	3305	3	生	1.4×0.5−0.15	12°	骨朽葬式不清	小孩	壶形器1，斜腹杯Ⅰ式2、斜腹杯6，小鼎A型Ⅰ式3、D型1	

说明　1. 一座墓葬跨两个以上探方的，只登记其中一个。2. 层位栏中，"上"栏仅登记诸叠压、打破该墓葬的地层或遗迹单位中最早的，"下"栏仅登记被该墓葬打破的地层或遗迹单位中最晚的。阿拉伯数字表示地层编号，"生"表示生土。3. 随葬器物栏中，未注明质地的是陶器，阿拉伯数字表示数量。难以辨明型式的只登记器类，难以辨明亚型的只登记型，难以辨明式的只登记型或亚型或器类。

附表六　　屈家岭文化第二期瓮棺葬登记表　　单位：米

墓号	所在探方	层位		墓坑		葬具及放置情况	备注
		上	下	形状	尺寸		
1	4	5	6	圆形，斜弧壁，圜底	0.5−0.35	大口罐，正置	
3	1104	4	生	圆形，斜弧壁，圜底	0.6−0.35	双腹碗、釜，碗反扣在釜口上，正置	
84	1919	5	6	圆形，斜弧壁，圜底	0.4−0.4	瓮、豆，豆反扣在瓮口上，正置	
86	2018	3	4	圆形，斜弧壁，圜底	0.4−0.45	两瓮上下对扣，正置	上腹底残
87	1818	6	7	圆形，斜弧壁，平底	0.4−0.3	双腹碗、釜，碗口朝上置釜口上，釜斜置	碗出土时口略偏西，碗底有一圆孔，打破HG34

说明　1. 层位栏中，阿拉伯数字表示地层编号，"生"表示生土。2. 尺寸栏中，尺寸为直径−深。

附表七　　　　　　　　　　**石家河文化房子登记表**　　　　　　　单位:米

编号	期别	所在探方	层位上	层位下	形　制	尺　寸	方向	门道	灶坑	居住面结构	柱洞数量	备　注
F6	早期	1406	3	4	长方形地面式建筑	残 6.34×3.3	?	?		红烧土居住面	5	被 H170、H231、H232、H233、H286、H306 和 HG7 打破
F7	早期	1607	4	生	长方形地面式建筑	残 8.62×3.1	?	南		灰白色土居住面	4	被 H338 打破,有墙和墙基槽,为分间房子
F8	晚期	1806	4	5	地面式建筑	11×8.72	?	?		红烧土居面	30	被 H332 和 HG13 打破,残存部分墙基和居住面,为分间房子
F9	早期	1503	4	5	长方形地面式建筑	14.25×6.65	5°	北		红烧土居住面	1	被 H315、H317、H341、H342、H351 打破,有墙和墙基槽
F10	早期	1819	2	3	地面式建筑	残 3.12×1.85	?	?		浅黄色土居住面	5	破坏严重
F12	早期	2017	2	3	长方形地面式建筑	残 6.9×4.4	180°	西	圆形	黄褐土居住面	3	被 H422、H435、H443 打破,有墙基槽
F14	早期	2004	2	3	地面式建筑	7.6×4.3	?	?	圆形	红烧土居住面	7	

说明　1.一个房子跨两个以上探方的,只登记其中一个。2.层位栏中,"上"栏仅登记诸叠压、打破该房子的地层或遗迹单位中最早的,"下"栏仅登记被该房子叠压或打破的地层或遗迹单位中最晚的,"生"表示生土。

编号	所在探方	层位 上	层位 下	形状	尺寸	主要遗物	备注
7	11	1	2	椭圆形	2.95×2.5-0.55	小口罐1，擂钵1，盘1，豆1，斜腹杯B型Ⅱ式4，罐形鼎，纺轮1，石镞1	叠压H33
8	6	2	3	椭圆形	2.7×1.16-0.7	长颈罐A型Ⅲ式1，缸1，小壶1，豆1，斜腹杯B型Ⅱ式5、D型Ⅱ式1，器盖A型Ⅰ式1	叠压H29
9	4	2	H15	椭圆形	1.23×0.7-0.33	罐1，鼎1	叠压H15，打破M15
12	7	1	2B	圆形	2.54-0.48	高领罐1，擂钵A型Ⅰ式1、Ⅱ式1，斜腹杯B型Ⅱ式2、D型1，盆形鼎1，鬶1	叠压H17、H24、H34
13	10	2A	2B	椭圆形	2×1.3-0.25	高领罐1，豆A型Ⅲ式2、C型Ⅱ式1，罐形鼎B型1，器座A型Ⅱ式1	叠压H32、H34
14	9	2A	2B	椭圆形	1.55×0.65-0.9	斜腹杯B型Ⅱ式2，小鼎Ⅰ式1	
15	4	2	3	不规则形	5.04×?-0.45	豆A型1，斜腹杯B型Ⅱ式5，鼎1，鬶1；石镞1	被H9叠压
16	6	2	3	椭圆形	2.25×2-0.5	高领罐A型1，豆A型Ⅱ式1，斜腹杯B型Ⅱ式2、C型Ⅱ式1、D型1，器盖A型Ⅱ式2，纺轮1	叠压H19
17	11	2	3	圆形	3.15-0.45	高领罐A型Ⅳ式3，长颈罐A型Ⅱ式1，缸1，碗1，斜腹杯B型Ⅱ式8、C型Ⅰ式1，高圈足杯Aa型Ⅱ式1，罐形鼎A型Ⅲ式1，鬶1	被H24、H33、H34叠压
19	3	3	4	椭圆形	3.3×1.6-0.32	钵1，豆1，斜腹杯D型1；石斧Ca型1	被H16、H21叠压
20	1	3	4	圆形	1.2-0.2	豆1，斜腹杯B型Ⅱ式1	
21	2	2	3	椭圆形	1.5×0.8-0.3	斜腹杯B型Ⅱ式1	叠压H9
22	3	3	4	圆形	2.04-0.3	盆1，擂钵A型Ⅱ式1，豆A型3，曲腹杯1	

附表八　　　　　　石家河文化早期灰坑登记表　　　单位：米

续附表八

编号	所在探方	层位 上	层位 下	形状	尺寸	主要遗物	备注
23	7	3B	4	圆形	2.6－0.2	缸 Aa 型 Ⅱ 式 1	
24	9	2B	2C	圆形	2.1－0.25	罐 1，斜腹杯 B 型 Ⅱ 式 1，高圈足杯 D 型 Ⅱ 式 1，纺轮 Aa 型 1、Ca 型 1	被 H12 叠压；叠压 H17
25	5	3	4	椭圆形	2.6×1.03－0.5	豆 A 型 Ⅱ 式 1，斜腹杯 C 型 Ⅰ 式 1，高圈足杯 B 型 Ⅱ 式 1	
28	5	3	4	长方形	2.4×1.5－0.25	高领罐 A 型 Ⅰ 式 1，缸 1，斜腹杯 A 型 Ⅲ 式 1	叠压 H36
29	6	3	4	椭圆形	3.4×2－0.3	大口罐 1，碗 2，豆 1，斜腹杯 B 型 Ⅱ 式 1，盆形鼎 1，纺轮 Ea 型 1	被 H8 叠压
31	3	2	3	不规则形	2.8×1.1－0.55	豆 1，斜腹杯 B 型 Ⅱ 式 2	打破 M17
32	11	3	4	圆形	2.4－0.3	广肩罐 A 型 Ⅱ 式 1，豆 1，斜腹杯 A 型 Ⅲ 式 1、B 型 Ⅱ 式 1，盆形鼎 Aa 型 Ⅲ 式 1，器盖 1，纺轮 1	
33	12	3	4	椭圆形	4.3×2.7－0.3	豆 B 型 Ⅲ 式 1，斜腹杯 B 型 Ⅱ 式 7，器盖 A 型 Ⅰ 式 1；石斧 Aa 型 1	
34	11	3	4	椭圆形	5.1×2.6－0.25	中口罐 A 型 Ⅲ 式 1，豆 C 型 Ⅰ 式 1，斜腹杯 A 型 Ⅱ 式 1、Ⅲ 式 2、B 型 Ⅱ 式 3，鼎 1，纺轮 Aa 型 1	
35	8	3	4	不规则形	3.5×？－0.5	高领罐 A 型 1，盘 A 型 Ⅰ 式 1，豆 B 型 Ⅲ 式 1，斜腹杯 B 型 Ⅱ 式 1、D 型 5，饼形足杯 1，罐形鼎 A 型 1，盆形鼎 A 型 1，器盖 E 型 1；石斧 1	
36	5	4	生	椭圆形	1.3×1.15－0.2	盆 Aa 型 Ⅲ 式 1，碗 1，鬶 1	
38	207	1	2	椭圆形	1.8×0.86－0.25	中口罐 A 型 Ⅲ 式 1	
40	406	1	2	圆形	1.3－0.5	臼 B 型 1，钵 A 型 Ⅰ 式 1，斜腹杯 C 型 Ⅱ 式 1	

续附表八

编号	所在探方	层位 上	层位 下	形状	尺寸	主要遗物	备注
42	304	4A	4B	长方形	9.15×2.15－1.1	①高领罐 Bb 型 2、C 型 2，大口罐 1，中口罐 B 型 I 式 10、II 式 4、III 式 8、C 型 II 式 3、D 型 II 式 1、E 型 II 式 1，长颈罐 A 型 IV 式 1，广肩罐 A 型 I 式 2，瓮 1，缸 Aa 型 III 式 1，壶 Ab 型 2，盆 Aa 型 II 式 1，甑 A 型 1，擂钵 A 型 II 式 4，钵 A 型 II 式 1，碟 I 式 2、II 式 7，豆 A 型 III 式 3、B 型 III 式 4、IV 式 1、C 型 I 式 1、Fb 型 II 式 1，盘 A 型 I 式 5，斜腹杯 B 型 I 式 2、II 式 6、C 型 I 式 1、II 式 1、D 型 17，高圈足杯 F 型 3，三足杯 1，曲腹杯 2，罐形鼎 A 型 III 式 1，器盖 D 型 1，纺轮 Aa 型 2、Ca 型 5、Cb 型 1、Ea 型 2，鸡 1，狗 1，羊 1；石斧 Aa 型 1、Ab 型 1，石钻 B 型 1，石镞 Ab 型 1、C 型 1；铜矿石 ②中口罐 B 型 I 式 1、II 式 1，瓮 1，缸 Aa 型 III 式 1，壶形器 II 式 1，碟 II 式 1，豆 G 型 II 式 1，斜腹杯 B 型 II 式 6、C 型 II 式 4、D 型 2；石凿 B 型 1，石镞 1	
43	205	2	3	圆形	2.5－0.35	高领罐 A 型 II 式 1、III 式 1、C 型 2，中口罐 B 型 I 式 5，长颈罐 A 型 II 式 1，小罐 1，瓮 1，壶 A 型 1，壶形器 II 式 1，瓶 1，甑 A 型 III 式 1，碗 C 型 III 式 1，擂钵 A 型 II 式 5、III 式 1，钵 A 型 II 式 2、B 型 I 式 1，豆 B 型 IV 式 1、F 型 III 式 1，盘 B 型 1，斜腹杯 B 型 II 式 3、C 型 I 式 1、II 式 2、D 型 5，高圈足杯 F 型 1，盆形鼎 1，器盖 B 型 II 式 1、E 型 1，纺轮 Ca 型 1	
44	305	1	2	圆形	1.45－0.24	中口罐 B 型 I 式 1，缸 Aa 型 III 式 1，碟 II 式 1，豆 1，斜腹杯 D 型 1	被 M16 打破

续附表八

编号	所在探方	层位 上	层位 下	形 状	尺 寸	主 要 遗 物	备 注
45	407	1	2	长方形	? ×1.1－0.8	高领罐1, 豆1; 石斧 Cb 型1	被 M18 打破
46	408	1	2	长方形	1.86×1.2－0.22	缸1, 斜腹杯 B 型Ⅱ式1	
47	408	1	2	圆形	0.88－0.69	高领罐 Ba 型Ⅱ式1, 臼 B 型1, 罐形鼎1, 猪1	
49	206	3	4	椭圆形	2.6×1.4－0.12	中口罐 B 型Ⅲ式1, 臼 B 型1, 盆1, 钵1, 豆1, 斜腹杯 C 型Ⅱ式1, 鬶1	
50	14	2A	2B	长方形	1.1×0.85－0.7	大口罐1, 缸 C 型1, 豆1, 三足杯1, 鼎1	
54	605	3	4	长方形	1×0.7－0.55	高领罐 A 型1, 中口罐 A 型Ⅰ式1, 臼 A 型1, 瓮1, 盆 Aa 型Ⅰ式1, 碗 Ab 型Ⅱ式1, 豆 B 型Ⅰ式1, 斜腹杯 A 型Ⅱ式2、B 型Ⅰ式5, 高圈足杯 D 型Ⅰ式1, 器盖 B 型Ⅰ式; 石斧1	
55	606	3	4	长方形	1.94×1.42－0.72	斜腹杯 B 型Ⅱ式2, 纺轮 Ca 型1、Cb 型1; 石凿1	
56	607	3	生	不规则形	9.9×4.5－0.6	高领罐 A 型Ⅲ式4、Ⅳ式2, 大口罐1, 中口罐 A 型Ⅰ式1, 小罐 B 型1、C 型2, 缸 Ab 型1, 臼 A 型Ⅱ式1, 壶 Aa 型Ⅰ式1, 壶形器Ⅱ式2, 碗 Aa 型Ⅱ式3、B 型Ⅱ式1, 豆 A 型Ⅰ式1、B 型Ⅰ式1、F 型Ⅱ式3, 斜腹杯 A 型Ⅰ式2、Ⅱ式3、B 型Ⅰ式1、C 型Ⅰ式3, 高圈足杯 B 型Ⅰ式2、Ⅱ式1、D 型Ⅰ式5、Ⅱ式2、E 型Ⅱ式1, 矮圈足杯1, 小鼎Ⅱ式2, 斝1, 器盖 A 型Ⅱ式2、B 型Ⅰ式1、Ⅱ式3、D 型2, 纺轮 Aa 型1、Ca 型1; 石斧 Ab 型1, 石镞1	

续附表八

编号	所在探方	层位上	层位下	形 状	尺 寸	主 要 遗 物	备 注
57	709	2	3	不规则形	6.2×4.2－0.4	高领罐A型Ⅰ式3，中口罐A型Ⅱ式2，碗B型Ⅱ式1，壶形器Ⅰ式1，斜腹杯A型Ⅱ式1、B型Ⅰ式1，罐形鼎A型1，器盖D型1，纺轮Ea型1	
64	808	3	生	不规则形	1.9×1.25－0.4	鬶B型1，纺轮D型1	
66	906	3	4	椭圆形	3.6×2－0.4	大口罐A型1，碗B型Ⅱ式1，豆1，罐形鼎1，器盖A型Ⅰ式1，纺轮B型2；石斧1；骨钻1	
67	907	4	生	不规则形	1.2×0.75－0.25	高圈足杯B型Ⅱ式1，器盖A型Ⅰ式1	
73	1105	3	4	圆形	1.6－0.4	高领罐A型1，瓮1，缸A型1，纺轮1	
75	1205	2	3	圆形	2.5－0.35	中口罐A型Ⅱ式1，臼A型1，盆Aa型Ⅱ式1，钵B型Ⅰ式1，斜腹杯B型Ⅱ式1、D型1	
77	1007	2	3	圆形	1.8－0.3	高领罐Bb型1，中口罐A型Ⅱ式1，碗Ab型Ⅰ式1，罐形鼎1，小鼎Ⅱ式1	
79	1104	3B	4	?	?－0.55	豆D型Ⅰ式1，小鼎Ⅰ式1，器盖A型Ⅰ式1	
80	1104	4	生	椭圆形	1.2×0.85－0.3	高领罐A型Ⅱ式2，碗A型1，罐形鼎A型Ⅰ式1	
81	1104	4	生	椭圆形	1.4×0.75－0.15	高领罐A型1，斜腹杯A型1	
83	912	3	4	椭圆形	2.5×1.6－0.5	中口罐B型Ⅲ式1，长颈罐A型Ⅲ式1、Ⅳ式1，盆1，豆C型Ⅰ式1，碗1，斜腹杯B型Ⅱ式1，罐形鼎A型1	

续附表八

编号	所在探方	层位 上	层位 下	形状	尺寸	主要遗物	备注
84	1217	2A	2B	不规则形	5.1×2.6－0.8	盆A型1，碗A型1，豆B型Ⅲ式1、E型Ⅱ式1，斜腹杯B型Ⅱ式3，高圈足杯B型Ⅱ式1，盆形鼎A型Ⅱ式1，器座1，纺轮Ca型1、Ea型1；石矛1	
88	1116	2	3	不规则形	3.1×2.9－0.4	中口罐B型Ⅲ式1，瓮1，豆A型Ⅲ式1、B型Ⅳ式1，斜腹杯C型Ⅱ式2	
90	1117	3	M45	不规则形	1.8×1.25－0.3	高领罐A型Ⅰ式1，碗Aa型Ⅰ式1，斜腹杯B型Ⅰ式1	
92	1219	1	2	长条形	2.8×0.95－0.5	长颈罐A型Ⅳ式1，臼A型1，盆A型1，豆A型Ⅲ式1，斜腹杯B型Ⅱ式2，盆形鼎A型1	
93	1317	2	3	不规则形	1.62×0.85－0.28	豆B型Ⅲ式1，斜腹杯B型Ⅱ式2，高圈足杯D型Ⅰ式1	
94	1218	2	3	长方形	4.8×1.65－0.45		
95	1220	2	3	圆形	1.3×1.1－0.32	中口罐B型Ⅰ式2，瓮1，钵A型Ⅱ式1；猪下颚骨1，鹿角1	
96	1219	2	3	不规则形	3.5×1.5－0.45	高领罐A型Ⅳ式1，碗Ab型Ⅰ式1，豆D型Ⅰ式1，斜腹杯A型Ⅲ式6、B型Ⅰ式1、Ⅱ式1、C型Ⅰ式1，高圈足杯D型Ⅰ式1，纺轮Aa型1	
97	1417	2	3	不规则形	4.7×2.7－0.2	碗B型Ⅰ式1；玉蝉1	
98	1319	2	3	椭圆形	4.5×3.8－0.4	中口罐B型1，擂钵A型Ⅱ式1，钵A型Ⅱ式1，缸Aa型Ⅲ式1，壶形器Ⅲ式1，斜腹杯B型Ⅱ式15、C型Ⅱ式1；石斧Ab型1，石镞Aa型1	
100	1516	4	5	椭圆形	3.1×1.38－0.5	高领罐A型1，碗A型1	

续附表八

编号	所在探方	层位 上	层位 下	形状	尺寸	主要遗物	备注
101	1320	5	生	圆形	1.3－0.5	碗 A 型 1，豆 B 型 Ⅱ 式 1，斜腹杯 A 型 Ⅲ 式 1，筒形杯 1，盆形鼎 A 型 Ⅲ 式 1，鬶 A 型 1，器盖 E 型 1	
102	1221	3	4	椭圆形	1.02×0.82－0.26	高领罐 A 型 1，小罐 A 型 Ⅰ 式 1，壶形器 Ⅱ 式 1，高圈足杯 B 型 Ⅱ 式 1	
105	1408	3	4	圆形	1.9－0.45	小罐 A 型 Ⅰ 式 1，臼 A 型 1，甑 A 型 Ⅰ 式 1	
106	1404	1	2	椭圆形	1.2×0.75－0.63	中口罐 A 型 Ⅲ 式 1，豆 1，斜腹杯 B 型 Ⅱ 式 1，高圈足杯 D 型 Ⅲ 式 1；石锛 Aa 型 1	被 W33 打破
107	1402	2	H140	圆形	2.2－0.65	中口罐 A 型 Ⅱ 式 2、Ⅲ 式 4，缸 Aa 型 Ⅱ 式 1，壶形器 Ⅰ 式 1，盆 A 型 Ⅲ 式 1，擂钵 A 型 Ⅱ 式 1，钵 A 型 Ⅰ 式 2，斜腹杯 B 型 Ⅱ 式 3、C 型 Ⅱ 式 1，器盖 A 型 1，纺轮 Aa 型 1、Cb 型 1，猪 1；石镞 1	打破 H140、被 H114 打破
110	1403	3	4	椭圆形	1.5×1.2－0.3	缸 Aa 型 Ⅲ 式 1，钵 A 型 Ⅱ 式 1，斜腹杯 A 型 1，盆形鼎 1，鬶 1	
111	1403	3	5	圆形	1.8－0.3	高领罐 A 型 1，擂钵 B 型 1，豆 A 型 Ⅳ 式 1，斜腹杯 B 型 Ⅱ 式 1，盆形鼎 A 型 1	
112	1402	2	H127	圆形	1.8－0.4	臼 A 型 1，斜腹杯 B 型 Ⅱ 式 1，鼎 1，鬶 1	
113	1408	2	3	圆形	1.7－0.3	中口罐 B 型 1，臼 A 型 1，纺轮 1，鸟 1	
114	1402	2	3	椭圆形	1.8×0.65－0.3	斜腹杯 B 型 Ⅱ 式 3、C 型 Ⅱ 式 1，纺轮 Ca 型 1	
115	1404	2	3	椭圆形	1.4×0.95－0.34	石刀 1	

续附表八

编号	所在探方	层位 上	层位 下	形 状	尺 寸	主 要 遗 物	备 注
116	1407	4	生	椭圆形	1.52×1-0.6	高圈足杯 G 型 I 式 3、II 式 14，曲腹杯 2	
117	1407	4	生	椭圆形	1.6×1.3-0.4	中口罐 A 型 III 式 1，豆 A 型 II 式 1、III 式 1	
119	1403	4	5	圆形	1.3-0.35	长颈罐 A 型 II 式 1，缸 Aa 型 III 式 1，豆 1，斜腹杯 B 型 II 式 1，盆形鼎 A 型 1；石锛 Bb 型 1	被 H138、H179 打破
120	1406	2	H130	椭圆形	2.22×1.24-0.4	中口罐 C 型 I 式 1，盘 A 型 1，斜腹杯 B 型 II 式 1；石斧 1	打破 H130
121	1405	2	3	椭圆形	2.3×1.4-0.17	瓮 1，豆 B 型 1，三足杯 1，狗 1；石斧 Aa 型 1	被 H194、H256 打破，打破 H195
122	1408	3	4	椭圆形	1.65×1.54-0.5	高领罐 A 型 1，豆 A 型 1	
123	1405	1	H134	椭圆形	2×0.98-0.7	中口罐 B 型 III 式 1，碗 A 型 1，器座 A 型 II 式 1	
125	1302	1	2	椭圆形	1.8×1.2-0.2	斜腹杯 B 型 II 式 1	
126	1302	2	3	圆形	0.7-0.4	臼 A 型 1	
127	1402	2	H140	椭圆形	2.6×1.5-0.4	缸 Aa 型 III 式 1，钵 A 型 I 式 1、B 型 II 式 1，壶 A 型 1，斜腹杯 B 型 II 式 1，盆形鼎 A 型 1，鬶 1	被 H112、H114 打破
128	1401	1	2	椭圆形	0.83×0.66-0.4		
129	1401	1	2	椭圆形	0.9×0.65-0.3	斜腹杯 B 型 II 式 4，盆形鼎 A 型 1，纺轮 B 型 1	打破 H141、H178、H261
130	1406	2	3	椭圆形	?×0.9-0.13	中口罐 B 型 I 式 1，豆 A 型 1	被 H120 打破
131	1405	1	2	椭圆形	1.7×1.02-0.5	斜腹杯 B 型 I 式 2、II 式 1，纺轮 Ab 型 1	

续附表八

编号	所在探方	层位 上	层位 下	形状	尺寸	主要遗物	备注
132	1404	3	4	长条形	1.8×0.66－0.46	缸 Aa 型Ⅲ式 1	打破 H287
133	1403	4	H137	不规则形	2.8×2－0.4	中口罐 B 型Ⅰ式 1，擂钵 A 型Ⅱ式 1，斜腹杯 B 型Ⅰ式 1、C 型Ⅱ式 1，鬶 A 型Ⅱ式 1	
135	1421	1	H152	椭圆形	3.6×2.7－0.15	擂钵 A 型 1；玉蝉 1	
136	1404	2	3	椭圆形	4×2－0.5	高领罐 Bb 型 1，钵 A 型Ⅰ式 1，豆 1	打破 H149、HG 型 7，被 H158 打破
137	1403	H133	H154	圆形	1.1－0.5	鸡 1；铜矿石 1	被 H133 打破，打破 H154
138	1403	4	H119	圆形	1.5×0.3	中口罐 B 型Ⅲ式 1、E 型Ⅰ式 1，豆 A 型 1，斜腹杯 B 型Ⅱ式 3	打破 H119、H185、H184
139	1403	4	5	椭圆形	1.5×1.2－0.2	缸 Aa 型Ⅱ式 1	
140	1402	H127	H162	圆形	2.72－0.38	钵 A 型Ⅱ式 1，盆 A 型 1，壶 1，豆 A 型 1，斜腹杯 B 型Ⅱ式 2，罐形鼎 C 型 1，小鼎Ⅱ式 1，器座 A 型 1，纺轮 Ca 型 2	被 H107、H127 打破，打破 H162
141	1401	1	2	椭圆形	2.48×1.2－0.32	钵 A 型Ⅰ式 1、Ⅱ式 1，臼 A 型 1，斜腹杯 B 型Ⅱ式 3，纺轮 1	打破 H129、H176、H178
142	1422	H161	2	不规则形	3.8×2.7－0.15	中口罐 A 型Ⅲ式 1，擂钵 A 型Ⅰ式 1，钵 A 型Ⅰ式 2，豆 B 型Ⅱ式 1，壶 B 型 1，斜腹杯 B 型Ⅱ式 4，罐形鼎 A 型Ⅲ式 1	被 H161 打破
143	1421	1	2	椭圆形	3×1.66－0.35	钵 A 型Ⅱ式 2，盆 B 型 1，碟Ⅱ式 1、Ⅲ式 3，斜腹杯 B 型Ⅱ式 1，鼎 1，鬶 1，器盖 B 型 1	

续附表八

编号	所在探方	层位 上	层位 下	形 状	尺 寸	主 要 遗 物	备 注
144	1404	3	4	圆形	0.7 - 0.22	斜腹杯 B 型 Ⅱ 式 1	
145	1406	2	3	椭圆形	1.64×0.95 - 0.25	豆 B 型 1, 斜腹杯 E 型 1, 器盖 E 型 1; 石斧 1	打破 H168
146	1507	1	2	椭圆形	1.83×1.3 - 0.35	高领罐 A 型 1, 豆 B 型 1, 盆 A 型 1, 鬶 1; 石锛 Aa 型 1	
147	1321	1	2	圆形	0.9 - 0.2	碟 Ⅱ 式 1	
148	1406	3	H169	圆形	1.4 - 0.21	斜腹杯 B 型 Ⅱ 式 1, 纺轮 Ca 型 1	
149	1404	2	3	不规则形	2.2×1.81 - 0.35	中口罐 B 型 Ⅰ 式 1、C 型 Ⅰ 式 1	被 H136 打破
150	1401	2	H177	椭圆形	2×1.3 - 0.38	盆 A 型 1, 豆 A 型 1, 斜腹杯 B 型 Ⅱ 式 4、D 型 1, 鬶 1	
151	1403	4	5	圆形	1.5 - 0.32	广肩罐 A 型 Ⅱ 式 1, 钵 A 型 Ⅱ 式 1, 斜腹杯 B 型 Ⅱ 式 1, 纺轮 D 型 1	被 H119、H138 打破
152	1421	H173	2	不规则形	1.28×1.1 - 0.62	高领罐 A 型 1, 长颈罐 A 型 Ⅱ 式 1, 缸 C 型 1, 臼 B 型 1, 小壶 1, 擂钵 A 型 Ⅱ 式 1, 钵 A 型 Ⅰ 式 1, 盆形鼎 A 型 1, 器座 B 型 1	被 H173 打破
154	1403	H137	5	椭圆形	0.65×? - 0.14	斜腹杯 B 型 Ⅱ 式 1, 罐形鼎 C 型 Ⅰ 式 1	
155	1401	2	H299	椭圆形	1.45×0.8 - 0.36	瓮 1, 斜腹杯 B 型 Ⅱ 式 4、D 型 1, 罐形鼎 1	被 H124 打破, 打破 H299
156	1422	1	H157	长方形	1.65×1.15 - 0.55	中口罐 B 型 Ⅰ 式 1, 斜腹杯 B 型 Ⅱ 式 3, 盆形鼎 A 型 1	
157	1422	H156	2	椭圆形	1.86×1.52 - 0.35	长颈罐 A 型 Ⅲ 式 1, 壶 B 型 1, 擂钵 A 型 Ⅱ 式 1, 罐形鼎 1, 鬶 A 型 1; 石凿 B 型 1	
158	1405	1	2	椭圆形	1.9×1.45 - 0.45	鬶 1, 器盖 E 型 1; 石斧 Aa 型 1	被 W36、W37 打破

续附表八

编号	所在探方	层位		形 状	尺 寸	主 要 遗 物	备 注
		上	下				
159	1202	3	4	圆形	1.2－0.32	豆 A 型 1，高圈足杯 D 型 Ⅱ 式 1，器盖 B 型 Ⅲ 式 1	
160	1202	4	HG6	椭圆形	2.6×2－0.5	臼 A 型 Ⅱ 式 1，碗 1	
161	1522	H173	H142	椭圆形	5×4－0.9	①高领罐 A 型 1，缸 Aa 型 Ⅰ 式 1，甑 A 型 Ⅰ 式 1，擂钵 A 型 Ⅱ 式 3，碗 Aa 型 Ⅱ 式 1、Ab 型 Ⅲ 式 1，钵 A 型 Ⅰ 式 2、B 型 Ⅰ 式 3，豆 B 型 Ⅲ 式 1、G 型 Ⅰ 式 1，斜腹杯 B 型 Ⅱ 式 2、C 型 Ⅰ 式 1，高圈足杯 B 型 Ⅱ 式 1，罐形鼎 A 型 Ⅲ 式 2，盆形鼎 A 型 Ⅱ 式 2，鬶 B 型 1，器座 1，器盖 B 型 Ⅲ 式 1，纺轮 Ca 型 2 ②擂钵 A 型 Ⅰ 式 1，钵 A 型 1，斜腹杯 B 型 Ⅱ 式 1，器盖 B 型 Ⅲ 式 1；石斧 Aa 型 1 ③瓮 1，缸 A 型 1，斜腹杯 B 型 Ⅰ 式 1，纺轮 Ca 型 1	被 H173、H214 打破，打破 H142
162	1402	H140	3	椭圆形	1.2×0.76－0.2	缸 A 型 1，擂钵 A 型 Ⅰ 式 1，豆 A 型 1，斜腹杯 B 型 Ⅱ 式 1	被 H140 打破
163	1401	H128	2	圆形	2.1－0.45	缸 A 型 Ⅲ 式 1，壶 B 型 1，小壶 1，斜腹杯 B 型 Ⅱ 式 7、C 型 Ⅰ 式 1，罐形鼎 A 型 1，鬶 A 型 2，纺轮 Ea 型 1	被 H128、W41 打破
165	1521	1	2	椭圆形	1.4×0.52－0.15		
166	1408	4	H298	椭圆形	1.82×1.5－0.3	豆 A 型 1，斜腹杯 B 型 Ⅱ 式 1，鬶 1	打破 H298
167	1521	1	2	不规则形	0.72×0.6－0.16		
168	1405	3	H231	椭圆形	2.7×2.03－0.4	中口罐 A 型 Ⅲ 式 1，缸 Aa 型 Ⅱ 式 1，钵 A 型 Ⅰ 式 1，器座 A 型 Ⅰ 式 1，纺轮 Ea 型 1；石斧 Aa 型 1、Ca 型 2，石锛 1	被 H145 打破，打破 H231、H232、H286、F6

续附表八

编号	所在探方	层位 上	层位 下	形 状	尺 寸	主 要 遗 物	备 注
169	1406	3	H170	椭圆形	?×1.16-0.8	缸 A 型 1，斜腹杯 B 型 II 式 1，器座 B 型 I 式 1	被 H148 打破，打破 H170
170	1406	H169	F6	椭圆形	?×1.9-0.9	中口罐 B 型 1，缸 Aa 型 III 式 1，擂钵 A 型 II 式 1，斜腹杯 B 型 II 式 3、C 型 II 式 2	被 H169 打破，打破 F6、H306
171	1421	H135	H152	不规则形	1.36×0.88-0.28	鼎 1	
173	1421	1	H152	不规则形	3.75×1.25-0.5	高领罐 A 型 1，盆 1，斜腹杯 B 型 II 式 1	
174	1404	3	4	不规则形	1.95×1.05-0.6	缸 Aa 型 II 式 1，豆 B 型 1，斜腹杯 B 型 I 式 1	
175	1401	2	3	圆形	1-0.16	斜腹杯 B 型 II 式 1	打破 H299
176	1401	2	3	不规则形	3.2×1.2-0.6	盆 A 型 1，斜腹杯 B 型 II 式 6，盆形鼎 A 型 1，器盖 B 型 2；石锛 1，石凿 1	被 H141 打破，打破 H299
177	1401	2	3	椭圆形	0.76×0.44-0.22	广肩罐 A 型 II 式 1，斜腹杯 B 型 II 式 1，盆形鼎 A 型 1，器盖 B 型 1	被 H150、H260 打破
178	1401	2	3	椭圆形	1.4×1.3-0.37	盆 A 型 1，斜腹杯 B 型 II 式 1，鬶 1，纺轮 1；石斧 1，石锛 1	被 H129、H141、W40 打破，打破 H261
179	1403	4	H119	椭圆形	1.17×1.5-0.45	缸 A 型 1，斜腹杯 B 型 II 式 2，器盖 B 型 1	打破 H119
181	1519	1	M48	不规则形	1.6×1.28-0.45	高领罐 A 型 1，缸 Aa 型 III 式 1，擂钵 A 型 II 式 1，豆 D 型 II 式 1，斜腹杯 B 型 II 式 1，器盖 A 型 1，纺轮 1	
182	1521	1	2	不规则形	1.6×0.7-0.12		

续附表八

编号	所在探方	层位上	层位下	形　状	尺　寸	主　要　遗　物	备　注
183	1405	3	4	不规则形	?×0.27−0.5	碗 Aa 型Ⅱ式 1，豆 A 型 2，斜腹杯 A 型Ⅲ式 1、B 型Ⅰ式 3，盆形鼎 Aa 型Ⅰ式 1，小鼎Ⅲ式 1，器盖 B 型Ⅰ式 1、D 型 2，缸 B 型Ⅰ式 1，器座 1，纺轮 1；铜矿石 1	
184	1403	5	6	长方形	4×2.2−0.23	缸 A 型 1，碗 1，钵 B 型Ⅱ式 1，斜腹杯 B 型Ⅰ式 5，纺轮 D 型 2；砺石 1	被 H119、H138 打破，打破 H197
185	1402	3	H119	圆形	2−0.36	中口罐 A 型Ⅲ式 1，擂钵 A 型Ⅰ式 1，豆 A 型 1，斜腹杯 B 型Ⅱ式 2	被 H138 打破，打破 H119
186	1521	2	F2	椭圆形	0.8×0.6−0.18		
187	1518	1	2	椭圆形	2.25×1.64−0.45	豆 A 型Ⅰ式 1，斜腹杯 B 型Ⅰ式 1	打破 H213、H251，叠压 H212
188	1518	1	2	圆形	1.5−0.3	斜腹杯 B 型Ⅰ式 1，鬶 A 型Ⅰ式 1	打破 H206，叠压 H239
189	1520	1	2	椭圆形	2.9×1.6−0.68	斜腹杯 B 型Ⅱ式 1，盆形鼎 A 型 1；石镞 1	
190	1421	1	2	圆形	0.98−0.5	纺轮 1	
192	1418	2	H237	椭圆形	1.75×0.9−0.25	纺轮 Ea 型 1	打破 H237
193	1418	HG3	3	椭圆形	?×0.57−0.3	臼 A 型 1	被 HG 型 3 打破
194	1505	2	H195	椭圆形	2.16×1.66−0.33		打破 H195
195	1505	H194	H196	椭圆形	1.5×1.16−0.3	豆 A 型 1，斜腹杯 B 型Ⅱ式 1，鬶 1，器盖 D 型 1	被 H194 打破，打破 H196
196	1505	H195	1505	长方形	3.6×1.4−0.2	豆 A 型 1，斜腹杯 B 型Ⅱ式 1，器座 1	被 H195 打破

续附表八

编号	所在探方	层位 上	层位 下	形状	尺寸	主要遗物	备注
197	1403	H184	6	圆形	1.96－0.36	高领罐A型1，缸1，斜腹杯B型Ⅰ式1	被H184、H198打破
198	1403	5	H184	不规则形	2.15×1.16－0.42	缸1，大口罐1，高圈足杯D型Ⅲ式1，器座1，纺轮D型1	打破H184、H197
200	1402	H185	H201	圆形	1.48－0.28	长颈罐A型Ⅲ式1，钵A型Ⅰ式1，豆A型1，斜腹杯B型Ⅱ式5，盆形鼎A型1	被H185打破，打破H119、H201
201	1402	H200	4	圆形	1.52－0.43	斜腹杯B型Ⅱ式1	被H200打破
202	1521	2	H210	不规则形	1.2×0.8－0.36		打破H210
203	1508	H230	4	椭圆形	1.3×0.66－0.22		被H230打破
205	1519	1	F4	不规则形	2×1.6－0.45	臼A型Ⅲ式1、B型1	打破F4
206	1518	H188	2	椭圆形	1.64×0.72－0.15	中口罐A型1	被H188打破，叠压H239
207	1518	HG4	2	？	？－0.9	高领罐A型Ⅰ式1，高圈足杯B型Ⅰ式1、Ⅱ式2、C型1，器盖B型1，彩绘纺轮3	被HG4打破
208	1518	HG4	2	圆形	0.84－0.35	斜腹杯B型Ⅰ式1，小鼎1	被HG4打破
209	1408	H104	H113	不规则形	2.2×？－0.23	斜腹杯B型Ⅰ式2，小鼎1	被H104打破，打破H113
210	1521	H203	3	圆形	0.54－0.15		被H202打破

续附表八

编号	所在探方	层位上	层位下	形状	尺寸	主要遗物	备注
211	1402	3	H246	圆形	1.75－0.45	瓮1，盆A型1，钵A型Ⅰ式2，斜腹杯B型Ⅱ式8，高圈足杯E型1	被H107打破，打破H246、H253
212	1518	2	3	椭圆形	2.5×2.15－0.4	中口罐A型Ⅰ式1，小罐1，鼎1，器盖1	被H213、H251打破
213	1518	H187	H212	椭圆形	1.7×1.5－0.3		被H187、H251打破，叠压H212
214	1522	2	H161	长方形	0.8×0.45－0.47	臼A型1，斜腹杯B型Ⅱ式1	打破H161
218	1616	2	H88	圆形	2.5－0.5	臼A型1，瓮1，擂钵A型1，斜腹杯B型Ⅱ式1	
219	1616	2	3	椭圆形	3.66×2－0.55	高领罐A型1，斜腹杯B型Ⅱ式1	
220	1616	2	3	圆形	2－0.4	高领罐A型1，臼A型1	
221	1616	2	3	圆形	1.85－0.45	缸A型1，臼A型Ⅲ式1，豆B型1，斜腹杯B型Ⅱ式1	
222	1521	1	2	椭圆形	1.16×0.83－0.14		
223	1521	2	生	椭圆形	1.3×1.1－0.13		
224	1404	3	4	不规则形	2×0.66－0.45		打破H226
226	1404	H224	4	椭圆形	2.65×1.25－0.46		被H136、H224打破
227	1506	3	4	椭圆形	2.5×1.66－0.27		
228	1508	5	6	椭圆形	2.04×1.35－0.36		打破H252
231	1406	3	H232	椭圆形	2.5×1.5－0.27	豆A型1，器盖A型Ⅰ式1	被H168打破，打破H232、F6

续附表八

编号	所在探方	层位上	层位下	形状	尺寸	主要遗物	备注
232	1406	H231	H233	长方形	$2 \times 1.03 - 0.1$	高圈足杯 D 型 I 式 1	被 H231 打破，打破 H233
233	1406	H232	F6	长方形	$1.65 \times 0.88 - 0.1$		被 H232 打破，打破 F6
234	1405	H123	2	圆形	$1.17 - 0.3$	高圈足杯 D 型 I 式 1，鼎 1	
235	1418	HG3	3	长方形	$2.33 \times 1.33 - 0.25$	鼎 1，器盖 1	被 HG3 打破
237	1418	H192	3	圆形	$1.55 - 0.27$		被 H192 打破
236	1505	3	4	椭圆形	$1.12 \times 0.86 - 0.18$		
239	1518	2	H212	椭圆形	$3.15 \times 1.8 - 0.3$	高领罐 A 型 1，豆 1，碗 1，鼎 1，纺轮 Ca 型 1	打破 H212
240	1518	HG4	3	？	$2.86 \times ? - 0.2$	碗 Aa 型 1	被 HG4 打破
242	1420	1	2	长条形	$2.62 \times 0.5 - 0.2$	臼 A 型 1，斜腹杯 B 型 II 式 1	
243	1521	1	2	椭圆形	$1.42 \times 0.67 - 0.3$		
244	1508	7	生	长方形	$2.04 \times 1.28 - 0.1$	斜腹杯 B 型 I 式 1	
245	1507	3	4	椭圆形	$2 \times 1.86 - 0.8$		
246	1402	H211	4	椭圆形	$1.4 \times 1.2 - 0.42$	豆 1，斜腹杯 B 型 II 式 1	被 H211 打破
247	1403	6	H248	长方形	$1.48 \times 0.4 - 0.38$		打破 H248、H250
248	1403	H247	H250	椭圆形	$1.42 \times 0.91 - 0.26$	中口罐 A 型 I 式 1，大口罐 1，豆 A 型 II 式 1	被 H184、H247 打破，打破 H250

续附表八

编号	所在探方	层位 上	层位 下	形　状	尺　寸	主　要　遗　物	备　注
249	1521	2	3	长方形	1.3×0.56－0.26		被 H202 打破
250	1403	H248	7	圆形	1.88－0.55	缸 Aa 型Ⅱ式 1，碗 1，豆 1，斜腹杯 B 型Ⅰ式 1，器盖 B 型 1	被 H247、H248 打破
251	1518	H187	H213	不规则形	1.55×1－0.5	碗 Ab 型Ⅱ式 2	被 H187 打破，打破 H213
252	1508	6	7	长方形	2.1×0.7－0.6	斜腹杯 B 型Ⅱ式 1	
253	1402	H211	4	椭圆形	1.1×？－0.5	钵 A 型Ⅰ式 1，豆 1，斜腹杯 B 型Ⅱ式 1，鬶 A 型 1，器盖 A 型Ⅱ式 1	被 H211 打破
255	1420	2	3	椭圆形	1.66×1.32－0.1	臼 A 型 1	
256	1405	2	HG7	椭圆形	1×0.66－1	缸 Aa 型 1，擂钵 A 型 1	
257	1505	3	4	椭圆形	2.7×1.8－0.45	瓮 1，豆 A 型 1，斜腹杯 B 型Ⅱ式 1，三足杯 1	
258	1313	7	生	椭圆形	1×0.66－1	碗 1，豆 A 型 1，斜腹杯 A 型 1，纺轮 1	
260	1401	1	2	椭圆形	1.33×1.16－0.2	钵 A 型 1，斜腹杯 B 型Ⅱ式 6，高圈足杯 E 型 1，盆形鼎 A 型 1	打破 H177
261	1401	H177	3	椭圆形	1.8×1.48－0.2		被 H141、H129、H178 打破
262	1405	2	3	椭圆形	1.9×1.5－0.4	中口罐 B 型Ⅰ式 1，缸 Aa 型 1，豆 A 型 1	被 W44、HG7 打破
263	1415	5	6	椭圆形	2.9×1.6－0.3	瓮 1，豆 1，斜腹杯 B 型Ⅱ式 1	被 W38、W41、W60 打破
264	1415	5	6	椭圆形	3×1.6－0.5	臼 A 型 1，鼎 1	被 W62 打破

续附表八

编号	所在探方	层位 上	层位 下	形 状	尺 寸	主 要 遗 物	备 注
265	1505	4	生	椭圆形	$1.83 \times 1.16 - 0.4$		
266	1508	7	生	椭圆形	$2 \times 1 - 0.3$		
267	1505	4	生	椭圆形	$1 \times 0.86 - 0.2$	纺轮 B 型 1	
268	1411	5	生	椭圆形	$3.9 \times 1.85 - 0.4$	高领罐 1，豆 A 型 1	
269	1411	5	生	？	$? \times 1.25 - 0.45$	豆 A 型 1	
270	1412	5	H276	不规则形	$3.5 \times 1.85 - 0.2$	高领罐 1，豆 1	打破 H276
271	1302	4	H272	不规则形	$2.5 \times 1.66 - 0.3$	高领罐 1，斜腹杯 B 型 Ⅱ 式 1	打破 H272
272	1302	H271	5	椭圆形	$2.5 \times 1.6 - 0.36$	擂钵 A 型 1，豆 1，斜腹杯 1	被 H271 打破
273	1302	H271	H272	椭圆形	$0.83 \times 0.47 - 0.2$		被 H271 打破，打破 H272
274	1418	3	生	椭圆形	$1.15 \times 0.9 - 0.24$		
275	1418	3	生	椭圆形	$2.4 \times 1.25 - 0.27$		被 HG4 打破
276	1413	5	生	长条形	$4.45 \times 1.25 - 0.45$	臼 A 型 1，豆 1，斜腹杯 1	被 H270 打破
278	1405	3	4	椭圆形	$0.8 \times 0.53 - 0.24$		被 HG7 打破
280	1405	H183	4	椭圆形	$2.5 \times 1.8 - 0.6$	臼 A 型 Ⅰ 式 1，豆 A 型 1，高圈足杯 D 型 Ⅱ 式 1，小鼎 Ⅰ 式 1，器盖 B 型 Ⅰ 式 1，纺轮 B 型 1；石棒 1	
281	1404	1	2	椭圆形	$1.24 \times 0.84 - 0.42$		打破 H144
282	1302	4	5	椭圆形	$2.08 \times 1.74 - 0.44$		
283	1302	H204	H284	不规则形	$2 \times 1.44 - 0.28$	缸 Aa 型 1，盆 A 型 1，高圈足杯 B 型 Ⅰ 式 1	被 H204、HG9 打破
284	1302	H283	5	长条形	$? \times 1.8 - 0.27$	中口罐 A 型 Ⅰ 式 1，豆 1，碗 C 型 Ⅰ 式 1	被 H283 打破

续附表八

编号	所在探方	层位		形状	尺寸	主要遗物	备注
		上	下				
285	1402	4	5	椭圆形	1.3×0.6－0.28	臼A型1，盆A型1，器座1	
286	1406	HG7	H232	长方形	1.5×0.66－0.4	斜腹杯B型Ⅱ式1	被 HG7 打破
287	1404	4	5	椭圆形	1.4×? －0.4		被 H132 打破
288	1519	1	2	圆形	0.8－0.4	高领罐1，斜腹杯1	
289	1410	6	H294	椭圆形	2.5×1.9－0.16	高领罐1，瓮1，豆1	打破 H294
290	1403	5	6	椭圆形	? ×0.6－0.55	臼B型1，缸B型Ⅱ式1	被 H133 打破
291	1314	7	生	长方形	? ×1.5－0.38	高领罐1，鼎1	
293	1422	1	2	圆形	1－0.3		
294	1410	H289	生	椭圆形	1.12×0.88－0.55	缸1	
295	1519	2	4	不规则形	1.7×1.3－0.28		
297	1520	1	2	长条形	2.15×0.52－0.28		
298	1408	4	5	?	? ×1.5－0.3		
299	1401	3	4	?	? ×? －0.4		
300	1415	6A	H301	长条形	1.53×0.4－0.15	臼A型Ⅱ式1	打破 H301
301	1415	H300	生	椭圆形	1.8×1.35－0.35	臼A型Ⅱ式1，斜腹杯A型1	被 H300 打破
302	1415	6	生	椭圆形	2.6×2.5－0.48	高领罐1，臼A型Ⅱ式1	
303	1505	4	生	椭圆形	1.33×1－0.18		
304	1505	4	生	长条形	2×0.5－0.35		
306	1406	H170	4	椭圆形	2.6×2－0.2	高领罐A型Ⅰ式1，碗3，豆A型Ⅰ式1，高圈足杯B型Ⅱ式1，纺轮Ab型1，Cb型1	被 H170 打破
307	1705	2	3	椭圆形	0.96×0.7－0.25	高领罐A型1，豆1	
311	1606	2	3	椭圆形	0.66×0.44－0.1	豆1	

续附表八

编号	所在探方	层位 上	层位 下	形状	尺寸	主要遗物	备注
312	1608	2	3	椭圆形	2.56×2－0.36		
313	1706	H314	3	不规则形	2.5×1.66－0.45	中口罐B型Ⅰ式2，豆A型1，斜腹杯C型Ⅰ式1，鬶1	被H313打破
314	1706	2A	H313	椭圆形	1.16×0.66－0.7		打破H313
316	1607	2	3	圆形	0.96－0.32		
317	1603	3	4	椭圆形	2×1.52－0.26	器座B型Ⅰ式1	
319	1607	2	3	椭圆形	1.2×0.65－0.49	高领罐1，缸1，碗1，斜腹杯B型Ⅱ式2	
321	1704	3	5	椭圆形	?×1.8－0.56	中口罐B型Ⅱ式1，臼A型Ⅲ式1，豆1，斜腹杯B型Ⅱ式1	
322	1607	2	3	圆形	0.77－0.34	中口罐B型1，碗1，豆1	
323	1607	2	3	椭圆形	1.27×0.85－0.36	中口罐B型1，臼A型1，碗1，斜腹杯B型Ⅱ式1，鼎1	
324	1704	4	5	不规则形	3×2.12－0.45	臼A型Ⅲ式1，碗1，豆1，斜腹杯B型Ⅱ式1；石斧Aa型1	
325	1706	5	6	不规则形	1.5×0.9－0.3		
326	1706	5	6	椭圆形	1.1×0.8－0.08		
327	1607	3	4	椭圆形	2×1.69－0.36	臼A型Ⅱ式1，碗1，豆B型Ⅰ式1	打破H338
328	1706	6	7A	不规则形	3.66×1.33－0.4	碗1，斜腹杯B型Ⅱ式1，器盖A型Ⅱ式1，纺轮Ea型1	打破H335、H336、HG17
329	1606	4B	5	椭圆形	1.85×1.5－0.32	豆A型1，斜腹杯B型Ⅱ式2，高圈足杯B型Ⅱ式1，器座B型Ⅰ式1	
330	1705	2	3	椭圆形	1.4×1.24－0.96	盆A型1，小罐1	
331	1705	4	5	椭圆形	1.9×1.34－0.24	臼A型Ⅱ式1，瓮1，斜腹杯A型1，高圈足杯1	

续附表八

编号	所在探方	层位 上	层位 下	形状	尺寸	主要遗物	备注
333	1605	3	4	椭圆形	1.4×1.2－0.35	高领罐1，豆1	
334	1605	4	5	椭圆形	1.4×1.08－0.22	小罐1，缸1，斜腹杯A型1	
337	1704	4	6	不规则形	3.33×1.1－0.4	豆1，斜腹杯B型Ⅱ式1	
338	1607	4	F7	椭圆形	2.3×1.16－0.43	高领罐A型1，小口罐1，小罐1，缸Aa型1，碗1，豆1	被H327打破，打破F7
339	1704	4	6	不规则形	0.84×0.3－0.2	高领罐1，高圈足杯1，鼎1	
340	1706	5	6	椭圆形	0.86×0.68－0.48	斜腹杯B型Ⅱ式1	
341	1503	2	H342	圆形	0.64－0.48		打破H342
342	1503	H341	3	长条形	2.5×1.16－0.42	高领罐1，豆A型Ⅲ式1，器座1，纺轮1；石斧1	被H341打破
346	1503	2	3	椭圆形	1.28×0.66－0.4		
347	1805	5	6	不规则形	2.9×2.8－0.25	广肩罐A型Ⅱ式1，瓮1，豆A型Ⅲ式1	被H344打破
353	1503	2	3	椭圆形	2.6×1.5－0.3		
354	1808	3	4	长条形	2.9×1.2－0.32	缸1，瓮1，豆1	
355	1808	3	4	椭圆形	2.52×1.04－0.12	豆1，斜腹杯B型Ⅱ式1	
356	1804	3	4	不规则形	?×1.6－0.32	广肩罐A型1，盆A型1，豆1，斜腹杯B型Ⅱ式1	
357	1707	2	3	椭圆形	1.6×1.28－0.4	高领罐A型1，中口罐B型Ⅲ式、C型Ⅱ式1，豆B型Ⅳ式1，斜腹杯B型Ⅱ式1，小鼎1，器盖1；石镞1	
358	1808	3	4A	椭圆形	1×0.4－0.23	碗1	
359	1808	4A	4B	椭圆形	0.52×0.38－0.12	广肩罐A型1，斜腹杯C型Ⅱ式1；石镞Ac型1	
361	1804	6	7	不规则形	?×3.6－0.43	中口罐A型Ⅰ式1，缸Aa型Ⅱ式1，碗C型Ⅱ式2，豆B型Ⅲ式1，斜腹杯B型Ⅱ式1，鼎1，器盖1；石锛Aa型1	

续附表八

编号	所在探方	层位上	层位下	形状	尺　寸	主　要　遗　物	备　注
362	1808	4A	5	椭圆形	$1.6 \times 1 - 0.13$	斜腹杯 B 型 Ⅱ 式 1	
363	1804	4	6	不规则形	$2.4 \times 1.6 - 0.5$	高领罐 A 型 1，豆，斜腹杯 B 型 Ⅱ 式 1，盆形鼎 A 型 1，纺轮 Ca 型 1	
364	1907	4	5	长方形	$1.86 \times 1.58 - 0.46$	中口罐 A 型 Ⅰ 式 1，碗 A 型 1，斜腹杯 A 型 1，高圈足杯 1，鼎 1；石斧 1	
365	1907	4	5	椭圆形	$1.56 \times 1.28 - 0.32$	高领罐 Bb 型 1，缸 Aa 型 1，瓮 1，豆 1，鼎 1	
366	1808	4A	4B	长条形	$1.28 \times 0.42 - 0.18$	高领罐 1，碗 1	
367	1808	4A	4B	椭圆形	$1.04 \times 0.8 - 0.2$	斜腹杯 B 型 Ⅱ 式 1	
368	1807	2B	3	不规则形	$2.5 \times 1.5 - 0.14$	豆 1，斜腹杯 B 型 Ⅱ 式 1	打破 H377
369	1707	3B	5	椭圆形	$1.16 \times 0.64 - 0.22$		
371	1808	H383	7	圆形	$5.65 - 2.2$	高领罐 C 型 1，小口罐 2，缸 Aa 型 1，臼 A 型 1，壶形器 Ⅲ 式 1，钵 A 型 Ⅰ 式、B 型 Ⅰ 式 4、Ⅱ 式 3，豆 A 型 Ⅱ 式 1、C 型 Ⅰ 式 1，斜腹杯 B 型 Ⅰ 式 13、Ⅱ 式 4，盆形鼎 A 型 Ⅱ 式 1，盂 1，鬶 A 型 Ⅰ 式 1，垫 1；石斧 Ab 型 1、Ca 型 1，石锛 A 型 1，石镞 Aa 型 1	被 H376、H383 打破，打破 H379
372	1907	5	6	椭圆形	$3 \times 2.26 - 0.3$	高领罐 A 型 1，臼 A 型 1，碗 1，豆 1	
373	1908	6	生	不规则形	$4.45 \times 2.54 - 0.65$	高领罐 Bb 型 1，小口罐 A 型 Ⅱ 式 1，三足罐 1，臼 A 型 1，壶 Aa 型 Ⅰ 式 1，擂钵 A 型 Ⅰ 式 1，钵 B 型 Ⅰ 式 1，豆 B 型 Ⅱ 式 1、C 型 Ⅱ 式 1，斜腹杯 B 型 Ⅰ 式 1，罐形鼎 1，盆形鼎 A 型 Ⅱ 式 1，鬶 1	
374	1807	2C	H375	不规则形	$2.86 \times 1.3 - 0.2$	小罐 1，盆 A 型 1，钵 A 型 Ⅱ 式 1、B 型 Ⅱ 式 1，擂钵 A 型 Ⅱ 式 1	打破 H375

续附表八

编号	所在探方	层位 上	层位 下	形状	尺寸	主要遗物	备注
375	1807	H374	3	长条形	2.4×1.05－0.23	高领罐A型1，臼A型Ⅲ式1	被H374打破
376	1808	5	6	长方形	2.18×0.78－0.22	钵A型Ⅱ式1，斜腹杯B型Ⅱ式1	打破H371
377	1807	3	4	不规则形	3.34×1.35－0.27	斜腹杯B型Ⅱ式1	
378	1807	2C	3	椭圆形	1×0.83－0.1		
379	1708	H371	7	不规则形	4.7×2.4－1.25	高领罐A型Ⅲ式1，缸Aa型Ⅰ式1，鬶A型1	被H371打破
380	1906	6	生	不规则形	4.8×4.6－0.3	高领罐A型1，壶A型1，擂钵A型Ⅰ式1，斜腹杯B型Ⅰ式1，高圈足杯B型Ⅱ式1，鼎1，器座1，纺轮B型1	
381	1804	6	7	椭圆形	1.4×1.02－0.45	斜腹杯B型Ⅰ式5、Ⅱ式1，盆形鼎A型1，鬶A型Ⅰ式1	
382	1804	6	7	不规则形	4.3×2.16－0.3	甑A型Ⅱ式1，斜腹杯B型Ⅰ式2、Ⅱ式1	打破H389
383	1808	6	H371	椭圆形	1.2×0.9－0.54	豆1，斜腹杯A型1	打破H371
384	1807	5	6	长条形	4.9×1.5－0.36	臼A型Ⅲ式1，斜腹杯B型Ⅱ式1	
385	1908	4	5	椭圆形	2.1×1.42－0.5	高领罐A型1，臼A型Ⅲ式1，豆1，斜腹杯B型Ⅱ式1，鼎1	
386	1808	4A	4B	椭圆形	1.25×1.14－0.16	斜腹杯B型Ⅱ式1	
387	1909	6	生	长条形	？×1.8－0.66	高领罐A型1，鼎1	
388	1503	H342	F9	椭圆形	？×1.2－0.25		被H342打破，打破F9
389	1804	10	生	正方形	1.8×1.8－0.48	大口罐1，臼A型1，豆1，斜腹杯B型Ⅱ式2	被H382打破
390	1805	6	H391	长条形	8.05×2.85－0.35	高领罐1，臼A型1，豆1，斜腹杯B型Ⅰ式1、Ⅱ式2	打破H391

续附表八

编号	所在探方	层位 上	层位 下	形 状	尺 寸	主 要 遗 物	备 注
391	1805	H390	7	不规则形	8.3×5-0.4	高领罐1，臼A型1，瓮1，盆1，钵A型I式1	被H390打破
392	1804	10	生	椭圆形	4.2×3.78-0.35	高领罐A型1，中口罐A型I式1，壶形器I式1，甑A型I式1，碗Aa型I式1，豆A型I式1、E型II式1、III式1，高圈足杯B型II式2，器盖B型1、C型1，鼎1	被H361、H382叠压
393	1818	1	2	椭圆形	1.14×0.8-0.12	高领罐1，瓮1，碗1，钵A型1，斜腹杯B型II式1	
394	1719	1	2	长方形	2.95×1.5-0.5	高领罐1，臼A型1，盆A型III式1，碗1，钵A型I式2，豆1，斜腹杯B型III式3，鬶A型2，纺轮Ea型1	
395	1920	1	2	不规则形	1.2×0.7-0.11	高领罐A型1，缸Aa型1，斜腹杯B型II式1	
396	1721	2	3	不规则形	3.4×1.3-0.48	高领罐1，豆1，斜腹杯B型I式1，鬶A型1，纺轮Aa型1	
397	1820	1	2	椭圆形	1.12×0.8-0.18	缸Aa型II式1，臼A型III式1	
398	1920	1	2	椭圆形	1.45×0.9-0.12	盘A型I式1，斜腹杯B型II式3、D型1，盆形鼎A型1	
399	1920	1	3	椭圆形	1.5×0.85-0.34	碗1，豆1，斜腹杯B型II式1，盆形鼎A型1	
400	2019	1	2	椭圆形	1×0.66-0.15	臼B型II式1，豆A型III式1，斜腹杯B型II式1，鬶1	
401	1718	1	2	不规则形	1.6×1.5-0.32	广肩罐A型II式1，甑A型II式1；石钺1	
402	1718	1	2	不规则形	2.6×1.5-0.2	臼A型III式1，钵A型II式1，斜腹杯E型1	打破H403

续附表八

编号	所在探方	层位 上	层位 下	形状	尺寸	主要遗物	备注
403	1718	1	2	长方形	? ×0.7－0.18		被 H402 打破
404	2019	1	2	圆形	3.3－0.2	臼 A 型Ⅲ式 1，碗 1，豆 B 型Ⅳ式 2，斜腹杯 B 型Ⅱ式 3、D 型 1，器盖 E 型 1	
405	1719	1	H415	椭圆形	1.8×1－0.3	缸 Aa 型Ⅲ式 1，豆 1，斜腹杯 B 型Ⅱ式 1、D 型 1	打破 H415
408	2019	1	2	不规则形	4.8×1.4－0.28	高领罐 Ba 型Ⅱ式 1，中口罐 A 型Ⅳ式 1，瓮 1，缸 Aa 型Ⅱ式 1，臼 B 型 1，小壶 1，钵 AB 型Ⅱ式 2，瓶 1，豆型Ⅲ式 2，斜腹杯 B 型Ⅱ式 5、C 型Ⅱ式 4，高圈足杯 1，鼎 1，鬶 A 型 2，纺轮 Ea 型 1，猪 1；石斧 Ab 型 1	
409	1818	2	3	正方形	1.6×1.6－0.2	擂钵 A 型Ⅰ式 1、C 型 1，臼 A 型Ⅲ式 1，斜腹杯 B 型Ⅱ式 1	
412	1821	2	3	椭圆形	2.4×1－1.15	盘 A 型Ⅰ式 1，瓮 1，豆 A 型 1，斜腹杯 B 型Ⅱ式 1	
413	1722	2	3	椭圆形	1.7×1.1－0.3	臼 A 型 1，碗 1，豆 1，斜腹杯 B 型Ⅱ式 1，鼎 1，纺轮 Eb 型 1	
414	1722	2	3	椭圆形	? ×1－0.68	豆 A 型Ⅳ式 1	
415	1719	H405	2	椭圆形	2.7×1.5－0.5	中口罐 A 型Ⅲ式 1、B 型Ⅰ式 1，缸 1，豆 A 型Ⅲ式 1，斜腹杯 B 型Ⅱ式 2，鼎 1，鬶 1；石镞 Ac 型 1	被 H405 打破
416	1818	2	3	椭圆形	2.7×1.14－0.2	豆 A 型 1，斜腹杯 B 型Ⅱ式 1，纺轮 1	
417	1815	1	3	椭圆形	1.25×1.14－0.26	碗 1，斜腹杯 B 型Ⅰ式 1	
419	1919	2	3	不规则形	1.8×1.7－0.55	碗 1，豆 B 型 1，斜腹杯 B 型Ⅰ式 1，鼎 1	

续附表八

编号	所在探方	层位 上	层位 下	形状	尺寸	主要遗物	备注
420	1716	1	2	椭圆形	2.4×1.4-0.3	臼A型Ⅲ式1，豆1，斜腹杯B型Ⅱ式1，鬶1	
421	1816	1	2	圆形	1.2-0.35	豆1，斜腹杯B型Ⅱ式1，鬶1，鸡1，纺轮Ca型1	
422	2017	2	3	椭圆形	1.85×1.25-0.32	高领罐1，瓮1，盆1，臼A型1，斜腹杯B型Ⅱ式1	打破H456、HG24
423	2018	2	3	椭圆形	2.6×1.25-0.57	广肩罐A型Ⅱ式1，钵A型Ⅰ式3，斜腹杯B型Ⅰ式2，鼎1，纺轮Aa型1	
424	1918	2	H425	椭圆形	2.5×2-0.38	高领罐A型1，簋A型1，缸1，器座1	打破H425
425	1918	H424	3	椭圆形	1.3×0.98-0.2		被H424打破
427	1717	2	3	椭圆形	2.4×1.8-0.75	中口罐B型Ⅰ式1、D型Ⅱ式1，广肩罐A型Ⅱ式2，臼A型Ⅲ式1，壶Ab型1，甑A型1，钵A型Ⅱ式3、Ⅲ式1、B型Ⅰ式1、Ⅱ式2，碟Ⅱ式1，豆A型Ⅲ式1、D型Ⅱ式1，斜腹杯B型Ⅱ式3、D型1，高圈足杯1，鬶A型Ⅱ式1	
429	1716	1	2	椭圆形	1.5×1-0.45	擂钵A型Ⅰ式1，斜腹杯B型Ⅱ式1，罐形鼎1	
431	1723	2	3	不规则形	4.16×2.5-0.3	钵A型Ⅰ式1	
432	1723	2	3	椭圆形	3.2×2.1-0.75	中口罐A型Ⅰ式1，臼A型Ⅰ式1，碗1，豆B型1，斜腹杯A型Ⅰ式1，高圈足杯Ab型1，罐形鼎1，小鼎1，器盖A型Ⅰ式、D型1、E型1，纺轮B型1、C型1、B型1、Ea型1	
433	1818	3	4	椭圆形	1×0.6-0.3	钵A型Ⅰ式1，斜腹杯B型Ⅱ式1、D型1	

续附表八

编号	所在探方	层位 上	层位 下	形状	尺寸	主要遗物	备注
434	1819	3	4	椭圆形	4.4×3.28－1.9	① 碗 1，钵 B 型 I 式 1，豆 D 型 II 式 1，斜腹杯 B 型 II 式 16、E 型 2，纺轮 Eb 型 1；石斧 Ca 型 1，石锛 Aa 型 1 ② 高领罐 A 型 IV 式 1、Ba 型 I 式 3，中口罐 A 型 II 式 1、B 型 I 式 1、E 型 1，长颈罐 A 型 I 式 1、II 式 1，缸 Aa 型 II 式 1、B 型 II 式 1，壶 Aa 型 III 式 1，瓶 1，甑 A 型 II 式 1，擂钵 A 型 I 式 1，钵 B 型 I 式 1，豆 B 型 III 式 1、IV 式 1、D 型 II 式 1、G 型 I 式 2，斜腹杯 B 型 II 式 2、C 型 II 式 1、D 型 17，罐形鼎 A 型 III 式 5、C 型 I 式 1、D 型 II 式 2，盆形鼎 A 型 III 式 1、B 型 1，鬶 A 型 II 式 2，器座 C 型 1，器盖 B 型 II 式 1，纺轮 Ca 型 3、Ea 型 1、Eb 型 1；石斧 Aa 型 1、Ca 型 1，砺石 1 ③ 高领罐 A 型 III 式 1，中口罐 A 型 II 式 1、B 型 I 式 1，长颈罐 B 型 I 式 1，广肩罐 A 型 II 式 1，壶 Aa 型 II 式 1，小壶 1，擂钵 A 型 I 式 1，钵 A 型 I 式 1、B 型 I 式 5，豆 B 型 II 式 1、D 型 II 式 1、G 型 I 式 1，斜腹杯 B 型 II 式 1、C 型 I 式 2，单耳杯 1，罐形鼎 A 型 II 式 1、III 式 2、C 型 II 式 1、D 型 II 式 1，鬶 A 型 I 式 1，器盖 B 型 II 式 1、E 型 1，纺轮 Aa 型 1；石斧 A 型 1 ④ 广肩罐 A 型 I 式 1，斜腹杯 B 型 II 式 1	打破 H491、H492
435	2016	H436	3	不规则形	2×1.64－0.5	高领罐 A 型 1，碗 1，豆 A 型 1、E 型 III 式 1，斜腹杯 A 型 II 式 1，高圈足杯 B 型 II 式 1，小鼎 I 式 1，器盖 A 型 I 式 1，纺轮 Ca 型 1、D 型 2、Ea 型 1	被 H436、H437 打破，打破 F12

续附表八

编号	所在探方	层位 上	层位 下	形　状	尺　寸	主　要　遗　物	备　注
436	2016	2	H435	长条形	1.8×0.76－0.39	碗1，斜腹杯B型Ⅰ式1、C型Ⅰ式1，鼎1	打破H435
437	2016	2	H435	圆形	0.9－0.3	钵A型Ⅰ式1，纺轮Aa型1	打破H435
438	1718	3	4	椭圆形	2.86×2.33－0.3	缸1，碗1，小壶1，壶形器Ⅰ式1，斜腹杯A型Ⅰ式1	
443	2017	2	3	椭圆形	2.46×1.9－0.25		打破HG24
444	1921	2	3	长方形	3.2×1－0.45	小口罐1，钵A型Ⅱ式1，盆形鼎A型Ⅲ式1，纺轮1	
445	1822	4	5	椭圆形	1.3×1.1－0.4	小罐A型Ⅱ式1，缸B型Ⅰ式1，其它缸1，臼D型1，擂钵A型Ⅰ式1，钵A型Ⅰ式2、B型Ⅰ式1，鼎1，鬶1	
447	1722	3	4	椭圆形	？×0.9－0.68	高领罐1，臼A型1，碗A型1，豆A型1，斜腹杯A型Ⅱ式1，高圈足杯C型1，鼎1	
448	2019	2	3	长条形	4.16×1.16－0.2	钵A型Ⅱ式1，斜腹杯A型Ⅱ式1，鼎1，纺轮1；石镞1	
449	2019	3	4	椭圆形	3.3×1.68－0.4	高领罐A型1，臼B型1，尊Ⅰ式1，盆1，豆C型Ⅰ式3、D型Ⅰ式2、F型Ⅰ式1，碗Aa型Ⅰ式1、B型Ⅰ式1，斜腹杯A型1，器盖B型Ⅰ式1、E型Ⅰ式1，纺轮Ea型1，彩绘纺轮1	
450	1918	H464	4	椭圆形	5.9×4.16－0.4	碗Ab型Ⅰ式1、C型Ⅰ式1、Ⅱ式1，豆A型Ⅰ式1、D型Ⅰ式1，矮圈足杯1，小鼎Ⅰ式1，鬶A型Ⅰ式1，器盖D型1，纺轮Ca型1、Ea型2、Eb型1	被H464打破
452	1716	1	2	椭圆形	1.6×1.33－0.32		

续附表八

编号	所在探方	层位上	层位下	形状	尺寸	主要遗物	备注
453	1816	3	H462	椭圆形	1.4×0.72－0.25	盆A型1，豆B型Ⅳ式1，斜腹杯B型Ⅱ式3、D型2，鬶1	打破H462
456	2017	3	4	椭圆形	2.5×2－0.6		
457	1720	3	4	椭圆形	4.85×3.75－0.55	高领罐A型Ⅱ式1，缸Aa型Ⅰ式1，臼A型Ⅱ式1，壶Ab型1，盆A型1，甑A型1，碗1，豆A型1，盘A型1，斜腹杯A型Ⅰ式1、Ⅱ式1，高圈足杯D型Ⅰ式1、Ⅱ式1，罐形鼎A型Ⅰ式1	
458	1919	4	5	正方形	1.35×1.26－0.34	高领罐A型Ⅰ式1，尊Ⅰ式1，斜腹杯A型Ⅰ式1，小鼎Ⅰ式1，纺轮1	
462	1816	H453	H477	椭圆形	2.6×1.6－0.48	高领罐A型1，臼A型1，鬶1，纺轮Ca型1、Ea型1；石镞B型1	被H453打破，打破H477
463	1724	3	4	椭圆形	?×1.6－0.5		
464	1918	3	H450	椭圆形	1.95×1.05－0.5	高领罐A型1，臼A型1，器盖A型Ⅰ式1	打破H450、HG30
465	1916	3	4A	椭圆形	2.26×1.64－0.4	中口罐B型Ⅲ式1，长颈罐C型1，臼A型Ⅲ式1，擂钵A型Ⅱ式1，豆B型Ⅳ式1，鼎1，器座1	
466	1721	5	生	长方形	3×1.6－0.7	臼A型1，瓮1，碗1，豆1，高圈足杯D型Ⅲ式1，器盖D型1	
467	1718	4	5	椭圆形	2×1.06－0.18	壶形器Ⅰ式1，豆A型Ⅰ式1，器盖A型Ⅰ式2	被H438打破
468	1718	4	5	长方形	1.8×0.7－0.5	高领罐1，臼B型1，缸1，壶形器Ⅰ式1	
469	1718	4	5	椭圆形	?×1.7－0.36	高领罐1，壶形器1，高圈足杯B型Ⅱ式1	打破HG33
472	1716	4	H488	椭圆形	1.9×1.6－0.34	碗1，豆1，斜腹杯B型Ⅰ式1，高圈足杯B型Ⅰ式1	打破H488

续附表八

编号	所在探方	层位上	层位下	形 状	尺 寸	主 要 遗 物	备 注
473	1719	4	5	椭圆形	2.68×2.33-0.28	高领罐1，臼 A 型 II 式 1，盆 A 型1，碗1，豆 A 型1，高圈足杯 D 型 II 式 3	
474	1719	4	5	长方形	1.6×0.8-0.2	高领罐1，瓮1，臼 A 型1，斜腹杯A 型 II 式 1，鼎1，纺轮 Ea 型 1、Eb 型 1	
475	1921	3	4	长方形	1.9×1.4-0.6	高领罐 A 型 II 式 1，钵1，臼 A 型1，高圈足杯 B 型 II 式 1，小鼎1	
476	1921	3	4	椭圆形	2.3×1.8-0.52	中口罐 A 型 II 式 1，臼 A 型 III 式 1，盆 A 型1，豆 A 型1，斜腹杯 A 型III 式 1、B 型 I 式 1，盆形鼎 A 型 III式 1	
477	1816	H462	4	圆形	3.33-0.6	缸1，豆 B 型1，斜腹杯 A 型 I 式1、B 型 I 式 2、C 型 II 式 1，三足杯 A 型 I 式 1	被 H462 打破
487	1716	4	H488	椭圆形	?×?-0.23	甑 A 型1，碗1，豆 B 型 II 式 1，斜腹杯 B 型 I 式 1	打破 H488
488	1716	H487	5	圆形	3.6-0.94	高领罐 A 型1，缸1，钵 A 型 I 式1，碗 Ab 型 III 式 1，斜腹杯 A 型 III式 1、B 型 III 式 2、C 型 I 式 1，高圈足杯 D 型 III 式 2，盆形鼎 A 型1，纺轮 Ca 型 1；石斧 C 型 1	
489	2019	3	4	长方形	3.9×1.35-0.2	高领罐 A 型1，臼 A 型 II 式 1，盆 A型1，碗1，豆1，小鼎 I 式 1	
490	1818	5	H491	椭圆形	1.5×0.9-0.4	高领罐1，盆1，碗1，豆 B 型 I 式1，斜腹杯 A 型 1	打破 H491
491	1818	H490	6	?	?×2.33-0.5	高领罐 A 型 I 式 1，缸 A 型 1，盆1，钵1，高圈足杯 B 型 II 式 1	被 H434、H490打破
492	1818	5	6	长条形	2.35×0.83-0.38	缸1，臼 A 型 I 式 1，尊 I 式 1，盆A 型 II 式 1	被 H434 打破

续附表八

编号	所在探方	层 位		形 状	尺 寸	主 要 遗 物	备 注
		上	下				
493	1816	5	H494	圆形	2.9－0.3	中口罐C型Ⅰ式1，广肩罐A型Ⅱ式1，斜腹杯B型Ⅱ式1、D型1，器盖B型Ⅲ式1、C型1	打破H494
494	1816	H493	6	圆形	3.9－0.2	高领罐A型1，长颈罐A型Ⅱ式1，斜腹杯B型Ⅱ式2，器盖A型Ⅱ式1	被H477、H493打破
496	1820	4	5	椭圆形	1.7×1.2－0.17	高领罐A型1，盆A型1，豆A型1，小鼎Ⅱ式1，纺轮B型1	打破F13
497	1822	5	6	不规则形	9.4×5.7－1.6	高领罐A型Ⅰ式1、Ⅱ式2，缸Aa型Ⅰ式1、Ab型1，臼A型Ⅰ式3，尊Ⅰ式2，瓮1，壶形器Ⅰ式1，盆A型Ⅰ式1，甑A型Ⅰ式1，碗1，豆B型Ⅰ式4、E型Ⅰ式1，斜腹杯A型Ⅰ式3、B型Ⅰ式6，高圈足杯B型Ⅱ式7、D型Ⅰ式1、Ⅱ式1、E型1，罐形鼎C型Ⅰ式1，盆形鼎A型Ⅰ式1，小鼎1，鬶A型Ⅰ式1，器座A型Ⅰ式1，器盖A型Ⅰ式3；石斧Aa型1，砺石1；骨镞1，骨针1	被H457打破
500	1916	4	5	不规则形	3.03×2－0.4	高领罐1，瓮1，盆1，碗1，钵A型Ⅰ式1，豆B型1，斜腹杯D型2，罐形鼎A型1，器盖A型1	
501	1816	5	6	椭圆形	3.35×2.7－0.2	高领罐A型1，斜腹杯B型Ⅱ式1，纺轮Aa型1	
510	2118	2	3	？	？×？－0.4	中口罐A型Ⅱ式1，碗B型Ⅱ式1，小鼎Ⅰ式1，器盖A型Ⅰ式1	
511	2005	3	4	圆形	1－0.2	臼A型1，斜腹杯B型Ⅱ式1	
513	2005	3	H524	椭圆形	3×2－0.9	斜腹杯B型Ⅱ式1、E型1	打破H524
514	2116	3	生	椭圆形	4.16×1.6－0.36	高领罐A型Ⅰ式1，中口罐A型1，碗Aa型Ⅱ式1，甑A型Ⅰ式1，壶形器Ⅰ式1，豆1，小鼎1，纺轮Ea型1	

续附表八

编号	所在探方	层位 上	层位 下	形 状	尺 寸	主 要 遗 物	备 注
517	2006	2	3	椭圆形	1.8×1.6－0.35	碗1，豆1，斜腹杯B型Ⅱ式1	打破 H518
518	2006	3	4	椭圆形	1.5×1.3－0.3	臼A型Ⅱ式1，缸1，碗1，斜腹杯A型1，器盖D型1	被 H517 打破
519	2006	4	5	不规则形	2.9×1.8－0.2	长颈罐A型Ⅰ式1，斜腹杯B型Ⅱ式3、D型1	
520	1601	1	2	椭圆形	2.5×1.9－1.2	中口罐B型1，臼A型1，豆A型1，斜腹杯B型Ⅱ式1，鬶1；石研磨器1	
521	2006	5	6	椭圆形	5×2.9－0.3	臼A型Ⅰ式1，碗，豆1，斜腹杯A型Ⅱ式1，高圈足杯B型Ⅱ式1，纺轮1；石凿A型1	
524	2005	H513	4	椭圆形	3.3×1.9－1.1	纺轮Ca型1	被 H513 打破
525	2005	4	5	椭圆形	1.24×0.98－0.41	中口罐A型Ⅲ式1，盆1，碗1，钵A型Ⅰ式1，B型Ⅰ式2、Ⅱ式1，豆B型Ⅲ式1，斜腹杯B型Ⅱ式2	
528	2305	3	4	不规则形	？×3.2－0.3	高领罐1，臼A型1，盆1，小壶1，豆A型Ⅰ式1，罐形鼎A型1，器盖A型Ⅰ式2、B型Ⅰ式1，纺轮Ea型Ⅱ式2	
529	2307	2	3	不规则形	？×3.6－0.6	高领罐1，缸Aa型Ⅲ式1，豆B型Ⅱ式1，斜腹杯B型Ⅱ式4，器盖B型Ⅲ式1、E型1，纺轮B型1、Eb型1；石刀1	
532	2405	3	生	圆形	1.12－0.4	中口罐A型Ⅲ式1，瓮1，钵A型Ⅰ式1，豆A型Ⅰ式1、Ⅱ式1，斜腹杯B型Ⅱ式4，罐形鼎C型Ⅱ式1	
534	2309	4	生	长条形	？×0.68－0.2	豆A型Ⅰ式1，斜腹杯B型Ⅰ式1，小鼎1	

续附表八

编号	所在探方	层位		形状	尺寸	主要遗物	备注
		上	下				
536	2809	1	2	?	?×?−0.4	高领罐A型1, 甗A型Ⅱ式1, 斜腹杯B型Ⅱ式1, 器盖B型Ⅲ式2	
537	2612	3B	4	椭圆形	2.8×1.62−1.05	高领罐Ba型Ⅱ式1, 斜腹杯B型Ⅱ式10, 罐形鼎A型Ⅰ式1, 盆形鼎A型Ⅱ式1	
539	2805	3	生	不规则形	5.16×3.16−1.2	高领罐1, 瓮1, 豆1, 器盖E型1, 纺轮B型2	
540	2809	3	4	椭圆形	?×3.4−0.35	擂钵A型Ⅰ式1, 钵A型Ⅰ式1, 豆A型Ⅰ式1、Ⅱ式1, B型1, 斜腹杯B型Ⅱ式3, 纺轮Ca型1; 石镞Ac型1, 砺石1	
541	2809	2	4	不规则形	?×?−0.52	瓮1, 擂钵A型Ⅱ式1, 斜腹杯B型Ⅱ式2	
544	3107	3	M63	不规则形	1.2×0.75−0.35	臼A型Ⅱ式1, 豆1, 斜腹杯B型Ⅰ式3, 罐形鼎A型1, 纺轮Aa型1; 骨镞1	
545	3406	2	3	椭圆形	2.1×1.94−0.5	豆A型1, 擂钵A型Ⅱ式1, 鼎1, 纺轮Ca型	
547	3405	2	3	椭圆形	1.5×1.2−0.5	中口罐B型Ⅰ式1, 斜腹杯B型Ⅱ式1, D型2, 器座1	
548	3405	3	生	不规则形	3×1.92−0.62	高领罐1, 中口罐B型Ⅰ式1, 盆形鼎A型1	
552	3210	5	6	长方形	4.6×2.5−0.3	高领罐C型1, 大口罐1, 瓮2, 碗1, 钵A型Ⅰ式1, 甗A型Ⅰ式2, 斜腹杯B型Ⅱ式1, 盆形鼎1; 石斧Aa型1, 石镞Aa型1, 石矛1	
553	3208	3	4	椭圆形	2.8×?−0.72	豆1, 高圈足杯B型Ⅱ式1	
554	3208	3	4	椭圆形	0.9×0.64−0.1	猪骨架1	

续附表八

编号	所在探方	层位 上	层位 下	形 状	尺 寸	主 要 遗 物	备 注
555	3306	3	生	长方形	5.3×2.1－0.87	高领罐 A 型 Ⅳ 式 1，尊 Ⅰ 式 1，瓮 1，甑 A 型 Ⅰ 式 2，碗 Ab 型 Ⅱ 式 4，盆 1，豆 B 型 Ⅰ 式 2，斜腹杯 B 型 Ⅰ 式 2，盆形鼎 A 型 1；石锛 Ab 型 1	
556	2810	3	4	椭圆形	2.93×1－0.4	中口罐 B 型 Ⅱ 式 1，斜腹杯 B 型 2	
557	3406	5	生	不规则形	1.56×1.5－0.3	缸 B 型 Ⅱ 式 1，臼 A 型 1，豆 A 型 1，斜腹杯 A 型 Ⅱ 式 2	

说明　1. 一个灰坑跨两个以上探方的，只登记其中一个。2. 层位栏中，"上"栏仅登记诸叠压、打破该灰坑的地层或遗迹单位中最早的，"下"栏仅登记被该灰坑打破的地层或遗迹单位中最晚的。阿拉伯数字表示地层编号，"生"表示生土。3. 尺寸栏中，圆形注直径，椭圆形注长径×短径，正方形和长方形注长×宽，不规则形注最长×最宽，深度一律用"－"表示。4. 遗物栏中，未注明质地的是陶器，阿拉伯数字表示数量。难以辨明型式的只登记器类，难以辨明亚型的只登记型，难以辨明式的只登记型或亚型或器类。

附表九　　　　　　石家河文化早期灰沟登记表　　　　　　单位：米

编号	所在探方	层位 上	层位 下	尺 寸	主 要 遗 物	备 注
1	1	2	3	7.6×1.5－0.2	中口罐 A 型 1，缸 A 型 1，豆 1，斜腹杯 B 型 Ⅱ 式 1	
2	1520	1	2	18.85×1－0.55	①高领罐 B 型 1，缸 Aa 型 Ⅱ 式 1、C 型 1，碗 1，钵 A 型 1，豆 A 型 1，斜腹杯 B 型 Ⅰ 式 1、D 型 2，鼎 1，器盖 B 型 1　②高领罐 1，中口罐 B 型 Ⅱ 式 1，缸 B 型 1，鼎 1，器盖 D 型 Ⅰ 式 1，纺轮 Ca 型 2，Eb 型 1	打破 H297、F2
3	1418	2	H193	6.8×1.2－0.6	臼 A 型 Ⅲ 式 1	打破 H193、H236
4	1518	1	2	13.4×1－0.45	高领罐 A 型 1，豆 1，盆形鼎 1，器盖 B 型 1	打破 H207、H208、H275
6	1202	4	5	?×1.12－0.4	高领罐 A 型 Ⅱ 式 1，鼎 1	被 H160 打破

续附表九

编号	所在探方	层位上	层位下	尺　寸	主　要　遗　物	备　注
7	1406	2	3	9.6×0.9－0.45	中口罐B型Ⅱ式1，臼A型Ⅲ式1，钵A型Ⅱ式1，豆G型Ⅰ式1，斜腹杯B型Ⅰ式1，鼎1，纺轮D型1	被 H120、H169、H131、H136 打破，打破 H262、H286、F6
8	1616	2	3	2.7×0.4－0.4	瓮1，鼎1，斜腹杯B型Ⅱ式1	被 H218 打破
9	1302	4	5	?　×0.4－0.35	擂钵B型1，斜腹杯B型Ⅰ式1	打破 H283
11	1505	4	5	22.5×2.75－0.65	高领罐A型1，臼A型Ⅲ式1，碗1，豆A型Ⅳ式1；石钻B型1	被 H116、H117 打破，被 L2 叠压
12	1406	5	6	3×0.8－0.72	高领罐A型Ⅱ式1，斜腹杯A型Ⅱ式1	
14	1605	5	6	4.5×0.45－0.2	高领罐A型1，豆B型Ⅱ式1	
15	1604	5	6	15.3×1.6－0.4	高领罐A型1，缸1，盆1，豆A型1，斜腹杯A型1	
16	1605	5	6	10.6×0.8－0.4	高领罐A型1，缸1，斜腹杯A型1，鼎1	
18	1906	4	5	4.8×0.6－0.25	瓮1，缸1，盆A型1，钵A型Ⅱ式1，豆A型1，鬶1	
19	1708	4	5	4.8×0.4－0.3	瓮1，豆1，斜腹杯B型Ⅱ式1	打破 H371、H379
20	1603	3	4	6×2.9－0.16	瓮1，豆A型1，斜腹杯B型Ⅱ式1，高圈足杯B型1	
21	1909	4	5	?　×1.3－0.6	擂钵A型Ⅱ式1	
22	1918	2	3	5.55×0.7－0.26	高领罐A型Ⅳ式1，臼A型Ⅲ式1，甑A型1，豆1，斜腹杯B型Ⅱ式1，鼎1	
23	1817	1	2	4.65×0.44－0.4	高领罐A型1，臼A型1，鼎1	
26	1717	5	6	残7.5×1－0.2	罐1，豆1，斜腹杯A型1	被 H427 打破

续附表九

编号	所在探方	层位上	层位下	尺寸	主要遗物	备注
27	1819	4	5	13.55×2.5-0.5	高领罐A型1，缸A型1、B型1，碗Ab型Ⅱ式1，豆1，器盖1，纺轮D型1	打破F13
28	1821	5	生	7.5×1.1-0.22		

说明　1.一个灰沟跨两个以上探方的，只登记其中一个。2.层位栏中，"上"栏仅登记诸叠压、打破该灰沟的地层或遗迹单位中最早的，"下"栏仅登记被该灰沟打破的地层或遗迹单位中最晚的。阿拉伯数字表示地层编号，"生"表示生土。3.尺寸栏中，尺寸为长×宽-深。4.遗物栏中，未注明质地的是陶器，阿拉伯数字表示数量。难以辨明型式的只登记器类，难以辨明亚型的只登记型，难以辨明式的只登记型或亚型或器类。

附表一〇　　　　　　石家河文化晚期灰坑登记表　　　　　　单位:米

编号	所在探方	层位上	层位下	形状	尺寸	主要遗物	备注
1	5	1	2	椭圆形	3.2×2.9-0.85	广肩罐A型Ⅳ式3、D型1，瓮1，豆H型Ⅱ式2，斜腹杯B型Ⅱ式2，鼎1，盂1；石斧D型1	打破H18
2	1	1	2	椭圆形	1.28×0.72-0.15	豆H型Ⅰ式1、Ⅱ式1，斜腹杯B型Ⅱ式2	
3	9	1	2	椭圆形	1.2×0.65-0.3	豆A型Ⅵ式1，斜腹杯B型Ⅱ式1	
4	1	1	2	椭圆形	0.87×0.46-0.15	豆H型Ⅰ式1，鼎1	
5	1	1	2	椭圆形	1.04×0.46-0.1		
6	2	1	2	椭圆形	1.5×0.8-0.2		
10	3	1	2	椭圆形	1×0.8-0.34		
11	9	1	2A	椭圆形	1.35×0.55-0.3	广肩罐C型1，盘C型1，盆D型1，石斧Ca型1	
18	5	2	3	椭圆形	3.75×1.8-0.4	瓮1，擂钵1，豆H型8，斜腹杯B型Ⅱ式1，罐形鼎1，鬶A型1	
26	12	2	3	圆形	0.95-0.5	广肩罐B型2，豆H型Ⅰ式1	

续附表一○

编号	所在探方	层位上	层位下	形状	尺寸	主要遗物	备注
39	205	2	3	圆形	2.1-0.67	广肩罐1，豆1，斜腹杯B型Ⅱ式1，鼎1	
41	406	1	2	椭圆形	1.5×1.2-0.4		
48	408	1	2	?	?×?-0.48		
51	15	1	2	椭圆形	1.64×0.94-0.35	广肩罐D型1	
52	608	3	4	长方形	2×1.2-0.3	凸底罐A型1，豆H型Ⅰ式1	
53	608	3	4	圆形	1.5-0.35	缸1，斜腹杯B型Ⅱ式1，鼎1	
58	806	1	2	不规则形	8.2×4.3-0.9	广肩罐A型Ⅲ式1，盆A型Ⅳ式1，盘A型1，豆A型Ⅵ式1、C型Ⅲ式1、H型Ⅰ式1，壶1，斜腹杯B型Ⅱ式2，鼎1；石棒7，石斧D型1，石钻Ab型1	
59	808	1	2	椭圆形	1.5×1.1-0.3		
60	907	2	3	椭圆形	1.3×0.9-0.5	广肩罐A型Ⅳ式1，甑B型1；石斧1	
61	808	1	2	椭圆形	1.5×0.8-0.4		
62	908	2	3	不规则形	2.2×0.9-0.3	广肩罐A型Ⅳ式1、B型1，盆A型Ⅴ式1，钵B型Ⅰ式1，豆A型Ⅵ式1、H型Ⅰ式1，斜腹杯B型Ⅱ式1，罐形鼎E型1	
63	705	2B	3	圆形	1.5-0.25	广肩罐A型1，豆A型1	
68	905	3	4	不规则形	2.95×2.8-0.5	广肩罐A型Ⅲ式2、Ⅳ式2、B型1、C型2，扁腹罐A型1，瓮1，缸B型Ⅲ式1，盆A型Ⅴ式1、B型Ⅲ式1，钵A型Ⅲ式1、C型2，豆A型Ⅳ式1、C型Ⅱ式2、Ⅲ式2、H型Ⅰ式1，盘A型Ⅱ式1，斜腹杯B型Ⅱ式1，鼎1，盉B型1，鬶1，器盖B型Ⅲ式1、E型1，狗1；石钻Aa型2	

续附表一〇

编号	所在探方	层位上	层位下	形状	尺寸	主要遗物	备注
70	1005	2	3	不规则形	7.25×4.65－0.75	广肩罐 A 型Ⅲ式 6、B 型 1、C 型 2，扁腹罐 C 型 3，三足罐 1，瓮 1，臼 D 型 1，盆 A 型Ⅴ式 1、豆 A 型Ⅵ式 1、C 型Ⅲ式 2、H 型Ⅰ式 1、Ⅱ式 1，盘 C 型 1，鬶 1，器座 A 型Ⅱ式 1；石钻 B 型 3	
71	1105	1	2	圆形	2.06－0.3	豆 H 型 1，缸 B 型 1，盆 A 型Ⅳ式 2	
72	1017	2	3	不规则形	?×2.5－0.4	三足杯 1，擂钵 1，盘 A 型Ⅱ式 1，盉 1，器盖 E 型 1，鸟 1	
78	1014	2	3	不规则形	5.2×3－0.3	广肩罐 C 型 3，其它罐 1，瓮 1，甑 B 型 1，钵 A 型Ⅲ式 3，豆 A 型Ⅵ式 1、C 型Ⅱ式 1、H 型Ⅰ式 1，斜腹杯 B 型Ⅱ式 1，盆形鼎 C 型 1，器盖 F 型 1	
82	912	2	3	椭圆形	3.1×1.8－0.4	广肩罐 A 型Ⅳ式 2，钵 D 型 1，擂钵 B 型 1，盘 A 型 1，豆 A 型 1、C 型 1，器座 A 型Ⅱ式 1	
87	911	2	3	长条形	5.5×0.8－0.3	扁腹罐 A 型 1，豆 H 型Ⅰ式 1	
89	1008	1	2	不规则形	2.5×1.85－0.8	凸底罐 A 型 1，豆 1	
99	1319	1	2	不规则形	2.7×2.1－0.84	广肩罐 A 型Ⅳ式 1，斜腹杯 B 型Ⅱ式 1	
104	1408	2	3	?	?	豆 H 型Ⅱ式 1，斜腹杯 B 型Ⅱ式 1，鼎 1，盉 1，纺轮 Aa 型 2	
108	1406	1	3	椭圆形	2.15×1.2－0.32	纺轮 B 型 1	被 W31、W34 打破
109	1407	1	2	圆形	1.4－0.15	广肩罐 A 型Ⅳ式 1，豆 H 型Ⅰ式 1，斜腹杯 B 型Ⅱ式 2，器盖 E 型 1；石镞 Aa 型 1，石刀 A 型 1	

续附表一〇

编号	所在探方	层位上	层位下	形状	尺寸	主要遗物	备注
118	1405	1	2	椭圆形	1.7×1.6－0.35		
124	1401	1	H155	椭圆形	1×0.54－0.36	钵A型Ⅲ式1，纺轮Ca型1	
180	1508	2	3	长方形	2.5×1.2－0.15		
215	1409	5	6	圆形	2.2－0.25	广肩罐A型1，豆H型1	
216	1409	5	6	椭圆形	1.15×0.96－0.25	瓮1，豆H型1	
217	1409	5	6	椭圆形	?×1.3－0.25	广肩罐A型1，瓮1，豆H型1	
229	1509	3	4	椭圆形	1.98×1.55－0.3		
230	1509	3	4	椭圆形	3.88×2.58－1.23	盆A型Ⅴ式1，钵A型Ⅱ式1，器盖B型Ⅲ式1，纺轮Ab型1；石棒17，石钻Aa型3，石锛1	
254	1509	3	4	椭圆形	3.1×2.52－1.06	广肩罐A型Ⅴ式5、B型2，扁腹罐A型1、B型1、C型1，中口罐B型Ⅲ式1，瓮1，盆D型1，豆A型Ⅵ式1、C型Ⅲ式2、H型Ⅰ式5、Ⅱ式8，盘C型2，盆形鼎D型1，器座A型Ⅱ式1、B型Ⅱ式1，器盖1，纺轮Ca型1；石棒27，砺石1，石球1	
305	1519	1	2	椭圆形	4.16×3－0.58	豆H型Ⅱ式1，斜腹杯B型Ⅱ式1	
308	1604	1	2	不规则形	2.78×1.16－0.4	盆A型Ⅴ式1，盘1，豆H型1，盉1	
309	1706	1	H313	椭圆形	0.8×0.5－0.7		
310	1605	1	2	椭圆形	1.2×1－0.2		
315	1604	1	2	长方形	1.8×1.4－2.05	广肩罐D型1，缸C型1，盘C型1	打破F9
318	1704	3	4	椭圆形	?×1.54－0.58	豆H型1，斜腹杯B型Ⅱ式1，鼎1	
320	1704	2	3	椭圆形	2.5×2－0.65	罐1，豆H型1，斜腹杯B型Ⅱ式1，纺轮Aa型1	
332	1805	3	4	不规则形	7.8×4－0.25	钵A型Ⅱ式1，盘C型1，豆H型1，鼎1	打破F8
343	1808	1	2	长方形	3.66×2.5－0.26	豆A型1，斜腹杯B型Ⅱ式1	

续附表一〇

编号	所在探方	层位上	层位下	形状	尺寸	主要遗物	备注
344	1805	5	H347	不规则形	6.1×2.3-0.1	瓮1，盘A型Ⅱ式1、C型1，豆A型Ⅴ式1，器盖B型Ⅲ式1	打破H347
345	1804	2	3	不规则形	2.34×2.33-0.52	广肩罐1，豆1，钵C型1，盘A型1，鼎1	打破H361
348	1808	1	2	椭圆形	3.7×2.3-0.35	广肩罐A型1，盘1	
349	1905	1	2	不规则形	6.2×4.8-0.19	瓮1，钵1，豆H型1，斜腹杯B型Ⅱ式1，鼎1	打破H332
350	1707	1	2A	不规则形	3.3×1.6-0.7	钵A型Ⅳ式1，斜腹杯B型Ⅱ式1，器盖B型Ⅲ式1	
351	1604	3	4	长方形	1.54×0.84-1.28	广肩罐D型1，中口罐B型Ⅲ式1，豆A型1，盆形鼎1，鬶1，器盖F型1	打破F9
352	1908	1	2	长条形	1.55×0.64-0.28	瓮1，豆H型1，鼎1	
360	1708	1	2	长条形	2.7×0.9-0.45	豆A型Ⅴ式1，垫1	
370	1909	2	3	长方形	3×2.5-0.7	凸底罐1，钵A型Ⅳ式1，鬶1	
406	2021	1	2	椭圆形	3×2.5-0.35	凸底罐1，豆A型1，斜腹杯B型Ⅱ式1	
407	1922	1	2	不规则形	2×2-0.4	乌龟1，纺轮D型1、Ea型1，石锛Cb型1	
410	1922	1	2	椭圆形	1.8×1.6-0.58	钵A型Ⅳ式1，斜腹杯B型Ⅱ式1	
411	1922	1	2	不规则形	2.33×1.8-0.4	豆H型1	
418	1921	1	2	圆形	2.26-0.4	广肩罐1，钵1，豆1，鼎1	
426	1720	1	2	圆形	1.9-0.25	扁腹罐1，豆H型1，盘1，鼎1	
439	2015	2	H440	不规则形	3.2×2.2-1.27	三足杯25，豆A型1，鼎1，鬶1，器盖E型1	打破H440、H442
440	2015	H439	3	长方形	?×2.1-0.7	豆H型1，盘1，鼎1，器盖1，鸟1	被H439、H441、H442、H455打破
441	2015	2	H442	圆形	2-0.78	豆H型1，盘A型Ⅱ式1	打破H440、H442

续附表一〇

编号	所在探方	层位上	层位下	形状	尺寸	主要遗物	备注
442	2015	H441	3	长条形	? ×2.86−0.94	盆 A 型 1，盘 C 型 1，斜腹杯 B 型 Ⅱ式 1，鼎 1，纺轮 Aa 型 1；石斧 Bc 型 1，石锛 B 型 1	被 H439、H441 打破
455	2015	2	H440	椭圆形	2.7×1.6−0.5	罐 1，缸 1	打破 H440
495	2015	3	4	圆形	1.5−0.4		
503	2009	1	2	椭圆形	1.9×1.2−0.4		
504	2009	1	2	长方形	2.5×1.3−0.4	豆 H 型 1，斜腹杯 B 型 Ⅱ式 2	
505	2009	1	2	椭圆形	2.5×1.16−0.4		
507	2105	1	2	不规则形	? ×2.08−0.6	豆 H 型 1，盘 1，斜腹杯 B 型 Ⅱ式 1，器盖 1	
508	2105	1	2	椭圆形	1.8×1.4−0.35	罐 1，豆 1，盘 1，斜腹杯 B 型 Ⅱ式 1	
512	2106	2	3	椭圆形	2.4×1.38−0.3	扁腹罐 B 型 1，豆 H 型 1，斜腹杯 B 型 Ⅱ式 1	
516	2014	1	2	圆形	1.8−0.5	豆 H 型 1	
527	2407	2	3	椭圆形	3.2×2.7−0.65	豆 H 型 Ⅰ式 1，鼎 1	
530	2805	1	2	不规则形	1.27×0.8−0.34	广肩罐 A 型 Ⅲ式 1，豆 H 型 1，器盖 1；石斧 Ab 型 1	
533	2406	2B	H335	椭圆形	3.3×2.5−0.26	广肩罐 1，豆 A 型 Ⅵ式 1、H 型 Ⅰ式 3，斜腹杯 B 型 Ⅱ式 1	打破 H535
535	2406	H533	3	长方形	4.1×2−0.28	广肩罐 1，盆 1，豆 A 型 1，鼎 1，鬶 1，陶轮 1	被 H533 打破
538	2810	1	2	不规则形	6.3×4.85−1.3	广肩罐 A 型 Ⅳ式 2、B 型 1、D 型 1，臼 D 型 1，盆 C 型 1，钵 A 型 Ⅳ式 1，豆 A 型 Ⅵ式 1、C 型 Ⅲ式 2、H 型 Ⅰ式 1、Ⅱ式 3，盘 A 型 Ⅱ式 2，斜腹杯 B 型 Ⅱ式 1，三足杯 1，矮圈足杯 2，单耳杯 1，罐形鼎 E 型 1，盉 C 型 1，器盖 A 型 1、E 型 1	
542	3113	2	3	椭圆形	1.78×1.18−0.7	广肩罐 1，豆 H 型 1，盘 1，斜腹杯 B 型 Ⅱ式 1，鼎 1	

续附表一〇

编号	所在探方	层位 上	层位 下	形状	尺寸	主要遗物	备注
543	3109	1	2	圆形	1.4－1.1	广肩罐1，鼎1	
546	3108	2A	2B	椭圆形	3.66×2.6－1	钵C型1，豆A型Ⅴ式1，盘A型1；铜矿石1	
550	3113	3	4	圆形	1.3－0.37	广肩罐1，瓮1，盘1，豆A型1，器座D型1	
551	3108	3A	3C	长方形	5×3.4－0.55	广肩罐A型1，豆A型Ⅴ式7，盘A型Ⅱ式2，斜腹杯B型Ⅱ式2，鬶1，纺轮Cb型1；石斧D型1，石锛Ba型1	

说明　1. 一个灰坑跨两个以上探方的，只登记其中一个。2. 层位栏中，"上"栏仅登记诸叠压、打破该灰坑的地层或遗迹单位中最早的，"下"栏仅登记被该灰坑打破的地层或遗迹单位中最晚的。阿拉伯数字表示地层编号，"生"表示生土。3. 尺寸栏中，圆形注直径，椭圆形注长径×短径，正方形和长方形注长×宽，不规则形注最长×最宽，深度一律用"－"表示。4. 遗物栏中，未注明质地的是陶器，阿拉伯数字表示数量。难以辨别型式的只登记器类，难以辨明亚型的只登记型，难以辨明式的只登记型或亚型或器类。

附表一一　　　　　石家河文化早期土坑墓登记表　　　　　单位：米

墓号	所在探方	层位 上	层位 下	墓坑 长×宽－深	方向	葬式	性别年龄	随葬器物	备注
7	3	4	5	3.2×2.35－0.95	60°	二次葬仰身直肢	男	高领罐A型Ⅰ式2、Ⅱ式17、B型Ⅰ式3、Ⅱ式35，高领罐3，大口罐1，中口罐1，壶形器1，碗A型2，钵1，斜腹杯A型Ⅱ式29，小鼎A型4，器盖A型1；石钺1	被H31打破，可能有葬具，有二层台
8	7	3B	M14	2.4×1.25－0.45	32°	？	？	高领罐A型Ⅰ式2、Ⅱ式2、B型Ⅰ式1，斜腹杯A型Ⅰ式1、Ⅱ式29，小鼎A型4，纺轮A型1	打破M14，可能有葬具，有二层台

续附表一一

墓号	所在探方	层位上	层位下	墓坑 长×宽－深	方向	葬式	性别年龄	随葬器物	备注
9	8	2	3	2×0.9－0.45	230°	二次葬仅头骨肢骨		豆1，斜腹杯1	
10	1	3	4	1.8×0.55－0.2	9°	仰身直肢			
11	2	3	4	2.65×1.05－0.47	350°	二次葬 仰身直肢		高领罐A型Ⅰ式5、Ⅱ式1、A型10，碗B型1，斜腹杯A型3，小鼎B型3	有二层台
13	11	2	3	1.9×0.6－0.25	270°	二次葬 仰身直肢	？		无头骨
14	7	M8	4	1.6×0.6－0.4	280°	仰身直肢	男		被M8打破
15	4	5	6	1.75×0.6－0.25	56°	二次葬	？	高领罐2，小鼎1	被H9打破
25	13	3	4	2.35×1－残0.4	30°	仰身直肢		高领罐A型Ⅱ式4，大口罐1，斜腹杯A型Ⅱ式1，小鼎B型3	足端外侧浅坑放物
26	13	3	4	2.4×0.9－0.35	343°	二次葬		罐1	骨架摆放零乱
27	13	3	4	1.7×1.1－0.2	344°	？	？	高领罐B型Ⅰ式10、Ⅱ式1、高领罐5	
30	1216	2	3	1.6×0.7－0.1	308°	仰身直肢	小孩	罐3	叠压M32、M36
34	1216	2	3	1.6×0.75－0.1	295°	？	？	大口罐1，斜腹杯1，小鼎A型2	被W6打破，叠压M31、M32、M36，仅剩左侧下肢骨
48	1519	2	3	2.2×0.9－0.4	70°	仰身直肢 二次葬	女	高领罐C型4，大口罐1，豆3，斜腹杯B型Ⅱ式24、Ⅲ式6，罐形鼎1，纺轮A型1、B型1、C型1；石凿1	被H181打破

续附表一一

墓号	所在探方	层位 上	层位 下	墓坑 长×宽－深	方向	葬式	性别年龄	随葬器物	备注
49	1202	4	5	2.5×0.8－0.7	95°	二次葬		斜腹杯A型2，小鼎3	骨架摆放零乱
50	1202	H284	5	2×0.65－0.15	?	二次葬		小鼎B型4	
54	3106	3	生	2.6×1－0.4	78°	二次葬 骨架零乱	男	高领罐A型Ⅲ式45、C型33、高领罐23，大口罐1	
55	3106	3	生	2.1×0.5－残0.1	76°	二次葬 仰身直肢	女		有长方形葬具痕迹
59	3206	3	生	2.5×1.1－0.5	79°	二次葬 仰身直肢	男	高领罐C型56，碗A型1、B型1	
60	3206	3	生	2.2×0.66－残0.2	71°	二次葬 仰身直肢	?	斜腹杯A型Ⅱ式2、B型Ⅰ式4	
64	3006	3	生	1.9×0.5－0.1	43°	二次葬	?	斜腹杯A型Ⅱ式2、B型Ⅰ式1，小鼎A型2	骨架零乱
70	3006	3	生	1.3×0.55－残0.1	56°	二次葬	小孩		
72	3206	3	生	0.6×0.4－0.25	177°	仅剩头骨	小孩		

说明　1．一个墓葬跨两个以上探方的，只登记其中一个。2．层位栏中，"上"栏仅登记诸叠压、打破该墓葬的地层或遗迹单位中最早的，"下"栏仅登记被该墓葬打破的地层或遗迹单位中最晚的。阿拉伯数字表示地层编号，"生"表示生土。3．随葬器物栏中，未注明质地的是陶器，阿拉伯数字表示数量。难以辨明型式的只登记器类，难以辨明亚型的只登记型，难以辨明式的只登记型或亚型或器类。

附表一二　　　　　**石家河文化早期瓮棺葬登记表**　　　　　单位：米

墓号	所在探方	层位 上	层位 下	墓坑 形状	墓坑 尺寸	葬具及放置情况	备注
47	1302	2	3	不规则圆形	0.6－0.5	缸，正置	口部遭破坏，缸底有一孔，有骨渣
55	1403	5	H197	圆形	0.46－残0.2	缸，口朝南斜置	口部遭破坏，有骨渣
79	1820	1	2	圆形	0.55－残0.3	圈足罐，口略偏东	有骨渣
80	1720	1	2	圆形	0.75－0.35	残瓮，正置	

续附表一二

墓号	所在探方	层位		墓坑		葬具及放置情况	备注
		上	下	形状	尺寸		
81	1721	1	2	圆形	0.8-0.6	口朝上略偏东	有碎骨
82	1921	3	4	圆形	0.4-0.3	大口垂腹罐，正置	
83	1718	2	3	圆形	0.57-0.2	平底钵、斧，钵反扣釜上，正置，釜残	出土时钵已落入釜底
85	1918	5	生	圆形	0.4-0.5	残鼎、釜，口朝上，正置	
89	2408	2	3	不规则圆形	0.8-0.45	缸，卧置，缸口向东	

说明　1. 层位栏中，阿拉伯数字表示地层编号，"生"表示生土。2. 尺寸栏中，尺寸为直径-深。

附表一三　　　　**石家河文化晚期瓮棺葬登记表**　　　单位：米

墓号	所在探方	层位		形状	尺寸	葬具及放置情况	随葬器物	备注
		上	下					
2	1104	2	3	圆形	1-0.4	盆反扣瓮上		
4	915	1	2	圆形	0.9-0.6	瓮，正置		口残
5	1216	1	2	圆形	0.55-0.2	平底瓮正置		口残
6	1216	1	2	圆形	1.4-0.8	两小平底瓮上下相套正置	陶斜腹杯1，玉人头像6、虎头像5、盘龙1、飞鹰1、蝉11、璜2、管10、坠1、珠5、圆片2、笄2、柄形饰5、碎块5、石珠1，猪牙1	两瓮由肩部锯开再合上，可能是为便于装入人骨架，两瓮底正中均凿有小圆孔，打破M32、M34
7	1217	2B	3	圆形	0.8-0.5	瓮，正置	玉人头像1、蝉1、残片4	瓮肩部以上被锯掉，瓮底正中有小圆孔
8	1216	1	2	圆形	0.7-0.25	瓮，正置		口残
9	1316	1	2	圆形	0.7-0.3	瓮，正置		口残
10	1216	1	2	圆形	0.5-0.35	瓮，正置		口残
11	1216	1	2	椭圆形	0.7×0.6-0.4	瓮，正置		口残

续附表一三

墓号	所在探方	层位 上	层位 下	形状	尺寸	葬具及放置情况	随葬器物	备注
12	1215	1	2	圆形	0.9－0.45	瓮，正置	残玉鹰1、残玉片1	口残
13	1115	2	3	圆形	0.7－0.4	盘反扣于瓮上，正置		
14	1316	1	2	圆形	0.35－0.25	瓮，正置		口残
15	1317	1	2	圆形	0.65－0.25	瓮，正置		口残
16	1416	2A	2B	圆形	0.65－0.35	瓮，正置		口残，底有孔
17	1416	2A	2B	圆形	0.6－0.25	瓮，正置	玉蝉4、珠1、残片3	口残，底有孔
18	1316	2	3	圆形	0.45－0.25	广肩罐正置，上反扣一钵		
19	1316	2	3	圆形	0.4－0.2	残瓮，正置		口残
20	1316	2	3	圆形	0.3－0.1	残瓮，正置		口残
21	1316	2	3	圆形	0.4－0.25	残瓮，正置		口残
22	1316	2	3	圆形	0.3－0.25	残瓮，正置		口残
23	1220	1	3	圆形	0.6－0.15	残瓮，正置	玉管1	口残，底穿大孔
24	1516	1	2	圆形	0.8－0.5	平底瓮，正置	玉蝉1、坠1	上残，底凿小孔
25	1516	1	2	圆形	0.7－0.35	平底瓮，正置	玉蝉3、珠2	上残，底凿小孔
26	1316	2	3	圆形	0.4－0.2	圜底瓮，正置		上部残
27	1404	1	2	椭圆形	0.55×0.45－0.25	平底瓮，正置		上部残
28	1404	1	2	圆形	0.7－0.15	平底瓮，正置		上部残
29	1316	2	3	圆形	0.45－0.20	广肩瓮，正置		上部残
30	1404	1	2	椭圆形	0.6×0.55－0.2	平底瓮，正置	残玉片1	
31	1406	1	W34	桃形	0.95－0.15	圜底瓮，正置		上部残，打破W34
32	1403	3	4	圆形	0.7－0.45	圜底缸，正置		上部残
33	1404	1	2	圆形	0.55－0.25	瓮，正置	残玉片3	上残
34	1406	W31	2	不规则	0.4－0.25	钵盖瓮，正置		口残，被W31打破

续附表一三

墓号	所在探方	层位上	层位下	形状	尺寸	葬具及放置情况	随葬器物	备注
35	1403	3	4	圆形	0.6-0.25	广肩瓮,正置		
36	1405	1	H158	椭圆形	0.6×0.5-0.3	钵盖罐,正置		
37	1405	W43	H158	椭圆形	0.6×0.5-0.25	钵反扣鼎		被 W43 打破,打破 H158
38	1415	5	6	椭圆形	0.9×0.6-0.3	广肩瓮,正置		口残,叠压 W41
39	1405	1	2	桃形	0.8-0.5	钵盖瓮,正置		口残
40	1403	4	5	椭圆形	0.7×0.4-0.1	广肩瓮,正置		上部残
41	1415	6	H263	圆形	0.5-0.25	钵盖大口罐		罐底残,被 W38 叠压
42	1408	3	4	圆形	0.4-0.1	广肩瓮,正置		上部残
43	1405	1	W37	圆形	0.4-0.1	残罐底		打破 W37
44	1405	1	2	圆形		盆口朝上,正置于罐上		口残
45	1405	1	W48	圆形	0.6-0.35	平底瓮,正置		打破 W48
46	1422	1	2	桃形	0.75-0.25	平底瓮,正置		口残
48	1405	2	3	圆形	0.45-0.2	豆盘盖罐上		被 W45 打破
49	1506	2	3	不规则	0.55-0.2	圜底瓮,正置	铜矿石 1	上部残
50	1506	2	3	不规则	0.75-0.45	平底瓮,正置	玉碎片 3	口残
51	1506	2	3	圆形	0.5-0.35	圜底瓮,正置		口残
52	1506	2	3	不规则	0.5-0.25	圜底瓮,正置		口残
53	1406	1	2	圆形	0.5-0.35	圜底瓮,正置		口残
54	1506	2	3	圆形	0.6-0.3	广肩罐,正置		
56	1505	1	2	椭圆形	0.7×0.45-0.2	残广肩瓮		
57	1505	1	2	椭圆形	0.5-0.15	残广肩瓮		口残
58	1505	2	3	圆形	0.55-0.3	圜底瓮,正置	玉珠 2	口残
59	1505	1	2	圆形	0.65-0.45	平底瓮,正置	玉牌饰 2	
63	1403	3	4	椭圆形	0.65×0.5-0.2	广肩罐,正置		
64	1415	6A	H301	圆形	0.65-0.3	平底瓮,正置		打破 H301,被水塘叠压

续附表一三

墓号	所在探方	层位 上	层位 下	形 状	尺 寸	葬具及放置情况	随葬器物	备 注
65	1506	3	4	不规则	0.6－0.4	平底瓮,正置		
66	1506	3	4	圆形	0.55－0.3	瓮,正置		
67	1408	3	H105	圆形	0.65－0.2	平底瓮,正置		打破 H105
68	1423	2	3	椭圆形	0.65×0.55－0.25	平底瓮,正置		
69	1423	2	3	椭圆形	0.8×0.7－0.7	圜底缸,正置	玉碎片 1	
70	1505	1	2	圆形	0.7－0.45	平底瓮,正置		
71	1406	1	2	圆形	0.8－0.55	瓮,正置	玉虎头像 1、蝉 1、笄 1、纺轮 1、长方形透雕片饰 1、碎片 2	
72	1406	1	2	不规则	0.45－0.2	残罐,正置		
73	1405	1	2	圆形	0.6－0.25	残瓮,正置		上部残
74	1605	1	2	圆形	0.6－0.3	圜底瓮,正置		口残
75	1303	2	3	圆形	0.9－0.4	鼎盖缸上,正置		
76	1806	2	HG13	圆形	0.9－0.4	折沿瓮盖于窄肩弧腹瓮上,正置		上瓮底打穿,头骨在上面瓮内,被HG13 打破
77	1418	2	3	圆形	0.7－0.3	残瓮,正置		上部残
88	1716	1	2	圆形	0.4－0.2	残瓮,正置		
90	1206	1	2	圆形	1－0.5	直壁缸,正置	玉蝉 3、璜 2、圆片 1、碎片 2	
91	1117	1	2	圆形		残瓮,正置		口残
92	1401	1	2	圆形		圜底缸,正置		
94	1422	1	H142	圆形		残瓮,正置		瓮底穿孔,打破H142

续附表一三

墓号	所在探方	层位上	层位下	形　状	尺　寸	葬具及放置情况	随葬器物	备　注
95	1418	2	H235	圆形	0.35－0.15	广肩斜腹瓮，正置		瓮底穿孔，口残
96	1716	1	2	圆形	0.6－0.5	圜底缸，正置		口残

说明　1. 层位栏中，"上"栏仅登记诸叠压、打破该瓮棺的地层或遗迹单位中最早的，"下"栏仅登记被该瓮棺打破的地层或遗迹单位中最晚的。阿拉伯数字表示地层编号。2. 尺寸栏中，圆形注直径－深，椭圆形注最大径×最小径－深。3. 随葬器物栏中，阿拉伯数字表示数量。

附表一四　　　　　　　　肖家屋脊遗址楚墓登记表　　　　　　　单位：米

墓号	期别	方向	墓室（长×宽－深）	棺椁（长×宽×高）	随葬器物	备　注
1	一期	190°	口：2.48×1.06－0 底：2.38×0.95－0.9	棺：2.05×0.54×？	豆A型Ⅰ式3、盖豆1，罐Ⅰ式1	
2	一期	112°	口：1.9×0.55－0.15 底：1.7×0.4－0.8	棺：？	豆A型Ⅰ式1	
3	一期	103°	口：2.45×1.1－0.15 底：2.35×1－0.76	棺：？	鬲1，盂Ⅰ式1，豆A型1，罐Ⅱ式1	
4	一期	210°	口：2×0.85－0.25 底：1.9×0.75－0.25	棺：1.8×0.5×？	盂Ⅰ式1，豆A型1式2，罐Ⅲ式1	设边龛
6	二期	6°	口：2.5×0.8－0.2 底：2.3×0.6－1.12	棺：2×0.5×？	盂Ⅱ式1，豆B型1，罐Ⅳ式1	设边龛
16	二期	90°	口：3.35×2.15－0.15 底：2.69×1.64－1.6	椁：2.05×1.21×？ 棺：1.9×0.6×？	盂Ⅱ式1，豆A型Ⅱ式1、C型Ⅰ式1，罐Ⅳ式1	
17	三期	8°	口：3.18×2.1－0.14 底：3×1.85－1.6	椁：2.5×1.63×？ 棺：？	鼎Ⅱ式2，敦Ⅱ式2，壶Ⅱ式2，豆C型Ⅱ式2，方座飞鸟1	
18	三期	6°	口：3.5×2.8－0.25 底：3.2×2.21－1.85	椁：2.56×1.5×？ 棺：1.72×0.52×？	鼎Ⅰ式2，敦Ⅰ式2，壶Ⅰ式2，豆A型Ⅲ式1，罐1	

说明　随葬器物栏中，质地均为陶器，阿拉伯数字表示数量。难以辨明型式的只登记器类。

附录一

肖家屋脊遗址出土石家河
文化玉器鉴定报告

王时麒　　　　　赵朝洪　　　　张绪球　　刘德银
（北京大学地质系）　（北京大学考古学系）　　　（荆州博物馆）

　　1988 年至 1991 年，湖北省天门石家河肖家屋脊遗址（距今 4000 年前）出土了一批石家河文化晚期玉器，北京大学地质系对其中采集到的五件玉碎片进行了鉴定（图一）。

　　我们首先将其切成薄片进行显微镜下的矿物成分鉴定，然后又刻划粉末，运用 X 射线物相分析、红外光谱分析和电子探针成分分析进行鉴定。现将鉴定结果总结如下：

　　总的来说，五件样品均为"透闪石质软玉"。但由于受表层风化作用，沿裂隙和表面不同程度褐铁矿化和粘土化，其中 1、2、4 号样品风化比较强烈，故定名为"表层风化透闪石软玉"。如按颜色分类，此类软玉可称为"青白玉"。

　　详细情况请见附录（彩版一六～二〇）。

附录：样品鉴定分析资料

[016] 号样品

一　鉴定特征

　　1. 外观特征：形状呈三角形薄板状，大小为 3.5×2.1×0.5 厘米。表层颜色为白色，不透明。内部新鲜面为灰白色，微透明，油脂光泽，呈冻状感。局部呈铁染的褐黄色。硬度内外不同，表层小刀可划动，硬度＜5.5，内部新鲜面小刀划不动，硬度＞

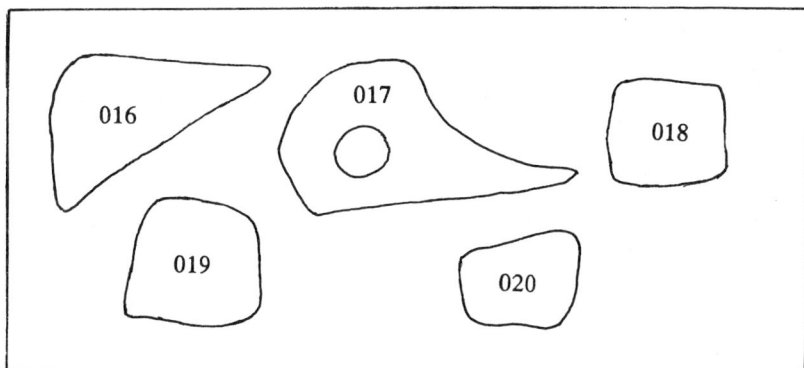

图　　一

5.5。

2．镜下鉴定特征：呈均粒结构，主要为透闪石，约占90％，呈微粒纤维状集合体一团一团地镶嵌分布，干涉色为二级蓝绿。每团集合体中的微粒纤维状透闪石呈大体定向同时消光，显示出原粗粒矿物的粒状镶嵌结构轮廓，即交代残余假象结构，但未见残留矿物。其次为绿泥石，局部少量分布，约占10％，其一级灰干涉色可与闪石区分开。另外其集合体组织结构无定向排列，不显交代残余假象结构，与闪石也不同，可能为透闪石进一步蚀变而成（彩版一七，2；二〇，2）。

局部铁染成不规则的杂斑状不均匀分布。

二　大型仪器分析

1．X射线物相分析：其样品粉末的X射线衍射数据大部分与JCPDS卡片（粉末衍射标准卡片）中的透闪石特征数据有较好的对应关系，少部分与绿泥石有较好的对应关系。与镜下薄片鉴定结果相同。

2．红外光谱分析：其粉末的红外光谱特征显示大部分与透闪石的谱线特征一致，少部分与绿泥石的谱线特征一致。这与镜下薄片鉴定结果也相同。

3．电子探针成分分析：选取样品的新鲜部分进行电子探针成分分析，其主要化学成分如下：

SiO_2	55.92	Al_2O_3	0.84	Na_2O	0.16
MgO	26.77	FeO	0.45	TiO_2	0
CaO	12.87	K_2O	0.18	MnO	0

三　鉴定结论

表层风化的透闪石质软玉

[017] 号样品

一　鉴定特征

1. 外观特征:形态为不规则状,大小为 4.3×2×1.2 厘米,中间有一凿洞,洞眼一头大 (1 厘米),一头小 (0.6 厘米)。其颜色新鲜面为灰白色,微透明,油脂光泽,大部分被铁染呈黄褐色,部分为瓷白色。其硬度,新鲜面>5.5,瓷白色风化部分<5.5。

2. 镜下鉴定特征:呈斑状结构。基质部分主要由微粒纤维状透闪石组成,二级蓝黄绿干涉色,另有少量绿泥石,呈一级灰干涉色。斑晶部分由中突起的粗粒柱状透闪石、高突起的柱状辉石和极高突起的菱形榍石组成 (彩版一八,2)。

二　大型仪器分析

1. X 射线物相分析:其粉末的 X 射线衍射数据大部分与透闪石有较好对应关系,少部分与绿泥石有较好的对应关系。

2. 红外光谱分析:其粉末的红外光谱特征,显示大部分与透闪石谱线特征一致,少部分与绿泥石和高岭石谱线特征一致。

3. 电子探针成分分析:选取样品的新鲜部分进行电子探针分析,其主要化学成分数据如下:

SiO_2	55.92	Al_2O_3	1.13	Na_2O	0.28
MgO	26.88	FeO	1.47	TiO_2	0.05
CaO	11.93	K_2O	0	MnO	0.20

三　鉴定结论

表层风化的透闪石质软玉

[018] 号样品

一　鉴定特征

1. 外观特征:形状为扁方块状,大小为 1.7×1.5×7 厘米。颜色为灰白色,局部有铁染的淡黄色和白色米粒状斑点。微透明,油脂光泽,硬度>5.5。

2. 镜下鉴定特征:呈均粒结构,主要由透闪石组成,呈微粒纤维状集合体,正交时每个集合体同时消光，显示出交代的粗粒或短柱状残余假象结构，但未见残留矿物（彩版一七，1、一八，1、二〇，1）。

二 大型仪器分析

1．X射线物相分析：其粉末的X射线衍射数据与透闪石有较好的对应关系。

2．红外光谱分析：其粉末的红外光谱特征，显示与透闪石的谱线特征一致。

3．电子探针成分分析：选取样品的新鲜部分进行电子探针分析，其主要化学成分数据如下：

SiO_2	56.70	Al_2O_3	0.71	Na_2O	0.14
MgO	27.21	FeO	0.41	TiO_2	0
CaO	12.72	K_2O	0.08	MnO	0.11

三 鉴定结论

透闪石质软玉

［019］号样品

一 鉴定特征

1．外观特征：形状为扁平方块状，大小为$1.6 \times 1.7 \times 0.4$厘米。其颜色，外壳部分为瓷白色，不透明，核心新鲜部分为灰白色，微透明。其硬度，外壳部分<5.5，核心部分>5.5。

2．镜下特征：少斑状结构。基质部分主要由微粒纤维透闪石组成，交织成毛毡状结构（彩版一六，1），干涉色黄、绿、蓝二级干涉色，另有部分细粒片状粘土矿物，呈一级灰干涉色。斑晶稀少，主要为绿帘石，高突起，2－3级不均匀干涉色，其边缘发育一圈细粒状纤维状透闪石。

二 大型仪器分析

1．X射线物相分析：其粉末的X射线衍射数据大部分与透闪石有较好的对应关系。

2．红外光谱分析：其粉末的红外光谱特征显示大部分与透闪石谱线特征一致，少部分与蒙脱石谱线特征一致。

3．电子探针成分分析：选取样品的新鲜部分进行电子探针分析，其主要化学成分数据如下：

SiO$_2$	56.53	Al$_2$O$_3$	0.61	Na$_2$O	0.03
MgO	27.54	FeO	0.21	TiO$_2$	0.13
CaO	13.19	K$_2$O	0.04	MnO	0

三 鉴定结论

表层风化的透闪石质软玉

[020] 号样品

一 鉴定特征

1. 外貌特征：形状为扁平方块状，大小为 1.6×1.3×0.7 厘米。颜色为灰白色，局部轻微铁染呈褐黄色，微透明，油脂光泽，硬度＞5.5。

2. 镜下特征：呈均粒结构，主要为透闪石，呈微粒纤维状集合体，交代残余粗粒假象结构隐约可见，高倍镜下可见明显的纤维交织毛毡状结构（彩版一六，2），二级干涉色，另有四粒粗粒浑圆短柱状磷灰石，平行消光，中等突起，一级灰干涉色（彩版一九）。

二 大型仪器分析

1. X 射线物相分析：其粉末的 X 射线衍射数据与透闪石有较好的对应关系。

2. 红外光谱分析：其粉末的红外光谱特征显示与透闪石的谱线特征一致。

3. 电子探针成分分析：选取样品的新鲜部分进行电子探针分析，其主要化学成分数据如下：

SiO$_2$	56.55	Al$_2$O$_3$	0.61	Na$_2$O	0.19
MgO	27.54	FeO	0.34	TiO$_2$	0.07
CaO	13.19	K$_2$O	0.07	MnO	0.18

三 鉴定结论

透闪石质软玉

附录二

肖家屋脊遗址石家河
文化制陶工艺

李文杰
（中国历史博物馆）

本文主要研究肖家屋脊遗址陶器的成型工艺和烧成工艺。

一　坯体的成型工艺

就成型方法而言，有轮制、模制、手制之分，然而有些器物两种方法兼用，因此，实际上可分为轮制、模制与手制兼用、手制三类，以轮制为主，现分述如下：

（一）轮制

快轮制陶简称为轮制，系指利用轮盘快速旋转所产生的惯性力将泥料直接拉坯成型而言。器表所遗留的螺旋式拉坯指印是快轮制陶的直接证据。器形有豆、罐、钵、鼎、管状流、圈足盘、盆、瓶、壶形器、高圈足杯、三足杯、筒形杯、碟等。

豆：豆盘、圈足分别轮制，然后接合在一起。根据圈足形制的不同，可分为喇叭形圈足豆、粗圈足豆两种，前者制作较精细，后者制作粗放。

喇叭形圈足豆，如标本 H68：92，泥质浅灰陶，圈足较矮，整体一次拉坯成型，内壁有顺时针方向螺旋式拉坯指印。圈足径 16.2、圈足高 13.2、胎厚 0.4 厘米（图一，1）。标本 H68：93，泥质浅灰陶，圈足内壁有顺时针方向螺旋式拉坯指印。口径 25.2、残高 13.7、胎厚 0.4 厘米（图一，2）。标本 H87：10，泥质浅灰陶，器身（豆盘）外表隐约可见顺时针方向螺旋式拉坯指印。圈足内壁有顺时针方向螺旋式拉坯指印。口径 20.2、残高 14、豆盘胎厚 0.3 厘米（图一，3）。标本 AT13③：17，泥质浅灰陶，圈足较高，上下两段分别轮制，内壁都有顺时针方向螺旋式拉坯指印，两段平接，相接处内壁有鼓棱 1 周，外表有沟槽 1 周。圈足径 16.8、圈足高 27、胎厚 0.7 厘米（图二，1）。标本 H120：11，泥质灰陶，残存圈足中部，属于高圈足，上下两段分别轮制，内壁都有

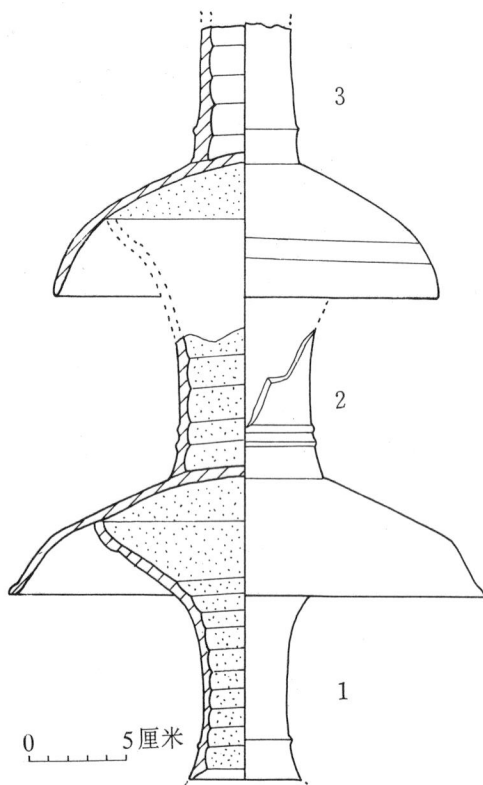

图一　石家河文化喇叭形圈足豆
1. H68：92　　2. H68：93　　3. H87：10

0　　　5厘米

顺时针方向螺旋式拉坯指印，下段在内侧上段在外侧套接，内壁、外表都有接缝。残高 12.9、胎厚 0.8 厘米（图二，2）。标本 AT1112②：30，泥质浅灰陶，高圈足，上、中、下三段分别轮制，上段已脱落，中段、下段内壁都有顺时针方向螺旋式拉坯指印，下段在外侧中段在内侧套接，内壁、外表都有接缝。中段上口内侧用锥状工具刻划向左斜的沟槽 9 道，目的是与上段套接时增加摩擦力，防止滑脱，以便接合牢固，然而上段还是脱落了。残高 10.4、胎厚 0.5～1 厘米（图二，3）。如上所述，喇叭形圈足豆，根据圈足高矮的不同，有三段分制或两段分制再接合成高圈足和整体轮制成为矮圈足的差别。

粗圈足豆，如标本 H42②：21，泥质红陶，制作粗放，豆盘和圈足内壁、外表都留有逆时针方向螺旋式拉坯指印。口径 20、圈足径 15.2、通高 15.2、胎厚 0.4 厘米（图三，1）。

罐：标本 H68：89，泥质浅灰陶，内壁有顺时针方向螺旋式拉坯指印，外底有偏心涡纹，偏向左边，这是用绳子将坯体从旋转的陶轮上切割下来的痕迹。烧流变形，口径 8.1～9、底径 8.9、高 14.2～14.7、胎厚 0.3～0.4 厘米（图三，2）。

钵：标本 H151：3，泥质红陶，制作粗放，内壁、外表都留有顺时针方向螺旋式拉坯指印。口径 16.8、底径 5.2、高 6、胎厚 0.4 厘米（图三，3）。

管状流：肖家屋脊遗址出土 6 件管状流，均为泥质灰陶，轮制，如标本 AT13③：16，内壁有顺时针方向螺旋式拉坯指印，外表用湿手抹平，奇特之处在于粗端上侧附加鹰嘴状饰 1 个。流长 14.9、流口部直径 1.8、粗端直径 5、胎厚 0.4～0.5 厘米，鹰嘴状饰长 4.1、最宽 1.5 厘米（图三，4）。

（二）模制与手制兼用

两种方法兼用的器形有鬶、盉两种，均为泥质红陶。袋足均为模制，内壁平整，为素面模具的印痕。标本 AT13③：15，内底呈尖状，外表有向右斜的细密纹理（图四，3）。

鬶：以颈部瘦高为特征。标本 AT910③：17，残存颈部至肩部，肩部为手制，内壁有泥条缝隙，泥条向器内倾斜，为正筑。颈部为模制，内壁平整，是模具印痕。肩在外侧颈在内侧套接，内壁有接缝。单耳已残。残高 10.4、肩部胎厚 0.2～0.5 厘米（图四，1）。标本 H88：25，残存口部至颈部，颈部为模制，口部为手制，口部右边两侧向内捏，但未捏拢形成流，俯视流呈 U 字形。颈在外侧口部在内侧套接，内壁有接缝。残高 6.3、胎厚 0.2～0.3 厘米（图四，2）。如上所述，鬶的成型方法和工艺流程是：三个袋足为模制，拼接成下半身后，在

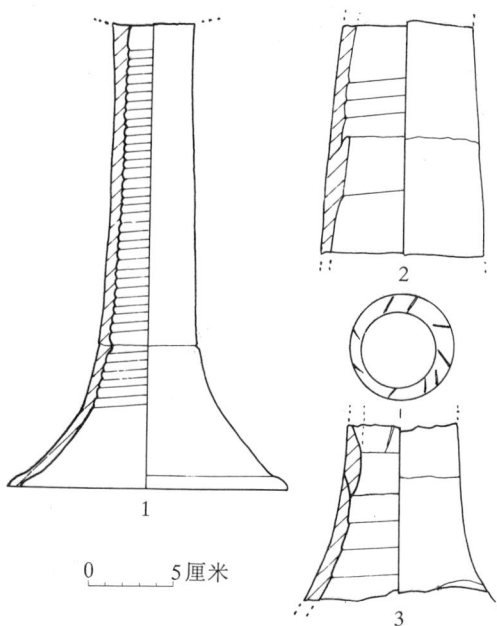

图二　石家河文化喇叭形圈足豆
1. AT13③：17　2. H120：11　3. AT1112②：30

其上方用泥条盘筑（或圈筑）成肩部，泥条从器壁内侧加上；颈部为模制，肩在外侧颈在内侧套接；口部为手制，一边捏成流，颈部在外侧口部在内侧套接；最后安装单耳。

盉：以颈部肥矮、口部有管状流为特征，与鬶的形制有明显差别。如标本 H58：32，残存肩部至管状流，手制，肩在内侧颈在外侧套接，内壁有接缝，管状流用一块半圆形泥片卷成，泥片左边在内侧右边在外侧互相叠压，口部在外侧流在内侧套接，内壁有接缝。残高 7.2、胎厚 0.2～0.4 厘米（图四，4）。标本 H373：23，残存肩部至管状流，手制，肩在内侧颈在外侧套接，内壁外表有接缝，管状流用一块泥片卷成，颈在内侧流在外侧套接。口部后侧残存一段半环形单耳。残高 7.5、胎厚 0.2～0.4 厘米（图四，5）。如上所述，盉从肩部以上为手制，管状流的作法特别，系用泥片卷成。

（三）手制

采用泥条筑成法，有泥条盘筑、泥条圈筑之分，正筑、倒筑之别，器形有筒形臼、擂钵、高领罐、高领瓮等。

筒形臼：采用倒筑盘筑法成型，如标本 AT1519③：37，残存缸底部，夹砂褐陶，内壁有明显的泥条缝隙和手指捏痕，倒筑时，陶轮按顺时针方向转动，用左手持泥条，右手捏泥条，泥条按逆时针方向延伸，用完一根再续一根，盘旋上升（图上用 1→7 数字

表示泥条的先后顺序），最后用篮纹陶拍拍打近底部外表，使器壁直径收缩封死成为圜底。残高6、胎厚3.8厘米（图五）。

二 坯体的修整工艺

修整的方法有快轮慢用修整或慢轮修整、拍打、刮削、湿手抹平等，以快轮慢用修整为主。

（一）快轮慢用修整

利用快轮作为旋转的工具，在慢速旋转的条件下，对快轮拉坯成型的毛坯用刀具进行横向刮削或用湿手抹平，器表的螺旋式拉坯指印被细密轮纹所取代。如喇叭形圈足豆的外表和豆盘内壁普遍经过快轮慢用修整。

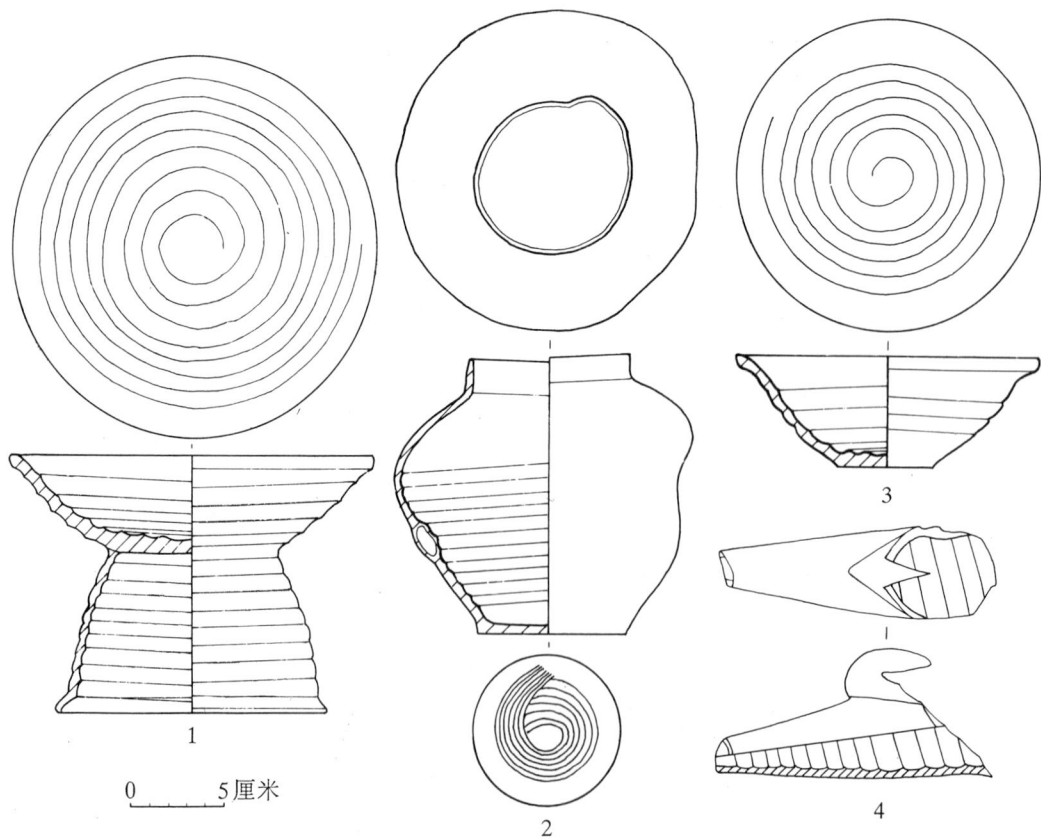

0   5厘米

图三 石家河文化陶器

1. 粗圈足豆 H42②:21   2. 罐 H68:89   3. 钵 H151:3   4. 管状流 AT13③:16

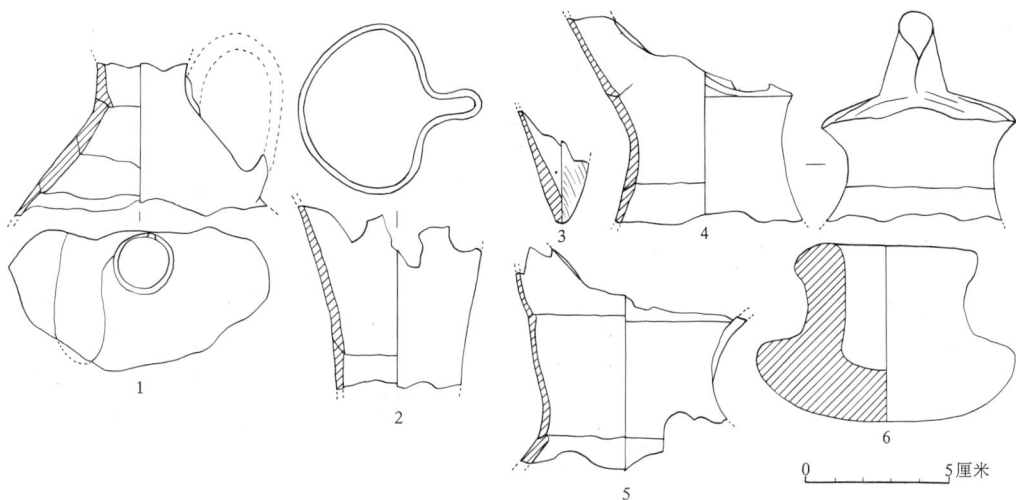

图四　石家河文化陶器

1. 鬶 AT910③:17　　2. 鬶 H88:25　　3. 袋足 AT13③:15　　4. 盉 H58:32　　5. 盉 H373:23　　6. 陶垫 H371:2

（二）慢轮修整

泥条筑成的器物，一般口部经过慢轮修整，留有细密轮纹。

（三）拍打

一些高领罐、鼎、甑、缸的外表利用有纹饰的陶拍进行拍打整形，拍打时，内壁使用陶垫作依托，形成陶垫与陶拍内外夹攻之势。陶垫呈蘑菇形，如标本 H371:2，夹砂灰陶，柄中空，面呈弧形外凸适宜垫在内壁使用，面上有使用磨损痕迹，高 6 厘米（图四，6）。

（四）刮削

如豆圈足。标本 AT13③:17，上下两段接合后，外表经过纵向刮削（图二，1）；标本 H120:11，上下两段接合后，外表经过横向刮削（图二，2），都留有刮痕。

（五）湿手抹平

如筒形臼。标本 AT1519③:37，外底用湿手抹平，篮纹被抹掉（图五）。

图五　石家河文化筒形缸 AT1519③:37

三　坯体的装饰工艺

装饰工艺可分为以下两类:

（一）在坯体成型或整形过程中产生的纹饰有篮纹、绳纹、方格纹、叶脉纹等,以篮纹为主,如筒形臼标本 AT1519③:37,近底部外表拍印横篮纹（图五）。

（二）在修整过程中或修整后施加的纹饰有凸弦纹、附加堆纹、镂孔、彩陶等,以凸弦纹较多,彩陶少见,如彩陶纺轮。凸弦纹是在快轮慢用修整过程中,边慢速旋转边用刀具刮削胎壁时，故意在胎壁上留出凸起的线条作为装饰的，如一部分喇叭形圈足豆的圈足上部有凸弦纹，标本 H68∶93 有凸弦纹 2 周（图一，2）；标本 H68∶92、标本 H87∶10 各有凸弦纹 1 周（图一，1、3）。

四　陶器的烧成工艺

（一）烧成温度

根据陶器的硬度推测，一般在 800℃～900℃ 之间；少数器物低于 800℃，表皮已剥落；个别器物高达 1000℃ 左右，如罐。标本 H68∶89，质地坚硬，已烧流变形（陶瓷工艺学上称为"过烧膨胀"），腹部产生气泡 12 个，中空，直径 1～4.5 厘米不等，剖面图上所绘气泡是其中较大的一个（图三，2）。

（二）烧成气氛

一部分灰陶喇叭形圈足豆采用垒叠装窑的方法，这是一种先进的装窑方法。如标本 H68∶92，豆圈足外表为浅灰色，内壁却为深灰色（图上以绘小黑点表示深灰色，下同。图一，1）；标本 H68∶93，全身外表和豆盘内壁的上部为浅灰色，圈足内壁和豆盘内壁的下部至内底却为深灰色（图一，2）；标本 H87∶10，全身外表和圈足内壁及豆盘内壁的上部为浅灰色，豆盘内壁的下部至内底却为深灰色（图一，3）。产生上述现象的原因在于采用垒叠装窑法，若将这三件豆按照下、中、上的顺序垒叠装窑，在烧成后期改用还原气氛，这时暴露在外的器壁处于开放状态，由于窑内的空气是流通的，接触氧气相对较多，还原气氛也就相对较弱，结果成为浅灰色；由于垒叠而被遮盖的器壁，其内部处于封闭状态，空气难以流通，接触氧气相对较少，甚至严重缺氧，还原气氛也就相对较强，结果成为深灰色。简言之，由于各部位所处的环境还原气氛有强弱之分，从而导致器壁的灰颜色也有深浅之别。

（三）渗碳

有少量黑陶，是在陶器达到烧成温度之后，窑内处于降温阶段进行渗碳所致，如细泥陶高柄杯。标本 H116∶7、H116∶8 两件均经磨光，又经窑内渗碳，器壁漆黑光亮，相当美观。但从总体上看，石家河文化的渗碳工艺并不发达。

五　石家河文化制陶工艺的特征

通过研究，对石家河文化制陶工艺的特征有了以下几点认识：

（一）石家河文化的快轮制陶技术（包括快轮拉坯成型和快轮慢用修整技术）已达到普及和规范化的程度，在江汉地区呈现出快轮制陶技术的第一次高潮。各种器形中，陶豆是数量最多、轮制技术水平最高的一种。据笔者 1990 年 4 月的统计，当时肖家屋脊遗址已出土陶豆 217 件，全部为快轮拉坯成型，豆圈足内壁的螺旋式拉坯指印有两种：第一种为顺时针方向，有 199 件，占陶豆总数的 92%，这表明绝大多数制陶者的操作方法是：陶轮按逆时针方向快速旋转，左手在内侧，右手在外侧，主要靠右手用力；第二种为逆时针方向，有 18 件，占陶豆总数的 8%，这表明少数制陶者的操作方法是：陶轮按顺时针方向快速旋转，右手在内侧，左手在外侧，主要靠左手用力，这是"左撇子"的操作方法。操作方法规范化的重要意义在于可以提高快轮拉坯成型的效率。

（二）石家河文化的陶豆中，有一部分喇叭形圈足豆采用垒叠装窑的方法，这说明窑室的高度应当高于三件陶豆垒叠后的总高度；垒叠装窑明显提高了窑室空间的利用系数。可见这是一种先进的装窑方法，具有深远的意义。

（三）石家河文化还原烧成的技术已达到普及的程度。在肖家屋脊遗址出土的 217件陶豆当中，泥质灰陶 199 件，占陶豆总数的 92%，表明绝大多数陶豆在烧制后期改用还原气氛烧成。众所周知，灰陶与红陶相比，前者具有较强的耐酸碱腐蚀的性能，因而更耐用；泥质红陶 13 件，占陶豆总数的 6%，采用氧化气氛烧成；泥质黑陶 5 件，占陶豆总数的 2%。还原烧成技术的普及是陶器烧制工艺上的重大进步，具有深远的影响。

（四）在石家河文化的灰陶当中，以浅灰陶占大多数，深灰陶很少，其原因有二：第一，与制陶原料的化学组成（含铁量高低）有关。笔者在肖家屋脊遗址石家河文化层下的生土层中发现夹杂着的一层层"青膏泥"，呈浅灰色。这是一种含铁量较低的粘土，如果以"青膏泥"作为塑性原料制作坯体，在氧化气氛中可以焙烧成橙黄陶，在还原气氛中可以焙烧成浅灰陶。由此可见，在还原气氛强弱相同的条件下，陶胎内含铁量较低，灰陶的颜色较浅；含铁量较高，灰陶的颜色较深。第二，与还原气氛的强弱有关，肖家屋脊遗址采用垒叠法装窑的陶豆，暴露在外的器壁，处于弱还原气氛中成为浅灰色；被遮盖的器壁，处于严重缺氧即强还原气氛中成为深灰色。由此可见，在制陶原料的化学组成（含铁量高低）相同的条件下，采用弱还原气氛可以焙烧成浅灰陶；采用强还原气氛可以焙烧成深灰陶。石家河文化的灰陶大多数是在弱还原气氛中焙烧而成的，因此以浅灰陶为主。

（五）在石家河文化轮制的陶器当中，大多数在快轮拉坯成型之后，都经过快轮慢用修整，一部分采用垒叠装窑法，普遍采用还原气氛焙烧成灰陶；少数在快轮拉坯成型之后，未经修整，全身内壁、外表都留有螺旋式拉坯指印，采用氧化气氛焙烧成红陶。上述两部分陶器存在明显差异。据此推测，在石家河文化的制陶者当中已分化出一批技术高超的制陶者，可能是专业制陶者。他们采用当时最先进的方法大量制作和焙烧高质量的陶器。

总之，石家河文化制陶工艺的显著特征是以轮制为主，以还原烧成为主，达到相当高的发展水平。

后　记

本报告由张绪球主编，集体编写，刘德银具体负责组织和协调工作。

严文明先生审阅了全稿，并作《石家河考古记（代序）》。

本报告的提纲曾经集体讨论，由严文明先生审定。全文撰稿分工如下：

第一章，第二章，第四章的第一节：二（三）1（1）、（3）、第二节：二（三）2由张绪球执笔；第四章的第一节：一、二（一）、（二）1（1）、（3）、（5）、4、第三节、第五章由刘德银执笔；第三章的第一节、第三节，第四章的第一节：二（二）1（2）、2、3、（三）1（2）、2由何德珍执笔；第三章的第二节，第四章的第一节：二（二）1（4）、第二节由郑中华执笔。1995年初稿写出后，由张绪球合成一稿；1997年第二稿经严文明先生审阅并提出修改意见后，由张绪球、刘德银修改并定稿。

墨线图由李天智、彭军、刘德银绘制。陶器、石器、骨角器照片由金陵拍摄，玉器照片由郝勤建拍摄，田野照片由刘德银、陈官涛、郑中华拍摄，贺燕琼参加了部分室内器物照片的拍摄。拓片由雷友英制作。文物修复由刘祖梅、刘冬梅等承担。文稿的电脑输入输出及编排工作由刘德银完成。

刘德银负责资料的核对工作，并自始至终参加了图版和插图的编排工作。

参加本报告实物资料整理、制卡的还有王福英、肖玉军、贾汉清等，以及北京大学考古学系的部分师生。

玉器的鉴定工作由北京大学地质系王时麒完成，并得到了赵朝洪的帮助。人骨的鉴定由李天元完成。

在此，对支持和帮助我们的有关单位和有关专家、学者们表示衷心感谢。

编　　者
1998年3月8日

XIAOJIAWUJI

(Abstract)

The Xiaojiawuji site is situated about 16km northwest of Tianmen city, Hubei province, lying in the territory under the juristiction of the Shihe town administration.

To the north of Shihe town, more than 30 Neolithic settlement sites are clustered around Tucheng village, totalling an area of some eight sq km. Through archaeological surveys and excavations in recent years it has been confirmed that there was a large group of Neolithic settlements of the middle Yangtze valley. The Xiaojiawuji site is located at the southern end of this group, occupying an area of approximately 150,000 sq m.

In June 1987, the Shijiahe Archaeological Team was jointly organized by the Archaeology Department of Peking University, the Hubei Provincial Institute of Cultural Relics and Archaeology, and the Jingzhou Museum, with Prof. Yan Wenmin as the team leader. From the autumn of that year, a planned archaeological survey and excavation was begun at the Shijiahe sites. The main localities include Dengjiawan, Tanjialing, Xiaojiawuji and Tucheng, of which the Xiaojiawuji and Dengjiawan sites are the largest in excavated area and the richest in unearthed material.

From 1987 to 1991, eight seasons of excavation were carried out on the Xiaojiawuji site by opening 5×5 excavation squares, which number 260, covering 6,710 sq m in total (including enlargements). The major results consist in the revelation of seven houses, 33 ash-pits, nine ash-ditches, 37 earth pit tombs and five urn burials of the Qujialing culture, seven houses, 499 ash-pits, 23 ash-ditches, one well, three roads, two kiln-sites, seven spots of pottery mortars, 23 earth pit tombs and 86 urn burials of the Shijiahe culture, and eight Chu tombs of the Eastern Zhou period.

The cultural deposits on the Xiaojiawuji site are generally 1—1.4m in thickness, reaching a maximum of 2.5m and decreasing to a minimum of 0.4m. Within the excavated area there exist three categories of cultural remains belonging to, from lower to upper, the Qu-jialing culture, the Shijiahe culture and a Chu cemetery of the Eastern Zhou period. The Qujialing cultural deposits are quite thin and even absent in some spots. The Shijiahe culture remains occur in plenty, constituting the main part of the whole findings on the site. According to the superposition of strata, the intrusion of remains and the changes of pottery and other objects, the Qujialing culture remains can be divided into Phases Ⅰ and Ⅱ, and the Shijiahe culture ones into an earlier and a later periods.

Ⅰ.Remains of the Qujialing culture

The Qujialing culture houses are disturbed and damaged seriously. Of them there remain only some foundations, which show them to be surface buildings in a rectangular shape. The ash-pits are varied in form, falling into the round, oval, irregular, square, rectangular, long narrow and trapezoidal types, with the former three greater in number. Among their abundant contents the most are pottery objects, the rest including a large number of pigs' teeth and some animal and fish bones. These pits are usually shallow and bear no distinct traces of digging, a part of them being very probably formed by natural forces. The ash-ditches, small in number and generally quite regular in shape, must have been man-dug and served as drainage before being abandoned.

No burials were found in the first phase. In Phase Ⅱ, tombs were discovered to be earth pits or urn burials. Most of them belong to the first class. They contain adults's and children's relics and occur chiefly in three cemeteries near the residential area. They are rectangular (mostly with rounded corners) shafts arranged densely and disorderly. The principal axis lies in the north-south direction for the majority and west-east in some cases, with the heads of the dead pointing to the north or east. A few tombs are equipped with second-tier platforms. The primary burials are roughly equal to the secondary ones in number. The dead are buried singly in an extended supine position, except for part of secondary burials where the skeletons have rotten away and the burial manner is unknown. Most of the tombs contain funeral objects, which are put at the foot of the dead, and also at the head, on one side or on the second-tier platform in some cases. A few tombs have grave goods in the earth filling above the skeleton. The urn burials are small in number. They are infants' tombs scattered near houses. The tomb pits are round shafts. The coffins are mainly made of pottery *fu* cauldrons covered with bowls, *dou* stemmed vessels, *fu* or jars. In general they are placed upright in the pits and have a small round hole in the cover top and the bottom. The skeletons are rotten, the burial manner is unknown, and no grave goods were yielded.

The objects belonging to the Qujialing culture can be classified into pottery and stone artifacts according to their materials.

The pottery of Phase I consists of utensils for daily use and implements of production. The former comprise, from the most to the least, grey clay, red clay, black and yellow clay, and black, red and yellow sandy wares. They are usually plain. Only a small number of vessels bear decorations, which include bow-string, color-painted, openworked, appliqued and stamped patterns, with the first two occurring more frequently. The vessels are wheel-made except for some hand-made specimens. In type there are the jar, pot-shaped object, basin, *zeng* steamer, bowl, *dou*, cup, *ding* tripod, lid, etc. The implements of production are all spindle-whorls. They are small in number and plain in decoration, except for one piece with painted design.

Phase I is short of stone artifacts, only a stone phallus occurs among the finds.

In Phase II, the pottery utensils for daily use comprise, in order of quantity, grey clay, yellow clay, red and brown clay, black clay and red sandy wares. The surface is largely plain; the decorated vessels bear mainly basket impressions, which are followed by bow-string, openworked, appliqued, stamped and painted designs. The principal technique is making on the wheel. Among the chief types are the jar, bowl, *dou*, cup and *ding*; the rest include the vat, pot-shaped object, *yu*-shaped object, *zeng* and lid. The jar can be divided into the high-collared, large-mouthed and small-sized subtypes, and the cup into the flared-mouthed slanting-walled, high ring-foot, and other groups. The implements of production embrace spindle whorls and netweights. The former are all made of fine clay and shaped like a disc with a small round hole at the center. Most of them are of red ware, black specimens occur rarely; and both painted and unpainted are encountered among the finds.

The stone artifacts of Phase II are also small in number and belong primarily to implements of production, such as the axe, pestle and *yue* axe.

The remains of Qujialing culture are directly superimposed by those of early Shijiahe culture and have a relative date later than the Daxi culture and earlier than the Shijiahe complex.

II. Remains of the Shijiahe Culture

The remains of early Shijiahe culture include house-foundations, ash-pits, ash-ditches, a well, roads, kiln-sites and spots of pottery mortars.

House-foundations were discovered six, which are mostly rectangular, with no round recorded, and fall into the single- and multi-roomed types. They are all surface buildings. A few houses left behind walls, wall-foundation grooves and post-holes. The interial floor is laid over with fine-smashed burnt clay or rather pure loess, or with the two materials alternately. In some houses, fireplaces were found in pits and doorways in the southern wall. The ash-pits are rather large in number and widely varied in shape. In plan they are oval, round, rectangular, square, long narrow or irregular, with the first type occurring most frequently, the irregular and round next, and the square most rarely. In section, there are, in order of frequency, the inverted-trapezoidal, the cylindric and the pocket-like types. Most of the ash-pits contain a lot of objects, usually pottery vessels and stone implements, and occasionally brocken bones and teeth of animals. Some pits must have heen used for special purposes or related to sacrificial activities as they yielded groups of intact pottery vessels and stone tools, and even whole pig-skeletons in a few cases. The ash-ditches are mostly man-dug for drainage. The well is round in plan; its mouth is larger than its bottom. The road has a solid bed laid with burnt clay and a greyish-white surface with traces of trample. The pottery-firing kilns consist of a fire chamber, a flue, a baking chamber and fire holes, and have a Y-shaped plan. The spots of pottery mortars are seriously damaged except for JY7 in a relatively good condition. These spots are formed by thick-bodied cylindric pottery mortars of red sandy ware. In JY7, the pottery mortars are placed upside down and formed into a west-east row. In the other places, the mortars are interlinked bottom in mouth and laid on the side in one or several groups, usually on the then ground and occasionally in earth pits. Some specimens are perforated at the bottom, and a number of mortars bear incised symbols on the upper belly. These suggest that these spots may have been related to religious activities.

The late Shijiahe culture left behind on the site a house-foundation, ash-pits, an ash-ditch, a pond, roads and a spot of burnt clay.

There remains only one house, and this has been heavily damaged. It is a partitioned dwelling constructed on the ground. The wall foundation is built of large lumps of burnt clay mixed with ashy earth; the house foundation, of mixed burnt clay, tiny pottery shards and grey loess; and the internal floor is laid over with grainy burnt clay. Among the ash-pits, the commonest plan is oval, which is followed by the irregular and the round, and then by the rectangular and the long narrow. In section, there are the inverted trapezoidal, the cylindric, and the pocket-like types, the first being the largest in number, while the last occurring only in one example. These pits generally contain a good many objects, mostly pottery vessels and stone tools, which are sometimes in association with brocken bones and teeth of animals. Some pits yielded groups of intact pottery vessels and stone implements of production, as well as material for stone tools. Ash-ditch was recorded only one, which is man-made. The pond is rectangular with rounded corners and occupies a vast area. On the shore is a spot for daily washing laid over with large-sized pottery shards, from which two paths lead to the residential area. The roads have solid beds built of burnt clay, which is mixed with yellowish-brown earth and tiny pottery shards in some sections. On the beds are greyish-white surfaces with traces of trample. In addition, there was revealed an expanse of burnt clay. It must be left from a certain building, though no remains of living were discovered on the surface, nor post-holes in the periphery.

The Shijiahe culture tombs at the site fall into two categories: earth pits and urn burials, of which the former all belong to the early period.

Altogether there were recorded 23 earth-pit tombs. They are all rectangular shafts, mostly pointing to the north and south and a part to the west and east. The opening is usually as large as the bottom and occasionally larger than the latter. Some tombs have subsoil second-tier platforms above the bottom. A few burials show traces of using wooden coffins. Most human skeletons are of secondary burial, lying in an extended supine position with the head pointing largely to the northeast. Funeral objects were yielded from all 23 tombs. They widely vary in quantity, from over one hundred in large tombs to three or four for a few burials, and number 20—30 in average graves. They are generally placed at the dead's head and foot, on the second-tier platform when it is present, and occasionally at the opening of tomb pits.

Most of the funeral objects are pottery, stone artifacts occur in a small number, and jades, copper ore and animal teeth were discovered in a few tombs. The pottery includes the high-collared jar, large-mouthed jar, medium-mouthed jar, pot-shaped object, bowl, slanting-walled cup, *dou*, jar-shaped *ding*, small *ding*, lid and spindle whorl. The first type is the largest in number, accounting for over 45% of the total.

Urn burial was a rare phenomenon in the early Shijiahe culture but became the principal funeral custom in the late period.

In the early period, nine urn burials were discovered scattering mainly in the east of Area A. The coffins are all made of pottery vessels, such as small-sized *fu* cauldrons, jars, vats, urns and *ding*. Some *ding* are covered with bowls, some *ding* and *fu* are joined with each other at the mouth, and some vessels have a small hole opened in the bottom. In general the urn coffins are placed upright, except for a few examples put slantingly or on the side. The dead are mostly infants and have no grave goods.

77 urn burials belong to the late period. They are compactly clustered on the western and eastern sides of the above-described contemporary pond. The tomb pits are chiefly round in plan, with oval and irregular coming next. Most of the coffins are pottery urns with a small mouth and a low vertical neck. They are relatively large in size and seem to be made specially for burial. A few coffins are made of pottery *ding*, vats and jars used in daily life. The large-sized urn coffins are generally covered with other urns, while the smaller ones with basins, bowls, ring-foot plates, *dou* or lids. The human skeletons have mostly rotten away, only some bits of bones are left in situ; a few tombs yielded remaining limb bones or skulls. The large urn burials are largely adults' tombs. For the convenience of encoffining, some urns were opened by sawing along the shoulder, and joined back after the dead were put in. A part of smaller urns are the burials of infants. 17 tombs contain funeral objects, most of which are jades in large urn-coffin tombs of adults, the rest include a small quantity of pottery, copper ore and animal teeth. These large-sized urns generally have a broad shoulder, measure over 0.4m in belly diameter, and vary in the number of accompanying jades, from 56 in the richest W6 to one piece, and usually no more than ten. In the coffins of smaller size and those made of household utensils, such as round-bottomed vats, basin-shaped *ding* and broad-shouldered jars, jade objects are generally absent.

However, jade articles are most characteristic of the late Shijiahe remains on the Xiaojiawuji site. A small part of them come from cultural deposits and ash-pits, while the overwhelming majority are from urn burials. Their types include the sculptured human head, tiger head, cicada, coiled dragon and flying eagle, the *huang* semi-disc, pendant, bead, hairpin, tube, handle-shaped object and plaque, and also small-sized implements of production, such as the adze, spindle whorl and knife. In number the greatest is the cicade, which is followed by the tube, bead, tiger head and human head. All the jades are small in size. They remain in a good condition, though a few specimens are metamorphosed by intrusive seepage. The material is largely greenish-white and must have been got from the same source as the similar color suggests. The color-penetrated jades bear milk- or greyish-white spots on the surface. A part of artifacts are semi-finished products or leftover bits and pieces, which imply that the jades were made locally. The working process includes sawing, preliminary shaping, carving, drilling and polishing. Most of the finds are ornaments; the jade implements of production maybe served as ritual articles.

The Shijiahe culture objects from the site constitute a substantial mass. In material they fall into pottery, stone artifacts, jades, bone articles, hone objects, copper ore, etc., with the first category accounting for the overwhelming majority and the second coming next.

The early period pottery can be divided into four classes: utensils for daily use, implements of production, sculptured works of art, and sundries.

The household utensils consist of, from the most to the least, clay, sandy, and charcoal-containing wares. In the clay ware, grey pottery comes first in proportion, red and black next, and orange-yellow and brown ones occur in small amount. In the sandy ware, red pottery occupies first place, grey and black come next, and brown is seen seldom. In decoration, the greatest proportion is plain-surfaced, a small part being burnished and some specimens bearing a red or black coat. Among the decorative motifs, the basket impression (horizontal, slanting, vertical and crisscross) is the first, the chequer, bow-string and cord mark next, and appliqued, openworked, incised, stamped and finger-impressed patterns also occur on a part of specimens. Some vessels have cockscomb- or ox-nose-shaped ears. Painted pottery was recorded in a small amount. Its main decorative motifs are the net, band and shaded pattern, chiefly occurring on pot-shaped objects, slanting-walled cups and spindle whorls.

A number of incised symbols were discovered on pottery vessels. They widely vary in form and usually occur on the upper belly of mortars, somtimes on the lower belly of vats, and occasionally on the shoulder of high-collared jars. Most of them were incised before firing with even and smooth strokes.

The principal making technique is shaping-on-wheel. Many specimens bear on the surface or inner wall distinct traces of rotation on wheels. Most of the vessels are made regular and symmetrical. Small-sized objects are hand-made. These include slanting-walled cups, tripodal cups, small jars and *ding*, dishes, lids, spindle whorls and small-sized sculptures of animals, as well as vessel details, such as ears, handles, legs and knobs. Complex articles, including tripodal, ring-foot, long-necked, eared and spouted vessels, were generally made by joining up their parts separately-shaped beforehand as judged by the traces of the two operations left on the inner wall of some *gui* tripods, urns and jars. The high stems of *dou* were often made in two or three sections with the touching ends put on or in each other. The ring-building method was used in a few cases to make mortar-bowls, urns, mortars, vats, etc.

Typologically the household utensils can be classified into the jar, urn, vat, mortar, *zun* vase, pot, small pot, pot-shaped object, bottle, basin, *gui* basin, *zeng* steamer, mortar-bowl, bowl, dish, *dou*, plate, cup, *ding*, *gui* tripod, *he* tripod, *jia* tripod, vessel stand, and lid, of which the jar, vat, mortar, basin, bowl, *dou*, cup and *ding* are greater in number. The jar falls into the high-collared, large-, medium- and small-mouthed, long-necked, tripodal, small-sized and broad-shouldered subtypes. The cup can be further divided into the slanting-walled, high- and low-ring-foot, disc-foot, tripodal, curved-bellied, single-eared and cylindric classes, of which the flared-mouthed slanting-walled cup constitutes the largest group, accounting for a quarter of the restored pottery.

The implements of production comprise spindle whorls, pads and pottery-making wheels. The spindle whorls total 514, mostly intact. All of them are fine clay discs with a small hole at the center. They vary in size, thickness and color. The painted specimens have an orange-yellow, red or greyish-white body and are colored in black or red on one side and in red at the edge. The coats have largely peeled off.

The terra-cotta works of art all belong to red clay ware. They are made of clay refined by washing and shaped by modelling. The finds represent chickens, birds, pigs, dogs, sheep and monkeys, all plain on the surface.

The early Shijiahe stone artifacts unearthed from the site are quite large in number and mostly belong to implements of production, falling into the axe, adze, *yue* axe, sickle, chisel, drill, arrowhead, spear-head, quern and grindstone. They were generally made by chipping, pecking and then polishing. But all-polished specimens are seldom seen, and the finds are usually small in size.

The bone and horn objects are few and far between, chiefly belonging to small-sized articles, such as the arrowhead, drill, and needle.

The late Shijiahe culture objects from the site embraces pottery and stone artifacts.

The pottery can be divided into utensils of daily use, implements of production, and terra-cotta sculptures.

The everyday-used utensils are of clay and sandy wares. The first category accounts for an overwhelming majority, while the second is seldom encountered. In the former, the grey pottery comes first, the black and red next. In the latter, the red pottery numbers a little more than the grey and black. The decorated shards approximate to the designless in proportion. In the jar, vat, urn and mortar, most vessels are decorated with designs. The main motifs are, in order of frequency, the basket impression, cord mark, chequer and vein pattern. Most of the basket impressions are vertical and slanting, generally fine, dense and clear. The subordinate designs include appliqued, incised, bow-string, finger-impressed and openworked patterns. Technologically the pottery is principally wheel-made. These vessels are greater in proportion than those of the early period.

Typologically, there are the jar, urn, vat, mortar, basin, *zeng*, mortar-bowl, bowl, *dou*, plate, cup, *ding*, *gui* tripod, *he*, vessel stand and lid. The jar can be further divided into the broad-shouldered, flat-bellied, convex-bottomed, medium-mouthed and tripodal subtypes.

The implements of production comprise spindle whorls, pads and pottery-making wheels. The spindle whorls are all made of fine clay, mostly red, then orange-yellow, and blackish-grey in a small number. A part of specimens are impure in color.

Among the terra-cotta sculptures are human, bird, beast and aquatic animal figurines, all red clay works.

The late Shijiahe stone artifacts from the site are all implements of production. They include the axe, adze, *yue* axe, sickle, drill, arrowhead, ball, quern, grindstone, bar, and spindle whorl.

Concerning the relative age of the Shijiahe culture remains at Xiaojiawuji, their starting point is later than the Qujialing culture as judged by the stratigraphic evidence of the site, while their terminal date may be at the beginning of the Xia period. In absolute chronology, as known through the analysis made by the C－14 Laboratory of the Archaeology Department, Peking University, on charcoal specimens from the site, the earliest limiting point is at 4600 BP (that is the terminus ad quem of the Qujialing culture), while the latest at *c*.4000 BP, suggesting a duration of about 600 years.

Ⅲ. Chu Tombs

On the Xiaojiawuji site Chu tombs were discovered eight, all small in size and distributed in the south of Area A. The tomb pits are mostly in the north-south direction, the dead's heads pointing to the north or east, except for a part to the south. Two tombs were discovered equipped with side niches. All the tomb pits are rectangular shafts with the opening larger than the bottom. The chamberless single-coffined tombs are long narrow pits with steep walls. The single-chambered single-coffined graves are wider and have somewhat sloping walls. The wooden structures are rotten. The division into the two categories is based on the traces of chambers and coffins.

The human skeletons have also rotten away, so nothing can be said about their burial manner.

The position of funeral objects varies in correspondence with differences in tomb pit, chamber and coffin. Among the single-chambered single-coffined tombs, apart from M17 where grave goods are put in the gap at one end within the chamber, the other two tombs contain funeral objects on one side in the chamber. In the chamberless single-coffined burials, the tomb furnature is placed outside the coffin, at one end of the pit; in the niched tombs, it is put in the niches.

All the grave goods are pottery, comprising the *li* tripod, *yu* vessel, *dou*, jar, *ding*, *dui* round container with a lid in the same shape, pot and bird on a square base, and falling into two classes: household utensils and ritual articles. In the chamberless single-coffined tombs, the basic combination of pottery consists of the *li*, *yu*, *dou* and jar, all utensils for daily use; in the single-chambered single-coffined tombs, this combination is formed by the everyday-used *yu*, *dou* and jar or by the ritual *ding*, *dui* and pot in imitation of bronzes.

The eight Chu tombs can be divided into three phases, which are dated to the late Spring and Autumn, early Warring States and late Warring States periods respectively.

The owners of these small-sized tombs must have been inferior in social status. Judging from the rank of tomb equipment, those of the single-chambered single-coffined M16—18 maybe belonged to the *shi* 士 stratum (the lowest rank of aristocracy), while those of M1—4 and M6, as they have no chambers and their funeral objects consist of only everyday-used pottery in a small amount, must have been members of the common people.

天门石家河考古发掘报告之一

肖 家 屋 脊

下

湖北省荆州博物馆
湖北省文物考古研究所　石家河考古队
北京大学考古学系

文 物 出 版 社
北京·1999

封面设计：周小玮

责任编辑：张庆玲

图书在版编目（CIP）数据

肖家屋脊：天门石家河考古发掘报告之一/湖北省荆州博物馆等
编著．－北京：文物出版社，1999.6
ISBN 7－5010－1129－X

Ⅰ．肖…　Ⅱ．湖…　Ⅲ．新石器时代文化－文化遗址－湖北－
天门市－发掘报告　Ⅳ．K872.63

中国版本图书馆 CIP 数据核字（1999）第 01899 号

天门石家河考古发掘报告之一

肖 家 屋 脊

湖 北 省 荆 州 博 物 馆

湖北省文物考古研究所　石家河考古队

北 京 大 学 考 古 学 系

*

文物出版社出版发行

北京五四大街 29 号

http://www.wenwu.com

E－mail：web@wenwu.com

东莞新扬印刷有限公司印刷

新 华 书 店 经 销

787×1092　1/16 开　印张：43.75　插页：4

1999 年 6 月第 1 版　1999 年 6 月第 1 次印刷

ISBN 7－5010－1129－X/K·452（上、下册）　定　价：430 元

ARCHAEOLOGICAL EXCAVATIONS
AT SHIJIAHE, TIANMEN (I)

XIAOJIAWUJI

(Ⅱ)

(WITH AN ENGLISH ABSTRACT)

Shijiahe Archaeological Team of
the Jingzhou Museum, Hubei Province,
the Hubei Provincial Institute of
Cultural Relics and Archaeology, and
the Archaeology Department,
Peking University

Cultural Relics Publishing House
Beijing·1999

彩色图版目录

黑白图版目录

石家河文化晚期玉人头像 W6：32 （放大）

1.W6∶14

2.W7∶4

石家河文化晚期玉人头像 (放大)

1. W6:17（正面）   2. W6:17（背面）

石家河文化晚期玉人头像（放大）

1. W6:41

2. W6:9　　3. W6:38

石家河文化晚期玉人头像（放大）

1. W6:8

2. W6:12

石家河文化晚期玉蝉 （放大）

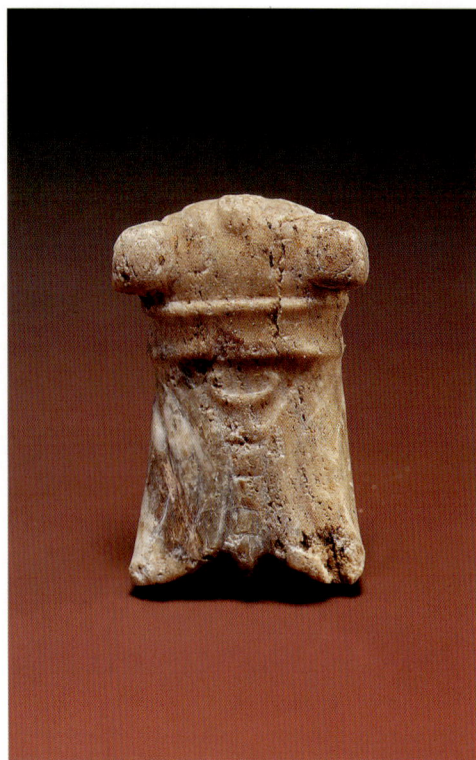

1. AT1321①:1　　2. W6:52　　　　　　　3. W71:2

4. W6:11　　　　　　　　　　5. W6:10

石家河文化晚期玉蝉（放大）

1．W17：2　　2．W6：43

3．AT1251①：1

4．AT1601①：3　　5．H97：1

6．W6：61　　7．W25：4

8．AT1115②：5

9．W6：40

石家河文化晚期玉蝉

1.AT1213②:1　　2.W6:44　　　　　　3.W90:12　　4.W90:9

5.W7:2　　　　　　6.W25:5　　7.W90:8　　8.W17:1

9.W6:13　　　　　　　　10.W6:42

石家河文化晚期玉蝉

1. W6:19

2. W6:16

石家河文化晚期玉虎头像（放大）

1. W6：53

2. AT13①：1

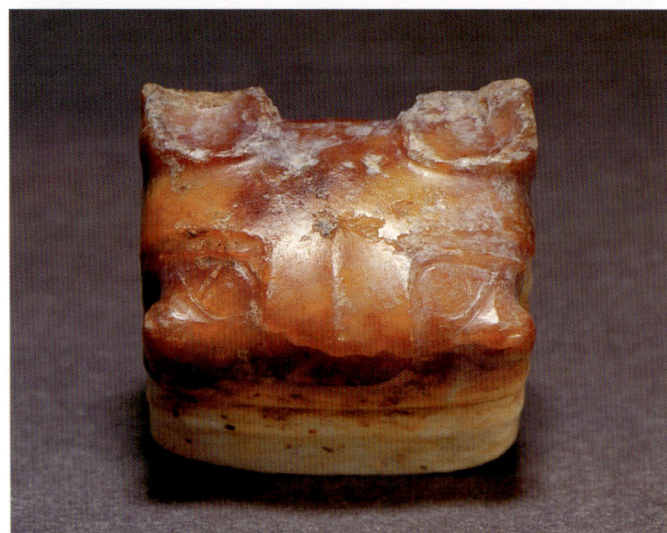

3. 010

石家河文化晚期玉虎头像（放大）

1. W71:6

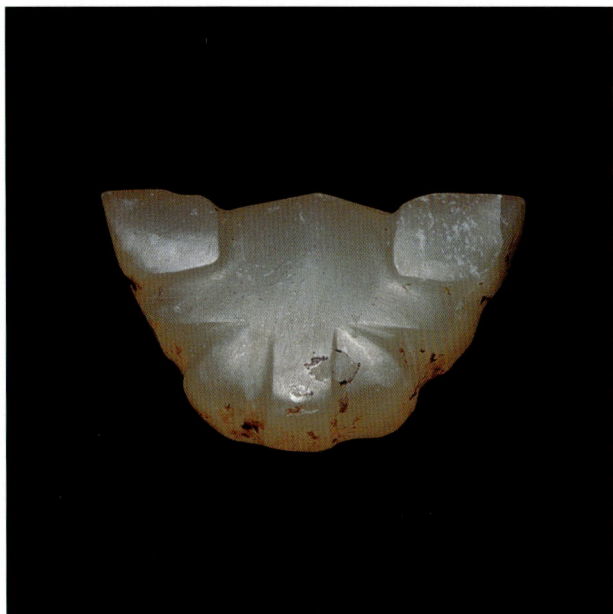

2. 04

3. W6:15

4. W6:60

石家河文化晚期玉虎头像（放大）

1. 飞鹰 W6:7（正面）

2. 飞鹰 W6:7（反面）

3. 盘龙 W6:36

石家河文化晚期玉飞鹰、盘龙（放大）

1. 鹿头像 AT1601①：3

2. 羊头像 AT1601①：4

石家河文化晚期石鹿头像、羊头像

1. 笄 012

2. 笄 AT1215②：2

3. 柄形饰 W6：30
4. 坠 W6：31
5. 柄形饰 W6：47

石家河文化晚期玉笄、坠、柄形饰

1. 璜 W6:27

4. 管 W6:26

2. 璜 W6:56（正面）

5. 管 W6:25

3. 璜 W6:56（反面）

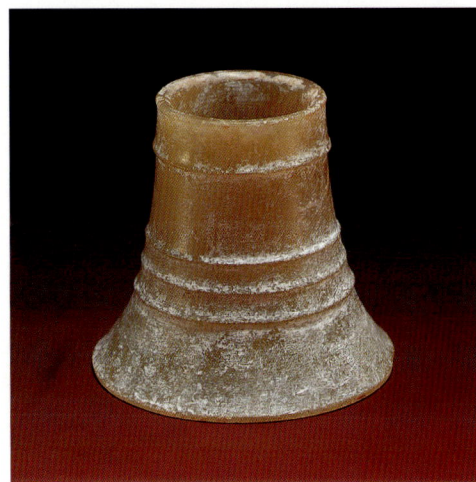

6. 管 W6:45

石家河文化晚期玉璜、管

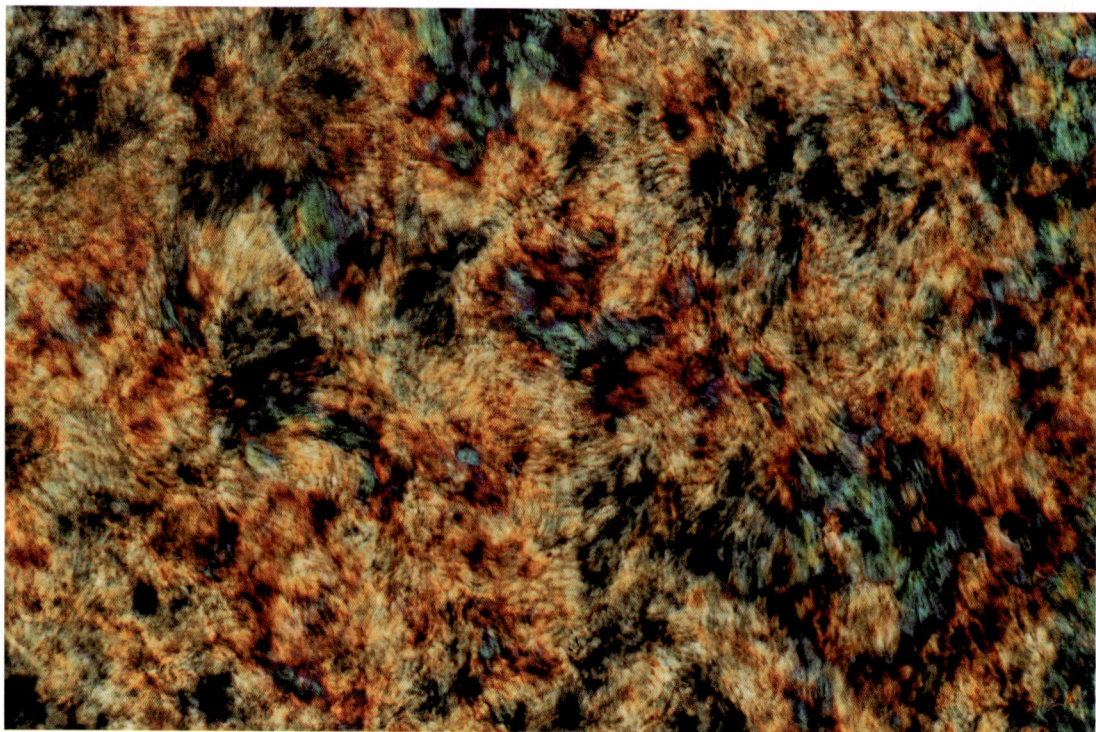

1. 透闪石呈交织毛毡状结构 019　正交偏光 387×

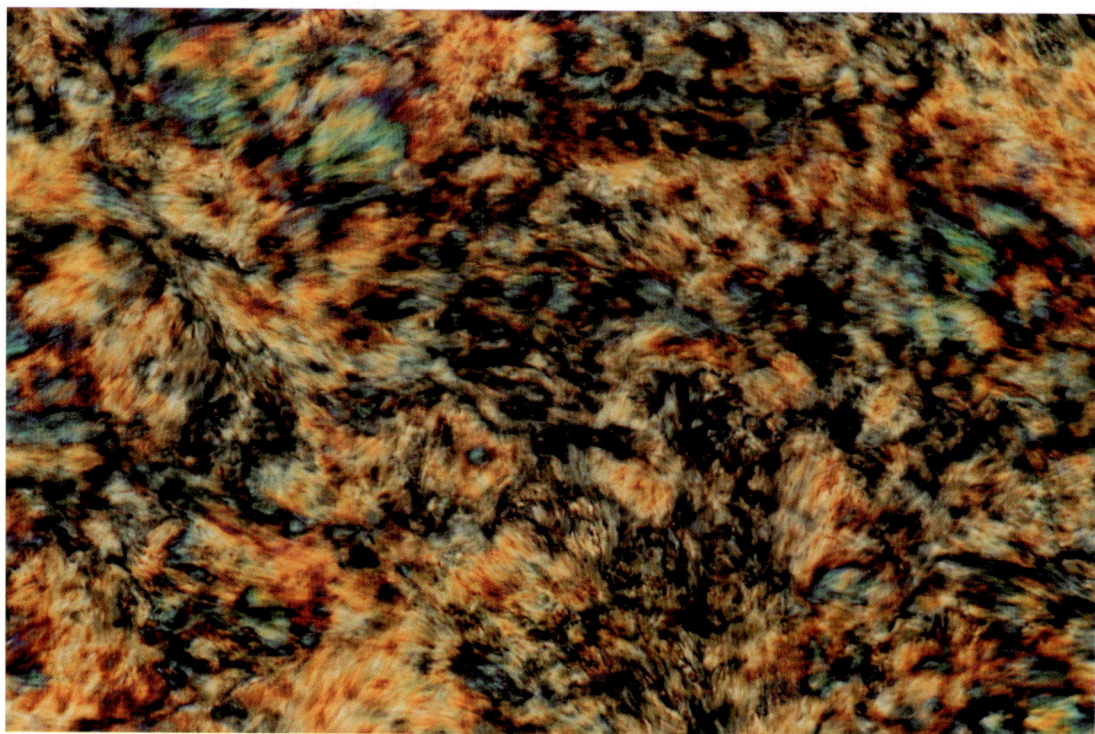

2. 透闪石呈交织毛毡状结构 020　正交偏光 387×

石家河文化晚期玉器显微结构

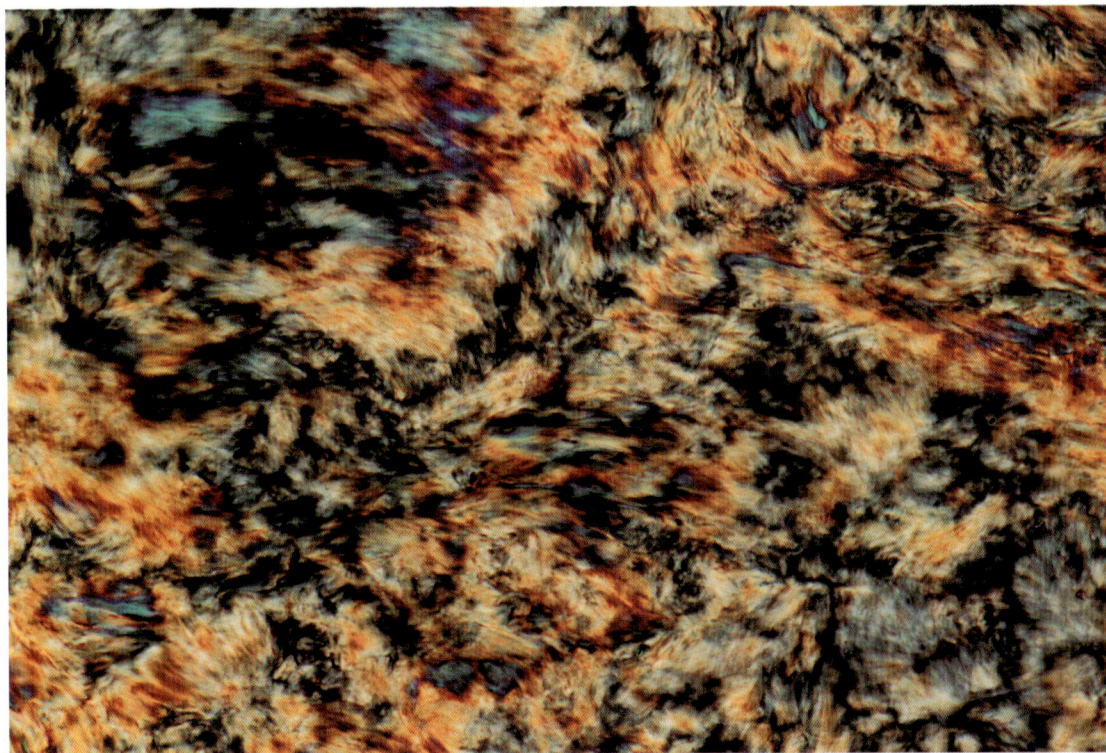

1. 透闪石呈交织毛毡状结构 018　正交偏光　387×

2. 交代残余假象结构（透闪石呈微粒纤维状集合体团块状镶嵌分布）016　正交偏光　39×

石家河文化晚期玉器显微结构

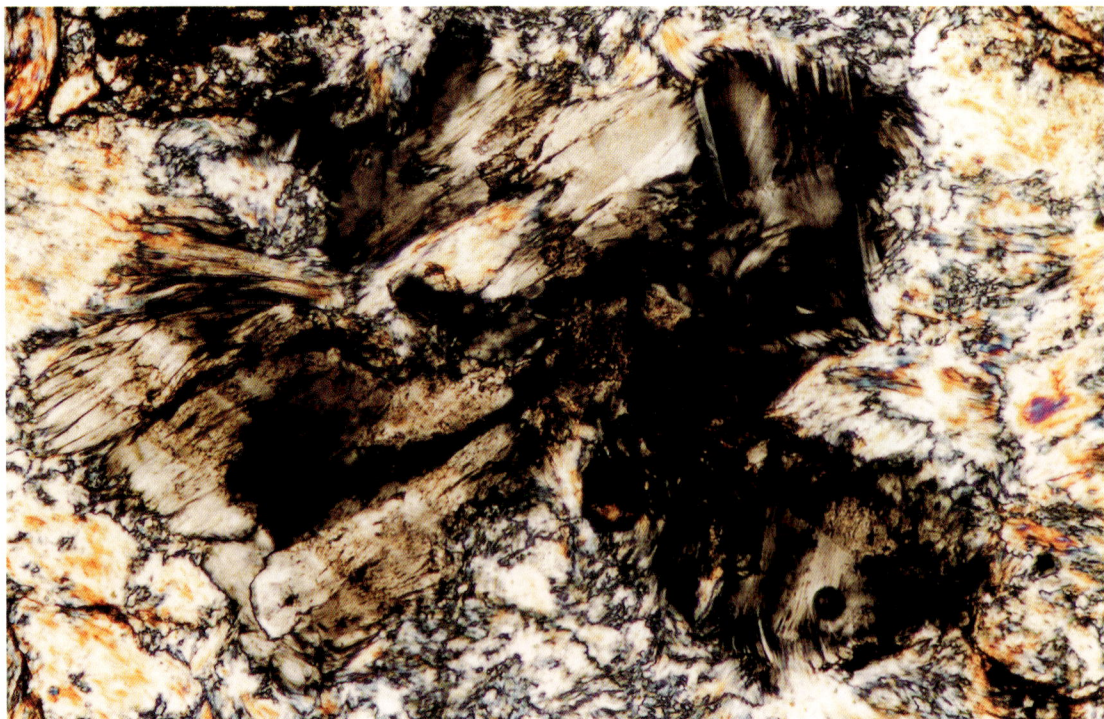

1. 绿泥石（灰黑石）和透闪石（黄色）018　正交偏光　153×

2. 斑状结构（基质为细粒纤维状透闪石，斑晶为粗粒透闪石、
辉石和榍石）017　正交偏光　19×

石家河文化晚期玉器显微结构

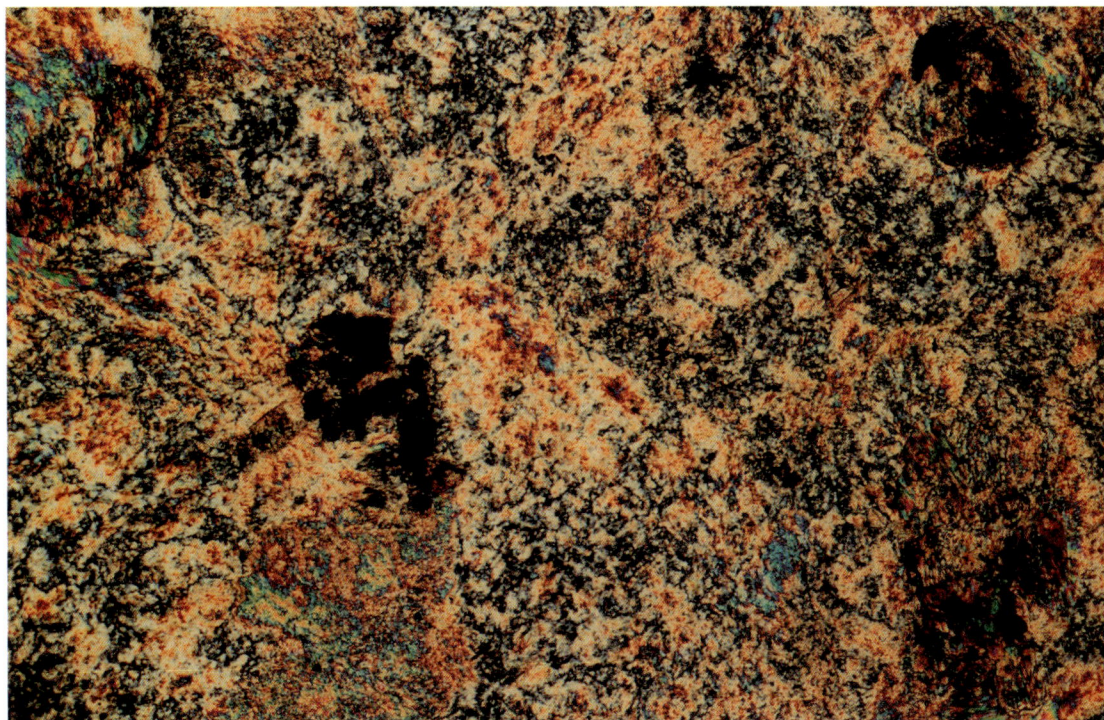

1. 少斑状结构（基质为细粒纤维状透闪石，斑晶为粗粒帘石）020　正交偏光　39×

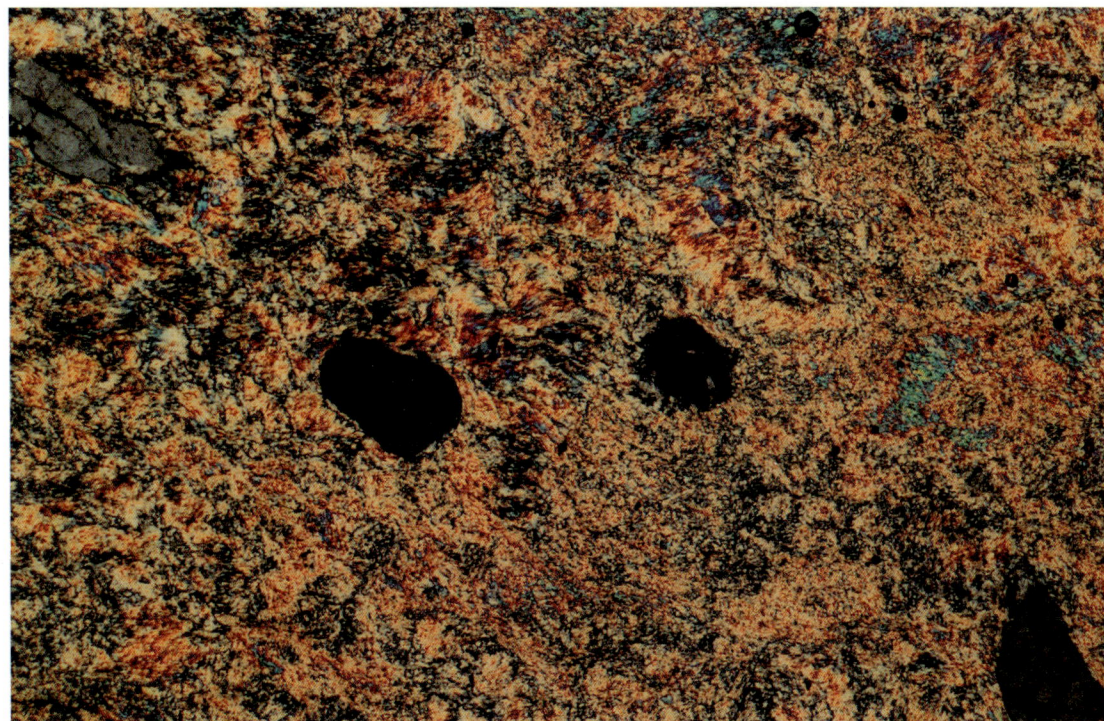

2. 少斑状结构（基质为细粒纤维状透闪石，斑晶为粗粒磷灰石）020　正交偏光　39×

石家河文化晚期玉器显微结构

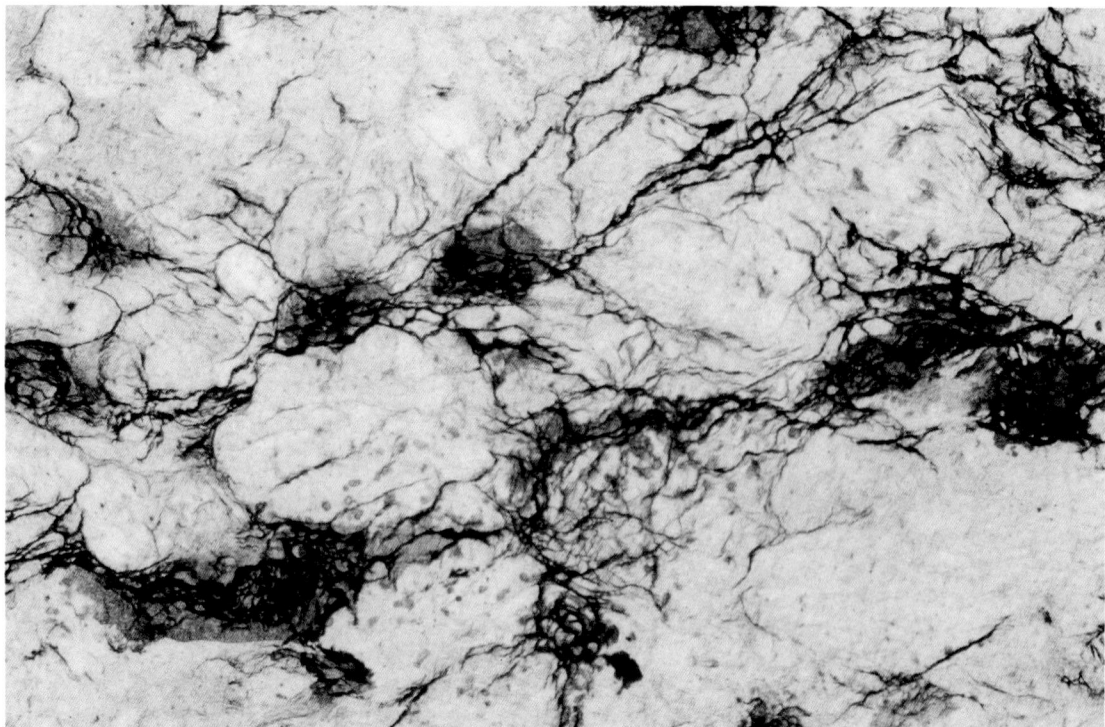

1. 褐铁矿沿微裂隙呈网状分布018　单偏光　39×

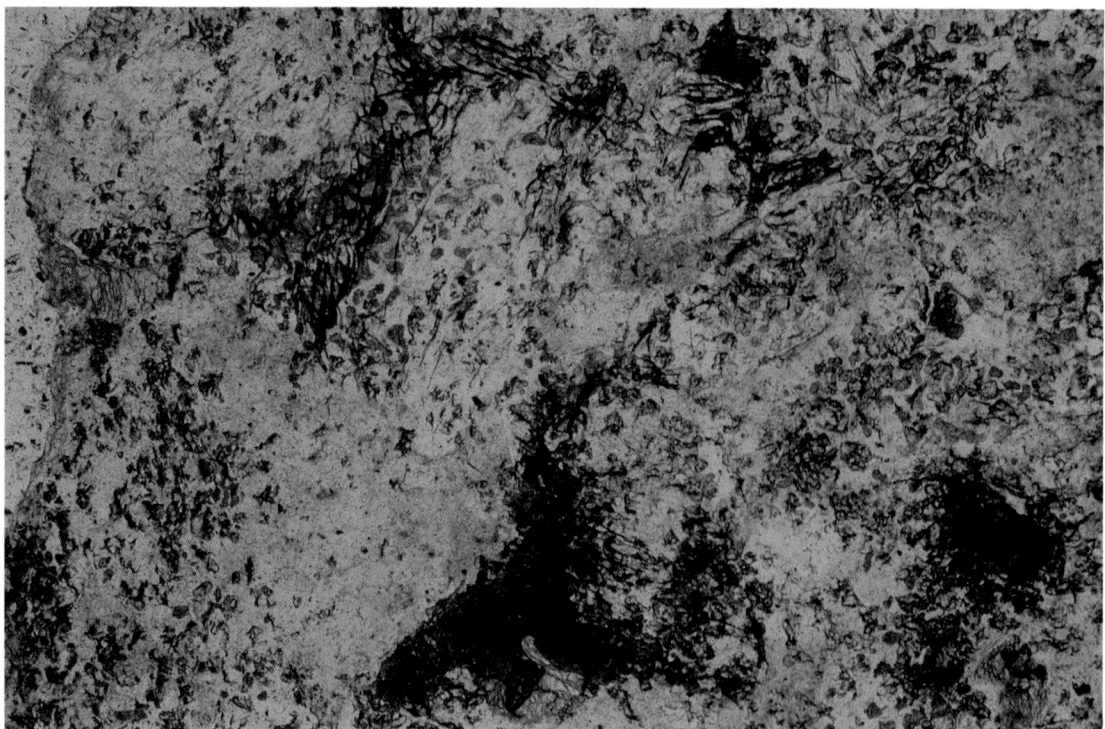

2. 褐铁矿呈斑点状分布016　单偏光　39×

石家河文化晚期玉器铁染现象

肖家屋脊遗址远景（由西向东）

1. 1988 年秋发掘探方（由北向南）

2. 1990 年秋发掘探方（由西向东）

肖家屋脊遗址发掘探方

1. 房基

2. 柱洞

屈家岭文化 F3

1. F1

2. F5

屈家岭文化房基

1. 房基

2. 灶坑及柱洞

屈家岭文化 F13

1．A型Ⅰ式高领罐 H531：53

2．Ⅰ式壶形器 H531：4

3．Ⅰ式壶形器 H531：3

4．甑 H531：70

屈家岭文化第一期陶高领罐、壶形器、甑

1. 小罐 H531：63

2. 盆 H531：65

3. A 型 I 式碗 H531：29

4. A 型 I 式碗 H531：14

5. B 型碗 H531：36

6. C 型碗 H531：64

屈家岭文化第一期陶小罐、盆、碗

1. Ⅰ式斜腹杯 H531:1

2. Ⅰ式斜腹杯 H531:62

3. Ⅰ式斜腹杯 H531:39

4. Aa型鼎 H531:13

5. Ab型Ⅰ式鼎 H531:27

6. Ac型鼎 AT1219③:21

屈家岭文化第一期陶斜腹杯、鼎

1. A型陶器盖 H531:7

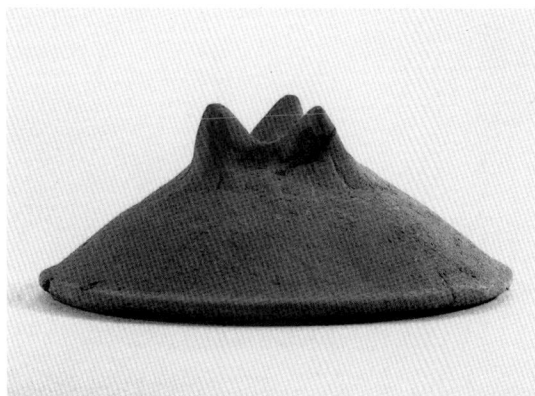

2. A型陶器盖 H531:10

3. A型陶器盖 H531:15

4. C型陶器盖 H531:18

5. A型陶纺轮 H531:21

6. Ba型陶纺轮 H531:19

7. 彩绘纺轮 H531:73

8. 石锥形器 H531:72

屈家岭文化第一期陶器盖，石锥形器

1. A型Ⅱ式 H85:4

2. A型Ⅱ式 HG34:3

3. A型Ⅱ式 H430:10

4. A型Ⅱ式 H430:21

屈家岭文化第二期陶高领罐

1. B型高领罐 AT1722⑤:8

2. D型高领罐 H430:11

3. C型高领罐 AT2019⑥:5

4. 大口罐 AT1006⑥:8

屈家岭文化第二期陶高领罐、大口罐

1. 大口罐 H430:24

2. 小罐 HG34:5

3. 小罐 H85:15

4. 甗 H430:16

屈家岭文化第二期陶大口罐、小罐、甗

1. Ⅱ式壶形器 H85:33

2. Ⅲ式壶形器 AT1011⑥:11

3. Ⅲ式壶形器 H430:2

4. 盂形器 AT2017⑤:3

屈家岭文化第二期壶形器、盂形器

1. A型Ⅰ式 H85:38

2. A型Ⅱ式 H430:8

3. B型 H509:3

4. C型 H509:14

5. C型 H509:2

6. C型 H85:9

屈家岭文化第二期陶碗

1. C 型碗 H509：16

2. 其它碗 H430：12

3. A 型钵 H85：1

4. B 型钵 H506：18

5. Aa 型Ⅰ式豆 HG32：2

6. Aa 型Ⅱ式豆 H430：1

屈家岭文化第二期陶碗、钵、豆

1. Aa 型 Ⅱ 式 H85:3

2. Aa 型 Ⅲ 式 AT1917④:10

3. Ab 型 H76:6

4. Ab 型 H85:25

5. B 型 H85:35

6. B 型 H85:37

屈家岭文化第二期陶豆

1. I 式斜腹杯 H85：21

2. II 式斜腹杯 AT1919⑤：2

3. II 式斜腹杯 H509：16

4. 矮圈足杯 AT408④：6

5. 矮圈足杯 H85：28

6. 其它杯 AT1919⑤：3

屈家岭文化第二期陶斜腹杯、矮圈足杯、其它杯

1. Aa 型 AT1316④:17

2. Aa 型 H85:8

3. Ab 型 Ⅱ 式 H430:3

4. B 型 H85:26

屈家岭文化第二期陶鼎

1. A 型 H430：6

2. A 型 H430：4

3. B 型 H430：7

4. B 型 H85：31

5. B 型 HG32：3

6. B 型 GH32：1

屈家岭文化第二期陶器盖

1. A 型纺轮 H85:42

2. A 型纺轮 AT2118⑤:10

3. Ba 型纺轮 H85:44

4. Bb 型纺轮 AT2017⑤:5

5. C 型纺轮 H85:40

6. D 型纺轮 AT1818⑤:5

7. 彩绘纺轮 AT2118⑤:9

8. 彩绘纺轮 AT1721⑤:6

9. 网坠 AT1011⑤:8

1. A 型斧 AT1919⑤:6

2. B 型斧 H459:2

3. Ca 型斧 H430:15

4. Ca 型斧 AT1919⑤:8

5. Cb 型斧 AT2408④:13

6. Cb 型斧 AT2308⑤:6

7. 钺 AT204⑤:16

8. 杵 AT1216④:8

屈家岭文化第二期石斧、钺、杵

2. M22 随葬器物

1. M21 人骨及随葬器物

屈家岭文化第二期墓葬

2. M29 人骨及随葬器物

1. M28 人骨及随葬器物

屈家岭文化第二期墓葬

2. M47 人骨及随葬器物

1. M45 人骨及随葬器物

屈家岭文化第二期墓葬

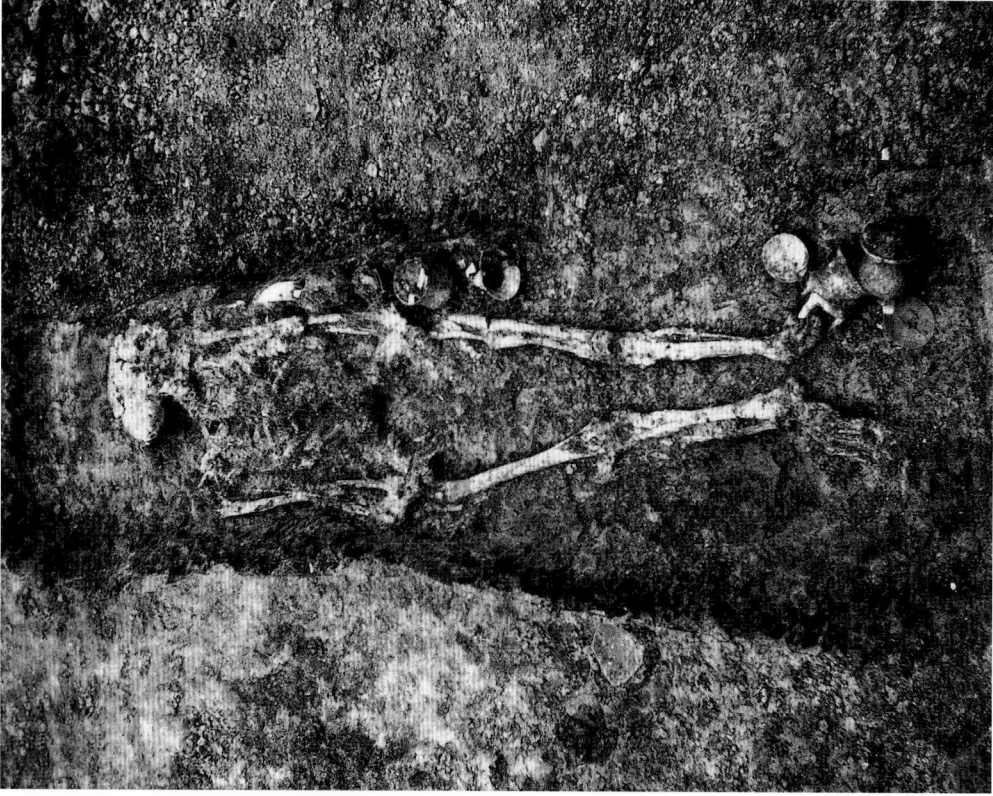

2. M53 人骨及随葬器物

1. M52 人骨及随葬器物

屈家岭文化第二期墓葬

2. M58 人骨及随葬器物

1. M56 人骨及随葬器物

屈家岭文化第二期墓葬

2. M71 随葬器物

1. M62 人骨及随葬器物

屈家岭文化第二期墓葬

1. 陶碗 W3:1

2. 陶大口罐 W1:1

3. W87 侧视

4. W87 俯视

屈家岭文化第二期瓮棺葬及葬具

1. Aa 型 Ⅱ 式 M47:5

2. Aa 型 Ⅱ 式 M28:12

3. Aa 型 Ⅲ 式 M21:3

4. Aa 型 Ⅲ 式 M56:15

屈家岭文化第二期陶高领罐

1. Ab 型 M61:4

2. Ab 型 M57:1

3. Ab 型 M52:4

4. B 型 Ⅱ 式 M52:15

屈家岭文化第二期陶高领罐

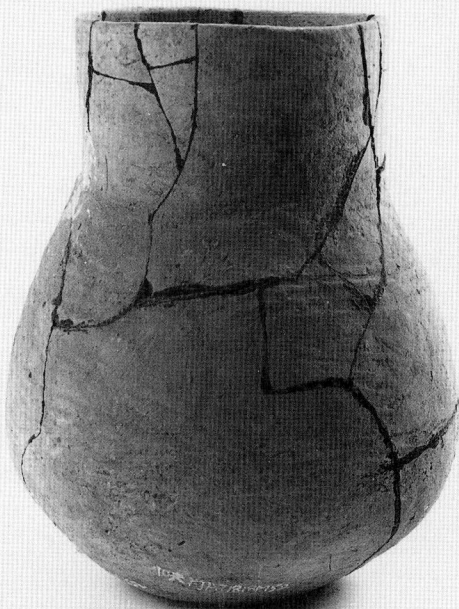

1. B 型 II 式 M52:14

2. C 型 I 式 M22:2

3. C 型 I 式 M32:7

4. C 型 II 式 M57:4

屈家岭文化第二期陶高领罐

1. 中口罐 M21:4

2. 小罐 M52:13

3. 壶形器 M52:20

4. 壶形器 M58:1

屈家岭文化第二期陶中口罐、小罐、壶形器

1. Ⅰ式碗 M38:9

2. Ⅰ式碗 M47:13

3. Ⅱ式碗 M63:6

4. Ⅲ式碗 M57:7

5. Ⅰ式斜腹杯 M71:2

6. Ⅰ式斜腹杯 M69:1

屈家岭文化第二期陶碗、斜腹杯

1. Ⅰ式斜腹杯 M65：12

2. Ⅱ式斜腹杯 M67：6

3. Ⅱ式斜腹杯 M68：2

4. 高圈足杯 M57：20

5. A型Ⅰ式小鼎 M65：1

6. A型Ⅰ式小鼎 M67：4

屈家岭文化第二期陶斜腹杯、高圈足杯、小鼎

1. A 型 Ⅱ 式 M53：8

2. A 型 Ⅱ 式 M40：4

3. B 型 Ⅰ 式 M69：6

4. B 型 Ⅱ 式 M56：22

5. C 型 M21：13

6. C 型 M67：2

屈家岭文化第二期陶小鼎

1. D 型小鼎 M38:2

2. E 型小鼎 M67:3

3. I 式器盖 M65:2

4. I 式器盖 M67:3

5. I 式器盖 M69:7

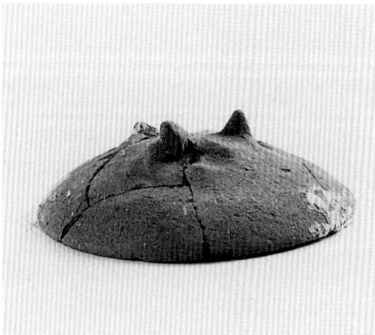

6. II 式器盖 M53:8

7. II 式器盖 M56:22

8. II 式器盖 M47:18

屈家岭文化第二期陶小鼎、器盖（小鼎盖）

1. F10

2. F14

石家河文化早期房基

1. H43 器物出土情况

2. H116 器物出土情况

石家河文化早期灰坑

1. H554 出土猪骨架

2. H42

石家河文化早期灰坑

1. JY1

2. JY4

石家河文化早期陶臼遗迹

1. JY5

2. JY7

石家河文化早期陶臼遗迹

1. A型 I 式 AT1105④:8

2. A型 I 式 H57:25

3. A型 II 式 H80:2

4. A型 III 式 H56:15

石家河文化早期陶高领罐

1. A型Ⅳ式 H56:11

2. A型Ⅴ式 AT1③:1

3. A型Ⅴ式 AT2612④:10

4. Ba型Ⅰ式 H434②:72

石家河文化早期陶高领罐

1. Ba 型 Ⅱ 式 H408:1

2. Ba 型 Ⅱ 式 AT1916④B:2

3. Bb 型 AT2218④:2

4. C 型 H43:9

石家河文化早期陶高领罐

1. C 型高领罐 H552：1

2. 大口罐 H66：10

3. 大口罐 H56：80

4. 大口罐 AT3105③：11

石家河文化早期陶高领罐、大口罐

1. 大口罐 H248:1

2. 大口罐 H42①:61

3. A型Ⅰ式中口罐 H392:16

4. A型Ⅱ式中口罐 H57:8

石家河文化早期陶大口罐、中口罐

1. A 型 II 式 H476：9

2. A 型 II 式 H106：8

3. A 型 III 式 H107：48

4. A 型 IV 式 H408：18

石家河文化早期陶中口罐

1. B型Ⅰ式 H434②:71

2. B型Ⅰ式 H434③:7

3. B型Ⅰ式 H42①:146

4. B型Ⅰ式 H427:25

石家河文化早期陶中口罐

1. B型Ⅱ式 H42①:144

2. B型Ⅱ式 AT404②:4

3. B型Ⅱ式 H42②:94

4. B型Ⅱ式 H556:1

石家河文化早期陶中口罐

1. B型Ⅲ式 H42①:9

2. C型Ⅰ式 H493:2

3. C型Ⅰ式 H120:1

4. C型Ⅱ式 H42①:159

石家河文化早期陶中口罐

1. C 型 II 式 H357:5

2. H357:5 刻划人物

3. D 型 I 式 AT2020⑤:10

4. D 型 II 式 H42①:5

石家河文化早期陶中口罐

1. D 型 II 式 H427:2

2. E 型 I 式 H138:1

3. E 型 II 式 H42①:160

4. E 型 II 式 AT304④A:23

石家河文化早期陶中口罐

1. 小口罐 H338：1

2. 小口罐 AT1721④：5

3. A型Ⅰ式长颈罐 AT1907⑥：1

4. A型Ⅱ式长颈罐 H494：1

5. A型Ⅲ式长颈罐 H83：11

6. A型Ⅳ式长颈罐 H92：4

石家河文化早期陶小口罐、长颈罐

1. B型Ⅰ式长颈罐 H434③:19

2. B型Ⅱ式长颈罐 AT204③:3

3. C型长颈罐 H465:11

4. A型Ⅰ式小罐 H102:3

5. A型Ⅱ式小罐 H445:8

6. B型小罐 H56:24

石家河文化早期陶长颈罐、小罐

1. C型小罐 AT207③:1

2. C型小罐 H212:3

3. A型Ⅰ式广肩罐 H434④:3

4. A型Ⅰ式广肩罐 H42①:158

石家河文化早期陶小罐、广肩罐

1. A型Ⅱ式广肩罐 H434③:5

2. 三足罐 H373:45

3. 瓮 AT405②:3

4. 瓮 H347:2

石家河文化早期陶广肩罐、三足罐、瓮

1. Aa 型 I 式 AT1406⑤:3

2. Aa 型 II 式 AT405③:1

3. Aa 型 III 式 AT1220②:4

4. Ab 型 AT2308⑤:1

石家河文化早期陶缸

1. B型Ⅱ式 H434②:80

2. B型Ⅱ式 H290:1

3. C型 AT1522②:1

4. 其它缸 AT1119③:1

石家河文化早期陶缸

1. A型Ⅰ式 H497：128

2. A型Ⅱ式 H56：95

3. A型Ⅱ式 AT1822④：36

4. A型Ⅲ式 JY4：4

石家河文化早期陶臼

1. A 型 Ⅲ 式 JY1:3

2. A 型 Ⅳ 式 JY7:4

3. A 型 Ⅳ 式 JY7:9

4. B 型 H152:1

石家河文化早期陶臼

1. B型 H205:2

2. C型Ⅰ式 AT2014④:8

3. C型Ⅱ式 H400:5

4. C型Ⅱ式 AT2016③:4

石家河文化早期陶臼

1. Ⅰ式 H497:127

2. Ⅰ式 H449:15

3. Ⅱ式 AT1104③B:10

4. Ⅱ式 AT1516③:2

石家河文化早期陶尊

1. Aa 型Ⅲ式壶 H434②:65

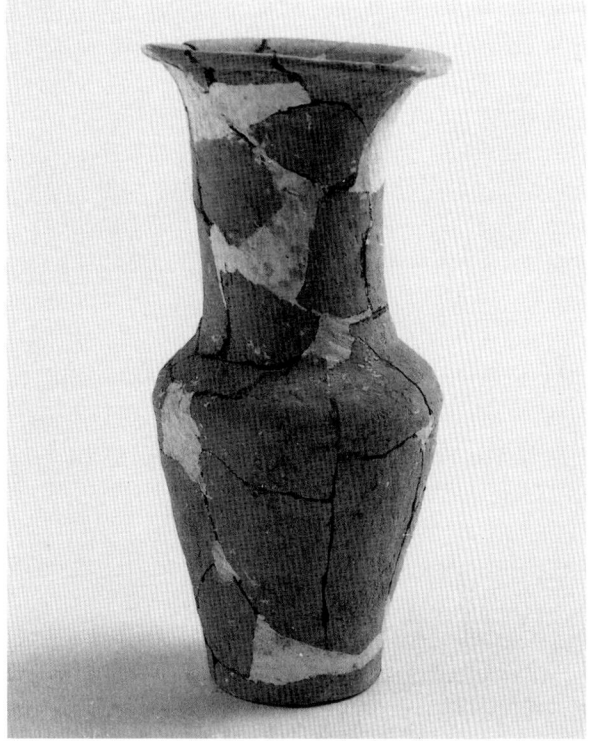

2. 瓶 AT1907⑥:2

3. 瓶 H434②:37

4. 瓶 AT206④:9

石家河文化早期陶壶、瓶

1. A型Ⅰ式 H497:1

2. A型Ⅱ式 H492:3

3. A型Ⅲ式 H394:1

4. A型Ⅲ式 AT4③:10

5. A型Ⅲ式 AT1921④:15

6. A型Ⅳ式 AT13③:3

石家河文化早期陶盆

1. B型Ⅰ式盆 AT1219③:20

2. B型Ⅱ式盆 AT2612④:8

3. B型Ⅱ式盆 AT707②:1

4. B型Ⅱ式盆 AT704②:13

5. A型Ⅰ式簋 AT1604②B:2

6. A型Ⅱ式簋 AT13③:2

石家河文化早期陶盆、簋

1. B型簋 AT304④A:13

2. A型Ⅰ式甑 H555:2

3. A型Ⅰ式甑 H555:1

4. A型Ⅱ式甑 H434②:67

5. A型Ⅲ式甑 H43:49

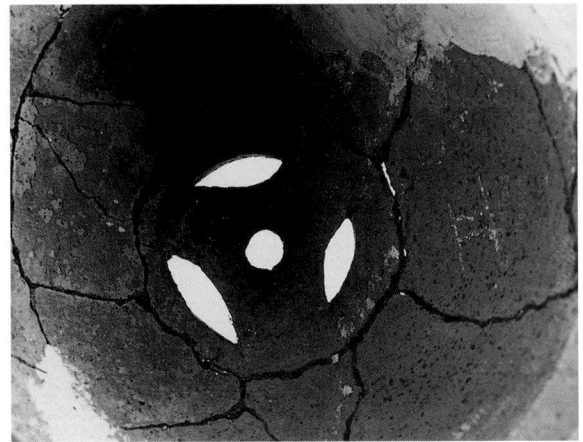

6. H434②:67 箅孔

石家河文化早期陶簋、甑

1. A 型 I 式 H142∶6

2. A 型 II 式 H43∶61

3. A 型 II 式 H43∶20

4. A 型 III 式 H43∶21

石家河文化早期陶擂钵

1. B 型 I 式 AT1406④:1

2. B 型 I 式 AT602②:4

3. B 型 II 式 AT1916④B:1

4. B 型 II 式 AT2017②:1

5. B 型 II 式 AT2308③:5

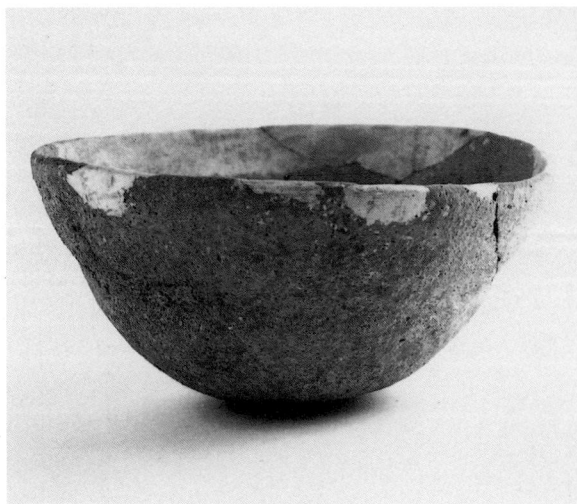

6. C 型 H409:5

石家河文化早期陶擂钵

1. Aa 型Ⅰ式 H449:4

2. Aa 型Ⅱ式 H56:58

3. Ab 型Ⅰ式 H450:10

4. Ab 型Ⅱ式 H54:13

5. Ab 型Ⅲ式 H161①:7

6. B 型Ⅰ式 H449:2

石家河文化早期陶碗

1. B型Ⅱ式碗 H56:86

2. C型Ⅰ式碗 H450:44

3. C型Ⅱ式碗 H450:1

4. C型Ⅱ式碗 H361:5

5. C型Ⅲ式碗 H143:11

6. A型Ⅰ式钵 H434③:30

石家河文化早期陶碗、钵

1. A 型 I 式 H431：1

2. A 型 II 式 H43：13

3. A 型 II 式 H43：10

4. A 型 III 式 H427：4

5. B 型 I 式 H434③：3

6. B 型 I 式 H434③：29

石家河文化早期陶钵

1. B型Ⅰ式钵 H371:11

2. B型Ⅱ式钵 AT204④:12

3. Ⅰ式碟 H42①:139

4. Ⅱ式碟 H42①:54

5. Ⅱ式碟 H147:1

6. Ⅲ式碟 H143:2

石家河文化早期陶钵、碟

1. A 型 I 式 H187:3

2. A 型 I 式 H532:4

3. A 型 II 式 AT1316③:19

4. A 型 II 式 H117:1

5. A 型 III 式 H88:13

6. A 型 III 式 H427:7

石家河文化早期陶豆

1. A 型 Ⅳ 式 H414:2

2. B 型 Ⅰ 式 H497:106

3. B 型 Ⅱ 式 H101:1

4. B 型 Ⅱ 式 H142:9

5. C 型 Ⅰ 式 H449:3

6. C 型 Ⅰ 式 AT305②:3

石家河文化早期陶豆

1. C 型 I 式 H371:21

2. D 型 I 式 H450:13

3. D 型 I 式 H96:7

4. D 型 II 式 H434③:8

5. E 型 I 式 H497:75

6. E 型 II 式 H392:3

石家河文化早期陶豆

1. E型Ⅲ式 H392:5

2. E型Ⅲ式 AT2810④:5

3. F型Ⅰ式 H449:1

4. F型Ⅱ式 H56:3

5. F型Ⅱ式 H56:4

6. F型Ⅲ式 H43:1

石家河文化早期陶豆

1. G 型 I 式豆 H161①:8

2. G 型 I 式豆 H434②:50

3. G 型 I 式豆 H434②:4

4. G 型 II 式豆 H42②:21

5. A 型 I 式盘 H42①:150

6. B 型盘 H42①:34

石家河文化早期陶豆、盘

1. A型Ⅰ式 H497∶32

2. A型Ⅱ式 H57∶3

3. A型Ⅱ式 H56∶25

4. A型Ⅲ式 H476∶5

5. B型Ⅰ式 H497∶36

6. B型Ⅰ式 H184∶34

石家河文化早期陶斜腹杯

1. B型Ⅱ式 H434②:13

2. B型Ⅱ式 H42②:5

3. C型Ⅰ式 H56:29

4. C型Ⅰ式 H434③:63

5. C型Ⅰ式 H43:6

6. C型Ⅱ式 H42①:30

石家河文化早期陶斜腹杯

1. C型Ⅱ式 AT1120④A:3

2. D型 H43:54

3. D型 H42①:91

4. D型 AT2118②:10

5. D型 H434②:12

6. D型 H42②:6

石家河文化早期陶斜腹杯

1. B型Ⅱ式 H102:1

2. D型Ⅱ式 H56:69

3. D型Ⅱ式 H56:68

4. D型Ⅲ式 AT1219②:10

石家河文化早期陶高圈足杯

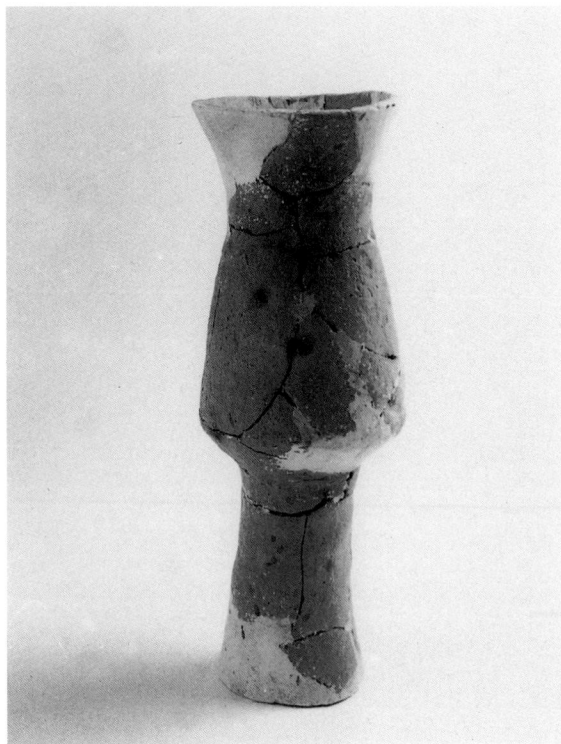

1. E 型 H56:63

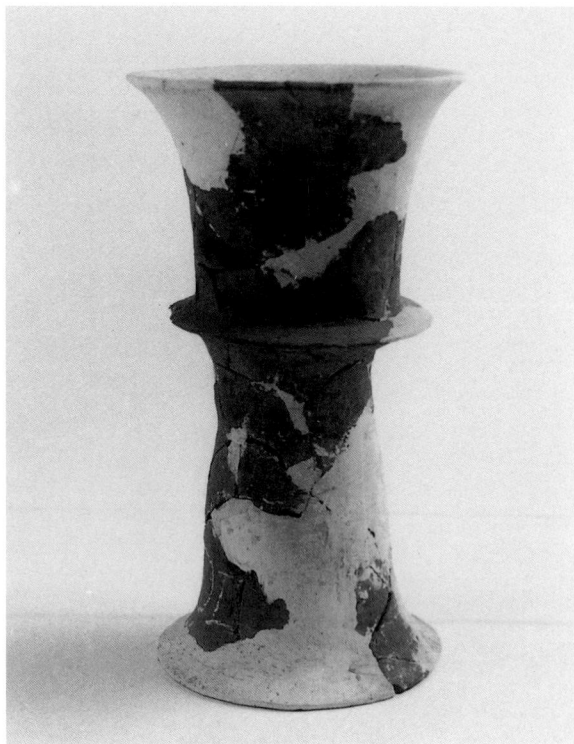

2. F 型 H42①:110

3. G 型 I 式 H116:3

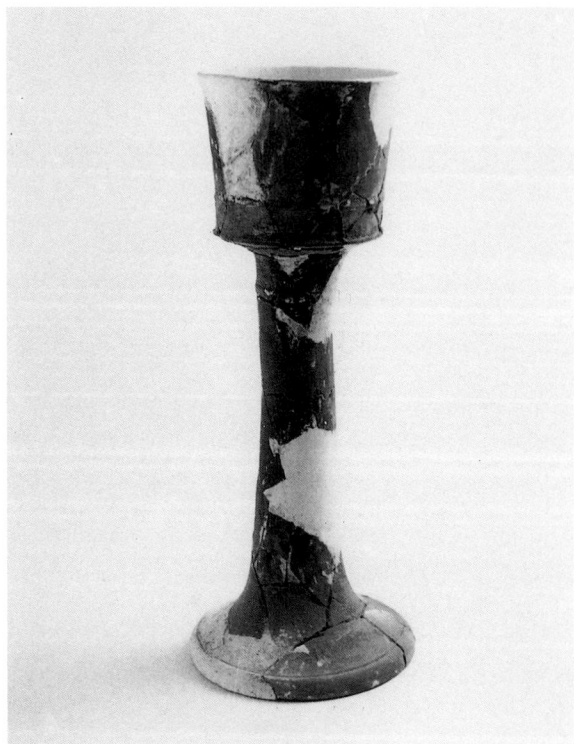

4. G 型 II 式 H116:6

石家河文化早期陶高圈足杯

1. 矮圈足杯 H450:8

2. 矮圈足杯 H56:17

3. 饼形足杯 AT2407③:5

4. 三足杯 AT3017②:11

5. 三足杯 AT2216②:15

6. 三足杯 H42①:128

石家河文化早期陶矮圈足杯、饼形足杯、三足杯

1. 曲腹杯 H22:1

2. 曲腹杯 H42①:129

3. 单耳杯 H434③:18

4. 筒形杯 AT1721④:10

5. 筒形杯 AT602③:15

石家河文化早期陶曲腹杯、单耳杯、筒形杯

1. A 型 I 式 AT1016③:1

2. A 型 I 式 AT1909⑥:1

3. A 型 Ⅲ 式 H161①:6

4. A 型 Ⅲ 式 H434②:55

石家河文化早期陶罐形鼎

1. B型 AT1721④:1

2. D型Ⅰ式 AT1321②:5

3. D型Ⅱ式 H434②:56

4. D型Ⅲ式 AT1603④:1

石家河文化早期陶罐形鼎

1. A 型Ⅱ式 H373:4

2. A 型Ⅲ式 H32:1

3. A 型Ⅲ式 AT2022②:1

4. A 型Ⅲ式 H434②:58

石家河文化早期陶盆形鼎

1. Ⅰ式小鼎 H450:54

2. Ⅰ式小鼎 H14:1

3. Ⅱ式小鼎 H56:5

4. Ⅲ式小鼎 AT1③:2

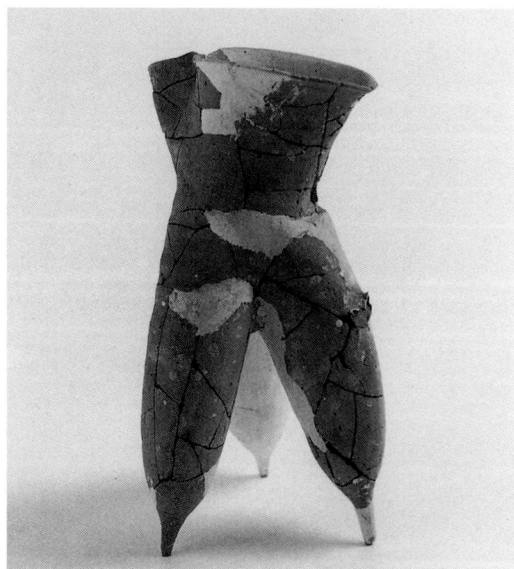

5. B型鬶 H64:1

6. 斝 H56:148

石家河文化早期陶小鼎、鬶、斝

1. A型Ⅰ式 H497：97

2. A型Ⅰ式 H168：4

3. A型Ⅱ式 AT2015⑦：2

4. A型Ⅱ式 H123：4

石家河文化早期陶器座

1. B型Ⅰ式 H329:3

2. B型Ⅰ式 AT304④A:8

3. B型Ⅰ式 AT3312④:5

4. C型 H434②:79

石家河文化早期陶器座

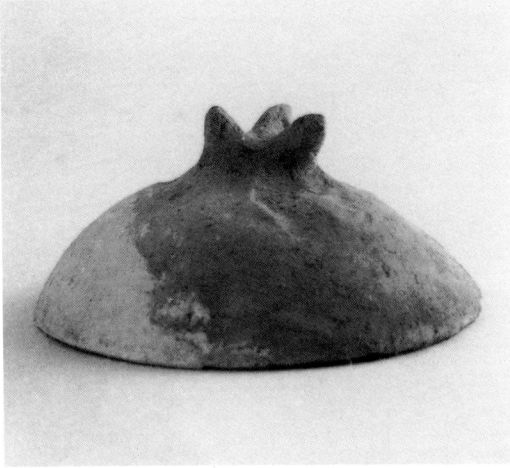

1. A 型 I 式 H497：23

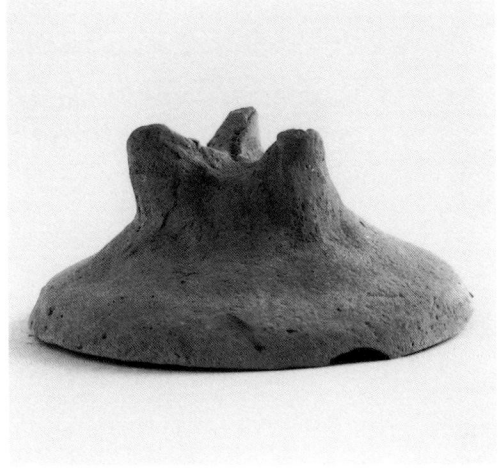

2. A 型 I 式 H231：1

3. B 型 I 式 H449：14

4. B 型 II 式 H434②：69

5. B 型 II 式 H434③：6

6. B 型 III 式 H161①：24

石家河文化早期陶器盖

1. B 型 Ⅲ 式 H493:1

2. B 型 Ⅲ 式 H529:10

3. D 型 H450:22

4. D 型 H56:51

5. D 型 H56:41

6. E 型 H449:4

石家河文化早期陶器盖

1. Aa 型 AT2017②:5

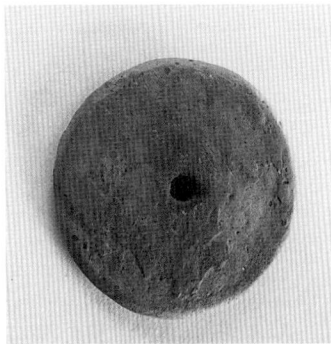

2. Aa 型 AT305②:5

3. Aa 型 H96:11

4. Aa 型 AT605④:3

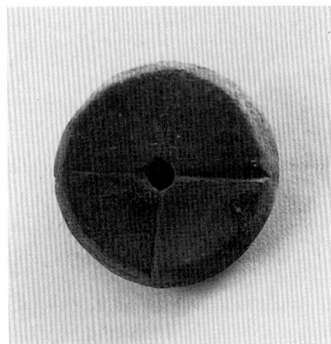

5. Aa 型 H42①:12

6. Ab 型 AT1422④:6

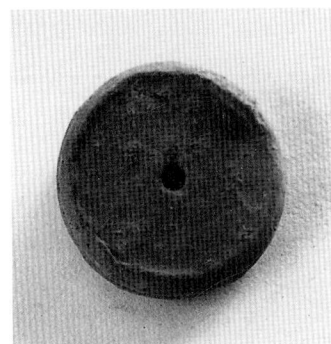

7. Ab 型 H306:4

8. B 型 AT909①:2

9. B 型 AT2805③:2

10. B 型 H539:2

11. B 型 H539:3

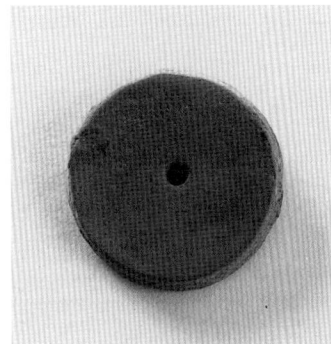

12. Ca 型 AT3111④:2

石家河文化早期陶纺轮

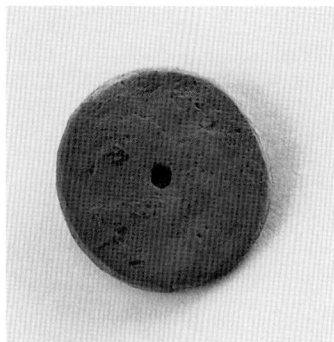

1. Ca 型纺轮 AT1804⑦:9　　2. Cb 型纺轮 AT2307②:10　　3. Cb 型纺轮 AT2102⑥:8

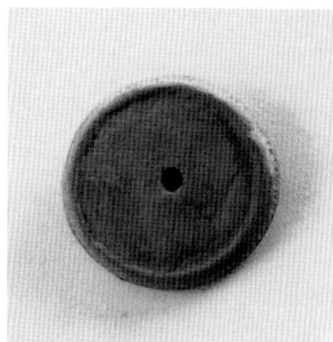

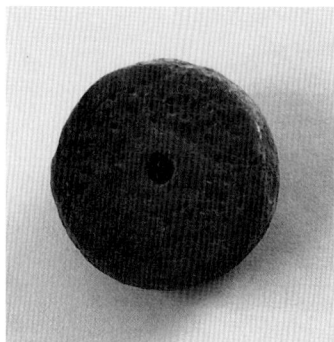

4. D 型纺轮 AT812③:12　　5. Ea 型 AT2409④:5　　6. Eb 型 AT2309④:10

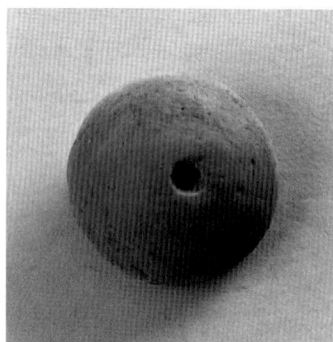

7. 彩绘纺轮 AT1922⑤:4　　8. 彩绘纺轮 AT1822⑥:10　　9. 彩绘纺轮 AT1722⑤:52

10. 彩绘纺轮 AT2006②:5　　11. 垫 H371:2　　12. 滑轮 AT3204②:2

石家河文化早期陶纺轮、垫、滑轮

1. AT1821②:3

2. AT1717②:2

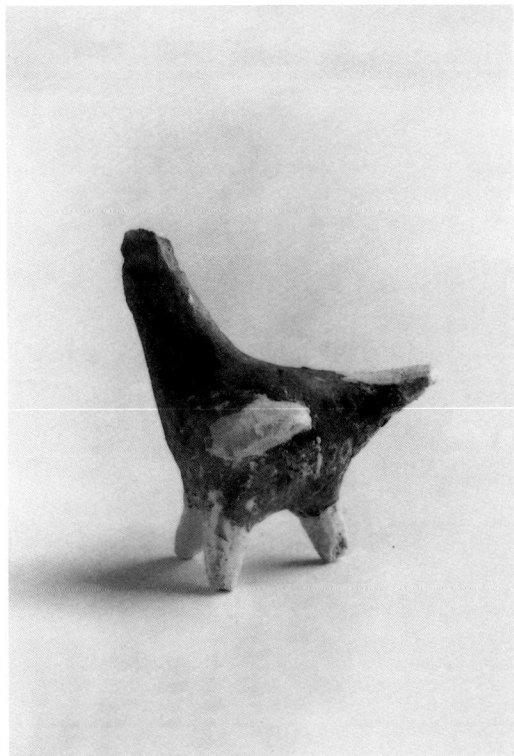

3. AT204③:12

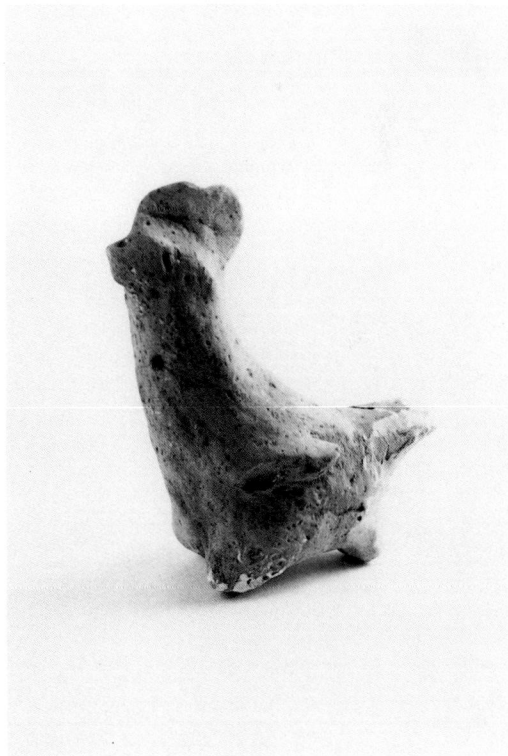

4. H42①:164

石家河文化早期陶鸡

1. AT1506②:4

2. AT1506②:5

石家河文化早期陶鸡

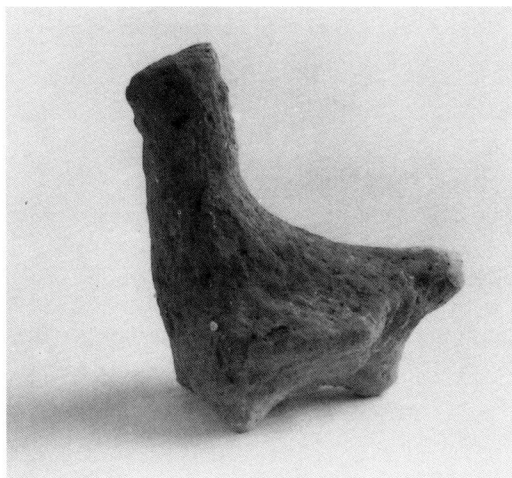

1. 鸡 AT602②:7

2. 鸡 AT1221②:10

3. 鸡壶 H43:14

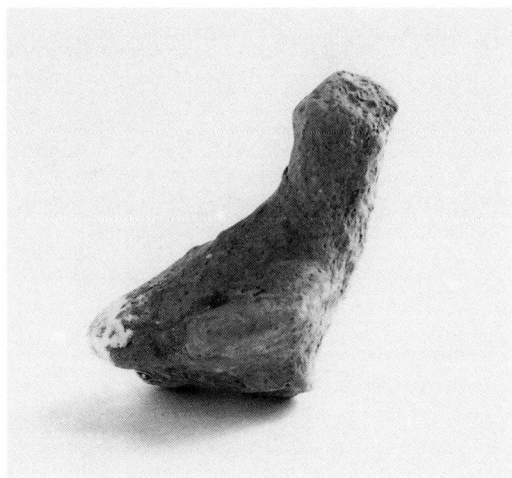

4. 鸟 AT1407②:7

5. 鸟 HG2:3

石家河文化早期陶鸡、鸡壶、鸟

1. 猪 AT205②:8

2. 狗 AT2408③:11

石家河文化早期陶猪、狗

1. 猪 H47:4

2. 狗 AT1506②:7

3. 狗 AT1516②:10

4. 狗 AT13③:9

石家河文化早期陶猪、狗

1. 羊 AT405②:8   2. 羊 H42①:123

3. 猴 AT1821②:6

石家河文化早期陶羊、猴

1. JY5:3

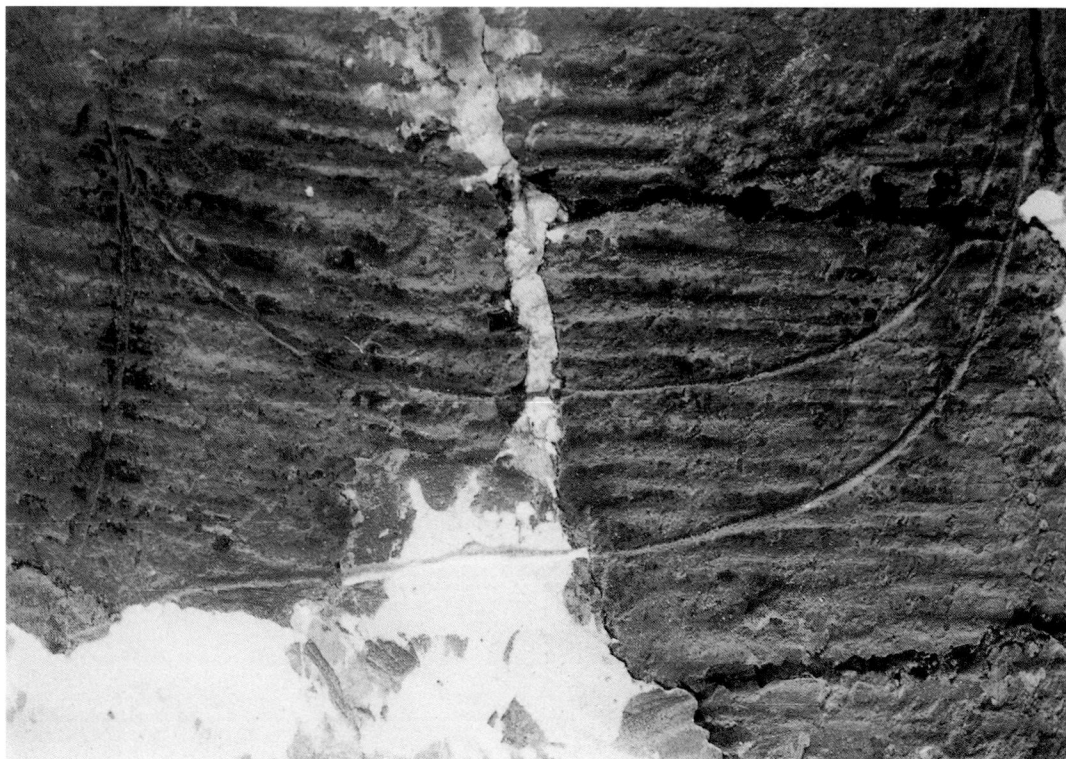

2. AT1921①:40

石家河文化早期刻划符号

1. AT1819③:38

2. JY7:8

3. AT812③:34

4. AT812③:10

石家河文化早期刻划符号

1. AT1720③:90

2. H434②:80

石家河文化早期刻划符号

1. JY5:2

2. AT1104③:10

3. JY4:2

4. H424:1

石家河文化早期刻划符号

1. H327:3

2. AT1704②:8

3. H489:32

4. AT1919③:3

石家河文化早期刻划符号

1. AT1219②:10

2. AT2022④:13

3. AT1717④:17

4. AT3406④:5

5. AT1920⑤:15

6. H457:4

石家河文化早期刻划符号

1. AT2017③：36

2. H57：15

3. AT1824⑤：4

4. H457：13

5. H450：43

6. H450：42

石家河文化早期刻划符号

1. 刻划符号 AT3406③:11

2. 刻划符号 AT2021②:1

3. 祖 AT1320②:7

4. 陀螺 H125:27

5. 哨 AT1916④B:4

石家河文化早期刻划符号，陶祖、陀螺、哨

1. Aa 型 AT11②:6

2. Aa 型 H168:5

3. Aa 型 AT1720③:4

4. Aa 型 H434③:21

5. Aa 型 AT1506③:2

6. Aa 型 H121:3

7. Ab 型 AT1720②:3

8. Ab 型 H42①:65

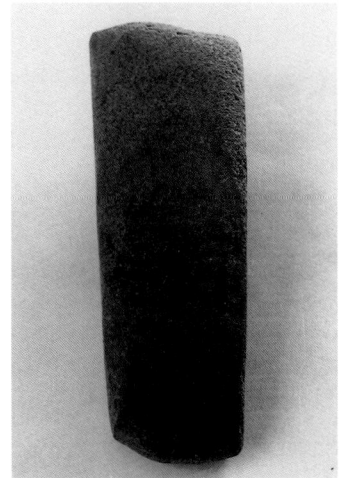

9. B 型 AT1720②:5

石家河文化早期石斧

1. B 型斧 AT2016④:1

2. Ca 型斧 AT1408⑥:17

3. Ca 型斧 AT8③:3

4. Ca 型斧 AT204④:13

5. Ca 型斧 H19:3

6. Cb 型斧 AT207②:2

7. Aa 型锛 AT304④A:7

8. Aa 型锛 AT1409⑤:7

9. Aa 型锛 H361:4

石家河文化早期石斧、锛

1. Aa 型 H146:1

2. Ab 型 AT10②C:8

3. Ab 型 AT11③:2

4. Ac 型 AT203③:10　5. Ac 型 AT1804③:5　6. Ac 型 AT1302③:2　7. Ba 型 AT2406⑥:2

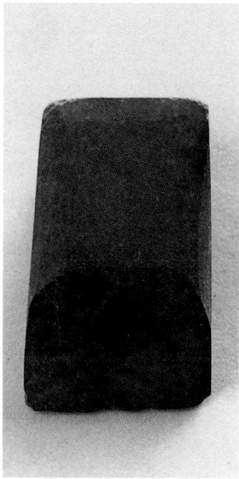

8. Ba 型 AT1918④:21

9. Bb 型 AT3111③:3

10. C 型 AT1821⑤:4

石家河文化早期石锛

1. 钺 H401:3

2. A型镰 AT1919③:2

3. A型镰 AT2407③:6

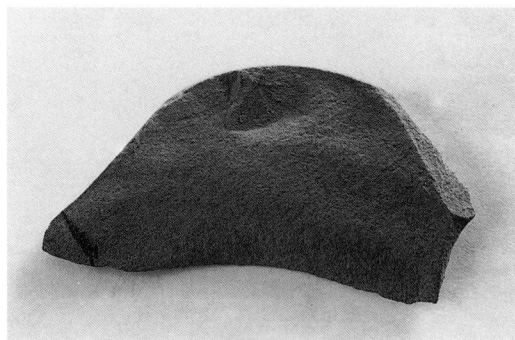

4. B型镰 AT2306③:2

5. B型镰 AT3113③:1

6. 刀 AT1316③:5

7. 刀 H529:1

石家河文化早期石钺、镰、刀

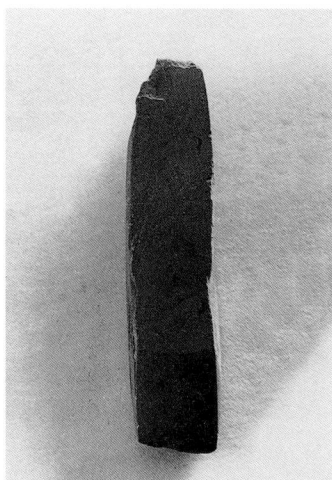

1. A 型凿 AT606④:11　　　2. B 型凿 H157:2　　　3. B 型凿 H42②:20

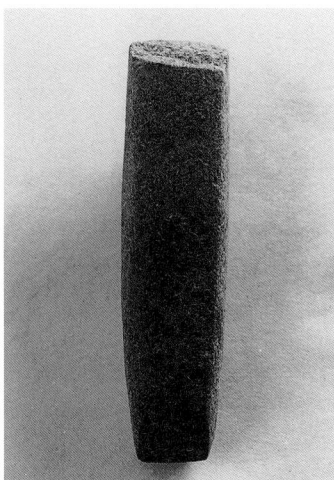

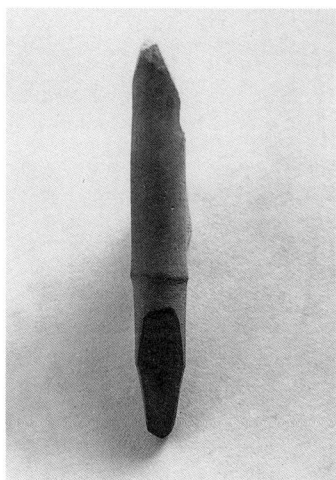

4. A 型钻 AT405③:2　　　5. A 型钻 AT1409⑤:8　　　6. B 型钻 H42①:68

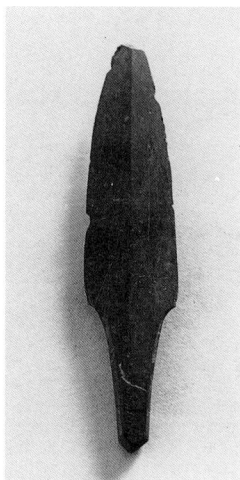

7. Aa 型镞 H552:5　8. Aa 型镞 H371:1　9. Aa 型镞 AT603②:6　10. Ab 型镞 H42①:167

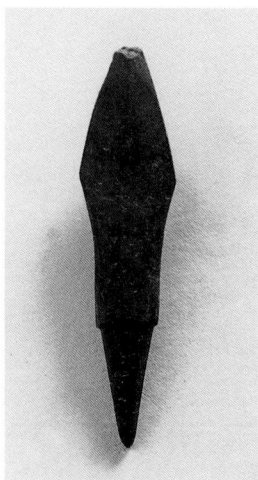

石家河文化早期石凿、钻、镞

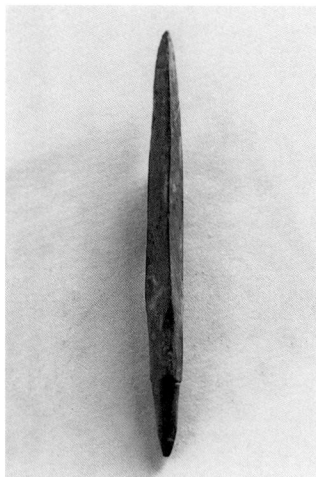

1. B型石镞 AT3111④:2   2. B型石镞 AT1506⑤:11   3. C型镞 H42①:168

4. 骨钻 H66:9   5. 骨镞 H544:2

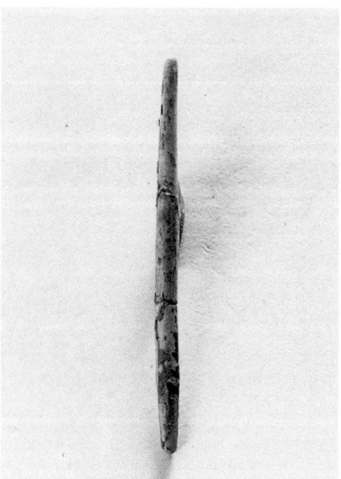

6. 骨镞 H497:15   7. 骨针 H497:16   8. 鹿角 AT1821⑤:5

石家河文化早期石镞，骨钻、镞、针，鹿角

1. 矛 H84:4

2. 研磨器 H520:1

3. 研磨器 AT1206④:4

4. 砺石 AT1413④A:2

5. 砺石 AT1821④:1

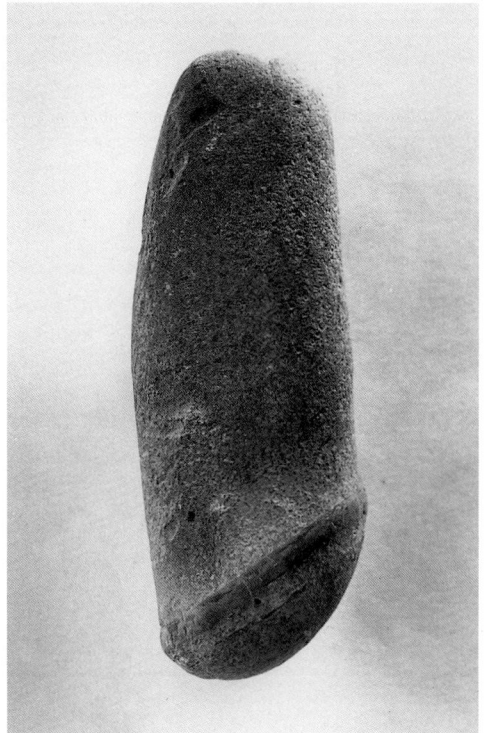

6. 祖 AT1314⑥:12

石家河文化早期石矛、研磨器、砺石、祖

1. A 型 Ⅲ 式 H70：29

2. A 型 Ⅲ 式 H58：1

3. A 型 Ⅲ 式 H530：1

4. A 型 Ⅲ 式 H70：6

石家河文化晚期陶广肩罐

1. A 型 Ⅲ 式 H70:8

2. A 型 Ⅲ 式 AT805②:3

3. A 型 Ⅲ 式 AT805②:1

4. A 型 Ⅳ 式 H68:80

石家河文化晚期陶广肩罐

1. A 型 Ⅳ 式 H538：1

2. A 型 Ⅳ 式 AT1105②：2

3. A 型 Ⅴ 式 H254：8

4. A 型 Ⅴ 式 H68：44

石家河文化晚期陶广肩罐

1. A 型 V 式 H550:1

2. A 型 V 式 H538:20

3. B 型 AT13②:1

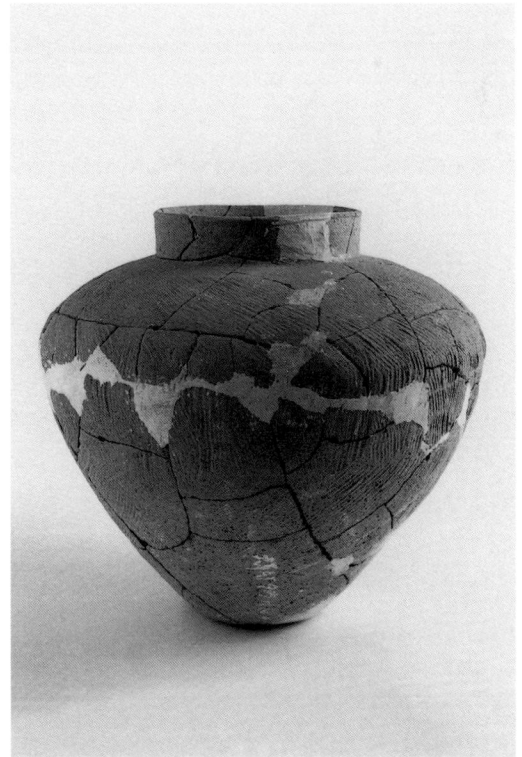

4. B 型 H68:8

石家河文化晚期陶广肩罐

1. B 型 H70：25

2. B 型 H254：1

3. B 型 H254：12

4. B 型 H538：7

石家河文化晚期陶广肩罐

1. C 型 H78:26

2. C 型 H70:15

3. C 型 H68:71

4. D 型 H351:3

石家河文化晚期陶广肩罐

1. D 型广肩罐 AT805②:11

2. D 型广肩罐 H1:2

3. D 型广肩罐 H538:31

4. A 型扁腹罐 H254:10

石家河文化晚期陶广肩罐、扁腹罐

1. A 型 AT5②A:2

2. A 型 H13:11

3. A 型 H254:6

4. B 型 H512:4

5. B 型 AT906②:11

6. C 型 AT2022②:9

石家河文化晚期陶扁腹罐

1. C型扁腹罐 H230:2

2. C型扁腹罐 AT706②B:4

3. C型扁腹罐 H254:3

4. C型扁腹罐 H70:5

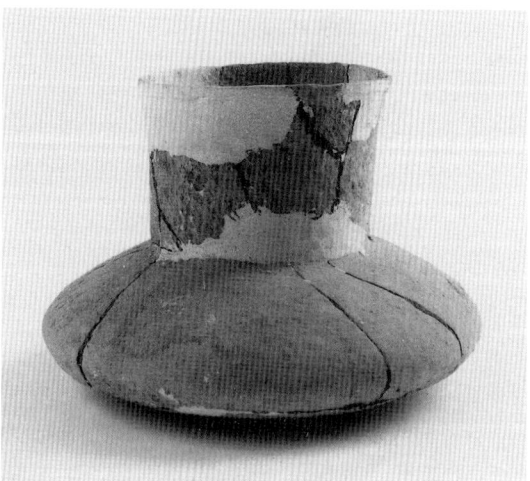

5. A型凸底罐 H89:18

6. B型凸底罐 AT5②A:1

石家河文化晚期陶扁腹罐、凸底罐

1. B型Ⅲ式中口罐 H351:6

2. 三足罐 H70:35

3. 其它罐 AT705②B:4

4. 其它罐 H78:8

5. 其它罐 H70:7

石家河文化晚期陶中口罐、三足罐、其它罐

1．H68：78

2．H70：36

3．H254：5

石家河文化晚期陶瓮

1. B 型 Ⅲ 式缸 H68∶16

2. C 型缸 H315∶2

3. D 型臼 H538∶17

石家河文化晚期陶缸、臼

1．A 型 Ⅳ 式 H58:2

2．A 型 Ⅴ 式 H70:33

3．A 型 Ⅴ 式 H68:64

4．A 型 Ⅴ 式 H62:6

5．A 型 Ⅴ 式 H230:1

6．B 型 Ⅲ 式 H68:91

石家河文化晚期陶盆

1. C 型盆 H538：16

2. D 型盆 H254：31

3. B 型甑 AT2206②：2

4. B 型甑 AT1③：6

5. B 型甑 AT910③：3

6. B 型甑 AT204②：16

石家河文化晚期陶盆、甑

1. 甑箅 AT1724②:1

2. A型Ⅱ式钵 H230:3

3. A型Ⅲ式钵 H78:7

4. A型Ⅲ式钵 H68:24

5. A型Ⅳ式钵 H350:5

6. A型Ⅳ式钵 H538:12

石家河文化晚期陶甑箅、钵

1. B 型 Ⅱ 式 H62:2

2. C 型 H68:62

3. C 型 H68:17

4. C 型 H546:2

5. D 型 H82:11

石家河文化晚期陶钵

1. A 型 Ⅴ 式 H546：1

2. A 型 Ⅴ 式 H13：3

3. A 型 Ⅵ 式 AT3212③：5

4. A 型 Ⅵ 式 H538：3

石家河文化晚期陶豆

1. C 型 II 式 H68：4

2. C 型 II 式 AT706②B：21

3. C 型 II 式 H68：40

4. C 型 III 式 H538：6

5. C 型 III 式 H538：13

6. H 型 II 式 AT3307④：4

石家河文化晚期陶豆

1. H型Ⅰ式 H68:2

2. H型Ⅱ式 H538:15

3. H型Ⅱ式 H538:21

石家河文化晚期陶豆

1. A 型 Ⅱ 式 H538:2

2. A 型 Ⅱ 式 H551:3

3. A 型 Ⅱ 式 H68:42

4. A 型 Ⅱ 式 H538:18

5. C 型 H344:2

6. C 型 H442:5

石家河文化晚期陶盘

1. C型 H315∶9

2. C型 H70∶51

3. C型 AT204②∶33

石家河文化晚期陶盘

1.B型Ⅱ式斜腹杯 H538:8

2.B型Ⅱ式斜腹杯 H2:2

3.三足杯 H439:6

4.三足杯 H439:9

5.三足杯 H538:27

6.三足杯 AT3307④:1

石家河文化晚期陶斜腹杯、三足杯

1. 三足杯 H72：7

2. 矮圈足杯 H538：4

3. 单耳杯 H538：14

4. E 型罐形鼎 H538：11

石家河文化晚期陶三足杯、矮圈足杯、单耳杯、罐形鼎

1. C 型盆形鼎 H78∶1

2. D 型盆形鼎 H254∶4

3. 鬹 H70∶48

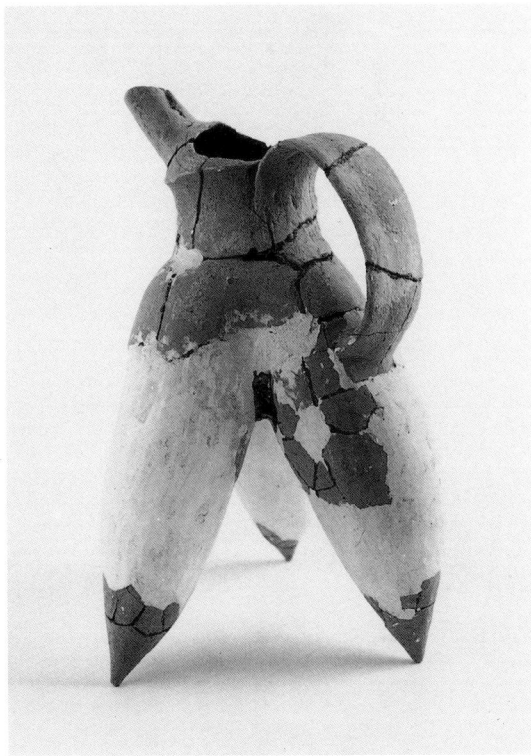

4. 盉 H68∶63

石家河文化晚期陶盆形鼎、鬹、盉

1. A 型 II 式 H254：14

2. A 型 II 式 H82：10

3. B 型 II 式 AT2014②：5

石家河文化晚期陶器座

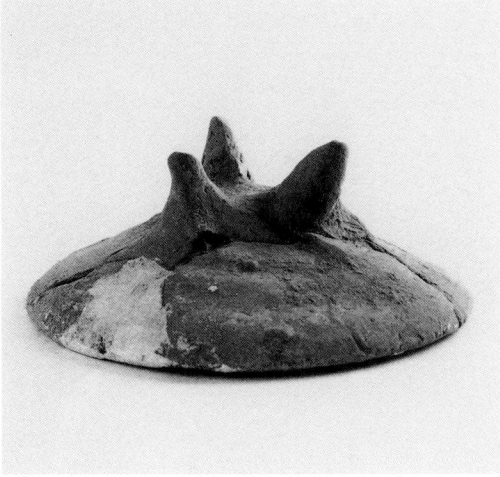

1. A 型 II 式 H538:9

2. B 型 III 式 H344:3

3. B 型 III 式 H230:12

4. B 型 III 式 H350:1

5. B 型 III 式 H68:81

6. E 型 H538:22

石家河文化晚期陶器盖

1. E 型 H68:82

2. F 型 H78:32

3. F 型 H351:2

4. 其它盖 H507:1

5. 其它盖 H254:24

6. 其它盖 H350:1

石家河文化晚期陶器盖

1. Aa 型纺轮 AT706②B:5

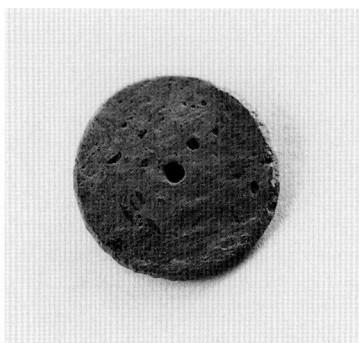

2. Aa 型纺轮 AT1119②B:7

3. Ab 型纺轮 H230:15

4. B 型纺轮 AT404①:7

5. B 型纺轮 AT2014④:4

6. Ca 型纺轮 AT2218④:4

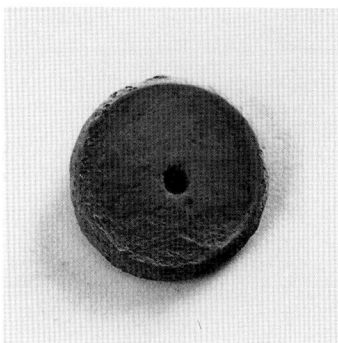

7. Cb 型纺轮 AT3109③:2

8. Ea 型纺轮 AT1011④:5

9. Eb 型纺轮 AT807④:17

10. Eb 型纺轮 AT1909③:2

11. Ec 型纺轮 AT1011④:7

12. 垫 H360:2

石家河文化晚期陶纺轮、垫

1. 人 AT708②:5(放大)

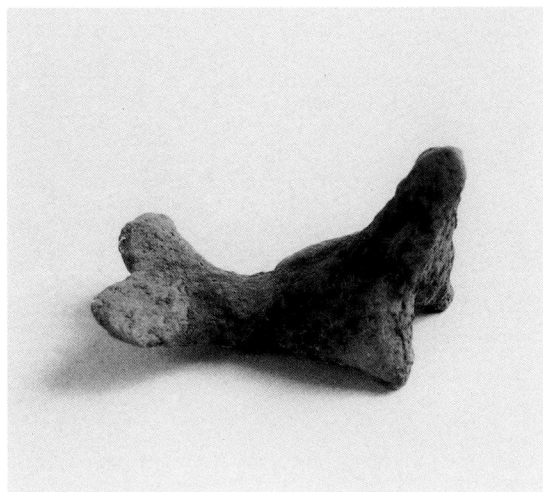

2. 鸟 AT2302②:6

3. 鸟 AT905③:9

4. 龟 AT1104③A:7(放大)

石家河文化晚期陶人、鸟、龟

1. 鸡壶 AT404②:7

2. 鸟 H440:1

3. 鸟 AT910②:5

石家河文化晚期陶鸡壶、鸟

1. H68：22

2. AT2406②：7

石家河文化晚期陶狗（放大）

1. Aa 型 AT1405②:1

2. Ab 型 AT1005②:3

3. Ab 型 H530:1

4. Ba 型 AT1105②:3

5. Bb 型 AT406②:2

6. Ca 型 AT3405①:3

7. Cb 型 AT1119②B:3

8. D 型 H1:44

石家河文化晚期石斧

1. Aa 型锛 AT3307④:5　　　2. Aa 型锛 AT3406③:2　　　3. Ab 型锛 AT2014④:3

4. B 型锛 AT3406④:6　　　5. Ca 型锛 AT3212①:2　　　6. Cb 型锛 AT2115④:3

7. Cb 型锛 H407:5　　　　　8. 钺 AT1908②:3

石家河文化晚期石锛、钺

1. A 型镰 H109：29

2. B 型镰 AT3③：6

3. C 型镰 AT705②A：1

4. 球 H254：65

5. 研磨器 AT2014④：9

6. 砺石 AT1006③：1

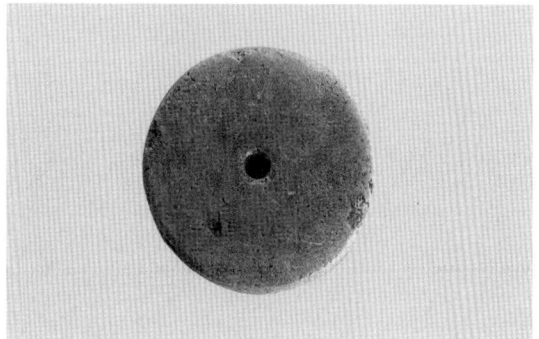

7. 纺轮 AT3109②：7

石家河文化晚期石镰、球、研磨器、砺石、纺轮

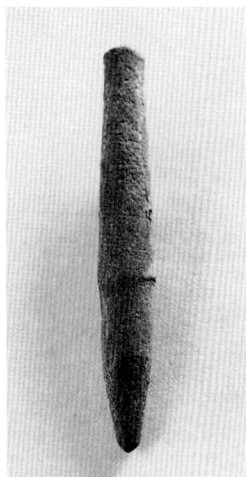 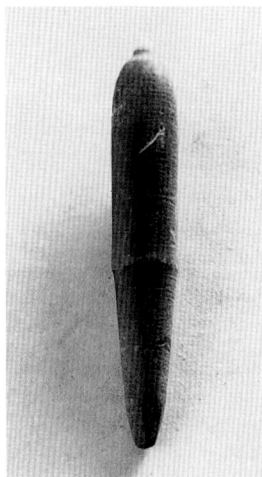 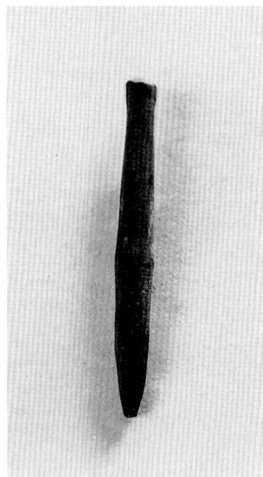 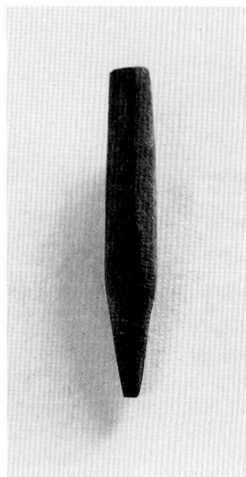

1. Aa 型钻 H230：10　　2. Aa 型钻 H68：58　　3. Aa 型钻 AT910②：4　4. C 型钻 AT3406②：1

 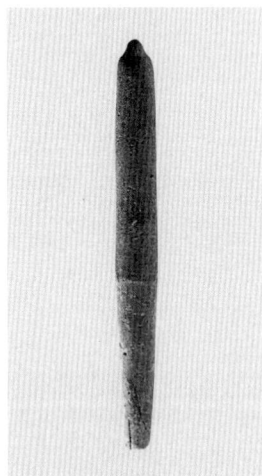  

5. Ab 型钻 H58：69　　6. B 型钻 AT807②：4　7. Aa 型镞 AT3406③：2　8. Ab 型镞 AT1408④：1

    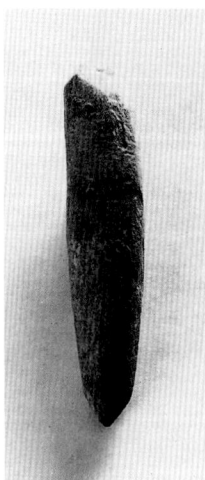

9. Ab 型镞
AT3207②：5　10. B 型镞 AT2②：6　11. 棒 H254：62　12. 棒 H254：63　13. 棒 H230：13

石家河文化晚期石钻、镞、棒

2. M7 人骨及随葬器物

石家河文化早期墓葬

1. M55 人骨

2. M48 人骨

1. M25 人骨及随葬器物

石家河文化早期墓葬

2. M70 人骨

1. M54 人骨及随葬器物

石家河文化早期墓葬

1. 陶缸 W55：1

2. 陶大口罐 W82：1

3. 陶圈足罐 W79：1

4. 陶钵 W83：1

石家河文化早期瓮棺葬葬具

1. W47

2. W55

石家河文化早期瓮棺葬

1. W79

2. W8、W9

石家河文化晚期瓮棺葬

1. W27、W28、
W33

2. W49、W50、
W51、W52

石家河文化晚期瓮棺葬

1. 陶瓮 W71:1

2. 陶瓮 W7:1

3. 陶瓮 W35:2

4. 陶瓮 W30:1

石家河文化晚期瓮棺葬葬具

1. 陶瓮 W6:1

2. 陶瓮 W6:2

石家河文化晚期瓮棺葬葬具

1. 陶瓮 W76:2

2. 陶瓮 W76:1

石家河文化晚期瓮棺葬葬具

1. 陶器盖 W90：1

2. 陶大口罐 W41：1

3. 陶鼎 W37：2

4. 陶盆 W2：1

5. 陶钵 W18：1

6. 陶钵 W34：1

石家河文化晚期瓮棺葬葬具

1. W2

2. W7 玉器出土情况

3. W18

石家河文化晚期瓮棺葬

1. W6 瓮棺出土情况

2. W6 玉器出土情况

石家河文化晚期瓮棺葬

1. W30

2. W32

石家河文化晚期瓮棺葬

1. W35

2. W37

石家河文化晚期瓮棺葬

1. A型Ⅰ式 M11:2

2. A型Ⅰ式 M7:2

3. A型Ⅰ式 M7:36

4. A型Ⅱ式 M7:59

石家河文化早期陶高领罐

1. A 型 Ⅱ 式 M7∶48

2. A 型 Ⅲ 式 M54∶43

3. A 型 Ⅲ 式 M54∶50

4. B 型 Ⅰ 式 M27∶7

石家河文化早期陶高领罐

1. B型Ⅰ式 M27:9

2. B型Ⅰ式 M7:63

3. B型Ⅰ式 M7:60

4. B型Ⅱ式 M7:3

石家河文化早期陶高领罐

1. B型Ⅱ式 M7:7

2. B型Ⅱ式 M7:30

3. B型Ⅱ式 M27:13

4. B型Ⅱ式 M7:47

石家河文化早期陶高领罐

1. B型Ⅱ式高领罐 M7:51

2. C型高领罐 M59:33

3. C型高领罐 M59:41

4. C型高领罐 M54:6

5. C型高领罐 M48:38

6. 中口罐 M7:31

石家河文化早期陶高领罐、中口罐

1．A 型碗 M7:41

2．A 型碗 M59:58

3．B 型碗 M59:54

4．钵 M7:44

5．A 型 I 式斜腹杯 M8:7

6．A 型 II 式斜腹杯 M7:75

石家河文化早期陶碗、钵、斜腹杯

1. A型Ⅱ式 M8:10

2. A型Ⅱ式 M64:5

3. A型Ⅱ式 M60:4

4. B型Ⅰ式 M64:4

5. B型Ⅰ式 M60:6

6. B型Ⅱ式 M48:28

石家河文化早期陶斜腹杯

1. B型Ⅲ式斜腹杯 M48:12

2. B型Ⅲ式斜腹杯 M48:24

3. B型Ⅲ式斜腹杯 M48:21

4. A型豆 M48:41

5. A型小鼎 M64:1

6. A型小鼎 M7:71

石家河文化早期陶斜腹杯、豆、小鼎

1. A 型小鼎 M8：9

2. B 型小鼎 M11：20

3. B 型小鼎 M25：3

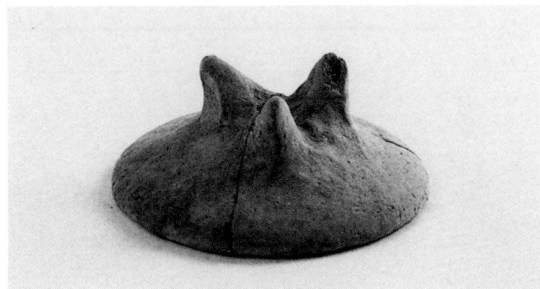

4. A 型器盖 M8：11

5. B 型器盖 M11：18

6. B 型器盖 M25：3

7. C 型器盖 M64：3

石家河文化早期陶小鼎、器盖

1. 陶纺轮 M8:40

2. 陶纺轮 M48:39

3. 陶纺轮 M48:35

4. 陶纺轮 M48:34

5. 石钺 M7:73

6. 陶斜腹杯 W6:5

石家河文化陶纺轮、斜腹杯，石钺

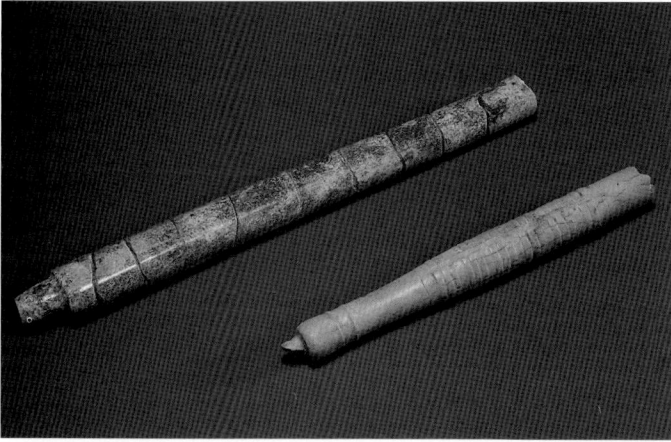
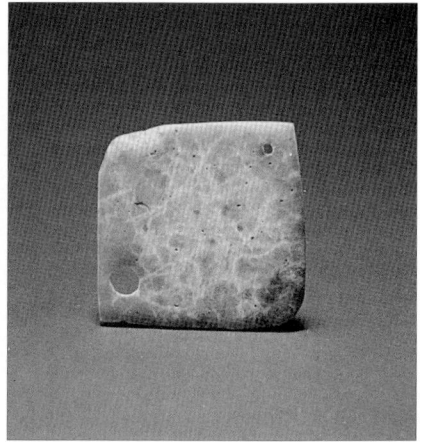

1. 笄 W71:4　　2. 柄形饰 AT1219①:1　　　　3. 坠 011

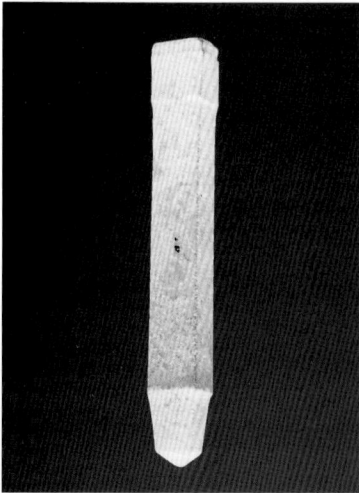
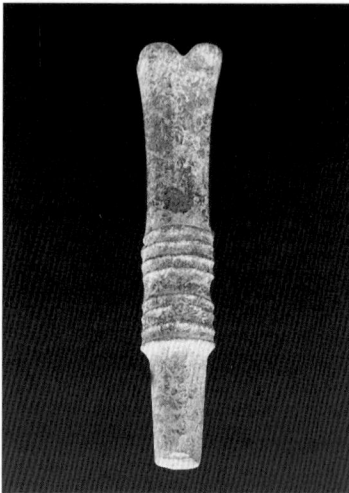
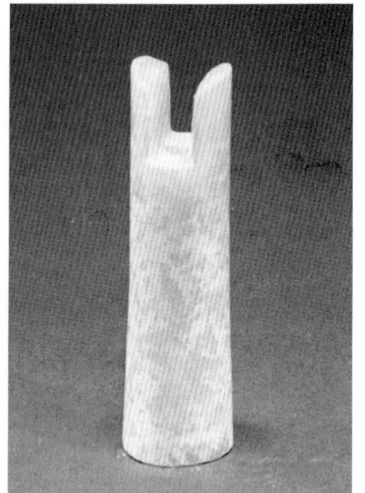

4. 笄 W6:51　　5. 柄形饰 AT1115②:1　　6. 柄形饰 W6:37

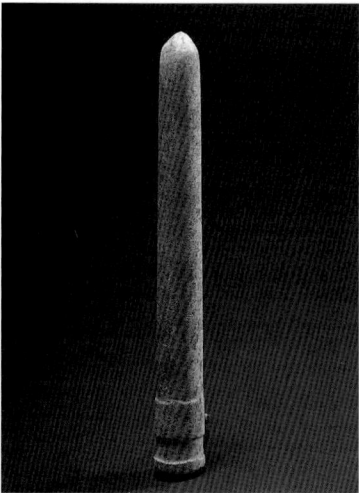
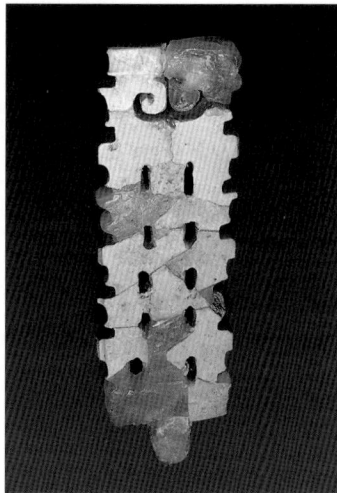

7. 笄 W6:6　　8. 长方形透雕片饰 W71:5　　9. 柄形饰 W6:29

石家河文化晚期玉笄、柄形饰、长方形透雕片饰

1. 管 W6:59　　2. W6:23　　3. W6:28　　　　4. 管 W6:46　　5. 管 W6:35

6. 珠 W6:49　　7. 管 W23:1　　8. 管 W6:22　　　　9. 坠 AT1017②:1

10. 牌形饰 W59:2　　11. 牌形饰 W59:3　　　　12. 坠 W24:1　　13. 碎块 W12:2

石家河文化晚期玉管、坠、牌形饰

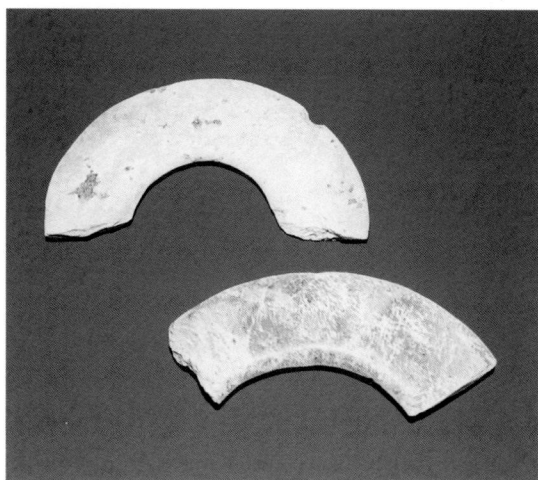

1. 璜 W90:1　　2. 璜 07

3. 圆片 W6:39　　4. 圆片 W6:33

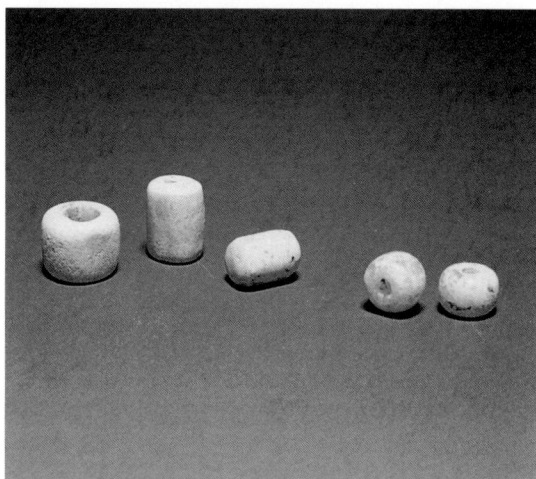

5. 珠 W17:7　6. 管 W6:18　7. 珠 W25:2
8. 珠 W58:2　9. 珠 W58:3

10. 纺轮 W71:3

11. 刀 017

12. 锛 AT1406①:1

石家河文化晚期玉璜、圆片、管、珠、纺轮、刀、锛

2.M18

1.M16

楚墓墓坑及随葬器物

1. 鬲 M3:1

2. Ⅰ式盂 M4:3

3. Ⅱ式盂 M6:1

4. Ⅱ式盂 M16:4

5. A型Ⅰ式豆 M2:1

6. A型Ⅰ式豆 M4:1

楚墓出土陶鬲、盂、豆

1. A型Ⅰ式 M4:4

2. A型Ⅱ式 M16:2

3. A型Ⅲ式 M18:5

4. B型 M6:3

5. C型Ⅰ式 M16:3

6. C型Ⅱ式 M17:10

楚墓出土陶豆

1. Ⅰ式 M1:2

2. Ⅱ式 M3:1

3. Ⅲ式 M4:2

4. Ⅳ式 M6:2

5. Ⅳ式 M16:1

楚墓出土陶罐

1. Ⅰ式鼎 M18:1

2. Ⅱ式鼎 M17:8

3. Ⅰ式敦 M18:3

4. Ⅱ式敦 M17:2

5. Ⅰ式壶 M18:9

6. Ⅱ式壶 M17:9

楚墓出土陶鼎、敦、壶

楚墓出土陶方座飞鸟 M17：1、6